U0941178

成都高架特大桥跨越成都环城高速公路

动车行驶在穿越白鹭湾湿地公园的成都特大桥

资阳沱江多线特大桥连续梁施工

资阳沱江特大桥建设场景

资阳沱江特大桥

动车驶入资阳沱江特大桥

动车通过资阳沱江特大桥

郑家坝沱江特大桥

已完工的线路工程

动车组运行试验

龙泉山隧道出口

隧道钻孔施工

新中梁山隧道顺利贯通

无砟轨道道床铺设

现场检查

无砟道床

资阳北站

资阳北站候车厅

成渝铁路客运专线工程总结

（上　册）

成渝铁路客运专线有限责任公司　编著

中国铁道出版社有限公司

2020年·北　京

图书在版编目(CIP)数据

成渝铁路客运专线工程总结/成渝铁路客运专线有限责任公司编著.—北京:中国铁道出版社有限公司,2020.10
ISBN 978-7-113-26914-2

Ⅰ.①成… Ⅱ.①成… Ⅲ.①高速铁路-客运专线-铁路工程-总结-四川 Ⅳ.①U238

中国版本图书馆CIP数据核字(2020)第084283号

书　名:成渝铁路客运专线工程总结
作　者:成渝铁路客运专线有限责任公司

责任编辑:黎　琳　朱荣荣　　**编辑部电话:**(010)51873065
封面设计:高博越
责任校对:孙　玫
责任印制:高春晓

出版发行:中国铁道出版社有限公司(100054,北京市西城区右安门西街8号)
网　址:http://www.tdpress.com
印　刷:北京建宏印刷有限公司
版　次:2020年10月第1版　2020年10月第1次印刷
开　本:880 mm×1 230 mm 1/16　印张:54　插页:4　字数:1 733千
书　号:ISBN 978-7-113-26914-2
定　价:520.00元(全两册)

编　委　会

序言 xuyan

成渝铁路客运专线位于我国西南地区成渝经济圈，西起四川省成都市的成都东站，向东经简阳、资阳、资中、内江、隆昌后进入重庆市境内，尔后经荣昌、大足、永川、璧山、沙坪坝后到达终点重庆站。线路全长 307.931 km，其中四川省境内长度 185.503 km，重庆市境内长度 122.428 km。成渝铁路客运专线于 2010 年 10 月正式开工，2015 年 12 月建成通车。

成渝铁路客运专线是国家“十一五”重点建设项目，作为国家“四纵四横”快速铁路网的重要组成部分，其建设对于改善西部铁路路网结构，在成渝地区构建一个现代化的快速客运网，形成成渝间新的大能力客运通道具有重大意义。同时，成渝铁路客运专线与西成客专、成兰铁路、兰渝铁路相连打通了与西北、华北、东北地区的快速客运通道，与成贵客专、渝黔铁路、渝昆客专相连打通了与云、贵、珠三角经济区及北部湾地区的快速客运通道，与渝万客专、渝利铁路相连打通了与华东地区及华北、华南部分地区的快速客运通道。

成渝铁路客运专线优化了区域交通运输结构，构建了成渝间现代综合交通体系，对促进成渝经济区经济持续、健康、快速发展具有重要意义，对发挥成都、重庆区域中心城市的辐射作用，加快沿线城镇化进程，促进区域合作产生极其重要的作用。

成渝铁路客运专线地处四川盆地内，所经地貌类型主要有冲积平原、丘陵、低山三种。沿线主要有煤层瓦斯及煤窑采空区、老窑积水、石灰岩采空区、岩溶、滑坡、岩堆、顺层、危岩落石、天然气田等不良地质。全线共有正线隧道 48 座 52.874 km，桥梁 299 座 158.951 km，正线桥隧占线路总长的 67.4%。工程建设过程中参加成渝铁路客运专线建设的全体人员坚持“高起点开局，高标准管理，高效率推进”建设管理方针，团结协作，顽强拼搏，勇于奉献，克服了征拆难度大、工程地质复杂等各种施工困难，确保了成渝铁路客运专线保质保量按期完成开通运营。

在成渝铁路客运专线建设过程中，国家相关部委及沿线各级政府和人民给予了大力支持和帮助，在项目审批、征地拆迁、用水用电、地材供应、生活保障等方面提供了各种方便，为成渝铁路客运专线顺利推进创造了良好的建设氛围和环境。

成渝铁路客运专线全体参建单位按照成渝铁路客运专线有限责任公司的统一部署和安排，各司其职、协同推进成渝铁路客运专线建设，做到了各项工作闭环管理、有序可控，使项目建设投资、工程质量和施工工期等均得到了有效控制，实现了管控目标。

成渝铁路客运专线开通运营后，在各参建单位的鼎力协助下，成渝铁路客运专线有限责任公司编著了《成渝铁路客运专线工程总结》。该书反映了成渝铁路客运专线建设的全过程，总结了建设管理、工程设计、施工技术、科技创新等方面丰硕成果和经验，又客观反映了建设过程中吸取的教训，对典型问题作了重点剖析，并提出了预防和改进建议，是一部实用性强，很有价值的参考文献。

编　者

2020 年 9 月

目录 *mulu*

（上　册）

第一篇　综　　述　/　1

第二篇　建 设 管 理　/　21

第三篇 勘察设计 / 175

（下　册）

第四篇　工 程 施 工　/　437

第一篇

综　　述

第一章 综 述

第一节 建设目的和意义

一、线路在国民经济与路网中的意义和作用

1. 在国民经济中的意义和作用

成都、重庆是西南地区两个特大中心城市，以成都、重庆为中心，资阳、内江、永川等一批城镇呈带状分布，人口密度为全国平均水平的6.48倍，人均GDP为全国平均水平的1.21倍，城际间人员往来频繁，是我国区域经济发展最活跃和最具潜力的地区，也是客货运输最繁忙、增长潜力巨大的交通走廊之一。预测成渝铁路通道(含成渝、成遂渝铁路)2020年客流密度4 053万人/年，其中本线3 148万人/年；2030年客流密度5 906万人/年，其中本线4 160万人/年。现有铁路已不能满足运输需求，在成都、内江、重庆城市带修建客运专线是解决城市密集带交通问题的最佳选择，也是加快城市化进程的必经之路。新建铁路成都至重庆客运专线(简称“成渝客专”)，为旅客提供快速、安全、环保、大容量的现代轨道交通服务，可将成都至重庆客车平均旅行时间由现状4.5 h缩短至1 h，大大提高城际旅客运输质量及能力，充分发挥成都、重庆作为区域中心城市的辐射作用，大大缩短时空距离，带动沿线城镇化发展。

同时，项目对优化区域交通运输结构，构建成渝间现代综合交通体系，促进成渝经济区经济持续、健康、快速发展具有重要意义，对推动成渝统筹城乡综合改革进程具有积极作用。

2. 在路网中的意义和作用

成渝地区现有成渝、达成、遂渝等铁路干支线，但大部分铁路因修建年代早，铁路等级低，行车速度慢，内部通道不畅，已难以满足快速增长的客货运量需求，尤其是春运、暑运、节假日等客流高峰期，矛盾更加突显，严重制约了区域经济发展，亟待建立快速客运系统，尽快实现通道铁路客货分线运输。建设本线对快速扩充既有铁路通道能力，提高区域路网机动灵活性具有重要作用。

根据中长期铁路网规划，本线是“四纵四横”快速客运网的重要组成部分，项目建成后，将与成绵乐、渝万城际铁路共同形成成渝经济区“T”字形城际骨架网，与成都—都江堰、重庆—宜宾、绵阳—遂宁—宜宾、成都—南充—达州、成都—雅安、长寿—涪陵等快速铁路共同形成成渝经济区城际铁路网络，对进一步完善铁路内部通路，提高路网质量，尽早形成“四纵四横”快速客运网和成渝城际主骨架网具有重要意义和作用。

二、项目建设的必要性

1. 打造成渝新特区，实现城乡一体化的需要

对比世界上几个著名的“双城记”城市(伦敦与巴黎、纽约与芝加哥)发现，要想充分发挥成渝“双城记”的示范、带动和辐射作用，快速有效的交通网络必不可少。目前，成渝间主要交通方式为既有成渝铁路、成遂渝铁路、成渝高速公路和遂渝高速公路。但随着成渝新特区的启动，城乡一体化战略的实施，成渝地区城镇化水平将迅速提高，交通需求将成倍增长，既有的成渝通道交通状况而言是无法满足成渝间城际客流出行需求的，急需在成渝两地间建立一条快速、大能力城际铁路通道。

2. 进一步完善铁路内部通路，形成成渝城际网主骨架的需要

根据相关资料预测，2020年成渝地区旅客运输需求将持续快速增长，达到37亿人次，客流需求十分旺盛，为适应成渝经济区旅客运输需求快速增长的需要，缓解区域交通运输紧张状况，推进城镇化和经济一体化进程。2008年5月完成的《成渝经济区城际铁路网规划研究》报告，于2008年6月3日通过了铁道部和国家发改委的联合评审。按照该报告，成渝经济区将形成成渝、成绵乐、渝万城际铁路为“T”字形骨架，成

都—都江堰、重庆—宜宾、绵阳—遂宁—宜宾、成都—南充—达州、成都—雅安、长寿—涪陵等城际铁路(共2 181 km)为网络,并利用区域快速干线铁路开行城际客车为辅助的城际铁路体系,成渝城际网建成后可以实现成渝两个核心城市之间及两大核心城市与周边二级中心城市之间1 h到达经济圈,极大缩短成渝各城镇群之间时空联系,其中成渝客专是成渝城际网的主骨架线路和近期实施工程之一。因此,成渝客专是进一步完善铁路内部通路,形成成渝城际网主骨架的需要。

3. 适应城际客流快速增长,实现区域铁路又快又好发展的需要

"十一五"期间,成都市规划平均每年向城镇转移农民28万人以上,2010年城市化水平达到65%以上,城乡居民收入比缩小到2∶1;重庆市规划2010年城镇化率达到52%。届时,成渝地区城镇化水平将迅速提高,城际客流将快速增长,交通需求将成倍上升。目前,成渝两地之间交通方式主要有既有成渝铁路、成遂渝铁路、成渝高速公路和遂渝高速公路,无法满足成渝间城际客流安全、快速、便捷的出行需求。客运专线具有速度快、频度高、运能大等突出优点,其建设不仅可以为沿线带来巨大的经济和客流诱增效果,而且也可以实现公交化发车,做到最大限度方便乘车、吸引客流。因此,在成渝间修建客运专线是适应城际客流快速增长,实现区域铁路又快又好发展的需要。

4. 本项目是实现成渝地区一体化交通系统战略思想的需要

为解决城市交通需求剧增和交通设施供应水平低下的矛盾,20世纪80年代末期,一些发达国家相继提出建立一体化交通系统的战略思想。快速路网与交通运输一体化发展的宗旨是要体现"以人为本","以人为本"具体显现在人的时间价值、体力价值、经济价值等诸多方面。而城际铁路以其运输能力充足、运行正点率高、速度快、舒适度高、安全性好、能耗低、环境污染小、占地省等优点,成为成渝地区一体化交通系统不可或缺的交通运输方式。因此,建设成渝城际铁路是实现成渝地区一体化交通系统战略思想的需要。

5. 本项目是构建绿色交通,实施可持续发展战略的需要

成都环境优美、气候宜人,重庆依山傍水、风光秀丽。生态环境是两市的一大资源和优势,保护生态环境、节约资源是两市实施可持续发展的重要战略目标,而土地、能源、环境、交通是可持续发展的四大先决条件。客运专线在土地、运能、节能、安全舒适等方面具有其他交通方式无法比拟的优越性。建设成渝客专,在满足高密度大能力客运需求、促进旅游资源开发的同时,注重生态环境保护,是实现经济效益、社会效益与环境效益的和谐统一,建设节约型社会,实施可持续发展战略的需要。

综上所述,成渝铁路客运专线的建设,是进一步完善铁路内部通路,形成区域快速交通网必不可少的环节,是打造成渝新特区,实现城乡一体化的需要,是适应成渝地区城际客流快速增长,促进成渝经济带的可持续发展的需要,同时也是实现成渝地区一体化交通系统战略思想、构建绿色交通,实施可持续发展战略的需要。

第二节 建设项目总体目标

一、工期目标

2010年10月1日开工,原计划于2014年10月1日建成通车,总工期48个月。

二、投资目标

1. 总体目标

在项目建设各个阶段,参建各方通过优化建设方案、工程设计方案、资源配置方案和施工方案,采取科学的方法和有效的措施,随时纠正建设项目实施过程中出现的偏差,将建设项目投资控制在审定的投资计划限额内,确保建设项目的质量、工期和投资控制按照既定目标实现,使建设项目获得预期的投资效益和社会效益。

经审定的可行性研究报告投资估算,是设计方案选择和进行初步设计及编制概算的投资控制目标。

经审定的初步设计概算是进行施工图设计(施工图预算)的投资控制目标;施工图预算应是工程招标发

包、合同结算和竣工决算的投资控制目标。

2. 具体控制目标

(1)建设项目决策阶段,控制项目可行性研究的投资估算。

(2)初步设计阶段,依据项目决策阶段确认的可行性研究报告,控制初步设计概算。

(3)施工图阶段,依据审定的初步设计和鉴定修正概算,组织施工设计和编制施工图投资预算。

(4)招投标阶段,公司依据初步设计(鉴修概)或施工图设计(投资检算),由公司主要领导组织计财部、工程管理部进行工程招标和承发包,精确计算工程量,合理确定工程合同价。

(5)建设项目实施阶段,公司计财部和工程管理部监督合同执行,有效控制设计变更,监督和控制合同价款的支付;结合项目进展适时开展工程投资审价工作。

(6)竣工验收阶段,严格工程竣工验收阶段的工程结算和建设项目竣工决算。

三、质量目标

1. 总体目标

确保建设项目达到国家、铁道部的客运专线铁路设计规范和工程质量验收标准,满足开通速度要求,确保部优、力争国优,满足全线创优规划要求。

2. 具体控制目标

单位工程合格率 100%;分部工程一次验收合格率 100%;分项工程一次检查合格率 100%。

四、安全目标

1. 总体目标

健全各项安全管理制度,严格遵守各项安全法规,完善客专项目建设过程安全控制,推进施工安全标准化建设,确保安全有序完成项目建设。

2. 具体控制目标

无重大及以上施工安全事故,无因建设引起的重大及以上道路交通事故,无重大及以上火灾事故;无铁路既有线交通 B 类及以上事故;控制和减少一般责任事故。

五、环保目标

坚持施工生产和环境保护同步进行,制定环保目标和指标,预防污染,并持续改进,有利于提高参建员工提高环境保护意识,树立良好施工管理形象,促进经济和社会效益的共同提高。

(1)施工扬尘、有毒有害气体及固体排放控制在国家排放标准以内。

(2)施工污水排放控制在沿线地方各市排放标准以内。

(3)环境敏感地区施工现场场界噪声达标排放。

(4)能源、原材料消耗控制在计划以内。

(5)环境事故责任为零。

六、科技创新目标

1. 总体目标

按照铁道部对技术创新的要求,结合项目实际,公司由总工程师负责提出争创国家科技进步奖和省部级科技进步奖等具体目标。

2. 分项目标

公司及各施工单位根据项目实际,提出单项工程具体创奖目标。

3. 其他课题

除申报国家级、省部级科技进步奖项的项目外,按照总体规划要求,还要在新材料、新技术、新工艺等几个方面开展技术攻关活动。

第三节 建设程序与决策

一、立　　项

1. 项目的提出和规划

(1)2007 年 11 月,国家发改委印发了经国务院审议通过的《综合交通网中长期发展规划》(发改交运〔2007〕3045 号),该规划中布局了"五纵五横"综合运输大通道,成渝客专为该综合运输大通道的重要组成部分。

(2)2008 年 7 月 2 日,铁道部部长和四川省委书记刘奇葆、省长蒋巨峰就加快推进四川省灾后铁路恢复重建有关问题进行了会谈,并形成了《关于加快推进四川省灾后铁路恢复重建会谈纪要》,纪要中明确:"启动川藏铁路、成渝城际、川青铁路项目前期研究工作,适时开工建设",2007 年 6 月 16 日铁道部与重庆市签订的《关于加快推进重庆铁路建设的战略合作框架协议》中明确"2009 年开展前期工作"。

(3)2008 年 10 月 31 日,国家发改委文件《关于印发中长期铁路网规划(2008 年调整)的通知》(发改基础〔2008〕2901 号)中将成渝客专作为成渝间的新通道。

2. 项目研究及立项

2008 年 11 月,根据中国铁路建设投资公司《成都至重庆铁路客运专线项目投标邀请书》以及《关于委托开展新建成都至重庆铁路客运专线等七个项目勘察设计招标工作的函》(计长函〔2008〕244 号),中铁二院工程集团有限责任公司(以下简称"铁二院")完成了设计标书的编制工作。

中国铁路建设投资公司于 2008 年 12 月接到开展本项目预可行性研究工作的通知后,成立了成渝客专项目总体组,编制完成了《新建成都至重庆铁路客运专线预可行性研究报告》,并于 2009 年 1 月 19 日通过了铁道部计划司组织的评审。

2009 年 3 月至 7 月,中国铁路建设投资公司组织编制完成了《新建成都至重庆铁路客运专线可行性研究报告》,并于 2009 年 7 月 5 日通过了铁道部鉴定中心组织的审查。

2009 年 7 月中旬,国家发展和改革委员会委托中咨公司,对铁道部、四川省、重庆市联合上报的本项目项目建议书进行了评审。

2009 年 10 月 23 日,国家发展和改革委员会以《关于新建成都至重庆铁路客运专线项目建议书的批复》(发改基础〔2009〕2668 号)同意成渝客专项目。

2009 年 12 月 25 日,国土资源部以《关于新建成都至重庆客运专线工程建设用地预审意见的复函》(国土资预审字〔2009〕476 号)通过项目用地预审。

二、可行性研究

2009 年 12 月 7 日,铁道部和四川省、重庆市人民政府以《关于报送新建成都至重庆铁路客运专线可行性研究报告的函》(铁计函〔2009〕1685 号),以及铁道部以《关于报送新建成都至重庆铁路客运专线项目可研报告使用亚行贷款补充说明的函》(铁外资函〔2009〕1842 号)联名向国家发展和改革委员会报送了可行性研究报告。

2010 年 6 月 12 日,国家发展和改革委员会以《关于新建成都至重庆铁路客运专线工程可行性研究报告的批复》(发改基础〔2010〕482 号)批复了可行性研究报告。

2010 年 7 月 15 日,水利部以《关于新建成都至重庆铁路客运专线水土保持方案的复函》(水保函〔2010〕188 号)复函了水土保持方案。

2010 年 7 月 20 日,环境保护部以《关于新建成都至重庆铁路客运专线环境影响报告书的批复》(环审〔2010〕217 号)同意项目环境影响报告。

三、初步设计

2010 年 1 月,铁二院编制完成了《新建铁路成都至重庆客运专线初步设计》,并于同年 3 月通过了铁道部鉴定中心组织的审查。

2010 年 5 月 30 日，铁道部以《关于新建成都至重庆铁路客运专线初步设计的批复》（铁鉴函〔2010〕652 号）批复了初步设计。

2011 年 9 月 29 日，铁道部以《关于新建成都至重庆铁路客运专线修改初步设计的批复》（铁鉴函〔2011〕682 号）批复了修改初步设计。

2015 年 11 月 27 日，中国铁路总公司、重庆市人民政府以《关于重庆沙坪坝铁路枢纽综合改造工程沙坪坝铁路站房及相关工程初步设计的批复》（铁总鉴函〔2015〕1352 号）批复了重庆沙坪坝铁路枢纽综合改造工程沙坪坝铁路站房及相关工程初步设计。

四、工程施工与验交投产

2010 年 9 月，完成土建、铺架工程招标。

2010 年 11 月 14 日，铁道部以《关于开工建设成都至重庆铁路客运专线控制工期的双河口双线特大桥等 59 处单体工程的批复》（铁计函〔2010〕1518 号）批复了工程开工。

2013 年 10 月 27 日，完成站房工程招标。

2014 年 1 月 19 日，完成四电工程（含四电用房）招标。

2015 年 11 月 24 日，成都铁路局和成渝公司组织完成了成渝客专动态验收工作。

2015 年 12 月 11 日，中国铁路总公司组成初步验收委员会对成渝客专工程进行现场检查并召开了初步验收会议，同意通过初步验收。

2015 年 12 月 26 日 7:50，随着 G8501 次列车从成都东站驶出，成都至重庆高铁正式开通运营，成渝两地从此正式跨入高铁时代。

2018 年 1 月 13 日，成都局集团有限公司、成渝公司组织完成成渝客专半边山线路所（不含）—沙坪坝站（含）、半边山线路所（不含）—重庆西（不含）工程动态验收工作。

2018 年 1 月 17 日，成都局集团有限公司组成初步验收委员会对成渝客专半边山线路所（不含）—沙坪坝站（含）、半边山线路所（不含）—重庆西（不含）工程进行现场检查并召开了初步验收会议，同意通过初步验收。

2018 年 1 月 25 日上午，成渝客专半边山（不含）至沙坪坝站（含）、半边山线路所（不含）—重庆西（不含）正式开通运营。

2018 年 7 月 10 日，芭蕉沟线路（不含）所至重庆西（不含）段正式开通运营。

第二章　工 程 概 况

第一节　主要自然特征和地质概况

一、地形地貌

全线位于四川盆地内。所经地貌类型主要有冲积平原、丘陵、低山三种，龙泉山、华蓥山呈北东 25°～30°延绵于盆地中，宏观上将盆地分为西部平原、中部丘陵及东部平行岭谷三大地貌景观。

成都平原及川中丘陵区属于亚热带季风气候类型，冬冷夏热，春暖秋凉，四季分明，年平均气温 15 ℃～16 ℃，1 月最冷，均温 3 ℃～8 ℃，7 月最热，一般 25 ℃～28 ℃。全年无霜期长，一般可达 10 个月，但云雾多，湿度大、日照少。年降水量丰沛，平均 1 000 mm 左右，但季节分布不均，夏季集中多暴雨；秋季降水不多，但细雨纷飞，绵绵少晴；冬春两季少雨，在川中丘陵地带容易发生干旱。

重庆地区属于亚热带季风气候类型，具有冬暖春早，无霜期长、多云多雾、雨量充沛的特点。年平均气温 16 ℃～18 ℃，1 月最冷，均温 1 ℃～4 ℃，无冰雪期；夏季长达 4 个月以上，盛夏 7～8 月均温 26 ℃～28 ℃，长江河谷一带更热。年降雨量 1 000～1 400 mm，但季节分布不均，50%分布于夏季，多雷暴雨，或久晴不雨出现伏旱，春秋两季降雨 20%左右。

二、工程地质概况

1. 地质岩性

区内出露中生界白垩系（K）、侏罗系（J）、三叠系（T）地层；其中以侏罗系上统遂宁组（J_3s）、中统上沙溪庙组（J_2s）为主，占全线总长度的 80%左右，岩性为泥岩夹砂岩，或灰、紫灰色块状细粒长石石英砂岩、粉砂岩与暗紫红、棕红、灰紫色泥岩不等厚互层，局部地段出露巨厚层砂岩，表层全风化带（W_4）～强风化带（W_3）厚 3～15 m。三叠系（T）仅见于重庆地区（四川盆地东部平行岭谷区）低山背斜核部或两翼；白垩系（K）地层主要分布于成都平原及龙泉山脉两侧；第三系缺失；第四系（Q）松散堆积物分布较广，以冲积平原区、河谷阶地、缓丘槽谷等低洼地带较为集中且厚度较大，一般厚 2～15 m。

2. 地质构造

全线位于扬子准地台四川中台拗，为新华夏系第三沉降带之四川沉降带；东部是喜山运动早期的产物。线路跨成都平原、川中平缓低褶带及川东高褶带，构造形迹主要为龙泉山箱状背斜和华蓥山帚状褶皱束（川东南弧形构造带）。线路自西向东依次经过下列几个区域。

(1)成都平原区：是以成都凹陷为中心的川西块体相对沉降带，区内沉积了数十米至上百米的第四系（Q），至龙泉山脚基岩裸露，呈不对称状分布。

(2)龙泉山箱状背斜区：分布于龙泉山山脉，南起仁寿，北达中江，全长约 130 km，宽 15～20 km，构造形迹规模宏大。以龙泉山箱状背斜为骨干，包括一系列走向 N20°～30°E 的褶皱、冲断层等压性、压扭性结构面。核部最老地层为侏罗系上沙溪庙组（J_2s），两翼依次为遂宁组（J_3s）和蓬莱镇组（J_3p）。

(3)川中丘陵区块体是相对隆起带（四川沉降褶皱带），地表广泛出露侏罗系（J）大片基岩，构造形迹微弱，无明显线性构造，多为鼻状背斜、短轴背斜等低平穹状构造，且方向散漫不定。

(4)川东南弧形构造带～华蓥山断裂之川东褶皱束区：以华蓥山断裂为界，西部为川中丘陵区块体，东部由一系列北东～北北东向近乎平行的高背斜山脉及向斜谷地组成，地形高差达数百米。线路主要穿越的背斜有螺观山背斜、西山背斜、新店子背斜、东山背斜、沥鼻峡背斜、温塘峡背斜、观音峡背斜。

华蓥山大断裂为隐伏活动性深大断裂，成生早，规模大，具多期活动性，控制了东西两侧地史演化、构造成生和发展。

华蓥山大断裂以东为川东台褶带，是喜山期由 SEE 向 NWW 推挤于华蓥山大断裂受阻而渐次隆起、褶皱的地带，构造形迹为一系列 NE～NNE 向近于平行的狭长不对称褶皱，其中背斜成山挤压紧密，两翼陡峻但不对称，轴线扭摆弯曲；向斜成谷相对舒缓且向北翘起、向南散开，具"隔挡式"褶皱特点，断裂多发育于背斜轴部和倾伏端，且多为高角度走向逆冲断层(由 SEE 向 NWW 挤压逆冲)。区内发育的沥鼻峡背斜、温塘峡背斜、观音峡背斜及其间的璧山(干坝子)向斜、北碚向斜以及盐井溪断层、沥鼻峡断层等，均属于华蓥山帚状褶皱束的南延部分。

华蓥山大断裂以西为川中台褶带，因基底差异运动微弱，整体较稳定，仅盖层部分因周边水平应力压扭牵引而形成轻微褶皱，两翼岩层产状均平坦舒缓，岩层倾角一般小于 10°，断裂不发育。

3. 工程地质特征

控制线路方案的主要不良地质有煤层瓦斯及煤窑采空区、老窑积水、石灰岩采空区、岩溶；其他尚有滑坡、岩堆、顺层、危岩落石、可燃气体(天然气田)、人为坑洞(人防工事)、地震区、风化剥落等；特殊岩土主要有人工弃填土、软土(松软土)、膨胀土(岩)、石膏、盐溶角砾岩等。

4. 线路方案工程地质条件的总体评价

(1)成都东客站—龙泉段(DK0～DK23)，为成都冲积平原区，地形平坦、开阔，地形起伏相对较小，覆土较厚，局部残丘偶有基岩出露，地表多为果园、苗圃，偶为水塘、沼泽。多次跨过城市道路，人口、房屋较密集，交通方便。上覆第四系全新统、上更新统、中、下更新统人工填土、成都黏土(膨胀土)、粉质黏土、软土与松软土、粗圆砾土、卵石土、砂层等，厚度变化较大，一般厚 2～6 m、6～20 m 不等，局部地段厚达 40 m。下伏基岩为白垩系上统夹关组(K_2j)、下统天马山组(K_1t)泥岩夹砂岩，侏罗系上统蓬莱镇组(J_3p)泥岩夹砂岩，岩层产状较平缓，风化带厚度较大，受构造影响较小。地表水多对混凝土和混凝土结构无侵蚀性；在环境作用类别为化学侵蚀环境及氯盐环境时，地下水多具硫酸盐侵蚀和氯盐侵蚀，环境作用等级分别为 H1～H3、L1。主要工程地质问题是膨胀土、软土与松软土、石膏、顺层、地震液化及泥岩的风化剥落。本段总体评价工程地质条件一般。

(2)龙泉—荣昌段(DK23～DK204)，川中剥蚀丘陵区，地势起伏相对较小，上覆第四系全新统、上更新统人工弃填土、粉质黏土、膨胀土、软土与松软土、卵石土等，厚度变化较大，一般厚 2～6 m、6～12 m，局部地段厚达 30 m。沿线大面积分布侏罗系、白垩系"红层"泥岩、泥岩夹砂岩、砂岩，岩层产状平缓，风化带厚度小。地表水多对混凝土和混凝土结构无侵蚀性；在环境作用类别为化学侵蚀环境及氯盐环境时，地下水多具硫酸盐侵蚀和氯盐侵蚀，环境作用等级分别为 H1、L1。主要工程地质问题是人工弃填土、软土与松软土、膨胀土、膨胀性泥岩、石膏、滑坡、岩堆、顺层、危岩落石、可燃气体(天然气田)及泥岩的风化剥落。本段总体评价工程地质条件一般。

(3)荣昌—重庆段(DK204～DK306)，地处川东台褶带，属狭长条形低山山脉与丘陵槽谷沿区域构造线方向交替排列组成平行岭谷地貌，地势起伏较大，上覆第四系全新统、上更新统人工弃填土、粉质黏土、膨胀土、软土与松软土、卵石土、砂层等，厚度变化较大，一般厚 2～12 m，局部地段厚达 25 m。地层岩性复杂，下伏基岩为侏罗系、三叠系泥岩夹砂岩、灰岩、白云岩、泥灰岩、页岩、炭质页岩夹薄层煤、盐溶角砾岩、石膏等。地质构造较复杂，受构造影响，褶皱、断裂发育，岩层产状多变，节理发育。含煤地层、盐溶角砾岩与石膏地段地表水、地下水多对混凝土和混凝土结构具硫酸盐侵蚀，环境作用等级分别为 H1～H2。控制线路的主要工程地质问题是煤层瓦斯及煤窑采空区、老窑积水、石灰岩采空区、岩溶，其次还有滑坡、岩堆、顺层、危岩落石、可燃气体(天然气田)、人为坑洞(人防工事)、泥岩风化剥落、人工弃填土、软土与松软土、膨胀土(岩)、石膏、盐溶角砾岩等。本段总体评价工程地质条件较差。

三、水文地质特征

沿线江河、水库、堰塘分布较多，水量均受大气降水补给。长江、岷江(府河)、沱江及其支流清水河、蒙溪河、濑溪河、小安溪河等大小江河、沟渠为常年地表径流。

地下水类型主要有第四系松散岩类孔隙潜水、基岩裂隙水、岩溶水等。孔隙潜水主要分布于长江、岷江(府河)、沱江两岸河漫滩、河流阶地砂卵石及丘间宽谷低洼处松散堆积层中，受大气降水及河水等地表水流渗透补给。基岩裂隙水主要为红层丘陵区基岩裂隙水及须家河组碎屑岩裂隙层间水。岩溶水主要分布于沥鼻峡(云雾山)背斜、温塘峡(缙云山)背斜、观音峡(中梁山)背斜核部、两翼的灰岩、白云质灰岩、白云岩、角砾状灰岩、泥质灰岩等碳酸盐岩中。

沿线地表水、地下水水质类型主要以HCO_3^-－Ca^{2+}型与HCO_3^-·SO_4^{2-}－Ca^{2+}、SO_4^{2-}－Ca^{2+}·Mg^{2+}、Cl^-·SO_4^{2-}－Ca^{2+}型为主,一般为低矿化度淡水、软水、弱酸性～弱碱性水。据区域地质资料,白垩系(K)、侏罗系(J)“红层”泥岩、砂岩地层中含石膏、盐卤,地下水对混凝土多具侵蚀性;三叠系须家河组含煤层段、三叠系嘉陵江组与雷口坡组含膏盐地层地下水对混凝土也多具侵蚀性。根据《铁路混凝土结构耐久性设计暂行规定》(铁建设〔2005〕157号),在环境作用类别为化学侵蚀环境时,主要为硫酸盐侵蚀、酸性侵蚀、二氧化碳侵蚀,环境作用等级为H1～H3。

四、气象特征

沿线气候属中亚热带湿润季风气候区,受西南季风气候和地形影响,四季分明,雨热同季,冬暖春早,夏长秋雨,云雾多霜雪少。春季花明,夏日风清,秋熟香溢,冬至温润,空气湿度大,无霜期时间长,雨量充沛,日照少,风力小。根据收集资料,年平均气温16.9 ℃～18.2 ℃,常年降水在918～1 105 mm,主要集中在5月～10月,占全年降水的70%。日照年平均数为1 000～1 400 h,是全国最少的地区之一。

沿线气象资料汇总见表1-2-1。

表1-2-1 成渝客专沿线气象特征值表

气象特征值	单位	成都	简阳	资阳	资中	内江	隆昌	荣昌	永川	璧山	重庆
历年平均降雨量	mm	918.2	789	884.5	986.2	949.1	1 064	1 092.8	1 033.7	1 042	1 104.5
历年平均气温	℃	18.3	16.9	17.5	17.3	17.6	17.8	17.4	17.7		18.2
历年最高气温	℃	37.3	39	40	41.9	40.4	40.1	42	42.1	42.2	43.8
历年最低气温	℃	－5.9	－3.5	－4	－3.2	－1.7	－1.3	－3.4	－2.9	－3	－3.8
年平均相对湿度	%	82	78	80	81	82	85	83	82	81	80
最小相对湿度	%	18	12	15	17		17	11		15	11
历年平均风速	m/s	1.3	1.9	1.1	1.7	1.1	1.3	1.1	1.5	1.6	
历年最大风速	m/s	12	33	18.3	27	14.1	27.1	20	26	27	27
风向		EN	N	S	WNW	E	NNW		N	E	
平均雾天日数	日		55	56	82	40	49	54	40.6	38.7	148
平均雷暴日数	日		31.3	34	34	36	29	32.8	34.2	33	33.9

五、地震动参数

根据《中国地震动峰值加速度区划图》(GB 18306—2001)、《中国地震动参数区划图》(GB 18306—2001)国家标准第1号修改单以及《成渝铁路区域性地震区划报告》(四川赛思特科技有限责任公司),沿线地震动参数区划见表1-2-2。

表1-2-2 成渝客专沿线地震动参数区划表

里程范围	地震动峰值加速度	地震动反应谱特征周期	抗震设防烈度(度)
DK0＋000～DK48＋800 (K0＋685.588～K49＋512.789)	0.10*g*	0.45 s	7
DK48＋800～DK51＋200 (K49＋512.789～K51＋912.789)	0.10*g*	0.40 s	7
DK51＋200～DK51＋900 (K51＋912.789～K52＋612.789)	0.05*g*	0.40 s	6
DK51＋900～DK185＋400 (K52＋612.789～K185＋998.033)	0.05*g*	0.35 s	6

续上表

里程范围	地震动峰值加速度	地震动反应谱特征周期	抗震设防烈度(度)
DK185+400～DK238+100 (K185+998.033～K240+686.47)	0.10g	0.35 s	7
DK238+100～DK306+302 (K240+686.47～K308+616.831)	0.05g	0.35 s	6

第二节 主要技术标准

一、正线主要技术标准

1. 铁路等级:客运专线。
2. 正线数目:双线。
3. 最小曲线半径:7 000 m,进入枢纽可适当减小。
4. 限制坡度:20‰,困难地段可适当加大。
5. 到发线有效长度:650 m。
6. 牵引种类:电力。
7. 列车运行控制方式:自动控制。
8. 行车指挥方式:调度集中。

二、其他线路主要技术标准

其他线路为引入成都、重庆枢纽的联络线和改建既有线,线路设计标准按相应速度的《铁路线路设计规范》(GB 50090—2006)相关规定执行,详情如下:

(1)成贵成渝客专联络线,即成都南站至成渝客专的联络线,按 120 km/h 标准设计。

(2)成渝客专反发联络线,即成都东站 80 号道岔至成渝客专下行线 108 号道岔间的联络线,按 120 km/h 标准设计。

(3)成渝客专井西联络线,即成渝客专与井西线之间的联络线,按 120 km/h 标准设计。

(4)重庆西联络线,即重庆西站至成渝客专的联络线,按 120 km/h 标准设计。

(5)还建梨菜线,即改建位于沙坪坝进站端的梨菜线,按既有 80 km/h 标准设计。

第三节 主要工程特点和工程数量

一、主要工程特点

1. 设计标准高

本线为西南山区首条客运专线。在建设过程中,该线对路基、桥梁、隧道、无砟轨道等基础工程及“四电”集成工程要求高。

2. 路基工程

全线软土、松软土段落多,不良地质工点多且分散。路基工点 352 段,其中地基处理 432 处,堆载预压 55 处,短小路基 88 处(最短长度 22.39 m)。设计大面积采用改良土填筑路基,工后沉降控制难度大。

3. 桥梁工程

全线桥梁结构形式多样,有连续梁、连续梁-拱组合体系、道岔连续梁等,共 17 次跨越高速公路、等级公路和既有铁路,技术含量高,施工难度大。

4. 隧道工程

(1)全线短隧道较多,以Ⅳ、Ⅴ级围岩为主,比重占 88%。正线隧道中有 32 座隧道位于运架通道上,施工工期紧张。

(2)全线高风险隧道较多且环境地质极为敏感。新龙泉隧道为局部高瓦斯隧道；杜家坝隧道为高瓦斯隧道；新中梁山隧道为岩溶水循环带高风险岩溶隧道，并3次横穿既有铁路及公路隧道，高差最小净距为1.1 m；新红岩隧道是位于城市建筑物群下方的浅埋隧道，利用既有隧道扩孔成双线隧道，施工风险极大。

5. 外部建设条件困难

本线经川渝经济走廊，征地拆迁工作量大，而各省市征地拆迁标准不一，实施办法不同，协调难度较大。

沿线重点拆迁共计152处，其中：重点企业拆迁17处，超高压电力拆迁71处，国防光缆拆迁10处，油气管线和排水管线拆迁47处。

二、主要竣工工程数量

1. 成都东至半边山线路所段工程

本段正线段路基长度为100.272 km，土石方4 605.07万m^3；正线特大、大、中桥299座/158.951 km，涵洞163座/3 834.56横延米；正线双线隧道46座/44.631 km、左右分修单线隧道2座/8.243 km(中梁山隧道左线4 124 m，中梁山右线隧道4 119 m)；正线无砟轨道577.587 km，有砟轨道7.525 km，正线无砟道岔78组，有砟道岔1组；通信光缆684.7条公里、铁塔133座、设备233站处、GSM－R基站81套、直放站57处；信号计算机联锁设备11套、CTC站机设备11套、中继站13座、列控设备24套、集中监测设备24套、电源设备25套、RBC中心设备4套；电力架空线路46 km、电缆线路55.4 km、10 kV配电所7座、10/0.4 kV站房变电所及电力远动间35座、箱式变电站123座、10 kV站馈线路电缆15.32 km、10 kV贯通线电缆线路631.9条公里、低压电缆线路190.8 km；接触网承导线架设760.333条公里、正馈线593.792条公里、保护线576.621条公里、供电线85.34条公里；新建牵引变电所5座、分区所4座、AT所10座；新建9座车站票务系统、旅客服务系统、客运广播系统、视频监视系统等客服设施及相关信息工程；防灾异物侵限监测子系统7处、风监测子系统36处及雨监测子系统11处、地震监测子系统6处、终端设备6套、防灾中心设备1套；新建站房9座/76 726 m^2，10 kV配电所7座/4 373 m^2，牵引变电所5座/2 337 m^2，区间通信基站81处/1 782 m^2，给水所14座/994 m^2；声屏障178处，总长64 828 m。新建信息、客服、防灾等系统。

2. 半边山至重庆北段工程

本段共设桥梁3座/0.722 km、隧道6座/6.584 km、路基长度为0.634 km；有砟轨道16.717单线公里；有砟道岔3组。

通信专业干线光缆敷设54.3条公里、漏缆挂设26.72条公里、铁塔组立10座，通信设备安装共37站；信号专业1套计算机联锁设备、1套CTC站机设备、2套列控设备、1套集中监测设备、1套电源设备、光电缆敷设114.674条公里、转辙装置安装6组、信号机安装14架；接触网架设15.7条公里，承力索(JTMH－95)更换15.9条公里。回流线(LBGLJ－185/25)架设11.917条公里。井口至重庆北承力索(JTMH－95)架设2.242条公里，接触线(CTSH－120)架设2.242条公里；电力专业电源线架空线路16.42 km、电缆线路43.45 km、10 kV配电所3座、10/0.4 kV站房变电所及电力远动间16座、箱式变电站72座、电缆分支箱17台，电缆对接箱26台，10 kV站馈线路电缆5.87 km、低压电缆线路78.6 km。区间通信基站房屋1处，直放站房屋7处，线路所房屋1座/426 m^2。

3. 半边山线路所(不含)至沙坪坝站(不含)段工程

本段工程无砟轨道6.254单线公里；有砟轨道0.08单线公里；隧道2座/1.837 km(其中新中梁山左右线隧道本次验收余下的1 837 m)；桥梁1座/1.545 km；路基12 m；金属声屏障2.767 km；通信专业包含光电缆沟开挖3.26 km，光电缆敷设20.512条公里，漏缆敷设及漏缆卡具安装0.4 km，通信基站、直放站设备安装及调试2套，综合监控系统设备安装及调试2套；信号专业包含光电缆敷设40条公里，容安装72个，应答器安装8台；电力专业包含高压电缆敷设20.42条公里，隧道照明施工1.9 km；接触网专业包含支柱组立57根，吊柱安装50根，腕臂安装162组，承导线架设6.848条公里，AF线架设9.423条公里，PW线架设6.05条公里。

4. 沙坪坝铁路枢纽综合改造工程沙坪坝铁路站房及相关工程

本段工程含正线CRTSⅠ型双块式无砟轨道258.366 m、CRTSⅠ型双块式减振型无砟轨道1 127.804 m、有砟轨道345.416 m、减振型有砟轨道445.444 m；站到发线5股道及安全线2股道，CRTSⅠ型双块式减振型无砟轨道 2 819.51 m、有砟轨道 673.966 m、减振型有砟轨道 664.508 m；12 号有砟道岔 14 组(其中 3 组交叉渡线道岔)；路基 1.324 km；框架涵 3 座/128.61 横延米；金属声屏障 1.3 km；站房 13 794 m^2，铁路站场上盖 4.1 万 m^2，铁路配套用房 6 413 m^2；站台 3 座；站房变电所 1 座。通信光缆敷设 128.39 条公里、漏缆挂设 1.8 km、铁塔组立 1 座、通信设备安装共 4 站点、GPS 系统 1 套；信号道岔安装 23 组、信号机安装 23 架、轨道区段 43 个、光电缆敷设 47.6 条公里，联锁系统、列控系统、CTC 系统、微机监测系统、电务综合监督系统、电源系统各 1 套；电力电源电缆线路 2.33 km、新建 10 kV 配电所 1 座、10/0.4 kV 站区变电所及电力远动间各 1 座、箱式变电站 1 座、投光灯塔 1 座、10 kV 站馈线路电缆 3.4 km、10 kV 贯通线电缆线路 5.5 条公里、低压电缆线路 2.3 km；接触网承导线架设 11.874 条公里，正馈线架设 4.442 条公里，保护线架设 4.442 条公里；接触网隔离开关子站 3 台；新建 1 座车站票务系统、旅客服务系统、客运广播系统、视频监视系统等客服设施及相关信息工程；防灾设备安装 1 站点。

5. 重庆西联络线工程

成渝高速渝贵联络上行线长度 1.741 km，全为隧道；无砟轨道 1.741 km；18 号无砟道岔 2 组。成渝高速渝贵联络下行线全长 8.893 km，其中桥梁 5 座/1.172 km、隧道 7 座 5.420 km、路基 2.301 km；无砟轨道 0.279 km，有砟轨道 8.614 km；12 号有砟道岔 1 组。通信光缆敷设 164.46 条公里，漏缆挂设 9.036 km，铁塔组立 4 座，设备安装共 12 站点；信号轨道区段 24 个，信号机安装 6 架，应答器安装 53 台，光/电缆敷设 36.8 条公里；电力箱式变电站 6 座、10 kV 贯通线电缆线路 17.52 条公里、低压电缆线路 17.8 km；接触网承导线架设 12.033 条公里，回流线架设 9.44 条公里，架空线架设 0.195 条公里；变电接触网隔离开关子站 4 台。直放站 4 处/10.5 m^2。

第三章 建设概况

第一节 工程概况

成渝客专西起四川省成都市的成都东站,向东经龙泉、简阳、资阳、资中、内江、隆昌后进入重庆市境内,尔后经荣昌、大足、永川、璧山、大学城、沙坪坝后达本线终点重庆站,线路全长 307.931 km,其中四川省境内长度 185.503 km,重庆市境内长度 122.428 km。

一、正线工程

正线共设桥梁 299 座/158.951 km,占线路长度的 51.6%;共设双线隧道 46 座/44.631 km、左右分修单线隧道 2 座/8.243 km(中梁山隧道左线 4 124 m,中梁山右线隧道 4 119 m),折合长度占线路长度的 15.8%;桥隧总长 207.659 km,桥隧比重 67.4%。路基长度为 100.272 km,占线路长度的 32.6%。

二、引入成都枢纽相关工程

1. 委建成都枢纽成渝项目包括新建成渝客专正线、成贵成渝联络线、成渝客专反发联络线。其中:成渝客专正线从成都东站出发后经委建起点依次跨越驿都大道、成龙路、三环路、石胜路(锦江大道)抵达委建终点;成贵成渝联络上、下行线分别从成都南站引出后,跨越石胜路、三环路由华兴村线路所引入成渝客专正线。

2. 工程建设范围:

(1)委建段成渝客专正线 K0+685～K5+672,线路长 4.987 km(双线)。其中 K0+685～K4+425 为无砟轨道。成渝客专正线 K0+685～K5+672 线下工程及无砟轨道部分铺架、有砟道岔铺设、桥面系、声屏障及现浇箱梁(不含预制箱梁制运架、箱梁对应的桥面系及声屏障、双块式轨枕预制、无砟道床及无砟道岔铺设、无砟道床区段铺轨及精调,此部分由成渝公司实施)。

(2)成渝客专反发联络线 K0+400～K1+783,线路长 1.383 km。

(3)成贵成渝联络上、下行线,其中上行线 K0+421～K4+867,线路长 4.446 km;下行线 K0+000～K3+908,线路长 3.908 km。

3. 成都东、成都动车运用所相关工程。

三、引入重庆枢纽相关配套工程

(1)重庆北左右联络线:其中左线 1.490 km;右线 2.221 km。

(2)还建梨菜线 1.179 km;还建黄菜线 0.964 km。

(3)重庆西右联络线 1.632 km,左联络线 7.892 km。

(4)襄渝二线增建二线、沙坪坝站(DK296 +100～DK297+290)。

四、各专业工程概况

(一)轨道工程

1. 轨道

正线无砟轨道 596.356 单线公里,有砟轨道 40.274 单线公里;站线无砟轨道 16.337 单线公里,有砟轨道 27.898 单线公里;成渝客专反发联络线、成贵成渝联络上下行线有砟轨道 9.562 单线公里。

2. 道岔

正线无砟道岔 103 组，其中 42 号道岔 3 组，18 号道岔 100 组；有砟道岔 56 组，其中 18 号道岔 7 组，12 号道岔 24 组，9 号道岔 25 组；成都枢纽有砟道岔 10 组，其中 12 号道岔 2 组，18 号道岔 8 组。

3. 钢轨、轨枕及扣件

(1)钢轨

正线及相邻正线到发线钢轨采用 60 kg/m、定尺长 100 m、U71MnG 钢轨，其余到发线钢轨采用 60 kg/m、定尺长 100 m、U71Mn 无螺栓孔新钢轨，其余站线均采用 50 kg/m 的钢轨。

(2)轨枕

无砟轨道采用 SK-2 型双块式轨枕，有砟轨道采用Ⅱ型或Ⅲ型混凝土枕。

(3)扣件

无砟轨道扣件采用 WJ-8B 扣件，站线轨枕扣件采用弹条Ⅰ、Ⅱ型扣件。

(二)路基工程

(1)成都东至本线终点重庆站正线路基长 100.272 km。主要工程数量有区间路基土石方 3 121.43 万 m^3，站场路基土石方 1 430 万 m^3；圬工 215.03 万 m^3；CFG 桩 92.09 万 m，水泥搅拌桩 50.93 万 m，柱锤冲扩桩 3.92 万 m。

(2)成都枢纽成渝客专反发联络线路基长 0.517 km，成贵成渝联络上行线路基长 2.436 km，成贵成渝联络下行线路基长 0.755 km。主要工程数量有土石方 30.18 万 m^3，CFG 桩 1.04 万 m，圬工 4.93 万 m^3。

(3)重庆枢纽路基长 2.18 km。主要工程数量有土石方 23.46 万 m^3，圬工 2.26 万 m^3，柱锤冲扩桩 1.51 万 m。

(三)桥涵工程

(1)正线桥梁 299 座计 158.951 km，其中特大桥 75 座计 108.618 km，大桥 163 座计 45.18 km，中桥 61 座计 5.152 km；成渝客专反发联络线特大桥 1 座长 0.867 km；成贵成渝联络上行线桥梁共 5 座计 2.317 km(其中，特大桥 2 座计 2.018 km，大桥 1 座计 0.19 km；中桥 2 座计 0.109 km)，成贵成渝联络下行线特大桥1 座计 1.987 km。全线最长桥梁为成都高架特大桥，全长 22.014 km。

桥梁采用了预应力混凝土简支箱梁、预应力混凝土连续梁、连续梁-拱组合体系桥等。其中：预应力混凝土箱梁跨度一般采用 32 m、24 m；预应力混凝土连续梁一般采用(32＋48＋32)m、(40＋56＋40)m、(40＋64＋40)m、(48＋80＋48)m、(60＋100＋60)m、(68＋120＋68)m、(76＋144＋76)m 等多种跨度的连续梁；连续梁-拱组合体系桥分别采用(90＋180＋90)m 、(78＋168＋78)m 跨度。桥墩主要有双线圆端形桥墩和双线圆端形空心墩；常用跨度正线双线桥台采用矩形空心桥台，非正线单线桥台采用 T 形、矩形实体桥台。

(2)全线框架桥共 25 座计 677.26 m(其中上跨框架桥 6 座 282.96 m)，采用 1-8 m，1-10 m，1-12 m，2-12 m，(6＋15＋15＋6)m，2-16 m 等多种跨度。

(3)旅客地道 11 座计 5 140.176 m^2。

(4)框架涵共 163 座计 3 834.56 横延米，采用 1.5～6.0 m 等多种跨度。涵洞设置以不改变原有交通(公路、道路)灌溉及排水系统为原则。

(5)倒虹吸采用圆管涵，正线倒虹吸共设 3 座计 87.2 横延米。

(6)渡槽共 4 座计 375.48 横延米，采用矩形墩、U 形截面钢筋混凝土梁结构，全封闭方式上跨成渝客专正线。

(四)隧道工程

全线正线隧道 48 座长 52.874 km，其中双线隧道 46 座长 44.631 km，单线隧道 2 座长 8.243 km，折合长度占线路总长的 15.8%。5 km 以上隧道 3 座长 19.081 km，最长隧道为龙泉山隧道全长 7.328 km。重庆枢纽联络线隧道 9 座长 11.662 km。

(五)精密工程测量

全线共布设 CP0 点 11 个，CPⅠ控制点 115 个，CPⅡ控制点 324 个点，二等水准点 184 个。平面坐标系统采用工程独立坐标系统，采用 WGS-84 坐标系参考椭球，高斯投影，东坐标和北坐标的加常数分别为

500 km、0,工程椭球构造采用改变椭球参数的方法(即参考椭球长半轴直接加投影面大地高并保持扁率和定向不变)。高程系统1985国家高程基准。

(六)声屏障工程

全线设声屏障段落总长62.716 km。其中,路基地段总长13.781 km,桥梁地段总长48.935 km。全线共设置声屏障14.90万m^2。

第二节 参建单位及标段划分情况

一、建设单位

成渝公司为本项目建设单位,负责全线建设管理工作;下设永川段落指挥部和资阳现场指挥部负责现场安全质量管理工作。

成绵乐铁路客运专线有限责任公司,负责代建成渝高速正线K0+685~K5+672段(不含预制箱梁制运架、箱梁对应的桥面系及声屏障、双块式轨枕预制、无砟道床及无砟道岔铺设、无砟道床区段铺轨及精调,此部分由成渝公司实施)、成渝高速反发联络线、成贵成渝联络线相关工程建设管理。

重庆城市综合交通枢纽开发投资有限公司负责建设重庆沙坪坝铁路枢纽综合改造工程沙坪坝铁路站房及相关工程建设管理。

二、设计单位

中铁二院工程集团有限责任公司为本项目的总体设计单位,负责成渝客专全线站前、四电、配套生产用房工程勘察设计工作。

中铁二院工程集团有限责任公司负责重庆沙坪坝铁路枢纽综合改造工程沙坪坝铁路站房及相关工程设计工作。

悉地(北京)国际建筑设计顾问有限公司负责简阳南、资阳北、资中北、内江北、隆昌北、荣昌北、大足南、永川东站站房工程设计工作。

中南建筑设计院股份有限公司负责璧山站站房工程设计工作。

三、施工图审核单位

武汉铁四院工程咨询有限责任公司负责成渝客专施工图审核(不含委建工程)。

中铁第一勘察设计院集团有限公司负责委建成都枢纽相关工程施工图审核工作。

中国中铁第五勘察设计院集团有限公司负责重庆沙坪坝铁路枢纽综合改造工程沙坪坝铁路站房及相关工程施工图审核工作。

四、施工单位

(1)站前工程标段划分及施工单位见表1-3-1。

表1-3-1 站前工程标段划分及施工单位

标段编号	施工单位	工程范围
CDSNZQ-1标	中铁十四局集团有限公司	成渝客专正线K0+685~K5+672桥涵(不含K4+414~K4+937、K5+264~K5+543段的箱梁制运架及对应的桥面系)、路基、轨道(不含K4+425~K5+672)、声屏障(不含K4+597~K5+232、K5+445~K5+672)、精密工程测量(不含K4+425~K5+672)和成渝客专反发联络线、成贵成渝联络线上下行工程范围内桥涵、路基、轨道、声屏障、精密工程测量
CYSG-1标	中铁八局集团有限公司	K5+672~K56+290范围内路基、隧道、桥梁下部,K4+414~K4+937、K5+264~K5+543、K5+687~K56+290桥梁上部箱梁制运架、箱梁对应的桥面系,K4+597~K5+232、K5+445~K56+290范围内声屏障工程、K4+425~K56+290范围内精密工程测量

续上表

标段编号	施工单位	工程范围
CYSG-2 标	中铁十六局集团有限公司/中国建筑铁路建设有限公司联合体	K56＋290～K130＋662 站前工程(不含铺轨、铺岔)
CYSG-3 标	中交第二航务工程局有限公司	K130＋662～K188＋488 站前工程(不含铺轨、铺岔)
CYSG-4 标	中铁十一局集团有限公司	K188＋488～K242＋740 站前工程及全线铺轨、铺岔
CYSG-5 标	中铁二局股份有限公司	K242＋740～K291＋684 站前工程(不含铺轨、铺岔)
CYSG-6 标	中铁十七局集团有限公司	K291＋684 经重庆北左、北右联络线,重庆西左、右联络线及既有线升级改造工程及重庆枢纽内轨道、道岔铺设
沙坪坝综合枢纽	中铁十七局集团有限公司	K298＋555.697～K299＋879.88 站前工程(不含铺轨、铺岔)

(2)四电集成工程标段划分及施工单位见表 1-3-2。

表 1-3-2　四电集成工程标段划分及施工单位

标段编号	施工单位	工程范围
CYSD-1 标	中国铁建电气化局集团有限公司	K5＋672～K308＋595 段四电工程及独立四电用房施工
CDSNSD-1 标	中铁三局集团有限公司	代建成渝高铁正线、成渝高铁反发联络线、成贵成渝联络线四电系统集成及设备房屋等相关工程

(3)站房工程标段划分及施工单位见表 1-3-3。

表 1-3-3　站房工程标段划分及施工单位

标段编号	施工单位	工程范围
CYZFSG-1 标	中铁建工集团有限责任公司	简阳南站、资阳北站、资中北站、内江北站、隆昌北站以及 K5＋672～K188＋488 段生产生活用房施工
CYZFSG-2 标	中铁八局集团有限公司	荣昌北、大足南、永川东、璧山站 K188＋488～K308＋595 段生产生活用房施工
—	中铁十七局集团有限公司	沙坪坝站

五、监理单位

监理标段划分及监理单位见表 1-3-4。

表 1-3-4　监理标段划分及监理单位

标段编号	监理单位	监理范围
CDSNJL-1 标	成都大西南铁路监理有限公司	成渝正线 K0＋640.334～K5＋672.644,线路长 5.032 km(双线),其中 K0＋640.334～DK4＋425.588 为有砟轨道。成渝客专引入成都东客站正线 K0＋640.334～K5＋672.644 线下工程及有砟轨道部分铺架、有砟道岔铺设、桥面系、声屏障及现浇箱梁(不含正线预制箱梁制运架、箱梁对应的桥面系及声屏障、双块式轨枕预制、无砟道床及无砟道岔铺设、无砟道床区段铺轨及精调),成渝反发联络线 K0＋399.05～K1＋783.84,线路长 1.385 km。成渝成都南联络左、右线,其中左线线路长 4.387 km;右线线路长 3.866 km 监理范围内的三电迁改、改移道路、路基、桥涵、轨道、房屋、通信、信号、电气化接触网、环保、其他运营商生产设备及建筑物等施工全过程的工程建设监理
CYJL-1 标	中铁武汉大桥-合乐中国有限公司联合体	K5＋672～K130＋662 范围内的轨道、路基、桥涵、隧道工程,以及 K4＋414～K4＋937、K5＋264～K5＋543 段的箱梁制运架及对应的桥面系,K4＋425～K5＋672 段的轨道工程(不含铺轨、铺道岔),K4＋597～K5＋232、K5＋445～K130＋662 段的声屏障工程,以及 K4＋425～K130＋662 范围内的精密工程测量
CYJL-2 标	四川铁科-意大利 GEODATA 联合体	K130＋662～K242＋740 段范围内的站前站后工程全部工程及 K4＋425～K296＋084 铺轨工程

续上表

标段编号	监理单位	监理范围
CYJL-3 标	北京铁城-德国欧博迈亚公司联合体	1. 成渝客专正线 K242+740～K308+616(永川东站～重庆站)长 65.876 km,涉及站前 CYSG-5 标、CYSG-6 标和站后 CYSGZF-2 标、CYSD-1 标,共 4 个施工标段;管段隧道总长 24.465 km、桥梁 20.535 km、路基 20.876 km、车站 4 座及站区附属设施、四电安装等工程(不含沙坪坝车站线下工程和正线铺轨)。 2. 重庆枢纽联络线 成渝高速渝贵联络线(成渝客专西左、西右联络线):下行线 K0+000～K7+893 线下工程和 K0+000～K7+793 铺轨工程、上行线 K0+000～K1+740.690 范围内工程;(单线)。 新建成渝客专井西联络线(下行 K0+000～K1+353、上行 K0+000～K2+372)、井西线(双碑隧道扩挖 K8+514～K10+253、蔡东联络线双碑隧道利旧段 K10+253～K11+425、K11+624～K12+241、K12+447～K12+277、井西上行 K6+226～K8+586)、歌双线上行 K6+928～K8+246,既有蔡东联络线升级改造 K6+591～K8+887 及开通至歌乐山站重庆枢纽封闭网内工程,长 1.523 km(成渝客专井西联络线下行线 5 号道岔安全线 0.085 km、重庆西左联络线 CXLZDK0+000～CXLZDK0+397 段 0.397 km、井西线双碑隧道(下行线里程)K11+449～K12+490 段 1.041 km),线路全长下行 7.276 km、上行 7.482 km 范围内工程。 3. 沙坪坝车站 (1)沙坪坝车站四电相关工程。 (2)沙西线 LCGDK1+140～LCGDK2+577.294 段范围内工程(不含沙坪坝车站线下工程)

重庆沙坪坝铁路枢纽综合改造工程的监理单位及监理范围如下:

成都大西南铁路监理有限公司负责监理成渝高速上行 K298+546.559～K299+870.742、下行 K298+555.697～K299+879.88 范围内的路基、桥涵、声屏障工程及精密工程测量;还建梨菜线(沙西线)LCGDK2+439.64～LCGDK2+577.294 段工程范围的路基、桥涵工程。

北京铁城-德国欧博迈亚联合体负责监理成渝高速上行 K298+546.559～K299+870.742、下行 K298+555.697～K299+879.88 范围内的轨道工程。

六、其他主要参建单位

(1)沉降观测评估单位为四川西南交大铁路发展有限公司。

(2)CPⅢ控制网测量评估单位为中铁第四勘察设计院集团有限公司。

(3)检测单位

中铁西南科学研究院有限公司负责 K5+672～K308+595.193 段所有桥梁桩基完整性质量检测。

北京市建设工程质量第三检测所有限责任公司负责 K5+672～K188+488 所有隧道衬砌、路基填筑、抗滑桩、挡墙、边坡锚杆(抽检 2%)质量检测。

四川正成铁路工程质量检测有限公司负责 K188+488～K308+595 及委建段所有隧道衬砌、路基填筑、抗滑桩、挡墙、边坡锚杆(抽检 2%)质量检测。

武汉铁辰工程检测有限公司负责简阳南站、资阳北站、资中北站、内江北站、隆昌北站、荣昌北站、永川东站、大足南站、璧山站等 9 座车站的站房基桩及钢结构焊缝进行质量检测。

南宁铁路局科学技术研究所负责委建段成渝高铁正线 K0+685～K5+672、成渝高铁反发联络线、成贵成渝联络上下行线桥涵混凝土基桩检测工作。

重庆荣成建设工程质量检测有限公司负责对沙坪坝站的站房基桩进行质量检测,中国船级社实业公司负责对沙坪坝站的钢结构焊缝进行质量检测。

第四章 综合评价

成渝客专西起四川省成都市的成都东客站，向东经简阳、资阳、资中、内江、隆昌后进入重庆市境内，后经荣昌、大足、永川、璧山、沙坪坝后达本线终点重庆站，线路全长 307.931 km，其中四川省境内长度 185.503 km，重庆市境内长度 122.428 km。

本线设计速度 250 km/h 并预留提速条件，是以简支箱梁、无砟轨道、无缝线路为主的客运专线。在建设过程中，该线对路基、桥梁、隧道、无砟轨道等基础工程及“四电”集成工程要求高。全线路基工程结构类型多，不良地质工点多，且工点分散。桥梁结构形式多样，有连续梁、连续梁-拱组合体系、道岔连续梁等，且多次跨越既有公路和铁路，技术含量高，施工难度大。全线高风险隧道较多，地质构造复杂，不良地质和特殊地质多，施工技术复杂，风险极大。本线经川渝经济走廊，征地拆迁工作量大，难度大，而各省市征地拆迁标准不一，实施办法不同，协调难度较大。

通过建设单位、设计单位、承包单位、监理单位的共同努力，在中国铁路总公司相关部门的指导和监督下，成渝客专工程建设严格执行了国家和中国铁路总公司有关政策、规程、规范和强制性标准，按批准的设计标准建成，劳动、卫生、安全、消防等设施符合设计和验收标准；环境保护、水土保持工程按环评报告书和水保方案及批复意见同步建成；地质灾害整治措施及建筑抗震设防得到落实；竣工文件基本齐全；建立应急预案和办法，能够支撑信息系统开通。另外，静、动态验收问题整改已基本得到落实；动态检测报告认为全线检测结果符合动态检测大纲要求，静、动态验收报告通过工务、电务、系统集成专业专家组评审。全线未发生较大及以上安全事故，施工安全状况良好，总体质量符合设计及验标要求，工程总体质量合格，满足设计要求。

一、安全质量管理

成渝客专自 2010 年 10 月开工建设以后，严格执行国家颁布的法律法规，落实中国铁路总公司的安全质量管理要求。为确保成渝客专工程质量及施工安全，公司结合工程建设实际，制定了各种行之有效的安全质量管理制度，采取了切实可行的安全质量管理措施，有效保证了工程建设平稳推进，安全质量整体有序可控。

二、施工组织管理

(1)工程开工建设以来，公司以打造世界一流精品工程为目标，全面落实“六位一体”和“高起点开局，高标准管理，高效率推进”的要求，坚持高标准、高质量、高效率的原则，科学安排施工组织，不断强化技术管理，严格控制工程进度，各项工作扎实有序推进。

(2)在施工过程中，根据总体工期要求及各工点实际情况，严格专项施组审查，及时进行方案优化，较好地解决了施工难题，确保了工期目标。

(3)根据公司标准化管理要求，组织各单位分专业编制了作业指导书，用以指导全线施工，并在施工过程中根据实际施工情况及工程效果对作业指导书进行修改完善，同时根据施工过程中工程变更等情况对作业做指导书的范围进行补充，有效地指导了全线各专业工程的施工，确保了工程质量、满足了工期要求。

(4)为加强现场施工质量，实行样板引路，公司分阶段制定了各专业首段(首件)验收评估管理办法，就评估验收和施工技术标准提出明确要求。各专业工程施工前首先选取一段作为首件工程，按照编制的作业指导书进行施工，完工后公司组织对首件工程按照管理办法进行评估，完成首件(首段)评估后，由各标段施工单位修改完善作业指导书和工艺细则，对全标段进行培训和技术指导，然后推广大面积施工。通过首段验收评估制度的实施，工程质量内实外美、达到精品质量标准。

(5)全线建设工期遵循“统筹规划、科学组织，重点先行、分段展开，均衡生产，有序推进”的指导思想合理安排;高度重视、优先处理对工程影响大的征地拆迁、重大迁改和图纸供应两大外在因素,创造工期保证的良好外部环境;抓住实施性施组动态调控、施工合同硬化监管、工程进度信息化管理和进度管理激励制度四项保障措施,确保工期节点可控;同时,在工程中,将依靠科技进步,大力推广"四新"技术应用,提高施工效率,为全线工期的实现提供保障。

三、施工协调管理

为确保成渝客专建设有序推进,公司设置了对外协调机构,负责对外协调工作,先后就征地拆迁、三电迁改、火工品供应等问题同地方政府及相关部门进行协调,重大协调问题公司领导亲自挂帅,有效地解决了影响工程建设的问题,为工程顺利进行提供了先决条件。

解决对外协调问题的同时,公司加强了对设计、监理、咨询及施工等参建单位之间的协调工作。按照指导性施组制定的节点目标,制定了施工图供图时间表、督促设计单位按照时间要求提供时间图,并与考核进行挂钩,保证了施工现场的需要。针对与站后工程交叉施工、施工接口众多并相互牵制影响的现状,为确保各工程按照施组目标有序推进,公司组织施工、监理单位对管段内的各施工接口的施工范围、施工顺序、时间节点以及材料供应等问题进行了一一梳理,按照全线剩余工程指导性施组节点工期安排,组织施工单位制定了四电接口工程施工计划表,按照接触网基础、电缆槽、电缆井等相关接口工程分段制定完成及交接的时间节点,并按照计划进行督导,保证了接口工程的按时完工,满足了四电施工的需要,同时配合安质部进行现场检查,确保了工期及工程质量。

四、计划物资管理

以控制质量为根本,以落实合同为中心,以保证供应为关键,监督供货渠道,对计划实行动态管理,随时掌握施工动态、市场变化和天气情况,特殊时期能做到施工现场高于一切,急工地之所急,特事特办保物资供应,最终确保完成投资计划。

第二篇

建 设 管 理

第一章 建设管理模式

成渝客专由铁道部和四川省、重庆市共同出资建设，部省组建的成渝公司作为项目法人，对成渝客专成都至重庆段项目设计、筹资、建设管理负全责。

本项目的管理模式为总经理领导下的公司负责制、施工总价承包制、设计咨询制、工程监理制。

为适应铁路跨越式发展的新形势，树立全新的建设管理理念，按照“一流的工程质量、一流的装备水平、一流的运营管理”的建设要求，以合同管理为基础，“六位一体”为目标开展项目管理。

一、构建现代企业制度下的项目建设管理主体

为高标准建设成渝客专，全面落实“六位一体”建设管理要求，实现建设目标，根据铁道部《铁路建设管理办法》(铁道部令 2003 第 11 号)、《关于规范铁路建设指挥部的指导意见》(铁劳卫〔2007〕170 号)、《建设指挥部管理办法指南》(建建〔2007〕72 号)、《铁路建设指挥部管理办法》(铁建设〔2007〕177 号)、《关于推进建设单位标准化管理工作的指导意见》(铁建设〔2008〕45 号)、《铁路建设项目管理指南(试行)》《铁路建设项目管理工作手册(试行)》等文件规定，2010 年 7 月 30 日，铁道部和四川省、重庆市人民政府分别授权成都铁路局、中国铁路发展基金股份有限公司、四川成渝客专铁路投资有限责任公司、重庆城市交通开发投资(集团)有限公司、重庆融智铁路投资有限公司，共同投资组建成渝铁路客运专线有限责任公司(简称“成渝公司”)，负责成渝客专项目的建设和经营管理工作。2010 年 8 月 25 日，成渝公司正式注册成立。成渝公司是成渝客专建设组织实施机构，是实现建设目标的直接责任者。

成渝公司努力整合各方优势资源，有效调动各方的积极性，创新运行机制，实现了公司管理效能的最大化，为顺利实现一流的建设目标奠定了坚强的基础。

公司实行项目法人责任制，将工程建设与现代企业制度紧密结合，不仅实现了政企分开，而且把投资者的所有权和经营权分离，相比传统的铁路工程建设管理模式具有明显的优势。成渝公司按照“产权明晰、权责明确、政企分开、管理科学”的目标，不断完善企业内部治理结构。公司每年召开两次股东大会、董事会和监事会，由公司经理层报告建设工作情况，将有关投资计划安排、施工组织设计、资金使用情况、建设管理费使用及安排等重大事项提交大会审议，广泛征求股东的意见，形成决议后付诸实施。如有建设过程中的重大问题，公司经理层随时向股东方进行汇报。

通过定期召开“三会”，理顺了公司治理结构，形成了路地双方团结协作推进工程建设的良好局面。同时，公司和地方建立起了良好的沟通交流机制，在征地拆迁、工程验收、工程建设遗留问题等涉及地方政府和有关部门的问题处理上，争取到了地方股东的大力支持。

二、科学规范的标准化管理体系

标准化管理是加强建设项目管理、实现建设项目目标的一项基础性、长期性工作，是新形势下项目管理工作方式方法的创新和发展，是又好又快地实现大规模铁路建设的保障。成渝客专建设，严格贯彻铁道部《关于推进建设单位标准化管理工作的指导意见》《铁路建设管理办法》精神，坚决推行四个标准化，将标准化管理工作贯穿于建设始终，率先推动公司的标准化管理，带动和推进设计、施工、监理等单位标准化管理，形成自上而下、上下联动的整体推进局面，实现成渝客专建设目标。

各参建单位根据国家、铁道部、建设部相关法律法规、规章，公司管理办法，各单位所在总公司、集团公司相关管理规定和办法，并结合各自标段实际，制定了相应管理制度。构建结构清晰、职责分明、内容稳定、体现“六位一体”管理要求的标准化监理项目部、标准化项目部、标准化工地和标准化作业，以及实施有规范、操作有程序、过程有控制、结果有考核的项目管理制度。

(一)建立健全标准化管理组织网络

建立公司及各施工、监理、勘察设计、咨询等单位的标准化管理组织网络。各施工、监理、勘察设计、咨询等单位成立专门的标准化管理工作领导小组，建立起一把手总负责和分管领导具体负责的领导责任制度，明确相应管理机构、人员以及任务和时间要求，确保责任到位、工作到位、措施到位。

(二)建立协调联动的标准化管理体系

建设项目标准化管理是一项系统工程，必须结合成渝客专建设实际，以公司标准化管理为先导，协调、带动、督促其他各参建单位推进标准化管理进程。建立、健全以“六位一体”管理要求为主线，覆盖建设全过程、全方位和全部参建单位的完善的标准化管理体系，实施分级控制，目标考核，实现全项目以及项目建设全周期的标准化。

(三)梳理管理流程，理顺管理程序

各参建单位在本单位内对管理流程进行梳理，结合企业管理现状，应用 ISO 9001、ISO 14001 和 OHSAS 18001 管理工具，理顺管理流程提高工作效率，保证各项管理工作的全面性、系统性和严谨性。管理体系如图 2-1-1 所示。

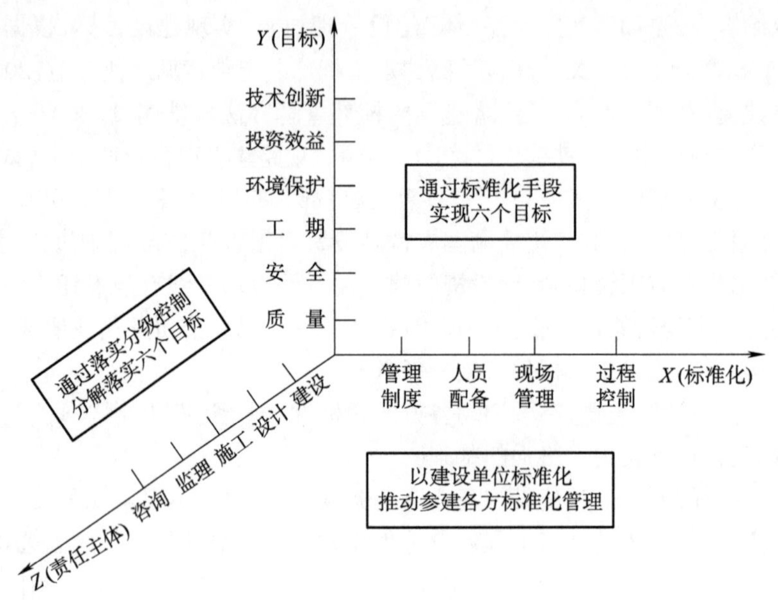

图 2-1-1 管理体系图

监理单位根据投标承诺和监理规划，全面理顺监理单位内部管理流程，建立健全各项管理制度，保证监理工作的针对性和有效性。

施工单位根据投标承诺和施工组织设计，理顺管理流程，做到项目管理系统化，保证项目管理过程中各项工作的持续性、有效性、充分性和适宜性。

设计单位根据企业内部管理特点，针对现场设计服务工作，分析各种可能存在的问题，严格按照相关规定办理设计变更事宜和设计技术服务支持工作。

咨询及第三方检测等单位按照合同和投标承诺，针对现场咨询等任务，识别各项咨询等工作流程，细化咨询等内容。

(四)合理界定各层次管理职责和权限

各参建单位在识别管理流程的基础上，针对不同的管理层次和职能，界定各自的职责和权限。

监理、施工单位规定不同管理层次的管理职责，并细化到每一个岗位，规定其岗位职责和权限、工作内容和工作流程等。

设计、咨询及第三方检测等单位按照投标承诺和所承担的工作内容，明确具体部门人员在设计、咨询过程中的相关职责、权限等。

三、高效完善的管理运行体制

成渝公司实行董事会领导下的总经理负责制，公司对工程建设安全、质量、进度、投资、征地拆迁、环保、精神文明建设、技术创新向铁道部负总责，授权指挥部分段组织建设，各指挥部对管段内工程建设安全、质量、进度、投资、环保、技术创新向成渝公司负责。

公司按照决策、执行、监督分开的原则推进建设管理工作，公司负责决策和监督，指挥部负责执行。公司职能部门对指挥部进行业务指导。公司实行分级、分权、分段管理，日常建设管理由各指挥部承担，例外管理由武广公司负责决策，指挥部组织实施。

公司对例外管理决策实行民主集中制，重大事项由各业务部门提出意见，同一事项涉及多个部门时，由主管业务部门提出意见，分管领导(或授权部门负责人)组织专业委员会集体研究提出建议，上报总经理或总经理办公会决策。

为切实提高公司监督效果和各建设指挥部的执行力，公司建立了督查督办制度，由综合部对公司决策和各项重点工作进行督查督办。

公司每季度对指挥部工作进行绩效考核，指挥部对公司领导和职能部门的履职情况进行测评。公司对指挥部运行状况和工程状态进行监控，并定期组织现场办公，对指挥部的管理工作和工程状态进行分析评估，针对薄弱环节提出改进建议和整改指令，指挥部组织整改并报告整改结果。

指挥部实行指挥长负责制。指挥部内设机构自行确定。指挥部建立定期风险评估机制。指挥部按照PDCA循环原则推进并不断改进工程建设，努力实现建设过程的有序可控。

指挥部对公司实行定期(周、月)书面报告工作制度，特殊问题专题报告。公司对指挥部报告的问题及时组织研究，并书面回复。

公司要求各部门、建设指挥部努力减少各种会议、切实提高会议效率、决策效率；各种检查要目的明确、带着问题检查、坚决避免形式主义，从而使参建各方的各级领导有更多的时间和精力抓工程建设。

运行机制实现了公司管理效能的最大化。

一是提高了公司的决策能力。体现了“逐级负责、权责结合、重心下移、强化现场”的原则，确保了公司领导从日常管理事务中解放出来，集中精力思考和解决影响工程建设的施组方案、设计供图、征地拆迁、Ⅰ类变更设计、钢轨、道岔等重点物资供应、站前站后单位之间的协调等重大问题，切实提高了公司的决策效率和决策水平。

二是提高了建设指挥部的执行力。建设指挥部得到充分授权，集中精力负责日常建设管理，解决好技术标准、技术方案、安全措施、质量要点、环保措施等的落实，极大提升了指挥部的执行力和现场管理水平。

第二章　建设管理机构

第一节　建设管理机构的设置

成渝公司为本项目建设单位，负责全线建设管理工作；下设永川段落指挥部和资阳现场指挥部负责现场安全质量管理工作。

成绵乐铁路客运专线有限责任公司，负责代建成渝高速正线K0＋685～K5＋672段(不含预制箱梁制运架、箱梁对应的桥面系及声屏障、双块式轨枕预制、无砟道床及无砟道岔铺设、无砟道床区段铺轨及精调，此部分由成渝公司实施)、成渝高速反发联络线、成贵成渝联络线相关工程建设管理。

一、成渝公司

成渝公司组织管理机构如图2-2-1所示，公司管理机构职责分工见表2-2-1。

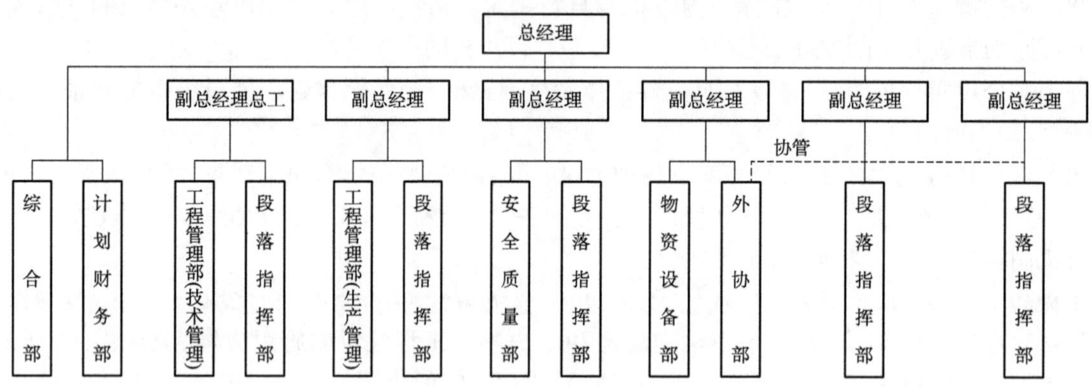

图2-2-1　成渝公司组织管理机构

表2-2-1　成渝公司管理机构职责分工表

建设管理工作		综合管理部	计划财务部	工程管理部	安全质量部	物资设备部	外协办	段落指挥部
勘察设计管理	勘察设计管理	○	○	●	○	○	○	○
	科研和技术引进		○	●	○	●		○
	施工图审核		○	●			○	○
	变更设计		●	●	○		○	●
工程管理	工程技术管理			●	○			●
	工程质量及安全	○		○	●	○	○	●
	施工组织管理	○	○	●	○			●
	材料设备管理		○	○	○	●		●
	工程调度	○	○	●	○	○	○	●
工程投资管理	合同管理	○	●	○	○	○	○	○
	投资控制		●	○		○	○	●
	计量计价		●	●	○	●	●	●
建设管理	征地拆迁			○		○	●	●
	环保水保			●	○	○	○	●

注：●—表示主要责任部门；○—表示相关责任部门。

二、成绵乐铁路客运专线有限责任公司

成绵乐铁路客运专线有限责任公司组织管理机构如图 2-2-2 所示。

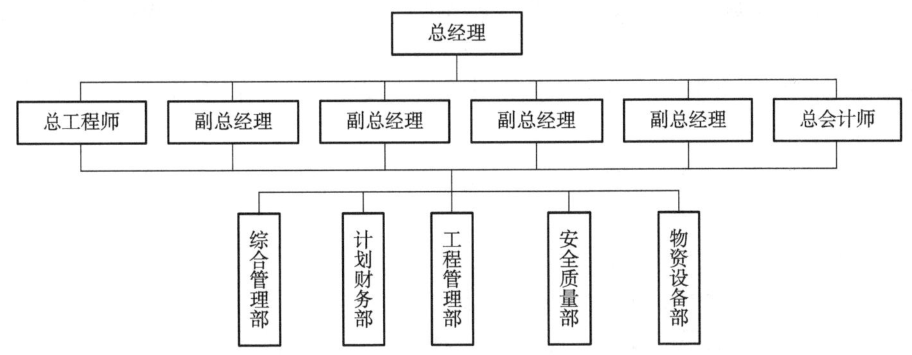

图 2-2-2 成绵乐铁路客运专线有限责任公司组织管理机构图

三、重庆城市综合交通枢纽开发投资有限公司

重庆城市综合交通枢纽开发投资有限公司负责建设重庆沙坪坝铁路枢纽综合改造工程沙坪坝铁路站房及相关工程建设管理。重庆城市综合交通枢纽开发投资有限公司组织管理机构如图 2-2-3 所示。

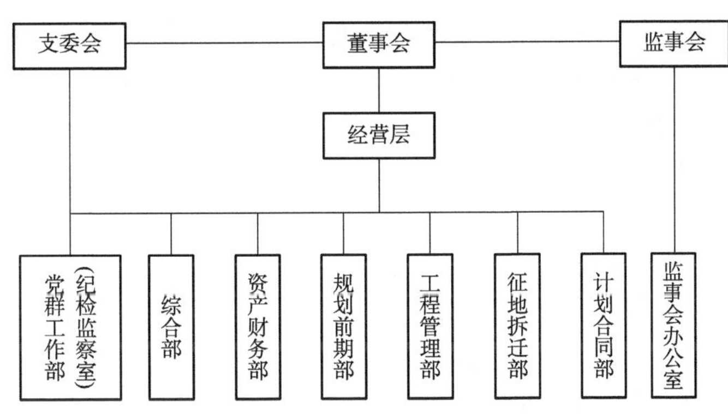

图 2-2-3 重庆城市综合交通枢纽开发投资有限公司组织机构图

第二节 部门职能

一、成渝公司

（一）公司管理职责

（1）执行国家法律法规和铁道部规章制度，按照批准的建设规模、技术标准、建设工期和投资组织建设，组织编制本项目的具体实施细则、办法，对工程安全、质量、工期、投资、环境保护、科技创新全过程负责，积极推行标准化管理，实现建设目标。

（2）执行铁道部与有关方面签订的协议，及时办理用地预审和审批的报批手续，及时完成征地拆迁工作，组织落实好环保、水保、地灾评估、压覆矿评估、防洪影响评估、地震评估、通航论证、林业评估、立交安全评估等相关工作。

（3）依法组织招标，选择勘察设计、施工、监理单位等，选择工程地质勘察监理、工程咨询和第三方检测单位。依法签订合同，严格履行合同。负责对施工、监理单位质量信用评价的现场检查和勘察设计单位季度考核的组织工作。

（4）组织勘察设计工作，审查勘察大纲，组织初步设计、施工图设计，初审初步设计，审核施工图文件，对勘察设计工作进行监督，对设计单位现场配合工作进行管理，按时将初步设计初审意见及设计文件报铁道

部审查。

(5)严格执行铁路技术政策和工程建设强制性标准,加强技术管理,组织开展科技创新和技术攻关活动。

(6)组织编制指导性施工组织设计,审查各标段实施性施工组织设计,优化施工组织方案,制订营业线施工安全管理实施办法,组织施工单位实行架子队管理模式,组织设计技术交底,负责开工准备,办理重点单项工程开工手续。

(7)建立质量管理机构和贯彻质量保证体系,健全质量管理制度,有效控制工程质量,保证体系正常运转。

(8)加强施工安全管理,组织检查营业线施工安全,确保营业线施工安全。监督施工单位对大型机械的安全使用管理。

(9)申报工程质量安全监督,接受铁道部工程质量安全监督机构的监督。

(10)及时协调解决工程建设中出现的问题,按铁道部规定办理变更设计。

(11)按规定向铁道部报送工程建设年度建议计划和年度资金预算建议,细化施工计划和落实措施,严格执行批准的投资计划和资金预算。

(12)负责建设项目的财务管理工作,严格执行国家和铁道部基本建设财务管理及会计管理的有关规定,加强建设资金使用的管理,监管建设项目资金流向,接受审计和监督检查。

(13)按规定向铁道部报告工程进度,报送统计报表。

(14)组织人员配合工程质量、安全事故调查和处理,按规定报告工程质量、安全和行车事故。

(15)按规定与施工单位签订质量保修协议,工程正式验收时移交使用单位。

(16)按规定组织工程竣工验收,组织编制工程竣工文件和竣工决算,组织编写工程技术总结。

(17)加强党建工作,建立健全党风廉政建设责任制,积极开展"工程优质、干部优秀"活动。

(18)完成铁道部委托的其他工作。

(二)公司董事会管理职责

(1)负责筹措建设资金。

(2)审核、上报项目初步设计和概算文件。

(3)审核、上报年度投资计划并落实年度资金。

(4)提出项目开工报告。

(5)研究解决建设过程中出现的重大问题。

(6)负责提出项目竣工验收申请报告。

(7)审定偿还债务计划和生产经营方针,并负责按时偿还债务。

(8)聘任或解聘项目总经理,并根据总经理的提名,聘任或解聘其他高级管理人员。

(三)公司总经理管理职责

(1)组织认真贯彻国家、铁道部关于基本建设方针、政策、规章制度和技术标准,组织编制本公司的具体实施细则、办法和补充规定。

(2)按照铁路建设程序,编制、批准项目实施计划并督促落实,对安全、质量、工期、投资控制及环保水保等总负责。

(3)组织签订与有关方面的协议,组织办理环保水保、建设用地的报批手续,完成征地拆迁工作,组织落实好环保、水保、地质灾害评估、压覆矿评估、防洪影响评估等相关工作。

(4)组织项目的勘察设计、施工、监理、第三方检测单位和重要物资设备等招标工作。

(5)硬化合同管理,建立完善验工计价审核程序,严格控制投资。

(6)按规定组织编报项目年度、季度投资计划,并严格按批准的投资计划组织实施。

(7)严格执行财务管理规定,按时上报资金预算建议,规范使用和管理建设资金。

(8)健全施工现场质量、安全管理体系,建立事故处置机制,监督参建单位严格执行国家、铁道部有关法律法规、标准规章,及时报告质量、安全事故,组织或参与质量、安全事故的调查和处理,组织营业线施工安全培训。

(9)组织办理质量安全监督手续,自觉接受质量安全监督机构的监督。

(10)审核上报工作计划、工作信息和统计报表,组织竣工验收工作,组织编制竣工文件、竣工决算和技术总结。

(11)严格执行铁道部各项指令,顾全大局、克服困难,调动一切有利因素,因地制宜配置运用各种资源,全面完成铁道部安排的各项建设任务。

(12)加强公司思想政治工作,建立健全党风廉政建设责任制,确保“工程优质、干部优秀”。

(四)公司综合部管理职责

(1)负责日常行政管理、党群工作,做好信息的上传下达,统筹协调各部门工作,催办和督查重要事项的执行情况。

(2)做好信息调研,及时掌握公司各类工作动态,畅通信息渠道,负责公司建设项目信息管理系统建设和日常管理维护工作。

(3)组织或参与公司有关文电的起草工作,负责公文、文档的收发、登记、呈批、传阅、催办、缮印和公司发文的审核工作。负责文件的分类、立卷、归档工作。

(4)负责机要、保密和印鉴管理工作。

(5)负责会务组织工作。组织或指导其他部门做好会议筹备、会议记录以及相关文件整理等工作。

(6)负责宣传工作,收集整理工程建设的相关信息和影像资料。负责编写大事记,做好公司史志管理工作。

(7)负责外事接待工作。

(8)负责人事管理工作,做好人员的考察、调配和日常考核、奖惩、培训以及专业技术职务评聘等工作。

(9)负责劳动工资管理日常工作,做好职工的工资、福利、社会保险和公积金管理等工作。受企业法人委托负责劳动合同的日常管理工作。负责劳资报表的统计与报送工作。

(10)负责办公用品、设备的购置、发放、日常维护工作。

(11)负责职工生活后勤保障和车辆管理工作。

(12)负责信访和综合治理工作。

(13)完成领导交办的其他工作。

(五)公司计划财务部管理职责

(1)负责建设项目建设资金管理工作。负责项目建设的筹、融资工作,制定建设资金筹、融资方案,督促资本金落实到位。

(2)负责招标工作。负责起草公司招标投标管理办法,审查招标计划、招标文件,办理招标相关文件报批(审)和手续,组织招标、评标工作;负责招标、评标成果资料的整理、统计、报送与归档。

(3)负责计划统计管理工作。组织编制建设项目年度建议计划,下达年、季度、月计划,检查、考核计划执行情况,提出年度调整计划建议;负责建设项目统计信息工作,建立统计台账,编制统计分析,报送工程统计报表。

(4)负责合同归口管理工作。负责各类合同的审核、签订、登记、立卷归档及合同备案工作。参与有关合同的洽谈,负责组织检查、督促合同履行。组织对参建的施工、监理单位投标承诺兑现及合同履行情况进行评议。配合工程部对架子队的管理。

(5)参与项目建设中甲供、甲控物资设备的招标采购工作。

(6)负责概预算管理及验工计价工作,负责建设过程中验工计价的计价、清算工作,审核设计变更费用,组织概算调整清理,归口掌握项目投资控制情况。及时组织完成鉴修概算,并上报铁道部计划司、建设司、鉴定中心核备。

(7)负责财务管理工作。建立健全各项财务管理、资金管理、费用审批制度,防范资金风险;办理建设资金的筹集、支付、清算、结算工作;规范会计核算,真实准确反映各项经济事项;监督、检查承包单位资金使用情况;负责编制财务报表,分析财务状况,考核财务计划执行情况及资金使用效果。

(8)负责定期检查、分析建设资金使用情况,定期组织建设项目经济活动分析,建立投资台账,定期进行财产物资清查。负责内部财务监察及审计工作,配合上级进行审计、财务检查。

(9)负责提报建设管理费使用计划,实施监控;办理费用报销、工资发放和计提各项福利费用等工作,负责职工社保、医保、住房公积金的交缴工作,依法缴税。

(10)负责组织竣工决算、组固及固定资产移交工作。

(11)完成领导交办的其他工作。

(六)公司工程管理部管理职责

(1)认真贯彻执行国家、铁道部、公司有关工程建设的方针政策、法律法规、技术标准及相关规定,负责或参与制订公司工程技术管理有关办法、制度和实施细则等管理文件。

(2)负责施工组织、工程技术、勘测设计、工程咨询、环境保护、水土保持、工程测量、地质核查、地质预报、技术创新、工程调度、工期控制、工程验工、变更设计、技术资料等项工作。

(3)负责建设项目的前期工作,负责环境评价、水土保持、地质灾害评估、压矿评估、防洪评估、通航论证、规划选址、节能评估等资料的编制、报批工作。

(4)负责工程勘察设计管理工作。组织、参与建设项目各阶段设计方案审查及勘察设计工作,组织初步设计审查、施工图设计审核及施工图投资检算审查工作。

(5)负责工程咨询管理工作。组织开展工程咨询和评估工作,监督勘察设计进度和设计单位执行鉴定意见情况,督促设计单位做好优化设计工作。

(6)参与施工、咨询、监理、设备及甲供物资等招标、合同管理工作,监督勘察设计合同和工程咨询合同(技术咨询)的执行情况。

(7)组织编制指导性施工组织设计,研究制定建设项目总体生产布局,在建设期内结合工程进展情况,适时进行动态管理与控制,并实时调整。负责办理建设项目开工审批手续。

(8)组织审查各标段实施性施工组织设计、重点(控制)工程施工组织设计、重大技术方案、大型临时设施方案、联调联试及开通方案和科研项目,组织主要设备及系统选型的研究审查工作,组织制定或审查施工细则、施工工艺,组织桩基试验,研究高性能混凝土配合比,报公司批准后组织实施。

(9)负责组织设计交桩、现场踏勘、技术交底、工程测量工作,组织建立全线精密测量控制网、数据库并统一管理。

(10)负责组织对设计、咨询、评估单位的管理及考核,参与对施工、监理单位的管理、检查及考核,协助安全质量事故调查与分析。

(11)负责建设项目的施工组织、工期管理。编制工程项目形象进度计划,并月分析、季总结进展情况,实施动态管理,落实施工计划。组织设计、施工、监理、咨询、评估等单位定期召开施工协调会,及时协调处理施工过程中的相关问题。

(12)负责组织建设项目的现场管理和标准化管理工作。负责对现场标准化管理体系,标准化作业,样板示范工程,文明工地,工厂化、标准化场地(梁场、板场、拌和站等),环境保护、水土保持、架子队等的检查、指导、监督、考评工作。

(13)负责和参与变更设计和验工计价管理。组织Ⅰ类变更设计方案审查和报批工作,负责Ⅱ类变更设计审批。负责工程验工数量的核实,参与计价、概算清理、工程决算和审计配合工作。

(14)负责技术文件、技术资料管理。负责设计文件、图纸和技术资料的分发登记、保管和移交归档工作。组织工程竣工验收,竣工文件的编制、移交,配合完成固定资产移交工作。组织编写工程技术总结。

(15)负责工程调度管理,实时掌握工程进度及存在问题,及时制定应对措施,为领导决策提供依据。负责建立突发事件应急处理机制,组织突发事件处理工作。

(16)开展科技创新,积极引进、消化、吸收铁路建设新技术、新工艺、新设备、新方法并推广应用。

(17)完成领导交办的其他工作。

(七)公司安全质量部管理职责

(1)负责监督、检查各参建单位落实国家、铁道部、路局、公司安全生产及质量管理的有关规定,制定相关管理制度,建立健全质量和安全管理体系。

(2)负责办理工程安全质量监督手续,配合工程质量安全监督机构的质量安全监督检查。

(3)定期组织工程安全质量检查,及时通报和处理工程安全和质量工作中存在的问题。

(4)制定工程质量创优规划并监督实施,负责组织精品(样板)工程评选工作。

(5)负责工程监理的管理工作:检查落实建设质量、安全和文明施工的各项监管措施。

(6)负责组织对施工单位和监理单位信用评价考核工作并上报。组织建设项目安全质量检查和评比工作。

(7)参与验工计价工作,参加对已完工程数量进行核实。

(8)负责地勘监理和第三方检测管理工作。

(9)负责组织相关人员配合工程质量和安全事故的调查处理工作。

(10)参加新技术、新工艺、新材料、新设备的推广和应用。

(11)负责营业线施工安全管理工作。

(12)参加重大施工方案的审查工作。

(13)参加工程竣工验收。

(14)完成领导交办的其他工作。

(八)公司物资设备部管理职责

(1)认真贯彻执行国家、铁道部、公司有关建设项目物资设备管理的各项政策和规定。

(2)建立物资设备采购供应管理体系和质量控制管理体系,制定、修订公司物资设备管理办法及相关的物资设备管理工作文件。

(3)负责及时编制、报送甲供物资设备总需求计划,铁道部管理物资的批次招标计划,并参与部管物资招标评标工作。做好施工招标与部管物资招标的衔接工作,并根据交货地点变化调整运杂费费用。

(4)负责起草部管物资采购供应服务合同,并交公司审查批准后实施;并参与对物资服务代理公司指导和服务效果的考评工作。

(5)负责及时编制建管物资设备的招标计划,经公司批准后,组织招投标评标工作。

(6)负责签订甲供物资合同及合同履行的全过程管理工作,组织物资设备供应、质量监控、到货验收、合同货款结算手续和物资管理台账等工作,督促供应商全面履行合同;负责组织甲供物资质量问题的处理和索赔工作;对主要材料和设备款的支付进行签认。

(7)负责确认甲控物资设备招标计划,组织公司相关部门制定甲控物资供应商资质条件并审查供应商资质,确定合格供应商名单,对甲控物资设备招标及大宗自购物资招标采购全过程进行监督和管理,负责监督甲控物资设备质量。

(8)负责外资采购材料、设备归口管理工作。负责外资采购物资、设备计划的申报和物资、设备的接运、验收工作。对外资采购物资设备的计价、结算进行签认。

(9)负责审批施工总承包单位提出的甲供物资设备施工需求计划及需求计划变更,甲控物资自购申请计划。

(10)负责协调各施工单位、物资供应商、物资服务代理公司等物资供应参与单位之间工作关系。

(11)督促监理单位、施工单位加强对物资设备的现场管理,定期或不定期开展对施工单位、施工现场物资设备管理工作指导、检查和考核工作。

(12)严格执行物资纪律、财经纪律,认真执行党风廉政建设各项制度和要求,廉洁自律,奉公守法。

(13)完成领导交办的其他工作。

(九)公司对外协调办公室管理职责

(1)认真贯彻执行国家、铁道部、公司有关工程建设的方针政策、法律法规、技术标准及相关规定。依据国家有关法律、法规,监督、规范全线建设协调行为,建立分层次、全方位的建设协调机制,协调处理征地拆迁日常工作及遇到的特殊问题。

(2)制定外协办的管理制度和外协工作实施细则。

(3)依据"部省会谈纪要",组织商谈签订全线实施、框架、补偿协议及督促落实工作。

(4)负责全线征地拆迁和建设协调工作,负责组织铁路建设用地预审和正式报批工作,组织办理先行用地,组织全线征地拆迁实施工作。

(5)负责审核办理征地拆迁数量、计价标准,审查补偿费用,拨付有关补偿费用、参与特殊(个别)项目拆迁协议商谈。

(6)负责管理铁路用地,合理规划土地利用,对依法取得使用权的土地状况实施监督检查。

(7)负责施工文物保护工作。

(8)检查、指导各施工单位征地拆迁和地亩竣工资料的组卷交验工作。

(9)完成领导交办的其他工作。

(十)公司段落指挥部管理职责

(1)认真贯彻执行国家、铁道部有关法律、法规、规范、标准、建设程序以及公司的管理制度和办法。

(2)负责管段内工程建设的组织实施和现场管理工作,协调处理现场工程建设中的有关问题。督促各参建单位落实质量、安全、工期、投资、环保、科技创新"六位一体"管理要求。

(3)参加项目开工报告编制,审核一级单位工程开工报告并上报公司审批,核查二级单位工程开工报告,存档并上报公司核备。

(4)参与Ⅰ类变更审核,审核Ⅱ类变更并上报公司审批。组织好变更各环节工作,由咨询单位主持、设计、监理、施工单位参加的变更设计现场会勘,形成《变更设计会勘纪要》,组织咨询单位审查变更设计文件。

(5)负责对管段内参建单位验工计价数量的现场核对工作。

(6)配合公司做好设计技术交底,监督检查施工、设备单位技术交底。

(7)监督和检查施工、监理单位建立健全安全、质量、进度、环境保护(水土保持)、投资控制以及科技创新保证体系,完善相关制度、办法和规定并在工程建设中的贯彻落实。

(8)配合对工程质量、安全、环境事故的调查和处理工作。

(9)负责管段内工程质量、安全、进度、环境保护、水土保持、投资、科技创新、文物保护、文明施工、架子队管理等日常检查、监督工作。

(10)负责管段内项目信息、调度报表、各类档案的建立、上报与管理工作。

(11)组织对参建设计、咨询、施工、监理单位的现场管理、协调和日常考核工作。

(12)落实标准化项目部、工地作业、监理项目以及文明工地建设。

(13)初审、汇总、上报施工单位提报的甲供物资设备需求计划,初审甲控物资设备招标采购计划,参加甲供、甲控物资设备检查验收并签认,组织自购物资设备、原材料检查、检验,对存在问题提出整改意见并督促整改。

(14)组织或参与突发事件的应急处理,第一时间达到事件发生现场,控制事态发展,并及时向公司报告。

(15)组织管段内地方政府、相关铁路单位、设计单位(现场配合组)、监理单位、施工单位之间的建设协调工作。

(16)参加公司组织的优质工程评定工作、信用评价工作。负责组织管段内参建单位的信用评价日常检查工作。

(17)参加工程竣工验收工作。

(18)组织管段内的征地拆迁和三电迁改的现场协调工作。

(19)对科技创新、技术攻关提出合理化建议并对立项课题进行日常管理。

(20)完成公司领导交办和公司各部门安排的其他工作。

二、成绵乐铁路客运专线有限责任公司

(一)公司综合部工作职能

(1)负责协助公司领导做好日常行政管理,统筹协调各部门工作,做好上传下达,确保公司各项工作高效运转。

(2)负责公司党群组织建设工作,党风廉政建设,党纪法规教育等公司党群管理工作。

(3)负责企业管理工作和企业文化建设,组织开展员工民主管理、劳动竞赛、合理化建议、发明创新等活动。

(4)负责编制工资计划,劳资报表的统计与报送,奖金归口管理,劳动合同管理等劳资管理工作。

(5)负责员工的选拔、调配、考核、培训等人事管理工作。

(6)负责公司内部的工作绩效考核办法制定,并做好日常考核工作。

(7)负责办理员工养老保险、医疗保险及福利等工作;负责计划生育管理工作。

(8)负责公司总经理办公会议等综合性会议的筹备、会议记录、文件整理等工作;协助业务部门做好相关会议的会务工作。

(9)负责文秘工作;起草年度工作总结等综合性文稿;协助业务部门规范以公司名义起草的公文;组织制定公司有关管理办法、规则等。

(10)负责档案管理工作,指导业务部门做好档案分类管理;负责信访工作,协调分管部门处理来信来访;负责机要、保密、印章、介绍信管理。

(11)负责信息工作;对内对外宣传报道工作;编纂公司大事记;负责报刊杂志书籍订阅工作。

(12)负责办公自动化政务信息系统的管理和维护。

(13)负责公司的外事工作;公务接待及接待费用支出的统一管理。

(14)统筹协调公司重大庆典和重要活动;组织安排上级领导视察和现场办公活动。

(15)负责办公用品及设备的管理工作;负责生活后勤、治安保卫、综合治理、消防、卫生等工作。

(16)负责工作证、乘车证的管理工作。

(17)负责汽车的使用、管理工作。

(18)完成领导交办的其他工作。

(二)公司工程管理部工作职能

(1)贯彻国家和铁道部有关工程建设管理的政策法规,严格执行公司关于工程管理的各项制度和办法,负责建设项目的组织实施和现场管理工作,协调施工安排,处理施工中的有关问题。

(2)负责全线征地拆迁和工程建设外部环境协调。

(3)组织初步设计初审和施工设计审核。

(4)组织工程、监理、物资设备的招标工作。

(5)组织工程施工合同、监理合同、设计合同、工程咨询合同的签订工作。

(6)组织设计技术交底、交桩。办理建设项目开工审批手续。

(7)组织指导性施工组织设计编制,负责审批施工单位实施性施工组织设计、总体施工计划、阶段施工计划和重大施工方案,并监督实施。

(8)根据技术标准和规范,组织制定或审查采用新技术工程和技术复杂工程的施工方法、施工工艺。

(9)负责变更设计工作的日常管理,组织Ⅰ类变更设计的初审和报批,Ⅱ类变更设计的审查。

(10)负责工程概算管理,参加工程建设的验工计价工作。

(11)负责工程调度工作,全面掌握现场情况,及时收集工程信息,每周编制工程快报,定期分析总结建设情况。

(12)建立突发事件应急处理机制,组织突发事件处理工作。

(13)监督和检查施工合同执行情况,检查工程进度、质量、安全、环保、水保、文物保护和文明施工的各项措施落实情况,对检查发现的问题及时督促整改。

(14)组织对施工单位的季度和年度考核评比工作,参加对设计、监理、施工单位的不良行为评价工作。

(15)负责项目建设管理信息系统的建立、运行和维护工作。

(16)组织重大技术方案审查;参加工程质量、施工安全检查和质量、安全事故的调查处理。

(17)组织科研项目审查和科技攻关工作。

(18)参与制定全线工程质量创优规划和优质样板工程评选工作。

(19)组织编制建设项目竣工综合调试计划,组织综合调试。

(20)组织编制工程竣工文件和工程总结,参加单位工程质量验收、建设项目初步验收和竣工验收。

(21)指导成兰指挥部、西成指挥部工程分部工作。

(22)完成领导交办的其他工作。

(三)公司安全质量部工作职能

(1)贯彻执行国家、铁道部有关法律、法规和各项规章制度。

(2)负责项目建设过程中监理工作的管理。

(3)负责办理工程质量安全监督手续。

(4)负责对参建各方安全、质量、环水保、节能、试验检测工作的管理,制定相关管理办法并定期组织检查,及时通报和处理过程中存在的问题。

(5)负责编制安全、质量事故的应急处理预案,并负责督促检查参建单位相应预案的制定和落实。

(6)负责制定全线工程质量创优规划,监督、检查各单位抓好落实;负责全线样板工程评选工作,定期组织评选、观摩和表彰。

(7)组织或参与安全事故、质量事故的调查处理。

(8)负责组织对施工单位、监理单位的信用评价工作。

(9)负责组织、督促、检查参建人员的安全培训工作。

(10)参加初步设计初审和施工设计审核,参与设计技术交底。

(11)参与指导性施工组织设计编制和实施性施工组织设计审查。

(12)负责质量第三方检测的组织和管理工作。

(13)负责组织单位工程验收,参加项目验收全过程的组织工作。

(14)负责铁路营运线施工安全协调工作。

(15)监督安全措施费的使用并建立台账。

(16)负责建设信息系统安全、质量、监理模块的日常管理和使用,确保信息畅通。

(17)参加审核主要重点单位工程的安全技术方案和质量控制措施。

(18)完成领导交办的其他工作。

(四)公司计划财务部工作职能

(1)贯彻执行国家、铁道部有关建设管理和财务会计管理的法律、法规、规章和制度。

(2)负责公司计划、统计、财务会计、招标、合同。根据国家和铁道部有关法规建立健全计划统计管理、合同管理、招投标管理、验工计价管理。明确管理范围、职责、标准和程序。

(3)负责公司计划管理工作。负责编制项目建设滚动计划、年度投资建议计划;根据上级下达计划,编制项目建设年度实施计划和年度调整计划;监督、检查计划执行、落实情况,考核计划执行、实施结果。

(4)负责公司统计管理工作。按照《中华人民共和国统计法》规定和统计主管部门具体要求,建立项目统计资料搜集和统计台账管理制度,及时准确报送各类统计报表。

(5)负责经济合同的管理工作。负责合同的审查、签订、登记、立卷归档及合同备案工作;组织有关合同的洽谈、检查、督促合同履行。组织对相关单位合同履行情况进行监督、检查和评议。

(6)负责公司资金管理。一是负责项目建设所需资金的筹集工作,严格按工程进度筹集债务性资金和督促资本金到位。二是负责编制项目年度、月份资金预算,提报资金申请,组织资金供应。三是按照规定正确办理资金收付和结算。四是参加资金运用决策,提供资金管理建议,监督、检查资金流通各环节,确保资金安全完整。

(7)负责项目会计基础工作管理。按照《中华人民共和国会计法》等法规制度规定和会计基础工作规范要求,建立健全项目会计账簿和核算体系,正确处理原始凭证审核、记账凭证填制、会计科目运用、会计账簿设置、会计报告编制等会计业务,规范记账、结账、报表等会计行为,确保会计信息真实、准确、可靠。

(8)负责项目成本核算。按照成本管理制度规定,正确进行项目成本归集和分类,以工程概(预)算、合同和费用开支标准为依据,审核、监督各项成本费用开支,正确进行成本核算。

(9)参与项目竣工验收及总结,编制项目竣工财务决算。

(10)负责项目财产核算。准确反映项目材料、物资、设备、固定资产、低值易耗品、在建工程等动态。参加财产、物资清查盘点,及时清偿债权、债务,办理竣工工程组资、移交等财务手续,如实反映项目各类资产的状况,保护国有资产的安全、完整。

(11)负责财会法规、政策的宣传、解释,监督各项财务制度的贯彻执行。参与公司各种重要经济活动,把好财经纪律关,防止发生违章违纪行为。

(12)负责组织工程、监理、物资设备采购等的招标工作。

(13)负责概算管理工作。参与项目前期工作,参与优化设计方案,审核各阶段设计概算的费用组成,审核设计变更费，归口管理并控制项目投资。

(14)负责工程建设的验工计价的价值管理工作。严格按照概算、合同和实际进度办理验工计价，建立验工计价台账。

(15)负责编制年度建设单位管理费使用预算，并组织实施。定期分析预算执行中存在的问题，提出控制支出的建设意见。

(16)负责向公司股东会、董事会报告财务会计工作。

(17)负责定期检查、分析建设资金使用情况，负责内部财务日常监督工作；牵头配合国家、铁道部等进行的审计、财务检查。

(18)负责职工社保、医保、住房公积金的扣缴工作。掌握国家相关税收政策，依法办理纳税申报及税金扣缴。

(五)公司物资设备部工作职能

(1)贯彻执行国家法律法规及中国铁路总公司管理规定。

(2)完善物资设备管理制度，加强物资设备基础工作。

(3)健全物资设备管理体系，明确物资设备管理职责分工，落实归口管理责任。

(4)负责甲供物资设备供应及合同执行，监控物资设备质量，协调资源分配和采购各方关系。

(5)深入施工现场，调查了解物资设备使用方向、供应进度、供应质量、存在问题和现场物资设备管理等情况，加强和改进物资设备管理供应工作。

(6)组织公司废旧物资设备处置。

(7)按规定进行供应商关系管理。

(8)建立健全物资设备管理内部控制机制，落实物资设备管理廉政风险防范责任。

(9)接受中国铁路总公司物资设备管理工作指导和监督，指导、监督施工单位规范开展物资设备管理工作。

(10)完成上级交办的工作任务。

(六)公司非常设机构工作职能

1. 防洪领导小组职责

(1)审核公司防洪应急预案；指导参建单位制定、完善防洪应急预案。

(2)部署和全面指挥防洪工作；掌握管内防洪风险工点情况，安排公司相关人员具体的防洪值班表。

(3)指导、检查公司防洪各工作小组及各参建单位防洪应急准备工作，组织确定汛期防洪重点处所，及时按规定程序上报事故有关情况，启动应急预案；按照上级通知要求，及时进行预报预警工作。

(4)组织确定Ⅲ、Ⅳ级响应事故的救援方案和指挥现场抢险救援工作。

(5)督促有关单位做好防洪料具、备用车辆的调配及抢险队伍的组织。

(6)参与Ⅰ、Ⅱ级响应事故的抢险救援工作。

(7)参加防洪值班，掌握灾情，随时向领导汇报；传达上级领导对防洪工作的指示；编制防洪抢险快报、简报等。

(8)参加水害抢险，及时总结经验教训，探索防洪规律，为增强设备抗洪能力，减少灾害损失，提供依据。

(9)负责防洪信息日常管理，整理归档各类防洪资料和数据。

(10)协调与相关人民政府、路局防汛抗旱指挥部的相关工作，研究善后处理，总结防洪工作。

2. 突发事件应急救援领导小组职责

(1)指挥和协调成绵乐客专建设工程较大和一般事故应急处置和抢险救援工作。

(2)审定公司建设工程安全事故应急工作制度，组织建立和完善项目应急组织体系；按照相关要求，及时进行预报预警工作。

(3)审定公司应急预案，并报中国铁路总公司工程应急办核备。

(4)组织审查施工单位编制的应急预案，必要时组织专家评审。

(5)需要时邀请专家组成专家工作组。

(6)参加应急抢险工作，掌握事故情况，随时向领导汇报；督促有关单位做好配合事故抢险工作。

(7)做好应急救援有关信息的收集和报送工作。

3. 科技创新管理领导小组(工程部)职责

(1)建立健全技术创新实施体系,制订技术创新管理制度。

(2)研究公司科研攻关方向,确定科研课题。

(3)组织进行科研课题申报。

(4)组织科研课题小组和专业技术攻关小组,制定攻关计划和措施,组织进行科研和技术攻关。

(5)定期召开科技创新专题会议,协调科技创新资源配置。

(6)组织撰写科技创新报告。

(7)组织科技创新大会。

4. 样板工程评选领导小组(安质部)职责

(1)审批公司创优规划。

(2)组织检查考核施工单位创优规划实施情况。

(3)对公司样板工程评选进行审批。

5. 标准化管理领导小组职责

(1)制定公司标准化管理目标,建立标准化管理责任体系。

(2)制定标准化管理工作的有关制度、标准和程序。

(3)检查考核参建单位标准化管理推进情况。

三、重庆城市综合交通枢纽开发投资有限公司

1. 综合部职责

负责公司董事会、文秘、人力资源、法律事务、宣传、接待、档案、信访、内保、后勤管理等工作以及公司安排的其他工作。

2. 党群工作部(纪检监察室)职责

负责公司党务、纪检监察、群团、工会等工作以及公司安排的其他工作。

3. 监事审计室职责

负责公司监事会、审计等工作以及公司安排的其他工作。

4. 资产财务部职责

负责公司融资、会计、融资管理、财务管理、资产管理、审计等工作以及公司安排的其他工作。

5. 规划前期部职责

负责建设规划、立项、可行性研究、设计、审查、工可及科技信息等工作以及公司安排的其他工作。

6. 征地拆迁部职责

负责土地规划、土地招拍挂、征地拆迁摸底、谈判、实施、综合管网迁改等工作以及公司安排的其他工作。

7. 工程管理部职责

负责工程现场管理、工程档案、质量、安全等工作以及公司安排的其他工作。

8. 计划合同部职责

负责计划、招投标、合同管理、计量支付、设计变更、统计等工作以及公司安排的其他工作。

第三章　标准化管理体系

成渝公司根据铁道部《关于推进建设单位标准化管理工作的指导意见》《铁路建设管理办法》等相关规定、办法，结合成渝客专建设管理面临的实际情况，参照国际标准化体系文件：质量管理体系文件 ISO 9001、环境管理体系文件 ISO 14001 以及职业健康和安全管理体系文件 OHSAS 18001 等，构建了一个结构清晰、职责分明、内容稳定、体现六位一体管理要求的标准化管理体系，从综合管理、工程管理、安全质量管理、计划财务管理、物资设备管理等 5 个方面建立了标准化管理制度，实现了管理制度标准化、人员配备标准化、现场管理标准化、过程控制标准化。

标准化的管理实现了安全稳定、质量精品、工期合理、投资受控、环境和谐、技术创新的目标。

在标准化管理的过程中坚持先进性原则、一体化原则、协同化原则、精细化原则、信息化原则。

通过标准化的管理组织网络，建立了协调联动的标准化管理体系，结合企业管理现状，应用 ISO 9001、ISO 14001 和 OHSAS 18001 管理工具，理顺管理流程提高工作效率，在各层次管理职责和权限上进行了合理界定，保证了各项工作标准化管理有序进行。

第一节　管 理 制 度

成渝公司以适应客运专线的高标准管理要求，结合客专的建设管理实际情况，构建了结构清晰、职责分明、内容稳定、体现“六位一体”的管理要求，从综合管理、工程管理、安全质量管理、计划财务管理、物资设备管理等 5 个方面进行制度规范，实行相对稳定、动态管理，实现管理制度标准化。

一、综合管理制度

(1)《成渝铁路客运专线有限责任公司公文处理实施细则》。
(2)《成渝铁路客运专线有限责任公司政务督办工作制度》。
(3)《成渝铁路客运专线有限责任公司档案资料管理办法》。
(4)《成渝铁路客运专线有限责任公司信息化工作管理办法》。
(5)《成渝铁路客运专线有限责任公司重大问题决策制度》。
(6)《成渝铁路客运专线有限责任公司党风廉政建设制度》。
(7)《成渝铁路客运专线有限责任公司保密工作管理办法》。
(8)《成渝铁路客运专线有限责任公司印章管理办法》。
(9)《成渝铁路客运专线有限责任公司会议管理制度》。
(10)《成渝铁路客运专线有限责任公司宣传报道管理办法》。
(11)《成渝铁路客运专线有限责任公司公务用车管理办法》。
(12)《成渝铁路客运专线有限责任公司绩效管理办法》。
(13)《成渝铁路客运专线有限责任公司职工教育培训管理办法》。
(14)《成渝铁路客运专线有限责任公司乘车证管理办法》。
(15)《成渝铁路客运专线有限责任公司劳动竞赛实施办法》。

二、工程管理制度

(1)《成渝铁路客运专线征地拆迁管理暂行办法》。
(2)《成渝铁路客运专线环境保护管理暂行办法》。
(3)《成渝铁路客运专线水土保持管理暂行办法》。

(4)《成渝铁路客运专线文物保护管理暂行办法》。
(5)《成渝铁路客运专线防汛工作管理暂行办法》。
(6)《成渝铁路客运专线工程咨询管理及考核暂行办法》。
(7)《成渝铁路客运专线施工组织设计编制管理暂行办法》。
(8)《成渝铁路客运专线施工图审核管理暂行办法》。
(9)《成渝铁路客运专线工程开工报告审批管理暂行办法》。
(10)《成渝铁路客运专线工程技术交底管理暂行办法》。
(11)《成渝铁路客运专线测量工作管理暂行办法》。
(12)《成渝铁路客运专线设计管理及考核暂行办法》。
(13)《成渝铁路客运专线工程变更设计管理暂行办法》。
(14)《成渝铁路客运专线工程调度管理暂行办法》。
(15)《成渝铁路客运专线文明工地建管理暂行办法》。
(16)《成渝铁路客运专线施工图交接及现场核对完善工作管理暂行办法》。
(17)《成渝铁路客运专线工程科技创新管理暂行办法》。
(18)《成渝铁路客运专线技术资料管理暂行办法》。
(19)《成渝铁路客运专线架子队管理暂行办法》。
(20)《成渝铁路客运专线突发事件应急管理暨维护稳定暂行办法》。
(21)《成渝铁路客运专线现场施工设备管理暂行办法》。
(22)《成渝铁路客运专线基桩控制网(CPⅢ)测量管理办法》。
(23)《成渝铁路客运专线工程进度分级包保管理办法》。
(24)《成渝铁路客运专线环境保护分级包保管理办法》。
(25)《成渝铁路客运专线工程科技创新分级包保管理办法》。

三、安全质量管理制度

(1)《成渝铁路客运专线安全生产管理暂行办法》。
(2)《成渝铁路客运专线工程质量管理暂行办法》。
(3)《成渝铁路客运专线安全质量平推检查考核暂行办法》。
(4)《成渝铁路客运专线工程监理管理暂行办法》。
(5)《成渝铁路客运专线地质勘察监理管理暂行办法》。
(6)《成渝铁路客运专线工程旁站监理管理暂行办法》。
(7)《成渝铁路客运专线隧道施工安全管理办法》。
(8)《成渝铁路客运专线营业线施工安全管理暂行办法》。
(9)《成渝铁路客运专线安全事故调查处理暂行办法》。
(10)《成渝铁路客运专线工程质量事故调查处理暂行办法》。
(11)《成渝铁路客运专线精品(样板)工程评选实施细则》。
(12)《成渝铁路客运专线施工单位信用评价实施细则》。
(13)《成渝铁路客运专线工程质量检测与试验实施细则》。
(14)《成渝铁路客运专线第三方检测工作实施细则》。
(15)《成渝铁路客运专线重大危险源管理办法》。
(16)《成渝铁路客运专线工程质量终身责任制实施细则》。
(17)《成渝铁路客运专线安全质量事故应急处置暂行办法》。
(18)《成渝铁路客运专线风险工程安全管理实施细则》。
(19)《成渝铁路客运专线工程安全质量分级包保管理办法》。

四、计划财务管理制度

(1)《成渝铁路客运专线工程招投标管理暂行办法》。

(2)《成渝铁路客运专线合同管理暂行办法》。
(3)《成渝铁路客运专线计划统计管理暂行办法》。
(4)《成渝铁路客运专线投资控制管理暂行办法》。
(5)《成渝铁路客运专线验工计价管理暂行办法》。
(6)《成渝铁路客运专线建设资金管理暂行办法》。
(7)《成渝铁路客运专线建设项目工程价款结算实施办法》。
(8)《成渝铁路客运专线建设单位管理费开支实施暂行办法》。
(9)《成渝铁路客运专线投资控制包保管理办法》。

五、物资设备管理制度

(1)《成渝铁路客运专线物资设备管理暂行办法》。
(2)《成渝铁路客运专线设备选型及监造管理细则》。
(3)《成渝铁路客运专线建管物资设备招标采购供应实施细则》。
(4)《成渝铁路客运专线甲控物资设备管理实施细则》。
(5)《成渝铁路客运专线物资设备档案管理实施细则》。
(6)《成渝铁路客运专线物资代理公司管理考核实施细则》。

第二节　人员配备

一、人员配置基本情况

成渝公司设总经理1人，副总经理(含总工程师)6人，综合管理部设置部长、副部长、部门办事员、公文及档案管理等岗位。工程管理部设置部长、副部长，站前专业：线路及站场、桥梁、隧道专业工程师、工程调度等，站后专业：通信、信号、电力电气化、房建专业工程师，以及技术资料管理、征地拆迁人员。安全质量部设置部长、副部长、安全专业工程师、质量专业工程师。计划财务部设置部长、副部长、会计、出纳、计划统计、合同管理、概预算工程师。物资设备部设置部长、物资设备专业工程师。对外协调办公室设置主任、专业工程师等岗位。段落指挥部设置指挥长、副指挥长、专业工程师等岗位，由公司副总经理担任指挥长。

二、人员素质情况

成渝公司根据各部门工作职责设置了工作岗位，配备了具有一定专业技术水平的专业工程师，实现了岗位设置、人员配备、岗位工作标准、人员素质达标，使公司成为了一支高素质的建设管理团队，实现了人员配备标准化。

第三节　现场管理

为全面落实“六位一体”的建设管理要求，努力打造客运专线精品工程、安全工程，成渝公司(以下简称“公司”)重点从文明工地建设、架子队管理、工装设备、原材料、环水保、工地试验室、现场技术资料、监督检查、监理管理等方面提出具体的标准，实现现场管理标准化。为规范现场管理，依据《铁路建设项目现场管理规范》《铁路工程技术资料管理规程》《关于推进建设单位标准化管理工作的指导意见》《关于积极倡导架子队管理模式的指导意见》部有关工厂化生产的指示以及成渝客专建设管理要求，公司制订了现场安全文明管理标准等管理和检查标准，为进一步规范参建各方现场管理行为提供了依据。

一、文明工地建设标准化管理

公司提出的文明工地标准要做到轮胎不粘泥，现场不冒浆，电线不外露，临时房屋布局合理，围墙砌筑平直规范，材料堆码整齐有序。施工现场主要沿街路段工地周围要设置高于2.5 m的遮挡围墙，临街砖砌墙面及压顶浅色粉刷。施工现场要设置八牌二图置于大门入口醒目的一侧。施工区域与非施工区域严格分割。施工现场道路通畅,场地平整,无大面积积水临街、跨越道路或人口密集区的建筑物,应设置防止物体坠落的防护设施。所有施工人员均应佩上岗证上岗,工作服应美观舒适,并符合安全要求。按照卫生标准和环境卫生作业要求设置相应的厕所、化粪池和生活垃圾容器,并落实专人管理。施工现场要制定消防措施和制度,合理配置灭火器材,现场库房易燃易爆危险场所及宿舍等地方均应按需装配置灭火器材,施工现场用明火要有审批手续,动用明火处经批准后应设专人负责监护并有记录。施工现场的职工、劳务工、临时工要有花名册,做到"三证"(身份证、劳务许可证或技术等级证、暂住证)齐全。工地必要时设医务室,有专职医生值班,巡回医疗。施工现场应制定施工不扰民措施及防粉尘、防噪声措施。夜间施工必须办理夜间施工许可证,作好周围工作。现场严禁焚烧有毒有害物体,遇有实际按有关规定进行处理。

二、架子队管理

为适应大规模客运专线铁路建设需要,确保客运专线铁路建设工程质量和施工安全,充分调动社会资源参与客运专线铁路建设,按照《关于积极倡导架子队管理模式的指导意见》(铁建设〔2008〕51 号),施工单位要循序渐进地实现架子队用工模式,实现施工企业施工现场管理层与作业层的有机衔接和有效运作。施工企业大力倡导架子队用工模式,采取"分步实施,稳妥推进"的办法在全线逐步实现架子队模式。

架子队劳务用工管理标准:

(1)选择劳务企业首先查阅并复印劳务企业资质证书等相关证件,与劳务企业签订劳务协议。

(2)选择劳务人员要查看并复印劳务人员与劳务企业签订的合同、专业资格证书、身份证和无犯罪证明及健康证明等文件资料。

(3)被录用的劳务人员进场时逐个核验规定的文件资料。

(4)施工企业将劳务人员劳动合同编号、身份证号、资格证书号等情况报公司、监理单位备案。

(5)加强架子队所有人员特别是劳务人员的培训教育,纳入本项目的培训计划,通过培训教育,使他们掌握相关的基本知识和专业施工技能以及提高规范化施工的自觉性。

(6)建立系统完整的技术交底程序。项目经理部技术负责人或专业工程师向架子队技术负责人进行技术交底;架子队技术负责人向领工员、工班长进行书面技术交底,领工员、工班长在施工作业前对班组作业人员进行工作和安全交底;特殊工序和特殊过程项目技术负责人向架子队相关管理、监控、服务人员进行书面技术交底,交底资料要及时归档备查。

(7)工班长带领班组作业人员进行规范化施工,领工员、技术员和安全员要跟班作业,不间断的监督各工序、环节的施工,发现问题及时整改。

(8)项目经理部专职副经理、专业工程师、安质部每日对架子队的施工巡查不少于一次,对违章作业要坚决纠正,直至停工整顿。

(9)队长签认的工资奖金由项目经理部直接发放,做到队长说话算数,劳务人员无后顾之忧。

(10)劳务人员中的特殊工种(如电焊工、起重工、锅炉工、车辆机械驾驶员等)必须持证上岗。

(11)劳务人员必须严格遵守国家、当地及企业的法律法规及各项规章制度,操作规程。违者加强教育,屡教不改者坚决辞退。

(12)施工企业要把劳务人员作为企业的一员,按现行有关规定为他们提供符合安全、卫生标准的居住条件、生活设施、安全防护用具和机械设备及工具。

(13)项目经理部要建立对架子队的考核评比奖惩制度,每月对架子队进行一次检查考核,奖惩兑现。每年对相关劳务企业进行一次信用评价,评价结果报公司。

(14)公司、监理单位对架子队要进行检查,发现架子队使用不合格劳务人员时,立即正式书面通知施工企业清退不合格劳务人员。

(15)公司把施工企业架子队管理纳入信用评价,将信用信息按有关规定报送上级主管部门。

三、工装设备管理

公司工程部认真审核施工组织设计中关于机械设备配备方案的合理性,审核工装设备配备是否符合投标承诺，审核工装设备配备是否符合验标和其他有关强制性规定。监督抽查施工单位是否按照施工组织设计的类别、性能等进行配备，是否满足施工进度需要及时配备，设备进场程序是否满足要求，设备管理是否达到安全标准。

公司施工项目部设立物资部，负责工装设备的统一管理(包括自有、租赁的机械设备)。按配备方案及时合理选配，按要求对进场的机械设备进行验收并报监理审批；负责向有关人员和操作人员进行安全技术交底；负责建立设备台账，及时登记进出场情况；定期组织机械设备的安全大检查。机械设备的操作人员按规定持有效证件上岗操作，在用的机械设备安全防护装置必须齐全有效。所有使用的机械设备坚持“两定三包”(即定人、定机、包使用、包保管、包保养)制度，机械操作人员必须坚持岗位，确保机械正常运行。大型起重设备(指架桥机、龙门吊机、塔式起重机等设备)和大临机械设施的使用(如移动模架、运架桥设备、铺轨机等)由物资机械部组织有关部门做好使用前的检查、验收工作，确认安全和无质量问题后方可投入使用。

客运专线铁路施工过程中，对隧道工程、桥梁工程、路基工程、站场工程不同的专业所需的施工机械设备的基本配备、使用操作注意事项、工作标准、机械设备检修、设备标定管理等方面进行了规定，确定了现场工装设备的管理标准，使现场使用的机械设备达到合理化、高效化、标准化、安全化，以实现现场工装设备的标准化管理，达到建设项目的标准化管理要求。

四、原材料管理

原材料管理以确保工程质量、降低工程造价为原则。为规范原材料管理，依照本项目招标文件规定和物资管理要求，公司要设置物资设备管理员，并要求施工单位成立物资部，专门负责原材料供应管理，贯彻落实物资管理的各项规章制度，全面做好物资供应管理工作。凡发往施工现场的工程材料必须具有出厂合格证，合格证的样式及自检项目必须按规定在开工前依据设计、施工技术规范、验收评定标准进行验证，合格后才准使用。工程所涉及的新材料、新设备应按规定通过技术鉴定或审批，并制定相应质量验收标准。没有经过鉴定、批准或没有质量验收标准的，不得采用。并制定了各项管理标准：原材料计划管理标准、原材料的料源调查及进场检验标准、物资供应管理标准、原材料进场和复试取样管理标准、常用建筑原材料验收标准、材料进场与存放管理标准。

施工过程中，项目部有关人员应及时掌握材料质量动态，发现有影响工程质量的因素时，应及时向项目主管或项目总工程师报告，确保问题得到解决，才能继续施工。

五、环境保护管理

公司以建设“安全线、精品线、生态线、和谐线”为目标，认真落实《中华人民共和国环境保护法》《中华人民共和国环境影响评价法》《中华人民共和国水土保持法》《中华人民共和国水土保持法实施条例》《建设项目环境保护管理条例》等国家有关环境保护的法律、法规和有关规定。环境保护管理的范围为建设项目影响范围，主要包括主体工程、临时工程的施工场地、施工营地、施工便道、取弃土场、砂石料场及储存场、施工机械营地、轨排基地和制梁场及其邻近受影响的范围。环境保护管理工作应贯穿客运专线铁路建设项目的全过程，确保环保工程与主体工程同时设计、同时施工、同时竣工。公司应成立环境保护管理领导小组，组长由公司总经理担任，分管副总经理任常务副组长，其他副总经理、总工程师任副组长，各部门负责人、施工单位项目经理、总监理工程师及设计总体任成员，由工程管理部负责日常工作。各施工单位成立施工环境保护管理小组，设计单位和监理单位应指定专人负责此项工作。

施工现场环境标准主要对噪声、扬尘与烟尘、污水、废弃物、隧道施工五大类做了标准规定。

环境因素调查与评价标准主要对隧道工程、路基工程、桥梁工程、生活区等方面的环境因素进行识别，根据评价表的打分数值情况确定重大环境因素。

项目部针对项目重大环境因素，组织编制《工程项目环境管理方案》，确定了环境管理要求。

施工现场环境监视和测量控制标准主要包含以下几方面内容：

(1)对污染物排放的测量，(污染物包括污水、废水、噪声、扬尘、瓦斯等)。

(2)固体废弃物分类存放要求执行情况。

(3)消防设施的检查情况。

(4)对环境管理方案的执行情况实施监控。

环境保护控制措施标准主要对噪声控制标准、扬尘控制标准、废水控制标准、烟尘控制标准、废弃物控制标准提出相应措施。

六、现场试验室及搅拌站管理

为规范搅拌站操作和试验检测活动,保证客运专线铁路工程质量,制定了现场试验室及搅拌站管理标准。

(一) 搅拌站管理

拌和站管理制度标准主要提出了责任追究制、设备和设施配备要求、生产过程质量控制要求、严格坚持贯标程序和工作程序,始终做到六个坚持的要求、拌和机操作员要求、特种专业操作人员要求。

搅拌站操作规程标准从安置、开机前检查、自动配料、搅拌机滑动料斗升起、搅拌机在运转、搅拌机使用完等每一阶段都做了详细的标准规定。

混凝土搅拌标准从含水率准确测定、施工配合比、均匀搅拌、炎热季节和冬季施工时做了规定。

(二) 工地试验室管理

现场试验室的组建标准:工地试验室在满足人员要求、环境条件、检测能力,同时建立健全检测制度的情况下,向公司主管部门提出书面申请,公司会同监理单位,对申请的试验室的资质、设备、人员资格进行检查,确认达标后,经考核合格,方能开展正常的检测业务。

检测人员配备标准:必须经铁道部相应机构培训考试合格,具备相应铁路工程试验检测知识、能力,并承担相应铁路工程试验检测业务的专业技术人员。

检测设备配置标准:仪器设备按承建工程量大小,以满足现场检测项目需要合理配置。

试验工作环境标准:温度控制、相对湿度的标准。

试验原始资料收集保管标准主要从原始记录填写要求、原始记录的计算与评定两方面做了规定。

检测报告管理标准提出应及时填写、使用统一格式、不允许有更改内容、内容完整,字迹清楚、签字齐全、数据准确、必须经过审核批准。

工地试验室安全管理标准:要做好防火、防毒、安全用电、防尘、防晒、防锈工作。

样品保管标准:工地试验室为保证检测样品始终处于真实性的状态,必须按照标准程序执行。

检测事故分析处理标准:当检测人员在检测过程中发现或识别检测活动偏离程序和检测事故已经形成或可能发生时,应当立即向工地试验室负责人直接报告事实的真相,由负责人采取措施。

委托试验标准:工地试验室因设备条件或上级试验室开展项目所限未能通过公司审批的检测项目,可委托外部具备资质的第三方检测单位进行检测。对外委试验室的选择在考虑公司、监理单位意见的同时对其资质审查,避免引入外来风险,确保施工过程中各项检测项目达到规范规定的检测频率和检测数据的真实有效。

七、现场技术资料管理

深入贯彻铁道部和公司"三项整治"活动关于"内业资料打假"的精神,严格执行设计和验标的要求,强化内业资料管理,力求内业资料真实、及时、准确。为实现内业资料管理程序化、规范化和标准化,在易于操作、便于掌握的前提下达到统一,以更好的保证工程质量,促进施工管理水平。

八、现场监控检查

按照公司工程质量分级管理和工程质量安全检查制度要求,把日常检查管理工作制度化、标准化,提高对施工现场安全质量状态的实时掌握,做到及时发现问题,有效处理问题。

为细化施工过程质量和安全责任管理,切实做到责任到人,落实责任追究制度,确保工程建设质量、安全有序可控。在全线实行工程施工关键项目质量签认制度,依据影响质量安全的程度及隐患发生频率,个别施工工序要求分别由试验负责人、技术负责人、专职安全员或监理员、监理工程师等不同层次进行签认确认后才准进入下一道工序,各施工单位在关键工序签认基础上,结合自身的实际情况,进一步细化制定工程施工关键项目质量签认及安全验收制度。

各级检查人员对施工现场检查的安全质量问题，实行闭环整改。施工单位要求落实缺陷整改责任人，监理单位落实整改验收责任人，确保检查问题百分百整改。对检查出的问题，要根据严重程度，追究相应责任人，并对检查问题定期进行汇总分析，制订相应预防措施，个别存在严重安全质量隐患的工点，要实行停工整顿。

为进一步提高工程建设管理水平，充分发挥投资效益，提高社会效益，促进工程质量向程序化、标准化、规范化、科学化方向发展，依靠科技进步，坚持技术标准，推行样板引路，强化现场管理，创建客运专线铁路工程精品工程。

九、工厂化生产

为了加强客运专线铁路工程建设的标准化管理，提高主体及附属工程质量、降低生产成本、减少污染排放、节约生产用地，在客专建设中，大力推进工厂化生产。

根据设计文件要求，结合具体情况，把工厂化生产纳入施工组织设计，合理规划、统一标准。

巩固无砟轨道、大型预制梁、混凝土拌和站、钢筋加工制作等工厂化生产。

对桥梁栏杆、人行道步板、沟槽及盖板、防撞墙、线路防护栅栏、钢结构件等达到工厂化、集约化生产条件的，实施工厂化生产，并按"施工生产能工厂化的则工厂化，工厂能大则大、社会工厂能利用则利用"原则，合理规划、统一标准，以提高降低生产成本、提高生产质量。

十、监理管理

为了加强客运专线铁路工程建设的监督和管理，规范监理工作，提高监理水平，明确公司和监理单位各自的职责范围，依据《铁路建设工程监理规范》，结合铁路工程特点，提出了监理管理工作的标准。

第四节　过 程 控 制

成渝公司按照"六位一体"的建设管理要求，将过程控制具体化、定量化，形成过程管理工作标准，按照工作标准实施全过程管理，开展劳动竞赛考核评比，对外实行项目安全生产责任制考核，对内实行干部安全生产责任制考核，充分体现逐级负责、专业负责、岗位负责的原则，体现谁主管谁负责的原则，预防和控制相结合，动态管理，可持续发展，建设高质量的精品工程，实现过程控制标准化。

一、质量过程控制工作

(1)工程质量监督

开工前，公司负责向工程质量监督机构申请办理质量安全监督手续，接受质量安全监督部门的监督。

(2)地质勘察监理

为确保地质勘察质量，公司对工程初测和定测阶段实行工程地质勘察监理。

(3)初步设计咨询、初审

公司总工程师在施工前组织咨询、勘察设计单位对初步设计进行咨询、初审及优化，消除设计缺陷，提高设计质量。

(4)施工图审核

开工前，公司总工程师负责组织对施工图设计文件进行审核。未经审核或审核不合格的施工图，不得交付施工。

(5)创建精品工程

开工前，公司结合实际，制定出本项目创建精品工程的指导思想、创建目标、创建理念、创建原则、创建方法、创建步骤、创建措施等内容，建立创建精品工程的目标体系、责任体系、分级控制系统和评价评估体系，确保创建精品工程目标的实现。

(6)技术交底

施工图设计完成后，公司总工程师组织设计、施工、咨询和监理各方召开技术(设计)交底会议，以明确工程的设计目的，了解设计内容和技术要求。

(7)施工图现场核对

接到施工图后，监理单位、施工单位负责施工图现场核对，按合同约定承担相应责任。

(8)施工组织设计编制与审核

公司总工程师组织编制项目指导性施工组织设计，并报铁道部工程管理中心审核；对施工单位编制上报的实施性施工组织设计进行审批。

(9)工程地质核实

施工、监理、勘察设计单位对已揭示的工程地质情况，与原设计文件进行核实，不符时，由勘察设计单位负责处理。

(10)工程质量试验检测

施工单位、监理单位、咨询单位按合同约定设立现场试验室，并经国家技术监督部门鉴定认可，按有关规定开展试验检测工作。

(11)施工测量复核

公司总工程师组织明确贯通测量、控制测量、施工放样的各项具体要求、规定、责任等，实行施工测量复核制度。

(12)工程质量检查

公司各级领导及专业工程师根据工程进展情况，采用不事先通知的巡查、夜查、集中检查、专项检查等多种形式，进行工程质量检查，加强过程质量控制。为规范质量检查行为，实行“五定、一负责”的质量检查制度。

“五定”即“定人、定期、定岗、定责、定点”。要求现场质量检查必须具体明确检查人、检查频次、检查工点、检查责任、检查时段，突出不事先通知的突击检查，突出夜间管理薄弱时段检查。

“一负责”即“首查负责制”。要求谁检查出的问题，谁负责监督检查整改，实行闭环管理，确保每个检查出的问题都得到整改，提高检查的有效性。

(13)教育培训持证上岗

公司总工程师组织明确需培训上岗的专业、岗位、培训内容、考核标准及相关职责等，并按有关规定及合同约定对参建单位上岗人员进行监督检查。

公司总工程师组织内部自主学习，有针对性地下发相关书籍和文件、资料，为职工配发学习笔记本，制定学习范围，全面提高全体员工的专业技能和管理水平。每月要组织一次不少于 2 h 的集中专业学习，并建立集中学习记录本。

(14)变更设计审批

严格执行变更设计报批程序，并按规定和权限做好Ⅰ类变更设计初审、上报和Ⅱ类变更设计的审批工作，确保工程质量。

(15)施工质量验收

各参建单位按照客运专线铁路施工质量验收标准，严格执行隐蔽工程检查签认制度，检验批、分项、分部和单位工程质量验收制度，竣工验收制度。

(16)工程质量事故报告和调查处理

各参建单位严格执行国家和铁道部有关工程质量事故的报告制度，公司组织或参加质量事故调查、分析、处理，督促、检查施工单位按批准的事故处理方案进行整改和质量验收，确保工程质量。

(17)质量责任追究

建设项目参建各方建立质量责任追究制度，层层落实责任到人。

(18)基础技术资料管理

各参建单位建立基础技术资料的收集、整理、建档的管理制度。

(19)成品保护

在正式验交前，公司主管领导组织工程部、安质部督促施工、监理单位加强对铁路用地界内修建的临时性、永久性构筑物以及设备等的保护，确保已完工项目的外观及使用功能满足设计要求。

(20)工程建设标准管理

公司总工程师督促参建单位结合项目具体情况，因地制宜，充分发挥工程技术人员的主观能动性，积极开发运用安全、可靠、先进、成熟、经济、适用的新技术，对于结构整体安全稳定性和工程系统功能，必须借鉴和参考国内外先进标准，进行综合分析、对比计算、系统优化、全面评价，慎用最低标准，并得出安全可靠结论，不能以单体构件或局部工程满足标准作出抉择，更不能以满足标准的个别条款进行评价，不能生搬硬套标准。

(21)工程绿化管理

公司结合实际，因地制宜，充分调动设计、施工、监理单位以及沿线地方政府的积极性，以站场"一站一景"、隧道"一洞一景"等为重点，全面开展生态防护和绿化造林工作，做到"三季有花、四季常绿"。

二、安全过程控制工作

(1)接受工程安全监督

开工前，公司负责向工程安全质量监督机构申请办理安全质量监督手续，接受国家、地方政府、铁道部安全监管部门的监督。

(2)完善安全生产责任制

完善安全生产责任制，实行责任追究制，分层明确第一管理者、领导班子其他成员、各职能部门管理人员的安全责任，层层落实责任到人。

(3)实施安全教育培训

各参建单位应建立健全安全生产教育培训制度，根据工程建设和培训对象的实际需求，制定培训计划，并严格按照计划推进实施。安全培训率100%，培训合格率100%。

(4)编制专项安全方案

重大安全风险工程的施工，必须编制专项施工安全方案报审，专项施工安全方案应包括相应的安全技术、监控、应急措施等内容。

(5)严格执行安全技术措施交底制度

施工单位的安全管理部门负责向工区(施工队)进行书面安全技术交底，工区(施工队)安全负责人，要根据交底要求，对现场操作人员有针对性地进行班前作业安全交底。

施工单位的相关安全安全管理人员，要对安全交底的落实情况进行检查，监督操作人员严格按照交底要求进行施工。

(6)现场危险源管理

施工单位成立危险源辨识小组，明确职责分工，按照要求对施工现场的危险源因素进行辨识。

(7)规范安全生产事故报告和调查处理

各参建单位严格执行国家和铁道部有关工程安全事故的报告制度，公司组织或参加安全事故调查、分析、处理，督促、检查施工单位按批准的事故处理方案进行整改和验收，确保施工安全。

(8)建立安全应急救援预案

组织制定安全生产应急救援预案，建立应急救援组织机构，配足应急救援人员、机具、物资、器材，并定期组织开展有针对性的演练。

(7)严格安全检查考核制度

各参建单位应采取定期不定期的方法，加强安全生产检查和考核，公司每季度组织一次全线安全生产平推检查，监理单位和施工单位每月组织一次平推检查，并得出评分结果，进行考核。各参建单位应根据安全生产的实际需要，不失时机地开展有针对性的专项检查，监理单位和施工单位每周进行周检和日常安全巡检。

三、工期过程控制工作

(1)以施工准备的充分性保证工期

公司根据目前新建项目施工技术复杂，施工周期短的实际情况，一要争取地方各部门的理解、支持、配合,在协调中要有超前意识;二要对施工方案、沉降控制等重大问题提前考虑,解决技术难题,确保施工顺利实施;三要及早进场,做好开工前的各项准备工作;四要高标准修建临时工程设施,重点抓住通路、通电、通水及生产和生活房屋建设,同时做好征地拆迁工作,缩短施工准备时间,尽早满足隧道洞口段施工需要,迅速掀起施工生产高潮。在施工准备期内,做好地表加固处理,达到隧道尽早进洞。

(2)以技术装备的先进性保证工期

公司由总工程师负责超前组织技术攻关和技术咨询,对主要施工机械设备的选型配置要提前摸底、提前掌握、提前研究、提前培训、提前落实,隧道施工配置 TSP203 超前地质预报系统、超前水平地质钻机、臂式凿岩台车、ITC312-H3 挖掘装载机、锚杆台车、混凝土喷射机械手、混凝土自动计量拌和站、全断面液压钢模衬砌台车等。形成超前预报、开挖出渣和支护衬砌全套设备机械化作业线。适时组织隧道专家组常驻现场进行方案优化、技术服务和课题攻关。

(3)以施工组织的严密性保证工期

公司成立有丰富的施工管理经验的项目组织机构,组织人员提前进行客运专线技术培训与现场调查,充分细致地做好上场开工前的准备工作,快速组织进场;精心编制实施性施工组织设计,并按施工组织设计要求配齐生产要素;弄准、吃透技术标准和工程项目数量,依靠科技进步,精心安排工序,保证均衡生产,以保证每个关键环节和阶段工期目标为前提来保证总体工期。

公司建立工程管理信息系统,全面收集工程测量、工程地质、超前预报、光面爆破、喷锚支护、围岩量测、工程试验、施工通风、施工进度、资源配置、工序质量、现场各项检测和安全施工等方面的信息,综合分析、判定施工运行状态,针对存在问题,采取有效措施,实现施工过程有序、可控。

施工单位加强隧道作业循环的调查分析研究,从压缩各工序时间、加强工序衔接管理入手,减少每循环时间,增加月循环作业次数,加快隧道施工进度。

(4)以安全质量的平稳性保证工期

公司安质部及各施工单位应通过抓质量、保安全来促进度,确保不出现任何安全质量事故,隧道施工做到不坍不塌不裂,在不良地质段加强支护和围岩量测,稳步推进,保证施工按计划进行。

各施工单位应在场地安全、设备安全、交通安全、技术方案的科学可靠性等方面制定严密管理措施。

(5)协调社会及周边关系保证工期的措施

施工单位在施工前,应调查附近地区机关、居民、企业分布状况及作息时间、生活习惯和交通情况。施工时做好安排,对交通、居民、机关减少干扰,得到他们的支持,确保工程顺利进行。

积极主动同当地各级政府,有关部门和企业单位取得联系,共同协商,在开工前办理好申请、审批或签订合同、协议等手续,以免引起有关部门的强制停工,造成工期损失。

四、投资控制工作

(1)可行性研究阶段投资控制标准

经铁道部评审单位组织评审的可行性研究报告和投资估算报国家批复批准后,即作为项目建设标准、工程规模和总投资的控制基础。项目设计单位依据审查意见或批准原则开展下阶段设计工作,按照批准的投资估算总额编制项目投资估算审查修改设计文件,作为下阶段投资对照分析和控制的依据。

(2)初步设计阶段投资控制标准

公司组织设计单位按照初步设计批复概算的原则,在初步设计总概算批准后 15 日内编制初步设计鉴修概算,并附技术经济指标统计表。鉴修概算应严格按批复初步设计原则编制,并与批复总概算吻合,鉴修概算编制中如有与批复内容不一致的应另行提出报批。依据铁道部批复意见编制的初步设计鉴修概算是公司组织工程招标或编制施工图投资检算的主要依据,也是项目工程实施阶段投资控制的基础。

(3)工程招投标阶段投资控制标准

公司在工程(设备)招标中要坚持依法合规、诚实守信、风险分担的原则,在招标文件中明确招投标双方对投资控制的责任和义务,按照《中华人民共和国合同法》和招投标合同条款签署工程承包合同。项目建设过程中,应强化合同管理,严格变更设计,以项目执行预算和合同为依据验工计价,严格建设资金的拨付和使用管理。公司在批复总概算规模内负责甲供物资材料招标。招标前物资部门应对采购物进行市场调查,掌握市场行情，按程序确定标底价，并对确定的标底价负责。物资材料招标以合理降低工程投资为原则，投标报价或拟确定中标价超出批复概算时，应详细分析原因，报铁道部发展计划司、建设管理司、工程设计鉴定中心审核同意后方可授标。

(4)项目实施阶段投资控制标准

公司主要以建设合同管理、变更设计管理、验工计价管理、招标投标管理、财务资金管理、投资计划管理等方面确定了标准。

五、环境保护过程控制工作

(1)施工计划中安排环境保护的具体工作

施工单位在施工计划中安排环境保护的具体工作，包括方案、措施、设施、工艺、设计、培训、检测、检查等项目，计算环境保护工作量并作出经费预算。做好施工现场开工前的环保准备工作，对开工前必须完成的环保工作列出明细表，明确要求。在开工前完成工地排水和废水处理设施的建设，在生活营地设置污水处理系统，保证工地废水处理设施在整个施工过程的有效性，做到现场无积水、排水不外溢、不堵塞、水质达标。

(2)文明施工及环境保护方案审批

施工单位将文明施工及环境保护方案纳入施工组织设计，经监理单位审批、公司核准后执行。其主要内容包括：施工现场平面布置图；现场围挡设计；现场工程标牌的设计；临时建筑物、构筑物、硬化场地、道路等单体设计；现场污水处理及排放设计；粉尘控制措施；施工区域内现场市政管网和周围建筑物的保护；现场为生及安全保卫措施；现场消防设施；保健急救措施；集体食物中毒、发生传染性疾病事件应急处理预案。

(3)文明施工及环境保护检查

①施工单位项目经理应对本单位文明施工及环境保护工作每月组织一次自查。检查要有记录、有总结，有污染物排放的限定整改措施和跟踪整改报告，并认真填写文明工地考核报表，予以保存，便于检查。

②监理单位负责日常检查，对施工单位文明施工及环境保护工作进行监督。

③公司对文明施工、环境保护工作每季度组织一次检查，并不定期抽查，对检查结果进行通报，对于不合格单位进行处罚，同时对整改情况进行跟踪管理。

六、技术创新过程控制工作

(1)立项

结合日常质量技术管理工作，梳理、掌握现场质量技术存在的普遍性、倾向性问题，注重工序、工艺、工法、工装研究，每月至少明确一件施工生产质量技术攻关课题。

(2)调研

结合日常工作，对现场进行专题调研，掌握工程施工进度、动态，以及施工技术质量管理状况。

(3)会议

每月至少组织召开一次质量技术专题攻关会议，对技术创新、攻关工作制订计划，研究措施，安排落实，并对上一阶段工作进行总结。

(4)攻关

对所立课题，各单位分工协作，研究制订攻关措施，并交付有关单位落实，每月至少消解一件施工生产质量技术攻关课题，并撰写质量技术攻关报告。

(5)总结

每季度对质量技术攻关工作进行全面总结，形成质量技术攻关报告。

(6)评审

按照分级管理要求，及时组织技术创新有关项目、课题的内部、专家评审，提出评价意见并组织修改完善。对于参加省部级及以上的技术创新评选项目及时组织上报。

(7)技术成果转化

技术成果转化工作由公司工程部归口管理，负责发布经评审认定的技术转化信息，优先在本项目推荐使用先进、实用的技术项目。

第五节 “四化”支撑

为全面落实“六位一体”的建设管理要求，努力打造成渝客专精品工程、安全工程，重点从文明工地建设、架子队管理、工装设备、原材料、环保水保、工地试验室、现场技术资料、监督检查、监理管理等方面提出具体的标准，实现管理制度标准化、人员配备标准化、现场管理标准化、过程控制标准化。

标准化管理的主要内容如下：

(一)管理制度标准化：建立结构清晰、职责分明、内容稳定的管理制度。

公司实现内部管理及项目管理标准化。各参建单位要在学习公司各项规定的基础上，开展项目部的制度清理工作。根据公司发布的各项制度、办法、细则等，全面推进管理制度的标准化进程。

(二)人员配备标准化：实现岗位设置满足管理要求，人员素质满足岗位要求。

公司根据各部门工作职责设置工作岗位，配备具有一定专业技术水平的专业工程师，实现岗位设置→人员配备→岗位工作标准→人员素质达标，使公司成为高素质的建设管理团队，实现人员配备标准化。

各参建单位要在认真学习相关的铁路建设的法律、法规、规范、标准等和公司的相关规定的基础上，履行投标承诺，满足现场施工生产需要，妥善解决人员配备问题，保证精兵强将建设成渝客专，实现人员配备标准化。进一步健全、完善培训机制，实现全员持证上岗。

(三)现场管理标准化：生活设施、施工设施、安全生产防护设施统一化，确保施工人员职业健康安全。

建设项目现场是各种建设要素的集合，是实施公司标准化管理的载体。为规范现场管理，依据《铁路建设项目现场管理规范》《铁路工程技术资料管理规程》《关于推进建设单位标准化管理工作的指导意见》《关于积极倡导架子队管理模式的指导意见》，铁道部有关工厂化生产的指示以及成渝客专建设管理要求，公司制订了现场安全文明管理标准等管理和检查标准，为进一步规范参建各方现场管理行为提供了依据。

现场管理方面，施工单位要按照公司要求编制各项作业指导书，发放到现场班组，并实施培训。把工种操作手册发放到班组的主要岗位，做好培训、检查、考核工作。按照公司《架子队管理暂行办法》的要求，抓好架子队的组建和日常管理，细化劳务用工管理职责和工作程序，强化准入、清出管理和全员培训工作。按照公司发布的施工现场安全文明管理标准，做好施工现场文明施工。监理单位要将检查标准落实到具体的日常工作中，按照“五定”要求实施监理行为。

(四)过程控制标准化：建立健全项目管理的目标体系、责任体系、分级控制系统和评价评估体系，明确安全、质量、环保水保、文明施工等控制要点，确保过程控制的有序可控，实现工程建设的目标。

在过程控制方面，要将管理标准化贯穿于整个建设过程，通过标准化对项目建设实施全过程管理。按照“六位一体”管理要求，将过程控制工作具体化、定量化，形成详细的各项管理工作目标、工作内容和工作标准，按照工作标准实施过程管理。针对不同层次制订质量、安全、工期、环境、投资和技术创新的控制要点、控制方法等，实施分级控制，按照定人、定期、定岗、定责、定点的“五定”要求，强化检查、落实。监理单位要在细化监理细则的基础上，针对公司发布的相关规章制度和标准，制订详细的工作标准，严格落实。

施工单位要针对工序，制订工序控制标准，明确控制内容、方法、手段、合格标准等。按照“六位一体”的建设管理要求，将过程控制具体化、定量化，形成过程管理工作标准，按照工作标准实施全过程管理，开展劳动竞赛考核评比，对外实行项目安全生产责任制考核，对内实行干部安全生产责任制考核，充分体现逐级负责、专业负责、岗位负责的原则，体现谁主管谁负责的原则，预防和控制相结合，动态管理，可持续发展，建设高质量的精品工程，实现过程管理标准化。

第四章 设 计 管 理

第一节 预可研与可研阶段

一、积极推进建设前期工作，协同设计单位完成方案论证

按照铁道部有关文件精神，成渝公司积极介入建设管理前期工作，协同设计单位听取地方及有关部门意见，配合设计单位摸清影响线路方案的外界环境，研究绕避重要建筑（或文物）、风景名胜区、自然保护区、基本农田保护区、军事设施、不良地质地段等，参与协调、解决影响线位的重点问题，分析对路外工程设施影响并提出处理措施，组织设计单位尽快完成立交桥设置、征地拆迁、三电迁改、管线等地上、地下构筑物改移等方案论证和迁改方案并签订协议。

二、贯彻地质勘察监理制度，加强地质勘察管理工作

为了确保成渝客专工程地质勘察质量，规范工程地质勘察监理工作，成渝客专工程在定测阶段和补充定测阶段实行工程地质勘察监理。工程地质勘察监理单位由成渝公司通过招标确定，并签订《工程地质勘察监理合同》。

工程地质勘察监理实行报告制度、例会制度、考评及奖惩制度、资料管理制度等。

1. 报告制度

工程地质勘察监理单位定期向公司书面报告工程地质勘察监理工作情况。工程地质勘察监理工作结束后，工程地质勘察监理单位向成渝公司提交工程地质勘察监理报告，对勘察单位完成的原始资料、勘察报告及图件的完整性、可靠性等提出评价意见。

2. 例会制度

建立和完善工程地质勘察监理例会制度，工程地质勘察监理单位及时与成渝公司、勘察单位信息互通，交流工程勘察和监理情况。

3. 奖惩制度

成渝公司对工程地质勘察监理工作进行考核。对成效显著的监理项目，可根据合同适当予以奖励；因工程地质勘察监理工作失职，未按合同约定履行监理义务的，按照有关规定扣减勘察监理费；造成工程质量事故的，应承担相应的责任。

4. 资料管理制度

工程地质勘察监理单位要建立资料管理制度，落实专职（或兼职）负责人员，负责监理资料的建立和归档管理。

通过加强地质勘察管理工作，及时组织钻探布置和钻探数量审查，抽查钻探取芯资料是否真实、钻探密度和深度是否满足规范要求，抽查钻探分包单位的资质和工作质量，及时组织勘察资料验收，达到稳定线路方案、合理确定建设规模和投资的目标。

三、贯彻设计新规范，保证设计的先进性

成渝客专是中国铁路建设新的里程碑工程，集中体现了我国铁路建设的技术水平和发展方向，其建设是在利用我国已有研究和经验、总结设计和咨询成果的基础上，借鉴、吸收国外高速铁路的先进技术和成熟经验，结合工程和技术发展的具体情况，高标准、高起点地进行设计和咨询。成渝客专在设计阶段严格贯彻设计新规范，为确保建设世界一流铁路奠定了良好的基础。成渝客专各阶段采用的新规范有一百多项，随

着工程实践的深入,设计规范会不断修改完善,各种设计参数会有所变化,勘察设计单位严格执行有关设计强制性标准,保证设计文件的有效性。

第二节　初步设计阶段

初步设计初审工作是建设管理的重要环节,成渝公司充分运用“小业主、大咨询”管理模式的优势,发挥咨询单位的作用,有力地加强了设计咨询工作。

一、设计咨询制度

为了规范成渝客专工程咨询管理工作,根据国家和铁道部有关规定,成渝公司制定了《工程咨询管理及考核暂行办法》。根据办法规定,咨询单位应科学、公正、独立、自主地开展单项技术咨询、设计文件和施工图审核相关工作。咨询单位设置工程咨询项目部,实行项目经理负责制,对全线工程咨询工作负总责;配置总咨询师,对单项技术咨询、设计文件和施工图审核负技术责任;实行首席质量代表负责制,负责对全线监理工作的监督和指导,参与重要技术方案和重点工程咨询。成渝公司对咨询单位及其工作实行统一管理和监督检查和考核,由公司工程管理部负责组织实施。

工程咨询工作包括以下内容:

1. 设计文件和施工图审核

(1)严格按设计标准进行设计文件审核,做到线路方案最优、技术最先进、经济最合理。

(2)施工图审核按《施工图审核管理办法》执行,杜绝差、错、漏、碰等现象。

(3)参加设计预审工作。

(4)对设计变更进行审核并签署具体意见。

(5)审核问题的传递均采用书面进行,每项问题的处理均应闭合消项。

2. 单项技术咨询

(1)每项技术咨询应做到技术成熟、先进,方案可行。

(2)每项技术咨询均应单独形成书面报告。

二、初步设计初审

1. 指导原则

初步设计文件初审工作,要贯彻“以人为本、服务运输、强本简末、系统优化、着眼发展”的建设理念,体现“提高质量、节省投资、保护环境”的总体要求。

2. 组织程序

(1)初步设计初审工作由成渝公司负责组织,咨询单位(或由成渝公司另行委托有相关资质的单位)、勘察设计单位参加。

(2)初步设计初审工作由成渝公司技术负责人全面负责,成渝公司工程管理部、技术装备部、计划财务部分别负责各自职责范围内的相关专业的审查。

(3)勘察设计单位应按要求提交完整的初步设计文件及初审所需的必要图纸和资料,认真对待初审工作和初审意见,并书面答复对初审意见的落实情况。

(4)咨询单位(或由成渝公司另行委托有相关资质的单位)负责对初步设计进行初审并提交书面意见,对初审意见的质量和有效性负责。

3. 初审内容

设计方案点线能力是否匹配、运输组织是否先进合理、设备选型配置是否合理、既有设备是否得到合理利用、新建工程与既有设备是否协调、接口是否合理有效、运输安全措施是否得当、接轨站设计方案是否合理,车站布置和规模、进出站线布置和疏解方案、综合管线布置、站内排水、安全设备设置及站房设置是否符合城市规划,线位方案是否稳定,线位是否绕避了重要建筑(或文物),绕避或通过不良地质地段的方案和措施是否得当,各类勘探工作是否基本完成,大型拆迁工程和大临工程是否单独设计,过渡工程是否合理,指导性施工组织设计是否合理，工程概算计算是否有错误或遗漏等。

第三节　项目实施阶段

一、严格施工图审核程序，确保施工图质量

为提高勘察设计文件质量，严格控制工程投资，规范成渝客专建设项目施工图审核工作，根据铁道部《铁路建设工程勘察设计管理办法》(铁道部令第 26 号)、《铁路建设项目施工图审核管理指南(试行)》(工管审〔2010〕76 号)，结合成渝客专实际，特制订《施工图审核管理暂行办法》。按照批准的建设规模、技术标准、工程投资、建设工期等组织建设的重要程序。审核后的施工图是工程实施、验工计价和竣工验收的依据。未经审核的施工图，不得交付使用。咨询方严格施工图审核程序，严把施工图质量关，确保施工图质量满足成渝客专技术标准要求。

1. 施工图审核组织分工

成渝客专施工图审核流程是有序开展咨询工作的关键程序，成渝公司有关部门、咨询联合体、设计单位共同对咨询流程进行了反复研究讨论，制定了施工图审核流程和时间要求，按照"四阶段、十二工序"进行。

2011 年 1 月，根据成渝公司的中标通知，武汉铁四院工程咨询有限公司与成渝公司签订了《新建成都至重庆客运专线施工图审核》合同(铁四咨合同〔2011〕13 号)，根据合同约定武汉铁四院工程咨询有限公司开展了本项目的站前、站后(含站房)工程施工图审核工作。

中铁第一勘察设计院集团有限公司负责委建工程的施工图审核工作，即：

(1)成渝高速正线 K0＋685～K5＋672，线路长度 4.987 km(双线)；其中：K0＋685～K4＋425 为有砟轨道。K0＋685～K5＋672 线下工程及有砟轨道部分铺架、有砟道岔铺设、桥面系、声屏障及现浇箱梁(不含正线预制箱梁制运架、箱梁对应的桥面系及声屏障、双块式轨枕预制、无砟道床及无砟道岔铺设、无砟道床区段铺轨及精调，由成渝公司自行实施)。

(2)成渝高速反发联络线 K0＋400～K1＋783，线路长度 1.383 km。

(3)成贵成渝联络上、下行线，其中上行线 K0＋421～K4＋867，线路长 4.446 km；下行线 K0＋000～K3＋908，线路长 3.908 km。

2. 施工图审核的重点内容

(1)成渝客专初步设计批复意见及部有关规范、规定、文件的执行情况。

(2)是否满足运营安全和正常运行要求。

(3)工程建设强制性标准的执行情况。

(4)施工图设计文件编制内容、深度和质量是否达到《铁路基本建设项目预可行性研究、可行性研究和设计文件编制办法》(TB 10504—2007)规定和有关规范、规程要求。

(5)工程措施、工点技术措施、施工过渡措施、安全措施、施工组织方案。

(6)防火、节能、环保、水保、消防、建筑抗震措施。

(7)地质灾害防治措施。

(8)工程数量、设备和材料数量、用地数量，审核拆迁数量，并与初步设计数量进行对比。

(9)检查投资检算编制，并与初步设计概算进行对比，以审核工程投资控制效果。

(10)标准图及通用参考图选用。

(11)设计文件的总体性和专业间的衔接。

二、强化施工图现场核对环节，完善施工图设计

为加强成渝客专建设管理，最大限度地纠正和避免因施工图与现场实际不一致及工点设置不合理而造成的损失乃至造成工程隐患，依据成渝客专施工承发包合同规定，施工单位应对承包标段内线、桥、隧、涵、路基工程在工点开工前进行施工图现场核对，完善施工图设计，确保工点设置合理，强化使用功能，合理使用投资。未经现场核对、完善的工点不得开工。

1. 组织

在成渝公司组织领导下,由成渝公司建设指挥部牵头,工程咨询、监理、设计、施工单位参加,进行施工图核对现场办公。参加施工图核对的人员应具有丰富的现场施工经验或相应的专业技术知识。

2. 核对条件

在设计、施工单位完成现场交接桩,经现场贯通复测无误,且一个标段(或一个大的段落)的施工图(或施工资料)已到位的情况下,才具备现场核对条件。

3. 核对程序

施工单位先按施工图现场放样。要求涵渠标出轮廓线及出入口高程,桥梁标出墩台(特别是跨越重要道路及其他建筑物两侧的墩台)位置、轮廓线,隧道标出隧道洞门位置,洞身开挖及边仰坡开挖轮廓线,路基标出挡护构筑物轮廓线,取(弃)土场的位置。现场放样经复核准确无误后通知监理单位。

监理单位会同施工单位对现场进行首轮核对。

由监理单位汇总并提出需由咨询、监理、设计、施工四方重点核对完善的工点、部位,特别是需进一步完善的隧道洞口位置及防护、桥梁墩台位置及防护、路基挡护及排水系统、涵渠新增、取消、改孔、方向、高程和功能兼顾及建议、需进一步地质补勘的部位等事宜,报成渝公司建设指挥部(施工、监理、咨询单位有不同意见一并上报)。

由成渝公司建设指挥部牵头,咨询、设计、监理、施工单位参加,进行现场核对、现场办公。现场核对时,首先由监理单位现场监理工程师提出对首轮施工图核对完善的建议,施工单位项目总工程师予以确认及提出补充意见,设计单位介绍工点设计意图和设置原则,并对施工、监理单位提出的核对完善方案提出意见,经充分论证后形成现场纪要,涉及变更事宜按规定程序处理。

4. 具体要求

经现场核对无需完善的工点才能申请开工。已确定需完善的工点均纳入变更设计管理,由设计单位按会议纪要要求编制变更设计图纸、文件,经批准后由施工、监理单位实施。

如现场需要补充地形资料,由施工单位于 3 日内提交给设计单位。若需补充大量的地质、水文资料等,由建设指挥部通知设计单位补充资料。设计单位 3 日内组织人员、设备到场,展开工作,并按有关规定进行变更设计资料、图纸、文件管理。

若需与地方政府、企业补充完善相关协议时,由建设指挥部组织办理,设计、施工单位予以配合。

各专业设计现场核对表由监理单位填写,参加核对的五方各执一份,并作为技术管理文件和监理批准工点开工的依据之一。监理在批准工点开工报告时应说明该工点施工图现场核对情况。监理单位应根据施工复测、图纸到位、施工准备情况,督促、检查施工单位及时放样,并组织进行首轮核对。监理月报中应及时反映现场设计核对的内容及进展情况。

三、依法办理变更设计,强化过程控制

为规范成渝客专建设工程变更设计管理工作,保证建设工程勘察设计质量,维护工程勘察设计审查的严肃性,有效控制工程造价,提高项目投资效益,严格变更设计管理,鼓励采用先进技术、先进工艺、先进设备、新型材料不断完善和优化设计。成渝公司根据《铁路建设项目变更设计管理办法》(铁建设〔2012〕253号)等有关规定,结合实际,制定了《工程变更设计管理办法》,确定了变更分类原则、变更设计项目划分原则、变更设计原因和责任、变更设计程序和分工、变更设计时限等规定。

成渝客专Ⅰ类变更设计情况见表 2-4-1。

表 2-4-1　成渝Ⅰ类变更设计台账表

序号	文件名称	文件编号	批复文号	估算费用(万元)	批复费用(万元)	备　注
	一、(成渝)已批复					
1	关于申请审查批准新建成都至重庆铁路客运专线线路防护栅栏Ⅰ类变更设计的请示	成渝客专〔2012〕80号	铁总办函〔2013〕75号		7 273	

续上表

<table>
<tr><th>序号</th><th>文件名称</th><th>文件编号</th><th>批复文号</th><th>估算费用（万元）</th><th>批复费用（万元）</th><th>备　注</th></tr>
<tr><td rowspan="2">2</td><td>关于申请审查批准新建铁路成都至重庆客运专线改良土变更为AB组填料Ⅰ类变更设计的请示</td><td>成渝客专〔2012〕87号</td><td rowspan="2">铁总办函〔2013〕215号</td><td rowspan="2"></td><td rowspan="2">4 928</td><td></td></tr>
<tr><td>关于申请审查批准新建铁路成都至重庆客运专线改良土变更为AB组填料Ⅰ类变更设计(修改)的请示</td><td>成渝客专〔2012〕100号</td><td></td></tr>
<tr><td rowspan="2">3</td><td>关于申请审查批准新建铁路成都至重庆客运专线采用CTCS3级列控系统及相关工程Ⅰ类变更设计的请示</td><td>成渝客专〔2013〕25号</td><td rowspan="2">铁总办函〔2013〕231号</td><td rowspan="2"></td><td rowspan="2">27 401</td><td></td></tr>
<tr><td>关于重新呈送《新建铁路成都至重庆客运专线采用CTCS3级列控系统及相关工程Ⅰ类变更设计》的报告</td><td>成渝客专〔2013〕35号</td><td></td></tr>
<tr><td rowspan="2">4</td><td>关于申请审查批复成渝客专重庆西右联络线接入渝黔铁路新双碑隧道轨道工程Ⅰ类变更设计的请示</td><td>成渝客专〔2012〕72号</td><td rowspan="2">铁总办函〔2013〕268号</td><td rowspan="2"></td><td rowspan="2">346</td><td></td></tr>
<tr><td>关于重新呈送《成都至重庆客运专线重庆西右联络线轨道工程Ⅰ类变更设计》的报告</td><td>成渝客专〔2013〕39号</td><td></td></tr>
<tr><td rowspan="2">5</td><td>关于申请审查批准新建铁路成都至重庆客运专线隧道防灾救援疏散工程Ⅰ类变更设计的请示</td><td>成渝客专〔2013〕81号</td><td>鉴桥隧函〔2013〕386号</td><td></td><td></td><td>需优化，重新调整后上报变更设计文件</td></tr>
<tr><td>关于重新申请审查批准新建铁路成都至重庆客运专线隧道防灾救援疏散工程Ⅰ类变更设计的请示</td><td>成渝客专〔2014〕43号</td><td>铁总办函〔2014〕862号</td><td></td><td>4 790</td><td></td></tr>
<tr><td>6</td><td>关于申请审查批准新建铁路成都至重庆客运专线沙坪坝至菜园坝段改线工程(DK297＋290～DK304＋253.605)Ⅰ类变更设计的请示</td><td>成渝客专〔2013〕70号</td><td>铁总办函〔2014〕250号</td><td></td><td>10 701</td><td></td></tr>
<tr><td>7</td><td>关于申请审查批准新建铁路成都至重庆客运专线声屏障安装螺栓检修Ⅰ类变更设计的请示</td><td>成渝客专〔2013〕88号</td><td>鉴环函〔2013〕364号</td><td></td><td></td><td>鉴定中心批复不属于Ⅰ类变更，纳入招标范围</td></tr>
<tr><td>8</td><td>关于申请审查批准新建铁路成都至重庆客运专线牵引供电、电力工程提高供电可靠性Ⅰ类变更设计的请示</td><td>成渝客专〔2013〕110号</td><td>铁总办函〔2014〕380号</td><td></td><td>15 166</td><td></td></tr>
<tr><td>9</td><td>关于申请审查批准新建铁路成都至重庆客运专线绿色通道工程Ⅰ类变更设计的请示</td><td>成渝客专〔2013〕114号</td><td>鉴线函〔2014〕28号</td><td></td><td></td><td>鉴定中心批复不属于Ⅰ类变更，已按Ⅱa类办理</td></tr>
<tr><td>10</td><td>关于呈送新建铁路成都至重庆客运专线内自宜铁路引入内江北车站提前实施工程Ⅰ类变更设计的报告</td><td>成渝客专〔2014〕67号</td><td>铁总办函〔2014〕1822号</td><td></td><td>32 849</td><td></td></tr>
<tr><td>11</td><td>关于申请审查批准新建铁路成都至重庆客运专线接触网供电工区增设机具设备Ⅰ类变更设计的请示</td><td>成渝客专〔2014〕97号</td><td>铁总办函〔2015〕80号</td><td></td><td>900</td><td></td></tr>
<tr><td>12</td><td>关于报请审批《新建铁路成都至重庆客运专线钢轨预打磨费用变化Ⅰ类变更设计》的报告</td><td>成渝客专〔2015〕2号</td><td>铁总办函〔2015〕399号</td><td></td><td>1 336</td><td></td></tr>
<tr><td>13</td><td>关于报请审批《新建铁路成都至重庆客运专线桥下防护栅栏Ⅰ类变更设计》的报告</td><td>成渝客专〔2015〕14号</td><td>铁总鉴函〔2015〕587号</td><td></td><td>7 273</td><td></td></tr>
<tr><td>14</td><td>关于申请审查批准新建铁路成都至重庆客运专线开通重庆北站井口至重庆北改造工程Ⅰ类变更设计的请示</td><td>成渝客专〔2015〕38号</td><td>铁总鉴函〔2015〕919号</td><td></td><td>1 668</td><td></td></tr>
</table>

续上表

序号	文件名称	文件编号	批复文号	估算费用(万元)	批复费用(万元)	备　注
15	关于申请审查批准新建成都至重庆铁路客运专线旅客服务信息系统工程备品备件Ⅰ类变更设计的请示	成渝客专〔2015〕103号	鉴信函〔2015〕282号	315.87		鉴定中心批复不属于Ⅰ类变更,重新按Ⅱa类上会
16	关于申请审查批准新建成都至重庆铁路客运专线列控中心新增区间列车占用逻辑检查功能及安全数据网V3.0升级Ⅰ类变更设计的请示	成渝客专〔2015〕105号	鉴信函〔2016〕3号	1 463.52		鉴定中心批复不属于Ⅰ类变更,重新按Ⅱa类上会
17	关于申请审查批复新建成都至重庆铁路客运专线桥梁附属检查设施桥墩增加周吊篮Ⅰ类变更设计的请示	成渝客专〔2015〕104号	鉴综函〔2016〕4号	12 601.36		鉴定中心批复不属于Ⅰ类变更,重新按Ⅱa类上会
18	关于申请审查批准新建铁路成都至重庆客运专线引入重庆枢纽调度区划调整Ⅰ类变更设计的请示	成渝客专〔2015〕76号	铁总鉴函〔2015〕1233号		191	
19	关于申请审查批准新建铁路成都至重庆客运专线动车组运行故障图像检测系统TEDS建设工程Ⅰ类变更设计的请示	成渝客专〔2016〕10号	铁总鉴函〔2016〕392号	2 358.79	1 962	
20	关于申请审查批准新建铁路成都至重庆客运专线增加生产生活用房、生活空调Ⅰ类变更设计的请示	成渝客专〔2016〕29号	铁总鉴函〔2016〕610号		3 252	
21	关于申请审查批复新建成都至重庆客运专线重庆西左联络线纪襄渝二线歌乐山至重庆西段动车路径既有线改建Ⅰ类变更设计的请示	成渝客专〔2017〕6号	铁总鉴函〔2017〕450号	23 377.71		
22	关于申请审查批复新建铁路成都至重庆客运专线重庆西左联络线动车径路既有线改建Ⅰ类变更设计的请示	成渝客专〔2017〕7号	铁总鉴函〔2017〕450号	14 348.92	10 488	
合　计				130 524		
	二、(成渝)未批复					
1	关于申请审查批准新建铁路成都至重庆客运专线新增反恐防爆“全覆盖”综合视频系统Ⅰ类变更设计的请示	成渝客专〔2016〕25号		7 254.59		
合　计				7 254.59		

第五章　质量与安全

成渝客专自2010年10月开工建设以来，严格执行国家颁布的法律法规，落实中国铁路总公司的安全质量管理要求。为确保成渝客专工程质量及施工安全，公司结合工程建设实际，制定了各种行之有效的安全质量管理制度，采取了切实可行的安全质量管理措施，有效保证了工程建设平稳推进，安全质量整体有序可控。

(1)抓安全质量保障体系建设。公司按照标准化管理的要求，结合现场实际施工情况及工程特点，不断制定并完善各项安全质量管理制度，从组织措施、管理措施、技术措施等方面针对不同的工程项目制定有针对性的保证措施，认真梳理质量安全控制要点，明确安全质量控制关键和方向。同时建立了施工单位自检，监理单位随工旁站及平行抽检，建设单位随机抽检的安全质量管控模式，形成了一套设计、施工单位自我把控、监理单位约束、建设单位监督的高效、全面的安全质量保证体系。

(2)抓安全质量管理思想意识。公司始终将安全质量作为工程建设"核心要务"来抓，将安全质量作为整个客专工程建设的重中之重，在工程建设中坚持"高标准、高质量"的原则，狠抓现场安全质量管理。公司高度重视参建人员的安全质量意识及责任意识建设，合理配备安全质量管理人员，深入贯彻"三点共识"和"三个重中之重"的要求，认真落实铁路建设施工安全风险管理，强化安全风险防范意识。

(3)抓日常安全质量管理。公司建立了完整的安全质量考核制度，根据现场施工质量安全管理情况实行"红、黄、灰、绿牌"管理，明确设计、施工、监理及建设单位的安全质量职责，制定了详细的人员分工及包保措施，充分调动安全质量管理人员的管理积极性，在对待现场安全质量问题上，坚持"零容忍"的态度，成立"问题库"，落实责任人，限期整改，实行闭环管理。

(4)抓安全质量长效机制建设。公司将安全质量管理作为铁路工程建设永恒的主题，将把安全质量作为工程"眼睛和生命"，制定了详细的质量安全管理办法，梳理了不同时期不同工程项目的质量安全风险控制要点，提前预判、提前处理。高度重视监理单位职能的延伸，充分发挥监理人员和外方质量代表作用，严格把好进场材料关、过程控制关，全面确保安全质量保障体系良好运转。

第一节　质量体系的建立与运行

成渝公司为实现建设世界一流高速铁路的目标，始终坚持依法管理、系统控制；严格标准、落实责任；百年大计，质量第一的质量管理方针，使工程质量全面达到国家及铁道部客运专线工程质量验收标准，整个系统满足高速度、高密度、高舒适度和高安全性的要求，达到世界一流水平。

一、质量体系的建立

(一)质量目标体系

质量目标体系如图2-5-1所示。

(二)质量责任体系

1. 组织机构

为加强质量管理组织领导，公司成立质量管理领导小组：

组　长：公司总经理

副组长：公司副总经理、总工程师

组　员：公司部(室)负责人

领导小组下设办公室，负责处理日常工作，办公室设在安质部。

各施工、监理、设计单位分别建立以项目经理、总监理工程师、设计总体为组长，相关部门、专业技术管

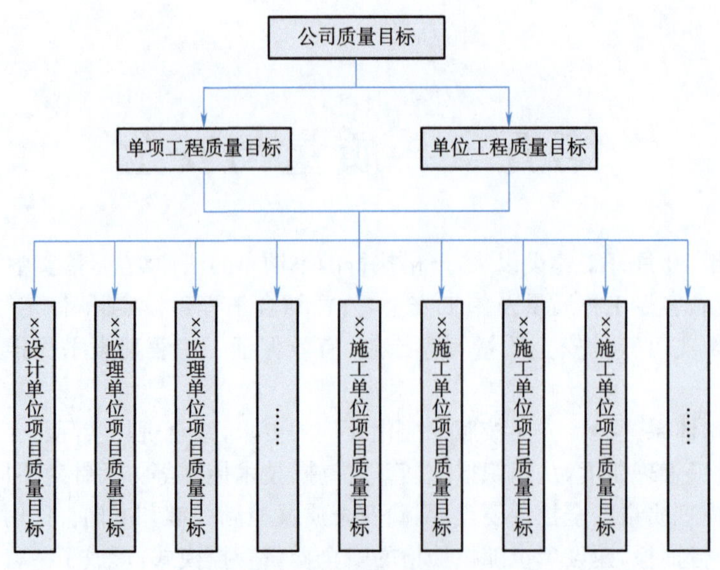

图 2-5-1 质量目标体系

理人员参加的质量管理组织,建立完整的质量管理组织机构和质量保证体系,制订各类质量管理制度。联合体机构应明确各方质量管理职责和义务,并落实到位。

2. 质量管理体系

质量管理体系如图 2-5-2 所示。

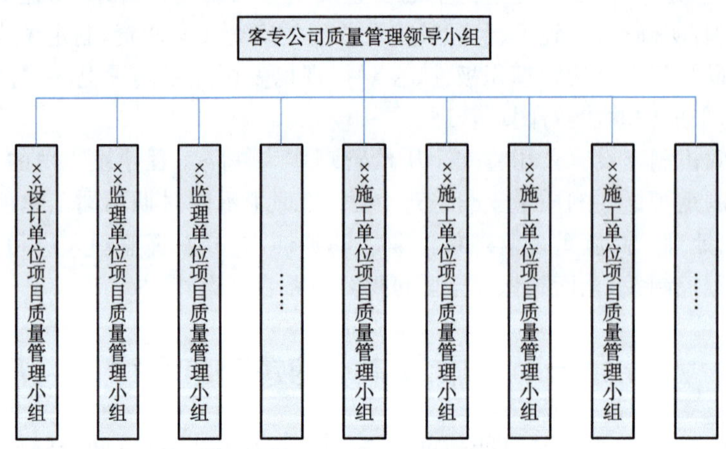

图 2-5-2 质量管理体系

3. 职责分工

(1)质量管理领导小组主要质量管理职责

①认真组织学习、贯彻国家、铁道部有关法律、法规、工程强制性标准和公司的管理制度,依据批准的设计文件组织工程建设。

②建立健全质量管理制度,完善质量管理体系,在施工图审查、施工过程控制、竣工验收、质量保修等各个环节,落实质量管理责任。

③审查工程项目施工组织设计;指导全线工程质量管理和创优工作;督促各施工单位建立健全质量保证体系,制订质量保证措施。

④收集整理各施工单位的质量报表、资料,掌握工程建设各阶段的质量动态,研究制定阶段性工程质量控制措施,实现工程建设过程中质量的有效控制。

⑤设计文件中采用的新技术、新工艺、新材料、新设备以及特殊结构,应督促设计提出施工质量要求和指导性施工方案,有效控制施工质量。

⑥配合有关工程质量事故的调查分析和处理,按权限提出质量技术方面的分析意见和相应的工程质量

技术防范措施，防止同类事故的重复发生。

⑦组织工程项目的竣工验收，对工程施工中的质量问题督促施工单位及时整改，确保运营安全。

(2)勘察设计单位的质量责任

勘察设计单位必须按照工程建设强制性标准进行勘察设计，不断提高设计质量，对勘察、设计文件的质量负责。

①勘察设计单位要建立健全质量管理制度，完善质量管理体系，明确和落实质量责任。

②勘察单位提供的地质、测量、水文等勘察成果必须真实、准确，勘察单位对勘察成果文件的质量负责。

③设计单位在设计文件中选用的建筑材料、建筑构配件和设备，应当注明规格、型号、性能等技术指标，其质量必须符合国家和铁道部的标准。

④设计单位应按批准的施工设计文件向施工、监理单位做好设计技术交底，设计文件中应提出指导性施工组织设计、施工过渡方案和特殊工点的技术措施等。

⑤设计单位应正确对待施工、监理单位提出的变更设计意见，及时做好现场核实和设计方案比选、完善工作，并及时提出变更设计意见供公司决策。

⑥根据工程情况派驻现场设计组，及时解决施工中的问题，随时检查是否按批准的设计文件施工，是否符合设计要求。

⑦按规定参加工程施工过程中的检查和检验批、分项工程、分部工程和单位工程的验收工作。

⑧参与工程质量事故分析，并提出相应的技术处理方案。因设计原因造成的质量事故按有关规定处理。

(3)施工单位的质量责任

①各施工单位应当在资质允许范围内进行施工，不得转包或违法分包。施工单位对管段内的建设工程施工质量负责。

②各标段施工联合体应制定完善的联合体章程，明确联合体内各单位的质量责任。联合体牵头单位应对中标工程质量负总责，联合体各方对施工质量承担连带责任。

③施工单位应当按照投标承诺和合同约定，建立现场施工管理机构，明确项目负责人、技术负责人和质量负责人，明确质量责任。

④施工单位应当设置专门的项目质量管理部门，配足专职质量管理人员，制定质量管理制度，完善质量管理体系，建立各级质量岗位责任制，明确和落实质量职责。

⑤严格按批准的施工设计文件、现行的施工规范、质量验收标准等文件进行施工，确保工程质量。做好图纸核对工作，发现设计文件、图纸有差错的，应当及时提出建议和意见，按规定程序办理变更手续。因工程施工质量造成质量事故的，施工单位负主要责任。

⑥按照设计要求、施工技术标准与合同约定，进行原材料检验和过程质量检验，检验工作必须按规定进行见证。未经过检验及检验不合格的原材料，不得使用。

⑦建立健全施工质量的检验制度，严格工序管理，做好隐蔽工程的质量检查和记录。隐蔽工程在隐蔽前，施工单位应按规定通知监理单位，经监理检查合格后方可进行下一道工序施工。

⑧建立健全教育培训制度，加强对职工和劳务用工管理与教育培训，未经培训或考核不合格人员，不得上岗作业，特殊工种严格按规定持证上岗。

⑨发生事故后按规定程序如实上报，全力开展救援抢险工作，配合有关部门进行事故调查分析。

⑩对施工中出现的质量问题或竣工验收不合格的单位工程按规定负责返修。对工程进行质量保修、做好质量回访等相关工作。

(4)监理单位的质量责任

①监理单位应当依照法律、法规和铁道部的有关文件以及有关的技术标准、设计文件、投标文件和合同的要求，对施工质量实施监理，并对施工质量承担监理责任。

②工程监理单位必须按照投标承诺和委托监理合同约定，设置现场监理机构，配置现场监理人员，配备必需的试验、检测、办公设备及交通、通信工具等。

③监理单位必须加强现场监理管理，制定监理工作管理制度，健全监理质量保证体系，明确和落实质量责任；制定完善的监理规划和监理细则，采取有效的质量控制措施，保证监理工作质量。

④应当选派具备相应资格的总监理工程师和专业监理工程师派驻施工现场,监理人员的数量、资质、年龄结构除满足《铁路建设工程监理规范》要求外,必须满足施工监理工作需要。

⑤监理单位在开工前和施工中必须认真核对施工图,发现问题及时书面通知公司、设计、施工单位。

⑥在开工前和施工中,按照规定对施工单位的施工组织设计、开工报告、分包单位资质、质量保证体系、主要技术措施等进行审查,提出意见和要求,并检查整改落实情况。

⑦加强现场监理力量,配足相应专业的监理人员。按照《铁路建设工程监理规范》的要求,做好施工监理工作,按照规定进行见证或平行检测。对施工全过程采取巡视和平行检测等形式检查,并对隐蔽工程和重点工序进行旁站监理,切实履行监督管理职责。

⑧严格依据批准的设计文件、现行的施工规范、质量验收标准等文件进行监理,当施工单位擅自变更设计、施工方案,或工程质量达不到要求时,监理单位应立即指出制止,并以书面形式通知施工单位整改,跟踪整改结果。因监理单位原因造成后果的,监理单位应承担相应责任。

(三)分级控制体系

本着"以人为本、服务运输、系统优化、强本减末、着眼发展"的建设新理念,加强工程质量管理,实现对施工质量全方位、全过程的有效控制,打造精品工程,建立分级质量分级控制体系。

1. 总体要求

为充分发挥各级工程建设管理人员在工程质量管理过程中的重要作用,提高工程建设管理水平,全面实施《工程质量创优规划》和《精品工程实施计划》目标要求,各参建单位应根据标段工程项目不同级别,建立科学有序的分级管理机制,分清主次,明确重点管理项目和各级管理层次,落实责任制,严格考核,把全面质量管理理念和要求落实到工程质量管理的每一个环节。

2. 实施范围

实施范围为各参建单位标段项目部领导、部门负责人、专业工程师。

凡纳入质量分级管理范围的所有管理人员,必须以科学的管理标准和完善的岗位工作要求,认真按照规定的分级管理范围实施重点质量管理,使全部工程质量达到设计文件、技术标准及相关规范的要求。

3. 分级界定

(1)工程分级

工程等级按工程规模及工程特点分为三个等级。

①Ⅰ级工程包括:

工程规模大,技术难度突出,对全线施工进度具有决定性影响,被列为全线控制工程的项目。

②Ⅱ级工程包括:

工程规模较大,有一定的技术难度,对全线施工进度起重要控制作用,被列为全线重点工程的项目。

③Ⅲ级工程包括:

除Ⅰ、Ⅱ级外的其他工程。

各参建单位根据各自工程特点,参照以上规定具体明确管内的工程等级划分。

(2)分级管理落实

①Ⅰ级工程管理小组由公司总经理负责,小组成员由公司工程部、安质部和设计、施工、监理单位负责人组成。

②Ⅱ级工程管理小组由公司安质部及工程部负责人负责,小组成员由有关专业工程师,设计、施工、监理单位主管负责人员组成。

③Ⅲ级工程管理小组由公司专业工程师负责,小组成员由设计、施工、监理单位有关人员组成。

④各参建单位根据工程分级,分别建立健全Ⅰ、Ⅱ、Ⅲ级工程管理小组,明确各小组所负责主要的工程项目。

(3)各级工程管理小组的主要职责

①贯彻国家和铁道部关于质量管理的现行法律、法规、规范、强制性标准以及公司的管理制度和办法。

②负责审定小组分管工程的质量目标、施工方案,负责监督控制小组分管工程保证制度和责任制度的落实。

③负责组织召开小组分管工程的施工协调会，协调并解决工程施工前、施工中遇到的对质量、安全、进度有影响的各种问题。

④负责组织召开小组分管工程的质量事故分析会，坚决按“四不放过”原则，对工程质量事故进行彻底的原因分析，负责监督事故处理方案的落实，负责对事故责任人的处理。

⑤负责定期组织对小组分管工程的全面质量检查工作。

⑥工程结束后，负责组织对小组分管工程的质量评定及验收工作。

4. 定期分级检查

各级工程管理小组要组织小组成员对所管工程进行定期检查及不定期检查工作。

定期检查：每月大检查，建立定期检查记录。

不定期抽查：包括巡视检查及抽检，并详细建立个人巡检、抽检台账。检查台账应包括：检查时间、检查项目名称、检查项目内容、存在问题等内容。

公司制订《工程质量控制要点》，并根据《工程质量控制要点》进行检查；各施工、设计、监理单位应根据各自实际情况制订相应的工程质量控制要点，并按照要点组织检查。

(四)评价评估体系

1. 设计文件质量评估评价

工程设计文件是工程质量控制的源头。由公司工程管理部、安质部按照初步设计预审和施工图审核要求，对设计文件中有关质量控制措施、费用等有关工程质量的部分提出预审或审核意见。

2. 工程实体质量评估评价

主要包括按照客运专线施工质量验收各项标准对已完工程组织开展质量验收。

检验批应由施工单位自检合格后报监理单位，由监理工程师组织施工单位专职质量检查员等进行验收。

分项工程由监理工程师组织施工单位分项工程技术负责人等进行验收。

分部工程由监理工程师组织施工单位项目负责人和技术、质量负责人等进行验收。地基处理、沉降观测、路堑开挖、支挡结构基坑开挖等重要分部工程验收时，勘察设计单位项目负责人必须参加。

单位工程完工后，施工单位自行组织有关人员进行检查评定，并向公司提交工程验收报告。

3. 施工企业信用评价

依据《铁路建设工程施工企业信用评价暂行办法》(铁建设〔2009〕40号)，公司对管内各局级施工企业进行信用评价，并成立以公司总经理为组长，副总经理、总工程师为副组长，安质部、工程部等部门负责人为组员的信用评价领导小组。评价采取现场检查扣分、不良行为记录的方式。现场检查一般采用抽查的方式，对所有参建施工企业的抽查频率原则上每个评价期不少于3次，各标段或工区的检查频次、工点数量和检查项目应基本一致。其他按照铁道部相关规定进行评价。

4. 设计单位考核

依据《铁路建设项目施工图考核办法》(铁建设〔2007〕119号)，公司对勘察设计单位施工图阶段工作定期进行考核，考核内容包括施工图提供、施工图审核和实施质量，每半年为一个考核期。公司成立以总经理为组长、总工程师为副组长的考核组，负责考核工作并督促勘察设计单位对考核中发现的问题及时进行整改落实。考核结果经勘察设计单位现场负责人签字确认后，按期报送铁道部建设管理司。

5. 监理单位信用评价

公司对管内监理单位进行信用评价，评价内容包括监理人员、设备配备履约情况、监理制度建设及内业管理情况、服务质量及工作实绩和监理行为等四个方面，每半年为一个评价期。对半年信用评价得分不及格的监理单位黄牌警告一次，一个监理单位连续累计黄牌警告二次的，要求其上级主管单位加强现场管理力量，直至撤换总监理工程师。

6. 质量巡视检查

(1)巡视检查的内容

①现场施工项目施工组织是否符合设计和审批的要求。

②原材料及半成品质量控制，施工过程质量控制，结构实体施工质量情况。

③监理人员素质、到岗情况和监理单位的现场管理情况，设计单位现场施工配合情况。

④基础施工中地质情况是否与设计相符,施工方案、方法是否与设计要求的方案、方法相符。

(2)巡视检查频率

公司:工程管理部或安质部负责人每两月对全线重点工程和控制工程现场巡视检查不少于1次;专业工程师对所分管的施工范围巡视检查不少于2次。

设计单位:设计配合人员每月对所分管范围施工现场巡视检查不少于2次。

监理单位:总监对本标段巡视检查每月不少于1次,副总监对所分管范围巡视检查每月不少于2次;总监或副总监对本标段重点工程和控制工程巡视检查每周不少于1次;专业监理工程师对所分管范围检查每周不少于2次,对分管范围内重点工程和控制工程的巡视检查至少每天1次。

施工单位:项目经理对本单位全部施工项目巡视检查每月不少于1次;副经理和项目总工程师对本单位全部施工项目巡视检查每月不少于2次,对本单位重点工程和控制工程巡视检查每周不少于1次;工程部长或安质部长对本单位全部施工项目巡视检查每周不少于1次。

(3)巡视检查记录

各级检查人员对施工现场巡视检查填写《工程巡视检查记录》。专业监理工程师巡视记录填写至监理日记中。

公司专业工程师、监理单位专业监理工程师、施工单位工程部长和安质部长每月对分管范围内至少一个单位工程进行全面检查,填写《工程专业检查记录表》。

各参建单位巡视检查人员的检查记录每月归档1次。

(4)巡视检查结果处理

各级巡视检查人员对现场巡视检查中发现的问题,应现场提出,并提出整改要求和整改时限,要求被检查单位限期整改。对被检查单位整改情况,要及时进行复查,并做好记录。

各级巡视检查人员在检查中发现情节严重的质量、安全隐患,要立即通报被检查单位领导,召开专题分析会议,对存在的问题认真查找原因,进行彻底整改,严肃处理相关责任人员,同时,在本单位进行全面排查,完善相关的质量、安全管理工作。

(五)质量过程控制体系

(1)工程质量监督

开工前,公司负责向工程质量监督机构申请办理质量安全监督手续,接受质量安全监督部门的监督。

(2)地质勘察监理

为确保地质勘察质量,公司对工程初测和定测阶段实行工程地质勘察监理。

(3)初步设计咨询、初审

公司总工程师在施工前组织咨询、勘察设计单位对初步设计进行咨询、初审及优化,消除设计缺陷,提高设计质量。

(4)施工图审核

开工前,公司总工程师负责组织对施工图设计文件进行审核。未经审核或审核不合格的施工图,不得交付施工。

(5)创建精品工程

开工前,公司结合实际,制定出本项目创建精品工程的指导思想、创建目标、创建理念、创建原则、创建方法、创建步骤、创建措施等内容,建立创建精品工程的目标体系、责任体系、分级控制系统和评价评估体系,确保创建精品工程目标的实现。

(6)技术交底

施工图设计完成后,公司总工程师组织设计、施工、咨询和监理各方召开技术(设计)交底会议,以明确工程的设计目的,了解设计内容和技术要求。

(7)施工图现场核对

接到施工图后,监理单位、施工单位负责施工图现场核对,按合同约定承担相应责任。

(8)施工组织设计编制与审核

公司总工程师组织编制项目指导性施工组织设计,并报铁道部工程管理中心审核;对施工单位编制上报的实施性施工组织设计进行审批。

(9)工程地质核实

施工、监理、勘察设计单位对已揭示的工程地质情况,与原设计文件进行核实,不符时,由勘察设计单位负责处理。

(10)工程质量试验检测

施工单位、监理单位按合同约定设立现场试验室,并经国家技术监督部门鉴定认可,按有关规定开展试验检测工作。

(11)施工测量复核

公司总工程师组织明确贯通测量、控制测量、施工放样的各项具体要求、规定、责任等,实行施工测量复核制度。

(12)工程质量检查

公司各级领导及专业工程师根据工程进展情况,采用不事先通知的巡查、夜查、集中检查、专项检查等多种形式,进行工程质量检查,加强过程质量控制。为规范质量检查行为,实行“五定、一负责”的质量检查制度。

“五定”即“定人、定期、定岗、定责、定点”。要求现场质量检查必须具体明确检查人、检查频次、检查工点、检查责任、检查时段,突出不事先通知的突击检查,突出夜间管理薄弱时段检查。

“一负责”即“首查负责制”。要求谁检查出的问题,谁负责监督检查整改,实行闭环管理,确保每个检查出的问题都得到整改,提高检查的有效性。

(13)教育培训持证上岗

公司总工程师组织明确需培训上岗的专业、岗位、培训内容、考核标准及相关职责等,并按有关规定及合同约定对参建单位上岗人员进行监督检查。

公司总工程师组织内部自主学习,有针对性地下发相关书籍和文件、资料,为职工配发学习笔记本,制定学习范围,全面提高全体员工的专业技能和管理水平。每月要组织一次不少于 2 h 的集中专业学习,并建立集中学习记录本。

(14)变更设计审批

严格执行变更设计报批程序,并按规定和权限做好Ⅰ类变更设计初审、上报和Ⅱ类变更设计的审批工作,确保工程质量。

(15)施工质量验收

各参建单位按照客运专线铁路施工质量验收标准,严格执行隐蔽工程检查签认制度,检验批、分项、分部和单位工程质量验收制度,竣工验收制度。

(16)工程质量事故报告和调查处理

各参建单位严格执行国家和铁道部有关工程质量事故的报告制度,公司组织或参加质量事故调查、分析、处理,督促、检查施工单位按批准的事故处理方案进行整改和质量验收,确保工程质量。

(17)质量责任追究

建设项目参建各方建立质量责任追究制度,层层落实责任到人。

(18)基础技术资料管理

各参建单位建立基础技术资料的收集、整理、建档的管理制度。

(19)成品保护

在正式验交前,公司主管领导组织工程部、安质部督促施工、监理单位加强对铁路用地界内修建的临时性、永久性构筑物以及设备等的保护,确保已完工项目的外观及使用功能满足设计要求。

(20)工程建设标准管理

公司总工程师督促参建单位结合项目具体情况,因地制宜,充分发挥工程技术人员的主观能动性,积极开发运用安全、可靠、先进、成熟、经济、适用的新技术,对于结构整体安全稳定性和工程系统功能,必须借鉴和参考国内外先进标准,进行综合分析、对比计算、系统优化、全面评价,慎用最低标准,并得出安全可靠结论,不能以单体构件或局部工程满足标准作出抉择,更不能以满足标准的个别条款进行评价,不能生搬硬套标准。

(21)工程绿化管理

公司结合实际,因地制宜,充分调动设计、施工、监理单位以及沿线地方政府的积极性,以站场"一站一景"、隧道"一洞一景"等为重点,全面开展生态防护和绿化造林工作,做到"三季有花、四季常绿"。

二、质量体系的运行

参加成渝客专工程建设的勘察设计、咨询、监理、施工、检测等单位应设置现场管理机构,按照质量管理法规、ISO 9000 标准和合同要求,开展工程质量管理活动,同时成立了以主要领导为首的质量保证领导小组,明确了各阶段、各部门、各工序的质量负责人,分解了质量职责,建立职责明晰的质量责任制。

成渝公司严格执行国家、铁道部有关法规和工程建设强制性标准、依据批准的设计文件组织工程建设,对全线工程质量负起了建设管理的责任。

勘察设计单位严格执行国家和铁道部有关勘察设计强制性标准及公司有关要求,在建设工程施工阶段及时解决有关勘察、设计技术问题。积极配合咨询、监理、施工单位,及时处理现场问题,并做到了原因分析准确,处理方案经济合理。设计文件中的工程措施、技术方案、大型临时设施布局和机械设备配置等方面贯彻铁道部工厂化、集约化生产指导思想,按"施工生产能工厂化的则工厂化,工厂能大则大、社会工厂能利用则利用"原则实施。

咨询单位为项目建设提供了技术和管理支持,确保了基础工程满足 350 km/h 速度目标值的要求,实现安全、质量、工期和投资控制的建设目标。

监理单位根据监理委托合同,依照《铁路建设工程监理规范》及有关技术标准、批准的设计文件、施工承包合同,在开工前和施工中,按规定对施工单位的施工组织设计、开工报告、分包单位资质、进场机械数量及性能、投标承诺的主要管理人员及资质、质量保证体系、主要技术措施等进行审查,提出了意见和要求,并检查整改落实情况。并认真执行铁路建设工程监理规范、技术规范和质量验收标准,对原材料检验、施工过程质量控制进行巡视和旁站监控,按规定频率进行平行试验或见证试验。

施工单位严格执行了国家和铁道部质量管理法规、工程建设强制性标准以及公司有关规定,按照有关规程、规范、标准和审核合格后的施工图进行施工,严格按投标承诺和合同约定,配齐了施工质量保证资源,严格原材料和施工质量控制,做好原材料检测、隐蔽工程和特殊过程的质量检查和记录,保证各种原材料和每道工序质量合格。

检测单位严格执行国家和铁道部有关规定和强制性技术标准,配置满足检测要求的人员、设备,保证检测方法正确、设备先进、结论准确及时,出具报告及时和合法有效,对检测和试验数据的真实性负责。

第二节　质量事故的处理与闭合

一、完善质量事故处理规定,有效预防事故的发生

(一)工程质量报告制度

1. 工程质量事故报告

(1)发生工程质量事故后,责任单位应按规定及时逐级上报,不得隐瞒不报、谎报或拖延不报,并及时开展调查和处理工作,按规定妥善保管有关资料。

(2)工程质量事故等级划分、报告程序、处理程序等按公司《工程质量事故调查处理暂行办法》执行。

2. 检查情况报告

(1)发生质量事故,监理、施工单位必须按要求及时向公司安质部报告,经调查分析研究后,按事故的分类等级,遵照建设部、铁道部有关工程质量事故报告和处理的规定进行处理。

(2)铁路建设工程质量事故按《铁路建设工程质量事故调查处理规定》(铁建设〔2009〕171 号)分为特别重大事故,重大事故,较大事故,一般事故及工程质量问题。工程质量特别重大事故由铁道部调查处理;工程质量重大事故由铁道部建设管理司(简称建设司,下同)调查,提出处理意见报铁道部批准;工程质量较大事故由监督总站调查，提出处理意见，由建设司核准；工程质量一般事故及质量问题由工程质量安全区域监督站调查，提出处理意见报工程监督总站批准，处理结果报建设管理司备案。

(3)铁道部认为有必要调查处理的工程质量事故及质量问题，由铁道部或铁道部授权有关部门组织调查。

3. 工程质量报表

(1)每月 26 日前，施工单位按要求格式，将本标段内的质量统计情况报监理单位。

(2)每月 28 日前，各监理单位按要求格式，将管段内的质量统计情况上报公司安质部。

4. 监理单位于每月 28 日前将监理月报上报公司安质部。

(二)工程质量举报制度

任何单位或个人对成渝客专建设工程质量事故、质量缺陷或影响工程质量的行为有权进行举报。

各施工单位在现场明显位置设置监督电话告示牌，公布工程质量监督单位名称、举报电话等信息。

各单位质量管理部门负责质量问题的投诉受理和处理。如有重大问题，要及时向单位主管领导报告。

公司将对举报人严格保密，并对避免质量隐患或事故发生的有关单位或个人进行奖励。

(三)质量安全管理责任人登记制度

登记人员范围：咨询单位项目经理，总咨询师，安全、质量管理分管负责人；设计单位现场配合主要负责人；监理单位总监理工程师，安全、质量管理分管负责人；施工单位项目经理，总工程师，安全、质量管理分管负责人；现场专职质检、安全人员。

报送单位和时间：由各监理单位负责管段内各单位的人员登记，在进场后 1 个月内汇总报公司安质部。

(四)质量管理信息化制度

各单位应按公司的统一部署和要求，配置相应设备和专业人员，将相关质量记录和统计资料的电子文件录入建设项目管理信息系统，确保质量管理实现信息化。

二、严格过程的质量控制，推进并落实各参建单位的质量内控体系

公司指导施工、监理等单位建立了完善的质量内控体系，同时结合监理管理工作，要求监理单位制定监理工程师责任制度，使两者既平行独立运行，又互为交叉补充制约，不仅促进了施工单位的质量行为合规、实体质量达标，又为监理工作提供了有力的抓手。

公司要求各施工单位按照内控体系，细化工作岗位职责，明确任务，具体落实到人。施工单位是工程质量的责任主体，是工程质量形成过程的直接执行者，施工过程中施工单位对原材料、工序质量进行自检自控十分重要。施工单位的“质量内控体系”在执行中，要求质检人员必须是项目部直属的技术质量管理人员，派驻工点后履行质量自检岗位职责，具有一定的施工经验，能独立开展工作。严格执行报验程序，自检合格后在报监理检验。未自检、报验的工序进行返工；对直接责任人进行批评教育，向全线进行通报；对质量问题严重的，严肃考核，作为不良行为进行记录。

监理工作的质量关键在于每个监理人员的责任心，强化监理人员的责任是发挥监理作用的关键。强化监理人员的责任，对施工单位的质量内控体系各个环节的质量情况进行监督，克服监理人员只管结果、不管过程的状况。一方面，把驻地监理机构的质量责任横向分解到每个监理人员，明确每个单位工程或分部工程的监理责任人及责任内容，纵向分解到从原材料进场、工序质量检查验收到最终质量验收全过程监理工作的各个环节，要求严格按照验标、设计及批准的施工组织、施工工艺进行检查监督，把过程质量控制及工程实体质量效果与监理人员的责任挂钩，结合配套的奖罚措施，促使监理人员提高责任心，强化监理人员个体的责任。把对施工单位质量内控体系的运转落实情况纳入监理岗位责任内容，对质量内控体系各个环节的运行效果进行监督、检查。

在公司及各方的共同质量监控及督促下，参建全体人员质量认识得到了提高，对质量内控体系的自检能够重视，基本能遵照工程建设程序实施质量控制。全线质量自检、报检行为及质量管理程序执行情况较好，质量问题的管理把关工作能够持续稳定。

三、质量问题的闭合管理

公司在对于质量管理体系运行过程中，通过公司质量自控体系及上级单位检查发现的质量问题，均对

质量问题的全过程进行记录，相应配影像资料。在分析原因的基础上，制定有针对性的纠正和预防措施，并跟踪验证所实施措施的效果，保证质量偏差得以纠正，并防止同类问题再次发生。现场指挥部认真抓现场质量问题的整改，对监督站、公司、铁路局静态验收，路局提前介入检查，监理检查中发现的施工质量问题实行建档管理，限期闭合销号。

对质量问题的闭合管理执行“发现问题、提出整改要求、进行整改、复查、整改结果回复、整理备案”的程序进行，确保问题处理情况实现闭合。

按发现问题的来源，整改、闭合情况如下：

施工单位自检人员发现的问题，整改完成后由原检查人员进行复查，并在质量问题台账中做好记录。

监理单位检查发现的问题，按整改要求进行整改，整改完成并经自检合格后报现场监理人员复查，合格后监理人员签认，并在质量问题台账中对应原问题做好处理、复查结果记录。

建设单位检查发现的问题，施工单位按整改要求进行整改，完成后经自检、报检合格后，由监理单位报公司，公司组织进行抽查或委托上一级监理机构进行复查，合格后通知监理单位恢复施工。施工、监理单位做好台账记录，公司做好问题闭合记录。

铁道部有关部门或专职质量监督机构检查发现的问题，及时通知并组织施工、监理单位进行整改。除履行上述程序外，由公司派质量管理人员对整改情况进行现场复查，合格后向问题发现部门进行专题回复，达到整改要求后方可恢复施工。

要求分别在静态验收、动态验收之前，必须完成工程结构质量问题和结构缺陷的消除，完善工程结构整体系统性、良好的功能安全性及长期耐久性、稳定性，确保联调联试的安全，确保动态验收顺利通过。

成渝公司在质量管理体系上有效运行和合理的闭环管理程序，使成渝客专在建设过程中未发生重大质量以上事故。

第三节　安全体系的建立与运行

成渝公司为实现建设“安全工程、精品工程”的目标，根据《中华人民共和国安全生产法》《国务院关于进一步加强企业安全生产工作的通知》(国发〔2010〕23 号)、《建设工程安全生产管理条例》《铁路建设工程安全生产管理办法》《铁路工程基本作业施工安全技术规程》《铁路路基工程施工安全技术规程》《铁路桥涵工程施工安全技术规程》《铁路隧道工程施工安全技术规程》《铁路轨道工程施工安全技术规程》和《铁路通信、信号、电力、电力牵引供电施工安全技术规程》(铁建设〔2009〕181 号)等相关法规、规程及铁道部《关于推进建设单位标准化管理工作的指导意见》，同时结合成渝客专工程建设的实际，各参建单位要在接受政府监督、行业管理、企业负责的基础上，遵循“安全第一、预防为主”的方针，建立健全了安全生产自控体系，制定切实有效措施，实行目标管理，在确保安全的前提下，实现质量、工期和经济效益的目标。

一、建立安全生产管理机构，落实安全生产责任制

成渝公司由公司领导及相关职能部门负责人组成安全生产管理委员会，公司总经理任安委会主任，主管安全的副总经理任常务副主任，其他副总经理、总工程师任副主任，公司各部室负责人为成员。公司下设安全生产管理委员会办公室，办公室设在公司安全质量部，安质部部长为办公室主任，副部长为办公室副主任，负责安全日常工作。

勘察设计、咨询、监理单位，设置了现场安全管理机构，按照国家及行业安全生产法律法规、《环境管理体系　要求及使用指南》(GB/T 24001—2004)标准(以下简称 GB/T 24001)、《职业健康安全管理体系　规范》(GB/T 28001—2001)标准(以下简称 GB/T 28001)和合同要求，开展了安全管理活动。

施工单位成立了以项目经理为组长、主管安全副经理为副组长、各职能部门和施工队主要负责人为组员的安全生产领导小组；设置安全生产管理部门，负责安全生产领导小组的日常工作；项目部设专职安全总监和安全工程师，施工队设专职安全员，班组设兼职安全员。施工单位应按照安全管理法规、GB/T 24001、GB/T 28001 标准和合同要求，积极开展各项安全管理活动。

(一)公司的安全生产管理职责

公司接受铁道部的统一领导和监督，对成渝客专工程建设安全负总责。

(1)贯彻国家、铁道部和地方政府的安全管理方针政策、法律法规，对各参建单位的安全生产进行全面的监督管理。

(2)建立公司安全管理保障体系，明确公司各级领导、各职能部门和各参建单位的安全生产责任制。

(3)确定安全生产管理方针目标，建立安全生产管理办法，组织和指导安全生产监督检查，实施考核评估安全生产状况。

(4)监督指导各参建单位的安全生产行为，组织各参建单位间的相互学习交流活动。

(5)组织和监督落实“三同时”制度，确保安全设施与主体工程同时设计、同时施工、同时投入生产和使用。

(6)组织审查重大安全管理措施、安全技术方案和安全生产应急预案，并督导落实。

(7)依照国家有关法律法规的规定，组织或协调安全生产事故的调查与处理。

(8)针对安全生产重点和难点，组织开展科技和管理攻关活动。

(9)制定主要安全管理人员的培训计划，并组织实施。

(二)勘察设计单位的安全生产管理职责

在公司的统一协调和帮助指导下，严格执行国家和铁道部有关安全勘察设计强制性标准及公司的有关要求，对勘察设计安全负责。

(1)在各管段设置现场配合机构，配齐相关专业技术人员，结合施工实际做好配合工作，及时解决现场出现的有关安全技术问题。

(2)设计单位应考虑施工作业安全操作和安全防护的需要，以及项目周边环境对施工安全的影响，提出保证施工和安全生产的具体技术措施，并纳入设计文件；各种安全技术措施应详实完整，准确无误，对涉及施工安全的重点部位和环节，应在设计文件中注明，对防范安全事故提出指导意见。

(3)采用新结构、新材料、新工艺和特殊结构，设计单位应在设计中提出保障作业人员安全和预防生产事故的措施建议。

(4)参与重要安全技术方案的论证、审核、审定、检验和验收；负责向施工和监理单位进行安全设计方案的交底。

(5)参加公司组织的安全管理活动。

(6)参加安全生产事故的调查与相关事宜的处置，参加安全事故分析，对因勘察设计原因造成的安全事故承担相应责任，并对建设工程合理使用年限内因勘察设计原因发生的安全事故承担责任。

(三)监理单位的安全生产管理职责

监理单位作为公司安全管理职责的延伸，在本监理管段负有安全监督管理责任，对公司负责。

(1)建立健全安全监理制度、安全监理措施、安全监理细则和安全监理考核办法，明确安全监理原则、监理内容、监理方法等内容，按照监理程序和相关要求实施安全监理。

(2)负责安全技术方案的组织论证和按照程序审核审批工作，并监督检查安全技术方案的交底及实施情况。

(3)负责施工企业资质、安全生产许可证、营业线施工等有关证件和项目经理、总工程师、安全专职人员、特殊工种等证书及全员安全培训的检查。

(4)组织或参加安全生产定期检查、日常巡查、专项检查和安全生产考核评比；召集并主持季度安全生产例会。

(5)负责对施工单位内业资料的检查和自身内业资料的管理，确保内业资料管理有序，全面完整，有较强的可追溯性。

(6)监理单位在安全监理过程中，发现存在安全事故隐患的，应要求施工单位限时整改；情况严重的，应立即要求施工单位停工整改，并向公司安质部报告；出现施工单位对重大事故隐患不及时整改的，应立即向公司安质部报告。

(7)完成公司交办的其他安全管理有关工作。

(四)施工单位安全生产管理职责

施工单位在工程建设的安全管理上负主体责任。施工单位的第一管理者是安全生产的第一责任人,对安全生产负全面责任;主管安全生产的副职领导主抓安全工作,对安全生产负主要责任;专职安全生产管理部门具有施工现场的安全监督管理职能,负责安全生产的日常管理,组织安全生产监督检查,督促安全隐患整改,对违犯安全规程的施工、危害安全生产的险情和违章指挥、违章操作,有制止纠正、经济处罚、越级报告和建议处分的权利。

(1)贯彻执行国家、铁道部关于安全生产、职业健康安全等方面的方针政策、法律法规、条例规程和公司以及本企业的安全生产管理办法、规章制度、规范标准和相关规定,依法搞好安全生产管理。

(2)建立以安全生产方针目标、组织机构、管理职责、管理制度、管理标准、检查标准、责任考核、教育培训、现场控制为主要内容的安全生产保证体系,确保安全保证体系有效运作。

(3)施工单位应当建立安全教育培训制度,进入铁路建设工程施工现场的管理人员和施工作业人员必须经安全生产教育培训合格后上岗,特殊工种作业人员必须持证上岗。施工单位应当对管理人员和作业人员每年至少进行一次安全生产教育培训,教育培训情况记入个人工作档案。安全生产教育培训不合格的人员,不得上岗。

(4)定期或不定期组织安全生产检查,对查出的问题及时整改到位。施工单位项目负责人应当由取得相应执业资格的人员担任,对铁路建设工程项目的安全施工负责。项目负责人负责落实安全生产责任制度、安全生产规章制度和操作规程,根据工程的特点组织制定安全施工措施,消除安全事故隐患,确保安全生产费用的有效使用,并组织制定安全事故应急救援预案,及时、如实报告安全事故等。

(5)依照安全责任制的相关规定,加强本单位各层面和各岗位的安全责任考核。

(6)依据《现场安全文明管理标准》和《现场安全文明检查标准》,开展现场安全文明工地建设管理工作。

(7)施工单位应将安全生产作为施工组织设计的内容,对达到一定规模的工程编制专项施工方案,进行安全检算,经技术负责人签字,总监理工程师审核后实施,并由施工单位专职安全生产管理人员进行现场监督。

(8)按照标准配备安全管理职能部门和专(兼)职安全管理人员,明确管理职责和相应的安全责任。专职安全生产管理人员负责对安全生产进行现场监督检查,督促作业人员遵守安全操作规程和技术标准,及时制止并纠正违反施工安全技术规范、规程的行为,发现安全事故隐患,应及时向项目负责人和安全生产管理机构报告。

(9)负责组织项目工程危险源的辨识、评价和控制,加强危险源的管理,定期检查和分析危险源的不安全因素,对危机施工安全的隐患及时处置整改。

(10)组织制定安全生产应急救援预案,建立应急救援组织机构,配足应急救援人员、机具、物资、器材,并定期组织开展有针对性的演练。

(11)负责组织事故的现场抢险,控制事故发展,减少事故损失,做好调查处置,按照国家有关法律和法规的规定进行上报,并按照"四不放过"的原则,分析原因,加强教育,制定措施,强化整改。

(12)负责为施工现场从事危险作业的人员办理意外伤害保险。

(13)完成公司、监理单位交办的其他安全管理工作。

二、落实安全生产管理制度,确保安全体系运行

(一)建立并落实安全生产监督制度

(1)各参建单位依法接受国家、地方政府、铁道部安全监管部门的监督检查。

(2)各参建单位的安全生产监督管理部门,依法对工程建设进行安全监督检查。

(3)安全监督检查人员在执行监督检查任务时,应出示有效的监督检查证件,不得影响被检查单位的正常工作和施工生产。参建各单位对安全生产监督检查人员依法履行监督检查职责时,应予以积极配合,不得拒绝和阻挠,不得提供虚假信息。

(4)任何单位或者个人对事故隐患或安全生产违章行为,均有权向安全生产监督管理部门报告或举报。对员工群众的举报,各受理单位应严格遵守保密纪律,对透露举报人和对举报人打击报复的违纪行为,给予

严肃处理。

(5)建设、监理、施工单位应设立公开举报电话、信箱或者电子邮件地址,受理有关安全生产的举报,受理的举报事项经调查核实后,应形成书面材料,需要落实整改措施的,报经有关负责人签字并督促落实。

(二)建立并落实安全生产责任制

各参建单位按照“谁主管谁负责和第一管理者全面负责、其他岗位分工负责”的原则,以“负什么责,由谁负责,负责到什么程度,负责到位了怎么办,没有负好责怎么办”的思路,建立健全安全生产责任制。分层明确第一管理者、领导班子其他成员、各职能部门管理人员的安全责任。

(1)监理单位分层明确总监理工程师、副总监理工程师、监理组长、专业安全监理工程师、现场监理工程师和其他监理岗位的安全责任。

(2)勘察设计单位应分层明确现场指挥长、配合组组长及专业工程师的安全责任。

(3)施工单位应分层明确第一管理者、领导班子其他成员、安全总监、质量负责人、技术负责人、各职能部门管理人员、工(队)长、班组长及专兼职安全员的安全责任。

(4)公司应与咨询、监理、勘察设计、施工单位签订安全目标责任书,咨询、监理、勘察设计、施工单位应逐级签订安全目标责任书,明确安全目标,实施责任追究,加强责任考核。

(三)建立并落实安全生产教育培训制度

各参建单位建立健全了安全生产教育培训制度,根据工程建设和培训对象的实际需求,制定培训计划,并严格按照计划推进实施。安全培训率100%,培训合格率100%。

(1)监理单位注重安全监理人员的素质培训,开展安全管理知识、安全技术规程和职业技能培训教育,提高安全监理人员的综合监理能力。

(2)施工单位加强了“三级”安全教育培训,本着“精而有用,注重实效”和“干什么知什么、会什么、精什么”的原则,开展以“应知应会”为主要内容的安全知识、安全操作技能培训。

(3)施工单位在培训教育上,做到了“四个必须”,即新工艺、新设备、新材料、新技术在新使用前,必须进行安全教育培训;新从业人员和转岗人员在上岗前,必须进行安全教育培训;新从业人员做到了经“三级”安全教育培训后方可上岗;特种作业人员必须参加有关部门的培训取得《特种作业人员操作证》,并做到持证上岗。

(四)建立并落实安全技术措施交底制度

安全技术交底做到了全面准确、针对性强,符合有关安全技术操作规程的规定;安全技术交底要经交底人与接受交底人签字。安全技术交底后,施工单位的安全总监、安全工程师(安全员)、工(队)长等相关安全管理人员,也对安全交底的落实情况进行检查,监督操作人员严格按照交底要求进行施工,制止违章作业现象,并做了记录。

(五)建立并落实特种作业人员持证上岗制度

从事电工作业、金属焊接、起重作业、登高架设、地下(水)作业、铺架作业、爆破作业等特殊工种作业人员,都按照国家相关规定经过专门的安全培训,并取得特种作业操作资格证书后,方可上岗作业。施工单位对特殊作业人员建立了专门的管理档案,加强了动态管理,进行严格控制。监理单位把特殊工种持证上岗作为履行安全监理的重点,依照规定对未持证就上岗的人员进行清退。

(六)建立并落实自升式架设设施装拆及检测制度

施工单位选择了有资质的单位承担起重机械、提升脚手架、模板等自升式架设设施的装拆及检测。监理单位对装拆及检测单位的资质进行审核,公司进行抽查。监理单位对现场安装、拆卸施工进行监督,对在施工过程中发生的不安全因素,及时制止,保证了安装、拆卸作业的安全。对起重机械和整体提升脚手架、模板等自升式架设设施,在规定的期限进行检验检测,对检验检测情况,安全监理工程师做了监督检查,对检测不合格的机械设施,责令停止使用。

(七)建立并落实操作规程、防护用具和书面告知制度

各种机电设备操作和各种危险作业,施工单位制定了安全操作规程,并在现场设置了安全操作规程牌进行明示,其内容主要包括操作要领、安全事项、工前检查、工后保养、日常维护等。对高度危险的作业和操作危险较大的施工设备,把危险因素、危险处所、危险程度、避险方法等,以书面的形式形象直观、通俗易懂

的告知了作业者。施工单位按照工种的规定要求,向作业人员提供了质量合格的安全防护用品和服装,安全监理对其进行了经常检查。

(八)建立并落实安全检查考核制度

各参建单位采取定期不定期的方法,加强安全生产检查和考核,公司每季度组织一次全线安全生产平推检查,监理单位和施工单位每月组织一次平推检查,并得出评分结果,进行考核。各参建单位根据安全生产的实际需要,不失时机地开展有针对性的专项检查,监理单位和施工单位每周进行周检和日常安全巡检。公司、安全监理在检查中发现重大安全隐患,以发放《安全隐患整改通知书》的形式要求限期整改,对整改不到位的按照规定进行了处罚,直至停工整顿,整改结果及时报送公司安质部。公司、监理单位在每次安全检查结束后,对检查情况进行全面总结,重点分析安全生产形势,指出安全管理和安全生产存在的重点问题,并提出整改措施。安全检查纳入各施工单位的年度综合考评。对施工单位的安全考核结果,纳入公司颁发的激励约束与考核办法,按照相关规定实施了奖惩。

(九)建立并落实现场危险源管理制度

施工单位成立了危险源辨识小组,明确了职责分工,按照要求对施工现场的危险源因素进行辨识。对施工现场辨识出的危险源分别根据危险源的根源和状态、部位、可能造成的事故,分别按照物的不安全状态、人的不安全行为和管理上的缺陷进行分类,在此基础上对各类危险源进行评价,并采取科学先进的方法确定危险程度,为有效地控制危险源提供科学依据。在辨识和评价的基础上,加强危险源的管理,制定重大危险源管理制度,制定和实施消除或减少危险性的安全技术方案和措施,并进行严格的监控、检查和验收。并对危险源进行登记建档,进行定期检测、评估和监控,并制定应急预案。对涉及范围较广的重大危险源及有关安全措施和应急措施,报当地方政府相关部门备案。

(十)建立并落实专项安全方案编制审批与施工制度

重大安全风险工程的施工,编制了专项施工安全方案,专项施工安全方案应包括相应的安全技术、监控、应急措施等内容。专项施工安全方案由施工单位的安全专业人员编制,由安全总监审核签字后提交监理单位,由监理单位的安全监理工程师进行审核,审核合格,提交总监理工程师审批签字。对重大危险工程的专项施工安全方案,组织专家进行论证审查。重大危险工程的施工,按专项施工安全方案,严格进行安全技术交底,并有书面记录和签字,确保施工作业人员清楚掌握施工方案的安全技术措施;在施工过程中,严格按照方案实施,同时设置专人严格施工中的监督控制,并做好监控记录和填写监控台账,确保万无一失。

(十一)建立并落实施工现场安全生产事故应急救援制度

施工单位建立了应急救援组织体系,成立应急救援领导小组,并明确各成员的事故应急处置、现场应急处置、应急自救和事故报告等职责。结合工程施工特点,建立了包括"事故类型与特征、应急组织与职责、处置程序与措施、联系方式与报告、自救互救与注意事项"等内容的现场应急救援预案,该预案以书面的形式发至相关人员组织学习。在工程开工前,根据危险源的识别与分析,结合自身的管理能力、资源配置情况、技术装备条件和外部环境条件,按照应急救援预案的职责分工和要求,对潜在的事故和可能发生的紧急情况,进行超前预测和超前控制,做好应急准备。事故发生后,及时启动应急处置方案,在及时上报有关部门的同时,寻求消防队、救援队等救援组织援助和救护。应急处置应统一指挥,统一对外联络,统一调配所需的各项资源,确保应急救援工作有力、有序、有效。日常根据有关应急预案的有关规定,组织应急响应和应急准备实战模拟演练。模拟演练的内容主要包括事故发生的场所、性质和原因,预防措施分析应急对策,应急设施和设备的准备,应急职责落实和信息传递,相关人员的及时到位情况。

(十二)建立并落实安全事故报告制度

发生安全事故后,事故单位按规定及时、逐级上报,没有隐瞒不报、谎报或拖延不报的情况发生,并做好了现场处置工作,及时开展调查与处理工作,按规定妥善保管有关资料。各监理单位对监督站提出的问题或整改指令,督促责任单位按期整改和落实,属于重要问题的及时上报公司安质部。

三、加强安全生产检查,巩固安全成果

按照 2011 年 7 月 24 日全路运输安全紧急电话会精神和铁道部、铁路局关于立即开展安全大检查活动的部署,从 7 月底至 9 月底,成渝公司高度重视,立即组织成渝客专项目参建各单位,开展安全大检查。经过

为期两个月的检查，已圆满完成。

2012 年，为深刻汲取湖南省在建炎陵至汝城高速公路八面山隧道爆炸事故教训，根据工管中心电报《关于加强爆炸物品管理的紧急通知》要求，公司立即组织学习和贯彻，并在成渝客专全线组织开展了爆炸物品安全管理专项检查活动。本次专项检查活动中，公司共计检修发现问题各类主要问题 51 个，其中安全问题 36 个、其他问题 15 个，所有问题都及时进行了整改。

根据铁道部要求，公司于 2012 年 5 月 21 日发函《关于转发铁道部〈关于转发国务院安委会办公室有关工程建设领域预防施工起重机械脚手架等坍塌事故专项整治工作方案的通知〉的通知》（成渝客专函〔2012〕146 号），在成渝客专全线部署并组织开展预防施工起重机械脚手架等坍塌事故专项整治工作。截至 2012 年 9 月 13 日，公司在预防施工起重机械脚手架等坍塌事故专项整治、大型机械设备施工安全隐患排查和框架结构支撑脚手架安全检查中共计检查发现现场问题 129 个。通过督促整改并对整改情况进行核查，所有问题均已整改完毕。

根据铁道部建设司《关于在建设系统开展"打非治违"专项行动的通知》（建工电〔2012〕41 号）要求，公司于 2012 年 6 月 5 日发函《关于立即开展"打非治违"专项活动的通知》（成渝客专函〔2012〕71 号），在成渝客专全线部署并组织开展"打非治违"专项行动。截至 2012 年 9 月 6 日，公司包保检查组、桥隧路专业检查组、"打非治违"专项检查小组、公司各部门共计组织"打非治违"检查 31 次，检查受检企业 47 个次，发现问题 37 个，通过督促整改并进行整改情况核查，所有问题均已及时整改完毕。

根据《成都铁路局防火安全委员会关于印发〈成都铁路局"除火患、保平安"冬春专项行动方案〉的通知》（成铁防火委函〔2013〕1 号）后，公司领导高度重视，立即组织成立成渝客专"除火患、保平安"冬春专项行动领导小组，部署 2013 年 1 月 16 日至 2013 年 3 月全国"两会"结束期间在全线开展"除火患、保平安"冬春专项行动。专项行动期间，公司"除火患、保平安"冬春专项行动检查人员累计对全线 6 个标段 7 家施工单位的 76 个（次）施工工点、55 个（次）施工驻地的防火情况进行了检查，共计检查发现防火隐患 31 处，其中 28 处现场进行了整改，其余 3 处限期整改问题已在规定期限内得到了整改。

按照中国铁路总公司部署，公司于 2013 年 6 月 14 日下发了《关于立即开展安全大检查的通知》（成渝客专函〔2013〕167 号），按照"宣传发动，制定方案""深入排查，全面整改""巩固成果，完善机制"三个阶段在全线组织开展安全大检查活动。公司成立安全大检查标段包保小组，由各副总经理分别带队对全线 6 个施工标段进行分片包保，并具体负责包保标段的安全大检查活动指导和检查；成立了桥梁、隧道、路基三个专业检查组，负责对施工点进行专业检查。安全大检查排查过程中，不仅对线下工程（隧道防坍塌、桥梁挂篮施工及高空作业、路基边坡防护等）安全管理进行检查，还对既有线施工、易燃易爆物品、大型设备、汛期施工等安全重点和无砟轨道施工、生产（生活）场所的安全情况进行检查，并核查安全生产费用保障情况。安全大检查活动各类检查累计发现安全问题和隐患 207 个，并将其中 121 个有代表性和较突出的问题纳入安全大检查问题库。经过公司和监理单位督促现场问题整改并核查整改情况，所有问题均已整改完毕。

2013 年 12 月 4 日，根据中国铁路总公司建设管理部通知要求，公司下发了《关于深入开展施工起重机械安全隐患排查整治的通知》（成渝客专函〔2013〕413 号），安排在成渝客专（含渝黔代建段）全线开展为期一个月的"施工起重机械安全隐患排查整治"活动。截至 2014 年 1 月 3 日，公司在"施工起重机械安全隐患排查整治"活动中，累计对涉及既有线工点和跨高速公路工点检查 4 次，对大型机械设备、脚手架、高空作业等检查 2 次，共计检查发现现场安全隐患及问题 21 个。通过督促整改并对整改情况进行复查验收，所有问题均已整改完毕。

为保证成渝客专（含渝黔代建段）冬季人员和施工安全，按照工管中心《关于做好建设项目冬季防火、防煤气中毒的通知》（工管调〔2013〕124 号）要求，公司于 2013 年 12 月 2 日至 8 日在成渝客专（含渝黔代建段）组织开展了"冬季防火、防煤气中毒专项检查"，对全线施工现场、驻地、办公区用电、用火、用气安全隐患进行了排查和监督整改。检查过程中，公司检查人员累计对成渝客专（含渝黔代建段）全线 9 个标段 10 家施工单位、4 家监理单位的 10 个炸药库、32 个施工工点、19 个施工驻地（办公区）的防火、防煤气中毒情况进行了检查，共计检查发现安全隐患 47 处，其中 35 处现场进行了整改，其余 12 处限期整改问题已在规定期限内得到了整改。

根据《中国铁路总公司办公厅关于 2014 年铁路建设质量安全重点工作安排的通知》（铁总办建设〔2014〕

10号)要求,公司于2014年上半年在成渝客专、成贵铁路两线组织开展了“隧道、路基等工程质量专项整治”活动。截至6月24日,公司将2014年上半年检查发现的61个问题纳入专项整治问题库,经复查验收,所有问题均已整改完毕,无遗留重大隐患。

根据2014年7月23日全路铁路隧道施工安全电视电话会议精神,按照《中国铁路总公司关于开展隧道施工安全专项检查活动的通知》(铁总建设电〔2014〕125号)要求,公司组织在成渝、成贵两线深入开展了“隧道施工安全专项检查”活动。公司本次隧道施工安全专项检查主要对隧道施工安全步距、仰拱开挖施作、围岩量测进行检查。重点检查上述三项内容的相关规定在现场是否得到严格落实,不落实的原因和理由是什么;管理和作业是否制定了严格的流程,每一项流程是否明确了责任人,责任人是否履行了职责。通过对成渝正在施工的隧道进行检查,共计检查发现安全问题436个,所有问题均已整改完毕。

按照《中国铁路总公司建设管理部关于转发国家铁路局开展铁路建设工程预防坍塌事故专项整治“回头看”专项监督检查工作的通知》(建质安〔2014〕25号)要求,为认真贯彻2014年全国安全生产电视电话会议精神,进一步巩固和扩大铁路建设工程预防坍塌事故专项整治活动成果,公司于2014年组织开展了“铁路建设工程预防坍塌事故专项整治回头看活动”。截至2014年11月30日,公司通过组织“预防坍塌事故专项整治‘回头看’”活动,结合“隧道施工安全专项检查”“隧道施工安全九条规定”落实情况检查、公司月度考核、季度平推检查和日常检查,累计检查发现可能出现坍塌事故的安全隐患共241个,通过督促整改并对整改情况进行核查,所有问题均已整改完毕。

根据2015年1月10日全路安全电视电话会议精神及《中国铁路总公司关于开展安全生产大检查活动的通知》《建设管理部关于抓好安全大检查活动和春节两会期间铁路建设安全稳定工作的通知》要求,结合成渝、成贵铁路施工现场情况,公司于2015年1月12日,由公司总经理亲自安排部署,公司下发了《关于立即开展施工安全生产大检查的通知》(成渝客专电〔2015〕14号),对成渝安全生产大检查活动进行了安排部署。公司从1月12日起至2月3日组织对各单位施工现场进行全面检查。截至1月30日,公司已检查发现现场安全隐患125个,通过督促责任单位组织整改、监理单位对问题整改过程进行监管,公司段落指挥部组织对问题整改情况进行复查验收。

根据《中国铁路总公司关于开展安全生产大检查的通知》(铁总安监电〔2015〕106号)要求,为深刻吸取近期全国发生的多起公共安全事故教训,深入贯彻落实中央领导同志关于安全生产工作的重要批示精神,公司总经理在周交班会上传达了2015年5月30日中国铁路总公司月度电视电话会议精神和盛光祖总经理对铁路工程建设抓安全、保质量的要求,对成渝、成贵两线“安全生产大检查”活动进行了布置安排。于6月12日前相应成立以项目经理、总监为组长的安全大检查活动领导小组,负责管段内本次安全大检查活动的安排部署,指导、督促大检查活动深入开展,并制定了各自标段的安全大检查活动实施方案。截至2015年6月30日,公司累计检查发现各类安全问题和隐患136个,并将其中87个有代表性和较突出的问题纳入安全大检查问题库。经过公司和监理单位督促现场问题整改并核查整改情况,所有问题均已整改完毕。

根据中国铁路总公司工程质量安全监督总站《关于开展铁路隧道初期支护背后脱空专项检查和整治的通知》(质监综电〔2015〕35号)的电报后,公司领导高度重视,由分管安全质量的副总经理亲自安排布置,下发了《关于开展铁路隧道初期支护背后脱空专项检查和整治的通知》(成渝客专电〔2015〕234号)对成渝客专CYSG-6标和“隧道初期支护背后脱空专项检查和整治”工作进行了安排布置。2015年8月24日至9月10日,按照“每个标段抽取不少于3个隧道作业面(且每个项目分部不少于1个作业面),每个作业面初支两侧边墙、两侧拱腰、拱顶等不同部位各随机抽检1处进行检查”的抽检原则,公司现场检查小组分别对各施工标段在建隧道初期支护进行了钻孔抽检。其中:公司现场检查组抽检成渝客专CYSG-6标新红岩隧道,未发现初期支护背后脱空。

按照《关于进一步加强铁路桥梁施工安全管理的通知》(工管调〔2016〕013号)要求,公司于2016年6月23日将工管中心的通知转发参建单位进行学习贯彻,并制定了专项检查安排,7月份组织对渝客专剩余工程在建桥梁施工安全管理情况进行专项检查。本次专项检查开展过程中,公司累计组织对正在施工的50座桥梁、6座涵洞、7个制梁场进行了检查,共计发现各类问题63个。截至8月4日,各单位均按要求组织了整改,通过对问题整改情况进行复查验收,所有问题均已整改完毕。

按照《成都铁路局安监室关于立即开展施工“三方案”专项检查的通知》(安电〔2016〕48号)要求,成渝成贵公司于 2016 年 8 月 16 日至 19 日组织对成渝、成贵两线在建工程邻近营业线施工进行了施工“三方案”安全隐患排查。公司专项检查小组于 8 月 16 日至 8 月 19 日对重庆枢纽中铁十七局邻近井西线和重庆北渝利场—童家溪线路所施工进行了全面检查。本次检查共计检查工点 4 个，发现问题 11 个。通过督促责任单位对检查发现的问题进行整改，截至 8 月 22 日，所有问题均已整改完毕。

按照《关于进一步加强铁路隧道施工安全管理的通知》(工管调〔2016〕26 号)安排，结合成渝、成贵两线隧道施工进展情况，2016 年 11 月 2 日，公司下发了《关于立即开展隧道施工安全专项检查的通知》(成渝客专函〔2016〕173 号)，对成渝隧道安全专项检查进行了安排。按照公司要求，成渝、成贵两线各参建监理单位分别制定了本单位的专项检查方案，在 11 月、12 月组织对公司明确的“隧道施工安全专项检查”检查重点进行了自查自纠，并将检查发现的 298 个问题纳入问题库，明确了每个问题的整改要求、整改责任人和整改期限。所有问题在规定时间内进行了整改。

第四节　安全事故的调查与处理

一、事故报告

(1)施工现场发生安全事故时，按照《生产安全事故报告和调查处理条例》(国务院令第 493 号)的规定进行调查处理。施工单位应立即停工并如实向公司和当地安全生产监督管理部门报告，并在规定时间内提交书面报告。

(2)事故报告内容应包括时间、地点、施工内容、涉及人员、简单概况、有无人员伤亡、现场负责人及通信号码、当前处理情况等。

(3)建设项目发生安全事故后，施工单位应严格保护事故现场，采取有效措施抢救人员和财产，防止事故扩大。需要移动现场物件时，应做出标志并做好书面记录，现场重要痕迹应当拍照或录像，妥善保管好有关物证。

(4)在发生安全生产事故后，事故现场有关人员应当立即报告本单位负责人。单位负责人接到事故报告后，应当迅速采取有效措施，组织抢救，防止事故扩大，减少人员伤亡和财产损失，并按照国务院令第 493 号立即上报有关部门，进行安全事故调查处理。不得隐瞒不报、谎报或者拖延不报，不得故意破坏事故现场、毁灭有关证据。

(5)对出现安全生产事故而隐瞒不报的或存在重大安全隐患的，公司将追究施工、监理等相关单位及人员的责任。

(6)报告事故应当包括下列内容：事故发生单位概况；事故发生的时间、地点以及事故现场情况；事故的简要经过；事故已经造成或者可能造成的伤亡人数(包括下落不明的人数)和初步估计的直接经济损失；已经采取的措施；其他应当报告的情况。

二、事故调查处理

1. 事故调查

应按“四不放过”要求组织进行(即“找不出原因、查不出教训、落实不了责任、提不出处理意见”不放过)。要认真、严肃并做好记录。

事故调查组应当自事故发生之日起 60 日内提交事故调查报告；特殊情况下，经负责事故调查的人民政府批准，提交事故调查报告的期限可以适当延长，但延长的期限最长不超过 60 日。

事故调查报告应当包括下列内容：

(1)事故发生单位概况。

(2)事故发生经过和事故救援情况。

(3)事故造成的人员伤亡和直接经济损失。

(4)事故发生的原因和事故性质。

(5)事故责任的认定以及对事故责任者的处理建议。

(6)事故防范和整改措施。

2. 事故处理

重大事故、较大事故、一般事故,负责事故调查的人民政府应当自收到事故调查报告之日起15日内做出批复;特别重大事故,30日内做出批复,特殊情况下,批复时间可以适当延长,但延长的时间最长不超过30日。

有关机关应当按照人民政府的批复,依照法律、行政法规规定的权限和程序,对事故发生单位和有关人员进行行政处罚,对负有事故责任的国家工作人员进行处分。

事故发生单位应当按照负责事故调查的人民政府的批复,对本单位负有事故责任的人员进行处理。

负有事故责任的人员涉嫌犯罪的,依法追究刑事责任。

事故发生单位应当认真吸取事故教训,落实防范和整改措施,防止事故再次发生。防范和整改措施的落实情况应当接受工会和职工的监督。

安全生产监督管理部门和负有安全生产监督管理职责的有关部门应当对事故发生单位落实防范和整改措施的情况进行监督检查。

事故处理的情况由负责事故调查的人民政府或者其授权的有关部门、机构向社会公布,依法应当保密的除外。

第五节　安全质量事故的教训与整改措施

安全事故发生后,应按照规定报告,并启动相应应急预案减少损失、防止事故扩大。调查、处理事故时,应深入分析事故原因,做到举一反三,避免同类事故再次发生。以“12·9”大安隧道火灾事故为例,该事故属于施工责任安全事故,施工单位负主要责任。为了避免类似事故的再次发生,公司要求各施工单位深刻吸取事故教训,引以为戒。

一、事故发生的经过及调查

2011年12月9日凌晨,CYSG-5标大安隧道出口(重庆市永川区大安镇境内)发生火灾事故,事故造成6名施工人员死亡。事故发生后,监理项目部当即向监理公司、成渝公司主要领导进行了汇报,同时立即赶往事发地点救援,并积极配合政府组织成立的调查小组,对此次事故进行全面调查。

调查结果显示:现场对特种作业持证上岗督促检查不到位,没有根据大安隧道的施工情况,对动火作业督促施工单位进行上岗人员培训教育,日常检查及采取监理应对措施不完善。

二、事故的处理

(1)事故发生后,监理项目部成立了现场工作组,积极督促配合施工单位开展相关工作,审批排险作业方案,经重庆市安监局批准后,施工单位立即组织作业队进行洞内排险作业。火灾现场清理完毕后,经成渝公司批准,并在2012年1月18日由重庆市建筑科学研究院对隧道过火段喷射混凝土、二衬混凝土及二衬台车构件进行检测,根据2012年2月8日检测单位出具的最终检测报告以及2月9日成渝公司组织召开的复工安全评审会议精神:拆除过火段受损的4板二衬混凝土(DK248＋487～DK248＋533)返工重做,受损初期支护采用补强处理(凿除表面碳化层,重新喷射混凝土),在保证安全的前提下,逐步恢复正常施工。2012年2月12日监理项目部审批了施工单位上报的大安隧道出口复工方案及复工申请;2012年2月24日审批完成大安隧道受损二衬拆除专项方案。

(2)根据调查结果和相关法律法规要求,重庆安监生产监督管理局对公司做出罚款30万元的处理决定,对现场监理处理罚款20 000元;铁道部于2011年12月24日发出《关于成渝客专大安隧道安全事故的通报》(铁建设电〔2011〕29号),通报中停止了北京铁城建设监理有限责任公司的4个监理投标;同时,成都铁路局对监理公司扣分150分;成渝公司对监理项目部做出2011年下半年与2012年上半年监理信用评价为丙级,并予以监理不良行为公示的处理决定。项目部内部也对常务副总监王有鹏严重警告和通报批评,罚款5 000元;给予负有责任的副总监兼监理分站长李清芳严重警告和通报批评,罚款5 000元;给予现场监理工程师王有林严重警告和通报批评，罚款 3 000 元。铁城监理公司信用评价评为丙级。公司和当事人在这次事件中都损失惨重，教训深刻，警钟震耳。

三、事故的教训和整改措施

监理项目部痛定思痛，深刻汲取事故教训，首先从监理内部开始，修改完善安全监理细则和管理办法，加强监理安全责任体系建设，严格落实领导包保，加强对全体监理的安全意识教育培训，强化对监理个人的考评及对施工单位的考核，做好监理日记、旁站记录及各种台账等监理资料，整理好监理指令和隐蔽工程影像资料，把日常所说、所干、所查、所要求的详细记录，以文字为凭，有效落实安全监理责任。

同时，坚持施工现场以严治理、从严管理，采取了一系列措施重视防火安全检查：一是源头卡控，认真审核施工单位上报的隧道安全技术措施和施工方案；二是加强隧道超前地质预报、瓦斯检测和围岩量测工作控制，督促改善通风系统，重点加强响炮前后瓦斯及二氧化碳浓度的检测及记录，出现紧急情况立即通知人员撤离和情况上报，对隧道内的气体检测数据进行实时公布；三是严格进洞人员安检、登记，禁止携带任何火种进洞，所有无线通信设备进洞前统一存放保管；四是每班作业值班领导、技术人员、领工员、专职安全员及电工必须跟班作业，实行交接班制度，做好交接班记录，做好技术交底与培训，特种作业人员必须持证上岗；五是作业前，监理同所有施工人员都必须对作业区域进行全面检查，确保所处环境安全可靠；六是强化防火管理，狠刹现场作业“违章、违规”，对直接关系工程施工安全的违章违纪行为，采取严格的考核处罚措施，有严重安全质量隐患的当即要求停工整顿，并严格问题闭环管理；七是隧道防水板焊接必须有阻燃板，所有隧道增设警报器，超过 500 m 的隧道必须安装应急灯，规范现场材料堆放；八是施工单位必须认真进行演练，加强对员工自救能力、消防器材使用、灭火方法等实用知识培训，并留下过程记录。

除此之外，监理过程中再未发生等级安全事故，当然不可否认施工中仍然有一些安全问题不容忽视，其中最典型的是在施工全面展开中，隧道施工安全步距超标问题反复发生，并在部分隧道形成倾向性问题。

为了改变这一局面，监理项目部下大力气采取了一系列措施：一是将隧道安全步距超标列为监理的重要工作，执行现场日报制度，定期召开隧道安全步距超标的专题分析会，对出现步距超标的施工单位和现场监理提出严肃批评，严重的签发工程暂停令，并按照《成渝铁路客运专线安全质量激励约束日常考核管理办法》进行处罚；二是成立隧道安全步距控制监管小组，重心下沉，主动出击，现场监理对超标步距隐患超前警示，一旦发现超标的隧道钻孔装药立即报告监理项目部，再由总监带队现场严肃整顿，通过这种措施有效控制了隧道掌子面的掘进，合力形成安全步距超标管理的高压态势；三是严格对现场监理的考核，对安全步距超标谎报、或不报、或无处置措施的监理从重处罚；四是严格预控措施，将监控量测纳入工序管理，重点控制开挖质量、初期支护质量，坚持以质量保安全的原则，采取地质雷达、TSP 预报、水平钻探相结合，准确判断施工地质情况，合理组织洞内施工工序安排；五是隧道步距超标部分一律不予验工计价，第三方检测存在质量问题整改后仍不达标的一律不予验工计价。

通过这些措施的实施，监理的严格监管发挥了积极的作用，特别是使安全步距超标的隧道付出了沉重的代价，逐步扭转了违章蛮干倾向，但彻底根治隧道施工安全步距超标仍然是监理的长期任务，必须不懈地完善现场管理机制，才能确保施工安全有序推进。

第六章 施工组织

全线建设工期遵循“统筹规划、科学组织,重点先行、分段展开,均衡生产,有序推进”的指导思想合理安排;高度重视、优先处理对工程影响大的征地拆迁、重大迁改和图纸供应两大外在因素,创造工期保证的良好外部环境;抓住实施性施组动态调控、施工合同硬化监管、工程进度信息化管理和进度管理激励制度四项保障措施,确保工期节点可控;同时,在工程中,将依靠科技进步,大力推广“四新”技术应用,提高施工效率,为全线工期的实现提供保障。

为保证工程施工进度,公司对各标段资源配置进行实时检查督导,确保各标段按照实施性施组要求配足人员、机具设备。同时根据各标段的施工进展情况,督促相关标段对资源配置进行加强以满足工期需要,保证了整体的工程进度。

第一节 施工组织设计管理

一、施工组织设计规划的原则

(1)坚持科学性、先进性、经济性、合理性与实用性相结合的原则。

采用先进的施工技术,应用科学经济的组织方法,合理地安排施工顺序和选择施工方案,坚持实事求是,准确实用。

(2)整体推进,均衡生产,确保总工期的原则。

以安全、优质、高效、快速施工为目的,进行机械设备配套,坚持实事求是、准确实用。合理配置施工队伍、组织工程材料供应,合理配置资源,满足工程需要。合理安排施工顺序和选择施工方案,科学合理地安排施工进度,组织连续均衡施工,做好工序衔接,站前工程各专业在有条件的情况下同步进行;关死后门,倒排工期,确保按期完成工程建设。

(3)保证重点,突破难点,质量至上的原则。

本工程工期紧迫,技术标准高、施工质量高、科技含量高、设计速度高,必须坚持统筹安排,保证重点,重点控制工程优先安排,组织专家进行攻关,突破技术难点,确保工程质量。

(4)确保运输和建设两兼顾的原则。

为确保既有铁路、公路运输安全畅通,对与既有铁路、公路等存在施工干扰的工程,精心设计施工方案并组织实施,确保运输畅通。

(5)保持施组设计严肃性与动态控制相结合的原则。

施工中严格按照制定的施工组织设计实施,不得随意更改,维护其严肃性;随时掌握施工动态,对不能符合施工现场要求的计划、方案要及时研究调整,保证施工组织科学有序进行。

(6)施工与科研并举的原则。

针对本工程特点,确定科研项目,加强科技攻关,通过本标段的设计和施工,促进施工能力和项目管理能力不断提升。

(7)质量、安全、环保、文明施工并重的原则。

严格工程质量管理,确保工程质量创优,狠抓施工安全和环境保护,确保安全、环境目标的实现,做到文明施工。

二、施工组织设计的总体思路

以重点桥隧作为施工控制重点,以路基施工、简支箱梁预制运架、连续梁现浇施工、无砟轨道施工作为施工控制难点，以施工准备、路基工程施工、简支箱梁架设施工和无砟轨道施工作为施工控制主线，突出重点、突破难点、保证关键、兼顾一般，进行总体施工组织布置和规划。线下工程根据以上思路适当划分施工区段，配备相应设备、人员、资金、材料供应等生产要素，主体工程按照区间平行、区内流水组织，相关工程穿插施工，合理安排施工顺序及工期。

路基工程优先安排地基处理，作为架梁起点段的路基尽早安排，适当避开雨季施工，路基留够不少于6个月的沉降观测和调整期，并通过检测满足工后沉降要求后方可进行无砟轨道施工。路基主体工程在架梁作业开始前不少于1个月完成，为运、架梁提供运输通道。路基地段电缆槽、接触网支柱基础、综合接地引入等路基相关工程与路基同步修建完成。

桥梁工程特大桥按座独立组织施工，大桥按就近原则适当组织流水施工。特大桥下部主体结构以架梁顺序与方向分单元平行展开，单元内从下至上按结构部位组织流水，单元划分长度以保证架梁进度为原则确定。特殊孔跨在满足架梁进度的前提下，按预留徐变上拱最短工序延时为原则独立组织施工。桥梁简支箱梁均按制梁场预制、架桥机架设法施工，全线共设2个制存梁场。连续梁采用挂篮或满堂支架法现浇施工。

隧道工程考虑先期开工。根据招标文件标段工期要求及隧道的分布、地质条件、长度、辅助坑道设置及弃渣利用情况，邻近小隧道采取多个隧道组合由一个施工队承担施工，根据设计施工方案，独头掘进、顺序安排；长大隧道按照进出口和辅助导坑设置安排施工工区，合理划分施工任务，由两个或多个施工队承担施工，根据设计施工方案，多工作面同时掘进。

无砟轨道在路基沉降、桥梁及隧道变形评估合格后立即组织施工，多单元平行组织施工，确保工期满足总工期要求。

三、总体施工进度

总体施工进度见表2-6-1。

表2-6-1　总体施工进度

序　号	工作名称	持续时间(d)	开始时间	结束时间
1	施工准备	92	2010-06-01	2010-08-31
2	地基处理	153	2010-09-01	2011-01-31
3	区间路基土石方	365	2010-09-01	2011-08-31
4	站场土石方	365	2010-09-01	2011-08-31
5	路基防护及支挡工程	426	2010-09-01	2011-10-31
6	沉降观测	181	2011-09-01	2012-02-28
7	桥梁下部工程	396	2010-08-01	2011-08-31
8	梁部特殊结构	912	2010-11-01	2013-04-30
9	梁场建设	181	2010-09-01	2011-02-28
10	箱梁制作	672	2011-03-01	2012-12-31
11	箱梁架设	673	2011-05-01	2013-03-03
12	桥面系及附属	670	2011-07-01	2013-04-30
13	涵洞及框架桥	334	2010-09-01	2011-07-31
14	隧道主体工程	1 035	2010-08-01	2013-05-31
15	隧道附属工程	395	2012-07-01	2013-07-30
16	轨道板场建设	181	2010-09-01	2011-02-28
17	轨道板预制	731	2011-03-01	2013-02-28
18	无砟道床及正线高速道岔铺设	638	2011-11-01	2013-07-31
19	铺轨工程	167	2013-04-01	2013-09-15
20	钢轨锁定	173	2013-05-01	2013-10-20
21	轨道精调	179	2013-05-06	2013-10-31

续上表

序　号	工作名称	持续时间(d)	开始时间	结束时间
22	房建工程	731	2012-01-01	2013-12-31
23	站场运营设施	547	2012-01-01	2013-06-30
24	四电工程	495	2012-08-01	2013-12-09
25	联调联试	121	2013-12-10	2014-04-09
26	运行试验	61	2014-04-10	2014-06-09

第二节　指导性施工组织设计的特点与调整

一、指导性施工组织设计的特点

(1)加强施工组织设计管理、确保工期目标的实现

工程开工建设以来,成渝公司以打造世界一流精品工程为目标,全面落实“六位一体”和“高起点开局,高标准管理,高效率推进”的要求,坚持高标准、高质量、高效率的原则,科学安排施工组织,不断强化技术管理,严格控制工程进度,各项工作扎实有序推进。

工程开工前,根据项目可研和初步设计批复意见,经过多次现场考察和分析,组织编写了指导性施工组织设计,明确施工主线,按照“统筹安排、科学组织,重点先行、分段展开,均衡生产、有序推进”的原则,合理安排工期及资源配置。并围绕全线工点分布情况特点,结合无砟轨道铺设的工期节点,对全线施工组织安排进行深入研究,重点研究分析了各项因素对工期的影响,在此基础上对指导性施组先后进行了 8 次调整。各施工单位根据成渝公司调整指导性施工组织安排,结合标段实际情况对施组目标进行细化,对标段实施性施工组织设计进行优化调整,合理配置人员、设备,将各个节点目标落到实处,保证了工程施工的有序开展,满足了工期要求。

根据总体工期要求及工程进展情况,成渝公司对施组实行动态管理,根据各标段的施工进度,结合征地拆迁等情况对全线总体施组进行不断的调整、优化,分年度编制指导性施工组织设计,明确各阶段的施工主线与重点。2013 年针对无砟轨道施工进展实际情况,成渝公司对全线工程进行了重新梳理,明确了以铺轨为主线,重点推进无砟轨道、道岔工程施工的施组安排。2015 年针对年底建成开通的总体目标,结合中国铁路总公司 7 月 1 日开始联调联试的要求,全面梳理了剩余工程,对剩余工程计划、静态验收、联调联试、初步验收、安全评估及相关的环水保、消防等相关验收工作进行了详细的安排,明确了各个目标节点,为全线建成开通打下了良好的基础。

(2)严格专项施组审查,及时进行方案优化

在施工过程中,根据总体工期要求及各工点实际情况,在研究分析了各项因素对工期影响的基础上,确定了资阳、郑家坝沱江特大桥钢管拱缆索吊安装调整为梁上支架原位拼装方案,路基改良土填料变更为 AB 组填料,新中梁山隧道上跨既有襄渝二线交叉段封闭施工调整为对既有隧道加固后正常施工等,较好地解决了施工难题,确保了工期目标。

(3)编制作业指导书,指导现场施工作业

根据成渝公司标准化管理要求,组织各单位分专业编制了作业指导书,用以指导全线施工,并在施工过程中根据实际施工情况及工程效果对作业指导书进行修改完善,同时根据施工过程中工程变更等情况对作业做指导书的范围进行补充,有效地指导了全线各专业工程的施工,确保了工程质量、满足了工期要求。

(4)采取工程首件评估制度,做到样板引路

为加强现场施工质量,实行样板引路,成渝公司分阶段制定了各专业首段(首件)验收评估管理办法,就评估验收和施工技术标准提出明确要求。各专业工程施工前首先选取一段作为首件工程,按照编制的作业指导书进行施工,完工后成渝公司组织对首件工程按照管理办法进行评估,完成首件(首段)评估后,由各标段施工单位修改完善作业指导书和工艺细则,对全标段进行培训和技术指导,然后推广大面积施工。通过首段验收评估制度的实施,工程质量内实外美、达到精品质量标准。

(5)及时解决影响工程建设的重大技术方案

在工程建设过程中,针对部分工点施工进度滞后、受当地拆迁影响及部分技术方案批复较晚而影响工

程进度等问题，成渝公司积极组织设计、施工单位进行研究，先后提出了“调整龙泉山隧道进口与1号、2号斜井贯通面位置、在通风方案可行的基础上，在进口平导3号横通道位置开设作业面”，以增加作业面，解决工期问题和调整重点工程指导性施组等技术方案，有效地解决了工期滞后问题，确保了全线工程建设有序推进。

(6)施工进度管理

加强施工进度的信息化管理，对全线内所有工程按照各专业不同的特点编制施工进度报表，下发各施工单位进行填报，成渝公司调度室按照日、周、月的周期收集施工进度报表，进行分类汇总，并定期对施工进度进行分析，为成渝公司的施工管理提供基础数据资料。

加强对工程施工进度的全面监控，成渝公司制定了进度分析会制度和进度督导制度，每周对各标段施工进度进行评价，对滞后工点进行原因分析，落实解决措施和责任人。分阶段分重点对全线的工程进行监控。通过进度分析，梳理了征地拆迁、资源配置等制约工程施工进度的问题，及时采取措施，逐个落实材料供应、技术支持等制约因素，有效化解工期风险，有序推进工程进展。

全线建设工期遵循“统筹规划、科学组织，重点先行、分段展开，均衡生产，有序推进”的指导思想合理安排；高度重视、优先处理对工程影响大的征地拆迁、重大迁改和图纸供应两大外在因素，创造工期保证的良好外部环境；抓住实施性施组动态调控、施工合同硬化监管、工程进度信息化管理和进度管理激励制度四项保障措施，确保工期节点可控；同时，在工程中，将依靠科技进步，大力推广“四新”技术应用，提高施工效率，为全线工期的实现提供保障。

为保证工程施工进度，成渝公司对各标段资源配置进行实时检查督导，确保各标段按照实施性施组要求配足人员、机具设备。同时根据各标段的施工进展情况，督促相关标段对资源配置进行加强以满足工期需要，保证了整体的工程进度。

二、施工组织的调整优化

在成渝客专工程建设的推进过程中，由于受到各种因素的影响，各阶段的实际工程进展与原施工组织安排已不能匹配，同时随着技术标准的逐步确定和参建各方对客运专线建设认识的不断加深，主要工效指标也在不断优化，为确保建设工期总目标，曾多次对施工组织进行不断调整和优化。

(一)2013年以前

1. 工期调整

(1)总体工期目标

严格按照铁道部工管中心工管工技函〔2012〕249号要求，实现各节点建设工期目标，即：2014年5月完成无砟轨道，6月完成铺轨，8月完成四电工程和站房(不含重庆站和沙坪坝站)，2014年10月至2015年3月完成联调联试及安全评估，2015年3月开通。

(2)主要阶段工期安排

预制箱梁架设：2012年4月1日开始架设，2013年11月30日完成。

无砟轨道：2012年11月1日开始试验段施工，2014年5月30日完成(不含CYSG-6标)。

铺轨：2014年4月1日开始，2014年6月30日完成(不含CYSG-6标)。

四电及站房工程：2013年4月1日开始，2014年8月30日完成。

联调联试及安全评估：2014年10月1日开始，2015年3月30日完成。

2. 大临工程

(1)铺轨基地

未调整。全线在既有成渝铁路峰高铺车站与新建成渝客专荣昌北站之间设铺轨基地1处，负责全线的铺轨。按双向铺轨，配置2套长轨条铺轨设备。

(2)梁场

全线共布设梁场10处，实际与批复梁场数量未作调整，但对梁场位置和规模做了小范围调整，并已全部建成投产。

东兴、隆昌梁场架梁方案调整：由于内江北站受征地拆迁影响，迟迟不能开工，致使内江北站施工工期严重推后，致使东兴梁场过内江北站向重庆方向架设的52孔箱梁无法满足总工期要求。经成渝公司组织监理、施工单位研究,确定东兴梁场向重庆方向架梁不过内江北站,过内江北站剩余的52孔箱梁由隆昌梁场负责架设。方案调整后,东兴梁场架梁总数由原方案的400孔调整为348孔,架梁方式不变,仍采用一运一架;隆昌梁场架梁总数由原方案的442孔调整为494孔,需增加运梁车一台,架梁方式采用两运一架,同时需增加制梁台座2个,并在区间距隆昌梁场15 km处设置会车道一处。

(3)制板场

全线批复建设轨枕预制厂3处,实际施工3处,数量未做调整。轨道板预制(存)场设置按每100 km一个设置,分别设在简阳车站、内江车站和璧山车站。

(4)施工便道

全线共修建便道633.1 km,其中新建引入线377.58 km,改扩建便道255.52 km。实际完成施工便道数量为设计便道278.42 km的227.4%。

(5)混凝土拌和站

全线共设混凝土集中拌和站49处,占设计数量25处的196%。

3. 隧道工程

(1)龙泉山隧道

龙泉山隧道3号斜井施工至DK26+650~+612段时,隧道开挖面周边基岩裂隙出现瓦斯。经设计单位2012年8月16日现场实测,计算得出瓦斯涌出量为3.06 m^3/min,初步判定DK26+650~+612段为高瓦斯段。经成渝公司组织设计、咨询、监理、施工单位多次会议研究,确定停止3号斜井工区洞内施工,3号斜井工区剩余的工作量由1号、2号斜井工区担负施工,即承担剩余的DK26+390~DK26+650段(长260 m)开挖及二次衬砌等工程。

(2)新红岩隧道

根据批复指导性施工组织设计,隧道开工日期为2011年2月1日,完工日期为2013年6月30日,总工期29个月(含施工准备2个月)。

该隧道施工受既有成渝铁路沙坪坝站至菜园坝站间既有线路封闭时间影响。原计划该段线路封闭时间为2011年1月1日,但最后确定该段线路封闭时间为2011年4月1日。因此该隧道开工日期当时计划调整至2011年5月1日,完工日期调整为2013年10月31日,总工期29个月不调整。

(3)新增隧道辅助坑道

由于璧山隧道(3 465 m)和缙云山隧道(3 175 m)均位于运架梁通道上,根据批复指导性施组安排工期较紧,一旦出现问题将直接影响该段架梁和总工期。另外缙云山隧道进口有一滑坡体需处理后方可进洞施工,加之两隧道围岩较差等不利因素影响,为了确保阶段工期目标和总工期的实现,对这两座隧道分别增设了斜井。

璧山隧道斜井位于线路右侧,斜井与正洞相交里程为DK283+780,斜井长150 m(其中明挖段70 m),最大坡度8%。

缙云山隧道斜井位于线路左侧,斜井与正洞相交里程为DK277+300,斜井长184 m,最大坡度6%。

4. 重庆枢纽工程

(1)沙坪坝站

沙坪坝站建设受地方沙坪坝站综合交通枢纽改造和车站上部物业开发项目影响,致使沙坪坝站设计方案不稳定,无法实施。经与地方政府了解,当时沙坪坝站综合交通枢纽改造和上部物业开发项目还在项目初设阶段,因此该车站的实际开工时间不能确定。

通过对该站站线等工程的分析,要完成该站建设,达到车站开通条件,建设施工期约为24个月。

(2)菜园坝站

菜园坝站建设受地方菜园坝站综合交通枢纽改造和车站上部物业开发项目影响,致使菜园坝站设计方案不稳定,无法实施。经与地方政府了解,当时菜园坝站综合交通枢纽改造和上部物业开发项目还在项目预可研阶段。因此该车站的实际开工时间不能确定。

通过对该站站线等工程的分析,要完成该站建设,达到车站开通条件,建设施工期约为24个月。

(3)重庆北联络线新双碑隧道扩挖

重庆北联络线接襄渝二线新双碑隧道,需对新双碑隧道1 738 m进行扩挖(襄渝二线按单线铁路隧道建设）。该工程实施须对襄渝二线新双碑隧道封闭后实施，襄渝二线的封闭受兴隆场编组站开通时间的限制，只有兴隆场编组站开通后，才能封闭襄渝二线新双碑隧道。根据部工管中心 2012 年 5 月 10 日、11 日组织对成渝客专、重庆枢纽及重庆枢纽相关工程建设时序和完工时间的梳理，原计划兴隆场编组站于 2013 年 7 月 30 日建成开通。

隧道分两个工区组织施工，即进口工区(548 m)和斜井工区(1 190 m)，原计划施工总工期为 12 个月，即 2013 年 8 月 1 日至 2014 年 7 月 30 日，主要工作内容包含既有隧道内管线迁改、轨道拆除、开挖、二衬、附属等。

(4)新中梁山隧道上跨既有襄渝线中梁山隧道交叉影响段既有隧道改扩建

新中梁山隧道上跨既有襄渝线中梁山隧道交叉影响段长约 100 m，为确保新中梁山隧道结构安全须对对应范围既有襄渝线中梁山隧道改扩建。为确保施工安全，既有中梁山隧道改扩建计划在封闭既有襄渝线后实施。

根据部工管中心 2012 年 5 月 10 日、11 日组织对成渝客专、重庆枢纽及重庆枢纽相关工程建设时序和完工时间的梳理，渝黔货运通道原计划于 2012 年 10 月 1 日开始施工，2014 年 3 月 31 日完成开通，2014 年 4 月1 日实现封闭既有襄渝线，开始新中梁山隧道与既有中梁山隧道交叉段既有隧道二次衬砌置换施工。施工时间原计划 3 个月，即 2014 年 4 月 1 日至 2014 年 6 月 30 日。

(二)2013 年

1. 各专业工程施工进度计划安排

(1)路基工程(不含沙坪坝站至菜园坝站区间)

2013 年 9 月底前完成剩余路基土石方和防护工程施工，2013 年 12 月底前完成声屏障、绿色通道、防灾监控、防护栅栏等剩余工程。

全线堆载预压原则上采用先压后架方式，对于首架方向根据具体架梁时间安排和路基完成情况可采用先架后压方式。

(2)桥梁工程(不含沙坪坝站至菜园坝站区间)

2013 年 6 月底前完成剩余墩台施工。

2013 年 9 月底前完成所有剩余连续梁施工；资阳和郑家坝沱江大桥 2013 年 11 月底前完成连续梁拱施工。2014 年 5 月底前完成桥面系施工。

简支箱梁架设：2013 年 12 月 31 日完成。

(3)隧道工程(不含沙坪坝站至菜园坝站区间)

龙泉山隧道 2014 年 6 月底完成；大安隧道 2013 年 7 月底完成；新中梁山左右线隧道 2014 年 9 月底完成；重庆枢纽重北联络线相关隧道 2014 年底前全部完成。

(4)轨道工程(不含重庆枢纽)

无砟轨道：2013 年 4 月开始施工，2014 年 10 月 31 日前完成。

铺轨：2014 年 7 月 1 日开始，2014 年 11 月 15 日完成。

2014 年 7 月 1 日双机同时向成都端铺设，铺设一个月，即 100 km 后，开始双向单机单铺，一套设备铺设成都方向剩余铺轨任务，另一套设备铺设重庆方向铺轨任务。

(5)房建工程(不含沙坪坝站和重庆站)

2013 年 4 月底前取得初步设计批复，2013 年 6 月底前完成施工图设计，2013 年 8 月底前完成施工招标，2013 年 9 月开工，2014 年 10 月 31 日完工。其中：基础工程 2013 年 9 月～2013 年 12 月，主体结构工程 2014 年 1 月～2014 年 6 月，装饰装修工程 2014 年 7 月～2014 年 12 月。

(6)"四电"工程(不含沙坪坝站至菜园坝站区间)

2013 年 5 月底前取得 C2 变 C3 Ⅰ类变更设计文件批复，7 月完成施工图设计，8 月完成施工招标，9 月开工建设，2014 年 9 月底完成室内外设备安装，2014 年 10 月～2014 年 12 月完成子系统调试等。

(7)联调联试及运行试验(不含沙坪坝站至菜园坝站区间)

2015 年 1 月 1 日开始，2015 年 6 月 30 日完工。

2. 控制工程剩余工程施工进度计划安排

(1)资阳沱江多线特大桥

主体工程原计划 2013 年 11 月 30 日完成，变形观测期 6 个月，即 2014 年 5 月 31 日完成，桥面系及无砟轨道1个月,即2014年6月30日完成。

(2)郑家坝沱江双线特大桥

该桥主体工程原计划2013年10月31日完成,变形观测期6个月,即2014年4月30日完成,桥面系及无砟轨道1个月,即2014年5月31日完成。

(3)龙泉山隧道

该隧道平导原计划于2013年8月底贯通,正洞原计划于2014年4月30日贯通,2014年6月30日全隧完工。

(4)新中梁山左右线隧道

左线隧道原计划于2014年3月31日贯通;右线隧道原计划于2014年4月30日贯通。

由于该隧道与既有襄渝线中梁山隧道交叉段受既有隧道二次衬砌置换施工影响,完工时间原计划为2014年9月30日。

既有隧道二次衬砌置换施工原计划于2014年7月1日封闭襄渝线开始组织该衬砌置换段施工,衬砌置换段施工2个月(包含既有隧道内管线迁改、轨道拆除、开挖、二衬、附属等),即2014年8月31日完成;交叉段新建隧道衬砌1个月,即2014年9月30日完成。

3. 重庆枢纽工程

(1)沙坪坝站

根据2013年4月2日铁道部工管中心印发的《铁道部工程管理中心关于重庆铁路枢纽现场检查情况函》(工管线路函〔2013〕113号),要求成渝客专2015年6月前开通至沙坪坝站。

沙坪坝站开通主要受地方综合交通枢纽改造工程施工进度影响,要满足2015年6月成渝客专开通至沙坪坝站,地方必须于2014年9月完成该站站场以下相关工程,2014年10月～2014年12月完成站场、轨道及站后“四电”工程施工,2015年1月～2015年6月进行联调联试和安全评估。

(2)菜园坝站

根据成都铁路局安排,菜园坝站原计划于2018年1月开工建设,2020年12月开通。

该站主要受重庆北站扩能和地方菜园坝站综合交通枢纽改造和车站上部物业开发项目影响。

重庆北站扩能改造原计划于2017年12月完成,封闭菜园坝站开始建设,预计建设工期3年。同时重庆市地方政府要加快菜园坝站综合交通枢纽改造工程施工,确保菜园坝站于2018年1月开工建设。

(3)重庆北联络线新双碑隧道扩挖

重庆北联络线接襄渝二线性新碑隧道,需对新双碑隧道1 738 m进行扩挖(襄渝二线按单线铁路隧道建设)。该工程实施须对襄渝二线新双碑隧道封闭后进行,襄渝二线的封闭受兴隆场编组站开通时间的限制,只有兴隆场编组站开通后,才能封闭襄渝二线新双碑隧道。根据部工管中心2012年10月13日组织对成渝客专、重庆枢纽及重庆枢纽相关工程建设时序和完工时间的梳理,原计划兴隆场编组站2013年9月30日建成开通。

新双碑隧道扩挖(1 738 m)原计划于2013年10月开工,2014年12月30日完工。

(4)重庆北联络线工程

原计划于2013年6月实现全面开工,2014年12月30日完工。

(5)重庆西联络线工程

原计划于2013年8月开工,2015年12月30日完工。

(三)2014年

1. 各专业工程(不含重庆枢纽)施工进度计划安排

(1)路基工程:原计划2014年3月底前完成声屏障、绿色通道、防护栅栏等剩余工程。

(2)桥梁工程:预制箱梁架设于2014年4月完成,桥面系于2014年6月完成。

(3)隧道工程:

1)龙泉山隧道原计划于2014年4月贯通,6月全部完成。

2)新中梁山右线隧道原计划于2014年3月贯通,左右线隧道2014年9月全部完成。该隧道上跨既有襄渝线中梁山隧道,且近距较小,交叉段二次衬砌施工须待既有隧道衬砌置换完成后方可实施。既有隧道二次衬砌置换须封闭该区间襄渝线后方可实施。7 月 1 日封闭襄渝线既有隧道，9 月 30 日完成换拱段 160 m 衬砌等全部工程，10 月底完成无砟轨道施工。

(4)轨道工程：无砟道床铺设原计划于 2014 年 10 月完成。高速道岔铺设原计划于 2014 年 10 月完成。长轨铺设原计划于 2014 年 7 月 1 日开始，2014 年 12 月 31 日完成。

(5)房建工程：房建主体结构工程原计划于 2014 年 2 月～2014 年 7 月完成，装饰装修工程原计划于 2014 年 8 月～2014 年 12 月完成。

(6)四电工程：原计划于 2014 年 2 月开工建设，2014 年 9 月底完成室内外建安工程，2014 年 10 月～2014 年 12 月完成子系统调试等。

(7)联调联试及运行试验：原计划于 2015 年 1 月开始，2015 年 6 月完成。

2. 重庆枢纽剩余工程施工进度计划安排

(1)重北联络线相关工程

路基原计划于 2014 年 6 月 30 日完成，桥梁原计划于 2014 年 10 月 31 日完成(含 T 梁架设)，隧道原计划于 2014 年 12 月 31 日完成。

(2)沙坪坝站：需根据地方综合交通枢纽和上部物业开发工程进展情况调整，原计划于 2016 年 3 月建成开通。

(3)菜园坝站：根据成都铁路局安排，菜园坝站待重庆北站全面建成投用后，重庆站客运全部转移到重庆北站，再封闭重庆站进行新重庆站建设，预计 2021 年重庆站建成开通。

(4)新红岩隧道：原计划于 2017 年 2 月全隧贯通，4 月完成。

第三节　工期控制与节点工期

一、工期控制的主要措施

1. 组织措施

(1)成渝公司成立以总经理为组长、副总经理为副组长、相关职能部门参加的工期管理领导小组，负责指导、督促、检查工程进展情况。各参建单位成立以项目经理为组长的工期管理领导小组，全面负责本单位的施工任务工期目标落实。

(2)高度重视、优先处理对工程影响大的征地拆迁、重大迁改外在因素，创造工期保证的良好外部环境。

2. 技术措施

(1)以指导性施组为纲领，分解编制标段工程和重点工程实施性施组，贯彻重点先行的原则，强化关键线路的专业管理和过程控制，落实节点工期。在实施过程中，根据工程进展，实行施组动态管理，及时调整施组以适应施工情况发生的变化，保证总工期目标的有序实现。

(2)采用网络化计算机技术，实现工程进度信息化管理。

采用工程计划管理软件，通过关键线路网络监控法、形象进度监控法、单项进度指标监控法等方法，对工程实施动态、实时监控，在各个阶段结束后，保持经常性对比分析，评定项目进度状况，尤其是关键线路上的工程进度，对下期工作做出安排，建立新的网络计划。

对重点控制工期工程实行施工进度报告(日报、周报)制度，掌控其施工进展情况，及时比对其实际进度和计划进度的偏差，分析成因，及时采取相应的应对措施，确保其工期目标的实现。

(3)依靠科技进步，提高施工效率

在工程建设中大力推广新技术、新装备、新工艺、新材料应用，实时跟踪工程科研攻关项目的进展，做好消化吸收、转化应用。向技术要效率，向科学要工期，以“四新”技术为工期保驾护航。

3. 合同管理措施

施工单位应兑现投标承诺，严格按投标承诺保证各种生产资源的投入到位，为施工正常进行提供资源保障。

4. 经济措施

(1)严格执行国家有关政策法规及铁道部的相关制度办法,依法、合理、有效地使用建设资金。严禁拆借、滞留、挪用建设资金。

(2)建立工程进度激励机制,制定奖罚措施。定期或适时对工程进度进行检查评比,根据评比结果奖先罚后,促进施工生产有序进行。

5. 工作机制

建立建设工作周例会、月度推进会、季度检查评比现场会、年度工作会议等工作制度。

6. 工期控制要点

(1)建设各方积极努力,做好建设协调和征地拆迁工作。

(2)组织对实施性施工组织设计进行审核,确保各种资源配置满足指导性施组进度计划需要。

(3)做好物资供应,杜绝因物资供应不到位影响现场施工。

(4)科学制定施工方案,合理安排施工顺序,组织平行流水作业,缩短作业时间。

(5)适时组织对施工进度计划的落实情况进行分析,实行施组动态管理,及时调整施组以适应施工情况发生的变化,纠正进度偏差。

(6)保证资金供应。根据施工进度依据合同及时拨付工程建设资金。

二、总体施工安排和主要阶段工期

(一)施工总工期

全线开工日期 2010 年 10 月 1 日,竣工日期为 2014 年 9 月 30 日。建设总工期 48 个月,其中施工工期 42 个月(含施工准备),联调联试及运行试验 6 个月。

2010 年:完成征地拆迁 30%,主攻控制工程和重点工程,线下工程完成 5%。

2011 年:完成全部征地拆迁,路基、桥梁下部、隧道工程(除控制、重点工程外)主体工程完成,箱梁架设完成 30%。涵洞及框架桥全部完工。

2012 年:突破重点工程,箱梁制运架基本完成,铺板完成 75%,站后工程开工。

2013 年:突破控制工程,无砟道床、长轨铺设全部完成。站后工程完成 80%。

2014 年:跟进站后配套,完成联调联试及试运行。

(二)总体施工顺序

总体施工顺序为:施工准备(征地拆迁)→桥梁下部、路基施工、梁场、板场建设与制梁及运架设备准备、隧道工程→架梁及桥面施工→无砟道床施工→铺轨施工→“四电”工程施工→系统集成、联调联试及试运行→初验、安全评估。

全线关键线路为:施工准备→中梁山隧道主体工程→无砟道床、高速道岔施工→铺轨施工→“四电”工程施工→联调联试及运行试验→初验、安全评估。

按照“整体设计,系统建设,优质高效,一次建成”的建设原则,总体施工顺序遵循以下原则:

1. 统筹规划、均衡生产原则

在施工组织中遵循的原则:无砟轨道施工顺序服从于铺轨顺序的原则;架梁及路基、隧道施工顺序服从于无砟轨道施工顺序的原则;桥梁下部及路基施工顺序服从于架梁施工顺序的原则;大型临时设施服从于主体工程施工顺序及节点要求的原则。以突破长大隧道、特大桥作为重点组织施工,系统策划,合理布局,综合考虑站后、站前工程间及各专业间的关联,统筹安排,紧密衔接。做到全线统一安排和筹划,确保均衡生产。

2. 重点先行、分段展开原则

具备开工条件后,各标段有重点地段同步实施。按架梁方向和顺序依次展开跟进,确保全线工程按期保质建成。

(1)路基工程,路基施工安排架梁通道上的地基加固处理工程优先施工,运架梁通过的路桥相间地段由于路基预压的不确定性和无砟轨道连续铺设的需求,采用先架后压并优先开架的原则安排施工顺序,使路基预压沉降和桥梁沉落同步进行,以减小工期压力,并为成段连续施工无砟轨道提供条件。

(2)桥梁工程,重点特殊结构梁先期开工。先期架梁区段桥梁下部工程和特殊结构梁工程以满足架梁需求为目标组织多单元平行的流水施工；梁场建设和制梁生产是桥梁施工的重点，力争尽早开工，满足架梁的工期要求；移动模架或支架现浇以满足架梁通道或无砟轨道连续铺设目标配置资源和安排施工顺序。

(3)隧道工程，部分隧道弃渣要做路基填料，尽量安排与路基工程同步施工。全线地质条件复杂、施工难度大的龙泉山隧道、大安隧道、中梁山左右线隧道以及影响新红岩隧道封闭施工的还建黄莱线改造等优先安排开工。

3. 突出难点、有序推进原则

根据全线关键线路进行节点工期控制。对长大隧道、路基地基处理、路基沉降控制、箱梁预制架设、无砟轨道施工、各专业接口等重难点环节预先规划，做到有实施预案、有执行计划，使全线工程建设有序推进。

为了确保总工期目标，安排控制工程、重难点工程先期开工。

(三)主要阶段工期安排

主要阶段工期安排见表 2-6-2。

表 2-6-2　主要阶段工期安排表

工程项目		开始时间	结束时间	工期(月)	备　注
施工准备		2010-10-01	2010-12-31	3.0	控制、重点工程 2 个月
线下工程	路基	2011-01-01	2011-12-31	12.0	1. 不含路基附属工程滞后 2 个月。 2. 不含路基沉降观测期 6 个月和堆载预压期 6 个月
	桥梁	2010-12-01	2013-08-31	33.0	含梁部特殊结构部分施工时间，其中桥梁下部施工 12 个月
	隧道	2010-12-01	2013-11-30	36.0	1. 含附属工程滞后主体工程 2 个月以及沉降观测时间。 2. 不含重点工程施工准备 2 个月
	箱梁制运架	2011-07-01	2013-07-03	24.1	制梁时间提前架梁 2 个月
线上工程	轨道板制作	2011-07-01	2013-06-30	24.0	
	无砟道床	2012-03-01	2013-11-30	21.0	
	铺轨	2013-08-01	2014-01-15	5.5	
站后工程	房建工程	2012-05-01	2014-04-30	24.0	
	四电工程	2012-09-01	2014-03-31	19.0	
联调联试		2014-04-01	2014-07-31	4.0	
运行试验		2014-08-01	2014-09-30	2.0	

第四节　重点控制工程工期控制

全线控制工程为“两桥、三隧”，即：资阳沱江多线特大桥(主跨为(94+180+94)m 连续梁-拱组合体系)、郑家坝沱江双线特大桥(主跨为(78+168+78)m 连续梁-拱组合体系)、龙泉山隧道(7 328 m)、新中梁山左右线隧道(左线 4 105 m，右线 4 100 m)、新红岩隧道(3 796 m)。

根据隧道风险评估会专家意见：初步确定新红岩隧道风险等级为“极高”；新中梁山隧道风险等级为“高度”，局部与既有隧道交叉地段为“极高”；龙泉山高瓦斯隧道风险等级暂按“极高”，施工阶段根据地质资料及补充地质勘测资料重新作出风险评估。

全线重点工程有“四桥、两隧”，即：成都高架特大桥(21 663.55 m)、吴家坝沱江双线特大桥(734.48 m)、永川成渝高速立交 1 号双线特大桥(3 620.4 m)、永川成渝高速立交 2 号双线特大桥(1 705.08 m)、大安隧道(5 054 m)、大坪隧道(2 080 m)，以及特殊地段路基工程、梁部工程和无砟轨道。

控制工程和重点工程见表 2-6-3。

表 2-6-3 控制工程和重点工程一览表

序号	工程名称	工程概况	重 难 点
1	资阳沱江多线特大桥	桥梁长度 1 584.96 m,采用(94+180+94)m 连续梁-拱组合体系梁跨越沱江,边跨跨越成渝铁路	沱江水中基础施工、大跨连续梁跨航道和既有线施工
2	郑家坝沱江双线特大桥	桥梁长度 926.55 m,采用(78+168+78)m 连续梁-拱组合体系梁跨越沱江	沱江水中基础施工、大跨连续梁跨越航道施工
3	龙泉山隧道	长度 7 328 m,最大埋深 400 m,Ⅲ级围岩 1 505 m,Ⅳ级围岩 4 695 m,Ⅴ级围岩 1 128 m,Ⅳ、Ⅴ级围岩占 79.46%,洞口浅埋偏压	岩层破碎地段及高瓦斯地段施工
4	新中梁山左右线隧道	长度 4 105/4 100 m,最大埋深 400 m,Ⅲ级围岩 480/505 m,Ⅳ级围岩 1 900/1 740 m,Ⅴ级围岩 1 725/1 855 m,Ⅳ、Ⅴ级围岩占 87.99%,溶洞、落水洞等岩溶形态发育	岩溶发育地段、大跨段、采空区及与既有隧道交叉地段施工
5	新红岩隧道	长度 3 796 m,最大埋深 150 m,Ⅳ级围岩 1 214 m,Ⅴ级围岩 2 551 m,Ⅳ、Ⅴ级围岩占 100%,洞口浅埋偏压且位于重庆市城区。为 3 座既有隧道扩孔合建,局部双线绕行新建隧道 1 705 m	下穿地表密集建筑物及地铁站段施工
6	成都高架特大桥	长度 21 663.55 m,采用(48+80+48)m 连续梁跨越成龙路、绕城高速公路和东风渠,(40+2×64+40)m 连续梁跨越三环路,(40+64+40)m 连续梁跨石胜路和货车外绕线	城区征地拆迁、道岔连续梁施工,跨高速和高等级公路及既有铁路施工
7	吴家坝沱江双线特大桥	桥梁长度 734.48 m,采用(76+144+76)m 连续梁跨越沱江	沱江水中基础施工、大跨连续梁跨越航道施工
8	永川成渝高速 1 号双线特大桥	桥梁长度 3 619.99 m,采用(72+128+72)m 连续梁跨越成渝高速公路	跨高速公路施工
9	永川成渝高速 2 号双线特大桥	桥梁长度 1 695.67 m,采用(72+128+72)m 连续梁跨越成渝高速公路	跨高速公路施工
10	大安隧道	长度 5 054 m,最大埋深 120 m,Ⅲ级围岩 650 m,Ⅳ级围岩 2 850 m,Ⅴ级围岩 1 554 m,Ⅳ、Ⅴ级围岩占 87.14%,洞口浅埋偏压	泥岩风化剥落、危岩落石、顺层偏压、进出口路堑边坡顺层等不良地质段施工
11	大坪隧道	长度 2 080 m,最大埋深 170 m,Ⅳ级围岩 1 745 m,Ⅴ级围岩 335 m,Ⅳ、Ⅴ级围岩占 100%,为既有线隧道扩孔改建	下穿地表建筑物浅埋地段施工

一、控制工程

1. 资阳沱江多线特大桥

中心里程为 DK80+170,全长 1 584.96 m,桥址跨沱江规划Ⅴ级航道、既有成渝铁路。采用(94+180+94)m 连续梁-拱跨越沱江,边跨跨越既有成渝铁路。总工期 35 个月。

2. 郑家坝沱江双线特大桥

中心里程为 DK129+050,全长 926.55 m,桥址跨沱江规划Ⅴ级航道。采用(78+168+78)m 连续梁-拱跨越沱江。总工期 31.5 个月。

3. 龙泉山隧道

隧道中心里程为 DK26+145,全长 7 328 m,以Ⅳ、Ⅴ级围岩为主,DK24+300～DK25+900 区段长 1 600 m,为高瓦斯区段。地下水主要为孔隙潜水、基岩裂隙水,预测最大涌水量为 15 600 m^3/d。隧道不良地质为表层坍塌及风化剥落、断层破碎带及顺层。总工期 35 个月。

4. 新中梁山左右线隧道

隧道中心里程为 DK292+357.5,采用双线分修,以Ⅳ、Ⅴ级围岩为主,其中新中梁山左线全长 4 105 m,新中梁山右线长 4 100 m。预测左线隧道最大涌水量为 30 000 m^3/d,右线隧道最大涌水量为 20 000 m^3/d。不良地质及特殊地质主要为岩溶、煤窑采空区等。总工期 38 个月。

在新中梁山左线隧道 DK293+160 处引出重庆北联络线左线隧道与在建襄渝二线新双碑隧道相接,隧道长 1 430 m;在新中梁山右线隧道 YDK293+050 处引出重庆北联络线右线隧道与在建襄渝二线新双碑隧道相接,隧道长 2 313 m;在新中梁山右线隧道 YDK292+500 处引出重庆西联络线右线隧道与童西线新双碑隧道相接,隧道长 1 614 m。

动态设计考虑新中梁山左线隧道帷幕注浆 6 段共 405 m,新中梁山右线隧道帷幕注浆 6 段共 415 m。

5. 新红岩隧道

隧道中心里程为 DK299+172.5,全长 3 796.4 m,为小龙坎、红岩及交农村三座既有隧道合建,采取既有单线隧道改建及部分新建为双线隧道。隧道上方建筑物密布,部分段落最小埋深仅 4 m。总工期 29 个月。

二、重点工程

1. 特殊地段路基

全线路基地段软土、松软土分布广泛,软土深厚,软基处理地段比重大,加固类型多,工程量大,工期紧,工艺环节要求高。不良地基处理直接影响路基工程的完成时间,是全线的重点工程之一。路基基底处理及土石方施工工期 12 个月,沉降观测期 6 个月,堆载预压期 6 个月。

2. 成都高架特大桥

中心里程为 DK3+440,全长 21 663.55 m。其中单线 1 444.58 m,双线 20 218.97 m。总工期 28 个月。

本桥采用(48+80+48)m 连续梁跨越成龙路、绕城高速公路和东风渠,(40+2×64+40)m 连续梁跨越三环路,(40+64+40)m 连续梁跨越石胜路和货车外绕线。

3. 吴家坝沱江双线特大桥

中心里程为 DK135+838,全长 734.48 m,桥址跨沱江规划Ⅴ级航道。采用(76+144+76)m 连续梁跨越沱江。总工期 23 个月。

4. 永川成渝高速 1 号双线特大桥

中心里程为 DK236+036,全长 3 619.99 m,桥址跨成渝高速公路及昌州大道。采用(72+128+72)m 连续梁跨越成渝高速公路,昌州大道局部改移从桥侧及连续梁边跨下通过。总工期 26 个月。

5. 永川成渝高速 2 号双线特大桥

中心里程为 DK239+025,全长 1 695.67 m,桥址跨成渝高速公路及规划神女湖大道。采用(72+128+72)m 连续梁跨越成渝高速公路,(40+64+40)m 连续梁跨越神女湖大道。总工期 28 个月。

6. 大安隧道

隧道中心里程为 DK246+477,全长 5 054 m,以Ⅳ、Ⅴ级围岩为主,为低瓦斯隧道。隧道不良地质为泥岩风化剥落、危岩落石、隧道顺层偏压、进出口路堑边坡顺层。总工期 33 个月。

7. 大坪隧道

隧道中心里程为 DK303+220,全长 2 080 m,采取既有单线隧道改扩建为双线隧道,最大线位偏差为 6.3 m。隧道位于重庆市,上方建筑物较多,离拱顶最小埋深为 25 m。总工期 27 个月。

8. 梁部工程

全线有整孔简支箱梁(单、双线)、组合简支箱梁、连续梁等,施工中对特殊梁部及连续梁下部结构均纳入最早开工项目,减小工期风险。总工期 29 个月。

9. 无砟轨道

正线铺设 CRTSⅢ型板式无砟道床为全线重点工程之一,需分段同步施工。总工期 21.0 个月。

铺轨工程需提前 6 个月备料,以确保 500 m 长轨的正常铺设作业施工连续、均衡。总工期 5.5 个月。

三、工程难点、工期及措施

桥梁工程难点、总工期及措施见表 2-6-4。

表 2-6-4　桥梁工程难点、总工期及措施表

桥梁名称	工程难点	总工期(月)	工程措施
成都高架特大桥	跨越高速和高等级公路及铁路施工安全防护,施工工期制约架梁线路	28	1. 按时提供施工图,办理征地、开工手续。 2. 大临工程、防护结构在连续梁施工前完成。 3. 按标准化设1个架子队,2个流水线作业并配相应设备
资阳沱江多线特大桥	跨越航道和铁路施工安全防护,水中基础施工难度大,防洪度汛安全风险大,施工工期影响总工期	35	1. 及时提供施工图,办理征地拆迁、开工手续。 2. 大临工程在工程开工前完成并兼顾洪水位施工。 3. 编制切实可行的施工组织设计,优化施工方案,合理安排工期。 4. 按标准化设1个架子队,2个流水线作业并配相应设备
郑家坝沱江双线特大桥	跨越航道施工安全防护,水中基础施工难度大,防洪度汛安全风险大,施工工期影响总工期	31.5	1. 及时提供施工图,办理征地拆迁、开工手续。 2. 大临工程在工程开工前完成并兼顾洪水位施工。 3. 编制切实可行的施工组织设计,优化施工方案,合理安排工期。 4. 按标准化设1个架子队,2个流水线作业并配相应设备
吴家坝沱江双线特大桥	跨越航道施工安全防护,水中基础施工难度大,防洪度汛安全风险大,施工工期影响总工期	23	1. 及时提供施工图,办理征地拆迁、开工手续。 2. 大临工程在工程开工前完成并兼顾洪水位施工。 3. 编制切实可行的施工组织设计,优化施工方案,合理安排工期。 4. 按标准化设1个架子队,2个流水线作业并配相应设备
永川成渝高速1号双线特大桥	跨越成渝高速公路施工安全防护,安全风险大	26	1. 按时提供施工图,办理征地、开工手续。 2. 大临工程、防护结构在连续梁施工前完成。 3. 按标准化设1个架子队,2个流水线作业并配相应设备
永川成渝高速2号双线特大桥	跨越成渝高速公路施工安全防护,安全风险大	28	1. 按时提供施工图,办理征地、开工手续。 2. 大临工程、防护结构在连续梁施工前完成。 3. 按标准化设1个架子队,2个流水线作业并配相应设备
整孔简支箱梁的预制与架设	双线整孔预制箱梁数量大,预制、架设要求高,且设备投入多,箱梁运输与路基、桥梁等工程干扰大	24.1	1. 进场后进行详细的施工调查,不断优化、确定各种参数(如运输半径、生产周期),完善预制场布局设计。 2. 多种方法解决场地条件困难、桥梁场占地大等问题。 3. 采用先进的桥梁制、运、架设备,优化制、运、架梁设备的选型、配套和养护,提高设备的可靠性与生产率。 4. 统筹安排路基、桥梁和制、架的施工,避免相互干扰,确保工期目标

隧道工程难点、工期及措施见表 2-6-5。

表 2-6-5　隧道工程难点、工期及措施表

桥梁名称	工程难点	总工期(月)	工程措施
龙泉山	隧道穿越天然气、断层破碎带等不良地质地段,有1 600 m的高瓦斯区段,施工安全风险极大	35	1. 做好隧道超前地质预报工作,并将超前地质预报纳入正常施工工序。 2. 在隧道施工前对所有参建人员进行技术培训,认真研讨每道工序的施工工艺、施工方法、质量检验办法及作业细则,并在施工过程中严格贯彻落实,确保各工序的施工质量。 3. 隧道浅埋、偏压顺层、断层、破碎及下穿既有构筑物地段采取大拱脚台阶法开挖;隧道大跨段采取CD法或双侧壁导坑法开挖,按照短进尺、多循环、弱爆破、强支护、早衬砌的原则组织施工,防止隧道塌方、构筑物损坏及影响地表山体的稳定。 4. 龙泉山隧道高瓦斯段采用有轨运输及防爆型设备组织施工,配置双电路及电源,利用平导和主副斜井进行巷道式通风,并做好洞内瓦斯监测工作。 5. 对新中梁山左、右线隧道岩溶发育地段采取超前帷幕预注浆或径向预注浆,并做好超前综合地质预测预报工作。 6. 新中梁山左、右线隧道均按进出口和斜井三个工区标准化配置3个专业施工队,3个流水线作业,加强机械化配套作业水平,确保隧道工期。 7. 新红岩隧道和大坪隧道均为既有隧道扩孔改建,隧道地表建筑多,埋深浅。对隧道埋深在17 m以下采用非钻爆法施工;埋深大于17 m时采用钻爆法施工,其中埋深在17~50 m时控制爆破施工,按地表爆破振动波速不大于2 cm/s控制爆破规模。 8. 对施工阶段风险进行评估,根据风险评估结果提出相应的处理措施,编制应急预案,并及时进行信息反馈
新中梁山左、右线	隧道岩溶形态发育,涌水量大,且隧道内引出多条联络线,并与既有公路、铁路隧道多次交叉,净距小,跨度大,施工安全风险极大,工期非常紧张	38	
新红岩	隧道下穿地表密集建筑物群及地铁车站,浅埋地段多,净距小,施工安全风险极大	29	
大安	隧道不良地质为泥岩风化剥落、危岩落石、隧道顺层偏压、进出口路堑边坡顺层,施工安全风险大	33	
大坪	隧道多次下穿地表建筑物,局部地段埋深较浅,施工安全风险大	27	

路基工程重难点、工期及措施见表 2-6-6。

表 2-6-6 路基工程重难点、工期及措施表

工程名称	工程概况	工程重难点	总工期(月)	措　施
全线	全线路基长 99.73 km,土石方 4 220 万方。堆载预压 55 处,土质地基处理 432 处,过渡段等	1. 土质地基处理。 2. 堆载预压。 3. 过渡段	18	1. 严格地基处理措施。 2. 保证预压时间,必要时加高预压高度。 3. 严格过渡段填筑质量。 4. 严格沉降变形观测工作。 5. 含堆载预压 6 个月
DK51＋434～DK51＋830 高路堤软土地基桩网结构工点	简阳车站内,路堤最大填高约 9.7 m,基底软土最大厚度约 10.5 m	1. 软基处理。 2. 高堤方质量控制	15	1. 加固处理好基底钢筋混凝土桩网结构。 2. A、B 填料填筑好路堤高填方,路堤本体压实度达标
DK223＋960～DK223＋990 采空区	大足～永川区间,路堑中心挖深 2～10 m,右侧路堑边坡高约 15～30 m。最大采深 30 m	采空区分布的空间位置和采空区处理	18	1. 清除路基侧沟平台范围内采空区。 2. 混凝土回填右侧路堑边坡采空层坡脚。 3. 右侧路堑边坡锚杆框架梁内喷混植生护坡防护
DK223＋990～DK224＋090 右侧陡坡深路堑高边坡工点	大足～永川区间,路堑中心最大挖深 18.5 m,右侧路堑边坡最高达 59 m	高边坡开挖防护施工安全风险大	18	1. 分段、跳开施作路堑预加固桩间挡土墙。 2. 按设计做好边坡防护。 3. DK224＋000～DK224＋080 段路基采用明洞防护,右侧第一级路堑边坡采用喷锚网开挖防护
DK229＋142～DK229＋305 采空区	大足～永川区间,路堑最大中心挖深 12 m、路堤最大填高 6 m。两个采石洞口,一个洞口位于 DK229＋015 右侧 80 m,另一洞口位于 DK229＋010 右侧 180 m 处,为采同一层灰岩。采空区位于线路右侧约 60 m 处	采空区分布的空间位置和采空区处理	16	设计尚未探明采空区情况,施工时需进一步探明情况采取相应处理措施

无砟道床重难点、工期及措施见表 2-6-7。

表 2-6-7 无砟道床重难点、工期及措施表

无砟道床	工程重难点	总工期(月)	工程措施
全线	1. 技术精度要求高。 2. 控制工程的工点无砟轨道段工期紧。 3. 小区段多,不利于大面积机械化作业	21	1. 做好精密测量,铺设条件评估合格后铺设。 2. 组织好施工队伍,加快控制工程的工点段铺设。 3. 组建标准化架子队,平行、流水线和人工、机械化作业
路基	道床板裂(纹)缝控制	—	1. 严格铺设条件评估。 2. 加强养生工作。 3. 机械作业为主,辅以人工作业
桥梁	道床板铺设精度控制	—	1. 严格铺设条件评估。 2. 人工作业为主,辅以机械作业
隧道	道床板鼓胀控制	—	1. 全隧道排水畅通。 2. 做好仰拱施工缝和墙脚与仰拱结合部的止水处理
过渡段	道床板裂(纹)缝控制	—	1. 严格铺设条件评估。 2. 根据实际,加强过渡段轨道板纵向连接筋

第七章 投资控制

成渝公司在建立完善的投资管理制度基础上，主要从科学资金预算、合理筹融资、严格资金拨付、降低筹融资成本；认真施工图设计审查；把好验工计价关；严格合同管理；严格执行变更设计程序等几个方面开展建设全过程的投资控制工作，以实现投资控制目标。

在建设过程中，成渝公司在建立完善的投资管理制度基础上，严格投资管理，做好招标投标管理、合同管理、验工计价、变更设计、投资计划、投资统计和建设资金管理等工作。

成渝公司成立以总经理为组长、副总经理为副组长、相关职能部门参加的投资控制领导小组，负责全线的投资控制情况，将总投资严格控制在国家和铁道部批复的范围之内。

成渝公司贯彻“以人为本、服务运输、强本简末、系统优化、着眼发展”的建设新理念，正确处理投资与工期、质量、安全、环保的关系，牢固树立全过程、全方位控制投资的思想，严格执行项目建设程序，控制好各个环节，积极主动抓好投资过程控制，有效防止投资浪费，努力实现最佳的投资效益和社会效益。

第一节 项目资金筹措

对铁路建设项目而言，建设资金的到位情况决定着建设项目施工的进度。铁道部为了实现铁路投融资体制改革目标，对筹融资工作提出了要求，即按照“政府主导、多元化投资、市场化运作”的基本思路，积极发挥市场配置资源的基础性作用，努力构建投资主体和产权主体多元化、资金来源多渠道和融资方式多样化、项目建设法人制和市场化的铁路投融资体制新格局。

成渝公司非常重视项目筹融资工作的开展，将建设资金的筹集、管理作为项目建设管理的重要范畴。成渝公司总经理亲自负责项目筹融资工作方案规划和方案制定，计财部相关人员负责方案落实，同时借鉴成熟案例、借助银行力量优化筹融资方案。

在融资战略方面，成渝公司采取的是积极的融资战略，一方面充分利用沿线地方政府建设成渝客专积极性尽早进行权益性融资，督促资本金及时到位；另一方面积极地同银行合作，合理安排短期、长期债务性资金。

成渝公司根据项目建设的年度投资计划和工程建设进度，按时“先权益性资金，后债务性资金，确保工程建设资金需求”的原则科学合理编制每一年度的资金预算和筹资计划。

一、成渝客专项目建议书阶段的投资批复

项目建议书阶段批准项目投资估算总额 393.9 亿元，其中工程投资 360.6 亿元，动车组购置费 33.3 亿元。项目资金本金占总投资的 50%，其中四川省、重庆市承担境内资本金的 50%，其余 50%资本金由铁道部筹措，使用铁路建设基金和铁路企业自有资金。其余资金利用亚洲开发银行(3.5 亿美元)和国内银行贷款解决。所借亚行贷款本息(费)由铁道部负责偿还。

二、成渝客专可行性研究阶段投资批复

项目可行性研究阶段批准项目投资估算总额 398.9 亿元，其中工程投资 378.9 亿元，动车组购置费 20 亿元。项目资金本金 199.45 亿元占总投资的 50%，其中：四川省、重庆市承担境内资本金的 50%(分别是 57.725 亿元和 42 亿元，均由自筹资金安排)；其余 50%资本金由铁道部筹措，使用铁路建设基金和铁路企业自有资金。其余资金利用亚洲开发银行(3.5 亿美元)和国内银行贷款解决。

亚洲开发银行贷款 3.5 亿美元主要用于设备和材料采购。其中：采购桥梁支座 5 500 万美元，轨道材料 8 500 万美元，接触网及牵引变电设备 10 500 万美元，远动及综自系统设备 400 万美元，电力系统设备 3 300 万

美元，通信系统设备 2 300 万美元，信号系统设备 3 300 万美元，环保设备 900 万美元，运营安全设备 300 万美元。所借亚行贷款本息(费)由铁道部负责偿还。

第二节 技术标准与规模的确定

一、项目建议书批复阶段

2009 年 7 月中旬，铁道部和四川省、重庆市人民政府以《关于报送新建成都至重庆铁路客运专线项目建议书的函》(铁计函〔2009〕756 号)，向国家发展和改革委员会报送了项目建议书。2009 年 10 月，国家发展和改革委员会下达了《关于新建成都至重庆铁路客运专线项目建议书的批复》发改基础〔2009〕2668 号)批复意见。为完善铁路网结构，扩大运输能力，提高服务质量，促进区域经济社会发展，国家发展和改革委员会同意新建成都至重庆铁路客运专线。

批准的线路走向及建设规模为：新建线路自成都，经龙泉、简阳、资中、内江、荣昌、永川、璧山等站至重庆，正线全长 306 km。

批准的功能定位：主要承担沿线中短途城际客运，兼顾部分中长途客运。

批准的主要技术指标如下：

铁路等级：客运专线。正线数目：双线。其他技术标准按照铁道部《新建时速 200～250 公里客运专线铁路设计暂行规定》(铁建设〔2005〕140 号)的有关规定设计。具体标准在可行性研究阶段确定。

二、项目可行性研究批复阶段

2009 年 12 月，铁道部和四川省、重庆市人民政府以《关于报送新建成都至重庆铁路客运专线可行性研究报告的函》(铁计函〔2009〕1685 号)及铁道部《关于报送新建成都至重庆铁路客运专线项目可研报告使用亚行贷款补充说明的函》(铁外资函〔2009〕1842 号)，向国家发展和改革委员会报送了可行性研究报告。2010 年 3 月，国家发展和改革委员会下达了《关于新建成都至重庆铁路客运专线工程可行性研究报告的批复》(发改基础〔2010〕482 号)。为扩大西南地区运输能力，提高服务质量，优化综合运输结构，促进成渝地区经济社会协调发展，同意新建成都至重庆铁路客运专线。

批准的建设方案：线路自成都东站引出，经四川简阳、资阳、资中、内江、荣昌、永川、璧山至重庆站，线路全长 308.6 km，其中四川省、重庆市境内分别为 179.3 km、129.3 km。全线共设成都东、简阳南、资阳北、资中北、内江北、隆昌北、荣昌北、大足、永川东、璧山、沙坪坝、重庆等 12 个车站，其中新建 9 个，改建车站 2 个，利用在建客站 1 个。建设成都、重庆枢纽配套工程及相关联络线，线路长度分别为 8.2 km 和 11.7 km。

批准的功能定位：主要承担沿线中短途城际客运，兼顾部分中长途客运。

批准的主要技术标准为如下：

铁路等级：客运专线。正线数目：双线。速度目标值：250 km/h。最小曲线半径 7 000 m，进入枢纽要适当减小。牵引种类：电力。到发线有效长度：650 m。限制坡度：20‰，困难地段可适当加大。列车运行控制方式：自动控制。行车指挥方式：综合调度集中。其他技术标准按照铁道部《新建时速 200～250 公里客运专线铁路设计暂行规定》(铁建设〔2005〕140 号)的有关规定进行设计。规划运输能力：单向 6 000 万人次/年。

三、项目初步设计批复阶段

2010 年 5 月 30 日，铁道部以《关于新建成都至重庆铁路客运专线初步设计的批复》(铁鉴函〔2010〕652 号)批复了初步设计。

批准的设计年度：近期 2020 年，远期 2030 年。同意设计预测客运量：成渝客专近期客流密度成都—内江、内江—重庆分别为 3 148 万人/年、2 802 万人/年；成渝客专近期客车对数成都—内江、内江—重庆分别为 140 对/日、123 对/日；成渝客专远期客流密度成都—内江、内江—重庆分别为 4 160 万人/年、3 638 万人/年；成渝客专远期客车对数成都—内江、内江—重庆分别为 182 对/日、162 对/日。

批准的功能定位：主要承担沿线中短途城际客运，兼顾部分中长途客运。

批准的主要技术指标如下：

铁路等级：客运专线。正线数目：双线。速度目标值：250 km/h。最小曲线半径 7 000 m，进入枢纽要适当减小。牵引种类：电力。到发线有效长度：650 m。限制坡度：20‰，个别地段根据行车检算情况可适当加大。列车运行控制方式：自动控制。行车指挥方式：综合调度集中。

批准的初步设计总概算：控制在 372.34 亿元之内，其中，静态投资 331.97 亿元，建设期贷款利息 20 亿元，动车组购置费 20 亿元，铺底流动资金 0.37 亿元。

2011 年 9 月 29 日，铁道部以《关于新建成都至重庆铁路客运专线修改初步设计的批复》(铁鉴函〔2011〕682 号)批复了修改初步设计。

批准的运输组织模式：按初步设计批复的全线仅运行动车组，采用本线旅客列车和跨线旅客列车混合运行的客运专线模式。

批准的修改初步设计总概算：控制在 357.85 亿元之内，其中，静态投资 317.48 亿元，建设期贷款利息 20 亿元，动车组购置费 20 亿元，铺底流动资金 0.37 亿元。

第三节　合 同 管 理

成渝公司要求施工单位兑现投标承诺，严格按投标承诺保证各种生产资源的投入到位，为施工正常进行提供资源保障。在建设过程中客专公司将适时对各单位的资源投入到位情况进行检查，对检查发现投入不到位的单位，严格按照合同进行处理。

一、设立合同管理机构，为签订和履行合同奠定了基础

成渝公司根据《中华人民共和国合同法》《中华人民共和国铁路法》《铁路合同管理办法》等法律法规及相关规定，结合公司实际，制订了《合同管理暂行办法》。该办法中，明确了其组织结构和各自的职责，公司设立合同审查委员会，公司总经理任审查委员会主任，其他领导任副主任，各部门负责人(法律顾问)、计划财务部分管副部长或合同主管工程师为审查委员会成员。计划财务部是公司合同归口管理部门，公司各部门是合同主办部门，并聘请法律顾问。

二、合同的审查签订严密，维护各方利益

合同签订一律采用书面形式，严禁口头协议和非正式书面协议，有关修改合同的文书、图表、传真件等均为合同的组成部分。按公司《招标管理办法》规定必须进行招标的项目，其合同的签订根据《招投标法》和《政府采购法》必须采用招投标等要约承诺方式签订。公司对外签订合同以本单位的名义进行，公司法人代表按规定可授权代理人，授权代理人可以本单位名义对外签订合同。采用非招投标方式签订合同的，合同主办部门应事先要求合同对方提供当年年检的《企业法人营业执照》与《资质证书》的复印件，并加盖单位公章，其中自然人作为股东或发起人的，还需加盖其注册地所在工商部门公章。必要时应出具资产负债表、资金证明、注册会计师签署的验资报告等相关文件。按合同审查办法进行审查后签订。采用招投标方式或竞争性谈判方式签订合同的，招标文件或竞争性谈判文件中的合同条款在招标文件发售前或竞争性谈判文件发出前，必须按合同审查办法进行审查。合同审查采用会议审查或会签审查的方式进行。未经审查的合同或协议不得签订或办理变更。合同签订后由主办部门负责分发，综合部正本一份归档保存，副本一份备查备用；计划财务部三份副本(用于合同管理、验工计价、财务支付)；主办部门二份副本(部门留存、经办执行)。合同的分发均应进行登记，分发登记主办部门保留。需经国家有关部门或上级主管机关批准、登记或者备案的合同，应履行相应的手续。

三、细致、明确合同条款，降低项目投资风险

工程建设项目的各类合同是建设活动中科学管理的重要依据，是贯穿于工程项目全过程的技术经济性文件，合同编制的好坏直接影响到工程项目的造价控制。成渝公司参考铁道部公布合同标准示范文本，制定了合理的合同条款，将其细化纳入招标文件，成为未来验工计价和合同履约的主要法律文件，极大地降低

了合同风险。虽然招标前的工作量较大，但在实施过程中的受益也是非常大的。

坚持从招标文件编制开始，对招标手续的办理、合同条款的制订、合同审查与签订、合同履行与变更、纠纷的处理以及合同审计、监督检查、合同统计、信息化管理等全过程进行严格控制。硬化合同双方的权利和义务，树立依法履行合同的观念，认真组织履约检查，促进合同各方诚实守信。建立以合同管理为核心的项目管理体系，从质量控制、进度控制、投资控制、安全控制、环保控制和风险控制等方面入手强化合同管理工作。

对经济合同的签订实行联签审核制度。各专业工程师、财务会计人员、合同管理人员、分管领导、总经理逐级对会签的合同进行严格审核，审核是否符合法律规定，能否有效规避法律风险；审核是否概算内项目；审核付款方式，明确资金的支付方式、时间、单价、金额等要素。通过对合同相关条款的审核，从源头控制无预算支出的支付。

四、全过程监控，合同履约顺利进行

全过程监控施工、监理等单位的合同履约情况，严格重要岗位履约人员的变更标准和审批程序；检查关键设备的到场情况并督促及时补充；规范劳务用工，推行“架子队”模式；杜绝违规分包、转包行为。

五、严格控制合同变更程序，合理使用变更资金

合同变更的管理是合同实施过程中成本控制的关键。对照合同实施过程中的实际情况与合同条款，由计划财务部组织其他部门进行会审，必要时与承包人、监理进行协商、谈判。专业部门重点从承包人所提出的变更申请的工程现场情况与技术方面，提出会审意见。计划财务部按照相关办法和合同，对变更金额进行审定，考虑同类合同变更情况的处理，最终提出合同变更处理意见，参与变更会审会议，审定合同变更金额。同时，对计量支付申请中完成工作的价格进行审核，并进行相关扣款处理。

六、合理规避合同纠纷，提高风险管理能力

认真解读、细化合同条款，针对合同执行过程中存在的问题，解决好合同争端和合同变更等问题。强化风险管理，提高风险管理意识，制定防范风险措施，通过科学、合理的运作，增加内部抵抗风险能力，有效合理化解合同各种风险。

第四节　验工计价管理

一、制定管理办法，验工计价有章可循

成渝公司为加强建设项目投资管理，规范验工计价行为，维护参建各方的合法权益，根据铁道部《铁路建设工程验工计价办法》（铁建设〔2006〕211 号）以及相关法律、法规和规定，结合公司实际，制定了《验工计价管理暂行办法》。公司严格执行铁道部下达的年度投资计划（含调整计划）和铁路建设资金预算，合理组织建设，及时验工计价，接受依法实施的监督、检查。验工计价遵循合法、诚信的原则，按照规定的程序，先验工、后计价，禁止虚假验工。验工计价的办理必须实事求是，根据实际完成且质量合格的工程数量或工作内容进行验工计价，真实反映工程和投资完成情况。

二、计价依据全面，规范验工计价行为

建设项目实行总价承包的，采用合同总价下的工程量清单方式进行验工计价；工程量清单范围内的工程，按合同约定的单价进行计价。工程量清单范围外的工程，属于公司对建设方案、建设标准、建设规模和建设工期重大调整，以及由于不可抗力造成重大损失补充合同的工程，按补充合同约定计价，在批准费用项下计费；其他工程由双方协商单价，按验工数量进行计价，但不得超过承包合同总价。工程全部验收合格后，承包合同计价剩余费用。

建设项目实行工程总承包的，可采用合同总价下的节点式计价方式，验工计价应与合同约定的计价节

点相对应。公司对建设方案、建设标准、建设规模和建设工期重大调整,以及由于不可抗力造成重大损失的,签订补充合同,在批准费用项下计费,补充合同验工计价纳入节点计价范围。

总承包风险费根据合同约定,可采用分期按比例控制、总额包干的计价方式。

建设项目由联合体中标实施的,公司只对联合体牵头人进行验工计价。

验工计价报表应包括本季、本年、开累验工数量和计价金额。验工计价报表应由工程承包单位编制,监理单位审核,公司批准。

验工工程为审核合格的施工图或批准变更设计的工程,具有质量合格证明文件,并经监理单位总监理工程师签字盖章。

三、健全管理机构,验工计价各负其责

验工计价管理实行公司统一领导、归口管理。验工计价工作由公司计划财务部牵头组织,工程管理部、段落指挥部、安全质量部、物资设备部、监理单位等相关部门(单位)共同参加,分级审核。明确各方的验工计价管理职责如下:

(1)工程承包单位作为验工计价的提议方,应在工程完成或达到节点并经检验合格后按时提交验工计价申请,并对验工计价申请资料的真实性负责。一经发现虚假验工现象,公司可提议承包单位对主要责任人进行行政处罚,必要时调离工作岗位,对该承包单位按《补充协议书》有关条款规定实施罚款。

(2)监理单位受公司委托,负责对施工单位(或实施单位)报验的已完工程(含永久设备)数量表和验工计价表及相关的质量证明材料进行现场的质量确认和计量,并在相关表格和封面签字盖章。按照公平、公正的原则提出审核意见,对确认计价工程的质量和数量以及审核意见负责。

(3)公司工程管理部负责组织公司段落指挥部、安全质量部、物资设备部等部门共同对监理单位签认的验工资料进行审核签认。

勘察设计、工程咨询、监理等其他计价工作按合同约定的程序审核批准后计价,并由责任部门在相关表格上签字盖章。

(4)公司计划财务部依据合同负责对计价额进行审核签认,并在相关表格上签字盖章。未经相关责任单位、部门签认的工程项目和数量,不予计价。

(5)验工计价经公司主要领导批准后执行。

(6)公司作为验工计价的受理方,及时对工程承包单位的验工计价申请和监理单位审核意见进行审查确认,并对验工计价结果负责。

四、明确验工计价办理程序,真实反映工程和投资完成情况

验工计价的办理必须根据实际完成且达到质量合格的工程数量进行验工计价,不多计、不漏验,验工计价依据合同约定,实行季度验工计价和末次验工计价方式。为规范验工计价行为,公司各期验工计价工作时间,严格按铁道部有关文件规定要求执行,各工作环节未按期完成者,公司将贯彻实施责任追究制度,并纳入其相应考核。建设项目初验合格颁发接收证书后,公司计划财务部组织有关部门及施工、监理、设计单位,按照合同约定,补充合同或协议、索赔、变更设计等费用,编制概算清理文件,若超出批复概算,报上级有关部门批复后进行末次验工计价,审批程序同季度验工计价程序。

第五节　财务管理

根据财政部关于印发《基本建设财务管理规定》的通知(财建〔2002〕394号)、《关于解释〈基本建设财务管理规定〉执行中有关问题的通知》(财建〔2003〕724号)及财政部、建设部《建设工程价款结算暂行办法》(财建〔2004〕369号)等的规定,结合铁道部、成都铁路局、重庆铁路局相关制度、办法的要求,成渝公司不断建立健全、完善各项管理制度,规范铁路建设投资控制行为,提高建设项目财务管理水平,努力节约工程投资。

一、建立健全财务制度，规范财务管理流程

为规范财务管理，不断加强建设资金管理，使建设资金管理制度化，确保建设资金安全、完整和资金使用合法、合规，验工计价行为科学、规范，投资控制有章可循。根据国家、铁道部有关法律、法规、规章制度以及成都铁路局、重庆铁路局有关制度、办法的规定，结合成渝公司的实际情况，制定了《工程招投标管理暂行办法》《合同管理暂行办法》《计划统计管理暂行办法》《投资控制管理暂行办法》《验工计价管理暂行办法》《建设资金管理暂行办法》《建设项目工程价款结算实施办法》《建设单位管理费开支实施暂行办法》《投资控制包保管理办法》等一系列管理办法和相关制度，从制度上保证了建设资金的合理使用，规范了建设资金拨付程序，严格控制了各项费用的支出，确保了工程建设的顺利推进。同时明确了计财部及各岗位职责，明确了工作流程、工作标准及责任人。

二、强化资金源头控制，规范建设资金使用

成渝客专工程线路长、涉及范围广、投资规模大。成渝公司从源头控制开始，加强建设资金管理，保障资金供应，确保工程建设顺利推进，防范资金风险，管好并用好建设资金。

(1)宏观调控、有序投入。年度投资计划经公司股东会审批确认。季度计划(包括调整计划)、滚动计划的审批采用公司总经理办公会议形成决议，由总经理审批签认。计划编制的原则、计划实现的目标、计划项目和投资额度等内容，一经确定，不得随意变更。若由于设计变更或施工中的不可预见因素及其他原因，影响工程总进度，相关部门应召开专题会议讨论调整年、季度计划，若改变计划项目和投资规模应重新报审，以确保计划的严肃性。

(2)节约投资、提高效益。正确处理投资与工期、质量、安全、环保、科技创新的关系，牢固树立全过程、全方位、主动、超前控制投资的思想，严格执行项目建设程序，控制好资金使用的各个环节，有效防止投资浪费，努力实现最佳投资效益和社会效益。根据客运专线铁路建设的特点和投资控制总体要求，建立投资控制体系。在保证工程安全、质量、工期、环保、科技创新目标前提下，把总投资控制在铁道部批准的初步设计总概算内，实现最佳投资效益和社会效益。建立从决策层到执行层全方位、全面、全员投资控制系统；从项目立项决策开始到竣工验收开通运营为止的全过程投资控制系统。明确公司、各部门的控制目标和责任，实行各负其责、各司其职的管理程序和制度。建设、设计、监理、施工单位共同承担投资控制责任。

(3)先验工、后计价，禁止虚假验工。工程承包单位在工程完成或达到节点并经检验合格后按时提交验工计价申请，并对验工计价申请资料的真实性负责。一经发现虚假验工现象，公司可提议承包单位对主要责任人进行行政处罚，必要时调离工作岗位，对该承包单位按有关条款规定实施罚款。监理单位受公司委托，负责对施工单位(或实施单位)报验的已完工程(含永久设备)数量表和验工计价表及相关的质量证明材料进行现场的质量确认和计量，并在相关表格和封面签字盖章。按照公平、公正的原则提出审核意见，对确认计价工程的质量和数量以及审核意见负责。公司工程管理部负责组织公司段落指挥部、安全质量部、物资设备部等部门共同对监理单位签认的验工资料进行审核签认。勘察设计、工程咨询、监理等其他计价工作按合同约定的程序审核批准后计价，并由责任部门在相关表格上签字盖章。公司计划财务部依据合同负责对计价额进行审核签认，并在相关表格上签字盖章。未经相关责任单位、部门签认的工程项目和数量，不予计价。验工计价经公司主要领导批准后执行。公司作为验工计价的受理方，及时对工程承包单位的验工计价申请和监理单位审核意见进行审查确认，并对验工计价结果负责。

(4)规范资金使用，有效防范资金风险。公司根据《基本建设财务管理规定》《建设工程价款结算暂行办法》《铁路基本建设资金管理办法》等规定，严格按批准的设计文件、年度投资计划、资金使用预算使用建设资金。严禁无依据拨付建设资金；不得超概算、超合同、超投资计划、超验工计价支付资金；严禁挪用、调剂、串换使用建设资金；严禁用建设资金从事与建设无关的生产经营活动；严禁用建设资金搞委托贷款和定期存款；严禁用建设资金对外投资和拆借，严禁用建设资金进行捐赠、赞助。

(5)严格控制管理费支出，规范使用和合理开支。建设单位管理费是项目建设总成本的组成部分，开支必须遵循合理计划，勤俭节约，保证必须、压缩一般的原则，按铁道部有关规定和批复概算总额控制，分年度据实列支，各年度支出编制预算报批后，按预算控制。公司建设单位管理费开支由本公司计财部根据项目

总体工期安排、项目机构设置和定员编制以及有关费用开支标准，分年编制公司建设单位管理费开支计划。

三、加强合同管理，规范资金拨付依据

公司成立了以总经理为组长的合同管理领导小组，负责合同管理中的重大决策和部门协调工作，计财部作为合同归口管理部门，监督和规范合同的承办、谈判、审查、签订的程序，既避免了合同可能出现的漏洞，又从费用角度控制降低了投资，从而规范了资金拨付依据。

另外，根据项目建设的实际情况，公司在主合同的基础上，依法签订各项补充合同，努力解决现场实际问题，确保建设施工的顺利推进。计财部根据合同的签订情况，不断建立、完善合同管理台账，对合同管理台账进行实时动态更新，做到资金拨付合同依据充分，杜绝了无合同拨付以及超合同拨付资金的情况发生。

四、严格财务资金管理，保证资金安全

对建设资金使用的全过程进行管理和监督。对 1 000 万元及以上的资金支付建立大额资金联签制度。依法合理安排建设资金，及时请领和拨付建设资金。严格控制费用性支出，合理、有效使用建设资金。对建设资金使用情况进行日常监督检查，按规定接受审计和外部检查。预备费的支出由公司按规定掌握使用。降造费必须坚持“先批准、后使用”的原则，未经铁道部批准，公司不得擅自动用。预备费主要用于解决经批准的新增工程、征地拆迁的价差、变更设计废弃工程、不可抗力因素等费用支出。降造费主要用于铁道部批复的Ⅰ类变更设计、建管费、监理费等方面的调整。一般情况下，要先安排使用预备费，在预备费不足的情况下再安排使用降造费。严格执行投标保证金、质量保证金、农民工工资保证金、代扣税金管理规定。

第六节　变更设计管理

为规范成渝客专建设工程变更设计管理工作，保证建设工程勘察设计质量，维护工程勘察设计审查的严肃性，有效控制工程造价，提高项目投资效益，严格变更设计管理，鼓励采用先进技术、先进工艺、先进设备、新型材料不断完善和优化设计。成渝公司根据《建设工程质量管理条例》《建设工程勘察设计管理条例》《铁路建设工程勘察设计管理办法》《铁路建设项目变更设计管理办法》(铁建设〔2012〕253 号)等有关规定，结合实际，制定了《工程变更设计管理办法》。

一、变更设计分类及审批

(1)根据铁道部《铁路建设项目变更设计管理办法》(铁建设〔2012〕253 号)文件规定，变更设计分为Ⅰ类、Ⅱ类。

(2)对初步设计审批内容进行变更且符合下列条件之一者为Ⅰ类变更设计。

①变更批准的建设规模、主要技术标准、重大方案、重大工程措施：建设规模是指工程范围，车站(段、所)规模；主要技术标准是指铁路等级、正线数目、设计行车速度、线间距、最小曲线半径、限制坡度或最大坡度、牵引种类、机车类型或动车组类型、牵引质量、到发线有效长度、闭塞类型或行车指挥方式与旅客列车运行控制方式、建筑限界；重大方案及重大工程措施是指批复的线路、站位、重点桥渡、站房建筑方案、重要环水保措施等。

②变更初步设计批复主要专业设计原则的。

③调整初步设计批准总工期的。

④建设项目投资超出初步设计批准总概算的。

⑤国家、铁道部相关规范、规定重大调整的。

(3)除Ⅰ类变更设计外的其他变更设计为Ⅱ类变更设计。为便于管理，将Ⅱ类变更设计细分为Ⅱa 类和Ⅱb 类变更设计。

Ⅱa 类变更设计：在建已签订合同的工程增减费用在 300 万元及以上的Ⅱ类变更设计；新签订合同的工程增减费用在合同约定额度以上的Ⅱ类变更设计。

Ⅱb 类变更设计：在建已签订合同的工程增减费用在 300 万元以内的Ⅱ类变更设计；新签订合同的工程

增减费用在合同约定额度以内的Ⅱ类变更设计。

(4)Ⅰ类变更设计以变更设计原因划分,一项变更设计原因为一个变更设计。Ⅱ类变更设计以工点划分,同一工点或同一病害引起的不可分割的一次性变更为一个变更设计。同一工点中的不同变更内容、同一病害类型的不同工点、同一变更内容的不同段落应分别划分为不同的变更设计,严禁合并或拆分变更设计。

(5)凡本专业变更设计造成其他相关专业也须变更设计的,相关专业的变更设计应与本专业变更设计同时进行。

(6)Ⅰ类变更设计由铁道部审批,Ⅱ类变更设计由公司审批。

二、变更设计管理

(1)为加强成渝客专工程变更设计的组织管理,公司成立变更设计管理领导小组,由公司总经理任组长,公司副职领导任副组长,并指定一名领导分管变更设计工作,公司各部门负责人任成员。公司工程管理部为变更设计的归口管理部门,负责日常管理工作。

(2)公司相关部门应加强变更设计管理。公司工程管理部定期召开变更设计梳理会议,对Ⅰ、Ⅱ类变更设计进行统计、分析,督促未完善变更设计手续的相关单位限期整改;公司计划财务部定期召开变更设计分析会议,对Ⅱ类变更设计及预备费使用情况进行统计、分析;公司变更设计领导小组定期召开变更设计研讨会议,对Ⅰ、Ⅱ类变更设计及存在问题进行研讨;不定期召开变更设计专题会议,对Ⅱb类《变更设计会审纪要》进行审定;分年度Ⅰ、Ⅱ类变更设计及预备费使用情况报鉴定中心,抄计划、建设司和工管中心。

(3)勘察设计单位应完善内部勘察设计及变更设计管理制度,提高设计质量,尽力避免Ⅰ类变更设计和减少Ⅱ类变更设计。应合理、系统、及时进行变更,减少工程损失和工期延误,同时要防止因工作失误再次造成变更设计。不得在变更设计过程中弄虚作假或与其他单位相互串通弄虚作假。

(4)施工单位应做好施工图现场核对和施工过程中地质资料确认工作,发现问题应及时向监理人员和公司提出;积极参与变更设计方案研究,严格按照变更设计施工图组织施工;不得在变更设计过程中弄虚作假或未经批准擅自施工。

(5)监理单位应根据现场实际认真核对设计文件,将发现的勘察设计问题以及施工单位提出的问题及时通知勘察设计单位和公司;积极参与变更设计方案研究,按照变更设计施工图实施监理,严禁未经批准擅自同意变更施工。

(6)施工图审核单位应根据现场实际认真审核施工图文件,将发现的勘察设计问题及时通知勘察设计单位和公司;积极参与变更设计方案研究,按照批准的《变更设计会审纪要》对变更设计施工图进行审核,未经施工图审核单位审核同意的变更设计施工图不得下发实施。

(7)各类变更设计资料必须齐全,对资料不全的变更设计,要求补报或重报,造成延误或损失的,由责任单位承担相应损失。

(8)《变更设计通知单》应加盖公章,由提议单位编号,变更设计会审纪要、变更设计通知单编号一致。

编号格式:"①线②标③变④⑤号",其中:①成渝铁路客运专线;②施工标段;③工程专业简称;④年度;⑤顺序号。如成渝铁路客运专线 CYSG-1 标隧变〔2012〕001 号。

(9)公司、设计、监理、施工单位应分别建立变更设计管理台账并及时更新,定期分析研究,查找存在的问题,做好变更设计资料的归档工作。各参建单位应分别建立变更设计收发登记制度,实行签证手续。施工单位应及时填写《变更设计汇总表》(附件 10),每季度末 10 日前报公司工程管理部核备,配合季度计价。

(10)公司、设计、监理、施工单位及时对变更设计归档。归档的变更设计文件、资料包括:变更设计建议书、现场确认意见和影像资料、变更设计会审纪要、变更设计文件、变更设计初审意见、变更设计批复、变更设计通知单及变更设计施工图。

(11)变更设计文件一式十二份。其中:公司三份,设计单位二份,监理单位一份,施工单位六份。

三、有关设计标准变更情况及相关说明

1. 路基填筑改良土改为 AB 组填料变更设计

由于受川渝地区气候以阴雨天为主、连续晴天较少及沿线改良土料源土质多样影响，经试验表明，本线改良土施工质量不稳定，质量控制困难。经研究将全线改良土变更为AB组填料。

对单工点变更增加费用超过300万的按Ⅰ类变更设计程序办理(中国铁路总公司《中国铁路总公司关于新建成都至重庆铁路客运专线路基填筑改良土改为AB组填料Ⅰ类变更设计的批复》(铁总办函〔2013〕215号))；对单工点增加费用小于300万元的由公司按Ⅱ类变更设计程序办理。

2. 线路防护栅栏变更设计

根据初步设计批复，本线防护栅栏采用《铁路线路防护栅栏图集》(通线〔2010〕8001)，施工期间根据《铁路线路防护栅栏图集》(通线〔2012〕8001)文件要求对防护栅栏进行了变更设计。

本变更设计按Ⅰ类变更设计程序办理(《中国铁路总公司关于新建成都至重庆铁路客运专线线路防护栅栏Ⅰ类变更设计的批复》(铁总办函〔2013〕75号))。

3. 桥下增设防护栅栏变更设计

初步设计阶段，桥下未设全封闭防护栅栏。施工期间根据《中国铁路总公司关于印发〈高速铁路防护栅栏管理办法〉的通知》(铁总运〔2014〕249号)要求，增设了防护栅栏。

本变更设计按Ⅰ类变更设计程序办理(《中国铁路总公司关于新建成都至重庆铁路客运专线墩高大于3 m桥梁地段增设防护栅栏变更设计的批复》(铁总鉴函〔2015〕587号))。

4. 隧道防灾救援疏散工程Ⅰ类变更设计

根据《铁路隧道防灾救援疏散工程设计规范》(铁建设〔2012〕167号)，按照《铁道部工程设计鉴定中心关于新建铁路成都至重庆客运专线隧道防灾救援疏散工程变更设计的复函》(鉴桥隧函〔2013〕386号)等相关要求，公司组织设计等单位对成渝客专隧道防灾救援疏散工程设计进行了优化、调整(《中国铁路总公司关于新建成都至重庆铁路客运专线隧道防灾救援疏散工程Ⅰ类变更设计的批复》(铁总办函〔2014〕862号))。

5. 声屏障变更设计

为解决好运营期间声屏障螺栓维护检修问题，公司组织开展了对全线桥梁声屏障结构优化工作，根据当地的气候特点和气象资料、相关荷载确定风荷载组合值，提高声屏障、立柱及底座的结构强度、疲劳性能、刚度、变形及挠度等技术标准，对声屏障安装螺栓部分结构进行了优化(《铁道部工程设计鉴定中心关于新建成都至重庆铁路客运专线声屏障安装螺栓检修引起变更设计的复函》(鉴环函〔2013〕364号))。

6. 绿色通道变更设计

施工期间根据《中国铁路总公司关于发布《铁路工程绿色通道建设指南》(铁总建设〔2013〕94号)对全线绿色通道工程进行了变更设计。

本变更设计按Ⅰ类变更设计上报中国铁路总公司后，中国铁路总公司以《关于新建成都至重庆铁路客运专线绿色通道变更设计的复函》(鉴线函〔2014〕28号)进行了批复，要求公司按建设管理规定及合同约定处置。公司按Ⅱa类变更设计进了变更。

7. 钢轨预打磨费用变化变更设计

根据铁道部《关于明确铁路轨道钢轨预打磨概算费用计列有关要求的通知》(铁建设函〔2012〕769号)文规定，本线钢轨预打磨概算费用参照《铁路轨道工程预算定额》(铁建设〔2010〕223号)及相关规定分析计算，成渝公司组织相关部门和单位编制了《新建铁路成都至重庆客运专线钢轨预打磨费用变化变更设计》(《中国铁路总公司关于新建成都至重庆铁路客运专线调整钢轨预打磨费用的批复》(铁总办函〔2015〕399号))。

第七节 外资管理

建设项目外资，按照铁道部《关于印发〈铁路利用外资借款财务管理办法〉和〈铁路利用外资借款会计核算办法〉的通知》(铁财〔2006〕69号)的规定，办理外资借款资金的管理和核算。公司物设部、计划财务部负责对部外资中心、局外资办下转的外资账单及原始单据进行认真核实，建立外资资金使用包括土建、设备器材、附加支出、管理费等资金台账，定期与局外资办核对相符。

第八章　征地拆迁

开工前，公司组织设计单位、地方政府对现场征地拆迁进行详细调查和核实，根据核实结果制定详细的征地拆迁计划，并按计划逐项落实。

开工后，按照部市纪要确定的征地拆迁责任和要求，协调地方政府做好征地拆迁工作。重点做好获得建设用地正式手续，建(构)筑物调查核实，国有、集体征拆补偿及相关迁改工作；会同地方政府、施工单位办理好临时用地手续；协调施工单位、产权单位做好“四电”管线、道路的调查及迁改工作。

控制工程、重难点工程用地按先行用地办理手续，征拆工作优先安排，其余征地拆迁工作平行推进。对征地拆迁特别困难地段采取一切可行办法，确保工程在最迟开工时间之前完成。

涉及环境保护和水土保持的项目提前取得允许开工的各项手续。

第一节　管理方式

一、征地拆迁管理办法

为规范成渝客专的征地拆迁工作，建立分层次、全方位的建设协调机制，依法、有序、快速地完成征地拆迁工作，制订《征地拆迁管理暂行办法》。成渝公司严格遵守国家有关法律、法规及铁道部、各省、市有关文件规定，全面落实铁道部与沿线省(市)人民政府分别签署的关于成渝客专建设有关问题的会谈纪要(以下简称《部省纪要》)，认真执行公司与沿线各省、市签订的《征地拆迁实施协议》(以下简称《实施协议》)，积极依靠地方政府支持，依法保护人民群众的合法权益。按照新的建设理念，努力创造和谐的外部建设环境。

二、征地拆迁的办理原则

成渝客专的拆迁工作按“部省纪要”精神，由沿线各省(市)人民政府负责统征统迁并承担相关费用，征地拆迁补偿费用按有关规定及“实施协议”执行，经双方认可后作为资本金入股。

成渝客专建设用地包括铁路正、站线及其配套设施(含“四电”)等建设工程的永久用地以及取(弃)土场、制梁场、制板场、铺轨基地等临时用地。用地范围及数量以施工用地图(含变更设计)为依据。永久用地经勘测定界后，由有关市(县、区)人民政府统一征用划拨。

成渝客专用地范围内需要拆迁的所有建(构)筑物，经路地双方共同详细调查，确认类别、数量、权属后，由地方主管部门组织按期拆除。

站后及“四电”工程用地，由所在标段站前工程施工单位负责统一办理。变更设计增加的零星用地，必须提交经批准的变更设计方能办理补征手续。

变更设计增加的零星用地，必须提交经批准的变更设计方能办理补征手续。

三、征地拆迁工作职责

1. 公司对外协调办公室职责

成渝客专的征地拆迁工作实行逐级负责、有关单位相互配合的管理机制，严格按照部省纪要和实施协议负责项目征地拆迁工作的组织、协调和管理。

(1)负责组织、协调全线征地拆迁工作，负责与铁道部、国家有关部委及沿线各省主管部门建立工作联系，协助办理有关征地拆迁报批手续、签订有关协议。配合、督促当地政府有关部门依据“部省纪要”和《实施协议》做好征地拆迁工作。

(2)掌握征地拆迁工作的进展情况,制定全线的征地拆迁推进计划并督促落实,向当地国土、林业、规划等主管部门提报建设用地申请并落实。

(3)办理向国土、规划部门申请用地的文件,向省(市)行政主管部门提报征地拆迁推进计划,确认征地拆迁补助费用。负责组织施工用地图的审核,向用地所属省、市(县、区)行政主管部门提交相关资料。

(4)负责向沿线市(县、区)国土、林业主管部门提报建设用地的申请,督促国土、林业主管部门逐级上报、批准。负责组织施工、设计单位与市(县、区)相关部门现场复核清点征地拆迁的范围、类别、数量及权属。

(5)参与"部省纪要"和《实施协议》以外与军事、国道等特殊项目拆迁的商谈。负责处理实施征地拆迁中遇到的特殊问题。

(6)负责审定征地拆迁的补偿费用。

(7)负责组织征地拆迁竣工文件的审核、交验归档及土地确权。

2. 施工单位职责

参建施工单位必须设专职技术人员负责与用地所属市(县、区)行政主管部门协商办理承建标段内征地拆迁的具体事宜。

(1)复核施工用地图纸、资料,提报用地计划。配合公司向用地所属市(县、区)行政主管部门办理建设用地申报的相关手续,提报用地计划。

(2)配合勘测定界单位测设用地界址。组织开挖界沟、理清管段所属行政辖区分界里程,确认权属人。同一乡、村涉及不同施工单位的要相互配合,同时完成。

(3)与市(县、区)行政主管部门共同现场复核确认用地范围、类别、权属及征地数量;清点丈量用地范围内的建(构)筑物种类,确认数量;按不同权属人填写《铁路建设项目征地、拆迁补偿清册》(地验交-4),现场办理各方确认、签章。

(4)提供按施工用地图(含变更设计)计算无误后的《铁路用地界桩表》(地验交-5),与行政主管部门共同按行政村级区域认定,办理签章。

(5)确认征地拆迁数量的完成情况。

(6)收集、整理征地拆迁有关资料,编制地亩竣工文件并办理移交。

(7)详细调查用地范围内涉及的沟、渠、路、管、塘,核对设计处理方案;调查隧道顶部生产生活设施情况,形成原始资料。

(8)督促市(县、区)行政主管部门,及时按照有关移民安置内部监测填报内容,完成有关报表。

3. 设计、监理单位职责

参建设计、监理单位应依据合同约定履行职责,积极配合开展征地拆迁各项工作。

(1)及早提供施工用地图和按市(县、区)行政区划汇总的分类、分用途的用地、拆迁数量表及说明。

(2)配合公司办理建设用地预审和建设用地正式报批,提供符合要求的《铁路建设项目用地审查表》、经审查认定的《压覆重要矿床评估报告》《地质灾害危险性评估报告》《使用林地可行性报告》及国家有关部门要求的各类批准建设文件。

(3)指定专人配合公司现场办理征地拆迁相关事宜。

(4)参加拆迁建(构)筑物的现场清点丈量,并签字确认。

(5)对特殊拆迁项目提出拆迁方案并参加商谈和协议的签订。

(6)按变更设计程序,负责办理征地拆迁变更设计,并提交变更设计用地图、数量表。季度末报公司。

(7)参建的监理单位,应对征地拆迁工作实施监督,对完成的征地拆迁数量进行核查。指定专人依据设计文件、资料对施工单位征地拆迁工作进展情况进行检查。按照公司的委托对拆迁建(构)筑物的类别及数量进行复查,实际进展纳入监理月报,必要时随时反馈。

四、征地拆迁工作流程图

征地拆迁工作流程如图 2-8-1 所示。

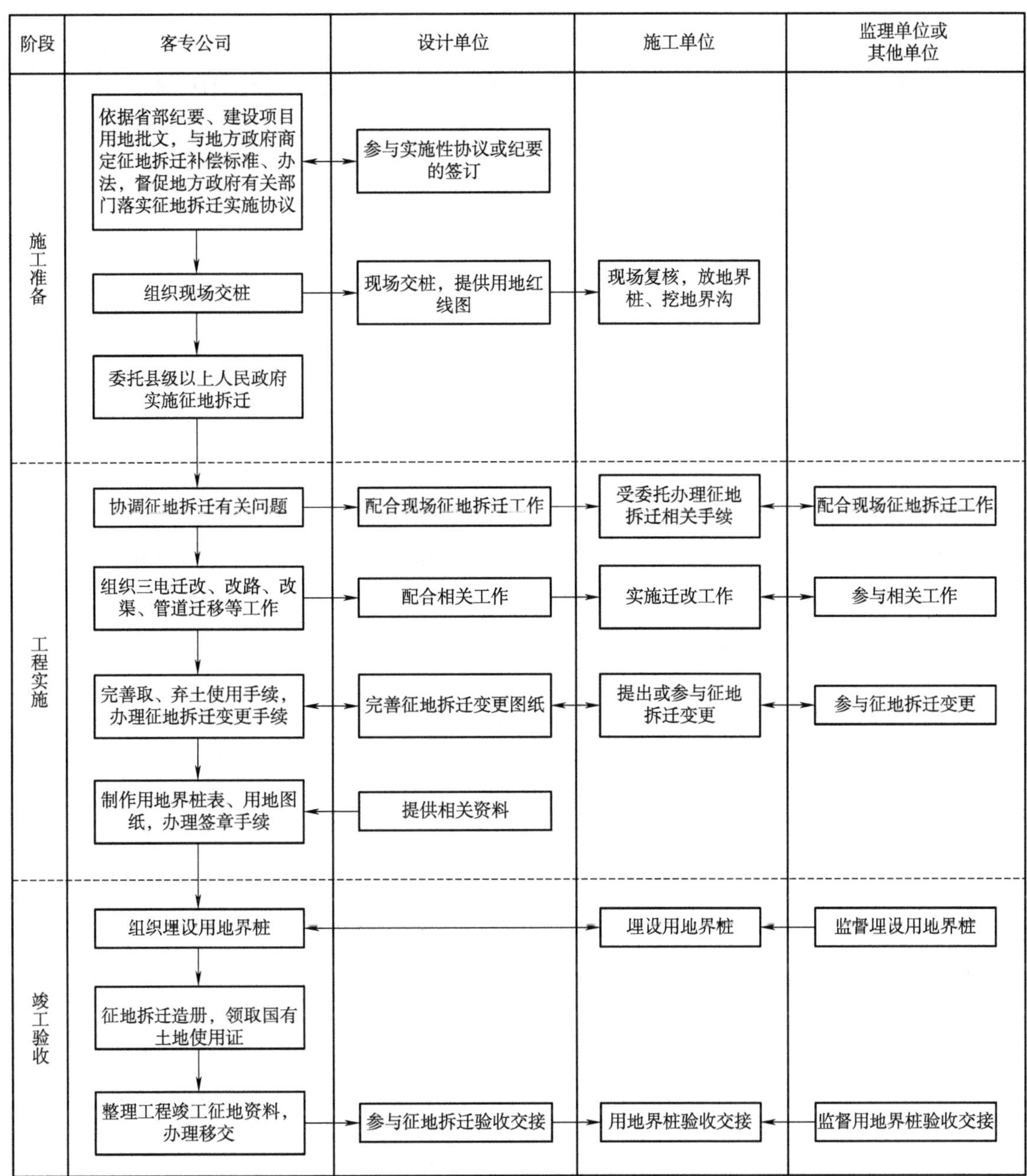

图 2-8-1 征地拆迁工作流程图

第二节 用 地 报 批

2009 年 12 月 25 日，国土资源部以《关于新建成都到重庆客运专线工程建设用地预审意见的复函》(国土资预审字〔2009〕476 号)原则同意通过《关于新建铁路成都至重庆客运专线(四川段)工程用地预审初步审查意见的报告》(川国土资〔2009〕213 号)、《关于新建成都至重庆客运专线(重庆段)建设项目用地的初审意见告》(渝国土房管文〔2009〕350 号)和《关于新建铁路成都至重庆客运专线建设项目用地预审申请报告》(成渝和成贵筹〔2009〕15 号)用地预审。新建成都至重庆客运专线工程的建设对完善铁路通路，形成区域快速交通网，促进成渝经济带的可持续发展具有重要作用。该项目用地符合当地土地利用总体规划和《中长期铁路网规划(2008 年调整)》，该项目用地规模控制在 1 048.97 hm^2 以内，其中农用地 837.72 hm^2(耕地 675.03 hm^2)。在初步设计阶段，进一步优化设计方案，按照工程项目建设用地指标的规定，从严控制建设用地规模，节约和集约用地。

2010年9月5号,国土资源部以《国土资源部办公厅关于新建成都至重庆铁路客运专线重庆段单体工程先行用地的复函》(国土资厅函〔2010〕925号)批复重庆市国土资源和房屋管理局《关于新建成都至重庆铁路客运专线工程申请先行用地的请示》(渝国土房管文〔2010〕381号),同意先行用地64.870 6 hm^2(含耕地29.629 hm^2),其中13座特大桥用地38.929 8 hm^2、6座大桥用地3.672 9 hm^2、8处隧道用地9.438 2 hm^2、2处路基用地0.5 hm^2、1处站场用地12.329 7 hm^2。

2010年9月6号,国土资源部以《国土资源部办公厅关于新建成都至重庆铁路客运专线四川段控制工期单体工程先行用地的复函》(国土资厅函〔2010〕924号)批复四川省国土资源厅《关于新建成都至重庆铁路客运专线控制性工程先行用地的请示》(川国土资〔2010〕)185号),同意先行用地85.491 hm^2(含耕地40.050 5 hm^2),其中11座大桥用地46.252 4 hm^2、9座特大桥用地9.753 8 hm^2、1处站场用地13.395 9 hm^2、5处隧道用地15.358 7 hm^2、3处路基用地0.730 2 hm^2。

2011年10月29号,国土资源部经国务院批准以《国土资源部关于成都至重庆铁路客运专线工程建设用地的批复》(国土资函〔2011〕805号)批复四川省人民政府《关于成都至重庆客运专线工程项目建设用地的请示》(川府〔2011〕21号),同意成都市锦江区、龙泉驿区、双流县、资阳市雁江区、简阳市、内江市东兴区、隆昌县、资中县将农民集体所有农用地499.370 1 hm^2(其中耕地378.291 6 hm^2)转为建设用地并办理征地手续,另征收农民集体所有建设用地27.473 7 hm^2、末利用地0.464 1 hm^2;同意将国有农用地0.174 hm^2 转为建设用地,同时使用国有建设用地7.481 8 hm^2、未利用地1.961 3 hm^2。以上共计批准建设用地536.925 hm^2,由当地人民政府按照有关规定提供,作为成都至重庆铁路客运专线工程建设及拆迁安置用地。其中拆迁安置用地10.007 hm^2 由当地人民政府按规划和供地政策合理安排使用,其余建设用地以划拨方式供地。

2011年9月18日国土资源部经国务院颁发《国土资源部关于成都至重庆铁路客运专线工程建设用地的批复》(国土资函〔2011〕700号)文件,成渝客专重庆段取得建设用地307.583 6 hm^2。其中:重庆市沙坪坝区用地20.042 5 hm^2、九龙坡区用地15.123 6 hm^2、璧山区用地69.882 8 hm^2、永川区用地78.612 4 hm^2、荣昌区用地110.316 2 hm^2。

第三节　征地拆迁实施

一、征地拆迁的现场管理办法

公司按照部省纪要、协议约定的征地拆迁补偿方式负责组织征地拆迁的实施工作,组织参建施工单位依据施工用地图,按照铁路区间、站场用地、改移工程用地和取弃土用地,以行政村为单位填写《铁路用地界桩表》并签章;组织各方及时完成用地范围内的拆迁建(构)筑物的清点丈量,城市房屋面积以房产证登记面积确认,其他的合法建(构)筑物实地丈量后确认,按不同产权人填写《铁路建设项目征地、拆迁补偿清册》并与市(县、区)行政主管部门、村委会、被征地拆迁人和设计单位共同签章确认。

公司组织施工单位和市(县、区)主管部门依据确认的《铁路建设项目征地、拆迁补偿清册》《铁路用地界桩表》,共同整理汇总用地、拆迁数量,经双方签字盖章后,由公司汇总,经核对后报省(市)主管部门,作为统征统迁征地、拆迁补偿费用确认结算的依据。

成渝客专建设用地范围勘测确定后,参建施工单位对现场进行详细调查,将调查情况报公司。

成渝客专建设用地批准后,公司督促施工单位和市(县、区)行政主管部门及时办理铁路建设用地划拨通知并依法进行公告;拆除用地界内的建(构)筑物并向施工单位移交划拨土地;划拨后的土地由施工单位负责管理和看护,禁止其他任何单位和个人在已征用土地范围内进行各类建设。

建设期间,对地方在铁路用地界线外30 m以内新建一般设施,或150 m以内新建噪声敏感设施,施工单位发现后要及时书面通知地方县级主管部门采取措施妥善处理,同时抄报公司。

按照施工图现场核对完善的规定,参建施工单位取(弃)土场、制梁场、制板场、铺轨基地等用地使用前必须进行现场核对完善,将现场核对情况报公司外协办汇总管理。用于施工生产、生活的设施及便道等临时工程用地,由各施工单位根据需要自行掌握使用,并按规定上报市(县、区)主管征地拆迁部门统一办理,严禁与其他行政单位及个人洽谈临时用地事宜。取弃土场用地尽量避免占用良田,禁止在有地质隐患的区域和主要行洪沟、槽弃渣(土),取弃土场用地范围内原则上不得进行建筑物、管线设施拆迁和道路等工程改移。使用完毕后,使用单位应按设计要求进行平整恢复,经地方环保、水保、征地拆迁行政主管部门共同验收后,办理移交手续。

改移工程用地纳入工程本身向相关管理单位办理移交,相关移交手续纳入地亩竣工文件。

地亩竣工文件,由参建施工单位依据铁道部土地管理办公室《铁路建设项目竣工建设用地验收交接办法》(铁运〔2008〕158 号)的规定,按市(县、区)为单位编制组卷,并负责向公司移交。

土地登记发证工作按照有关规定办理。由公司向国土部门申报,设计、施工单位应予以配合办理相关手续。

二、沿线重点拆迁工程概况

1. 建筑物

除一般居民房屋外,沿线区间重点拆迁有:庙山民兵武器装备仓库、庙山小学、二麟机械厂、双石镇洗衣厂、永川监狱、永川植物园安置房、重庆嘉茂食品公司、融汇国际温泉城·上筑等,站场范围重点拆迁有内江市东兴区养路段、内江市自立石材有限公司、重庆市大足县华飞钢模厂、重庆市永川区永胜洗煤厂、重庆市沙坪坝区树人中学、重庆市第八中学等厂矿、学校及大型建筑物。

本次设计区间线路共拆迁房屋 957 055 m^2,平均每正线公里 3 102.7 m^2。其中,拆迁城市住宅 630 630 m^2;农村住宅拆迁 201 323 m^2;拆迁厂矿企业 109 943 m^2;养殖场 15 159 m^2;拆迁围墙 16 634 m,地坝 119 423 m^2,拆迁坟墓 1 428 个,水井 2 315 口,沼气池 10 59 个。

站场范围拆迁房屋共计 262 489 m^2,其中路内生产房屋 75 575 m^2,路内生活房屋 23 617 m^2,民房 160 597 m^2。民房中有 81 511 m^2 为城市民房,其余为农村民房。拆迁围墙 2 503 m,晒坝 2 665 m^2,鱼塘 79 240 m^2,坟墓 670 座,蓄水池 200 m^3,沼气池 37 座,水井 131 口,路内给水栓 4 773 m。重点建筑物拆迁有内江市东兴区养路段 666 m^2,内江市自立石材有限公司 600 m^2,重庆市大足县华飞钢模厂 1 390 m^2,重庆市永川区永胜洗煤厂 630 m^2,重庆市沙坪坝区树人中学 5 045 m^2,重庆市第八中学 8 435 m^2。

沿线重点拆迁共计 152 处,其中重点企业拆迁 17 处,超高压电力拆迁 71 处,国防光缆拆迁 28 处,油气管线拆迁 21 处,给排水管拆迁 26 处,重点拆迁详见表 2-8-1。

表 2-8-1 重点拆迁情况一览表

序 号	企业名称	拆迁面积(m^2)
1	成都市民兵武器装备仓库	12 840
2	永川区佳兴物资有限公司	2 670
3	永川监狱	3 310
4	永川中石化加油站	1 000
5	永川重庆第二财贸学校	4 020
6	永川重庆经贸学校	6 300
7	永川铁厂(废弃)	7 740
8	永川渝永电力公司	9 210
9	永川飞达机械厂	1 510
10	永川植物园安置房	13 655
11	重庆顶好规划建设有限公司(仓库)	2 380
12	七星公司	3 730
13	永通管道有限公司	2 320
14	迪克森门厂	2 615
15	重庆嘉豪科技发展有限公司	4 520
16	重庆市模具中心	7 340
17	重庆市标准件工具厂	3 800

2. 油气管道

本线影响的油气管道较多,尤其以天然气管道为主,全线需迁改天然气管道 27 处,设涵或施工保护 29 处;需迁改石油管道 4 处,施工防护 3 处。

3. 给水排水管路

给排水管路和构筑物迁改共有 100 处,涉及 32 家产权单位,拆迁量有 46 km 管道和 7 处构筑物,1 处供水加压站。

简阳市引水工程 DN720 输水干管、内江市蒙溪河引水工程 DN900 输水干管道与线路均有 1 次交叉,应对这些管道采取施工防护措施。DK225+500 附近须拆迁双石镇供水站太平水厂(Q=400 m^3/d)。

三、拆迁的具体实施

1. 建筑物、构筑物及其他

依据《铁路运输安全保护条例》,结合渝利铁路实际情况,铁路线路两侧应当设立铁路线路安全保护区。铁路线路安全保护区的范围,从铁路线路路堤坡脚、路堑坡顶或者铁路桥梁外侧起向外的距离分别为:城市市区,不小于 8 m;城市郊区居民居住区,不小于 10 m;村镇居民居住区,不小于 12 m;其他地区,不小于 15 m。依照环保要求,对铁路沿线左右侧 150 m 范围内敏感点(学校、医院等)实行整体搬迁或采用有效保护措施;为了保证铁路的运营安全,对铁路线路两侧距路堤坡脚、路堑坡顶、铁路桥梁外侧 200 m 范围内,或者铁路车站及周围 200 m 范围内,及铁路隧道上方中心线两侧各 200 m 范围内,建造、设立生产、加工、储存和销售易燃、易爆或者放射性物品等危险物品的场所、仓库、生产车间、厂矿企业进行封闭或整体搬迁。在铁路线路两侧路堤坡脚、路堑坡顶、铁路桥梁外侧起各 1 000 m 范围内,及在铁路隧道上方中心线两侧各 1 000 m 范围内,禁止从事采矿、采石及爆破作业,对在该范围内从事采矿、采石及爆破作业的企业进行封闭或整体搬迁。

2. 油、气管道

本线多处与既有天然气管路、兰成渝输油管道相互交叉干扰,需对交叉地段的天然气管路进行迁改或防护。

3. 给水排水管路

(1)铁路两侧范围内的给排水管道及附属构筑物,不满足相关设计规范要求的属于给排水管道迁改范围。

(2)所有迁改后的给排水管道与铁路的距离需满足相关规范要求。

(3)给排水管道迁改应本着按原标准还建的原则进行,迁改工程的实施不改变既有产权归属及运行管理维护模式。

(4)对影响铁路运营的既有给排水管道及附属工程应尽可能一次迁改到位。

(5)厂房、企业等搬迁,为厂房、企业服务的给排水管道由搬迁单位负责迁改、还建,不纳入给排水管道迁改工程。

(6)与铁路交叉的给排水管道原则上采用改移的方式,改由就近铁路涵洞或桥墩之间穿越,或设套管迁建,不考虑原地设保护涵的方案。

(7)平行外移的给排水管道及附属构筑物应满足相关规范规定的要求。

4. 河、沟(渠)

一般沟渠的改移,是根据外业调查的水文、地质等资料及铁路主体工程的位置,综合确定其改移位置。改移断面一般应根据流量计算确定并不得小于原沟渠截面,注意两端与原沟顺接。对复杂的较大的改移沟渠,应根据水文资料,进行必要的水力计算,确定合理的改沟截面尺寸。

部分地段路基占压河、沟和水渠。为保证路基的稳定,保持沟渠水流畅通和过水能力,必须对有干扰的河、沟和水渠进行改移。

改河设计顺河势,使新河槽符合自然河流特征,不致使水流重归故道,同时与农田水利工程相配合。改移河道及沟渠的横断面尺寸按流量、原河(沟、渠)结构计算确定,并不小于原河(沟、渠)尺寸,均用 M7.5 浆砌片石砌筑。

5. 道路

铁路与道路交叉按全部立交设计。立交及道路改移的技术标准和技术要求，按《公路工程技术标准》(JTG B01—2003)及《公路路线设计规范》(JTG D20—2006)办理，以不低于原公(道)路标准为原则。改移乡村道路，参照铁路工程设计技术手册《线路》第六篇第二章有关条款办理。凡改移三级及其以上公(道)路、地形困难有桥梁、路基工点的四级公(道)路，均应实地定线，搜集各专业设计资料。其余的可在线路平面图上进行改移设计。所有改移公(道)路及立交道设计，应向产权部门调查标准，并签订改移及交叉形式等协议，并按国务院 430 号令《铁路运输安全保护条例》第三十条规定进行投资划分。

铁路上跨高速公路、一级道路的净高必须符合高速公路建筑限界的相应规定，其净空不得小于 5.5 m(以最不利位置净空为准)；跨越二级道路、城市道路、国道、省道的净空不得小于 5.0 m，其余道路的净空一般不小于 4.5 m，人行通道净空不得小于 2.5 m。下穿道路应在进口方向或桥梁等显著位置设置限高、限宽门架及相应提示、警示等标志，防止超高车辆通行下穿通道。

铁路下穿既有道路，设计分别以公路桥或隧道方式通过，并在设计、施工期间加强安全防护措施，保障整个施工与营运过程中车辆畅通及行车安全。

第四节 “三电”迁改

一、“三电”迁改原则

1. 影响铁路建设的电力线路的处理

(1)铁路两侧征地红线及车站征地红线范围内的电力线路及电力设施，不满足电气化铁路安全界限标准及有关规程、规范要求的电力线路的迁改属于电力迁改范围。

(2)临时设施如取弃土场、制梁场、级配碎石站、临时道路、临时生活设施等所引起的电力迁改不属于本范围内，由相关工程计列。道路改移延伸至铁路征地红线外部分所引起的电力迁改不属于本范围内。

(3)因房屋拆迁引起的电力线路迁改，当红线范围内房屋拆除后影响到红线范围外用户使用的供电线路纳入电力迁改工程，其余不纳入拆迁范围。房屋拆迁过程中的过渡不在本拆迁范围内。

(4)厂房、企业等搬迁，为厂房、企业供电的电力线路由搬迁单位负责迁改、还建，不纳入电力迁改工程。

(5)电力迁改应本着按原标准还建的原则进行，迁改工程的实施不改变既有产权归属及运行管理维护模式。

(6)35 kV 及以上架空电力线路与高速铁路交叉跨越。

①35 kV 及以上架空电力线路与高速铁路交叉跨越不满足跨越高度要求、跨越杆(塔)位于高速铁路用地界内时，原则上采用自立型杆塔升高、外移方式迁改；升高、外移后的电力线路跨越档导线支持方式应采用双挂点、双固定或耐张型方式，跨越档内的导线不允许有接头；迁改后的电力线路导线对轨顶高度采用标高控制方式；导线最大弧垂应按相关规程规范要求按导线温度为 70 ℃计算(不含 35 kV 线路)。

②制定 35 kV 及以上电力线路架空跨越高速铁路方案时，充分考虑高速铁路连续桥梁地段较多，迁改后与高速铁路交叉跨越的电力线路必须满足高速铁路架梁机作业的要求。

③如果杆塔形式或绝缘子形式不满足相关规范，原则上要加以改造，以满足规范要求。

④35 kV 及以上架空电力线路不宜在出站信号机内跨越。确因外部条件受限制，35 kV 可采用电缆过轨。

(7)10 kV 及以下电力线路与高速铁路交叉跨越。

①10 kV 及以下电力线路与高速铁路交叉跨越时采用电力电缆穿保护管(热镀锌直缝钢管)用地埋方式过轨。

②在电缆穿过高速铁路的地点(用地界外)应埋设电缆标志桩，电缆终端杆(塔)上金具应全部更换，电缆引下部分及钢管应在杆(塔)上固定牢固。

③城市道路边的电缆径路和敷设方式应符合规划部门要求。

2. 影响铁路建设的通信、广播及其他设施

(1)对于架空光(电)缆线路跨越铁路部分,必须改为直埋过轨或从就近的涵洞、桥下穿过铁路,并结合线路和站场土建工程引起的土建迁改,尽量配合一并解决。

(2)对于在铁路地界范围内路外通信线路、交接箱及移动基站等设施一律迁出铁路地界范围以外。

(3)跨铁路或隧道进出口上不符合电气化铁路要求的通信线路,应改为地埋并用钢管保护通过,或从附近的桥涵中通过,两头终端杆必须距铁路接触网 50 m 外。对于受影响的平行通信线路以远迁为主。

3. 信号电缆迁改

本线引入重庆枢纽,需对沙坪坝及重庆站相关信号设备进行改建,以及对梨莱线、黄莱线等的信号设备进行改建,改建时,应保证行车安全、保障运输基本需求的前提下进行。

二、沿线重大"三电"迁改工程

电力线路迁改工程数量汇总表见表 2-8-2。

表 2-8-2 电力线路迁改工程数量汇总表

序 号	电压等级	单 位	数量合计
1	500 kV 改双固定	处	2
2	220 kV 改双固定	处	4
3	110 kV 改双固定	处	8
4	35 kV 改双固定	处	4
5	500 kV 架空线路(双回)	处	1
6	500 kV 架空线路(单回)	处	4
7	220 kV 架空线路(双回)	处	6
8	220 kV 架空线路(单回)	处	12
9	110 kV 架空线路(四回)	处	1
10	110 kV 架空线路(双回)	处	5
11	110 kV 架空线路(单回)	处	17
12	35 kV 架空线路(双回)	处	3
13	35 kV 架空线路(单回)	处	33
14	10 kV 架空线路(平行接近)	km	4.55
15	10 kV 电缆线路(平行接近)	km	20.4
16	10 kV 电缆线路(过轨)	处	278
17	低压架空线路(平行接近)	km	8.35
18	低压电缆线路(过轨)	处	554
19	10/0.4 kV 变电台	座	47

电力线路迁改工程一览表见表 2-8-3。

表 2-8-3 电力线路迁改工程一览表

序 号	里 程	类 型	数量(处)	迁改方案
1	DK0+853	35 kV	1	迁移
2	DK6+090		1	迁移
3	DK32+555		1	迁移
4	DK33+813.3		1	迁移
5	DK34+303		1	迁移
6	DK34+618		1	迁移
7	DK53+658		1	迁移
8	DK69+522		1	迁移

续上表

序 号	里 程	类 型	数量(处)	迁改方案
9	DK70+821	35 kV	1	迁移
10	DK82+918		1	迁移
11	DK86+377		1	迁移
12	DK121+909		1	迁移
13	DK149+742		1	迁移
14	DK150+706		1	迁移
15	DK152+590		1	迁移
16	DK154+000		1	迁移
17	DK162+675		1	迁移
18	DK226+842		1	迁移
19	DK234+945		1	迁移
20	DK235+368		1	迁移
21	DK235+810		1	迁移
22	DK238+662		1	迁移
23	DK239+314		1	迁移
24	DK239+490		1	迁移
25	DK239+639		1	迁移
26	DK243+467		1	迁移
27	DK274+512		1	迁移
28	DK4+752	110 kV	1	迁移
29	DK9+316		1	迁移
30	DK49+888		1	迁移
31	DK49+956		1	迁移
32	DK50+304		1	迁移
33	DK67+251		1	迁移
34	DK77+714		1	迁移
35	DK79+513		1	迁移
36	DK83+676		1	迁移
37	DK88+243		1	迁移
38	DK150+178		1	迁移
39	DK150+399		1	迁移
40	DK153+980		1	迁移
41	DK159+339		1	迁移
42	DK202+561		1	迁移
43	DK218+067		1	迁移
44	DK218+236		1	迁移
45	DK237+382		1	迁移
46	DK272+392		1	迁移
47	DK272+431		1	迁移
48	DK272+975		1	迁移
49	DK273+289		1	迁移

续上表

序　号	里　　程	类　　型	数量(处)	迁改方案
50	DK1+012	220 kV	1	迁移
51	DK4+718		1	迁移
52	DK8+494		1	迁移
53	DK12+276		1	迁移
54	DK19+293		1	迁移
55	DK49+636		1	迁移
56	DK54+217		1	迁移
57	DK65+769		1	迁移
58	DK149+074		1	迁移
59	DK157+361		1	迁移
60	DK222+502		1	迁移
61	DK226+430		1	迁移
62	DK226+430		1	迁移
63	DK228+885		1	迁移
64	DK234+270		1	迁移
65	DK236+377		1	迁移
66	DK253+055		1	迁移
67	DK262+988		1	迁移
68	DK272+254		1	迁移
69	DK273+700		1	迁移
70	DK282+530		1	迁移
71	DK20+930	500 kV	4	迁移

第五节　土地证领取

成渝客专建设用地总批复面积为 844.508 6 hm^2，四川、重庆已领证面积与原批复面积差额 24.937 6 hm^2，安置用地 10.007 hm^2，需扣除国有河流、公路、坐标转换、既有铁路用地等无法办理土地证面积共 14.085 2 hm^2。目前，可办证建设用地总面积为 795.478 8 hm^2。

截至 2019 年底已办理完成国有土地使用证的用地面积为 464.01 hm^2，占已批复用地可办证面积(795.478 8 hm^2)的 58.33%。剩余国有土地使用权证将在 2020 年底前取得。

第九章　环境保护

2010 年 7 月 19 日，国家水利部以《关于新建铁路成都至重庆客运专线水土保持方案的复函》（水保函〔2010〕188 号）对水保方案进行了批复。2010 年 7 月 21 日，环境保护部以《关于新建铁路成都至重庆客运专线环境影响报告书的批复》（环审〔2010〕217 号）对成渝客专的环境影响报告书进行了批复。2015 年 12 月 24 日，环境保护部以《关于将新建铁路成都至重庆客运专线项目变更情况纳入竣工环境保护验收管理的复函》（环办函〔2015〕2187 号）对变更环境影响专题报告进行了批复。

公司根据项目环水保批复，积极组织落实了报告书及批复意见的各项要求。批复的水土保持方案报告报水利部水土保持司进行了备案。

第一节　环评水保批复(含补充环评)

（1）环境保护部《关于新建铁路成都至重庆客运专线环境影响报告书的批复》（环审〔2010〕217 号）。

（2）国家发展改革委《关于新建成都至重庆铁路客运专线项目建议书的批复》（发改基础〔2009〕2668 号。

（3）《新建铁路成都至重庆客运专线环境影响报告书》。

（4）国家水利部《关于新建铁路成都至重庆客运专线水土保持方案的复函》（水保函〔2010〕188 号）。

（5）四川省环境保护局《关于新建铁路成都至重庆客运专线（四川省境内）环境影响评价执行标准的确认函》（川环建函〔2009〕324 号）。

（6）重庆市环境保护局《关于确认新建铁路成都至重庆客运专线（重庆市境内）环境影响评价执行标准的复函》（渝环函〔2009〕289 号）。

（7）四川省建设厅《关于新建铁路成都至重庆专线项目建设对龙泉花果山风景名胜区影响专题研究报告的批复》（川建景园发〔2009〕389 号）。

（8）成都市林业和园林管理局《关于新建铁路成都至重庆客运专线穿越成都市三圣森林公园意见的回复》（成林业园林发〔2009〕401 号）。

（9）成都市旅游局《关于新建铁路成都至重庆客运专线穿越成都市三圣花乡 4A 级旅游区意见的回复》（成旅函〔2009〕126 号）。

（10）重庆市园林事业管理局《关于成都至重庆客运专线穿越歌乐山风景名胜区的复函》（渝园林函〔2009〕156 号）。

（11）重庆市林业局《关于新建铁路成都至重庆客运专线穿越歌乐山国家森林公园的函》（渝林行管〔2009〕51 号）。

（12）内江市人民政府《关于新建铁路成都至重庆客运专线经过资中县、东兴区水源保护区有关意见的复函》（内府函〔2009〕103 号）。

（13）荣昌县人民政府《关于新建铁路成都至重庆客运专线经过高升桥水库二级水源保护区意见的函》（荣昌府函〔2009〕34 号）。

第二节　环保水保实施

一、环境保护实施

1. 环保管理体系

构建由公司统一组织管理、监理单位日常监督、设计单位技术支持、施工单位具体落实的环保管理控制体系。建立与地方各级环保、河道、风景名胜区等主管部门沟通机制，主动接受监督检查。

2. 环保总体要求

针对施工期间粉尘、废水、废气、固体废弃物、噪声和对空气、土壤、水源、植被、河流、山体、水利设施等的影响或破坏，制定保护或修复的措施；坚持环保设施与主体工程“同时设计、同时施工、同时投产使用”。

3. 环保工作流程

环境保护工作流程如图 2-9-1 所示。

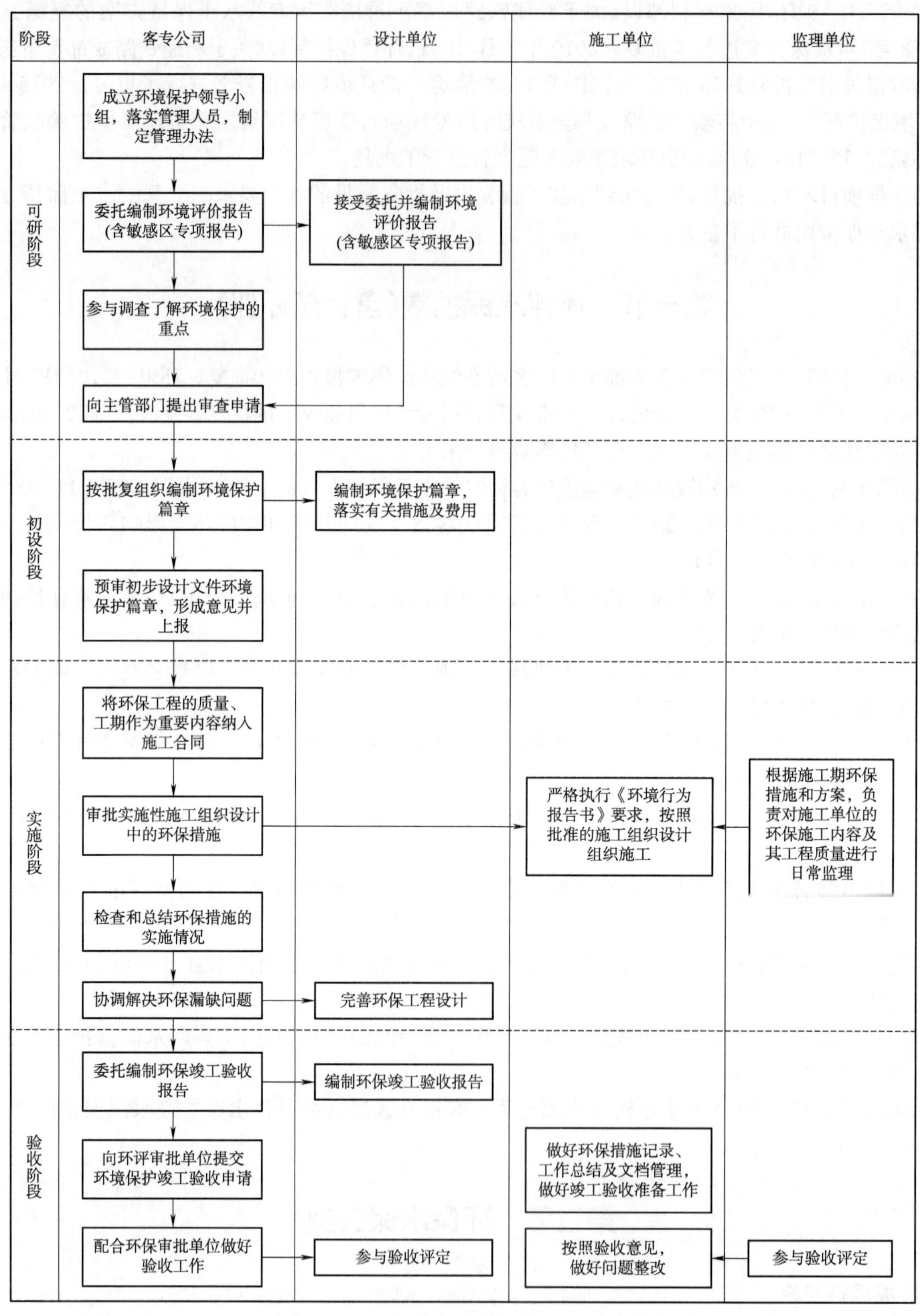

图 2-9-1　环境保护工作流程图

4. 环保管理措施

(1)建立完善环保管理制度,明确参建方责任,分级管理,层层落实。

(2)建立与地方各级环保、河道、风景名胜区等主管部门沟通机制,主动接受监督检查。

(3)合理设置取弃土场,并适当集中。

(4)对于线路两侧的学校、居民住宅和办公区等噪声敏感区,应采取声屏障、隔音窗等不同的防噪措施,有效控制和减少噪声污染。

(5)桥梁施工应采取先进的施工方法和工艺,基础施工过程中的泥浆、余土及废弃物等,严禁直接排入河流或废弃于河床中,应在工程施工完后清理,集中置于弃土场。

(6)选用低噪声施工机械设备,合理安排施工时间。在噪声敏感集中区,禁止夜间施工,防止噪声扰民,同时还应采取洒水、覆盖等措施,防止扬尘对环境的影响。

(7)遵守国家有关环境保护、控制环境污染的规定,采取必要的措施,防止施工中燃油、沥青、污水、废料和垃圾等有害物质对河流、湖泊、池塘和水库的污染。

(8)临时生产和生活设施、施工便道等,依据环保要求做好环保工作。

(9) 在自然保护区、风景名胜区施工,严格遵守国家有关规定,做好边界线、标示牌的设置,限制人员和机械的活动范围。严禁偷猎野生动物和践踏保护植物。

5. 环境保护相关要求落实情况

(1)公司按批复要求将环境影响报告书分送了地方行政主管部门,并按规定接收各级环境保护行政主管部门的监督检查。

(2)建设管理过程中,落实了环境管理部门、人员和管理制度,进一步明确了有关方面环境保护施工的责任,落实了环境保护设计,将环境保护措施纳入施工承包合同中。各土建监理标段按公司委托对各监理标段对环境保护进行了监理,同时公司招标委托了具有甲级环境保护监理资质的铁二院,对成渝客专的环境保护进行了专项监理工作;委托了南江地质工程勘察设计院开展新中梁山隧道的环境监控工作。

(3)建设过程中,进一步优化了工程设计,严格控制了施工辅助设施的占地面积,减少了工程占用耕地和林地的数量。

组织召开成渝客专环境监理、水保监测技术交底,定期现场实地检查,加强了环保、水保工作宣传教育,提高施工单位的环保意识,落实环保水保措施。认真做好了水土保持和生态保护工作,严格按划定的施工作业范围加强临时占地生态恢复和复耕;加强了穿越饮用水源保护区和地表河流线路的保护工作,严禁污水进入保护区;隧道施工过程中切实做好了水文地质勘查和环境保护工作,进一步优化设计,减小了施工对地下水的影响范围;施工中妥善安排作业时间,合理布置施工场地,大临施工场地(梁场、混凝土拌和站、钢筋棚、施工营地)打围,专人清扫、洒水抑尘,沙石等建材分类入库存放,设置有垃圾箱、保持场内整洁,生产废水(混凝土搅拌废水)设置沉淀池沉淀处理,生活污水设置化粪池旱厕处理,同时减少施工期噪声影响;严格控制落实噪声和振动防止措施。

施工期间未发生重大环境污染和水土保持事故纠纷,各施工单位也未收到沿线环境保护、水土保持主管部门的处罚通知。

二、水土保持实施

1. 水保管理体系

构建由公司统一组织管理、监理单位日常监督、设计单位技术支持、施工单位具体落实的水保管理控制体系。建立与地方各级水保主管部门沟通机制,主动接受监督检查。

2. 水保总体要求

针对施工期间占用土地、植被破坏和房屋拆迁、水土流失等的影响,制定相应的保护措施;坚持水保设施与主体工程"同时设计、同时施工、同时投产使用"。

3. 水保工作流程

水土保持工作流程如图 2-9-2 所示。

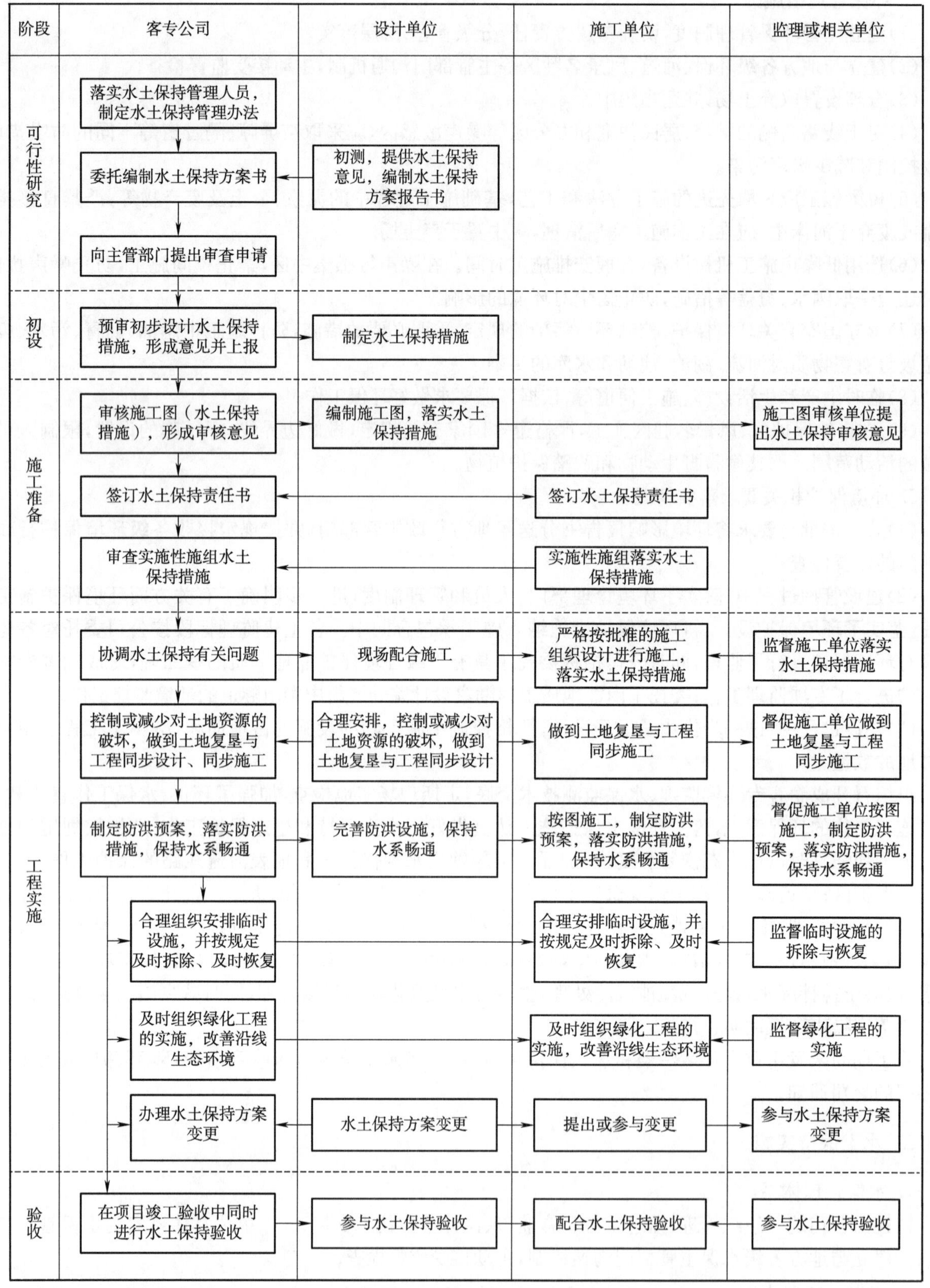

图 2-9-2　水土保持工作流程图

4. 水保管理措施

(1)建立完善的水保管理制度，明确各参建方责任，分级管理，层层落实。

(2)建立与地方各级水保主管部门沟通机制，主动接受监督检查。

(3)对表层土(种植土)进行集中堆放，工程完成后，合理利用。

(4)合理设置取弃土场，并适当集中。

(5)合理调配与利用路基、桥涵、隧道等工程的土石方，尽量移挖作填，施工结束后及时进行场地清理和整治。

(6)按水土保持要求设置相应的支挡工程和排水系统，防止径流冲刷造成水土流失；不得将弃渣倒入河道、湖库。

(7)采取措施防止和减少地表水和地下水漏失，同时开展施工期监控。

(8)桥梁施工应采取先进的施工方法和工艺，基础施工过程中的泥浆、余土及废弃物等，严禁直接排入河流或废弃于河床中，应在工程施工完后清理，集中置于弃土场。

(9)全线临时占地复耕，种植乔木、灌木、撒草籽等；永久用地路基边坡等植树绿化，种植乔木、灌木、撒草籽等，以补偿由于植被减少对沿线生态系统带来的不利影响。

5. 水土保持相关要求落实情况

(1)公司按批复要求将批复的水土保持方案报告报水利部水土保持司进行了备案。

(2)施工图设计阶段对土石方的调配进行了优化，完善了路基路堑排水系统，做到了与原有排水系统的顺接。施工期间桥梁桩基施工均设置了泥浆沉淀池，杜绝了污水随意排放。

(3)施工图设计及施工期间对弃渣场场址进行了优化，做到了弃渣场场址位置合理。施工期间严格按照"先挡后弃"原则组织实施，并及时平整、绿化。施工完成后及时组织了复耕或恢复植被，并向地方移交。

(4)委托了具有甲级水土保持监测资质的长江水利委员会进行水土保持监测工作。每年按规定向水利部长江水利委员会及省(直辖市)级水利行政主管部门报告上一年度水土保持实施情况，并接受水利行政主管部门的监督检查。

(5)落实了土建监理对水土保持设施进行监理，确保了工程建设质量。

(6)水土保持变更设计报省水利行政主管部门备案，批复的水土保持方案已按要求进行了上报备案。

第三节　环保水保验收

环保水保静态验收的主要内容是核查环水保工程内容与方案设计变更情况；环境敏感目标基本情况及变更情况；环境影响评价、水土保持制度及其他环境保护规章制度执行情况；环境保护设计文件、环境影响评价文件及环境影响评价审批文件提出的环保措施落实情况；水土保持设计文件、水土保持批复文件及批复文件中提出的环保措施落实情况；公众反映强烈的环境问题。

验收程序分集中开会布置、工作梳理、现场自查和总结，形成书面自查报告，问题整改，组织现场复查，针对环水保自查存在的问题逐个验收，形成静(动)态验收验收报告等几个阶段进行。

现场检查验收采用内业检查、现场检查和重点抽查相结合的方式进行。

一、静态验收

(一)K0＋685.588～K296＋084.88 段及成都枢纽相关工程

1. 验收范围

本次静态验收范围为：(1)成渝客专正线部分：下行 K0＋685.588～K296＋084.88、上行 K0＋640.334～K296＋075.742(DK0＋000～DK293＋500)全长 293.5 km。(2)成渝客专成都枢纽相关工程 9.514 km，包括成都南左联络线长 4.32 km、成都南右联络线长 3.85 km、成渝反发联络线长度 1.344 km。

本段验收范围内正线路基 101.14 km，桥梁总长 152.831 km，隧道总长 39.529 km，新建车站 9 座，既有车站 1 座。工程占地 2 187.2 hm^2，其中永久占地 1 089.6 hm^2、临时占地 1 097.6 hm^2。土石方总量 6 257.54 万 m^3，其中填方 836.25 万 m^3、挖方 5 421.29 万 m^3。设弃土(渣)场 182 处，弃土(渣)量 5 273.48 万 m^3，占地 810.92 hm^2；制(存)梁场 10 处，占地 108.6 hm^2；轨道板/轨枕厂 3 处，占地 19.65 hm^2；拌和站 40 处，占地 77.89 hm^2；施工营地 50 处，占地 52.65 hm^2；铺轨基地 1 处，占地 16.73 hm^2；新建施工便道 136.2 km、改建施工便道 76.7 km。

2. 验收组织

根据铁道部《关于发布〈高速铁路竣工验收办法〉的通知》(铁建设〔2012〕107 号)和中国铁路总公司工程管理中心《关于开始新建铁路成都至重庆客运专线 DK0+000~DK293+500 段工程静态验收的通知》(工管工技函〔2015〕64 号)、成都铁路局《成都铁路局关于开展新建成都至重庆铁路客运专线工程静态验收工作的通知》(成铁建设电〔2015〕195 号)等相关文件要求,成都铁路局成立环水保专业验收组,负责成渝客专正线下行 K0+685.588~K296+084.88、上行 K0+640.334~K296+075.742 段和成都枢纽相关工程环水保工程静态验收工作。

3. 验收进度

2015 年 6 月 17 日至 6 月 18 日,成都铁路局完成成渝客专成都局管段环水保现场调查验收检查工作,提出了问题和整改建议,各施工单位及时对现场检查发现的问题进行整改,并最终形成静态验收报告。

4. 验收结论

根据铁道部《关于发布〈高速铁路竣工验收办法〉的通知》(铁建设〔2012〕107 号)、《高速铁路环境保护、水土保持设施竣工验收工作实施细则》(铁计〔2012〕264 号)要求,环水保静态验收组对成渝客专正线部分下行 K0+685.588~K296+084.88、上行 K0+640.334~K296+075.742 段和成都枢纽相关工程进行了验收,认为环境影响报告书及环评批复意见和设计文件中的环保措施,大部分已经得到落实;水土保持方案及批复意见和设计文件中涉及的水保措施基本落实,防护效果比较明显。环水保工程静态验收合格,具备联调联试条件,可按程序开展下一步工作。

(二)半边山线路所(不含)至歌乐山站(不含)段及重庆枢纽相关工程

1. 验收范围

新建铁路成都至重庆客运专线开通至歌乐山站重庆枢纽从正线中梁山隧道左、右线引出,通过成渝高速井西联络线上井西线,经井西线到歌乐山站。线路全长为:井西上行线 5.923 km,成渝高速井西联络线下行 1.353 km,合计 7.276 km;井西下行线 5.109 km,成渝高速井西联络线上行 2.373 km,合计 7.482 km。

本段验收范围内未涉及车站、铺轨基地。正线路基总长 0.681 km,桥梁 3 座总长 0.722 km,隧道 5 座计 5.873 km。

2. 验收组织

根据铁道部《关于发布〈高速铁路竣工验收办法〉的通知》(铁建设〔2012〕107 号)和成都铁路局《关于开展成渝客专引入重庆枢纽半边山线路所至重庆北段、渝利铁路重庆北站渝万场相关工程静态验收的通知》(成铁建设电〔2015〕593 号)等相关文件要求,成都铁路局成立环水保专业验收组,负责成渝客专半边山线路所(不含)至歌乐山站(不含)段及重庆枢纽相关工程环水保工程静态验收工作。

3. 验收进度

2015 年 10 月 15 日,成都铁路局完成成渝客专半边山线路所(不含)至歌乐山站(不含)段及重庆枢纽段环水保现场调查验收检查工作,提出了问题和整改建议,各施工单位及时对现场检查发现的问题进行整改,并最终形成静态验收报告。

4. 验收结论

根据铁道部《关于发布〈高速铁路竣工验收办法〉的通知》(铁建设〔2012〕107 号)、《高速铁路环境保护、水土保持设施竣工验收工作实施细则》(铁计〔2012〕264 号)要求,成渝客专半边山线路所(不含)至歌乐山站(不含)段及重庆枢纽相关工程已落实了设计文件、环境影响报告书、水土保持方案及批复意见中确定的环境保护和水土保持措施,满足环水保静态验收有关规定,具备联调联试条件。

二、动态验收

(一)成都东至半边山线路所段

1. 验收范围

(1)成渝客专正线部分:成都东至半边山线路所 DK0+000~DK293+500 段,全长 293.5 km。

(2)成渝客专成都枢纽相关工程 9.514 km,包括成都南左联络线长 4.32 km;成都南右联络线长 3.85 km;成渝反发联络线长度 1.344 km。

本段验收范围内涉及 10 座车站，其中新建车站 9 座，分别是简阳南站、资阳北站、资中北站、内江北站、隆昌北站、荣昌北站、大足南站、永川东站、璧山站，既有车站 1 座为成都东站。正线路基总长 101.14 km，占 34.4%，桥梁总长 152.831 km，占 52.1%；隧道总长 39.529 km，占 13.5%，桥隧比 65.6%。全线在荣昌北(DK211+100)设置 1 处铺轨基地。工程占地 2 187.23 hm^2，其中永久占地 1 089.62 hm^2，临时占地 1 097.61 hm^2。工程土石方总量 6 257.54 万 m^3，其中填方 836.25 万 m^3，挖方 5 421.29 万 m^3。

2. 验收组织

根据铁道部《关于发布〈高速铁路竣工验收办法〉的通知》(铁建设〔2012〕107 号)和中国铁路总公司工程管理中心相关要求，成都铁路局成立环水保专业验收组，负责成渝客专成都东至半边山线路所段相关工程环水保工程动态验收工作。

3. 验收进度

2015 年 11 月 17 日至 11 月 18 日，成都铁路局完成成渝客专成都局管段环水保现场调查验收检查工作，提出了问题和整改建议，各施工单位及时对现场检查发现的问题进行整改，并最终形成动态验收报告。

4. 验收结论

根据原铁道部《关于发布〈高速铁路竣工验收办法〉的通知》(铁建设〔2012〕107 号)、《高速铁路环境保护、水土保持设施竣工验收工作实施细则》(铁计〔2012〕264 号)要求，新建成都至重庆铁路成都东至半边山线路所段落实了设计文件、环境影响报告书、水土保持方案及其批复意见中确定的环境保护和水土保持措施，满足环水保动态验收有关规定，动态验收合格，具备初步验收条件。

(二)半边山线路所(不含)至歌乐山站(不含)段及重庆枢纽相关工程

1. 验收范围

新建铁路成都至重庆客运专线开通至歌乐山站重庆枢纽从正线中梁山隧道左、右线引出，通过成渝高速井西联络线上井西线，经井西线到歌乐山站。线路全长为：井西上行线 5.923 km，成渝高速井西联络线下行 1.353 km，合计 7.276 km；井西下行线 5.109 km，成渝高速井西联络线上行 2.373 km，合计 7.482 km。

本段验收范围内未涉及车站、铺轨基地。正线路基总长 0.681 km，桥梁 3 座总长 0.722 km，隧道 5 座计 5.873 km。

2. 验收组织

根据铁道部《关于发布〈高速铁路竣工验收办法〉的通知》(铁建设〔2012〕107 号)和成都铁路局等相关文件要求，成都铁路局成立环水保专业验收组，负责成渝客专半边山线路所(不含)至歌乐山站(不含)段及重庆枢纽相关工程环水保工程动态验收工作。

3. 验收进度

2015 年 11 月 20 日，成都铁路局完成成渝客专半边山线路所(不含)至歌乐山站(不含)段及重庆枢纽段环水保现场调查验收检查工作，提出了问题和整改建议，各施工单位及时对现场检查发现的问题进行整改，并最终形成动态验收报告。

4. 验收结论

根据原铁道部《关于发布〈高速铁路竣工验收办法〉的通知》(铁建设〔2012〕107 号)、《高速铁路环境保护、水土保持设施竣工验收工作实施细则》(铁计〔2012〕264 号)要求，新建成都至重庆铁路半边山线路所(不含)至歌乐山站(不含)段落实了设计文件、环境影响报告书、水土保持方案及其批复意见中确定的环境保护和水土保持措施，满足环水保动态验收有关规定，动态验收合格，具备初步验收条件。

第十章 工 程 监 理

第一节 监 理 制 度

监理工作制度的建立是规范监理工作行为的前提和保障。成渝公司和各监理单位制定了一系列完整的监理工作制度,并随着工程不断进展的需要,根据实际情况对监理制度进行不断补充完善。同时,在制度建设和执行方面下功夫,做到了监理人员职责明确、任务明确、有章可循。通过各项监理工作制度的建立及有效实施,做到了监理工作程序化、监理方法科学化、监理手段规范化。

一、监理管理机构及职责

成渝公司安全质量部负责对监理管理的日常工作,对全线监理单位及其工作实行统一管理和监督检查。工程部、计财部、综合部对项目监理机构负责进行业务指导。

安质部主要监理管理职责:审查总监和监理人员的资格,审查现场《监理规划》《监理实施细则》,监督检查监理单位合同的履行情况和现场监理工作,负责对监理单位的考评。

监理单位在管段现场设置监理项目部,实行总监理工程师(简称总监)负责制,对管段内监理工作负总责。在工程建设现场设置若干个监理分站(组),实施现场分段监理。

二、监理工作制度

成渝监理项目部明确了各职能部门及各监理分站(组)的分工及职责,监理分站结合各自管段的实际,明确了外方监理与中方监理、本级职能部门及监理组及监理人员各自的分工及职责。公司负责人与总监、总监与监理人员均签订了安全质量责任书。

结合现场的实际情况,项目部建立健全了安全、质量、工期、投资控制、环保管理体系和技术创新体系。为确保管理体系有效运行,制定了监理工作制度以及监理工作要求、行为标准、行为管理等。在监理工作开展过程中,监理项目部积极推行监理工作标准化管理。有关监理方面制定的制度包括:

(1)岗前培训持证上岗制度。

(2)施工图核对制度。

(3)施工组织设计审批制度。

(4)分包单位审查制度。

(5)工程开工审批制度。

(6)工程材料、半成品质量检测制度。

(7)施工测量复核制度。

(8)隐蔽工程检查制度。

(9)工序检查签认制度。

(10)旁站监理制度。

(11)工程质量验收制度。

(12)工地会议制度。

(13)监理日志、监理日记填写制度。

(14)施工单位技术(作业)交底书复审制度。

(15)变更设计审核制度。

(16)文档管理制度。

(17)监理工作台账制度。

(18)监理工作报告制度。
(19)总监理工程师负责制度。
(20)监理人廉政制度。
(21)监理工作考评制度。
(22)监理试验室管理制度。
(23)工程安全质量事故报告和调查处理制度。
(24)安全生产管理制度。
(25)施工进度和投资控制制度。
(26)计划统计和报告制度。
(27)验工计价和合同管理制度。
(28)环保水保监控制度。
(29)信息化管理制度。
(30)工程竣工验收制度。
(31)工程监理质量终身负责制度。
(32)监理人员违纪、违规、失职警示制度。
(33)施工设备材料进场报检制度。
(34)质量安全专项检查制度。

三、监理工作依据

(1)国家发展和改革委员会《关于新建成都至重庆铁路客运专线项目建议书的批复》(发改基础〔2009〕2668 号)。

(2)国家发展和改革委员会《关于新建成都至重庆铁路客运专线工程可行性研究报告的批复》(发改基础〔2010〕482 号)。

(3)铁道部鉴定中心《关于新建成都至重庆铁路客运专线初步设计的批复》(铁鉴函〔2010〕652 号)。

(4)铁道部鉴定中心《关于新建成都至重庆铁路客运专线修改初步设计的批复》(铁鉴函〔2011〕682 号)。

(5)国土部《关于成都至重庆客运专线工程建设用地的批复》(国土资函〔2011〕805 号)。

(6)《关于发布《高速铁路竣工验收办法》的通知》(铁建设〔2012〕107 号)。

(7)《高速铁路工程静态验收技术规范》(TB 10760—2013)。

(8)《高速铁路轨道工程施工质量验收标准》(TB 10754—2010)。

(9)《高速铁路路基工程施工质量验收标准》(TB 10751—2010)。

(10)《高速铁路桥涵工程施工质量验收标准》(TB 10752—2010)。

(11)《高速铁路隧道工程施工质量验收标准》(TB 10753—2010)。

(12)《高速铁路通信工程施工质量验收标准》(TB 10755—2010)。

(13)《高速铁路信号工程施工质量验收标准》(TB 10756—2010)。

(14)《高速铁路电力工程施工质量验收标准》(TB 10757—2010)。

(15)《高速铁路电力牵引供电工程施工质量验收标准》(TB 10758—2010)。

(16)《铁路给水排水工程施工质量验收标准》(TB 10422—2011)。

(17)《客运专线铁路双块式无砟轨道双块式混凝土轨枕暂行技术条件》(铁科基〔2008〕74 号)。

(18)《铁路混凝土工程施工质量验收标准》(TB 10424—2010)。

(19)《高速铁路工程测量规范》(TB 10601—2009)。

(20)《铁路工程卫星定位测量规范》(TB 10054—2010)。

(21)《国家一、二等水准测量规范》(GB 12897—2006)。

(22)《铁路碎石道砟》(TB/T 2140—2008)。

(23)《铁路工程土工试验规程》(TB 10102—2010)。

(24)《铁路工程地基处理技术规程》(TB 10106—2010)。

(25)《高速铁路工务管理指导意见》(铁运〔2010〕164号)。

(26)《铁路旅客车站建筑设计规范》(GB 50226—2007)(2011版)。

(27)《建筑设计防火规范》(GB 50016—2006)。

(28)《公共建筑节能设计标准》(GB 50189—2005)。

(29)《屋面工程质量验收规范》(GB 50207—2012)。

(30)《民用建筑工程室内环境污染控制规范》(GB 50325—2010)。

(31)《建筑内部装修设计防火规范》(GB 50222—95)(2001年修订版)。

(32)《民用建筑外保温系统及外墙装饰防火暂行规定》(公通字〔2009〕46号)。

(33)《屋面工程技术规范》(GB 50207—2004)。

(34)《民用建筑隔声设计规范》(GB 50118—2010)。

(35)《建设工程施工质量验收统一标准》(GB 50300—2013)。

(36)《房屋建筑工程施工旁站监理管理办法(试行)》的通知(建市〔2002〕189号)。

(37)《铁路建设工程监理规范》(TB 10402—2007)。

(38)水利部《关于新建铁路成都至重庆客运专线水土保持方案的复函》(水保函〔2010〕188号)。

(39)环境保护部《关于新建铁路成都至重庆客运专线环境影响报告书的批复》(环审〔2010〕217号)。

(40)铁道部关于印发《高速铁路环境保护、水土保持设施竣工验收工作实施细则》的通知(铁计〔2012〕264号)。

(41)工程监理委托合同。

(42)工程监理招投标文件。

(43)审核合格的施工图(包括经批准的变更设计文件)。

(44) 成渝公司下发的有关本项目的各类文件、通知和会议纪要,制定的有关管理办法和规定。

(45)经批准的关于新建成都至重庆铁路客运专线项目工程设计文件(含变更设计)、设计和技术标准。

(46)成渝公司与施工单位依法签订的《施工承发包合同》。

(47)经批准的年度、季度施工计划。

(48)国家和建设行政主管部门有关安全生产的法律、法规,安全生产规章制度和建设工程强制性标准。

(49)有关本项目监理工作的其他合法依据。

四、监理工作内容

监理工作的主要内容包括:质量控制、进度控制、投资控制、合同管理、信息管理、各方关系协调,确保文明、安全施工,环保、水保达标并符合国家、地方的有关规定及要求。

监理工作的目标如下:

(1)质量控制目标:全线工程质量符合国家、铁道部有关标准、规范和设计文件要求,整体质量达到世界一流标准,并经得起运营的检验和历史的考验。

(2)投资控制目标:确保工程总投资目标得到有效控制,总投资控制在国家和铁道部批准概算的范围内。

(3)进度控制目标:按合同工期及进度总目标的要求进行控制,确保本工程业主阶段工期和总工期的实现。

(4)安全文明施工和环保水保目标:保证所有人员的安全和健康,保证工程的安全和高效,杜绝重大死亡事故的发生,遵守当地政府有关文明施工的管理规定,争创文明工地;督促施工单位实现:无因施工原因引起的安全等级事故,无因工死亡和重伤事故,无机械设备大事故,无火灾事故,无重要器材设备危爆品被盗和爆炸事故,无责任交通特大、重大、大事故。

第二节　现场监理工作的实施

一、监理组织机构与人员配置

(一)CDSNJL-1标监理组织机构设置及人员、设备配置

1. 监理组织机构

根据本监理标段的工程情况和现场交通、通信条件,设立"成都大西南铁路监理有限公司成都枢纽监理

项目部”，项目部下设综合组、试验室和站前、站后 2 个现场监理组，项目部驻地新都（后期成华区）。

2. 监理人员配置

在人员配备上按照投标承诺和监理合同配齐配强，做到专业配置齐全，年龄搭配适当、业务素质过硬，监理人员任职资格满足投标承诺，施工高峰时监理在岗人数达 40 人（不包括后勤人员），远远超过投标承诺。

（二）CYJL-1 标监理组织机构设置及人员、设备配置

1. 监理组织机构

CYJL-I 标监理联合体由中铁武汉大桥工程咨询监理有限公司与合乐中国有限公司组成，牵头方为中铁武汉大桥工程咨询监理有限公司。按照监理投标承诺和业主的要求建立三级监理组织体系（监理项目部、监理分站、监理组）。一级机构为监理项目部，下设质量控制部、安全控制部、投资控制部、进度控制部、环水保控制部、综合管理部、中心试验室 7 个职能部门和外方办公室；二级机构为监理项目部领导下的行使现场监理工作的驻地监理分站；三级机构为监理分站领导下的驻地监理组。监理组织机构框图如图 2-10-1 所示。

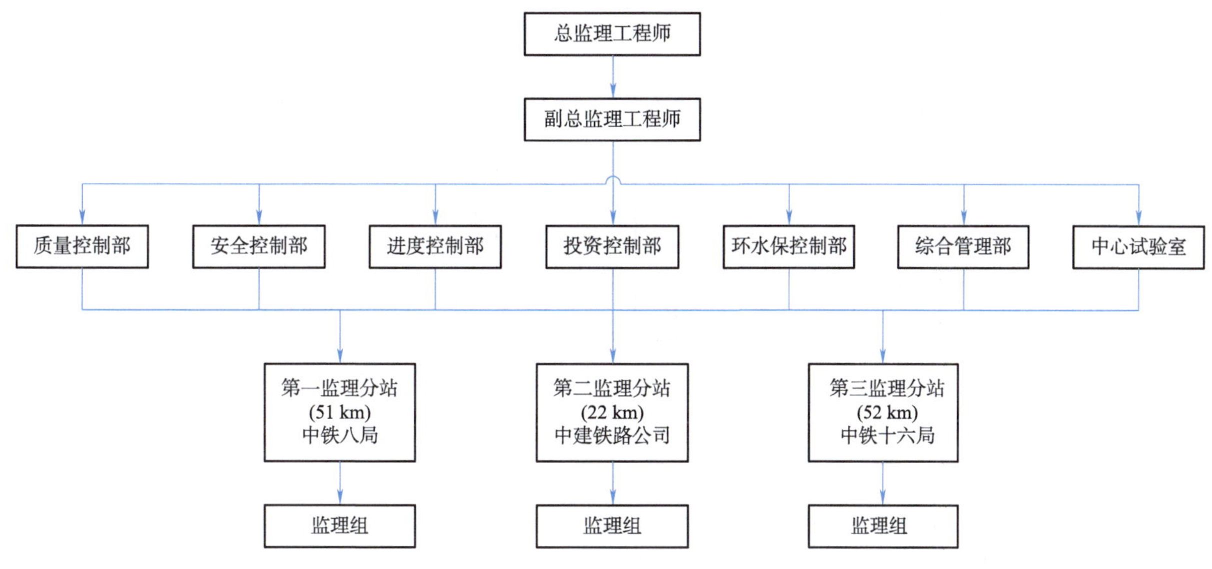

图 2-10-1　监理组织机构框图

2. 监理人员配置

从 2010 年 10 月开始组建监理项目部，主要监理人员有中方总监 1 人、外方总监 1 人、中方常务副总监 1 人、中方副总监 2 人、安全负责人 1 人、监理分站长 3 人、试验室主任 1 人，根据监理合同和专业需要还配备了隧道、桥涵、路基，测量、试验、四电、房建等专业监理工程师及各专业监理员，所有监理人员的数量和监理资质满足合同要求，并根据工作和生活需要还配备了专业司机、文员。高峰期在场监理人员达 130 人。

（三）CYJL-2 标监理组织机构设置及人员配置

1. 监理组织机构

签订建设监理委托合同后，按照标准化监理项目部要求，迅速成立了工程项目监理组织，即四川铁科成渝铁路客运专线工程监理 2 标项目部，委派项目总监理工程师，先后确定副总监。监理项目部设综合办公室、中心实验室、安质环保部、计划投资部、测量部；监理项目部根据各施工标段划分和工程分部情况，按照“靠近现场，就近监理”的原则，规范有序、有利现场要求，下设监理一、二两个站前监理分站（6 个监理组、1 个工地试验室）和四电监理分站、房建监理分站；均选配具有高铁工程建设经验的专业监理工程师负责现场监理工作。按照监理合同及现行《建设工程监理规范》（GB/T 50319）分解监理目标，明确总监理工程师及专业监理工程师职责，使监理工作制度化、规范化、标准化。

成渝客运专线 2 标监理部组织机构框图如图 2-10-2 所示。

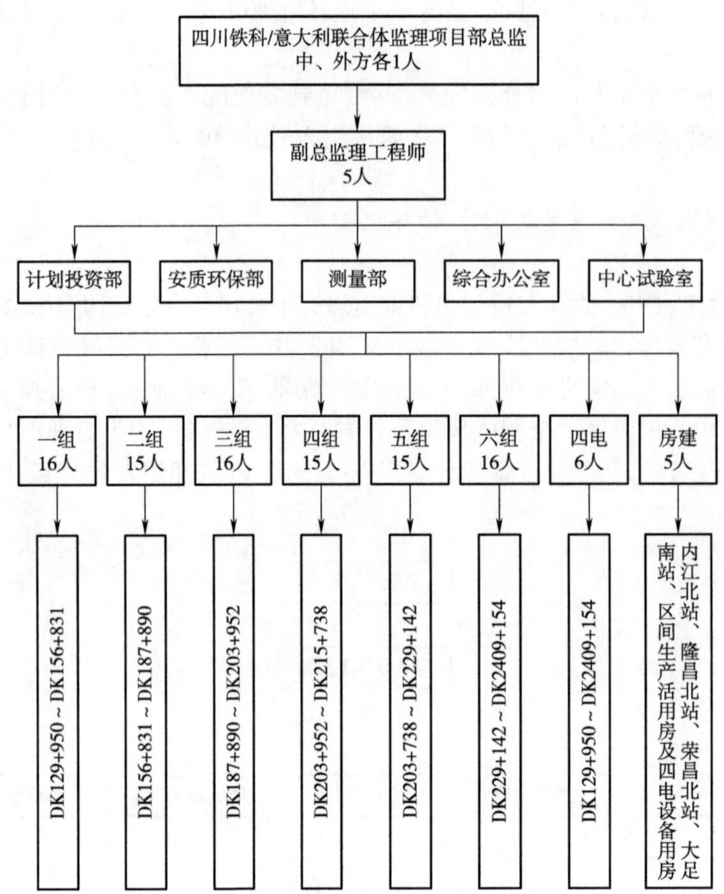

图 2-10-2 成渝客运专线 2 标监理部组织机构框图

注:一分站:一、二组;二分站:三、四、五、六组

2. 监理人员配置

成渝客专工程量大,投资集中,工期紧张。按照“跑步进场,快速反应”的业主要求和开展监理工作的需要,及时到位所需监理人员,前期主要技术骨干全部到位。

按照成渝公司的要求,结合工程特点和施工的不同阶段,在保证知识结构、专业结构、年龄结构优化的情况下,配齐、配足各类专业监理人员。最高峰时达到 131 人,所有监理人员均通过成渝公司考试合格后方可进场,人员满足监理委托合同要求。

监理项目部:总监理工程师 1 人,副总监理工程师 5 人,技术、合同计价部 2 人,综合办公室 2 人,试验室 16 人。两个站前监理分站各设分站长 1 名,6 个监理组各设组长 1 名,测量部 4 人,安质环保部 2 人,路基、桥梁、隧道、房建、四电、铺轨等专业监理工程师及监理员共计 98 人。

(四)CYJL-3 标监理组织机构设置及人员配置

1. 监理组织机构

成渝客专 CYJL-3 标段监理项目部组建于 2010 年 9 月,按照合同承诺,监理项目部由中外方人员共同组成,外方担任总监,下设办公室、质量控制部、安全控制部、环水保控制部、进度控制部、投资控制部,四个监理分站、七个监理组和一个中心试验室及一个工地试验室。监理项目部投标承诺人员 41 人。施工高峰期时现场监理人员达 70 人,监理人员配置满足工程需要。

监理项目部组织机构如图 2-10-3 所示。

2. 监理人员配置

(1)外方人员配备

德国欧博迈亚设计咨询公司相继派出了 10 人(次)具有丰富高速铁路工程监理经验的工程师参与了项目建设,协助联合体引入国际先进技术和经验。自开工以来,外方监理依照监理合同要求,结合工程实际进展情况及现场实际施工需要,合理有序的安排、调整外方人员配置进场开展监理工作。

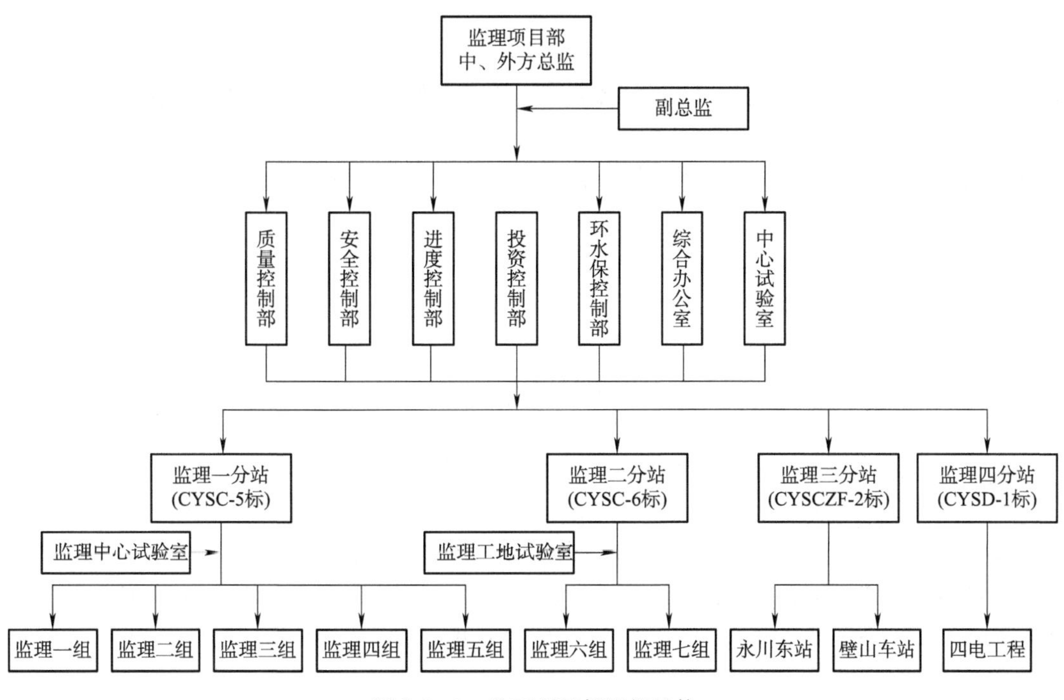

图 2-10-3 监理项目部组织机构

(2)中方人员配备

本标段中方监理人员由多年从事铁路工程施工和监理工作、经验丰富、专业技术全面、认真负责的专业监理工程师组成,所有监理人员都具有良好的职业道德和专业技术水平,身体健康。其中配备中方总监1人、常务副总监1人、副总监理工程师(监理分站长)4人、监理组长7人、试验室主任2人、办公室主任1人,根据监理合同和专业需要还配备了隧道、桥涵、路基、安全、测量、试验、四电、轨道、房建等专业监理工程师及各专业监理员,所有监理人员的数量和监理资质满足合同要求。并随着工程进度、专业分工和建设单位要求进行了现场调整。

二、监理工作程序

(一)监理单位进场后按时提交以下资料

1. 进场7天内,向公司提交监理项目部、监理组、中心试验室和工地试验室布置规划,经公司安质部审定后实施。

2. 进场15天内,向公司提交实际进场人员名单和检测试验设备清单,经公司安质部审定后进场。如有人员或设备更换,则需提交替换和被替换的对比资料,确保人员或设备更换不低于投标文件中的标准。

3. 进场15天内,向公司提交协助工作人员名单和简历,经公司安质部审核后,确定各监理单位实际派遣人员数量和工作地段。

(二)编制监理规划和实施细则

1. 监理规划按监理标段编制,在进场21日内编制完成,经监理公司技术负责人批准后实施,并在第一次工地例会前7天内报成渝公司安质部核备。

2. 监理细则以监理规划为依据,按工程专业类别或工序类别为单元分别编写,在开工前7天内编制完成,经总监批准后实施,其中关键工程或工序的实施细则报成渝公司安质部核备。

(三)监理和施工用表管理

1. 监理用表TA、TB、TC类和监理日志,以及施工过程用表均按《监理和施工用表》规定格式执行,并按规定程序签认和分发。

2. 如需要补充或修改用表,属于竣工文件规定的项目用表,则由监理单位提前14天提出用表格式,由成渝公司会同监理和施工等单位进行审定后,在开工前印发各单位执行。属于不需要进入竣工文件的现场记录表格,由监理单位提出,报公司安质部批准实施。

(四)日常工作管理

1. 制定工作管理制度，建立质量保证体系，明确和落实质量责任。

2. 监理人员在施工现场进行监理活动时，必须统一着装并佩戴明显的标志(如安全帽、工作服、胸卡、工作包等)。

3. 监理人员应自觉遵守职业道德，严格履行合同中规定的责任和义务，做到严格自律，秉公办事。

(五)内部技术交底和业务学习制度

1. 每项分部工程开工前，以监理组为单位，由监理组长或专业监理工程师主持，向组内监理人员进行监理技术交底，其内容包括设计图纸、施工方案、监理细则、验收标准、内业资料等，并形成交底记录。

2. 每个监理组每月应至少进行一次集体业务学习，主要内容应包括技术标准、四新技术和新规定的学习，以及监理经验和存在问题的交流等，并形成学习记录。

(六)监理日记(志)签认制度

各监理人员应每天记录各自当天的监理工作情况，形成每个人的监理日记；监理项目部和监理组应分别指派专人记录本管段内每天的主要监理工作实施情况，形成监理项目部和监理组的监理日志。对监理日记(志)工作实行分级检查签认制度，保证监理日记(志)记录真实、全面、及时。

1. 总监对监理项目部、各监理组的监理日志每月不少于一次全部检查并签认，对副总监、监理组长的监理日记每月不少于一次全部检查并签认；对监理人员的监理日记每月抽查一次且抽查人员不少于5%并签认。

2. 副总监对分管的监理组的监理日志每月不少于一次全部检查并签认，对监理组长的监理日记每月不少于一次检查并签认；对监理人员的监理日记每月检查一次且抽查人员不少于10%并签认。

3. 监理组长对本监理组的监理日志每月不少于一次检查并签认，对监理人员的监理日记每月抽查一次且抽查人员不少于50%并签认。

4. 专业监理工程师对管辖监理员的监理日记每月至少全部检查两次并签认。

(七)施工图现场核对、现场设计交底和变更制度

1. 在开工前，组织监理人员和施工单位分别对工点施工图纸或设计文件进行现场核对，主要核对工程数量、几何尺寸、地形位置等，经核对无误后，加盖“监理核对”印章，准许施工单位可以采用该施工图施工；未进行现场核对的工点不准开工。

2. 参加设计单位对施工单位进行工程设计现场技术交底。

3. 参加设计变更工作，接收施工单位变更建议书或提出变更建议、会签变更意见，并送交咨询单位审核，对批准的变更设计的实施过程进行监理。

(八)工地例会制度

1. 工地例会坚持务实、简短原则按时召开，切实解决监理过程中的问题。

2. 监理工地例会分监理项目部工地例会、监理组工地例会，分别由总监或组长组织。其中第一次工地例会应在工程开工之前的适当时间，由成渝公司组织召开。

3. 监理项目部工地例会每月召开一次，管段内各参建单位主要人员均应参加。监理项目部下属各监理组的工地例会每半月召开一次，管内各施工单位主要人员均应参加。如参建任何一方认为必要或出现亟待解决的重大问题时，应召开监理专题会议研究处理。

4. 工地例会召开前，各单位要将本单位的情况或问题进行汇总，形成书面汇报材料。

5. 各单位汇报材料要言简意赅、以数据为依据，避免长篇大论，并做到：

(1)概要本期内的主要情况和重要事件。

(2)说明上期例会或过程中发现问题的处理和落实情况。

(3)指出目前存在的问题及对策。

6. 所有工地例会均应形成会议纪要，由监理单位编制，报送各相关单位。其中月工地例会和专题会议纪要报公司安质部。

7. 所有工地例会纪要参照规定格式编制，做到格式、字体、排版整齐美观；内容全面但文字言简意赅，图文并茂。

（九）监理月（季、年）报制度

1. 监理单位每月的监理工作要形成《监理月报》，报送公司安质部。《监理月报》要做到格式、字体、排版整齐美观，内容全面，文字言简意赅，用图表或数据表述。

2. 报告时间和上报份数

(1)报表统计的时间规定如下：

1)月报：上月26日至本月25日。

2)季报：上季度末月26日至本季度末月25日。

3)年报：上年12月26日至本年12月25日。

(2)月报、季报、年报由总监组织编写，做到数据真实可靠，文字阐述准确，签字盖章齐全。分别报送公司安质部(2份)。报表送达的最晚期限分别为本月28日、本季度末月30日、12月底前。各类报表均一式2份报送(附电子版)。

(3)总监理工程师应定期向公司安质部书面报告监理工作情况，工程验收前提交工程质量评估报告，项目验收后提交监理总结报告。

（十）过程检查制度

按规范要求、规定程序及时进行施工过程巡检和旁站，按规定项目和频次进行平行检验和见证检验，及时发现问题及时纠正，并形成检查记录。

1. 用于反映工程质量形成过程的重要记录（如监理旁站记录、监理工程师通知单、监理日记等）要图文并茂，对隐蔽工程按规定留存图像资料，对指出的存在问题，应附相应图片、数据和文字说明，并留存相应的影像资料。

2. 监理人员进行现场工程质量检查时，必须携带必要的检查工具，对实物工程进行实测实量，用数据说话。对现场问题的整改指令，均以书面为准，并对问题整改情况进行验证和记录，保证问题得到及时整改闭合。

(1)监理过程中发现的重要或急需整改的问题由现场监理工程师按监理用表TB1“监理工程师问题通知书”填写，直接快速通知责任单位尽快整改并反馈整改情况。同时重要问题报监理组或监理项目部备案，并对整改情况进行跟踪验证。

(2)会议通知、一般事务联系或告知事宜的问题由监理组或监理项目部填写“工作联系单”，通知相关单位。

3. 凡需要监理签字的记录，必须由具备相应资格、证件的监理人员签字。

（十一）平行检验和见证检验制度

1. 保证平行检验和见证检验频次

(1)一般常规检测项目必须进行平行检测且不低于施工单位检验数量的10%，对路基过渡段的压实指标等关键项目的平行检测不低于施工单位检验数量20%，并同时进行不低于施工单位检验数量10%的见证检验。

(2)验标中规定的平行检验项目的频次超过10%的项目按验标规定频次执行，并同时进行不低于施工单位检验数量10%的见证检验。

(3)验标中对平行检测频次没有明确规定的，应按不低于施工单位检验数量20%的进行见证试验，对特殊项目或关键项目应进行全部见证检验。

2. 保证平行检验和见证检验手续完备

(1)平行检测试验报告按规定格式填写，并签字、印章等手续齐全。

(2)见证试验应在施工单位试验报告上加盖见证试验印章和签字。

（十二）监理人员请假和变更制度

1. 监理人员请假

请假人一般应向批准人提前7 d提出书面申请，并按下列程序办理：

(1)总监、副总监离开项目3 d及以上时，报公司安质部批准。

(2)监理组长和部门负责人离开项目3 d及以上时，经总监批准并报公司安质部备案。

(3)其他监理人员离开项目 3 d 及以上时,经直管领导批准并报总监备案。

2. 监理人员变更

监理单位变更人员时,需对变更人员进场后试用一个月,待考察合格后再正式提出申请,提前 15 d 向公司安质部提出书面报告,并按下列程序办理:

(1)总监、副总监的变更,应经公司安质部审核,报公司领导批准,待批复后方可变更。

(2)监理组长和专业负责人的变更,报公司安质部批准;其他监理人员的变更应经总监审核,报公司安质部备案。

(十三)工作时效性制度

1. 工序质量检查验收时效性。监理单位或人员接到施工单位要求派员进行现场检查验收时,必须按要求时间提前到达现场。

(1)基坑开挖、隧道开挖、钻孔等工序验收必须在 1 h 内。

(2)其他工序的验收不得超过半小时。

2. 报批工作时效性。监理单位或人员接到施工单位报送需要签字或批复资料时,必须按下列时间完成:

(1)工序质量验收记录的签字应在工序质量验收合格后当场完成,如填写不合格的,应当面指出存在的问题并在重新报来 1 h 内完成。

(2)开工报告应在收到后 2 d 内答复是否批准,不予批复的要明示理由,退回补充。

(3)施工组织方案应在收到后 3 d 内答复是否批准,不予批复的要明示理由,退回补充。

(十四)信息化管理制度

按照公司要求,配齐信息化管理系统有关设备和人员,做到专人管理,及时录入相关工作信息,并督促施工单位信息化管理工作,提高项目信息化管理水平。

三、监理过程控制方法及控制措施

(一)施工准备阶段监理控制方法和控制措施

1. 编制监理实施细则指导监理具体工作的开展。依据铁路监理规范及有关规定,根据设计文件、各种验收标准、技术资料、施工组织设计,由总监理工程师组织专业监理工程师对技术复杂的专业、构成一定规模的分部、分项工程、主要工序、关键部位编制监理实施细则,总监签认后实施,并报建设单位备案。随着工程的进展,为使监理细则更具有针对性,监理项目部及时对其进行补充和完善,并由总监审核签认。监理项目部组织编制了隧道工程、路基工程、桥涵工程、无砟轨道工程、既有线施工、施工安全、环水保等 51 项监理实施细则。

2. 严把开工关。监理工程师对施工单位报送的《工程开工报审表》《施工组织设计》严格审查,并对测量、材料、设备、人员等报告核查签认,报总监理工程师批准后实施。建设过程中监理项目部先后审批开工报告、施工专项方案,并经各级签认后报建设单位备案。

3. 组织图纸会审并参加设计交底。监理项目部组织对桥梁、隧道、路基、无砟轨道等各专业图纸进行会审,并与施工现场核对,对发现的问题建立问题台账清单,书面报业主,由设计单位在交底后答疑。监理项目部选派专业监理工程师参加各类设计技术交底,以便熟悉设计图纸,了解工程特点和设计意图。为提高各专业监理工程师对设计意图的认识,监理项目部组织各专业监理工程师在研究施工图纸后,编制和组织监理内部技术交底,让所有相关监理人员提前对各工序和质量控制点进行熟悉和认识,以便在建立过程中采取主动控制,事前控制。

4. 核查施工单位及主要人员资质。监理项目部组织各监理组对上场施工单位的资质进行核查,对施工合同范围内容进行核查并备案,确保无违法、违规施工分包。对施工单位质量管理体系有关资料,包括组织机构、各项制度,以及管理人员、技术人员、质检人员、特种作业人员资格证和上岗证进行检查,从源头上加强控制。

5. 强化测量监控。开工前,测量监理工程师组织施工单位按业主给定的原始基准点、高程、测量控制网进行复核,对测量资料核查存档;施工过程中,按测量规范规定频率、频次监督施工单位开展控制网及施工放样测量,并见证、平检和成果审核。

(二)施工过程监理控制方法和控制措施

1. 质量控制基本程序和方法

(1)质量控制目标

通过监控,实现质量控制的总目标,即确保全部工程达到国家、中国铁路总公司(铁道部)的工程质量验收标准要求。整体质量达到全路先进水平,并经得起运营的检验和历史的考验。具体指标为:

1)检验批、分项、分部工程施工质量检验合格率 100%,单位工程一次验收合格率 100%。杜绝质量事故。

2)主体工程质量零缺陷,其中桥梁隧道混凝土结构使用寿命不低于 100 年,无砟轨道使用寿命不低于 60 年。

3)开通速度达到设计速度的目标值。

4)工程建设符合国家规划、环保及水土保持、节能和新技术应用等要求。

5)竣工文件做到真实可靠,规范齐全,一次交接合格。

(2)工序质量监控的基本程序

1)承包单位首先进行自检,自检合格后填写检验批资料及隐蔽工程检查证,在规定的时限内向现场专监报验。

2)在合同约定的时限内,承包单位的质检人员在现场与专业监理工程师进行检查、核实和验收。

3)监理工程师对检查合格的工程予以现场签认,并准许承包单位进行下一道工序施工。

4)对检查不合格的工程,监理工程师及时签署整改意见或签发监理工程师通知单要求整改,由承包单位对不合格工程进行整改。不合格工程经整改且自检合格后,向现场监理重新报验或填报监理工程师通知回复单,经监理工程师现场确认后进入下道工序。

5)监理人员发现承包单位其施工活动可能或已经危及工程质量的,立即采取应急措施,由总监下达暂停施工指令。整改合格后承包单位申请复工,经核查隐患消除后恢复施工。

(3)质量监控方法:

1)作业技术状态监控

①设置质量控制点。监理项目部组织各监理组对管段施工监控的任务详细分析,并根据各专业监理实施细则编写了施工控制要点,严格控制,确保工程质量。

②审查技术交底。审查施工单位技术交底,是监理控制施工质量的措施之一。监理重点审查技术交底编制的质量、能否起到技术交底的作用、是否组织交底、交底的效果、交底记录及人员签认记录。监理项目部提出明确要求,未办理技术交底的不得进入正式施工。对于关键部位施工技术交底,对于不符合要求的,要求施工单位重新进行技术交底。

③原材料质量控制。施工单位对进场材料在自检合格的基础上填写《工程材料/构配件/设备报审表》并附具合格证、自检试验报告等证明资料,报监理工程师审查,并共同到现场验收,合格的准予使用;需要平行试验的,监理平行试验合格后方允许使用。为控制原材料质量,监理项目部要求施工单位对已检、未检的材料必须分仓存放并明确标识,现场监理对原材料的存储严格检查,发现不规范行为及时督促整改。

④施工环境影响监控。对影响施工作业质量的作业环境(水、电、照明、安全防护、场地及交通)严格控制;对施工单位的质量管理环境(组织、管理等责任及自控体系)严格监控;对冬夏季、雨季明挖土方、土方回填、露天混凝土浇筑施工等对质量有影响的不利条件加大检查力度,并采取指令性文件、严格执行施工程序、加大现场旁站等有效监控手段,确保工程施工质量。

⑤施工机械设备性能及工作状态的控制。监理工程师对现场使用的机械设备生产合格证、安全资质证书、检验检测合格证书,以及规格、型号、数量、状态进场时间严格检查验收,特别对管段箱梁运架设备、走行龙门架、塔吊等大型特种设备,均由施工单位向主管部门上报,经审查批准并办理手续后,监理工程师批准投入现场使用。

⑥测量及试验室、拌和站(含级配碎石拌和站)检查验收。监理项目部组织各监理组对施工单位测量设备及标定情况验收确认并参加成渝公司组织的正式验收。

⑦严格检查作业人员上岗资格。对施工单位上场的特种作业人员(电焊工、电工、起重工、架子工、爆破

工等)操作证严格检查,必须持证上岗。

2)作业过程监控

①按规范要求对关键工序、关键部位实施旁站监理。通过现场监理旁站监控,确保工程关键部位、关键工序的施工质量。

②施工过程中,监理项目部、监理分站(组)每日对施工工点进行巡查,巡查中发现的问题及时督促施工单位整改闭合。

③严格执行隐蔽工程"三检制",施工单位各工序完成后,必须严格自检,完成上下工序交接验收,并由质检工程师检验确认,在约定的时间内向监理工程师报验,使工序转换得到有效控制,保证每道工序的质量。

④监理项目部中心试验室负责审批混凝土配合比,现场专业监理工程师根据已审批的配合比,签发每日混凝土施工配料通知单,并负责对计量器具和原材料质量进行检查确认。

⑤严格控制设计变更。无设计联系单及变更通知单的,施工单位不得随意改变设计施工。变更设计必须经建设单位审批后由设计单位发布变更指令后实施,使变更设计程序化,并使监理工作有章可循。

⑥见证点的设置与控制。见证点设置为原材料试验、混凝土性能检测、砂浆性能检验、其他工艺参数及标准检测等。监理每周对见证点进行梳理,统计见证频次,上报发现的问题。需要见证但未报监理见证签认的不得进入下道工序。

⑦复核确认工程量。按照施工合同、设计图纸、工程量清单、变更单,对合格的工程量复核确认。

⑧会议控制。为解决施工过程中存在的安全质量问题,监理项目部、试验室及监理组组织召开各类监理工作会议。

⑨监理指令的运用。针对过程中出现的问题,监理工程师签发监理工程师通知单,严格督促施工单位对存在问题进行整改,保证工程质量,及时消除质量隐患。

⑩严格控制停(复)工。在紧急情况下总监理工程师口头下达并及时书面报建设单位确认,施工单位制定整改措施,消除质量隐患后,经验收合格,书面申请复工,总监理工程师签发复工令后方允许恢复施工。

3)作业结果质量验收控制

①上道工序未验收合格,下道工序不能进行施工;不合格材料、构配件、设备禁止进场使用;进场的不合格品单独存放并明确标识,限期清理出场。

②对施工质量不满足验标要求、整改后仍达不到要求的和违反施工图设计施工的,监理下发监理通知书,要求施工单位进行返工处理。

③各监理组组织检验批、分项、分部工程验收,监理项目部参加单位工程验收和竣工初验,并参加成渝公司组织的平推检查。对验收中发现的问题及时督促施工单位整改,并参与复验。

④成品及半成品保护。对于钢筋等原材料、支座等构配件、轨道板及箱梁等成品督促施工单位提供相关质量证明并按规定进行存储,确保材料、构配件、半成品的质量。

2. 安全控制基本程序和方法

(1)安全控制目标:杜绝一般及以上等级安全事故,杜绝铁路行车较大及以上安全事故,确保施工安全。

(2)安全监控方法

1)监理项目部依据国家和中国铁路总公司(铁道部)规定的安全监理责任,建立了施工监理安全保证体系、安全生产监理工作制度、编制《安全监理实施细则》,规范安全监理的工作程序。

2)加强培训学习,提高监理人员的安全监理素质。通过深入贯彻落实"安全第一、预防为主、综合治理"方针,组织监理人员加强学习《中华人民共和国安全生产法》等有关安全生产的法律法规,提高安全监理水平。

(3)加强应急救援预案完善与演练,把安全风险降到最低。

(4)开展形式多样的安全检查,及时发现安全隐患,杜绝安全事故发生。根据成渝公司《安全管理办法》《工程质量安全管理专项整治活动实施方案》及监理项目部制定的《工程质量安全管理专项整治活动实施方案》,认真开展工程质量安全管理专项整治活动。并适时进行安全责任制落实情况检查、隧道施工安全专项检查、移动模架制梁、工程线运输及施工安全专项检查、高空施工安全专项检查、防洪检查、高边坡防护施工安全专项检查及施工用电、火工品管理、压力容器等检查。通过查问题、促整改、抓落实等闭环管理手段,有效地促进了各项安全目标的实现。

(5)对施工现场发现的重大安全隐患，坚决下达停工令进行整改。监理项目部管段内各项安全管理工作有序可控。

3. 工期(进度)控制基本程序和方法

工期(进度)控制目标：复核施工单位提交的进度计划，定期地向业主汇报施工进度，提供合理建议避免延误工期，通过切实有效的监控，确保控制工程节点工期、年度工期、开通运营前各项工程的顺利完成。

(1)依据合同和业主要求，加强并细化进度计划中监督管理，重视施工进度的记录、信息收集、统计、分析预测和报告工作，从而达到监理进度控制工作成效。

(2)工程进度的快慢直接关系到工程建设项目能否按期竣工和投入使用问题。监理项目部结合现场实际情况，对施工单位编制的施工进度计划进行提前审查，经与业主协商并征得同意，对施工单位不合理的工序安排提出意见，要求其合理调整，使进度计划满足实际工程需要。特别是按照各阶段工期节点组织各监理组会同施工单位定期对剩余工程进行梳理，对可能影响各节点工期的工点和项目加强跟踪督促。对重点控制工程，督促施工单位在确保质量和安全的前提下加强施工组织、优化施工方案，加大人力、物力投入，按既定工期节点完成工作。

(3)现场监理过程中，监理项目部要求施工单位每月末提前编报下月的施工进度计划，把存在的工程问题放在事前进行考虑解决。

4. 投资(造价)控制基本程序和方法

(1)投资控制目标：根据国家和发展改革委员会、中国铁路总公司(铁道部)等印发的相关文件，以及设计文件、合同，监理项目部在尊重承包合同，无遗漏、无超量、无重复的前提下，对工程的投资进行有效的控制。通过对分项工程的成本预算，最终得到总体成本预算，通过有效地监控，力争不突破"工程承包合同"确定的工程合同总造价。

(2)监理项目部按照成渝公司要求配置了专门验工计价负责人，同时组织相关专业监理工程师对铁路验工计价的规定、设计文件的工程内容及工程量构成、合同的工程量清单及数量二者之间的对应关系进行学习与掌握，熟悉工程量清单内和清单外工程数量的计价原则。

(3)专业监理工程师在计量与支付审核时严格按合同约定，做到客观、准确、及时，计量与支付的项目与数量无遗漏、无超量、无重复。

(4)认真做好工程计量与支付的审核签证工作；严格对合同变更、设计变更等审核控制。

(5)在合同工程总量控制的前提下，加强分析预测、提高审核工作准确性、可靠性和原则性。

5. 合同管理基本程序和方法

合同管理目标：严格履行合同义务，除保证合同约定质量、进度和投资目标达到要求外，对合同未尽事宜如变更、工程延期、合同争议等方面的管理，以合同为依据公正、公平处理。

现场监理过程中，受建设单位委托，根据施工现场相关合同的约定对工程工期、质量进行监督、管理；监督材料采购合同的订立，监督设备合同的履行；掌握合同的副本，了解合同的内容，进行合同跟踪管理，检查合同执行情况，及时准确反映合同信息。认真检查施工合同的履行情况，实现科学管理。在合同管理方面，通过监控，质量、进度及投资目标全部达到合同要求。

6. 信息管理基本程序和方法

信息管理目标：监理项目部采用文字、图表、照相、摄像等各种形式收集现场施工活动情况及资料，及时、准确、完整地掌握有关各方信息，注意把握其时效性、真实性、系统性和完全性，利用网络收集数据和信息，正确分析、处理各种信息资料，为满足不同阶段、不同层次、不同部门的需要，提供可靠的信息，为实现工程的优质、高效、安全、环保做出正确的决策，顺利完成本项目监理任务。

根据中国铁路总公司(铁道部)有关文件精神和成渝公司要求，及时准确有效地反映工程实际进展情况，监理项目部指定专职人员负责调度工作，有一名领导分管，并要求各监理组设置调度信息人员和分管领导，并尽量做到人员固定，人员如有变动及时通知建设单位。

7. 内业管理基本程序和方法

内业资料管理目标：专人负责监理资料的收集、整理、归档及管理工作；监理指令以书面形式签发，各种记录字迹工整;各类资料归档做到真实、完整、齐全、及时、有序。

监理项目部进驻施工现场后,对工程技术资料的管理提出严格要求。现场的内业资料管理过程中,根据实际情况需要,监理项目部规范统一实用性强的监理资料、各类台账及表格,如:旁站监理记录范本、平行检验记录、监理工程师巡视记录、督促安全文明施工记录等,确保现场内业资料实现表格化,并实行文件随时发送、随时登记的制度,使现场所有文件都能做到系统管理。

四、工程质量验收

成渝公司质量管理部门把质量验收工作融入日常施工、监理工作中,提出“验收资料是工程质量不可缺少的组成部分”,在广泛培训指导的基础上,做到了全线检验批质量验收资料与工程施工同步,改变了过去施工、验收、资料脱节的不良状况。

(一)基本规定

1. 施工现场质量管理应有相应的施工技术标准、健全的质量管理体系和施工质量检验制度。施工现场质量管理检查记录由施工单位在施工前按相关工程施工质量验收标准填写,总监理工程师进行检查,并做出检查结论。

2. 按下列规定进行施工质量控制:

(1)工程采用的主要材料、构配件和设备,施工单位对其外观、规格、型号和质量证明文件等进行验收,并经监理工程师检查认可。凡涉及结构安全和使用功能的,施工单位应进行检验,监理单位按规定进行平行检验或见证取样检测。

(2)各工序应按施工技术标准进行质量控制,每道工序完成后,施工单位进行检查,并形成记录。

(3)工序之间应进行交接检验,上道工序应满足下道工序的施工条件和技术要求。相关专业工序之间的交接检验经监理工程师检查认可,未经检查或经检查不合格的不得进行下道工序施工。

3. 工程施工质量按下列要求进行验收:

(1)工程施工质量应符合本标准和相关专业验收标准的规定。

(2)工程施工质量应符合设计文件的要求。

(3)参加工程施工质量验收的各方人员应具备规定的资格,各种检查记录签证人员应报建设单位确认、备案。

(4)工程施工质量的验收均应在施工单位自检合格的基础上进行。

(5)涉及结构安全的试块、试件和现场检验项目,监理单位应按规定进行平行检验、见证取样检测或见证检测。

(6)检验批的质量应按主控项目和一般项目进行验收。

(7)对涉及结构安全和使用功能的分部工程应进行抽样检测。

(8)承担见证取样检测及有关结构安全检测的单位应具有相应的资质。

(9)单位工程的综合质量应由验收人员通过检查共同确认。

(二)工程施工质量验收单元的划分

工程施工质量验收单元划分为单位工程、分部工程、分项工程和检验批,具体如下:

1. 单位工程是按一个完整工程或一个相当规模的施工范围来划分的。各项验收标准都遵循了这一原则,并给出了推荐的单位工程划分原则。

2. 分部工程是按一个单位工程中的完整部位、主要结构、施工阶段或功能相对独立的组成部分来划分的。

3. 分项工程按工种、工序、材料、设备和施工工艺等划分。

4. 检验批是根据施工质量控制和验收的需要,把一个分项工程划分成若干个检验批,检验批验收是施工质量验收的基本单元。

(三)工程施工质量验收

1. 检验批的质量验收应包括如下内容:

(1)实物检查,按下列方式进行:

①对原材料、构配件和设备等的检验,应按进场的批次和本标准规定的抽样检验方案执行。

②对混凝土性能指标的检验,应按国家现行有关标准和本标准规定的抽样检验方案执行。

③对本标准中采用计数检验的项目，应按抽查点数符合本标准规定的百分率进行检查。

(2)资料检查，包括原材料、构配件和设备等的质量证明文件(质量合格证、规格、型号及性能检测报告等)和检验报告、施工过程中重要工序的自检和交接检验记录、平行检验报告、见证取样检测报告等。

2. 检验批合格质量应符合下列规定：

(1)主控项目的质量经抽样检验全部合格。

(2)一般项目的质量经抽样检验全部合格，其中，有允许偏差的抽查点，除有专门要求外，80%及以上的抽查点应控制在规定允许偏差内，最大偏差不得大于规定允许偏差的1.5倍。

(3)具有完整的施工操作依据、质量检查记录。

3. 分项工程质量验收应符合下列规定：

(1)分项工程所含的检验批均应符合合格质量的规定。

(2)分项工程所含检验批的质量验收记录应完整。

4. 分部工程质量验收合格应符合下列规定：

(1)分部工程所含分项工程的质量均应验收合格。

(2)质量控制资料应完整。

(3)分部工程中涉及安全及功能的项目检验和抽样检测结果应符合有关规定。

(4)观感质量验收应符合要求。

5. 单位工程质量验收合格应符合下列规定：

(1)单位工程所含分部工程的质量均应验收合格。

(2)质量控制资料应完整。

(3)单位工程所含分部工程有关安全和功能的检测资料应完整。

(4)实体质量和主要功能项目应符合相关标准、规范的规定和设计要求。

6. 当工程质量不符合要求时，按以下规定进行处理：

(1)经返工重做的或更换构配件、设备的检验批，应重新进行验收。

(2)当对试块试件的试验结果有怀疑时，或因试块试件丢失损坏、试验资料丢失等无法判断实体质量时，由有资质的法定检测单位对实体质量进行检测鉴定，凡达到设计要求的检验批可予以验收。

7. 通过返修或加固处理仍不能满足安全使用要求的分部工程、单位工程，严禁验收。

(四)工程施工质量验收的程序和组织

1. 检验批由施工单位自检合格后，报监理单位，由监理工程师组织施工单位专职质量检查员等进行验收。监理单位应对全部主控项目进行检查，对一般项目的检查内容和数量可根据具体情况确定。检验批质量验收记录应按相关工程施工质量验收标准填写。

2. 分项工程由监理工程师组织施工单位分项工程技术负责人等进行验收，分项工程质量验收记录应按相关工程施工质量验收标准填写。

3. 分部工程由监理工程师组织施工单位项目负责人和技术、质量负责人等进行验收，线路基桩分部工程进行验收时，勘察设计单位项目负责人应参加。分部工程质量验收记录应按相关工程施工质量验收标准填写。

4. 单位工程完工后，施工单位自行组织有关人员进行检查评定，并向建设单位提交单位工程验收申请报告。

5. 建设单位收到单位工程验收申请报告后，由建设单位项目负责人组织施工、设计、监理单位项目负责人进行单位工程验收，并按相关工程施工质量验收标准填写记录。单位工程验收包含综合质量验收的内容，综合质量验收应符合相关工程施工质量验收标准的有关规定。

第三节　监 理 结 论

一、CDSNJL-1标监理结论

成绵乐铁路客运专线有限公司代建成渝客专改建铁路成昆线成都至峨眉段引入成都枢纽工程监理

CDSNJL-1 标单位工程 59 个,实测实体混凝土强度合格,保护层厚度 90%以上实测点满足设计要求,结构实体质量和主要使用功能达到设计和验标要求。验收过程中发现的问题(包括工程实体问题和内业资料问题) 及时得到整改,评估合格,同意上报验收。

通过检查验收,工程建设达到设计意图、满足使用功能。

二、CYJL-1 标监理结论

经对成渝客专 K5+672~K130+662 范围内的轨道、路基、桥涵、隧道工程,以及 K4+414~K4+937,K5+264~K5+543 段的箱梁制运架及对应的桥面系,K4+425~K5+672 段的轨道工程,K4+597~K5+232,K5+445~K130+662 段的声屏障工程,以及 K4+425~K130+662 范围内的精密工程测量分项工程、分部工程、单位工程验收评估,认为该工程达到了合同约定的工程质量要求,总体工程质量评定为合格。

三、CYJL-2 标监理结论

经对成渝铁路客专监理 2 标 K130+662-K242+740 段内的站前站后工程及 K4+425~K296+084 铺轨工程的分项工程、分部工程、单位工程验收评价:该工程达到了施工合同约定的工程质量目标,主体结构安全可靠,实体质量和使用功能满足设计和验收标准要求,质量控制资料齐全。

工程验收前,监理项目部组织监理人员对全部工程结构和实体分专业进行了逐项检查预验收,对检查中发现的质量缺陷建立质量问题库,分类进行整理,签发监理工程师通知单,要求逐项安排整改,监理监督整改并做到检查销号。质量缺陷已整改完成。

本标段站前站后工程及 K4+425~K296+084 铺轨工程分项工程、分部工程、单位工程验收评定,认为本标段工程达到合同约定的工程质量要求。总体工程质量评定合格。

四、CYJL-3 标监理结论

成渝铁路监理三标在建设过程中,监理能够认真执行国家法律、法规和工程建设强制性标准。以监理规范和客运专线工程质量验收标准为依据,积极开展监理工作,切实落实事前预控、事中跟踪监控和事后检验验证的质量控制方法。施工过程中积极督促施工单位对监理指令按照要求落实整改,并组织认真复查、逐个销号实施闭环管理,从而保证了工程质量一次达标。整个施工过程没有发生任何质量大事故,单位工程合格率 100%,兑现了监理合同中的质量监控目标。

成渝客专 K242+740~K300+584.880 段及重庆枢纽联络线范围内轨道(不含正线铺轨)、路基、桥涵、隧道、声屏障、电力、电力牵引、房建、客服、通信、信号、信息、环保水保、自然灾害与异物侵限及精密工程测量专业通过对检验批、分项、分部、单位工程的验收,认为单位工程质量控制资料齐全完整,单位工程实体质量和主要功能符合设计要求,单位工程的观感质量合格。工程质量达到验收标准和设计文件的要求,具备竣工验收条件,工程质量合格。

第十一章　工程咨询

第一节　咨询方式

一、咨询范围

武汉铁四院工程咨询有限责任公司负责成渝客专施工图审核(不含委建工程)。其工程咨询的主要内容为:初步设计咨询,站前、站后(含站房)工程施工图审核。

中铁第一勘察设计院集团有限公司负责委建成都枢纽相关工程施工图审核工作。其咨询范围包括:

(1)成渝高速正线 K0+685～K5+672,线路长度 4.987 km(双线);其中 K0+685～K4+425 为有砟轨道。K0+685～K5+672 线下工程及有砟轨道部分铺架、有砟道岔铺设、桥面系、声屏障及现浇箱梁(不含正线预制箱梁制运架、箱梁对应的桥面系及声屏障、双块式轨枕预制、无砟道床及无砟道岔铺设、无砟道床区段铺轨及精调,由武汉铁四院工程咨询有限责任公司负责)。

(2)成渝高速反发联络线 K0+400～K1+783,线路长度 1.383 km。

(3)成贵成渝联络上、下行线,其中上行线 K0+421～K4+867,线路长 4.446 km;下行线 K0+000～K3+908,线路长 3.908 km。

二、咨询依据

(1)中华人民共和国法律法规、强制性标准和现行的行业标准、规范及暂行规定。工程咨询期间铁道部有关部门发布的有关规定。

(2)国际上安全可靠和先进成熟的标准、规范、理论和方法。

(3)批准的项目可行性研究报告、各设计阶段审查意见及相关标准和规范。

(4)批准的环境保护、水土保持、文物保护方面的审查意见及相关标准和规范。

(5)设计单位提交的勘测、勘探报告、施工图文件及图纸等基础资料。

(6)经中华人民共和国相应机构审查通过的研究成果、通用图、参考图等。

(7)工程咨询招标文件、工程咨询合同书及附件;成渝公司与设计、施工、驻地监理等单位签订的有关合同及附件。

(8)经成渝高速同意并签署确认的技术文件;业主对咨询、设计、施工、驻地监理等单位提出的要求,下达的指令和合同书。

三、咨询机构设置

(一)武汉铁四院工程咨询有限公司咨询机构

为确保施工图审核工作的顺利开展,从资源配置上给予充分的保证,按照《铁路建设项目施工图审核管理办法》(铁建设〔2010〕36 号)及招标文件的要求,本项目审核工作将在公司组织机构框架下成立"新建铁路成都至重庆客运专线施工图审核项目部",项目部由项目经理(总体负责人)、各专业负责人、现场工作部部长及综合管理部部长等组成,实行项目经理责任制。项目部在公司矩阵管理职能下开展审核工作,对整个施工图审核工作负责。主管项目总工程师全权负责施工图审核技术、质量工作。项目经理、项目总体负责人经公司的法定代表人书面授权,全面负责履行本项目合同,主持本项目施工图审核工作。项目副经理协助项目经理、总体负责人组织施工图审核工作,并负责对施工图审核全过程质量控制追踪。

项目部下辖审核总体组、现场工作部、综合管理部。本项目的总体组由参加过类似铁路设计和有审核经验的各专业技术骨干组成,同时按招标文件的要求配足审核人员,确保施工图审核的需要。审核总体组与设计单位总体组相互对接，承担施工图审核的责任。现场工作部按现场所需要求配足人员并常驻现场，开展现场核对及现场技术服务。综合管理部负责项目信息平台建设，联络、督办审核过程中相关事情。

项目部由公司副总工程师、教授级高级工程师彭卫国担任项目主管工程师，由公司副总工程师、高级工程师龙浩进担任项目经理(总体负责人)。项目部下辖审核总体组、现场工作部。现场工作部部长由池国芳担任。总体组由线路、轨道、路基、桥梁、隧道、站场、电气化、通信、信息、信号、防灾、机务、车辆、给排水、电力、房建、暖通、环保、工经等专业组成，与设计单位的设计总体组相互对接，承担设计咨询审核的责任。

1. 成渝客专施工图审核组织机构图

成渝客专施工图审核组织机构图如图 2-11-1 所示。

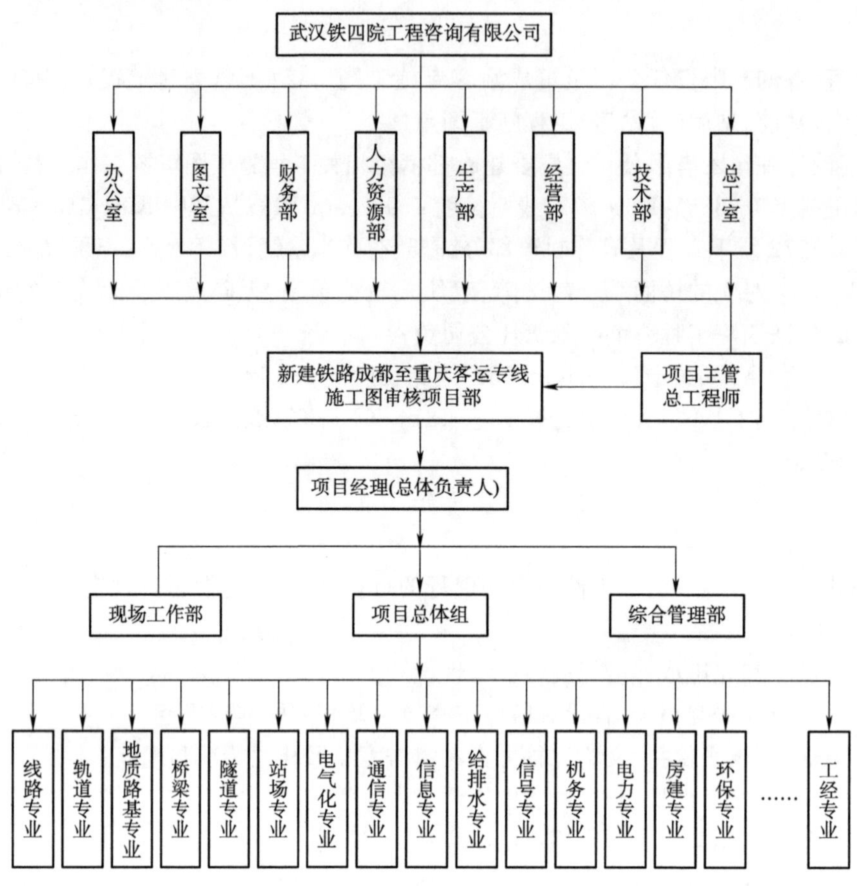

图 2-11-1 成渝客专施工图审核组织机构图

2. 部门分工与职责

公司各职能部门的分工与职责执行 QESM001《质量环境职业健康安全管理体系文件》的各项规定。其总工室、技术部、经营部、生产部、人力资源部、财务部、图文室、办公室及项目部的职责分工如下：

(1)总工室

负责公司技术及技术管理工作，协助总工程师审查设计咨询审核大纲，组织研究咨询审核项目的重大优化方案，组织解决设计咨询审核中的技术问题，对设计咨询成果的标志进行确认。

(2)技术部

协助技术管理工作，负责项目设计咨询(审核)的现场核对工作。协调统一技术标准、技术要求，负责质量问题的调查及处理建议。

(3)经营部

负责签订合同及合同管理，建立合同台账。负责现场工作部的归口管理，协助项目部加强与建设、设计单位的沟通与联系。

(4)生产部

负责生产组织的计划下达及调度，对设计咨询审核项目进行生产组织协调及督促检查，对咨询审核项目执行过程实施动态管理，通报有关生产情况及存在的问题，提出组织实施意见和改进建议。

(5)人力资源部

负责技术力量的储备，负责技术人员的队伍建设与管理。

(6)财务部

负责财务预算审核及费用管理，对合同的履行状态进行动态反映。

(7)图文室

负责咨询审核成果的文整、发送与管理，并负责咨询审核成果的归档工作。

(8)办公室

负责咨询审核过程中的资源保障的落实，组织各类会议，上传下达有关指示和要求。

(9)项目部

按照《铁路建设项目施工图审核管理办法》(铁建设〔2010〕36 号)、《铁路建设项目施工图审核管理指南(试行)》(工管审〔2010〕76 号)文等要求开展施工图审核工作，负责对本项目施工图审核的行政领导、生产组织，并对审核成果的质量负责。

1)审核总体组

树立施工图审核工作全过程服务于建设单位的工作理念。总体组成员确立质量和信誉第一的意识，以期达到工程设计的先进性、耐久性、安全性和可靠性，使建设项目取得较好的经济、社会和环境效益。

施工图审核总体组按照铁道部相关文件要求开展施工图审核、施工图预算和相关文件的审查，贯彻落实标准化、信息化管理要求，对新技术、新工艺、新材料的采用，以积极稳妥的态度定量论证取舍；对重点、难点工程，采用审核与检算验证相结合的手段确定其正确与否；对复杂工点采用现场核对与设计对照相结合的方法，将各专业的协调和衔接贯穿于施工图审核工作的全过程，保证施工图审核质量满足国家、铁道部和中国铁路总公司有关规定，以求达到完善与提高设计质量的目的。

同时针对本项目特点，在施工图审核过程中加强与建设单位、设计单位的沟通，各专业审核负责人之间协调配合开展施工图审核工作，确保按时提交施工图审核意见及审核报告。

2)综合管理部

按照本项目合同书、建设单位要求负责项目信息平台建设，督办施工图审核过程中相关事情。

负责按时向建设单位提交施工图审核成果、施工图审核工作月报等各类报告，并及时与建设单位、设计单位沟通传递相关信息。完成项目部交办的工作。

3)现场工作部

负责组织现场踏勘、现场核对工作，并编制现场核对报告。负责施工图审核过程中及审后的现场技术服务。负责将现场核对成果反馈给审核总体组，纳入施工图审核意见中。

负责与建设单位、设计单位沟通；及时、准确地传达建设单位的指令。

协助编制施工图审核月报等相关工作。

(二)铁一院咨询机构

为了积极推进成渝客专引入成都枢纽(代建)工程的建设步伐，提高施工图设计文件的质量，加快施工图审核工作，成绵乐客专公司于 2011 年 4 月底在成都组织召开了施工图审核工作会议，设计单位铁二院、审核单位铁一院相关专业参会。会上成绵乐客专公司部署施工图设计原则审核工作、施工图审核大纲编制工作、现场核对工作及供图计划。据此，铁一院开展了施工图审核工作。

根据成渝客专引入成都枢纽(代建)工程特点和情况，从贯彻执行铁道部《铁路建设项目施工图审核管理办法》(铁建设〔2010〕36 号)和铁道部工程管理中心《铁路建设项目施工图审核管理指南(试行)》(工管审〔2010〕76 号)要求，结合成绵客专公司对施工图审核工作管理的相关要求，铁一院对施工图审核工作进行了部署，组建了施工图审核项目部组，项目部设现场核对部(常驻成都)、综合管理部(成都、西安)、图纸及预算审核部(西安)，同时设技术专家组为施工图审核提供技术支持。建立了健全的管理组织和体制，以督促各部门各尽其责，确保高效有序地推进成都枢纽施工图审核工作顺利开展。

铁一院成都枢纽施工图审核组织机构图如图 2-11-2 所示。

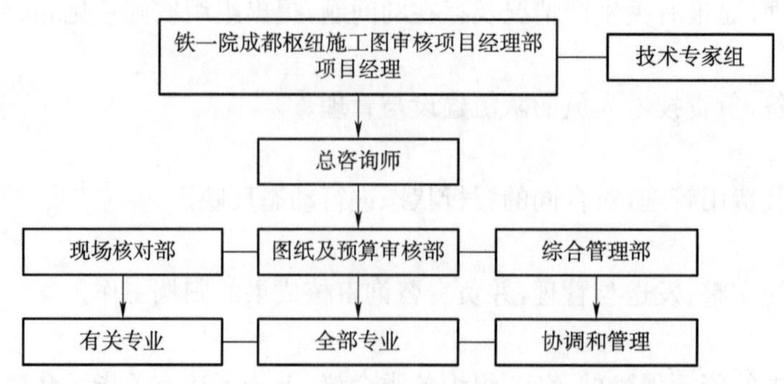

图 2-11-2 铁一院成都枢纽施工图审核组织机构图

1. 院技术专家组

2011 年 4 月,铁一院在组建成都枢纽施工图审核项目部的同时,成立了由中国工程院院士、地下结构专家梁文灏为组长,国家勘察设计大师冉里为副组长,院内具有丰富的大型铁路工程勘察设计及咨询经验的线路、地质、桥涵、隧道、站场、建筑、工经等专业院副总工程师组成了院技术专家组,为施工图审核提供技术支持。

2. 审核项目部

项目部各专业咨询人员日常在西安集中审核,根据设计单位施工图设计进展情况及供图计划,对全线重大工程、重点工程及控制工期的工程或特殊疑难及复杂工点,按审核工作的特殊要求,集中相关专业进行现场审核,与设计单位各专业对接、交流,既能起到加快设计咨询工作的作用,又能达到督促设计单位施工图设计工作的目的。

3. 审核项目部各部门分工及职责

项目经理部负责施工图审核工作的行政领导、生产组织,对审核成果的质量负责。下设现场核对部、图纸及投资检算审核部、综合管理部。

(1)现场核对部

负责与成绵乐客专公司、铁二院及相关设计单位沟通,及时、准确地传达成绵乐客专公司的指令和要求。

负责现场核对工作。对设计文件涉及的各类迁改等位置和数量进行核对,对设计图纸内容与周边建设条件的一致性进行核对,对工程设计方案、工程措施的合理性与可实施性进行核对,对大型临时工程位置、规模等进行核对,并将现场核对的情况体现在审核意见中。

(2)图纸及预算审核部

负责施工图图纸及投资检算的审核工作,针对本项目特点在审核过程中加强与成绵乐客专公司、铁二院及相关设计单位的沟通,根据项目部调配的咨询技术力量,协调各专业咨询人员开展审核工作,确保按时提供审核意见。

树立审核工作全过程服务于建设单位的理念。咨询人员确立质量和信誉第一的意识,以期达到工程设计的先进性、耐久性、安全性和可靠性,使建设项目取得较好的经济和社会效益。对新技术、新工艺、新材料的采用,以积极稳妥的态度定量论证取舍,对重点、难点单项工程,采用咨询与检算验证相结合的手段确定其正确与否,对复杂工点采用现场核对与设计对照相结合的方法,将各专业的协调和衔接贯穿于施工图审核工作的全过程,以求达到完善与提高设计质量的目的。

(3)综合管理部

负责与铁二院及相关设计单位的信息沟通,接收相关设计文件图纸;负责项目信息网络平台建设,负责各类设计文件的收发、建档及公文流转,督办各类会议,完成项目经理部交办的各项工作。

四、工程咨询主要工作方法和程序

(一)初步设计咨询方式

1. 编制初步设计咨询大纲

在开展初步设计咨询之前,项目部针对成渝客专项目特点编制了初步设计咨询大纲。

咨询大纲的主要内容有：初步设计咨询范围，主要技术标准，咨询依据，组织机构、人员配备，初步设计咨询的主要内容及其工作流程图，初步设计咨询的工作方法、管理流程和保障措施，初步设计咨询成果等。

初步设计咨询工作按大纲的要求进行。

2. 初步设计咨询工作流程

接收建设单位及设计单位提供的初步设计文件及设计图纸。

听取建设单位、设计单位介绍本项目可研及初步设计情况，熟悉可研的审查意见。

在建设单位主持下，对重大方案及重难点工点现场调研。

对初步设计文件图纸提出咨询意见。

参加建设单位主持的对初步设计的初审，参加初步设计的审查鉴定会议。

(二)施工图审核咨询方式

1. 施工图审核工作流程

施工图审核工作流程见表 2-11-1。

表 2-11-1　施工图审核工作流程

<table>
<tr><th colspan="2">工作阶段</th><th>工作内容</th></tr>
<tr><td colspan="2" rowspan="2">准备阶段</td><td>签订施工图审核合同、供图协议</td></tr>
<tr><td>编制施工图审核大纲</td></tr>
<tr><td rowspan="5">实施阶段</td><td rowspan="2">总体审核</td><td>设计原则审核</td></tr>
<tr><td>线路平纵断面审核</td></tr>
<tr><td rowspan="3">专业审核</td><td>内部通用图审核</td></tr>
<tr><td>专业设计文件审核</td></tr>
<tr><td>投资检算审核</td></tr>
<tr><td colspan="2" rowspan="2">总结阶段</td><td>检查实施的施工图</td></tr>
<tr><td>编制审核报告</td></tr>
</table>

2. 施工图审核工作方式

(1)根据供图协议，制定施工图审核计划，合理安排施工图审核人员，满足施工图审核进度、质量要求。

(2)对收到的资料，做好登记并进行编号。如资料不齐，及时提出。

(3)审核项目部根据站前、“四电”、站后等审核工作量，与业主商定完成的具体时间。

(4)审核项目部组织相关专业开展施工图审核工作，经专业审查后，由总体审核后，并由项目主管总工程师审定后形成审核意见。重大技术问题由项目主管总工程师组织技术专家会审，形成审核意见。

(5)审核单位将审核意见送业主和设计单位。设计单位对审核意见逐条提出设计答复意见。审核单位对设计答复意见确认。

(6)设计单位对施工图审核意见没有异议时，设计单位按审核意见修改施工图。

3. 编制施工图审核大纲

为做好施工图审核工作，2010 年 6 月中铁第四勘察设计院集团有限公司编制完成《新建成都至重庆客运专线施工图审核大纲》。

审核大纲的主要内容有：工程概况，主要技术标准，前期工作进展情况，施工图审核范围，施工图审核依据，施工图审核组织机构、部门分工与职责及岗位职责、人员配备，施工图审核重点及内容，施工图审核流程，施工图审核时限，审核单位的职责、工作要点及审核工作的关键环节，施工图审核成果等方面。施工图审核工作按审核大纲的要求进行。

4. 总体审核

施工图设计原则审核：对设计单位编制的施工图设计原则进行了审核，并提出了相应的审核意见。

线路平、纵断面审核：线路平、纵断面审核涉及现场核对及总体性审核，总体性强，经过线路、桥梁、隧道、地质路基、站场、环保等相关专业从总体协调的高度对线路平、纵断面进行专项审核。

5. 各专业施工图图纸及设计文件审核

根据供图协议,结合供图情况,分批次进行图纸审核,提出审核意见。设计单位按每批审核意见逐条进行答复;审核单位收到设计单位的答复后进行回复;设计单位按确认的审核、审定意见或是建设单位等有关部门的仲裁或批复意见修改施工图图纸、文件。审核单位对修改后的施工图图纸及设计文件进行确认,经确认无误后,加盖施工图审核专用章。

为尽量缩短审核周期,审核过程中采取以下措施:一是与设计单位建立有效的沟通机制,分别建立了专业负责人、专业总工、项目总体三个层次沟通机制,对审核中分歧意见根据具体情况分层次沟通,使绝大部分分歧意见在沟通中得到解决,加快了审核和图纸修改进度。二是紧紧依靠建设单位的组织和领导,在审核前期、中期,建设单位组织召开多次协调会,及时解决供图、审核存在的问题,解决分歧意见,确保了施工图审核工作的顺利完成。

6. 施工图预算审核

按照设计单位提供的施工图工程数量、初步设计批复概算和施工图预算文件(分站前、站后、客服、四电专业)进行审核,提出工程、设备数量及工程投资的增减数量和具体的审核意见,设计单位修改施工图预算,并与初步设计批准概算按章节进行比较后,审核单位对审修预算进行确认,提出确认意见。

7. 施工图审核工作流程

施工图审核工作流程如图 2-11-3 所示。

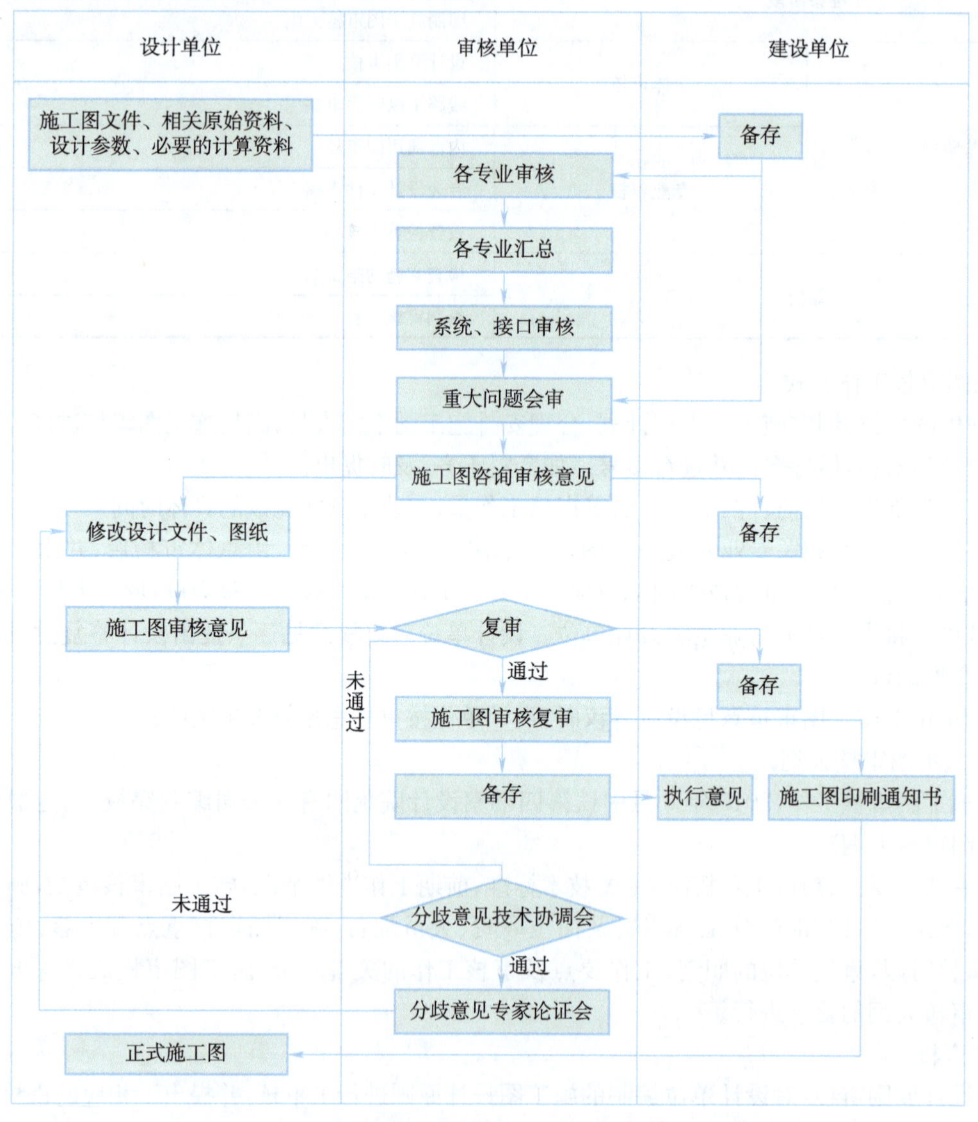

图 2-11-3 施工图审核工作流程图

第二节　主要咨询成果

一、咨询的经过

(一)武汉铁四院工程咨询有限公司施工图审核

1. 施工图审核过程

(1)2009 年 5 月 22 日武汉铁四院工程咨询有限公司完成了《成渝客专可行性研究线路方案》的咨询，同年 6 月 18 日完成了《成都至重庆客运专线可行性研究(开放设计)线路平、纵断面》咨询。

(2)2010 年 1 月 13 日完成《成都至重庆客运专线初步设计》咨询，同年 3 月 15 日完成《成都至重庆客运专线初步设计补充材料(修编)》咨询。

(3)2010 年 6 月 8 日至 12 日，完成成渝客专的电力、通信、信号设施，油、气管线、给排水迁改工程进行了现场核对工作。

(4)2010 年 6 月 19 日编制完成《新建铁路成都至重庆客运专线施工图审核大纲(修改版)》，并报成渝公司审查。

(5)2010 年 9 月 9 日完成成渝客专线路平纵断面审核。

(6)2010 年 9 月 20 日完成《成都至重庆客运专线施工图设计原则(站前专业)》审核，同月全面展开施工图审核工作。

(7)2011 年 1 月 19 日完成《成都至重庆客运专线轨道选型、重庆枢纽联络线、内江北立折线补充初步设计》咨询。

(8)2011 年 3 月 30 日至 2011 年 4 月 2 日对成渝客专施Ⅴ标、Ⅳ标、Ⅲ标进行了为期 4 天的现场核对工作。

(9)2011 年 3 月至 2014 年 8 月，陆续对各专业工程数量进行核查。

(10)2011 年 5 月 11 日至 13 日、5 月 17 日至 19 日，公司对成渝客专 6 个标段标进行了施工图现场核对及施工图落地检查。此次核对重点是涵洞工点、永川 1 号、2 号特大桥、新红岩隧道和大坪隧道。核对过程中，还对线路平面图上标注有涵洞的工点和施工单位施工中认为存在问题的工点进行了调查。

(11)2013 年 6 月 9 日完成《成都至重庆客运专线非四电生产生活房屋(不含枢纽、站房)施工图设计原则》审核。同月 25 日，完成《成都至重庆客运专线四电系统集成施工设计原则及实施技术方案》审核。

2. 施工图审核情况

截至 2015 年 8 月 10 日，成渝客专工务专业累计收到咨询施工图 1 603 册，已完成 1 603 册，共提出审核意见 6 676 条，收图及审核情况见表 2-11-2。

表 2-11-2　收图及审核情况

序　号	专　业	审核意见(条)	设计答复			审核意见采纳率(%)	分歧意见(条)
			答复(条)	同意(条)	解释(条)		
1	线路	879	879	783	96	89.08	0
2	轨道	201	201	143	58	71.14	0
3	路基	778	778	591	187	75.96	0
4	桥梁	3 170	3 170	2 126	1 044	67.07	0
5	隧道	1 489	1 489	1 145	344	76.90	0
6	站场	71	71	35	36	49.30	0
7	机械	16	16	11	5	68.75	0
8	机务	23	23	19	4	82.61	0
合　计		6 627	6 627	4 853	1 774	73.23(平均)	0

(二)铁一院站前工程施工图审核

1. 站前工程施工图审核过程

2011 年 4 月 25 日～2011 年 5 月 16 日，在成绵客专公司组织下和铁二院配合下，铁一院牵头开展了成渝客专、成昆线引入成都枢纽工程第一阶段电力、通信、信号迁改和油、气管道、给排水管路迁改和第二阶段桥涵、路基、站场等设计工点现场核对工作。通过现场核对,收集到第一手资料,确认了设计方案的合理性,并编制完成了“三电、三管”和“工点设计”核对报告。

2011 年 5 月初,铁一院组织站前线路、轨道、路基、桥涵、站场等专业完成了对铁二院编制的《改建铁路成都枢纽成绵乐、成渝客专及成昆线引入工程施工图站前专业设计原则及有关规定》审查,将审核意见提交成绵乐客专公司及铁二院。

2011 年 5 月初,铁一院编制完成的《改建铁路成都枢纽成绵乐、成渝客专及成昆线引入工程施工图审核大纲》在成都通过了由成绵客专公司组织的专家审查。

2011 年 5 月 15 日,铁一院结合现场核对意见,以“2011 第 001 号”至“2011 第 007 号”提出路基、线路、桥涵、站场、轨道及环保专业审核意见提交成绵乐客专公司及铁二院,铁二院以此修改完善施工图。

2011 年 11 月 28 日～2012 年 8 月初,根据铁二院的供图情况,铁一院对本工程站前各专业施工图及施工图预算进行了审核,铁一院各专业施工图审核意见以“2012 第 001 号”和“2012 第 002 号”及“2012 第 003 号”提交成绵乐客专公司及铁二院,成绵乐客专公司组织铁二院按审核意见对各专业施工图进行了修改完善,铁二院提出了站前工程施工图及施工图预算。

2012 年 8 月中旬,铁一院编制完成了《改建铁路成都枢纽成绵乐、成渝客专及成昆线引入工程站前工程施工图报告》上报成绵乐客专公司,8 月下旬铁道部工程管理中心在北京组织了审查,会后设计单位铁二院及审核单位铁一院按工程管理中心审查意见修改完善施工图设计文件及审核报告,于 9 月上旬改建铁路成都枢纽成绵乐、成渝客专及成昆线引入工程站前工程通过了工程管理中心审查。

2. 站前各专业审核情况

为了确保施工图审核工作质量和加快审核进度及修改图纸进度,成绵乐客专公司与铁二院、铁一院建立了高效的沟通机制,分别建立了各层次技术沟通机制,加强联络与衔接及相互配合,减少设计文件图纸提交环节和时间,加快了审核和图纸修改进度。对审核中分歧意见根据具体情况分层次沟通,各专业绝大部分分歧意见在沟通中得到解决;即使个别分歧意见在沟通未能解决,情况反映到成绵乐客专公司后,公司立即组织铁二院及铁一院相关专业进行会商研究,三方通过讨论协商使分歧意见都得到解决。

通过总体审核、分专业审核、集体会审相结合的方法,成都枢纽成绵乐、成渝客专及成昆线引入工程各专业审核中收到的各类图纸齐全,线路、路基、桥涵、站场、轨道、环保专业,共收到设计图及参考图 136 册,提出审核意见 603 条,设计采纳 282 条,经沟通协商维持原设计 321 条,各专业图纸审核及审核意见情况见表 2-11-3。

表 2-11-3　成都枢纽站前各专业图纸审核及审核意见

序　号	专　业	设计图纸	数量(册)	审核意见(条)	设计采纳(条)	维持原设计(条)	分歧意见(条)
1	线路	线路、平纵断面图及改移道路图	20	22	22	0	—
2	路基	路基工点图、参考图等	4	45	17	28	—
3	桥涵	桥涵工点图、参考图等	98	517	229	288	—
4	站场	站场设计图	4	5	3	2	—
5	轨道	轨道设计图	2	6	3	3	—
6	环保	绿色通道及环保设计图	9	8	8	0	—
合　计			137	603	282	321	

二、施工图审查的主要内容

1. 施工图总体审核及专业审核内容

(1)设计依据,设计采用的技术标准、规范是否有效,是否为有效版本。

(2)有关技术要求、指令是否得到有效合理的执行。

(3)是否与审查批准的初步设计意见一致,如有重大变更,是否有相应的批准文件。

(4)设计规模是否满足要求;配套设施是否齐全、设置是否合理。

(5)防洪、抗震、防火、防滑坡、防有害气体、节能、环保、水保措施是否合理有效。

(6)建设周期是否满足功能要求和建设单位期望。

(7)设计是否先进、投资预算是否得到合理有效控制、是否经济。

(8)各专业是否衔接一致。

(9)文件编制内容是否满足要求,图纸是否齐全,签署是否符合规定。

2. 施工图审核重点

(1)是否执行该项目初步设计的审查批复意见。

(2)执行工程建设强制性标准。

(3)审核设计文件编制内容、深度和质量是否达到《铁路建设项目预可行性研究、可行性研究和设计文件编制办法》规定和有关规范、规程要求。

(4)审核工程措施、工点技术措施、施工过渡措施、安全措施。

(5)审核防火、节能、环保、水保措施。

(6)审核工程数量、设备、材料数量,用地数量,拆迁数量。

(7)审核标准设计图的选用。

(8)设计文件的总体性和专业间的衔接。

(9)对重点桥梁、特殊岩土路基进行检算。

(10)对重点隧道的开挖方式、围岩衬砌、不良地质处理、防排水处治的方案审查。

(11)核查工程投资是否得到合理有效控制。

3. 施工图审核工作方法

(1)总咨询师组织专业咨询负责人学习掌握本铁路工程项目可行性研究、初步设计等阶段审查或批复意见,咨询项目部成员提出咨询要点,经讨论后由总咨询师编写《施工图审核大纲》。

(2)为了使设计文件的质量得到有效控制,我们必须对设计过程做到跟踪审核,对施工图进行审核,形成并提出《施工图审核报告》。

(3)审核过程中涉及安全、质量、投资、进度、技术等重大事项,遵循先报建设单位审批后实施的原则。

(4)按照 ISO 9001 质量管理体系建立有关台账,规范施工图审核工作。

(5)结合项目工程特点,组成施工图审核项目部及技术专家组。

(6)听取对审核工作的意见及要求,在组织机构、进度、人员安排等方面予以充分考虑。编制施工图审核进度计划。

(7)按照工程审核质量工作文件要求,对审核人员进行培训,规范行为,确保审核工作的质量。

(8)与设计单位建立通畅的联系方式,尽快掌握当前设计工作的实际情况;根据出图计划确定施工图审核计划。

(9)接到施工图设计文件后立即开展施工图审核工作,首先是对总体设计原则及各专业设计细则进行审核;其次是检查补充定测阶段地质勘探点布置、技术手段与方法的选用、提交工程设计的地质参数是否合理、资料是否齐全并满足设计要求;对设计文件的总体性和专业间的衔接进行审核;各专业开展施工图审核,提出咨询审核意见。

三、主要咨询成果

在本项目施工图审核工作中,施工图审核项目部严格按照《铁路建设项目施工图审核管理办法》(铁建改〔2010〕36 号)、《铁路建设项目施工图审核管理指南(试行)》(工管审〔2010〕76 号)文的规定,依据施工图审核合同条款约定的时间、份数,将审核月报、现场核对报告、审核阶段报告、审核总报告、重大问题报告及建设单位要求提交的审核业务范围内的其他报告以书面和电子版本形式报送建设单位。施工图审核成果主要为:

1. 施工图审核月报。

2. 施工图现场核对报告。

3. 施工图图纸审核阶段报告。

4. 施工图预算及分析审核成果。

5. 施工图投资检算工程数量核查报告。

6. 施工图审核意见汇编。

四、主要咨询意见和落实情况

本项目共收到施工图图纸和文件 2 678 册，所收到施工图及文件均已完成审核，提出审核意见 10 636 条，设计答复意见 10 597 条，其中采纳意见 8 288 条，未答复意见 39 条。综合采纳率 78.2%，解释或不采纳意见 2 309 条，经双方协商或由建设单位协调已解决，无分歧意见。各专业审核成果见表 2-11-4。

表 2-11-4 各专业审核成果一览表

专业	审核图纸(册)	审核意见(条)	设计单位答复			
			答复意见(条)	同意并采纳(条)	解释未予采纳(条)	采纳率(%)
线路	236	879	879	703	176	80.0
轨道	37	201	201	143	58	71.1
路基	512	778	778	576	202	74.0
桥涵	759	3 224	3 224	2 178	1 046	67.6
隧道(地道)	141	1 515	1 515	1 164	351	76.8
站场	55	71	71	35	36	49.3
电气化	154	363	363	297	66	81.8
给排水	17	64	64	59	5	92.4
通信	35	102	102	94	8	92.2
信号	89	98	98	88	10	89.8
防灾	5	69	69	66	3	95.7
信息	15	26	26	22	4	84.6
电力	96	315	315	282	34	89.5
房建	304	2 287	2 287	2 053	234	89.7
暖通	206	572	572	498	73	87.1
环保	15	49	10	10	0	100
工经	2	23	23	20	3	87.0
合计	2 678	10 636	10 597	8 288	2 309	78.2(平均)

通过总体审核、分专业审核、集体会审相结合的方法，成都枢纽成绵乐、成渝客专及成昆线引入工程各专业审核中收到的各类图纸齐全，线路、路基、桥涵、站场、轨道、环保专业，共收到设计图及参考图 136 册，提出审核意见 603 条，设计采纳 282 条，经沟通协商维持原设计 321 条，各专业图纸审核及审核意见情况见表 2-11-5。

表 2-11-5 成都枢纽站前各专业图纸审核及审核意见表

序号	专业	设计图纸	数量(册)	审核意见(条)	设计采纳(条)	维持原设计(条)	分歧意见(条)
1	线路	线路、平纵断面图及改移道路图	20	22	22	0	—
2	路基	路基工点图、参考图等	4	45	17	28	—
3	桥涵	桥涵工点图、参考图等	98	517	229	288	—
4	站场	站场设计图	4	5	3	2	—
5	轨道	轨道设计图	2	6	3	3	—
6	环保	绿色通道及环保设计图	9	8	8	0	—
合　计			137	603	282	321	

第十二章　物 资 管 理

成渝公司为规范、加强物资设备采购、供应、管理工作，实现质量、工期及投资控制等建设目标，根据《中华人民共和国招投标法》《工程建设项目货物招标投标办法》(国务院七部委〔2005〕年第 27 号令)、《关于印发〈铁路建设项目物资设备管理办法〉的通知》(铁建设〔2006〕83 号)、《关于印发〈铁路建设项目甲供物资设备采购供应暂行办法〉的通知》(铁建设〔2006〕217 号)、《关于印发〈铁路建设项目铁道部管理的物资采购供应实施细则〉的通知》(铁建设〔2007〕219 号)、《关于印发〈铁路建设项目甲供甲控物资设备目录〉的通知》(铁建设〔2008〕179 号)、《关于调整铁路建设项目甲供物资设备目录的通知》(铁建设〔2009〕193 号、铁建设〔2009〕217 号、铁建设〔2010〕24 号)、《关于发布铁路建设项目物资招标文件示范文本的通知》(铁建设〔2009〕225 号)，结合本公司管理的建设项目特点，制订《物资设备管理暂行办法》，并同时制定《物资设备驻厂监造管理办法》《建管物资备招标采购供应实施细则》《甲控物资设备管理实施细则》《物资设备档案管理实施细则》《物资代理公司考核实施细则》等相关办法和实施细则。

物资设备管理遵循“源头把关、过程控制、精细管理”的原则，以“保证质量、控制价格、保障供应”为核心，对物资设备实行分类管理、分级负责、专业服务、统筹供应。

第一节　物资采购供应管理

物资设备采购坚持“依法、合规、优质、可靠、低成本”的原则。甲供物资设备单项合同估算价在 50 万元人民币以上、甲控物资设备(含价购工厂化生产物资设备)单项合同估算价在 50 万元人民币以上的必须进行招标采购，招投标活动在铁路有形建设市场进行。对于同一建设项目不同标段中相同的、合同估算价达到招标规定的甲控物资设备(含价购工厂化生产物资设备)，由公司与施工单位共同组成招标人，按招标程序统一实施招标采购。对确须越权采购且合同估算价不超过 50 万元的甲供物资设备和合同估算价不超过 50 万元的甲控物资设备，工程承包单位必须填报“甲供(控)物资设备自购审批表”，经公司审批后方可实施自购。

一、甲供物资采购

(一)甲供物资招标计划

1. 勘察设计单位根据初步设计批复文件并结合铁道部公布的物资设备目录，向成渝公司提供甲供招标物资设备清单，以保证甲供物资设备招标计划的编报。

2. 甲供物资设备清单要求：

(1)物资设备名称、规格型号、图号、设计数量、概算单价、运杂费等内容详细完整。

(2)涵盖施工图的数量、品种、规格型号，以避免招标采购漏项。

(3)物资设备的安装使用地点、区段或车站。

(4)勘察设计单位提供甲供招标物资设备清单的同时，提供对应配套的技术规格书。

3. 招标基础资料完整、齐全后，成渝公司物设部按照甲供物资设备的分类管理负责编制招标计划经成渝公司批准后报铁道部。

(二)甲供物资采购

1. 公司负责按《铁路建设项目甲供物资设备目录(一)》规定的部管甲供物资设备编制招标计划报部物资办，经部招标办批复后由铁道部组织招标。

2. 公司负责按《铁路建设项目甲供物资设备目录(二)》规定的建管甲供物资设备编制招标计划报部物资办批复后进入铁道工程成都交易中心按照规定程序组织招标。

3. 甲供物资设备招标后,由公司与供货单位签订供货合同,供货合同抄监理、施工单位各一份。

(三)甲供物资施工用料需求计划管理

1. 施工单位应根据施工计划安排按季度、月度编制甲供物资施工用料需求计划(含编制说明、需求计划表、需用量核算表和技术标准等)经公司工程部(或段落指挥部)现场专工审核,甲供物资施工用料季度需求计划在上季度最后一个月的 15 日前,月份需求计划在上月 20 日前报送公司物资设备部。月份需求计划可调整季度计划,但幅度应控制在 10%以内。

2. 甲供物资施工用料需求计划按照要求编制。

3. 施工单位应保证计划编制的准确性和严肃性,除设计变更外,年度施工计划不作调整时原则上不对甲供物资需求计划进行调整。

4. 特殊情况下追加、削减甲供物资需求计划的原则如下:

(1)施工单位变更需求计划必须在物资发货前提出,已发货或在途物资不予调整变更,申请调整变更的物资发货准备期不小于 7 日。

(2)特殊物资设备及铁路专用器材,需要提出削减计划时,应根据订货合同条款,由供需双方协商解决。

(3)特殊物资设备及铁路专用器材,追加计划时要考虑生产周期和运输时间。

二、甲控物资采购

(一)甲控物资(含价购工厂化生产物资设备)采购

1. 施工单位不得将依法必须招标的物资设备化整为零或以其他形式规避招标。

2. 公司物设部负责制订合格供应商资格条件并负责对供应商进行资格审查。

3. 在公司监督下,施工单位按铁道部关于招标的有关规定进入铁道工程成都交易中心进行招标采购,招标文件执行铁建设〔2009〕225 号文。签订合同,并将合同复印件报监理单位、公司物资设备部备案。

(二)甲控物资施工用料需求计划管理

1. 凡符合招标条件的甲控物资必须招标采购。施工单位根据设计文件和施工进度用料情况提前 45 天编制甲控物资招标计划报公司审核,未经审核的甲控物资不得擅自采购。

2. 对属于甲控物资范围,全线单项合同估算价在 50 万元人民币以下的物资设备,施工单位必须填报《甲控物资设备自购申请计划表》报公司物资设备部审批。

3. 甲控物资(含价购工厂化生产物资设备)施工需求计划。施工单位根据供货合同,提前或定期向供货单位提出月(季)施工用料计划。

三、自购物资(不含价购工厂化生产物资)采购

1. 由施工单位作为货物采购招标人进行招标采购。负责编制资审文件、招标文件,组织评标(审)工作,招标前应向公司报告。

2. 施工单位上报的供应商资格文件必须真实可靠,经公司审查批复后才能进行自购物资招标。

3. 对于构成主体工程的砂石料、土工材料及其他重要辅助材料,在公司监督下实施招标采购。

第二节　物资质量控制

以控制质量为根本,以落实合同为中心,以保证供应为关键,监督物资供货渠道,对计划实行动态管理,随时掌握施工动态、市场变化和天气情况,特殊时期能做到施工现场高于一切,急工地之所急,特事特办保物资供应,最终确保完成投资计划。

公司对物资设备质量管理负总责。其他参建单位在各自责任范围内对物资设备质量负责。建立健全质量责任制,层层把关、分级负责,明确物资设备采购供应管理中各环节的责任人。针对不同物资设备建立了质量监测系统,特别是要做好技术引进的新产品、新设备、新系统的质量监测。物资设备使用坚持"先检验,后使用"的原则,凡按设计或规范要求,投入使用前必须进行试验或检测的物资设备,公司工程部(或段落指挥部)现场专工督促施工单位必须先试验,先检测。只有经检验合格的物资设备才允许进场,只有经过

监理批准的物资设备才可投入工程使用。施工单位在采购过程中妥善保管试验、检测的原始依据及厂方提供的合格证、质量文件等资料，建立、健全物资设备质量档案资料。施工单位还接受公司和工程监理对施工现场物资设备使用情况，尤其是物资设备质量的监督、检查。物资设备如在工程使用过程中，经任何一方检验、检查机构发现存在质量问题时，施工单位应立即停止使用，并不得进行下一道工序的施工。检验、检查机构应将有关情况及时报告公司物资设备部，由公司物资设备部协调监理、施工单位和生产（供应）商解决出现的质量问题。

一、甲供物资质量控制

（1）部管物资的质量控制由物资代理公司负责。包括生产过程监控、驻厂监造、质量追踪等工作。

（2）建管物资的质量控制由公司负责。包括组织对投标厂商资格审查、生产过程监控、驻厂监造、组织验收、质量追踪等工作。

（3）公司要组织公司相关部门严格审查建管物资投标厂商的各项资质，确保物资供应商资质符合要求。确保采购物资设备具备国家、部、省、局级颁发的产品生产许可证、特许证、产品认证、合格证、产品鉴定证书、检验证明等有关资料，满足设计要求、技术规范要求。

（4）重要甲供物资到货验收工作由公司物资设备部负责组织，公司工程部、段落指挥部、监理单位、施工单位、供应商参加，按照部颁《铁路物资技术保管规程》和相关技术规范验收。包括对物资设备的规格型号、数量、品种、检测报告、合格证书、质量保证承诺（产品质量保证期和产品缺陷召回、经济损失赔偿责任的承诺等）、外观质量进行检查验收，属于行政许可或强制性认证的，应检查行政许可或强制性认证证书。其他甲供物资验收委托施工单位组织，各有关单位参加。

（5）对于量差超过规定、存在质量问题或与签订的合同不符时，施工单位应做好验收记录，由公司物资设备部与供应商协商解决，若有争议时按合同约定的办法进行处理。

（6）对于已投入工程使用的产品发生质量问题，属生产厂家责任而影响工程总体质量，造成经济损失的，公司物资设备部将向供货单位发出书面警告，责令限期整改，并视其不同情况向厂方索赔，直至终止合同。

二、甲控、自购物资质量控制

（1）施工单位、监理单位共同负责甲控、自购物资质量控制。

（2）公司物资设备部负责制定甲控物资（含价购工厂化生产物资设备）供应商资质条件，并审查、确定合格供应商，实施合格供应商准入制度。

（3）监理单位、施工单位负责按照部颁《铁路物资技术保管规程》和相关技术规范进行到货验收工作，公司工程部、段落指挥部参加。包括对物资设备的规格型号、数量、品种、检测报告、合格证书、质量保证承诺（产品质量保证期和产品缺陷召回、经济损失赔偿责任的承诺等）、外观质量进行检查验收，并按照规定对质量进行抽检，属于行政许可或强制性认证的，应检查行政许可或强制性认证证书。

（4）对于量差超过规定、存在质量问题或与签订的合同不符时，施工单位应作好验收记录并与供应商协商解决，若有争议时按合同约定进行处理。

（5）对于已投入工程使用的产品发生质量问题，属生产厂家责任而影响工程总体质量，造成经济损失的，施工单位负责向供应商发出书面警告，责令限期整改，并视其情况向供应商索赔，直至终止合同。

第十三章 队伍管理

第一节 专业队伍要求

一、对投标人的资格审查

成渝公司根据《中华人民共和国招标投标法》《工程建设项目施工招标投标办法》《工程建设项目货物招标投标办法》《工程建设项目勘察设计招标投标办法》《铁路建设工程招标投标实施办法》以及国家、铁道部其他有关招标投标管理规定,结合铁路客运专线实际,将资格审查分为资格预审和资格后审。主要审查潜在投标人或者投标人是否符合下列条件:

1. 具有独立订立合同的权利。

2. 具有与招标项目相适应的资质证书、生产许可证或特许证等。

3. 具有有效履行合同的能力,包括专业、技术资格和能力,资金、设备和其他物质设施状况,管理能力,经验、信誉和相应的从业人员。

4. 没有处于被责令停业,投标资格被取消,财产被接管、冻结,破产状态。

5. 在最近两年内没有骗取中标和严重违约。

6. 近一年无重大质量、安全事故以及施工造成的铁路行车重大、大事故。

7. 法律、行政法规规定的其他资格条件。

二、对承包人的基本要求

通过合同通用条件和专用条件中对承包人的义务与责任等的要求,表达了成渝公司对承包人的明确要求。关于承包人的义务和责任的条款如下:

(一)通用条件规定承包人的一般义务和责任

承包人应按合同文件规定的时间和内容履行一般义务和完成下列工作:

1. 承包人在履行合同过程中应遵守法律,并保证发包人免于承担因承包人违反法律而引起的任何责任。

2. 承包人应按有关法律规定纳税,应缴纳的税金包括在合同价格内。

3. 承包人应按合同约定以及监理人根据合同条款作出的指示,实施、完成全部工程,并修补工程中的任何缺陷。除专用合同条款另有约定外,承包人应提供为完成合同工作所需的劳务、材料、施工设备、工程设备和其他物品,并按合同约定负责临时设施的设计、建造、运行、维护、管理和拆除。

4. 承包人应按合同约定的工作内容和施工进度要求,编制施工组织设计和施工措施计划,并对所有施工作业和施工方法的完备性和安全可靠性负责。

5. 承包人应按约定采取安全措施,确保工程及其人员、材料、设备和设施的安全,防止因工程施工造成的人身伤害和财产损失。

6. 承包人应约定负责施工场地及其周边环境与生态的保护工作。

7. 承包人在进行合同约定的各项工作时,不得侵害发包人与他人使用公用道路、水源、市政管网等公共设施的权利,避免对邻近的公共设施产生干扰。承包人占用或使用他人的施工场地,影响他人作业或生活的,应承担相应责任。

8. 承包人应按监理人的指示为他人在施工场地或附近实施与工程有关的其他各项工作提供可能的条件。除合同另有约定外,提供有关条件的内容和可能发生的费用,有监理人按相关条款商定或确定。

9. 工程接收证书颁发前,承包人应负责照管和维护工程。工程接收证书颁发时尚有未竣工工程的,承包人还应负责该未竣工工程的照管和维护工作，直至竣工后移交给发包人为止。

10. 承包人应履行合同约定的其他义务。

（二）专用条件补充条款对“承包人的一般义务”补充

1. 甲供材料设备，由发包人提供。

2. “为他人提供方便”本项修改为：

承包人应按照监理人的指示为他人在施工场地或附近实施与工程有关的其他各项工作提供可能的条件，由此引起的相关费用，由承包人在总承包风险费中自行解决。

3. “其他义务”本项细化为：

承包人应履行的其他义务包括：

(1)承包人应设立银行专项账户，预存农民工工资保障金，并保证及时兑现农民工工资。

(2)接受发包人对本建设项目建设资金和农民工工资保证金账户资金使用情况的监督。

(3)按国家及铁道部规定提供完整的竣工文件及资料，工程初验后一年内要完成工程总结。

(4)当承包人在查阅、核对合同文件或在本合同工程实施过程中，发现有关的工程勘察、设计、标准和规范、图纸或其他资料中的任何差错、遗漏或缺陷后，应及时书面通知监理工程师。

(5)激励约束考核机制。承包人接受发包人按照铁道部铁路建设项目激励约束考核机制制定的办法，对承包人实行项目激励约束考核机制，考核分为平时考核和项目考核。

(6)如本工程使用铁路建设项目管理信息系统，承包人应配备设备和人员，按发包人要求的资料目录及格式按时如实提供资料。

(7)承包人应执行发包人建立的项目管理制度。

(8)按规定接受相关审计和专项检查。

(9)承包人严格遵守国家及地方有关征地拆迁工作的文件规定，加强对临时用地的选址、利用、耕地保护等管理工作，负责临时用地的复垦工作。

(10)承包人承建本项目的营业税及附加、印花税等地方税收由发包人代征代缴。

(11)承包人应按照发包人的要求组建和管理“架子队”、设置劳务管理机构和人员、培训使用劳务作业人员。

(12)承包人应按照规定的范围及合同约定使用安全生产费用，并接受发包人或监理人对安全生产设施和费用使用情况进行的检查，按检查意见完善安全生产措施，保证安全生产需要。

(13)承包人应严格按照国家劳动、卫生等有关规定，为劳务人员提供符合卫生、安全要求的食宿条件。

三、对承包人员工要求

通过细化合同条款，明确成渝公司对承包人员工资格、雇佣、撤换、合法权益、无序行为等要求。关于承包人员工的条款如下：

（一）通用条件的要求

1. 对承包人项目经理的要求

(1)承包人应按合同约定指派项目经理，并在约定的时期内到职。承包人更换项目经理应事先征得发包人同意，并应在更换 14 天前通知发包人和监理人。承包人项目经理短期离开施工场地，应事先征得监理人同意，并委派代表代行其职责。

(2)承包人项目经理应按合同约定以及监理人按合同条款做出的指示，负责组织合同工程的实施。在情况紧急且无法与监理人取得联系时，可采取保证工程和人员生命财产安全的紧急措施，并在采取措施后 24 h 内向监理人提交书面报告。

(3)承包人为履行合同发出的一切函件均应有承包人授权的施工场地管理机构章，并有承包人项目经理或其授权代表签字。

(4)承包人项目经理可以授权其下属人员履行其某项职责，但事先应将这些人员的姓名和授权范围通知监理人。

2. 对承包人人员的要求

(1)承包人应在接到开工通知后28天内,向监理人提交承包人在施工场地的管理机构以及人员安排的报告,其内容应包括管理机构的设置、各主要岗位的技术和管理人员名单及其资格,以及各种工种技术工人的安排状况。承包人应向监理人提交施工场地人员变动情况的报告。

(2)作为完成合同约定的各项工作,承包人应向施工场地派遣或雇佣足够数量的下列人员:

①具有相应资格的专业技工和合格的普工。

②具有相应施工经验的技术人员。

③具有相应岗位资格的各级管理人员。

承包人安排在施工场地的主要管理人员和技术骨干应相对稳定。承包人更换主要管理人员和技术骨干时,应取得监理人的同意。

特殊岗位的工作人员均应持有相应的资格证明,监理人有权随时检查。监理人认为有必要时,可以进行现场考核。

3. 撤换承包人项目经理和其他人员要求

承包人应对其项目经理和其他人员进行有效管理。监理人要求撤换不能胜任本职工作、行为不端或玩忽职守的承包人项目经理和其他人员的,承包人应予以撤换。

4. 保障承包人人员的合法权益的要求

(1)承包人应与其雇佣的人员签订劳动合同,并按时发放工资。

(2)承包人应按劳动法的规定安排工作时间,保证其雇佣人员享有休息和休假的权利。因工程施工的特殊需要占用休假日或延长工作时间,应不超过法律规定的限度,并按法律规定给予补休或付酬。

(3)承包人应为其雇佣人员提供必要的食宿条件,以及符合环境保护和卫生要求的生活环境,在远离城镇的施工场地,还应配备必要的伤病防治和急救的医务人员和医疗设施。

(4)承包人应按国家有关劳动保护的规定,采取有效的防止粉尘、降低噪声、控制有害气体和保障高温、高寒、高空作业安全等劳动保护措施。其雇佣人员在施工中受到伤害的,承包人应立即采取有效措施进行抢救和治疗。

(5)承包人应按有关法律规定和合同约定,为其雇用人员办理保险。

(6)承包人应负责处理其雇佣人员因工伤亡事故的善后事宜。

(二) 专用条件补充条款的要求

1. 补充条款对承包人项目经理的要求

(1)对项目经理的其他约定,按铁道部有关规定执行。

(2)承包人因工作调动或其他原因提出更换项目经理,经发包人审核同意,允许其更换项目经理,但承包人须向发包人支付违约金100万元人民币/人次,未经发包人同意,承包人不得更换项目经理。否则引起的后果由承包人承担;由于项目经理失误或不称职,发包人有权要求承包人更换,承包人需向发包人支付违约金100万元人民币/人次;续任项目经理必须满足招标文件资格要求。

2. 补充条款对承包人人员的要求

(1)投标文件中承诺人员应按时到位,其他各主要岗位的技术和管理人员及各工种技术工人的资格不低于招标文件最低要求及投标时承诺的人员及能力要求。

(2)未经发包人同意更换项目总工程师时,承包人需向发包人支付违约金50万元人民币/人次。续任项目总工程师必须满足资格预审文件要求。

(3)承包人任命的主要部门负责人,承包人不得随意更换。经发包人同意,承包人更换主要部门负责人,承包人需向发包人支付违约金20万元人民币/人次。续任相关人员必须满足招标文件资格要求。

(4)承包人承诺的工程技术和管理人员必须按投标承诺到位,专业技术负责人或高级工程师每少一人支付违约金5万元,工程师每少一人支付违约金2万元。续任相关人员必须满足招标文件资格要求。

第二节 岗位培训

为适应铁路发展需要,提高成渝公司全体职工的职业意识、专业工作技巧以及管理水平,提升职工的岗位胜任能力，全面促进职工的成长和发展，根据铁道部、成都铁路局关于职工教育培训管理的有关规定和要求，制定《职工教育培训管理办法》，明确了职工教育培训以公司的整体发展战略及企业文化为导向。该办法中还明确了教育培训的组织及管理部门职责、教育培训的方式、教育培训的对象、教育培训的内容、教育培训流程、教育培训期间待遇、经费管理等相关内容。

一、岗位培训机构及职责

公司综合部为职工教育培训的组织及管理部门，具体负责职工培训活动的组织、实施、监控、管理及信息反馈。公司各相关部门负责本部门内部培训工作，并负责与综合部协调做好本部门培训工作的组织、协调与安排工作。各部门进行的内部培训应做好记录并在年末将其整理完毕后报综合部备案。

二、教育培训的方式

公司鼓励职工自主学习和参加在职培训，提倡职工相互学习及经验交流。各级管理者对下属职工负有在岗培训的责任。

公司职工教育培训将利用铁路企业自有的和社会的教育培训资源，以送外教育培训为主，组织职工参加铁道部、成都铁路局组织的脱产培训，支持和鼓励职工通过函授、自考、夜大、远程网络等形式参加学历教育、继续教育和在业余时间参加专业技术资格、职业(执业)资格考试等，并适时组织专业技能、通用知识、管理知识等内部培训。

教育培训的主要方式：

1. 学历和继续教育：根据成都铁路局与协办院校的招生计划和开设专业情况，在本人自愿的情况下，公司在计划内推荐职工报考。

2. 内部兼职教师内训：在公司内部兼职教师条件可以满足要求的情况下，安排内部教师授课。

3. 外部讲师内训：对于通用知识技能培训等较集中的课程，在公司内部条件无法满足要求的情况下，安排该课程领域专家来公司内部授课。

4. 外派培训：培训需求经审批后，在路内有同类培训或公司条件无法满足的情况下，安排相关部门或个人参加外部组织的培训，以及到其他客运专线参观、考察、学习等。

5. 研讨会：一种集中讨论及交流形式的培训。

三、教育培训的对象

1. 高等学历教育。对象为满足客运专线建设管理对不断提高职工专业素质的需要、积极要求提升文化层次、并经公司审查同意报名的职工。

2. 职工培训。参加公司或铁道部、成都铁路局举办的相关专业技术或管理知识培训的职工以及借调、返聘等劳务人员。

3. 资格考试。根据岗位要求参加国家技术职务资格、职业(执业)资格考试的职工。

四、教育培训的内容

1. 学历教育。现有学历低于大学专科的职工，以及愿意攻读与现职岗位相同或相近的第二专业大学学历(含对口专业的专升本)及在职硕士研究生的职工。

2. 职工培训。包括专业知识技能培训、通用知识技能培训以及管理类培训课程。

(1)上级主管部门组织的各类培训，主要涉及工程管理、路基与桥梁专业、隧道专业、信息系统管理、计划合同管理、公文管理、人力资源管理、综合管理等培训班。

(2)公司组织的内部培训。坚持注重实效的原则，以适应高速铁路建设管理需要为目的，开展形式多样的培训，切实提高建设管理水平。

五、教育培训流程

成渝公司综合部根据教育培训需求，报公司总经理审批后由统一组织实施。各部门自行组织的培训活动，在不产生相关培训费用的情况下，由各部门自行安排，并将培训记录报综合部备案。部门提出的计划外的教育培训需求，需要产生相关培训费用或由综合部组织实施的，通过程序进行审批。

第三节　架子队管理

为适应大规模客运专线铁路建设需要，确保客运专线铁路建设工程质量和施工安全，充分调动社会资源参与客运专线铁路建设，按照《关于积极倡导架子队管理模式的指导意见》(铁建设〔2008〕51号)，施工单位要循序渐进地实现架子队用工模式，实现施工企业施工现场管理层与作业层的有机衔接和有效运作。

施工企业要大力倡导架子队用工模式，采取“分步实施，稳妥推进”的办法在全线逐步实现架子队模式。

一、架子队的组建

架子队是客运专线铁路工程建设项目施工现场的基层施工作业队伍，是以施工企业管理、技术人员和生产骨干为施工作业管理与监控层，负责计划管理、技术控制、材料供应、验工计价、质量检验、安全生产等主要管理工作，以劳务企业的劳务人员和与施工企业签订劳动合同的其他社会劳动者(统称劳务作业人员)为主要作业人员的工程队。

架子队组建坚持以专业化为方向，构建专项施工能力的架子队，架子队设专职队长、技术负责人各1人；技术、质量、安全、试验、物资专业技术人员、领工员及工班长(视施工规模各1人或2人)，劳务作业人员视该队施工规模、单位工程类别而定。

二、架子队管理要求

(1)要保证“架子”的质量。担任架子队的施工企业主要组成人员应具有相应的作业技能，领工员、工班长还应具有相应的组织能力和丰富的施工实践经验，其人数应能满足施工现场生产管理、各施工环节和过程不间断监督的需要。

(2)施工现场所有劳务人员都应纳入架子队统一集中管理，由架子队按照施工组织安排统筹劳务作业任务。班组作业人员应在领工员和工班长的带领下进行作业，确保每个工序和作业面有领工员、技术员、安全员跟班作业。

(3)架子队应建立和实行技术交底制度，技术负责人就工程作业工序和环节向领工员、工班长进行书面技术交底，书面技术交底资料要归类存档备查。领工员、工班长应在实施作业前对班组作业人员进行工作和安全交底。

(4)架子队主要组成人员在施工过程中应保持稳定和完整，应根据施工组织安排及工程进度，适时调整作业班组用工数量。

三、架子队重点适用范围

客运专线铁路建设工程施工提倡架子队管理模式，软土路基处理、重难点桥隧工程及其他重要结构物、铺轨架梁、四电工程以及应急工程等，原则上应实行架子队管理模式施工。施工单位可采用循序渐进的方式，逐步推进实施。

四、架子队劳务用工管理标准

劳务人员选择坚持专业化的原则，由项目经理部实施：

(1)选择劳务企业首先查阅并复印劳务企业资质证书等相关证件，与劳务企业签订劳务协议。

(2)选择劳务人员要查看并复印劳务人员与劳务企业签订的合同、专业资格证书、身份证和无犯罪证明及健康证明等文件资料。

(3)被录用的劳务人员进场时逐个核验规定的文件资料。

(4)施工企业将劳务人员劳动合同编号、身份证号、资格证书号等情况报公司、监理单位备案。

(5)加强架子队所有人员特别是劳务人员的培训教育，纳入本项目的培训计划，通过培训教育，使他们掌握相关的基本知识和专业施工技能以及提高规范化施工的自觉性。

(6)建立系统完整的技术交底程序。项目经理部技术负责人或专业工程师向架子队技术负责人进行技术交底；架子队技术负责人向领工员、工班长进行书面技术交底，领工员、工班长在施工作业前对班组作业人员进行工作和安全交底；特殊工序和特殊过程项目技术负责人向架子队相关管理、监控、服务人员进行书面技术交底，交底资料要及时归档备查。

(7)工班长带领班组作业人员进行规范化施工，领工员、技术员和安全员要跟班作业，不间断的监督各工序、环节的施工，发现问题及时整改。

(8)项目经理部专职副经理、专业工程师、安质部每日对架子队的施工巡查不少于一次，对违章作业要坚决纠正，直至停工整顿。

(9)队长签认的工资奖金由项目经理部直接发放，做到队长说话算数，劳务人员无后顾之忧。

(10)劳务人员中的特殊工种(如电焊工、起重工、锅炉工、车辆机械驾驶员等)必须持证上岗。

(11)劳务人员必须严格遵守国家、当地及企业的法律法规及各项规章制度，操作规程。违者加强教育，屡教不改者坚决辞退。

(12)施工企业要把劳务人员作为企业的一员，按现行有关规定为他们提供符合安全、卫生标准的居住条件、生活设施、安全防护用具和机械设备及工具。

(13)项目经理部要建立对架子队的考核评比奖惩制度，每月对架子队进行一次检查考核，奖惩兑现。每年对相关劳务企业进行一次信用评价，评价结果报公司。

(14)公司、监理单位对架子队要进行检查，发现架子队使用不合格劳务人员时，立即正式书面通知施工企业清退不合格劳务人员。

(15)公司把施工企业架子队管理纳入信用评价，将信用信息按有关规定报送上级主管部门。

第四节　队伍劳动竞赛评比活动

一、劳动竞赛评比的内容和方式

(一)设计类“三比三赛”活动

(1)比施工图提供，赛供图进度。要求设计单位按合同约定和进度要求，提供纸质设计文件和电子文件，无违法分包现象。

(2)比施工图审核，赛图纸质量。要求设计单位的总体设计、地质资料、各专业设计、环保水保、节能防火、防灾安全、征地拆迁、施组设计、投资检算等符合初步设计批复意见及工程建设强制性标准和规范、规程。

(3)比施工图实施，赛服务质量。要求勘察设计专业技术人员及时解决现场各种技术问题，积极配合建设管理、施工单位和监理单位进行有效技术管理。

(二)咨询类“三比三提升”活动

(1)比兑现承诺，提升履约能力。要求咨询单位在本项目的机构设置、人员配备、资质和能力上必须满足合同约定的内容。

(2)比从严把关，提升工作质量。要求咨询单位及人员严格按设计标准对设计文件进行审核和优化，做到方案最优、技术最先进，投资最经济合理，杜绝“差、错、漏、碰”等现象。

(3)比规范管理，提升服务水平。要求咨询单位规章制度健全，各类工作台账齐备，咨询报告编写规范，内容真实、准确，提供及时，咨询工作进度适应现场施工需要。

(三)施工类“六比六创”活动

(1)比工程质量，创优质精品。要求施工单位建立健全质量管理制度，严格执行有关规程规范，落实确保质量的强制性措施要求，有效控制工程质量，实现主体工程质量零缺陷。

(2)比安全生产，创平安佳绩。要求施工单位建立健全安全管理体系，提高安全管理水平，实现安全目标。

(3)比工程进度,创一流效率。要求施工单位根据合同要求,严格按照经过批准的进度计划,确保月度、季度、年度产值计划和形象进度的完成,不断刷新施工生产新纪录,创造一流的施工效率。

(4)比投资控制,创成本优化。要求施工单位认真核对施工图,积极提出施工图优化建议,优化施工组织,按照合同据实验工计价,节省工程投资。

(5)比环境保护,创绿色工程。要求施工单位在施工进场前开展好环保宣传教育培训,落实设计文件中的环境保护、水土保持措施,各项环保工程和设施达到工程施工质量要求,制定施工期环保应急处理措施,与当地政府、企业和人民群众团结协作、和谐相处,建好工地职工之家,为员工创造良好的学习、工作、生活环境,以建设安全文明标准工地为载体,加大现场管理力度,做到施工道路畅通,材料堆放整齐,各种标志齐全,施工现场井然有序。

(6)比技术创新,创工艺工法。要求施工单位在重点、难点工程施工中,积极采用新技术、新工艺、新材料、新设备,进行科技攻关,积极创新工艺工法,大力组织员工开展群众性的合理化建议、技术革新活动,取得良好的社会效益和经济效益。

(四)监理类“三比三创”活动

(1)比合同承诺,创一流服务。要求监理人员全面履行职责和义务,及时提供优质服务;监理工作有严密的工作制度,详尽的实施细则,规范的工作程序,标准的报表格式,并切实得到落实。

(2)比业务素质,创一流水平。要求监理人员的结构合理,行风廉洁,执法公正,坚持原则,无违纪、违规、失职行为。

(3)比工作成效,创一流业绩。要求项目的质量、安全、进度、投资得到有效控制,环境保护和水土保持工作良好,达到合同及有关规范要求。

(五)建设管理类“三比三赛”活动

(1)比建章立制,赛科学管理。要求公司各部门、段落指挥部制度完善、职责明确、管理规范,建立科学的工作机制。

(2)比优质服务,赛务实高效。要求公司各部门、段落指挥部作风优良、服务热情、求真务实、管理高效。

(3)比遵章守纪,赛敬业奉献。要求公司各部门、段落指挥部守纪守法、廉洁自律、忠于职守、乐于奉献,营造讲团结、讲奉献的和谐环境。

二、劳动竞赛表彰奖励

成渝客专建功立业劳动竞赛每年召开一次表彰大会,对年度劳动竞赛评选的优胜标段、先进集体、优秀管理者和先进标兵进行表彰奖励。

(1)对施工类年度评比为第一名的优胜标段奖励人民币 30 万元,第二名奖励人民币 20 万元,第三名奖励人民币 10 万元,并分别颁发“××××年度成渝客专建功立业劳动竞赛优胜标段第×名”奖牌。各获奖优胜标段指挥长被评为优秀管理者,获奖总额的 10%用于奖励指挥长。

(2)对监理类年度评比为先进集体的单位奖励人民币 3 万～5 万元,并颁发“××××年度成渝客专建功立业劳动竞赛先进集体”奖牌。获奖监理单位中方负责人被评为优秀管理者,获奖总额的 20%用于奖励获奖监理单位中方负责人。

(3)对设计类年度评比考核达到优秀(考评总分达到 270 分及以上)的单位奖励人民币 15 万元,并颁发“××××年度成渝客专建功立业劳动竞赛先进集体”奖牌。

(4)对咨询类年度评比考核达到甲级(考评总分达到 90 分及以上)的单位奖励人民币 5 万元,并颁发“××××年度成渝客专建功立业劳动竞赛先进集体”奖牌。

(5)对建设管理类年度评比为第一名的公司部门(或段落指挥部)人均奖励人民币 1 500 元,并颁发“××××年度成渝客专建功立业劳动竞赛先进集体”奖牌。

(6)对先进标兵颁发“××××年度成渝客专建功立业劳动竞赛先进标兵”荣誉证书并给予 2 000 元奖

励。先进标兵的评选要求及名额分配:施工类年度考核第一名的标段推荐 4 名,年度考核第二名的标段推荐 3 名,年度考核第三名的标段推荐 2 名,其他标段各推荐 1 名;监理、设计、咨询单位各推荐 1 名;年度考核第一名的公司部门(或段落指挥部)推荐 1 名,评定结果由公司劳动竞赛委员会确定。

每年 10 月,成渝公司根据对参建单位开展建功立业劳动竞赛活动考核评比情况,组织开展本年度火车头奖杯、奖章评选申报工作,对在建功立业劳动竞赛活动中事迹特别突出者,符合中华全国铁路火车头奖杯、奖章条件的单位和个人,向中华全国铁路总工会申报铁路客运专线建设火车头奖杯、奖章。推荐的单位和个人原则上在建功立业劳动竞赛优胜标段和先进集体、优秀管理者、先进标兵中产生。

第十四章 文明施工

成渝公司构建由公司统一组织、段落指挥部分段管理、监理单位日常监督、施工单位具体落实的文明施工管理控制体系。施工单位必须按照文明工地创建活动的有关规定,健全内部管理控制体系。根据铁道部《关于推进铁路建设标准化管理的实施意见》(铁建设〔2009〕154 号)要求,建立全线文明标准化工地考评管理制度,通过管理段的日常检查和客专公司组织的定期检查,对文明施工进行综合考评和奖励。对文明施工提出具体要求:

(1)根据施工组织要求,合理布设施工场地、道路及营区。

(2)施工场地、道路、营地边界清楚,排水畅通。

(3)水电管线架设规范,材料加工场地、预制场地、材料堆放场地硬化,成品、半成品及原材料堆放整齐,生产、生活垃圾管理到位。

(4)现场"标牌"齐全美观。施工现场标牌分投资较大的单位工程、小型工程、临时工程三种情况制作;对于投资较大的单位工程(含特大、大、中桥,隧道、制梁场、整段路基工程、路基试验段等),应设立"五牌一图",即工程概况牌、管理人员名单及监督电话牌、安全生产牌、质量控制牌、文明施工牌和施工平面布置图。

对于特大、大桥的每个墩台应设立标志牌,说明此墩的号数、桩数、桩长、墩高等情况。隧道洞口应该设立标志牌,说明隧道名称、长度等情况。高风险隧道、长大隧道设立工作状态牌。对于小型工程,应设立工点标志牌。对于临时工程(混凝土搅拌站、料库等)应设立材料(设备)状态标志牌、出(入)口警示牌、人性化警示用语牌、安全标志等。

(5)各类标志、标牌统一按铁道部《关于印发铁路建设项目现场安全文标志的通知》(建技〔2009〕44 号)文件执行。

(6)场区内组织管理机构、工作职责、工作制度、现场总平面布置图、施工形象进度图上墙(牌)。

(7)施工作业人员规范着装,并佩戴安全帽和岗位胸卡。

(8)尊重当地风俗习惯,处理好与当地群众的关系。

第一节 施工现场文明施工

成渝公司工程管理部牵头负责,综合管理部、安全质量部、物资设备部、计划财务部、外协办等配合开展全线的文明工地建设监督管理。

一、场地布置

(1)施工现场的场地划分为生产区、办公区、生活区,并做到布局合理,整洁美观。

(2)生产、办公、生活区,应明示场地布置示意图。示意图应标明图名,并按照功能标明房屋、道路、材料、停车、绿化等位置。

(3)办公区、生活区和生产场(站、室),应保持经常洁净,地面平整无积水,无垃圾废物;厕所保持清洁无异味;在房屋的适当处所设置垃圾箱,分类存放并及时清理;设置污水沉淀池,生活用水集中排放。

(4)办公区、生活区和生产场(站、室),应做好排水系统,保证排水通畅不积水。

(5)办公区、生活区和生产场(站、室),每栋房屋设置 4 kg 干粉灭火器 1 具,挂(放)于通道旁,离地面不低于 1.5 m,并贴挂"消防责任牌"和"消防安全、人人有责""注意防火"警示牌。

(6)施工生活区必须满足安全、消防、卫生防疫、环境保护、防汛、防洪等要求,不得存放易燃、易爆、剧毒、放射源等化学危险物品。

(7)施工生活区宿舍内应有必要的生活设施和必要的生活空间,设置可开启式窗户,保持整洁和通风。宿舍夏季应有防暑降温和灭蚊蝇措施,冬季应有取暖和防煤气中毒措施。

(8)施工现场设置的临时食堂必须建立食品卫生管理制度,严格执行食品卫生有关管理规定,具有必要的通风排风设施、清洗消毒设施和杜绝传染疾病的措施,食堂要指定专人管理。

(9)施工现场生活饮用水必须符合规定,供应卫生饮水应有固定的盛水容器并定期清洗消毒。

(10)施工现场的垃圾应存放在封闭式容器内,定期灭蝇,及时清运;厕所应经常清扫,定期消毒。

(11)施工现场应配备安全有效的防护用品和常用药品及急救器材。发生传染病和食物中毒、急性职业中毒时,应立即报告,同时采取必要的措施,并积极配合卫生防疫部门调查处理。

(12)施工单位应加强对施工现场劳务人员的管理。施工现场使用的劳务人员必须手续齐全、劳务人员档案完备。

(13)施工单位应建立和执行防火管理制度,施工现场要有明显的防火宣传标志,必须设置符合要求的防火报警系统和固定式灭火系统,消防设施应保持完好的备用状态。

(14)施工现场应设置临时围护设施,一般应实行封闭式管理。因特殊情况不能进行围护的,应当设置安全警示标志,并在工程险要处采取隔离措施。基坑安全围栏必须结实、牢固,且距基坑边缘不应少于 1 m,四周应设统一的安全警示标志。

(15)施工现场应设置畅通的排水系统,做到场地平顺,不积水、不积泥浆,保持道路干燥坚实。施工道路必须满足施工车辆的行车速度、密度和载重重量等要求,并保持行车道路畅通。

二、标志标牌

(1)施工单位应在驻地和施工标段主要道路进口设置标段工程施工企业标志铭牌,并在重点工程施工现场设置单位工程施工企业标志铭牌。

(2)在施工单位驻地和重点工程施工现场主要进出口的醒目位置处,设置工程概况及管理人员名单和监督电话施工标志牌、现场平面布置图和安全生产、消防保卫、环境保护、文明施工制度板。施工标志牌应当标明工程项目名称,建设单位、设计单位、施工单位、监理单位、质量监督机构名称,项目经理姓名、联系电话,开工和计划竣工日期等。施工现场的各种标志牌字体要正确规范、工整美观,并保持整洁完好。

(3)施工现场的施工作业区域、办公区域和生活区域应有明确划分,并设置标志牌。办公区域和生活区域应根据实际条件适当进行绿化和美化,保持整洁有序。

(4)特种作业和各种机电设备操作应制定安全操作规程,现场设置安全操作规程牌,其内容主要包括操作要领、安全事项、工前检查、工后保养、日常维护等。

(5)在施工现场,对可能引发不安全状态的部位,按照不安全因素的特点,设置禁止标志、警告标志、警示标志、提示标志、安全警戒线等。安全标志必须符合国家统一的规定《安全标志》(GB 2894—96)。

三、材料及机具

(1)施工现场水泥库内外散落灰必须及时清理,搅拌站、搅拌机四周及现场内无废弃砂浆和混凝土。

(2)进入施工现场的材料必须验收合格,并建立台账。施工现场材料存储应符合防火、防雨、防盗、防风、防潮、防变质的要求。

(3)施工现场的各种材料应按照施工平面图指定的位置布置就位,要根据不同材料的特点和性质,规范布置方式与要求,按品种、规格、型号分类储存码放整齐,材料的编号、数量、检验状态标志要清晰准确。

(4)易燃、易爆和有毒有害危险物品应按规定分类存放,专人负责,并有防火、防爆、防污染措施。存放油料必须有防止泄漏和防止污染措施。防洪、救援抢险物资材料应专门存放、专用。

(5)施工现场的混凝土运输车、混凝土泵车、汽车吊、自卸汽车等运输车辆,每天(次)作业完毕,将其清洁后停放在固定的停车位内。

(6)空压机、发电机、混凝土输送泵、压路机、平地机、挖掘机、推土机、装载机、起重机械、钻机、提梁机、架桥机等大型施工机械,应性能良好,保持整洁,按章操作,工后有序停放在地质坚固、不受坍塌落石危害及洪水威胁的安全可靠场地。

(7)电焊机、对焊机、钢筋切断机、钢筋弯曲机、圆盘锯、刨木机、手砂轮、风炮、钻床、车床等小型机电设备,应随时保持性能良好,安全防护装置齐全有效,接地接零可靠,操作规范,摆放整齐,电力线路布置规范,多余电缆圈挂,工后场地整洁。

(8)特种设备应经当地安监部门检验合格后方可使用,检验手续完整;机电部门、安全部门应加强日常监督管理,建立健全管理制度和管理档案,确保设备安全运行。

(9)施工单位对进入施工现场各种施工机械设备应建立使用、检查、维修、保养的责任制。进入施工现场的施工机械设备、运输车辆必须检验合格,符合安全使用性能要求,有专人统一管理指挥。

第二节　优化工作环境

一、对施工场地的要求

(1)设置连续、通畅的排水设施和沉淀设施,防止泥浆、污水、废水外流或堵塞下水道和河道。

(2)施工区域与非施工区域严格分割。

(3)生产、生活房屋及相关设施不得设置或停放在泥石流、滑坡、山洪、落石等地质灾害易发地段和行洪通道上。

(4)施工区域内的沟、井、坎、穴等危险地形旁,应有醒目的警示标志,并采取安全防护措施。

(5)建筑材料、机具设备按工地总平面图的布置在固定场地整齐堆放,不得侵占场内道路及安全防护等设施。

(6)施工现场道路通畅,场地平整,无大面积积水。

(7)临街、跨越道路或人口密集区的建筑物,应设置防止物体坠落的防护设施。

二、对环境卫生的要求

(1)按照卫生标准和环境卫生作业要求设置相应的厕所、化粪池和生活垃圾容器,并落实专人管理,按时间清除;厕所应有冲洗设备,便池应贴瓷砖,并保持清洁卫生。

(2)按照卫生、通风和照明要求设置更衣室、简易浴室等必要的职工生活设施,并建立定期清扫制度。

(3)落实各项除“四害”措施,控制“四害”孳生。

第三节　施工现场安全防护

1. 高空作业临边防护

临边作业、提运架梁机械等有可能造成坠落的处所,均应设置防护栏。防护栏应由上、下两道横杆及栏杆柱组成,上杆高度为 1.0～1.2 m,下杆高度为 0.5～0.6 m,横杆长度大于 2 m 时,必须加设栏杆立柱;钢筋横杆上杆直径不应小于 16 mm,下杆直径不应小于 14 mm,栏杆立柱直径不应小于 18 mm,采用电焊或镀锌钢丝绑扎固定;钢管横杆及栏杆立柱均采用 ϕ48×(2.75～3.5) mm 的管材,以扣件或电焊固定;以其他钢材(角钢、槽钢等)作防护栏杆杆件时,应选用强度相当的规格,以电焊固定;栏杆立柱的固定及其与横杆的连接,其整体构造应使防护栏杆的上杆任何处,能经受任何方向的 1 000 N 外力。防护栏杆必须自上而下用密目安全立网封闭,栏杆根部应设置高度不低于 18 cm 的挡脚板,挡脚板要固定牢固。

2. 悬空和攀登作业人员防护

作业人员必须按规定戴好安全帽,悬空和攀登作业必须系好安全带(安全绳),安全带(安全绳)应挂在牢固可靠处并高挂低用。

3. 操作平台安全防护

防护栏杆按照相关标准执行;操作平台采用直径(48～51) mm×壁厚 3.5 mm 的钢管以扣件连接,或采用角钢、槽钢等坚固材料制作,台面满铺 5 cm 厚的木板并帮扎牢固,不得出现翘头板。

4. 重叠、交叉作业防护

上下立体重叠、交叉作业和通道上方以及可能坠物的处所，应设置足以能够防止伤害的隔离棚挡，棚挡要坚固可靠、覆盖有效。

5. 临时工点防护

施工时间较短的临时工点，外围应设置防护栏，并采用密目安全网防护，木桩或钢管桩为立柱，高度不低于 1.5 m，立柱间距按 4～6 m 设置，埋设应牢固可靠，并设置明显的安全警示标志。

6. 固定作业区防护

采用铁丝网或网栅防护，间隔支柱采用 ϕ50 钢管，立柱高不低于 1.5 m，立柱间隔 5～8 m 设置，埋设牢固，并设置明显的安全警示标志。

7. 炸药库防护

炸药库周围用 24 cm 砖墙封闭，高度不低于 2.5 m，围墙外围 1.5 m 设铁丝网防护，钢结构大门，挂警示标志，设专人看护。

8. 电力设施防护

配电房(室)、变压器等固定电力设备均设安全防护屏障或网栅围栏，高度不低于 2.5 m，并设置明显的安全警告标志。

9. 基坑及泥浆池防护

基坑防护设置双横杆钢管防护栏，栏杆柱打入地面深度不少于 50 cm，防护栏埋设距基坑边缘不能小于 50 cm，立柱间距不大于 3 m；当基坑周边采用板桩时，钢管可打在板桩外侧。防护栏挂设安全警示标志。基坑作业人员上下设置牢固通畅的通道，宽度不小于 80 cm。

10. 孔口防护

钻孔桩口、钢管桩口、预留口、坑槽口、操作平台空口等可能造成伤害的孔口均设防护。其要求为：25～50 cm 的洞口，用坚实的盖板覆盖并固定；尺寸在 50 cm 以上的洞口必须设置钢筋防护网，网格间距不得大于 20 cm。

11. 水上作业防护

水上作业船舶必须配备足够的消防及救生设备，按规定悬挂慢车信号旗和信号灯，施工平台及船舶的临边、临水、洞口，设置防护栏杆并挂密目安全网，夜间作业应有足够的照明并配备夜间警示灯，上下码头通道的垂直下方应悬挂安全网，水下障碍物要设置明显的警示标志，防止船只碰撞。

第十五章　建设协调

为确保成渝客专建设有序推进,公司设置了对外协调机构,负责对外协调工作,先后就征地拆迁、三电迁改、火工品供应等问题同地方政府及相关部门进行协调,重大协调问题公司领导亲自挂帅,有效地解决了影响工程建设的问题,为工程顺利进行提供了先决条件。

解决对外协调问题的同时,公司加强了对设计、监理、咨询及施工等参建单位之间的协调工作。按照指导性施组制定的节点目标,制定了施工图供图时间表、督促设计单位按照时间要求提供时间图,并与考核进行挂钩,保证了施工现场的需要。针对与站后工程交叉施工、施工接口众多并相互牵制影响的现状,为确保各工程按照施组目标有序推进,公司组织施工、监理单位对管段内的各施工接口的施工范围、施工顺序、时间节点以及材料供应等问题进行了一一梳理,按照全线剩余工程指导性施组节点工期安排,组织施工单位制定了四电接口工程施工计划表,按照接触网基础、电缆槽、电缆井等相关接口工程分段制定完成及交接的时间节点,并按照计划进行督导,保证了接口工程的按时完工,满足了四电施工的需要,同时配合安质部进行现场检查,确保了工期及工程质量。

一、积极与地方政府展开协调,保证征地拆迁工作顺利进行

公司始终把征地拆迁工作视为加快工程建设顺利进行的重要前提条件,努力营造和谐的征迁环境和良好的建设氛围。为此,公司积极向铁道部、四川省、重庆市政府汇报工作,加强与省、市相关部门的沟通,争取沿线地方政府的支持、人民群众的理解及各参建单位的配合,合法合规、快速推进征地拆迁工作,创造了良好的外部建设环境。

公司自上而下、全体动员,以不相推诿、不善不休的工作方法,积极促成组织多次召开专题协调会议,解决了征迁过程中一些特殊的难题。征迁工作人员及时抓住时机,与各地政府及铁路建设指挥部建立了良好的工作关系,解决了施工过程中出现的各种问题,极大促进了地方各级在征迁等方面工作的推进,为工程建设提供了良好的外部氛围。

随着国家经济和社会的发展,科学发展观和构建社会深入人心,铁路建设外部环境发生了很大变化。在建设过程中,依法合规,确保沿线群众的利益和权益,这是社会发展的必然要求,是社会进步的表现。但是毕竟加大了征地拆迁、三电迁改等工作的难度,同时,沿线政府纷纷要求增大站房规模,美化城市形象,与投资控制产生矛盾。公司正视现实、审时度势,按照依法依规,实事求是,不回避、不激化矛盾的原则妥善处理好这些问题。一是及时办理征迁概算清理工作。二是在拆迁范围、数量,道路改移和连续梁桥跨方案确定,边角地、夹心地及“三改”工程等问题的处理上,公司组织相关单位多次与地方政府及有关部门协商,认真审查设计方案和协商建设费用分摊原则。三是充分依靠各级政府的支持,发挥各级政府及地方行政部门的积极性和资源优势,积极沟通、通情达理、遵守诚信。通过主动与地方交通、电力等部门沟通协调,反复协商,最终妥善解决了长期困扰的交叉工程施工问题。

二、紧密与各参建单位进行协调,确保各项有条不紊进行

公司要求各参建单位必须按照“纪要”“协议”有关精神,进行有关建设协调工作,加强自身管理,尽量就地协商解决问题;文明施工,遵纪守法,加强施工队伍管理,确保施工顺利进行;加强联系、主动沟通,建立起多方面、多渠道的信息通道,确保各参建单位间、与地方有关部门间的信息畅通;确保将有关问题解决在初期状态中。与地方建立起定期或不定期联合召开会议机制,互通工作进展情况,确保对存在或可能发生的问题取得共识。

自觉尊重当地民俗、民风、生活习惯,紧紧依靠地方各级人民政府,积极开展路地共建活动。

各施工单位必须办理各种行政手续，实行依法管理，开工之前施工单位办理了临时用地手续、跨高速公路行政许可等各种手续，在取得地方主管部门同意书后方进行施工，并自觉接受管段内各级地方行政主管部门的检查、指导、监督工作。

根据设计单位提供的设计施工用地图，进行勘测定界、使用林地可行性报告等主要工作，确保永久建设用地申报手续按时完成。设计、施工、审价咨询等单位参加征迁联合调查，各审价咨询单位全过程参与地方具体征迁工作，确保征迁费用合法合规。

第十六章 工程验收

第一节 验收方式

按照《高速铁路竣工验收办法》(铁建设〔2012〕107 号)等有关规定,以及关于成渝客专工程验收工作要求,竣工验收采用先期验收、专家检查、政府验收的组织方式。竣工验收分为静态验收、动态验收、初步验收、安全评估、正式验收五个阶段进行。初步验收合格后进行安全评估,安全评估通过后可开通初期运营;正式验收合格后投入正式运营。先期验收包括成都铁路局和公司组织的静态验收和动态验收;专家检查包括对静态验收、动态验收结果进行评审,为初步验收、正式验收提供专家意见;政府验收包括初步验收和正式验收。

第二节 静态验收

按照中国铁路总公司工程管理中心《关于开始新建铁路成都至重庆客运专线 DK0+000～DK293+500 段工程静态验收的通知》(工管工技函〔2015〕64 号)要求,根据《关于发布〈高速铁路竣工验收办法〉的通知》(铁建设〔2012〕107 号)和《关于发布〈高速铁路工程静态验收技术规范〉的通知》(铁建设〔2013〕44 号)规定,成都铁路局 2015 年 4 月 8 日下发了静态验收电报,并会同公司组织相关业务处、运营接管单位、参建各单位自 2015 年 4 月 13 日起按照"成熟一段,验一段,成熟一项,验一项"原则开展客专成都东(含成都南联线)至半边山线路所 DK0+000～DK293+500 段工程静态验收工作。2015 年 4 月～2015 年 7 月底基本完成正线范围的桥梁、涵洞、隧道、路基、轨道、房建、通信、信号、电力、变配电、接触网、客服、信息、环水保、防灾等专业相关工程静态验收及缺陷整治工作,其中连续梁缺陷整治于 2015 年 8 月 30 日完成。

中国铁路总公司于 2015 年 7 月 30 日～2015 年 8 月 7 日组织对客专的房屋建筑工程、供电工程(电力、变电、接触网)、电务工程(通信、信号)、防灾工程(自然灾害及异物侵限监测系统工程、地震监测系统),客服设施、信息工程、环水保工程七项工程的静态验收报告专家组评审,同意通过以上七个专业静态验收(除环水保工程需完成补充环评相关资料)。

中国铁路总公司于 2015 年 9 月 2 日在北京召开了成都东至半边山段工务工程静态验收报告专家评审,通过了工务专业静态验收,要求公司组织铁二院等单位完善连续梁整体安全性检算报告及整治检测报告签字盖章手续,并于 2015 年 9 月 8 日上报中国铁路总公司运输局工务部、工管中心备案。

按照中国铁路总公司副总经理 2015 年 9 月 11 日检查客专提出的要求,成都铁路局于 2015 年 9 月 21 日组织开展客专引入重庆枢纽段(含渝黔代建)、渝利铁路重庆北站渝万场相关工程静态验收工作,2015 年 10 月 20 日完成桥梁、涵洞、隧道、路基、轨道、房建、通信、信号、电力、变配电、接触网、客服、信息等专业静态验收,并完成影响联调联试的问题及缺陷整治。

成都铁路局于 2015 年 10 月 25～2015 年 10 月 29 日完成重庆枢纽半边山至重庆北段工务工程、房屋建筑工程、供电工程、电务工程(通信、信号)、客服设施、信息工程静态验收报告专家组评审,2015 年 10 月 30 日具备联调联试条件。

工务工程静态验收具体情况如下:

一、验收范围

1. K0+685～K296+084 段及成都枢纽相关工程

(1)正线:K0+685～K296+084(半边山线路所)段工程范围内的轨道、路基、桥涵、隧道、声屏障及精密工程测量等工程。

(2)成都枢纽相关工程:客专反发联络线(K0+400～K1+783)段、成贵联络上行线(K0+421～K4+867)段、成贵联络下行线(K0+000～K3+908)段的轨道、路基、桥涵、声屏障和精密工程测量。

2. 半边山线路所(不含)至歌乐山站(不含)及重庆枢纽相关工程

(1)重庆枢纽工程:高速井西联络线至歌乐山站工程范围内的轨道、路基、桥涵、隧道及精密工程测量等工程。

(2)重庆枢纽相关工程:重庆西左联络线(CXLZDK0+000～CXLZDK0+397)段、井西线双碑隧道(下行线里程 K11+449～K12+490)段的轨道、路基、桥涵和精密工程测量。

3. 重庆沙坪坝铁路枢纽综合改造工程

(1)高速下行 K298+555.697～K299+879.88、上行 K298+546.559～K299+870.742 范围内的轨道、路基、桥涵、声屏障工程及精密工程测量。

(2)还建梨莱线 LCGDK2+439.64～LCGDK2+577.294 段工程范围的路基、桥涵工程。

4. 重庆枢纽剩余工程

(1)高速上行线 K296+084～K298+546.559、下行线 K296+084～K298+555.697 段轨道、路基、桥涵、隧道、声屏障工程,精密工程测量。

(2)高速上行线 K299+870.742～K300+570.742、下行线 K299+879.88～K300+579.88 段轨道、隧道工程,精密工程测量。

(3)高速渝贵联络线上行线 K0+000～K1+740.69、下行线 K1+740.659～K8+892.772 段轨道、路基、桥涵、隧道工程,精密工程测量。

二、验收经过

1. K0+685～K296+084 段及成都枢纽相关工程

2015 年 4 月 14 日成都铁路局、成渝公司组织铁路局工务部门及各施工、监理、设计单位召开了工务工程静态验收协调会,明确了验收小组分工,制订了静态验收计划:

第一阶段:检查阶段。轨道专业 2015 年 4 月 21 日～2015 年 5 月 9 日完成验收;路基、桥涵、隧道专业 2015 年 4 月 15 日～2015 年 5 月 15 日完成验收;精密工程测量专业 2015 年 4 月 22 日～2015 年 5 月 9 日完成验收;声屏障工程 2015 年 7 月 14 日～2015 年 7 月 22 日完成验收。

第二阶段:复验阶段。根据承建单位整改进度,工务各专业验收小组于 2015 年 6 月 1 日～2015 年 8 月 25 日完成了复验工作。

验收组于 2015 年 4 月 15 日～2015 年 7 月 22 日完成验收,并于 2015 年 6 月 1 日～2015 年 8 月 25 日对验收发现问题的整改情况进行了复验。2015 年 9 月 2 日,中国铁路总公司运输局工务部和工程管理中心在北京组织召开了客专工务工程静态验收报告审查会,并形成了审查意见。

2. 半边山线路所(不含)至歌乐山站(不含)及重庆枢纽相关工程

2015 年 9 月 27 日成都铁路局、成渝公司组织铁路局工务部门及各施工、监理、设计单位召开了工务工程静态验收协调会,明确了验收小组分工,制订了静态验收计划:

第一阶段:检查阶段。轨道专业 2015 年 9 月 28 日～2015 年 9 月 30 日完成验收;路基、桥涵、隧道专业 2015 年 9 月 28 日～9 月 30 日完成验收;精密工程测量专业 2015 年 9 月 28 日～9 月 30 日完成验收。

第二阶段:复验阶段。根据承建单位整改进度,工务各专业验收小组于 2015 年 10 月 1 日～2015 年 10 月 25 日完成了复验工作。

验收组于 2015 年 9 月 28 日～2015 年 9 月 30 日完成验收,并于 2015 年 10 月 1 日～10 月 25 日对验收发现问题的整改情况进行了复验。2015 年 10 月 29 日,成都铁路局在成都组织召开了客专半边山线路所(不含)至歌乐山站(不含)及重庆枢纽工务工程专业静态验收报告审查会,并形成了审查意见。

3. 重庆沙坪坝铁路枢纽综合改造工程

工务工程静态验收分为内业资料验收和外业验收两部分,采取查阅资料、徒步行走、平推检查的方式进行。验收主要分为两个阶段:

第一阶段:检查阶段。2017 年 9 月 29 日～2017 年 9 月 30 日对轨道、路基、桥涵、隧道、精密工程测量、声屏障专业完成验收。

第二阶段:复检阶段。根据承建单位整改进度,工务各专业验收小组于2017年10月8日～2017年11月16日完成了复检工作。

4. 重庆枢纽剩余工程

工务工程静态验收分为内业资料验收和外业验收两部分,采取查阅资料、徒步行走、平推检查的方式进行。验收主要分为两个阶段:

第一阶段:检查阶段。2017年9月29日～2017年9月30日对轨道、路基、桥涵、隧道、精密工程测量、声屏障专业完成验收。

第二阶段:复检阶段。根据承建单位整改进度,工务各专业验收小组于2017年10月10日～2017年11月26日完成了复检工作。

验收组于2017年9月29日～2017年9月30日完成验收,并于2017年11月13日～2017年11月15日对验收发现问题的整改情况进行了复验。2017年11月29日,中国铁路成都局集团有限公司在成都组织召开了客专重庆枢纽剩余工程工务工程专业静态验收报告审查会,并形成了审查意见。

三、验收结论

1. K0＋685～K296＋084段及成都枢纽相关工程

成渝客专K0＋685～K296＋084(半边山线路所)段及成都枢纽相关工程轨道、路基、桥涵、隧道、声屏障工程、精密工程测量及其专业接口满足设计要求和验收标准,工程总体质量合格,具备动态验收条件。

2. 半边山线路所(不含)至歌乐山站(不含)及重庆枢纽相关工程

成渝客专半边山线路所(不含)至歌乐山站(不含)及重庆枢纽相关工程轨道、路基、桥涵、隧道、精密工程测量及其专业接口满足设计要求和验收标准,工程总体质量合格,具备动态验收条件。

3. 重庆沙坪坝铁路枢纽综合改造工程

高速下行K298＋555.697～K299＋879.88、上行K298＋546.559～K299＋870.742范围内的轨道、路基、桥涵、声屏障工程,精密工程测量及其专业接口满足设计要求和验收标准,工程总体质量合格,具备动态验收条件。

还建梨菜线LCGDK2＋439.64～LCGDK2＋577.294范围的路基、桥涵工程及其专业接口满足设计要求和验收标准,工程总体质量合格,具备动态验收条件。

4. 重庆枢纽剩余工程

高速上行线K296＋084～K298＋546.559、下行线K296＋084～K298＋555.697范围内的轨道、路基、桥涵、隧道、声屏障工程,精密工程测量及其专业接口满足设计要求和验收标准,工程总体质量合格,具备动态验收条件。

高速上行线K299＋870.742～K300＋570.742、下行线K299＋879.88～K300＋579.88范围内的轨道、隧道工程,精密工程测量及其专业接口满足设计要求和验收标准,工程总体质量合格,具备动态验收条件。

第三节　动态验收

成渝客专完成静态验收,并经中国铁路总公司组织专家评审,具备联调联试和动态验收条件,成都铁路局、中国铁道科学研究院、成渝公司和成都铁路公安局共同组成动态验收领导小组,依据《高速铁路联调联试及运行试验实施细则》(铁总办〔2013〕107号)、《中国铁路总公司关于新建成都至重庆铁路客运专线成都东至重庆北段联调联试、动态检测及运行试验大纲的批复》(铁总工管函〔2015〕622号)等有关要求,开展全线联调联试和动态检测工作。

联调联试以客专开通运营时一次达到设计速度为目标,在工程静态验收合格、确认达到联调联试条件后,采用检测列车、测试动车组、综合检测列车和相关检测设备在规定测试速度下对全线各系统进行综合测试,评价和验证供变电、接触网、通信、信号、客服、自然灾害及异物侵限监测等系统的功能;验证路基、轨道、道岔、桥梁、隧道等结构工程的适用性,评价振动噪声、声屏障、电磁兼容、综合接地、列车空气动力学等是否满足相关标准要求；检验相关系统间接口关系；对全线各系统和整体系统进行调试、优化，使各系统和整体系统功能达到设计要求。

动态检测是通过采用测试动车组和综合检测列车，根据设计和相关技术标准在规定速度范围内对系统功能、动态性能和系统状态进行检测。动态检测结果为动态验收提供依据。

一、验收范围

（一）成都东至半边山线路所段

本次联调联试、动态检测及运行试验范围：

1. 正线工程

成都东至半边山线路所（K0＋685～K296＋084）段。

2. 引入成都枢纽相关工程

（1）委建段客专正线 K0＋685～K5＋672，线路长 4.987 km（双线）。其中 K0＋685～K4＋425 为有砟轨道。

（2）客专反发联络线 K0＋400～K1＋783，线路长 1.383 km。

（3）成贵联络上、下行线，其中上行线 K0＋421～K4＋867，线路长 4.446 km；下行线 K0＋000～K3＋908，线路长 3.908 km。

（4）成都东、成都动车运用所相关工程。

（二）半边山线路所至重庆北段

本次联调联试、动态检测及运行试验范围：

（1）重庆枢纽工程：高速井西联络线至歌乐山站工程范围内的轨道、路基、桥涵、隧道及精密工程测量等工程。

（2）重庆枢纽相关工程：重庆西左联络线（CXLZDK0＋000～CXLZDK0＋397）段、重庆西右联络线段、井西线双碑隧道（下行线里程 K11＋449～K12＋490）段的轨道、路基、桥涵和精密工程测量。

（三）重庆沙坪坝铁路枢纽综合改造工程

（1）高速上行 K298＋546.559～K299＋839、下行 K298＋555.697～K299＋848 范围内工程。

（2）还建梨菜线 LCGDK2＋439.64～LCGDK2＋577.294 范围内的路基、桥涵工程及精密工程测量。

（四）重庆枢纽剩余工程

（1）高速上行线 K296＋084～K298＋546.559、下行线 K296＋084～K298＋555.697 段范围内的工程。

（2）高速渝贵联络线上行线 K0＋000～K1＋740.69、下行线 K1＋740.659～K8＋892.772 段范围内的工程。

二、验收过程

（一）成都东至半边山线路所段

客专成都东至半边山线路所段联调联试及动态检测工作包括以下几个阶段：

（1）现场准备

在成都铁路局、成渝公司等单位的配合下，2015 年 9 月 7 日～2015 年 9 月 9 日，铁科院完成了成都东至半边山线路所段地面测点的设备安装、调试工作，9 月 10 日开始采用检测列车上线检测。9 月 12 日在资阳北站、9 月 13 日在资中北站开展了 18 号道岔转换阻力及夹异物测试。

（2）逐级提速联调联试

根据客专现场工程进展情况，逐级提速联调联试分为成都东—永川东以及永川东—半边山线路所两段先后进行，其中，2015 年 9 月 14 日～2015 年 10 月 8 日完成了成都东—永川东段的单列及重联动车组逐级提速试验，2015 年 11 月 1 日～2015 年 11 月 8 日完成了永川东—半边山线路所段的相关试验。

（3）接触网人工短路试验

2015 年 10 月 11 日在线内江北牵引变电所—高屋基 AT 所—资中北分区所供电臂进行了接触网人工短路试验。

(4)信号系统联调联试及动态检测

信号系统动态检测从 2015 年 9 月 10 日开始，至 2015 年 11 月 27 日结束。动态检测过程中先后运用了 CRH1A-1024(200H)、CRH1A-1030(200H)、CRH1A-1146(200H)、CRH1A-1031(200H)、CRH1A-1034(200H)、CRH1A-1145(200H)、CRH1A-1026(200H)、CRH1A-1028(200H)、CRH1A-1040(200H)、CRH380A-2759(300S)、CRH380A-2768(300S)、CRH380A-2762(300S)、CRH380A-2763(300S)、CRH380A-2758(300S)、CRH380AL-2632(300H)、CRH2A-2403(200C)、CRH380A-2771(300T)、CRH2A-2265(200H)等动车组进行检测，共计完成了 1 580 个测试序列的测试，其中 C3 序列 488 个，C2 序列 1 092 个，检测里程 40 997 km。车站联锁系统测试、CTC 系统测试结合信号(列控)系统动态检测同期进行。

(5)其他系统联调联试及动态检测

①2015 年 10 月 13 日～2015 年 10 月 17 日，在简阳南、资阳北、资中北、内江北、隆昌北、荣昌北、大足南、永川东及璧山站进行了客服系统联调联试。2015 年 10 月 18 日～2015 年 10 月 20 日在全线各站开展了首次复测工作，2015 年 10 月 24 日、10 月 25 日针对遗留问题再次进行了复测。

②2015 年 9 月 16 日～2015 年 9 月 22 日，在简阳南站、永川东站、成都铁路局调度所网管中心进行了综合视频监控系统测试。2015 年 10 月 13 日～2015 年 10 月 15 日针对初测中发现的问题进行复测及补测。

③2015 年 10 月 18 日、10 月 19 日，在成都铁路局调度所、内江北牵引变电所(含接触网隔离开关)、永川东分区所、镇云水库 AT 所、永川东配电所、内江远动间、K156 箱变开展了 SCADA 系统联调联试。

④2015 年 9 月 17 日～2015 年 9 月 26 日，进行了防灾系统联调联试，包括异物侵限监控功能测试，工务段终端、工务调度终端、行车调度终端显示管理功能测试，大风监测功能测试，雨量监测功能测试以及监控数据处理设备状态监测测试等。

(6)全线拉通

2015 年 11 月 20 日、11 月 23 日，采用 CRH380AJ-0202 综合检测列车进行了成都东至半边山线路所段的全线拉通试验，最高运行速度为 300 km/h，对轨道几何状态、接触网几何参数(非接触式测量)、动力学响应、弓网受流、通信系统、轨旁信号设备状态等项目进行了复测；同时完成了高速反发联络线和成贵联络线轨道、接触网、轨旁信号设备状态等项目的测试，最高试验速度均为 80 km/h。

截至 2015 年 11 月 30 日，逐级提速联调联试阶段共开行检测列车约 42 列，累计检测里程约 8 448 km，开行单列动车组 152 列，检测里程 22 544 km，重联动车组 40 列，检测里程 6 310 km，累计检测里程约 37 302 km；信号系统联调联试阶段共计完成了 1 092 个 C2 测试序列、488 个 C3 测试序列的测试，检测里程 40 997 km。

(二)半边山线路所至重庆北段

客专联调联试及动态检测工作主要包括以下几个阶段：

1. 大纲编制

受成渝公司委托，铁科院于 2015 年 4 月编制完成了《新建成都至重庆铁路客运专线联调联试、动态检测及运行试验大纲》(以下简称《大纲》)初稿。2015 年 4 月 22 日，成都铁路局组织召开了《大纲》初审会，形成了初审意见，并向中国铁路总公司工管中心报送了《大纲》；2015 年 5 月 19 日，中国铁路总公司组织召开了《大纲》审查会，2015 年 6 月 11 日中国铁路总公司以《关于新建成都至重庆铁路客运专线成都东至重庆北段联调联试、动态检测及运行试验大纲的批复》(铁总工管函〔2015〕622 号)文批复了《大纲》。

2. 联调联试及动态检测过程

(1)检测列车上线检测。2015 年 11 月 1 日开始采用检测列车上线检测。

(2)逐级提速联调联试。2015 年 11 月 1 日～2015 年 11 月 8 日完成了半边山线路所～重庆北段的相关试验。

(3)全线拉通。2015 年 11 月 20 日、11 月 23 日，采用 CRH380AJ-0202 综合检测列车进行了半边山线路所至重庆北段的全线拉通试验，对轨道几何状态、接触网几何参数(非接触式测量)、动力学响应、弓网受流、通信系统、轨旁信号设备状态等项目进行了复测。

(三)重庆沙坪坝铁路枢纽综合改造工程

2015 年 12 月 7 日综合检测车上线，至 12 月 15 日进行了逐级提速试验，试验最高速度达到 110 km/h。

（四）重庆枢纽剩余工程

2015 年 12 月 7 日综合检测车上线，至 12 月 15 日进行了逐级提速试验，试验最高速度达到 220 km/h。

三、验收结论

（一）成都东至半边山线路所段

综合静态验收问题整改情况，铁科院动态检测报告结论，动态验收各专业结论，动态验收领导小组评定得出成渝客专成都东至半边山线路所段工程动态验收总结论。

成渝客专成都东至半边山线路所段工程动态整体系统及各系统主要功能和实体质量符合设计要求，成渝客专成都东至半边山线路所段工程满足动车组 300 km/h 及以下速度运行时相关标准要求，同时满足 23 t 轴重货物列车 110 km/h 及以下速度运行时相关标准要求。同意通过动态验收，具备初步验收条件。

（二）半边山线路所至重庆北段

根据铁科院动态监测结论、各专业验收结论和静态验收问题整改情况，客专高速井西联络线上下行线段工务、信号、信号综合接地、通信、供变电、信息、客服、自然灾害及异物侵限监测系统专业主要功能和实体质量符合设计要求，满足动车组以 80 km/h 及以下速度运行时的安全性、平稳性要求；井西线井口站至芭蕉沟线路所段工务、信号、信号综合接地、通信、供变电、信息、客服、自然灾害及异物侵限监测系统专业主要功能和实体质量符合设计要求，满足动车组以 120 km/h 及以下速度运行时的安全性、平稳性要求。同意通过动态验收，具备初步验收条件。

（三）重庆沙坪坝铁路枢纽综合改造工程

根据铁科院动态监测结论、各专业验收结论和静态验收问题整改情况，客专上行线 K298＋546.559～K299＋839、下行线 K298＋555.697～K299＋848 区段工程动态整体系统及各系统主要功能和实体质量符合设计要求，满足动车组以 100 km/h 及以下速度运行时的安全性、平稳性相关标准要求。同意通过动态验收，具备初步验收条件。

（四）重庆枢纽剩余工程

根据铁科院动态监测结论、各专业验收结论和静态验收问题整改情况，客专上行线 K295＋596～K296＋800 区段工程动态整体系统及各系统主要功能和实体质量符合设计要求，满足动车组以 200 km/h 及以下速度运行时的安全性、平稳性相关标准要求；客专下行线 K295＋715～K297＋100 区段工程动态整体系统及各系统主要功能和实体质量符合设计要求，满足动车组以 160 km/h 及以下速度运行时的安全性、平稳性相关标准要求；客专上行线 K296＋800～K299＋839、下行线 K297＋100～K299＋848 区段工程动态整体系统及各系统主要功能和实体质量符合设计要求，满足动车组以 100 km/h 及以下速度运行时的安全性、平稳性相关标准要求；高速渝贵联络线上行线工程动态整体系统及各系统主要功能和实体质量符合设计要求，满足动车组以 80 km/h 及以下速度运行时的安全性、平稳性相关标准要求；高速渝贵联络线下行线工程动态整体系统及各系统主要功能和实体质量符合设计要求，满足动车组以 120 km/h 及以下速度运行时的安全性、平稳性相关标准要求。同意通过动态验收，具备初步验收条件。

第四节 初步验收

成渝公司组织对静、动态验收遗留问题和专家组提出的问题进行了整改，影响运营安全的问题已全部整改到位，并报送了整改报告。

2015 年 12 月 5 日，成都铁路局工程质量安全监督站提交了工程质量监督报告，同意进行初步验收。

2015 年 12 月 5 日，成都铁路局、成渝公司上报了《关于申请新建成都至重庆铁路客运专线工程初步验收的函》（成铁建设函〔2015〕1001 号），提出成都东至半边山线路所段工程已具备初步验收条件，申请由中国铁路总公司进行初步验收。2015 年 12 月 9 日～2015 年 12 月 11 日，中国铁路总公司组成初步验收委员会对客专成都东至半边山线路所段工程进行现场检查并召开初步验收会议。国家铁路局对验收过程进行了监督。

2015 年 12 月 7 日，成渝公司上报了《关于申请成都至重庆铁路客运专线半边山线路所（不含）至重庆北

(含渝黔代建)工程初步验收的报告》(客专〔2015〕100 号),提出半边山线路所至重庆北段工程已具备初步验收条件,申请由成都铁路局进行初步验收。2015 年 12 月 9 日～2015 年 12 月 12 日,成都铁路局组成初步验收委员会对新建成都至重庆铁路客运专线半边山线路所(不含)至歌乐山(不含)工程进行现场检查,并于 2015 年 12 月 12 日在成都召开初步验收会议。成都铁路局工程质量安全监督站对该工程实施了质量监督。

一、验收范围

1. 成都东至半边山线路所段工程

成都东站出站端(K0+685)至半边山线路所(K296+084)段、高速反发联络线(K0+400～K1+783)、成贵上下行联络线段工程范围内工务、供电、电务、信息、客服设施、环水保、防灾专业、建设用地等工程。

2. 半边山至重庆北段工程

成渝客专重庆北左联络线 CBLZDK0+000～CBLZDK1+323(=高速井西联络线上行贯通里程 K0+000～K1+353);重庆北右联络线 CBLYDK0+000～CBLYDK2+343(=高速井西联络线下行贯通里程 K0+000～K2+372);双碑隧道扩孔段 GDK8+887～GDK10+626;客专重庆北联络线襄渝增建二线绕行段 YDK6+600～YDK8+960;既有蔡东联络线 K6+591～K8+887(既有里程)歌乐山(不含)～双碑隧道扩孔进口既有无缝线路整修;重庆西左联络线 CXLZDK0+000～CXLZDK0+372;重庆西右联络线 CXLYDK0+000～CXLYDK0+190;蔡东联络线双碑隧道 K10+626～K11+799、K11+997～K12+615、K12+820～K12+850(既有里程)利旧段;歌乐山至双碑右联络线 LnYDK0+102～LnYDK1+631(=蔡歌线上行贯通里程 K6+928～K8+246)等段落线路的工务、房建、电力、牵引供电、通信、信号、信息、环水保、建设用土、消防、档案等工程。改建井口～重庆北接触网相关工程、井口～重庆北增设 GSM-R 通信系统工程等。

3. 半边山线路所(不含)至沙坪坝站(不含)段工程

高速上行线 K296+084～K298+546.559,长度 2.463 km;高速下行线 K296+084～K298+555.679,长度 2.472 km。

4. 沙坪坝铁路枢纽综合改造工程沙坪坝铁路站房及相关工程

高速下行 K298+555.679～K299+879.88,长度 1.324 km;上行 K298+546.559～K299+870.742,长度 1.324 km;沙西线(还建梨菜线)LK0+000～LK0+138(过渡开通里程),长度 0.138 km 范围内所有工程。

沙坪坝站铁路站房、铁路配套用房、站台、铁路站场上盖等所有工程。

5. 重庆西联络线工程

成渝客专(高速渝贵联络线)上行线 K0+000～K1+740.69 段(含梨新线路所)线路长度 1.741 km,全为隧道;下行线 K0+000～K7+793.117 段工程范围内所有工程。

二、验收经过

1. 成都东至半边山线路所段工程

2015 年 3 月 27 日,成都铁路局和成渝公司以《关于申请开展新建铁路成都至重庆客运专线 DK0+000～DK293+500 段工程静态验收的函》(成铁建设函〔2015〕232 号)申请开始客专静态验收,2015 年 3 月 31 日,中国铁路总公司工程管理中心以《关于开始客专 DK0+000～DK293+500 段工程静态验收的通知》(工管工技函〔2015〕64 号)同意客专开始静态验收。中国铁路总公司于 2015 年 6 月 11 日以《关于新建成都至重庆铁路客运专线成都东至重庆北段联调联试、动态检测及运行试验大纲的批复》(铁总工管函〔2015〕622 号)批复了联调联试、动态检测和运行试验大纲。成都铁路局和成渝公司组织,于 2015 年 7 月 30 日～2015 年 12 月 4 日完成了客专工程静态、动态验收工作。

2015 年 7 月～2015 年 8 月,成都铁路局和公司组织完成了工务、电务、供电、房建、信息、客服设施、防灾、环境保护和水土保持设施专业静态验收,并上报了静态验收报告。2015 年 7 月 30 日～2015 年 9 月 2 日,中国铁路总公司计统部、运输局、工管中心等专家组牵头部门组织成立的工务、供电、电务、信息、客服设施、房建、防灾专业专家组对静态验收报告进行了评审,评审意见为:客专静态整体系统符合设计要求和验收标准,工程质量总体合格,同意通过静态验收,具备动态验收条件。环水保专业评审意见为:报告基本上反映了本项目环水保工作的主要内容，但仍存在补充环评手续问题及部分声屏障未完成，建设单位应抓紧协调完成，暂行同意开展下一步工作。

2015年9月14日～2015年11月24日，成都铁路局和成渝公司组织完成了动态验收工作，编制并上报了动态验收报告。2015年12月2日～2015年12月4日，中国铁路总公司计统部、运输局、工管中心等专家组牵头部门组织成立的工务、供电、电务、信息、客服设施、环水保、防灾专业专家组对动态验收报告进行了评审，评审意见为：客专相关工程动态整体系统功能和实体质量符合设计要求，同意通过动态验收，具备初步验收条件。环水专业保评审意见为：报告基本上反映了本项目环水保工作的主要内容，但仍存在补充环评手续问题，建设单位应抓紧协调完成，暂行同意开展下一步工作。

成都铁路局、成渝公司组织对静、动态验收遗留问题和专家组提出的问题进行了整改，并于2015年12月5日向中国铁路总公司建设管理部报送了整改报告说明，以上问题已基本完成整改，其中影响运营安全的问题已全部整改到位。

2015年12月5日，成都铁路局工程质量安全监督站提交了工程质量监督报告，同意进行初步验收。

2015年12月5日，成都铁路局、成渝公司上报了《关于申请新建成都至重庆铁路客运专线工程初步验收的函》(成铁建设函〔2015〕1001号)，提出工程已具备初步验收条件，申请由中国铁路总公司进行初步验收。

2015年12月7日，中国铁路总公司各相关部门对成都铁路局、成渝公司上报的初步验收申请进行了研究，认为客专具备初步验收条件，同意启动初步验收。

2015年12月9日～2015年12月11日，中国铁路总公司组成初步验收委员会对客专工程进行现场检查并召开初步验收会议。国家铁路局对验收过程进行了监督。

2. 半边山至重庆北段工程

根据铁道部《关于重新印发〈铁路建设项目竣工验收交接办法〉的通知》(铁建设函〔2008〕23号)、《关于发布〈高速铁路工程静态验收技术规范〉的通知》(铁建设〔2013〕44号)、《关于发布〈高速铁路工程动态验收技术规范〉的通知》(铁建设〔2013〕45号)、成都铁路局《关于印发〈成都铁路局依法合规推进建设项目竣工验收工作指导意见〉的通知》(成铁建设〔2012〕204号)及《成都铁路局关于印发2015年基建项目开通及竣工验收工作安排的通知》(成铁建设电〔2015〕181号)、《成都铁路局关于开展客专引入重庆枢纽半边山线路所至重庆北段、渝利铁路重庆北站渝万场相关工程静态验收的通知》(成铁建设电〔2015〕593号)及《成都铁路局关于公布〈客专成都东至重庆北段联调联试(动态检测试验)实施方案〉的通知》(成铁总工〔2015〕408号)相关安排，成都铁路局组织进行了项目的静态验收、动态验收。

(1)静态验收情况：成都铁路局和公司组织，于2015年9月28日～2015年10月29日完成了客专半边山至重庆北段工务、电务、供电、房建、环境保护和水土保持等专业静态验收；2015年10月25日～2015年10月29日，成都铁路局组织成立的工务、供电、电务、房建、环水保专业专家组对静态验收报告进行了评审。评审意见为：成渝客专半边山线路所至重庆北工程静态整体系统符合设计要求和验收标准，工程质量总体合格，同意通过静态验收，具备动态验收条件。

(2)动态验收情况：2015年10月30日～2015年11月25日成都铁路局和成渝公司、铁科院组织完成了动态验收工作；2015年12月2～2015年12月7日，成都铁路局组织成立的工务、供电、电务专业专家组对动态验收报告进行了评审。评审意见为：成渝客专半边山线路所至重庆北段工程动态整体系统功能和实体质量符合设计要求，同意通过动态验收，具备初步验收条件。

公司组织对静、动态验收遗留问题和专家组提出的问题进行了整改，影响运营安全的问题已全部整改到位，并报送了整改报告。

(3)初步验收情况：2015年12月7日，成都铁路局对成渝公司上报的初步验收申请进行了研究，认为本段工程具备初步验收条件，同意启动初步验收。2015年12月9日～2015年12月12日，成都铁路局组成初步验收委员会对成渝客专半边山线路所(不含)至歌乐山(不含)工程进行现场检查，并于2015年12月12日在成都召开初步验收会议。

成都铁路局工程质量安全监督站对该工程实施了质量监督。

3. 半边山线路所(不含)至沙坪坝站(不含)段工程

根据铁道部《关于发布〈高速铁路竣工验收办法〉的通知》(铁建设〔2012〕107 号)、《铁路建设项目竣工验收交接办法》(铁建设〔2008〕23 号)、《高速铁路工程静态验收技术规范》(铁建设〔2013〕44 号)、《高速铁路工程动态验收技术规范》(铁建设〔2013〕45 号)、《关于印发〈高速铁路联调联试及运行试验实施细则〉的通知》(铁总办〔2013〕107 号)相关要求,2017 年 9 月～2018 年 1 月中国铁路成都局集团有限公司、成渝公司组织成渝客专半边山线路所(不含)至沙坪坝站(不含)段相关工程的静态验收工作。2017 年 10 月 27 日～2018 年 12 月 5 日期间组织审查成渝客专半边山线路所(不含)至沙坪坝站(不含)段相关工程的工务、供电、电务、环境保护与水土保持等专业静态验收报告,审查意见为:同意通过静态验收,具备联调联试和动态验收条件。

2017 年 12 月 7 日～2018 年 1 月 13 日,成都局集团公司、成渝公司、中国铁道科学研究院完成了联调联试和动态检测。

2017 年 12 月 28 日～2018 年 1 月 13 日,中国铁路成都局集团有限公司、成渝公司组织相关单位和专家,对成渝客专半边山线路所(不含)至沙坪坝站(不含)段相关工程的工务、供电、电务、环境保护与水土保持等专业动态验收报告审查,专家组审查意见:同意动态验收结论,通过动态验收,具备初步验收条件。

2015 年 9 月 15 日,成都铁路局工程质量安全监督站提交了《新建成都至重庆客运专线工程铁路建设工程质量监督报告》(成都质监〔2015〕 8 号),2018 年 1 月提交了补充报告,同意进行初步验收。

2018 年 1 月 15 日,成渝公司、重庆城市综合交通枢纽开发投资有限公司上报了《关于报送〈新建成都至重庆铁路客运专线半边山线路所(不含)至沙坪坝站(不含)段相关工程静态验收、动态验收问题及专家组审查意见整改报告〉的函》(客专函〔2018〕8 号),对静态、动态遗留问题和专家提出的问题进行了整改,专家意见基本得到落实。

2018 年 1 月 15 日,成渝公司、重庆城市综合交通枢纽开发投资有限公司上报了《铁路客运专线有限责任公司关于申请新建成都至重庆铁路客运专线半边山线路所(不含)至沙坪坝站(含)段、重庆沙坪坝铁路枢纽综合改造相关工程初步验收的函》(客专函〔2018〕9 号),提出工程已具备初步验收条件,申请成都局集团公司进行初步验收。

2018 年 1 月 15 日,成都局集团公司对成渝公司上报的初步验收申请进行了研究,认为成渝客专半边山线路所(不含)至沙坪坝站(不含)段相关工程具备初步验收条件,同意启动初步验收。

2018 年 1 月 16、17 日,成都局集团公司组成初步验收委员会,对成渝客专半边山线路所(不含)至沙坪坝站(不含)段相工程进行现场检查并召开初步验收会议。

4. 沙坪坝铁路枢纽综合改造工程沙坪坝铁路站房及相关工程

根据铁道部《关于发布〈高速铁路竣工验收办法〉的通知》(铁建设〔2012〕107 号)、《铁路建设项目竣工验收交接办法》(铁建设〔2008〕23 号)、《高速铁路工程静态验收技术规范》(铁建设〔2013〕44 号)、《高速铁路工程动态验收技术规范》(铁建设〔2013〕45 号)、《关于印发〈高速铁路联调联试及运行试验实施细则〉的通知》(铁总办〔2013〕107 号)相关要求,2017 年 9 月～2018 年 1 月中国铁路成都局集团有限公司、成渝公司、重庆城市综合交通枢纽开发投资有限公司组织重庆沙坪坝铁路枢纽综合改造工程的静态验收工作。2017 年 10 月 27 日～2018 年 1 月 12 日期间组织审查重庆沙坪坝铁路枢纽综合改造工程的工务、供电、电务、信息客服、环境保护与水土保持、沙坪坝站铁路配套用房、沙坪坝站房、防灾、消防等专业静态验收报告,审查意见为:同意通过静态验收,具备联调联试和动态验收条件。

2017 年 12 月 7 日～2018 年 1 月 13 日,成都局集团公司、成渝公司、重庆城市综合交通枢纽开发投资有限公司、中国铁道科学研究院完成了联调联试和动态检测。

2017 年 12 月 28 日～2018 年 1 月 13 日,中国铁路成都局集团有限公司、成渝公司、重庆城市综合交通枢纽开发投资有限公司组织相关单位和专家,对重庆沙坪坝铁路枢纽综合改造相关工程的工务、供电、电务、信息、客服、环境保护与水土保持、防灾等专业动态验收报告审查,专家组审查意见:同意动态验收结论,通过动态验收,具备初步验收条件。

2018 年 1 月 15 日,成渝公司、重庆城市综合交通枢纽开发投资有限公司上报了《关于报送〈新建成都至重庆铁路客运专线半边山线路所(不含)至沙坪坝站(含)工程静态验收、动态验收问题及专家组审查意见整改情况的报告〉的函》(客专函〔2018〕8 号),对静态、动态遗留问题和专家提出的问题进行了整改,专家意见基本得到落实。

2018 年 1 月 15 日，成渝公司、重庆城市综合交通枢纽开发投资有限公司联合上报了《关于申请开展新建成都至重庆铁路客运专线半边山线路所(不含)至沙坪坝站(含)工程初步验收的函》(客专函〔2018〕9 号)，提出工程已具备初步验收条件，申请成都局集团公司进行初步验收。

2018 年 1 月 15 日，成都局集团公司对成渝公司、重庆城市综合交通枢纽开发投资有限公司上报的初步验收申请进行了研究，认为沙坪坝铁路枢纽综合改造工程沙坪坝铁路站房及相关工程具备初步验收条件，同意启动初步验收。

2018 年 1 月 16、17 日，成都局集团公司组成初步验收委员会，对沙坪坝铁路枢纽综合改造工程沙坪坝铁路站房及相关工程进行现场检查并召开初步验收会议。

5. 重庆西联络线工程

根据铁道部《关于发布〈高速铁路竣工验收办法〉的通知》(铁建设〔2012〕107 号)、《铁路建设项目竣工验收交接办法》(铁建设〔2008〕23 号)、《高速铁路工程静态验收技术规范》(铁建设〔2013〕44 号)、《高速铁路工程动态验收技术规范》(铁建设〔2013〕45 号)、《关于印发〈高速铁路联调联试及运行试验实施细则〉的通知》(铁总办〔2013〕107 号)相关要求，中国铁路成都局集团有限公司、成渝公司组织于 2017 年 8 月～2017 年 11 月完成了成渝客专重庆西联络线(高速渝贵联络线)工程静态验收工作，2017 年 10 月 27 日～2017 年 12 月 5 日期间组织审查成渝客专重庆西联络线(高速渝贵联络线)的工务(2017 年 11 月 29 日)、供电(2017 年 11 月 29 日)、电务(2017 年 12 月 4 日、5 日)、房建(2017 年 11 月 28 日)、环境保护与水土保持(2017 年 10 月 27 日)等专业静态验收报告，审查意见为：同意通过静态验收，具备联调联试和动态验收条件。

中国铁路成都局集团有限公司、成渝公司、中国铁道科学研究院于 2017 年 12 月 7 日～2017 年 12 月 30 日完成了联调联试和动态检测，2017 年 12 月 24 日开始运行试验。

2017 年 12 月 28 日～2018 年 1 月 5 日，中国铁路成都局集团有限公司、成渝公司组织相关单位和专家，对成渝客专重庆西联络线(高速渝贵联络线)工务(2017 年 12 月 28 日)、供电(2017 年 12 月 29 日)、电务(通信 2017 年 12 月 29 日、信号 2018 年 1 月 5 日)、环境保护与水土保持(2017 年 12 月 14 日)等专业动态验收报告进行了审查，形成专家组审查意见：同意中国铁路成都局集团有限公司和公司的动态验收结论，同意通过动态验收，具备初步验收条件。

2015 年 9 月 15 日，成都铁路局工程质量安全监督站提交了《新建成都至重庆客运专线工程铁路建设工程质量监督报告》(成都质监〔2015〕8 号)，同意进行初步验收。

2018 年 1 月 5 日，渝黔铁路公司、成渝公司、贵阳建设指挥部(贵阳市域铁路公司)《关于报送〈新建成都至重庆铁路客运专线重庆西联络线、重庆至贵阳铁路扩能改造工程重庆、贵阳枢纽相关联络线、重庆西动车运用所存车场及相关工程静态验收、动态验收问题及专家组审查意见整改报告〉的函》(渝黔工函〔2018〕13 号)，上报了静态验收、动态验收问题及专家组审查意见的整改报告。

2018 年 1 月 5 日，渝黔铁路公司、成渝公司、贵阳建设指挥部(贵阳市域铁路公司)上报了《关于报送新建成都至重庆铁路客运专线重庆西联络线工程、重庆至贵阳铁路扩能改造工程重庆、贵阳枢纽相关联络线、重庆西动车运用所存车场及相关工程静态验收、动态验收问题整改确认的函》(渝黔工函〔2018〕14 号)，对静态、动态遗留问题和专家提出的问题进行了整改，专家意见基本得到落实。

2018 年 1 月 5 日，渝黔铁路公司、成渝公司、贵阳建设指挥部(贵阳市域铁路公司)联合上报了《关于申请开展新建成都至重庆铁路客运专线重庆西联络线工程、重庆至贵阳铁路扩能改造工程重庆、贵阳枢纽相关联络线、重庆西动车运用所存车场及相关工程初步验收的函》(渝黔工函〔2018〕15 号)，提出工程已具备初步验收条件，申请成都局集团公司进行初步验收。

2018 年 1 月 5 日，成都局集团公司对成渝公司等上报的初步验收申请进行了研究，认为成渝客专重庆西联络线工程具备初步验收条件，同意启动初步验收。

2018 年 1 月 6 日、7 日，成都局集团公司组成初步验收委员会，对成渝客专重庆西联络线工程进行现场检查并召开初步验收会议。

三、验收结论

1. 成都东至半边山线路所段工程

客专工程成都东至半边山线路所及相关工程，在建设过程中执行了国家有关政策，铁路行业有关规定和强制性标准，以及中国铁路总公司有关规定和批复意见。劳动卫生、安全等设施已按批准的设计建成；水土保持设施按水土保持方案及批复要求基本建成，水土保持设施经检查认可；环保设施已按设计建成，四川省、重庆市已检查认可，补充环评待批复；消防相关工程验收合格，已取得消防合格意见书；建设用地已依法批复；建设项目档案收集、整理及编制质量基本符合初步验收条件。根据成都铁路局和成渝公司编制并上报的静态、动态验收报告及中国铁路总公司高速铁路验收专家组评审意见，成都铁路局和成渝公司整改报告，铁科院动态检测和运行试验报告，成都铁路局工程质量安全监督站工程质量监督报告等，动态验收速度最高达到 300 km/h。客专工程成都东至半边山线路所段满足设计要求，工程质量合格，验收程序符合规定，同意通过初步验收。

2. 半边山至重庆北段工程

成渝客专半边山线路所至重庆北段工程在建设过程中执行了国家有关政策，铁路行业有关规定和强制性标准，以及铁道部、中国铁路总公司有关规定和批复意见。劳动卫生、安全等设施已按批准的设计建成；环境保护、水土保持设施按环评报告书、水土保持方案及批复要求基本建成，水土保持设施经检查认可；消防相关工程验收合格；建设项目档案收集、整理及编制质量基本符合初步验收条件。根据成渝公司编制并上报的静态、动态验收报告及成都铁路局验收专家组评审意见，成渝公司整改报告，铁科院动态检测和运行试验报告，工程质量安全监督情况等，成渝客专半边山线路所至重庆北段工程满足设计要求，工程质量合格，验收程序符合规定，同意通过初步验收。

3. 半边山线路所(不含)至沙坪坝站(不含)段工程

成渝客专半边山线路所(不含)至沙坪坝站(不含)段相关工程在建设过程中执行了国家有关政策、铁路行业有关规定和强制性标准，以及铁道部、中国铁路总公司有关规定和批复意见。劳动卫生、安全设施已按批准的设计建成；水土保持设施按水土保持方案及批复要求基本建成，并经检查认可；环保设施按环境影响报告书及批复要求基本建成，并经检查认可；建设用地已依法批复；建设项目档案收集、整理及编制质量基本符合初步验收条件。根据成渝公司编制并上报的静态、动态验收报告及成都局集团公司验收专家组审查意见，成渝公司上报的整改报告，铁科院的动态检测和运行试验报告，成都铁路局工程质量安全监督站工程质量安全内部监督报告等，动态验收速度达到了动车组 200 km/h 及以下设计标准，满足设计要求，工程质量合格，工程验收程序符合规定，同意通过初步验收。

4. 沙坪坝铁路枢纽综合改造工程沙坪坝铁路站房及相关工程

沙坪坝铁路枢纽综合改造工程沙坪坝铁路站房及相关工程在建设过程中执行了国家有关政策、铁路行业有关规定和强制性标准，以及铁道部、中国铁路总公司有关规定和批复意见。劳动卫生、安全设施已按批准的设计建成；水土保持设施按水土保持方案及批复要求基本建成，并经检查认可；环保设施按环境影响报告书及批复要求基本建成，并经检查认可；消防工程验收合格，已取得消防意见合格书；建设用地已依法批复；建设项目档案收集、整理及编制质量基本符合初步验收条件。根据成渝公司、重庆城市综合交通枢纽开发投资有限公司编制并上报的静态、动态验收报告及成都局集团公司验收专家组审查意见，成渝公司、重庆城市综合交通枢纽开发投资有限公司上报的整改报告，铁科院的动态检测和运行试验报告，成都铁路局工程质量安全监督站工程质量安全内部监督报告等，动态验收速度达到了动车组 100 km/h 及以下设计标准，满足设计要求，工程质量合格，工程验收程序符合规定，同意通过初步验收。

5. 重庆西联络线工程

成渝客专重庆枢纽重庆西联络线工程在建设过程中执行了国家有关政策、铁路行业有关规定和强制性标准，以及铁道部、中国铁路总公司有关规定和批复意见。劳动卫生、安全设施已按批准的设计建成；水土保持设施按水土保持方案及批复要求基本建成，并经检查认可；环保设施按环境影响报告书及批复要求基本建成，并经检查认可；建设用地已依法批复；建设项目档案收集、整理及编制质量基本符合初步验收条件。根据成渝公司编制并上报的静态、动态验收报告及成都局集团公司验收专家组审查意见，成渝公司上报的整改报告，铁科院的动态检测和运行试验报告，成都铁路局工程质量安全监督站工程质量安全内部监督报告等，成渝客专重庆西下行联络线工程动态验收速度达到 120 km/h 设计标准，上行联络线工程动态验收速度达到 80 km/h 设计标准，工程满足设计要求，工程质量合格，工程验收程序符合规定，同意通过初步验收。

第五节 安全评估

一、成都东至半边山

（一）安全评估组织

根据铁路客运专线工程开通运营总体安排，中国铁路总公司成立安全评估组，于2015年12月14日～18日对成渝客专开通运营准备工作情况进行了安全评估。重点检查安全管理、规章制度、作业标准、应急预案、安全保障措施、人员配备和培训、劳动安全、路外安全、治安消防和移动设备配备等运营准备工作。

安全评估组由安监局副局长吴新红任组长，成都特派办特派员杨斌和安监局贾亚民任副组长，成员由中国铁路总公司科技部、劳卫部、建设部、运输局、安监局、铁路公安局以及部分特派办和铁路局专业人员组成。下设安全管理（含路外安全环境）、规章制度、车务、客运、机务、供电、车辆、工务（含房建）、电务（通信、信号）、信息、治安消防、劳动安全、综合13个评估小组。

2015年12月14日，安全评估组在成都召开会议，听取了成渝公司和成都铁路局关于工程建设、验收及开通运营准备工作情况的汇报，对安全评估工作进行了部署。2015年12月15日、16日，各评估小组采取现场检查、查阅资料和现场抽考等方式，对成渝公司和成都铁路局有关处室、站段，以及成都铁路公安局等单位的运营准备工作进行了检查评估。期间，开行动车组路用列车对客专进行了全线添乘检查，并依次停车检查了龙泉山隧道、资阳沱江多线特大桥、内江北站。2015年12月17日，安全评估组在成都召开总结会，与成渝公司、成都铁路局交换了评估意见。吴新红副局长对抓好问题整改及保障开通运营安全提出了要求。

（二）安全评估意见

根据各安全评估小组分报告的评估意见，安全评估组一致认为：客专成都东至半边山线路所段、客专反发联络线、成贵上下行联络线的安全管理、规章制度、作业标准、应急预案、安全保障措施、人员配备和培训、劳动安全、路外安全、治安消防等工作和移动设备设施已基本到位，满足运营要求。客专成都东至半边山线路所段具备动车组以300 km/h及以下速度，客专反发联络线具备动车组以80 km/h及以下速度开通运营条件。

（三）评估检查发现的主要问题

本次安全评估共发现各类问题237个，其中工程遗留问题77个，运营准备问题160个。主要问题如下：

1. 安全管理方面

一是有关监测制度应急处置办法未制定。成渝公司尚未针对龙泉山隧道和内江北站K152＋500～K153＋700轨道上拱问题组织有关单位编制有效的检查监测办法和应急措施；没有针对郑家坝沱江双线特大桥及资阳沱江双线特大桥轨道高程随气温变化的问题组织设计单位编制有效的检查监测办法和应急措施；永川渝昆高速1号双线特大桥整治过后未完成桥梁加固及加固后的检算，未制定相关监控办法及应急预案。二是行车安全装备管理不到位。目前成都动车段配属动车组已有33组安装EOAS系统车载设备，但成都铁路局未明确EOAS服务器、分析终端管理维护及视频数据下载分析责任部门，也未开展数据下载分析。三是动车组运用检修一体化管理制度落实不到位。成都铁路局尚未完全落实动车段（所）内车务人员、动车调度、机务调度和客运段动车派班人员应合署办公制度。四是部分动车组司机在本段休息时间不足，违反成都铁路局《机务运用安全实施细则》要求不少于24 h的规定。

2. 规章制度方面

一是部分规章制度缺失。重庆工务段未制定《高铁防护栅栏管理办法》《高速铁路工务线路设备故障应急预案》。二是部分规章制度内容不完善。《成都局高速铁路突发事件应急预案》未根据《铁路技术管理规程》（高速铁路部分）及中国铁路总公司文件电报及时修订。三是部分规章内容与上级规定不一致。成都铁路局《行车组织规则》关于动车段（所）调车工作领导指挥及计划编制下达规定与中国铁路总公司要求不符；《重庆供电段高速接触网应急抢修管理办法（暂行）》关于故障点设置降弓标及《重庆车站高速铁路突发事件行车应急预案》关于运行途中晃车处置规定与《铁路技术管理规程》（高速铁路部分）不一致；《成都工务段线路防断管理实施办法》关于断轨处理限速规定违反《高速铁路工务安全规则（试行）》。四是作业标准未修订。成都机务段动车组司机作业标准及作业指导书未按照《CRH 系列动车组操作规则》进行修订,《成都局动车组一、二级检修作业办法》缺少 CRH380D 动车组一、二级检修质量标准。

3. 人员培训方面

一是个别人员尚未取得岗位准入资质。成都电务段、成都高铁工务段各有 9 人,成都工务段有 18 人未取得高铁岗位资格证。二是人员培训质量不高。调度所个别业务干部未参加高铁适应性培训且未补培,抽问列车调度员对部分安全控制措施回答不完整;重庆站机关业务干部适应性培训有漏培漏考现象。三是应急演练开展有差距。重庆电务段内江北信号车间未针对高铁设备组织应急演练;成都动车段随车机械师应急处置实作演练场景与现场实际情况差别较大;重庆车辆段动车组制动不缓解应急演练缺少滚动试验内容。

4. 设备设施方面

一是重庆北动车所不落轮旋修能力不足。重庆北动车所不落轮旋修为单轮旋,客专开通后,旋修能力相对紧张,应尽快启动旋修设备补强建设工作。二是部分工程尚未完工或交付。重庆北动车所检查库库内发码环线长度不能满足 CRH380D 型动车组出库联检需要,库外停留线增设的 18 条发码环线未完成施工;部分区间通信基站无维修便道;综合视频监控系统、环境监控系统、通信电源防雷箱雷电计数功能调试未完成,综合视频监控系统未接入中国铁路总公司核心节点;荣昌北站综合工区未开通;部分客服设备设施未安设到位;部分生产生活设施未交付使用。三是工务、房建、供电、通信、信号、客运、信息等专业的竣工及维护技术资料、备品备件等尚未全部移交设备管理单位,养护维修机具尚未完全配备到位。

5. 劳动安全方面

一是劳动安全管理制度不严谨。重庆、成都站未制定驻站联络员、现场防护员岗位作业标准,高速铁路车站站台、股道保洁作业防护办法;成都高铁工务段未制定桥梁钢结构拱部检查通道作业门管理使用办法。二是伤亡事故应急处置预案制定不到位。重庆供电段未制定从业人员伤亡事故应急处置预案;成都供电段、成都高铁工务段从业人员伤亡事故应急处置预案缺少车辆伤害、触电、高处坠落等处置措施相应内容。三是安防设施不完备。客专 6 m 及以上的桥墩共计 3 459 个,3 384 个桥墩未安设吊篮;3 m 及以上至 4 m 以下桥墩有 611 个桥墩未安设吊篮和围栏。资阳沱江多线特大桥成都端桥台梁缝处两侧路肩外侧沟深高度约 5 m,约 3 m 长距离未安设护栏;半边山线路所通往外界便道步行板部分缺失约 300 m。四是客运电梯设备设施存在安全隐患。内江北站 2、3 站台扶梯下部基坑盖板与墙体有缝隙约 15 cm、扶梯外侧上盖板与墙体有缝隙约 10 cm。

6. 路外安全环境和治安消防方面

(1)路外安全环境方面。一是河道非法采砂未完全杜绝。客专资阳沱江多线特大桥和郑家坝沱江特大桥上、下游禁采范围存在偷采现象。二是桥下防护设施安设不到位。客专线高架桥 3 m 以上桥墩封闭工作还余 9 870 m 未安装完毕;徐家坝特大桥 9 号桥墩与公路并行一侧防撞墩未安设完成;永川立交桥下 7 号墩两侧紧邻公路,未设置防护设施。三是璧山至沙坪坝间 K291+583 处上跨接触网 35 kV 电力线还没有迁改到位。

(2)治安消防方面。一是安全防护人员配置不到位。目前线路巡防保安和车站保安队员配备尚无明确标准和计划,车站安检人员配备不够。二是安防设施安设不到位。“四电”院落及部分治安复杂区段未安装视频监控系统;部分车站及沿线地段防护栅栏、刺丝滚笼等需进一步补强;9 个新建车站均未按反恐防暴要求封闭,未配备反恐防暴器材。三是各客运车站尚未取得《公众聚集场所投入使用、营业前消防安全检查合格证》。四是消防设备设施配置不到位。龙泉山隧道斜井疏散宽度达不到规范要求,紧急出口、避难所、洞口附近未配置消防防护装备;大安隧道口消防器材未配齐安装,隧道口消防水池施工未完毕;设置七氟丙烷消防装置的信息机房没有配备空气呼吸器,信息设备间未配备气体灭火器。

(四)整改要求和建议

(1)认真整改安全评估提出的各类问题。成都铁路局和成渝公司要高度重视安全评估检查发现的问题,立即制定整改展开表,明确责任部门和整改期限,抓紧进行整改。整改展开表经主要领导签字后,报中国铁路总公司安监局和主管部门。开通前要对问题的整改情况进行一次现场检查确认,整改确认报告由铁路局主管领导签字后，报中国铁路总公司安监局和主管部门。

(2)尽快完成剩余工程和工程遗留问题整治。成渝公司要高度重视初步验收提出的剩余工程和安全评估指出的工程遗留问题，按要求时限倒排工期、精心组织、按期完成，成都铁路局要组织好验收。成渝公司要尽快组织将竣工文件和工装机具、备品备件移交运营单位。

(3)进一步健全完善规章体系和应急预案。成都铁路局要针对本次评估指出的规章制度、作业指导书存在的不健全、不完善以及不符合上级规定的问题，结合客专实际，全面进行梳理，立即补充完善，确保准确实用。要进一步完善铁路交通事故、设备故障、突发事件等非正常情况下的应急预案，规范应急处置流程，全面提高应急处置水平。

(4)做好人员教育培训。成都铁路局要加强高铁作业人员资格性培训和考试，确保人员持证上岗；继续强化对《铁路技术管理规程》(高速铁路部分)、《行车组织细则》等相关业务知识的学习培训和实作演练，相关站段要细化制度，针对部分职工岗位作业薄弱环节，持续组织好后续补强培训。

(5)全力确保开通运营安全。开通初期，成都铁路局要加强组织领导，强化干部包保盯控，切实做好各项应急准备工作；成渝公司要组织设计、施工单位投入足够的技术力量和物资材料，做好运营保障工作。各专业部门和有关站段要针对客专的实际，动态研判各类安全风险，充分利用各类检测监测设备，加强对轨道上拱、轨道高程随气温变化地段的监测，主动掌控安全规律，针对性地做好检查、养护、维修等工作，切实提高维护管理水平。

二、半边山至重庆北

(一)安全评估组织

成都铁路局于 2015 年 12 月 9 日～12 月 13 日组织了对成渝客专半边山至重庆北段工程的提前介入检查暨安全预评估，通过安全预评估后，成都铁路局受中国铁路总公司的委托，于 2015 年 12 月 15 日～12 月 18 日组织对成渝客专半边山至重庆北段工程进行了安全评估。

成都铁路局成立了以主管安全副局长任组长，相关业务部门负责人为成员的安全评估领导小组。由安监室牵头组织，分别成立安全管理(含安全环境)、劳动安全、规章制度、车务、客运、机务、供电、工务(房建)、电务(通信、信号)、车辆、信息、治安消防、综合 13 个安全评估小组。各检查小组采取听取汇报、现场检查、添乘检查、查阅资料等方式，对成渝客专半边山至重庆北段工程的固定设备、移动设备、客服设施、安全设施等主要设备设施质量及相关运营单位安全管理、规章制度、作业标准、应急预案、安全保障措施、人员配备和培训、劳动安全、路外安全、治安消防等运营准备工作情况进行了安全评估。

2015 年 12 月 18 日，安全评估组与成渝公司及各运营接管单位交换了安全评估意见。

(二)安全评估意见

根据各安全评估小组分报告的评估意见，安全评估组一致认为：成渝客专半边山线路所至重庆北段工程的安全管理、规章制度、作业标准、应急预案、安全保障措施、人员配备和培训、劳动安全、路外安全、治安消防等工作和移动设备配备已基本到位，满足 120 km/h 及以下运营速度要求，同意通过安全评估。成渝公司和运营管理单位对影响运输安全的各类问题，在开通前必须整改到位或采取可靠的安全措施，路局相关业务处室加强督促。

(三)评估检查发现的主要问题

本次安全评估共发现各类安全问题 16 个，其中运营准备方面 7 个，工程遗留方面 9 个。具体问题已通报了成渝公司和各运营接管单位，主要问题如下：

1. 安全管理制度、办法需进一步完善

一是《重庆供电段高速接触网应急抢修管理办法(暂行)》(重供技〔2015〕159 号)第 23 条“在故障点前后 2 公里位置设置降弓标”，与《铁路技术管理规程》(高速铁路部分)、相关规定不符。《重庆供电段客运专线电力运行检修管理实施细则》第六章第 50 条“网内临时缺陷处理也需到车站或调度所办理申请、并设置驻站(所)联络员和现场防护人员”，缺少本线封锁邻线限速的相关规定。二是运输处未制定高铁站内通道门管理办法;成都、重庆机务段部分安全措施尚未结合成渝客专半边山至重庆北段工程的设备情况修订完毕。三是重庆工务段未制定《高速铁路工务线路设备故障应急预案》,重庆工务段未制定高铁防护栅栏管理办法。

2. 技术规章管理不规范

一是重庆车辆段将《动车运用所关键设备应急处理预案》,重庆电务段将《重庆电务段高速铁路单项信号设备应急处理预案》《重庆电务段应急突发事件、自然灾害及设备故障应急预案》,重庆机务段将《重庆机务段动车组应急响应预案》非技术规章文件纳入技术规章管理。二是重庆车辆段《重庆车辆段客车安全监控系统(TCDS)管理办法(暂行)》、重庆机务段《重庆机务段 800 MHz 列尾管理办法实施细则(试行)》已超过 3 年有效期。

3. 技术资料、备品备件移交不到位

一是客运方面沿线长大桥隧基础资料、应急逃生设备设施技术资料尚未移交相关站车单位。二是工务竣工资料移交不齐全;备品备件及非安装设备移交不齐全。三是电务信号专业维修专用仪器仪表、部分备品备件及非安装设备未按要求配备到位;通信专业竣工资料和备品备件未移交,非安装设备(仪器仪表等)未到位。四是客运专线新设置车间班组接触网、变配电、电力等专业的非安装设备和备品备件截至目前仍未到位。

4. 部分工程遗留问题未解决

(1)车务方面:一是芭蕉沟线路所 G 网手机信号极差。二是重庆站生产调度室 TDCS 复示芭蕉沟和半边山线路所部分不准确。

(2)工务方面:一是高速井西上、下联络线全线轨道至接触网间距离已达到接触网安设标准的极限高度,无法进行线路起道作业,2015 年 10 月 8 日线路测量数据显示,高速井西联络上行线隧道地段实际轨面标高平均低于设计高程 30 mm,下行线隧道地段实际轨面标高平均低于设计高程 25 mm,均未达到线路设计轨面标高。二是唐家沟桥全桥吊篮、围栏锈蚀非常严重;全桥托架、栏杆、支座锈蚀严重;K6+653 箱涵桥面栏杆锈蚀 96 m,桥面立柱锈蚀 32 个。三是井西下行线既有桥梁托架、栏杆锈蚀,吊篮、围栏、支座锈蚀、破损严重。

(3)电务方面:半边山信号楼处未设置上道栅栏(工作)门、双碑隧道内重庆西方向临时封闭网未设置上道栅栏(工作)门。

(4)治安消防方面:一是李家湾、陈家湾牵引变电所的高压变电露天区域未设置警示标牌,大门未设检查口。二是芭蕉沟线路所未配置灭火器,围墙滚刺网未安装,芭蕉沟的给水所、岗亭未修建。

(四)整改要求和建议

(1)及时有效整改安全评估检查发现的问题。相关部门和相关单位对于安全评估中检查发现的问题,要本着轻重缓急的原则,按照安全评估总结会制定的措施落实整改,对不影响开通安全,暂时不能整改到位的问题,要制定行之有效的防范卡控措施,确保成渝客专半边山至重庆北段工程开通运营的绝对安全。

(2)抓好工程遗留问题的处置。成都铁路局将继续督促建设单位开展对工程遗留问题的整改,做好开通运营准备,确保开通运营安全。成都铁路局有关部门对验收报告提出的问题和建议要认真研究,制定有针对性的处理措施。成渝公司及相关部门、设备管理单位要积极协调和配合,尽快完成遗留问题的处置,尤其是涉及设备管理单位技术资料、备品备件、非安装设备移交、购置的问题,要在开通前整改到位。

(3)大力提升设备质量。相关设备管理单位必须进一步提高各类行车设备的管理和维修养护水平,尤其要将线路、接触网、通信信号、客运设备质量等放在重中之重的位置,高标准、严要求,坚决实现“零故障、零缺陷、零误差”,确保设备质量全面达标。

(4)进一步完善规章制度及应急预案。相关部门和设备管理单位要及时修订完善相关的安全制度和办法,要对各种行车设备出现的新情况、新问题及时进行分析研究,不断总结、补充、完善既有规章制度,切实增强规章制度的可操作性。同时,要不断完善各种应急处置预案。认真落实施工、维修、故障抢修、应急处理等作业办法、措施,不断提高干部职工的应急处理能力。

(5)强化施工安全管理。高度重视施工安全管理,成渝客专半边山至重庆北段工程开通运营后,各部门、单位要高度重视施工安全，列车开行后，针对存在的消缺作业，切实加强施工安全管理，严格落实天窗修制度，认真组织好综合天窗修工作，严禁无计划、超范围施工，确保行车安全和劳动人身安全。

(6)强化安全监督检查。各级领导干部和管理人员要加强日常安全检查及指导，专业部门要强化专业技术管理，加大检查指导力度，及时发现并解决影响安全的隐患和问题，加强对站段的技术业务指导和管理。安监部门要切实履行安全监督检查的职责，严格事故和设备故障的管理，促进基层单位规范管理，保证设备运用质量和提高职工业务素质，确保成渝客专半边山至重庆北段工程开通运营安全。

第十七章　竣工决算

一、工程决算编制依据

本项目竣工决算编制主要参照如下三方面批复或文件为依据：

1. 项目管理方面

(1)2009 年 10 月 23 日,《国家发展改革委关于新建成都至重庆铁路客运专线项目建议书的批复》(发改基础〔2009〕2668 号)。

(2)2010 年 3 月 13 日,《国家发展改革委关于新建成都至重庆铁路客运专线工程可行性研究报告的批复》(发改基础〔2010〕482 号)。

(3)2010 年 6 月 27 日,铁道部《关于新建成都至重庆铁路客运专线初步设计的批复》(铁鉴函〔2010〕652 号)。

(4)2011 年 9 月 30 日,铁道部《关于新建成都至重庆铁路客运专线修改初步设计的批复》(铁鉴函〔2011〕682 号)。

(5)2018 年 10 月 8 日,《中国铁路总公司关于新建成都至重庆铁路客运专线清理总概算的批复》(铁总鉴函〔2018〕652 号)。

(6)《历年下达投资计划》(铁路下达投资计划文件)。

(7)初步设计概算、招投标文件(书)、概算清理文件等资料。

(8)工程末次验工计价资料、合同及其他相关资料。

2. 部门规章方面

(1)《高速铁路竣工验收管理办法》(铁建设〔2012〕107 号文)。

(2)财政部《基本建设财务规则》(财政部令第 81 号)。

(3)财政部《关于印发〈基本建设项目竣工财务决算管理暂行办法〉的通知》(财建〔2016〕503 号)。

(4)《关于印发〈基本建设项目建设成本管理规定〉的通知》(财建〔2016〕504 号)。

(5)《中国铁路总公司关于印发〈中国铁路总公司基本建设财务管理规定〉的通知》(铁总财〔2017〕36 号)。

(6)《中国铁路总公司关于印发〈铁路建设项目资产交付和竣工财务决算编制办法〉的通知》(铁总财〔2017〕45 号)。

(7)《中国铁路总公司关于国铁项目执行企业会计准则有关问题的通知》(铁总财〔2015〕40 号)。

(8)《中国铁路总公司关于印发〈中国铁路总公司固定资产管理办法〉的通知》(铁总财〔2015〕45 号)。

(9)《中国铁路总公司关于进一步加强铁路建设项目竣工财务决算工作的通知》(铁总建设〔2019〕104 号)。

3. 其他方面

各类经济合同及相关补充协议、项目竣工档案及竣工资产移交资料、财务管理及批复的年度财务决算以及第三方审价等相关资料。

二、工程决算程序、编制内容及方法

1. 竣工验收

严格按竣工验收程序完成初步验收后,完成竣工文件移交,竣工文件必须齐全、完整,按规定再由成渝客专公司组织编制竣工结算,并在 3 个月内完成编制工作,并办理正式验收及资产移交手续。

2. 竣工决算

(1)竣工决算做到内容完整,数字准确,情况真实。竣工项目验收时与办理竣工财产移交同步进行。凡是经复验合格并已投产使用的工程项目,必须及时地、无条件地办理固定资产交接手续,以减少在建工程,发挥投资效果。

(2)竣工决算由成渝客专公司统一组织并负责编制。施工单位要按要求认真地、及时地向建设单位提供财产交接资料。建设单位在项目初验完成后3个月内完成竣工财务决算编制工作并按规定提交审计部门审计。编好竣工决算上报主管部门。财务决算未经财政部批复之前,原机构不得撤销,项目负责人及财务主管人员不得调离。建设项目销号后,建设单位要对整个项目概算、年度计划、预算执行情况及各项资金到位情况进行分析,完整、准确地反映建设项目投资及建设成本支出情况。

(3)竣工决算的内容,按建设项目分:竣工决算、竣工财产移交和决算分析三部分。

(4)竣工项目财务决算报告的内容及编制说明。竣工项目财务决算报告的内容分三部分:竣工财务决算表、竣工财务决算分析、竣工资产移交表。

①竣工财务决算表:竣工财务决算表包括《铁路项目竣工财务决算表》(竣财决表1)及《铁路竣工项目投资及支出情况表》(竣财决表2)

②竣工财务决算分析:分析的内容应包括建设项目概算、投资计划执行情况,建设成本支出及节超原因、建设资金来源及使用情况,建设项目管理等情况。

③竣工资产移交表:竣工资产移交表包括"竣工交付资产汇总表"和"竣工交付资产明细表"。本表反映铁路建设项目建成后新增资产的全部情况,并作为向接收单位办理资产移交的依据,也是接收单位据以增加资产的重要资料。

竣工财务决算及竣工资产交付表统一使用A4格式纸,以上各表由建设单位负责组织编制,施工单位配合,竣工财务决算及竣工资产移交表必须内容完整、数字准确、情况真实。

成渝公司将装订成册的竣工财务决算报告报国铁集团财务部(附审计报告)。国铁集团将建设项目竣工财务决算及审计报告转报财政部审批,财政部的批复将作为资产最终的确定数。

3. 资产移交工作

竣工项目资产移交工作由成渝公司负责组织,在竣工项目办理初验前,由施工单位按成渝公司的要求填写"竣工项目资产初验记录表"(竣交表附表),并将该表交资产实际列账单位,对资产名称、数量、价值等进行核实,资产核对无误后,施工单位将经资产接收单位签章的"竣工项目资产初验记录表"送交成渝公司,再由成渝公司据此组织有关单位编制"竣工资产移交表",成渝公司对各表进行分类整理装订,将签章后的"竣工资产移交表"移交接管单位。

4. 项目资金批复和建设投资支出情况

(1)项目概算批复清理:2018年10月8日,《中国铁路总公司关于新建成都至重庆铁路客运专线清理总概算的批复》(铁总鉴函〔2018〕652号)。批复情况,包括:概算总额按4 117 233万元控制(内资3 897 329万元,外资33 827万美元,折合人民币219 904万元),其中静态投资3 924 772万元、建设期贷款利息188 761万元、铺底流动资金3 700万元。

(2)投资计划下达情况:开累投资计划3 990 100万元,其中:中央预算内资金185 000万元、铁路建设基金322 250万元、车辆购置税50 000万元、权益性铁路债券440 000万元,地方出资1 040 261万元(资本金997 250万元、非资本金43 011万元),外资借款219 904万元,债务性铁路债券430 000万元,商业银行贷款1 302 685万元。

(3)资金到位情况:开累资金到位3 740 515万元,其中:中央预算内资金185 000万元,铁路建设基金322 250万元,车辆购置税50 000万元,权益性铁路债券440 000万元,地方出资1 024 261万元(资本金997 250万元、非资本金43 011万元),外资贷款219 904万元,债务性铁路债券430 000万元、商业银行贷款1 053 100万元。

根据上述投资计划与资金到位情况比较,尚需到位的项目建设资金249 585万元(下达计划3 990 100

万元—已到位 3 740 515 万元)已全部落实(均为已签订合同待提款的银行贷款资金)。成渝公司在项目建设过程中,能够严格执行国家、国铁集团有关建设资金管理的规定,加强对项目建设资金管理,规范使用建设资金,保证了资金安全,提高了资金使用效益。

(4)投资完成情况:投资完成 3 971 662.76 万元,其中建筑安装工程投资完成 2 572 322.03 万元,设备投资完成 150 061.56 万元,待摊投资完成 1 236 956.31 万元,其他投资完成 5 110.53 万元,可抵扣增值税进项税 7 212.33 万元。

第三篇

勘 察 设 计

第一章 地质勘察

第一节 概 况

一、工程概况

成渝客专起自成都枢纽成都东站，向南先后上跨驿都大道、成龙路，后折向东分别上跨三环路、石胜路，经成都市国际赛车场北侧穿三圣花乡，上跨绕城高速公路后沿龙泉经济开发区南侧向东穿龙泉山（隧道长7 328 m）进入资阳市境内；经贾家沿绛溪河至简阳市简城镇，于成渝高速公路南侧尹家湾设简阳南站，出站后向东南行进于雁江区临江镇上跨成渝高速公路至其北侧，经350库北侧上跨既有成渝铁路、沱江至资阳市沱东新区，于宝台镇杨家坡设资阳北站，出站后经伍隍、石岭进入内江市资中县境内；于重龙镇千弓堰设资中北站，出站后于银山镇两跨沱江进入东兴区境内，经富溪乡上跨内遂高速公路至东兴街道红庙子设内江北站，后由长江森林公园南侧，经郭北镇、永东乡至隆昌县境，于界市镇北侧设隆昌北站，出站后线路转向东进入重庆市荣昌县境内；经盘龙镇、荣隆镇，绕避杜家坝煤矿至其北侧后上跨濑溪河，于荣昌城北开发区设荣昌北站，尔后经峰高镇上跨既有成渝铁路、下穿成渝高速公路至大足邮亭镇，在成渝高速公路南侧设大足站，出站后上跨成渝高速公路，经永川双石镇、胜利街道，分别五跨既有成渝铁路、三跨成渝高速公路至城区东北侧中山街道，下穿兴龙大道后，于成渝高速公路南侧设永川东站，出站后穿大安隧道，经璧山县丁家镇、正兴镇至青杠镇设璧山站，后穿缙云山至九龙坡区金凤镇，上跨重庆外环高速公路、穿在建金凤信息产业园，穿骑龙咀隧道至含谷镇，于西永镇穿中梁山隧道并上跨既有襄渝铁路、下穿遂渝高速公路（隧道全长4 124 m），上跨渝黔线、下穿襄渝二线，上跨重钢专用线和梨菜线后引入既有沙坪坝站，出站后穿新红岩隧道（隧道长6 700 m）至既有竹木街隧道进口，尔后利用既有线到达本线终点重庆站，线路全长307.931 km，运营长度308.949 km。

二、勘察设计经过

1. 项目的提出和规划

（1）2007年11月，国家发改委印发了经国务院审议通过的《综合交通网中长期发展规划》（发改交运〔2007〕3045号），该规划中布局了“五纵五横”综合运输大通道，成渝客专为该综合运输大通道的重要组成部分。

（2）2008年7月2日，铁道部部长和四川省委书记、省长就加快推进四川省灾后铁路恢复重建有关问题进行了会谈，并形成了《关于加快推进四川省灾后铁路恢复重建会谈纪要》，纪要中明确：“启动川藏铁路、成渝城际、川青铁路项目前期研究工作，适时开工建设”，2007年6月16日铁道部与重庆市签订的《关于加快推进重庆铁路建设的战略合作框架协议》中明确“2009年开展前期工作”。

（3）2008年10月31日，国家发改委文件《关于印发中长期铁路网规划（2008年调整）的通知》（发改基础〔2008〕2901号）中将成渝客专作为成渝间的新通道。

2. 项目研究历史

2008年11月，根据中国铁路建设投资公司《成都至重庆铁路客运专线项目投标邀请书》以及《关于委托开展新建成都至重庆铁路客运专线等七个项目勘察设计招标工作的函》（计长函〔2008〕244号），铁二院完成了设计标书的编制工作。

铁二院于2008年12月接到开展项目预可行性研究工作的通知后，成立了成渝客专项目总体组，编制完成了《新建成都至重庆铁路客运专线预可行性研究报告》，并于2009年1月19日通过了铁道部计划司组织的评审。

2009 年 3 月至 7 月,铁二院组织编制完成了《新建成都至重庆铁路客运专线可行性研究报告》,并于 2009 年 7 月 5 日通过了铁道部鉴定中心组织的审查。

2009 年 7 月中旬,国家发改委委托中咨公司,对铁道部、四川省、重庆市联合上报的本项目项目建议书进行了评审。2009 年 10 月,国家发改委下达了《关于新建成都至重庆铁路客运专线项目建议书的批复》(发改基础〔2009〕2668 号)批复意见。

2010 年 6 月,国家发改委下达了《关于新建成都至重庆铁路客运专线工程可行性研究的批复》(发改基础〔2010〕482 号)批复意见。

2010 年 1 月铁二院编制完成了《新建铁路成都至重庆客运专线初步设计》,并于 2010 年 3 月通过了铁道部鉴定中心组织的审查。2010 年 6 月,铁道部下达了《关于〈新建成都至重庆铁路客运专线初步设计〉的批复》(铁鉴函〔2010〕652 号)批复意见。

三、勘察方法

项目勘察过程中,在充分分析和利用成渝线、达渝线、遂渝线等既有勘探、测试、试验及施工病害成果资料的基础上,合理选用航片解译、地质测绘、钻探、坑(槽)探、物探(包括电测深、地震影像、地震反射、大地电磁、高密度电法、孔内波速测试及综合测井等)、原位测试(包括静探、动探、十字板剪切、标贯试验等)、水文地质测试、室内试验等相结合的综合地质勘察方法,详细查明沿线工程地质和水文地质条件,加强地质选线,提供各类工程建筑物初步设计所需的地质资料。具体执行情况如下:

(1)与各专业密切配合,加强地质选线。

(2)岩溶发育地段、构造复杂地段补充航片判译。

(3)正线及联络线、疏解线、比较线等完成 1∶2 000 详细工程地质测绘,长大隧道完成补充区域地质调绘(1∶10 000),长大岩溶隧道补充水文地质调绘(1∶10 000)。

(4)长大隧道完成以大地电磁法为主,高密度电法及震法为辅的综合物探,靠近采空区或通过大断裂带的桥、路、隧工点完成高密度电法、震法物探,覆盖型岩溶地段完成双测线电法物探,全部深孔完成综合测井,部分浅孔完成剪切波速测试。

(5)桥梁、路基、隧道进出口及浅埋段完成浅孔钻探,孔内按要求完成取样、标贯、动探等,局部完成坑探工作。

(6)长大隧道重要界线、重要构造及主要物探异常段完成深孔勘探,深孔内按要求完成水文地质试验、综合测井、地应力测试、有害气体测试及取样试验等。

(7)山间凹地和平坦地段完成静探,软土地段完成十字板剪切试验。

(8)现场设点完成全线水、土、砂、石试验。

(9)配合施预专业完成料石调查及取样试验。

(10)配合站后各专业完成设计所需的工程勘察。

(11)配合各专业完成取弃土场调绘及必要的勘探。

第二节 地质条件

一、地形地貌

全线位于四川盆地内。所经地貌类型主要有冲积平原、丘陵、低山三种,龙泉山、华蓥山呈北东 25°～30° 延绵于盆地中,宏观上将盆地分为西部平原、中部丘陵及东部平行岭谷三大地貌景观。

成都平原及川中丘陵区属于亚热带季风气候类型,冬冷夏热,春暖秋凉,四季分明,年平均气温 15 ℃～16 ℃,1 月最冷,平均气温 3 ℃～8 ℃,7 月最热,一般 25 ℃～28 ℃。全年无霜期长,一般可达 10 个月,但云雾多,湿度大,日照少。年降水量丰沛,平均 1 000 mm 左右,但季节分布不均,夏季集中多暴雨;秋季降水不多,但细雨纷飞,绵绵少晴;冬春两季少雨,在川中丘陵地带容易发生干旱。

重庆地区属于亚热带季风气候类型,具有冬暖春早、无霜期长、多云多雾、雨量充沛的特点。年平均气温 16 ℃～18 ℃，1 月最冷，平均气温 1 ℃～4 ℃，无冰雪期；夏季 4 个月以上，盛夏 7～8 月均温 26 ℃～28 ℃，长江河谷一带更热。年降雨量 1 000～1400 mm，但季节分布不均，50%分布于夏季，多雷暴雨，或久晴不雨出现伏旱，春秋两季降雨 20%左右。

二、地层岩性

区内出露中生界白垩系(K)、侏罗系(J)、三叠系(T)地层；其中以侏罗系上统遂宁组(J_3s)、中统上沙溪庙组(J_2s)为主，占全线总长度的 80%左右，岩性为泥岩夹砂岩，或灰、紫灰色块状细粒长石石英砂岩、粉砂岩与暗紫红、棕红、灰紫色泥岩不等厚互层，局部地段出露巨厚层砂岩，表层全风化带(W_4)～强风化带(W_3)厚 3～15 m。三叠系(T)仅见于重庆地区(四川盆地东部平行岭谷区)低山背斜核部或两翼；白垩系(K)地层主要分布于成都平原及龙泉山脉两侧；第三系缺失；第四系(Q)松散堆积物分布较广，以冲积平原区、河谷阶地、缓丘槽谷等低洼地带较为集中且厚度较大，一般厚 2～15 m。

三、地质构造

全线位于扬子准地台四川中台拗，为新华夏系第三沉降带之四川沉降带；东部是喜山运动早期的产物。线路跨成都平原、川中平缓低褶带及川东高褶带，构造形迹主要为龙泉山箱状背斜和华蓥山帚状褶皱束(川东南弧形构造带)。线路自西向东依次经过以下区域：

(1)成都平原区：以成都凹陷为中心的川西块体相对沉降带，区内沉积了数十米至上百米的第四系(Q)，至龙泉山脚基岩裸露，呈不对称状分布。

(2)龙泉山箱状背斜区：分布于龙泉山山脉，南起仁寿，北达中江，全长约 130 km，宽 15～20 km，构造形迹规模宏大。以龙泉山箱状背斜为骨干，包括一系列走向 N20°～30°E 的褶皱、冲断层等压性、压扭性结构面。核部最老地层为侏罗系上沙溪庙组(J_2s)，两翼依次为遂宁组(J_3s)和蓬莱镇组(J_3p)。

(3)川中丘陵区块体是相对隆起带(四川沉降褶皱带)，地表广泛出露侏罗系(J)大片基岩，构造形迹微弱，无明显线性构造，多为鼻状背斜、短轴背斜等低平穹状构造，且方向散漫不定。

(4)川东南弧形构造带～华蓥山断裂之川东褶皱束区：以华蓥山断裂为界，西部为川中丘陵区块体，东部由一系列北东～北北东向近乎平行的高背斜山脉及向斜谷地组成，地形高差达数百米。线路主要穿越的背斜有螺观山背斜、西山背斜、新店子背斜、东山背斜、沥鼻峡背斜、温塘峡背斜、观音峡背斜。

华蓥山大断裂为隐伏活动性深大断裂，成生早，规模大，具多期活动性，控制了东西两侧地史演化、构造成生和发展。

华蓥山大断裂以东为川东台褶带，是喜山期由 SEE 向 NWW 推挤于华蓥山大断裂受阻而渐次隆起、褶皱的地带，构造形迹为一系列 NE～NNE 向近于平行的狭长不对称褶皱，其中背斜成山挤压紧密，两翼陡峻但不对称，轴线扭摆弯曲；向斜成谷相对舒缓且向北翘起、向南散开，具“隔挡式”褶皱特点，断裂多发育于背斜轴部和倾伏端，且多为高角度走向逆冲断层(由 SEE 向 NWW 挤压逆冲)。区内发育的沥鼻峡背斜、温塘峡背斜、观音峡背斜及其间的璧山(干坝子)向斜、北碚向斜以及盐井溪断层、沥鼻峡断层等，均属于华蓥山帚状褶皱束的南延部分。

华蓥山大断裂以西为川中台褶带，因基底差异运动微弱，整体较稳定，仅盖层部分因周边水平应力压扭牵引而形成轻微褶皱，两翼岩层产状均平坦舒缓，岩层倾角一般小于 10°，断裂不发育。

四、地震动参数区划

根据《中国地震动参数区划图》(GB 18306—2001)及其第 1 号修改单以及《成渝铁路区域性地震区划报告》(四川赛思特科技有限责任公司)，沿线地震动参数区划详见表 3-1-1。

表 3-1-1 成渝客专沿线地震动参数区划表

里程范围	地震动峰值加速度	地震动反应谱特征周期	抗震设防烈度(度)
DK0＋000～DK48＋800 (K0＋685.588～K49＋512.789)	0.10g	0.45 s	7

续上表

里程范围	地震动峰值加速度	地震动反应谱特征周期	抗震设防烈度(度)
DK48+800～DK51+200 (K49+512.789～K51+912.789)	0.10g	0.40 s	7
DK51+200～DK51+900 (K51+912.789～K52+612.789)	0.05g	0.40 s	6
DK51+900～DK185+400 (K52+612.789～K185+998.033)	0.05g	0.35 s	6
DK185+400～DK238+100 (K185+998.033～K240+686.47)	0.10g	0.35 s	7
DK238+100～DK306+302 (K240+686.47～K308+616.831)	0.05g	0.35 s	6

五、水文地质特征

沿线江河、水库、堰塘分布较多，水量均受大气降水补给。长江、岷江(府河)、沱江及其支流清水河、蒙溪河、濑溪河、小安溪河等大小江河、沟渠为常年地表径流。

地下水类型主要有第四系松散岩类孔隙潜水、基岩裂隙水、岩溶水等。孔隙潜水主要分布于长江、岷江(府河)、沱江两岸河漫滩、河流阶地砂卵石及丘间宽谷低洼处松散堆积层中，受大气降水及河水等地表水流渗透补给。基岩裂隙水主要为红层丘陵区基岩裂隙水及须家河组碎屑岩裂隙层间水。岩溶水主要分布于沥鼻峡(云雾山)背斜、温塘峡(缙云山)背斜、观音峡(中梁山)背斜核部、两翼的灰岩、白云质灰岩、白云岩、角砾状灰岩、泥质灰岩等碳酸盐岩中。

沿线地表水、地下水水质类型主要以 HCO_3^-—Ca^{2+} 型与 HCO_3^- · SO_4^{2-}—Ca^{2+}、SO_4^{2-}—Ca^{2+} · Mg^{2+}、Cl^- · SO_4^{2-}—Ca^{2+} 型为主，一般为低矿化度淡水、软水、弱酸性～弱碱性水。据区域地质资料，白垩系(K)、侏罗系(J)“红层”泥岩、砂岩地层中含石膏、盐卤，地下水对混凝土多具侵蚀性；三叠系须家河组含煤层段、三叠系嘉陵江组与雷口坡组含膏盐地层地下水对混凝土也多具侵蚀性。根据《铁路混凝土结构耐久性设计暂行规定》(铁建设〔2005〕157 号)，在环境作用类别为化学侵蚀环境时，主要为硫酸盐侵蚀、酸性侵蚀、二氧化碳侵蚀，环境作用等级为 H1～H3。

六、工程地质特征

控制线路方案的主要不良地质有煤层瓦斯及煤窑采空区、老窑积水、石灰岩采空区、岩溶，其他尚有滑坡、岩堆、顺层、危岩落石、可燃气体(天然气田)、人为坑洞(人防工事)、地震区、风化剥落等，特殊岩土主要有人工弃填土、软土(松软土)、膨胀土(岩)、石膏、盐溶角砾岩等。

七、线路方案工程地质条件的总体评价

(1)成都东客站～龙泉段(DK0～DK23)，为成都冲积平原区，地形平坦、开阔，地形起伏相对较小，覆土较厚，局部残丘偶有基岩出露，地表多为果园、苗圃，偶为水塘、沼泽。多次跨过城市道路，人口、房屋较密集，交通方便。上覆第四系全新统、上更新统、中、下更新统人工填土、成都黏土(膨胀土)、粉质黏土、软土与松软土、粗圆砾土、卵石土、砂层等，厚度变化较大，一般厚 2～6 m、6～20 m 不等，局部地段厚达 40 m。下伏基岩为白垩系上统夹关组(K_2j)、下统天马山组(K_1t)泥岩夹砂岩，侏罗系上统蓬莱镇组(J_3p)泥岩夹砂岩，岩层产状较平缓，风化带厚度较大，受构造影响较小。地表水多对混凝土和混凝土结构无侵蚀性；在环境作用类别为化学侵蚀环境及氯盐环境时，地下水多具硫酸盐侵蚀和氯盐侵蚀，环境作用等级分别为 H1～H3、L1。主要工程地质问题是膨胀土、软土与松软土、石膏、顺层、地震液化及泥岩的风化剥落。本段总体评价工程地质条件一般。

(2)龙泉～荣昌段(DK23～DK204)，川中剥蚀丘陵区，地势起伏相对较小，上覆第四系全新统、上更新统人工弃填土、粉质黏土、膨胀土、软土与松软土、卵石土等，厚度变化较大，一般厚 2～6 m、6～12 m，局部地段

厚达 30 m。沿线大面积分布侏罗系、白垩系“红层”泥岩、泥岩夹砂岩、砂岩，岩层产状平缓，风化带厚度小。地表水多对混凝土和混凝土结构无侵蚀性；在环境作用类别为化学侵蚀环境及氯盐环境时，地下水多具硫酸盐侵蚀和氯盐侵蚀，环境作用等级分别为 H1、L1。主要工程地质问题是人工弃填土、软土与松软土、膨胀土、膨胀性泥岩、石膏、滑坡、岩堆、顺层、危岩落石、可燃气体（天然气田）及泥岩的风化剥落。本段总体评价工程地质条件一般。

(3)荣昌～重庆段（DK204～DK306），地处川东台褶带，属狭长条形低山山脉与丘陵槽谷沿区域构造线方向交替排列组成平行岭谷地貌，地势起伏较大，上覆第四系全新统、上更新统人工弃填土、粉质黏土、膨胀土、软土与松软土、卵石土、砂层等，厚度变化较大，一般厚 2～12 m，局部地段厚达 25 m。地层岩性复杂，下伏基岩为侏罗系、三叠系泥岩夹砂岩、灰岩、白云岩、泥灰岩、页岩、炭质页岩夹薄层煤、盐溶角砾岩、石膏等。地质构造较复杂，受构造影响，褶皱、断裂发育，岩层产状多变，节理发育。含煤地层、盐溶角砾岩与石膏地段地表水、地下水多对混凝土和混凝土结构具硫酸盐侵蚀，环境作用等级分别为 H1～H2。控制线路的主要工程地质问题是煤层瓦斯及煤窑采空区、老窑积水、石灰岩采空区、岩溶，其次还有滑坡、岩堆、顺层、危岩落石、可燃气体（天然气田）、人为坑洞（人防工事）、泥岩风化剥落、人工弃填土、软土与松软土、膨胀土（岩）、石膏、盐溶角砾岩等。本段总体评价工程地质条件较差。

八、气　　象

沿线气候属中亚热带湿润季风气候区，受西南季风气候和地形影响，四季分明，雨热同季，冬暖春早，夏长秋雨，云雾多霜雪少。春季花明，夏日风清，秋熟香溢，冬至温润，空气湿度大，无霜期时间长，雨量充沛，日照少，风力小。根据收集资料，年平均气温 16.9 ℃～18.2 ℃，常年降水在 918～1 105 mm，主要集中在 5 月～10 月，占全年降水的 70%。日照年平均数为 1 000～1 400 h，是全国最少的地区之一。

成渝客专沿线气象资料汇总见表 3-1-2。

表 3-1-2　成渝客专沿线气象特征值表

气象特征值	成都	简阳	资阳	资中	内江	隆昌	荣昌	永川	璧山	重庆
历年平均降雨量(mm)	918.2	789	884.5	986.2	949.1	1 064	1 092.8	1 033.7	1 042	1 104.5
历年平均气温(℃)	18.3	16.9	17.5	17.3	17.6	17.8	17.4	17.7		18.2
历年最高气温(℃)	37.3	39	40	41.9	40.4	40.1	42	42.1	42.2	43.8
历年最低气温(℃)	−5.9	−3.5	−4	−3.2	−1.7	−1.3	−3.4	−2.9	−3	−3.8
年平均相对湿度(%)	82	78	80	81	82	85	83	82	81	80
最小相对湿度(%)	18	12	15	17		17	11		15	11
历年平均风速(m/s)	1.3	1.9	1.1	1.7	1.1	1.3	1.1	1.5	1.6	
历年最大风速(m/s)	12	33	18.3	27	14.1	27.1	20	26	27	27
风向	EN	N	S	WNW	E	NNW		N	E	
平均雾天日数(d)		55	56	82	40	49	54	40.6	38.7	148
平均雷暴日数(d)		31.3	34	34	36	29	32.8	34.2	33	33.9

九、水　　文

沿线所跨河流均属长江流域，主要河流有绛溪河、沱江、小青龙河、清流河、濑溪河、九龙河、梅江河、璧南河、小安溪及梁滩河等，其中绛溪河、小青龙河、清流河、濑溪河、九龙河、梅江河及璧南河属沱江水系；小安溪属于涪江水系，梁滩河属嘉陵江水系。

主要河流简介如下：

(1)沱江：作为长江上游的一级支流，发源于四川盆地西北茶坪山脉九顶山南麓，出四川绵竹县汉旺镇进入成都平原，穿越龙泉山进入盆地丘陵区。沿途流经绵竹、金堂、简阳、资阳、资中、内江、富顺、泸县等地，在泸州市注入长江。沱江流域呈长条形，南北长，东西窄，地势自西北向东南逐渐降低，干流全长约 627 km，流域面积约 27 860 km^2，河道总落差 3 271 m，平均比降 5.21‰，桥位处百年流量约 12 000 m^3/s。

沱江为四川省腹部地区的重要河流之一,其西靠岷江,东临涪江,南抵长江,流域内涉及四川省德阳、成都、资阳、内江、自贡、泸州等10个地级行政区,35个县(市)级行政区及重庆市大足、荣昌两个县级行政区。

资阳沱江桥位河段地貌如图3-1-1所示。

图3-1-1 资阳沱江桥位河段地貌

(2)绛溪河:作为沱江中游右岸一级支流,古称绛水、赤水,发源于四川省仁寿县,流经简阳市贾家、三岔、玉成、草池和海螺等乡镇,在简阳城北面注入沱江,流域全长约80 km,桥位处百年流量1 480 m^3/s。

(3)小青龙河:作为沱江中游右岸一级支流,发源于安岳文峰乡文峰寺,经大治、高梁、太安,从北至南,横贯内江东兴区大部分地域,于东兴区小河镇汇入沱江,流域全长约56 km,流域面积约532 km^2,桥位处百年流量1 080 m^3/s。

(4)清流河:作为沱江中游右岸一级支流,发源于四川安岳县石佛乡水口寺,在荣昌县西北吴家镇流入县境内,在四川内江市东兴区小河镇注入沱江,全流域面积约1 538 km^2,桥位处百年流量2 170 m^3/s。

(5)濑溪河:作为沱江下游左岸一级支流,发源于重庆市大足县巴岩店,沿途流经重庆市大足县、荣昌县、四川省泸县,于泸县胡市镇注入沱江。集水面积约3 240 km^2,河道长约195 km,天然落差约223 m,平均比降约1.1‰,桥位处百年流量2 890 m^3/s。

(6)九龙河:属梅江河一级支流,发源于永川区二郎坝,源头海拔约400 m,流向自西南向东北,流经复兴场、小河坝、金龙镇、徐家塘、德胜村后在河心桥附近汇入梅江河。桥位控制流域面积121 km^2,流域长约35 km,河道平均比降1.95‰,桥位处百年流量774 m^3/s。

(7)梅江河:属璧南河的一级支流,发源于璧山县福禄乡白果树村五堡山,流向自北向南,流经福禄、大兴、梅江、同兴、丹凤、正兴、会兴、石院、丁家、马坊、三合等乡镇,在马坊乡官井村附近汇入璧河,流域形状呈长条形,流域面积约185 km^2,河长约42 km,河道平均比降1.68‰,梅江河大桥以上流域面积181.2 km^2,河长39.34 km,河道平均比降1.71‰,桥位处百年流量1 130 m^3/s。

(8)璧南河:发源于璧山县大路乡大竹村,流向自西向东,流经马家堡、半壳岩、张家祠、双河口、学堂坝,折向南流经璧山县城、狮子乡、白果乡、建龙乡等乡镇,在江津区长冲乡与梅江河汇合为油溪河,自油溪镇汇入长江,流域面积约1 059 km^2,全长约95.4 km,河道比降约2.00‰,桥位处控制流域面积224 km^2,河长36.12 km,河道平均比降2.26‰,桥位处百年流量1 661 m^3/s。

(9)小安溪:又名临渡河,作为涪江右岸一级支流,源头有左右两处,左发源于双桥区叶家石坝子,流向自西南向东北,流经元通,在天心桥折向南流经双桥区、二郎塘、担石铺、太平镇,在双河口接纳右支流。右发源于双桥区金瓶屋基,流向自西南向东北,流经芭蕉屋基、沙坝子、天生桥、楼子坡、老油房,在双河口与左支流汇合,再流经时和场,又折向北流经万寿场、安溪镇、复兴场、虎峰场、天锡场、庆隆场、蒲吕场、旧县,在合川城西附近汇入涪江,流域面积1 692 km^2,流域长约155.4 km,河道比降1.3‰,桥位处控制流域面积245 km^2,河长32.72 km,河道平均比降2.25‰,桥位处百年流量1 780 m^3/s。

(10)梁滩河:作为嘉陵江右岸一级支流,属低山丘陵性河道,源头有左、右两支,右支为主干流,发源于九龙坡区巴福镇鹤麻湾,流向自南向北,流经白市驿镇、含谷镇、西永镇、土主镇,在四塘接纳左支。左支发源于九龙坡区巴福镇李子湾,流向自南向北,流经走马、龙凤场,在白鹤场接纳虎溪河后,在四塘与右支汇合,再流经兴隆场、歇马场、磨滩,在北碚区毛背沱汇入嘉陵江,桥位处百年流量715 m^3/s。

十、土地利用现状

工程沿线土地利用类型主要为林地、水田和旱地,分别占项目区总土地面积的30.39%、21.96%、21.94%。其土地利用现状见表3-1-3。

表 3-1-3 沿线区域土地利用现状

县市	林地		灌草地		水田		旱地		水域		建筑用地		合计
	面积（hm^2）	比例（%）	面积（hm^2）	比例（%）	面积（hm^2）	比例（%）	面积（hm^2）	比例（%）	面积（hm^2）	比例（%）	面积（hm^2）	比例（%）	面积（hm^2）
成都市区	290.30	28.14	64.06	6.21	209.83	20.34	157.32	15.25	24.97	2.42	285.14	27.64	1 031.63
龙泉驿区	276.95	31.32	73.92	8.36	139.62	15.79	212.66	24.05	26.97	3.05	154.12	17.43	884.25
简阳市	971.01	32.14	342.00	11.32	669.20	22.15	556.51	18.42	174.02	5.76	308.46	10.21	3 021.20
资阳市	1 255.70	30.43	295.46	7.16	1 014.71	24.59	955.70	23.16	222.01	5.38	382.94	9.28	4 126.51
资中县	563.84	29.43	198.49	10.36	391.99	20.46	504.26	26.32	140.63	7.34	116.68	6.09	1 915.88
内江市	710.28	32.13	252.68	11.43	531.88	24.06	464.01	20.99	91.74	4.15	160.05	7.24	2 210.63
隆昌县	171.78	29.14	51.76	8.78	136.06	23.08	166.71	28.28	27.12	4.60	36.08	6.12	589.50
荣昌县	968.39	31.29	241.40	7.80	691.71	22.35	780.53	25.22	192.19	6.21	220.66	7.13	3 094.88
大足县	78.02	26.47	27.38	9.29	75.66	25.67	71.12	24.13	12.14	4.12	30.42	10.32	294.75
永川区	867.39	28.71	218.43	7.23	635.66	21.04	618.44	20.47	188.22	6.23	493.06	16.32	3 021.20
璧山县	275.09	31.11	72.86	8.24	232.91	26.34	180.74	20.44	45.36	5.13	77.28	8.74	884.25
重庆市区	311.37	28.17	80.80	7.31	141.70	12.82	199.40	18.04	59.25	5.36	312.81	28.30	1 105.32
合计	6 740.11	30.39	1 919.24	8.65	4 870.93	21.96	4 867.40	21.94	1 204.61	5.43	2 577.71	11.62	22 180.00

十一、水土流失及水土保持

成渝客专沿线土壤主要为紫色土、黄壤、水稻土等几种。境内岩溶发育，降水较丰富，由于大强度降雨冲刷，加之人类开发活动影响，导致区域产生一定程度的水土流失，其流失主要发生在建设场地及弃渣场区。

线路经过的四川省和重庆市均不在国家水土流失三区划分的范围内。但根据 1998 年 12 月 31 日四川省人民政府发布的《四川省人民政府关于划分水土流失重点防治区的通知》，项目所在成都市属于四川省水土流失重点监督区；简阳市、资阳市、资中县、内江市属于四川省水土流失重点治理区。同时根据《重庆市人民政府关于划分水土流失重点防治区的公告》（渝府发〔1999〕8 号），项目所在的沙坪坝区，九龙坡区，永川、荣昌永荣矿区属于重庆市水土流失重点监督区，荣昌县、大足县、璧山县、永川市、九龙坡区属于重庆市水土流失重点治理区。

根据全国土壤侵蚀类型区划标准，项目区属于以水力侵蚀、风力侵蚀为主的西南土石山区。项目区内以中、轻度侵蚀为主，侵蚀面积占项目区总面积的 51.77%，详见表 3-1-4。

表 3-1-4 项目区域内水土流失现状

行政区域		幅员面积（hm^2）	无明显流失		出现水土流失											
			面积（hm^2）	占幅员面积（%）	轻度流失		中度流失		强度流失		极强度流失		剧烈流失		水土流失面积	
					面积（hm^2）	占流失面积（%）	面积（hm^2）	占流失面积（%）	面积（hm^2）	占流失面积（%）	面积（hm^2）	占流失面积（%）	面积（hm^2）	占流失面积（%）	面积合计（hm^2）	占幅员面积（%）
四川省	成都市区	471.00	471.00	100.00	—	—	—	—	—	—	—	—	—	—	0	—
	双流县	1 007.69	840.38	83.40	5.88	3.51	59.61	35.63	101.82	60.86	0	0	0	0	167.31	16.60
	龙泉驿区	671.11	387.69	57.77	38.39	13.55	46.55	16.42	74.76	26.38	111.50	39.34	12.22	4.31	283.42	42.23
	简阳市	2 215.02	1 006.88	45.46	179.96	14.90	844.45	69.90	179.84	14.89	3.89	0.32	0	0	1 208.14	54.54
	资阳市	1 632.62	559.99	34.30	449.39	41.90	450.15	41.97	165.26	15.41	7.83	0.73	0	0	1 072.63	65.70
	资中县	1 733.98	530.40	30.59	369.76	30.72	546.10	45.37	286.04	23.77	1.55	0.13	0.13	0.01	1 203.58	69.41
	内江市	1 179.52	424.88	36.02	289.55	38.37	389.59	51.63	75.50	10.00	0	0	0	0	754.64	63.98
	隆昌县	794.37	397.22	50.00	145.08	36.53	210.64	53.04	41.43	10.43	0	0	0	0	397.15	50.00

续上表

行政区域		幅员面积(hm²)	无明显流失		出现水土流失												
					轻度流失		中度流失		强度流失		极强度流失		剧烈流失		水土流失面积	
			面积(hm²)	占幅员面积(%)	面积(hm²)	占流失面积(%)	面积(hm²)	占流失面积(%)	面积(hm²)	占流失面积(%)	面积(hm²)	占流失面积(%)	面积(hm²)	占流失面积(%)	面积合计(hm²)	占幅员面积(%)
重庆市	荣昌县	1 079.01	612.78	56.79	431.88	92.63	33.48	7.18	0.26	0.06	0.61	0.13	0	0	466.23	43.21
	大足县	1 390.21	733.85	52.79	617.70	94.11	29.60	4.51	7.03	1.07	0.13	0.02	1.90	0.29	656.36	89.44
	永川区	1 575.68	723.84	45.94	600.46	70.49	242.01	28.41	9.37	1.10	0	0	0	0	851.84	54.06
	璧山县	914.56	188.07	20.56	565.57	62.27	159.91	37.49	0.59	0.14	0.42	0.06	0	0	726.49	79.44
	重庆市区	848.38	604.63	71.27	144	59.08	76.88	31.54	22.55	9.25	0.32	1.00	0	0	243.75	28.73
合计		15 513.15	7 481.61	48.23	3 837.62	47.78	3 088.97	38.46	964.45	12.01	126.25	1.57	14.25	0.18	8 031.54	51.77

第二章　线路设计

第一节　线路走向与重大方案比选

一、线路走向方案比选

（一）工程概述

成渝客专西起四川省成都市的成都东站，向东经简阳、资阳、资中、内江、隆昌后进入重庆市境内，然后经荣昌、大足、永川、璧山、沙坪坝后达本线终点重庆站，线路全长 307.931 km。

（二）线路走向方案比选

根据本项目在路网中的功能定位、沿线经济据点分布、沿线旅游业开发，以及该段的地形、地质、煤矿区开采现状和规划等因素，并结合成都及重庆枢纽总图规划及引入方案，同时兼顾客运专线线路特点，同精度对如下两大走向方案进行了比选，如图 3-2-1 所示。

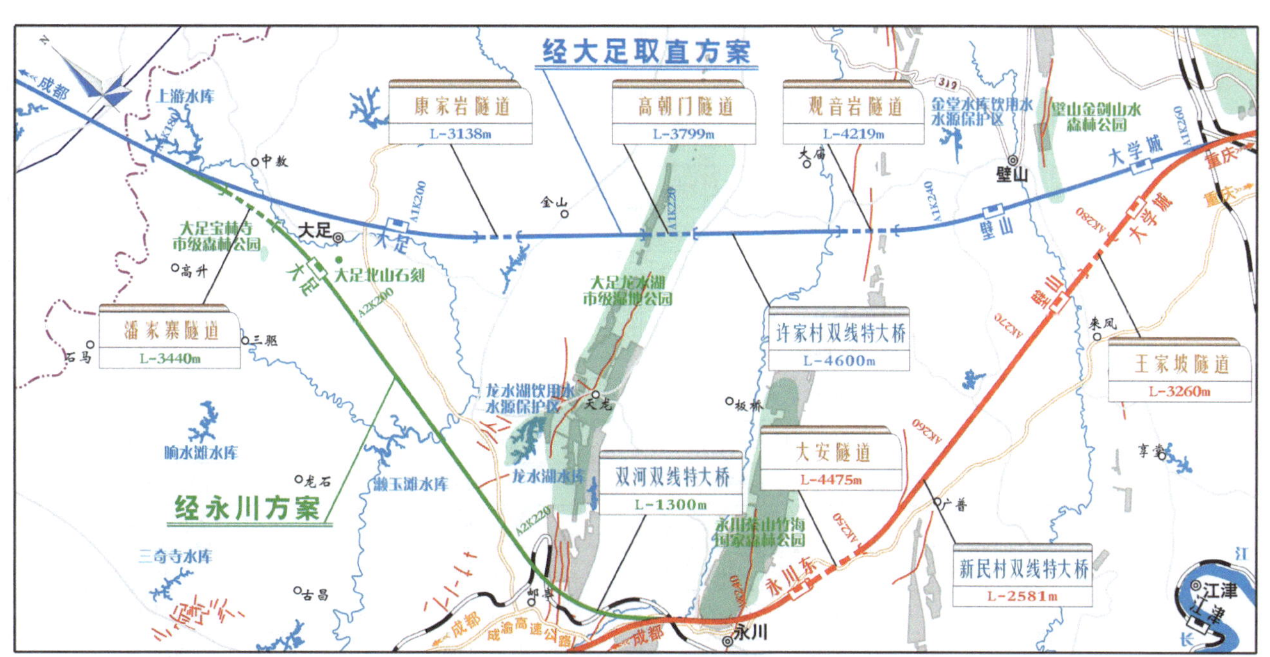

图 3-2-1　线路走向方案比选

1. 经内江方案

方案自成都枢纽成都东客站引出，向东经成都市的龙泉驿区，设站后以 7.13 km 隧道穿越龙泉山至简阳，设站之后线路折向东南，上跨成渝高速公路、既有成渝铁路，于资阳城区跨越沱江至其北岸设资阳北站，出站后线路沿沱江河北岸行进，经资中至内江，于东兴区设内江北站，尔后线路转向东，经由长江森林公园北侧进入重庆，多次上跨高速公路和既有成渝铁路，经荣昌至永川，过永川后线路偏离高速公路，向东北方向行进，经璧山、大学城、沙坪坝，引入既有重庆站，到达本线设计终点。线路全长 302.652 km，桥隧总长 211.856 km，占线路长度的 70%，预估算投资(静态)3 719 833 万元。

2. 经安岳方案

该方案自成都东客站至龙泉驿段线路走向同南线方案，出龙泉驿后线路偏向东北，上跨成渝高速公路、既有成渝铁路和沱江河至简阳城区北部设简阳北站，而后线路沿国道 318 走向至乐至的童家坝设乐至站，出站后线路改沿 319 国道行进，至安岳南部设安岳站，此后，线路偏离 319 国道，取直进入重庆市大足县，于其城区东北部设大足站，出站后线路取直，先后穿巴岳山、云雾山、缙云山、中梁山，经璧山县、大学城、沙坪坝，抵达终点重庆站。线路全长 274.798 km，桥隧总长 201.674 km，占线路长度的 73.4%，预估算投资(静态) 3 397 111 万元。

该方案在安岳至大学城段需穿越巴岳山及云雾山，结合巴岳山及云雾山煤矿采空区分布情况，本次研究比选了经永川绕行方案和大足取直方案。经永川绕行方案虽然避开了煤矿采空区的密集分布带，从既有的成内渝铁路、成内渝高速公路通道通过，并兼顾了永川区的发展，但考虑到其工程投资增加较多(投资较取直方案增加了 33.8 亿元)，且线路绕长了 28.693 km(较经内江方案长 0.839 km)，不利于发挥本项目快速通道的功能。综合比选后，本次研究将大足取直方案作为经安岳的走向方案纳入比较。

3. 两方案主要工程数量及投资比较

在 AK2＋284～AK305＋740 范围内两走向方案主要工程数量及投资比较见表 3-2-1。

表 3-2-1　两方案主要工程数量及投资比较

项　目			经内江方案	经安岳方案
建筑长度(km)			302.652	274.798
运营长度(km)			305.036	277.182
运行时分(min)			56.7	51.6
房屋拆迁(10^4 m^2)			106.92	102.35
路基	土石方(10^4 m^3)		4 082.71	2 534.2
	圬　工(10^4 m^3)		187.81	138.5
	级配碎石(10^4 m^3)		194.18	160.71
	复合地基处理(10^4 m)		432.59	505.5
桥涵	特大桥	$50 \leqslant H < 90$(座-延长米)	—	—
		$H < 50$(座一延长米)	67-92 396	55-82 791.6
	大中桥	$50 \leqslant H < 90$(座-延长米)	—	—
		$H < 50$(座-延长米)	180-66 569	140-31 284
	涵　洞(座-横延米)		196-4 926	163-4 075
	桥梁合计(座-延长米)		247-158 965	195-114 076
隧道	$L \leqslant 1\ 000$ m(座-延长米)		54-19 365	46-19 333
	$1\ 000$ m$< L \leqslant 3\ 000$ m(座-延长米)		3-4 975	17-28 925
	$3\ 000$ m$< L \leqslant 6\ 000$ m(座-延长米)	双线	3-10 900	6-22 140
		单线	2-7 580	2-7 580
	$6\ 000$ m$< L \leqslant 10\ 000$ m(座-延长米)		2-13 860	2-13 410
	隧道合计(座-延长米)		64-52 890	73-87 598
桥隧总长(km)			211.856	201.674
桥隧比重(%)			70	73.39
正线铺轨(km)			605.304	549.596
用　地(亩)			27 556	21 830
车　站(个)			12	10
预估算投资(静态)(万元)			3 719 833	3 397 111
差　额(万元)			＋322 722	0

4. 方案优缺点分析

(1)对城乡统筹综合改革的促进作用分析

以重庆、成都为两个端点，沿既有成渝铁路(成渝高速公路)一线是成渝地区以陆地交通线为轴线最早形成的带状城市群落(平均 30 km 就有 1 座县级及以上的城市)，也是成渝地区南部人流、物流东西走向的主要轴线。沿线产业布局集中，经济发达，拥有较强的工业基础和优势产业。2007 年经内江方案所经地区 GDP 为 754 亿元，是经安岳方案所经地区 GDP 434 亿元的 1.74 倍；工业总产值 786 亿元，是经安岳方案经过地区 385 亿元的 2.04 倍；人口 757 万人，是经安岳方案 514 万人的 1.47 倍。可见，成内渝经济带工业基础条件好、经济相对发达，未来随着成内渝沿线以机械制造、冶金建材、电力、绿色食品、医药化工五大工业产业布局调整，经内江方案经济优势将更加突出，物流、客流需求将更加旺盛，也能更好地促进城乡一体化发展。因此，经内江方案能更好地促进成渝城乡统筹综合改革。

(2)从客流吸引条件及项目功能定位分析

根据本项目功能定位，成渝客专是成渝经济区城际铁路网主骨架的组成部分，是承担区域间城际客运、兼顾沿线去往成渝两地以远跨线客运的高速客运专线。2007 年既有成渝铁路通道承担成都及以远至重庆及以远客流直通客流 193 万人，仅占铁路承担量的 31%，当时预测 2020 年、2030 年铁路承担直通客流分别为 953 万人、1 520 万人。虽然铁路承担直通客流量较现状有大幅增长，但仅靠 1 000 万人左右的直通客流仍不足以修建一条最高速度 350 km/h 的客运专线，必须尽可能多地吸沿线客流，以增加运输收入，降低单位运输成本。经安岳方案线路经过简阳、安岳、乐至、大足、璧山 5 县市，2007 年吸引人口 514 万人；而经内江方案沿线直接吸引资阳、内江 2 个地级市和简阳、资中、荣昌、永川、璧山 5 县市，2007 年吸引人口 757 万人，同时间接吸引川南自贡、宜宾、泸州、隆昌各 4 县市。因此从项目功能定位及客流吸引条件分析，经内江方案吸引客流量较多，更符合本项目功能定位。

(3)从路网布局分析

若线路走向采取经安岳方案，首先，成渝间将形成成遂渝、成岳渝、成内渝 3 条铁路运输通道，在内江至遂宁宽 110 km 范围内形成 3 条铁路运输通道，通道间距离均太近，布置过于紧密，不利于发挥铁路运输大通道的作用。其次，成渝客运专线是成渝城际网的重要组成部分，成渝城际网布置过于紧密，不能充分发挥城际网络的运输灵活性，成都至内江、重庆至内江的客车均需折角运输。第三，从客流分布看，成内渝城市带人口众多，城际客流需求旺盛，若线路走向采取经安岳方案，则不能吸引资阳、资中、隆昌、荣昌、内江等沿线客流，未来为适应市场需求，势必修建经内江方案的新线，则两线分工为经内江方案线路承担沿线城际客流，经安岳方案线路承担成渝两地直通流为主，其结果是两线运量均不饱满，将造成重复投资，同时也增加社会运输成本。因此从路网布局分析，经内江方案优于经安岳方案。

(4)从铁路综合效益分析

从客流预测可以看出，经内江方案由于途经大的经济据点，客流吸引力较强；但经安岳方案线路比较顺直，运营长度短，对长途跨线客流来说节省了运营费用和时间。通过财务分析，经内江方案财务内部收益率税前为 4.20%、税后为 3.62%，均高于 3%的基准收益率，财务净现值税前为 788 804 万元、税后为 383 509 万元，贷款偿还期为 21.1 年(含建设期)，各项财务指标均处于较好的水平，而且具有较强的抗风险能力，项目在财务上也是可行的。

经安岳方案全部投资内部收益率为 3.22%，大于铁路行业基准收益率 3%；财务净现值为 326 115 万元；投资回收期为 26.7 年，项目在财务上也是可行的。

从项目的财务效益上看，各方案的财务效益均大于基准收益率，财务效益较好；但经内江方案的财务效益优于经安岳方案。

(5)两方案其他优缺点分析

经内江方案线路长度较长，由于地区经济较发达，故拆迁工程量较大，同时段内交通较为发达，线路需多次跨越成渝高速公路及既有成渝铁路，施工干扰较大。

经安岳方案较经内江方案线路长度缩短近 27.854 km，工程投资省 322 722 万元，运行时间少 5.1 min，同时由于线路通过了无铁路的乐至、安岳、大足地区，可对当地旅游业及其他产业开发带来巨大的机遇。

从工程地质上对以上两个方案进行分析，经内江方案线路走向邻近河流，其软土较发育，桥梁桩基及软土地基处理量较经安岳方案高；经安岳方案线路需穿越巴岳山、云雾山煤矿采空区，工程实施难度较大。

综上分析，经内江方案更有利于客流吸引，更有利于服务成渝间地方经济，为成渝两地城乡统筹一体化发展提供便捷、快速的运输服务；从路网布局上分布更为合理，铁路综合效益较高。故研究建议采用经内江方案，实施过程中亦采用了经内江方案。

经内江方案的选择促进了成渝经济区内客运结构合理化，并有利地推动了成渝城市群城际网络“一主两辅五骨架”及“两环多联”的建设。目前，“两辅”之一的成绵乐城际，“多联”中的成灌快速、成浦快速已通车运营；网络中的绵遂内宜城际、内江—泸州城际、成都—新机场—资阳北城际、重庆—达州、重庆—合川、重庆外环城际、重庆市域铁路(长度共计 1 018 km，其中四川省境内 681 km、重庆市境内 337 km)拟近期实施。作为“一主”的成渝客专，选择经内江方案，让更多的人享受到了高铁的高质量运输服务，合理引导更多的生产要素跨区域流动，密切成渝两市的经济社会交往，充分发挥了成都、重庆作为区域中心城市的辐射作用，带动了沿线城市化发展。2017 年成渝客专一年运送旅客 2 400 万人，平均每天运送 6.575 万人，与预测运量基本一致。成渝客专选择经内江的走向方案是成功的。

二、重大方案比选

(一)龙泉段线路方案比选

根据可行性研究审查意见，该段线路方案采用经龙泉经济开发区南侧，柏合变电站(500 kV)北侧不设站通过的线路方案。定测前，龙泉区政府以预留其经济技术开发区发展条件为由，要求线路南移至柏合变电站南侧，同时，发函给成渝公司筹备组，承诺承担由于线路南移增加的电力线拆迁费用(约 5 800 万元)。

根据龙泉经济技术开发区规划、本段线路走向、城市规划、沿线地物分布、地质条件等因素，结合成都市及龙泉区地方政府意见，本次设计对柏合变电站北线和柏合变电站南线两方案进行了比选，如图 3-2-2 所示。

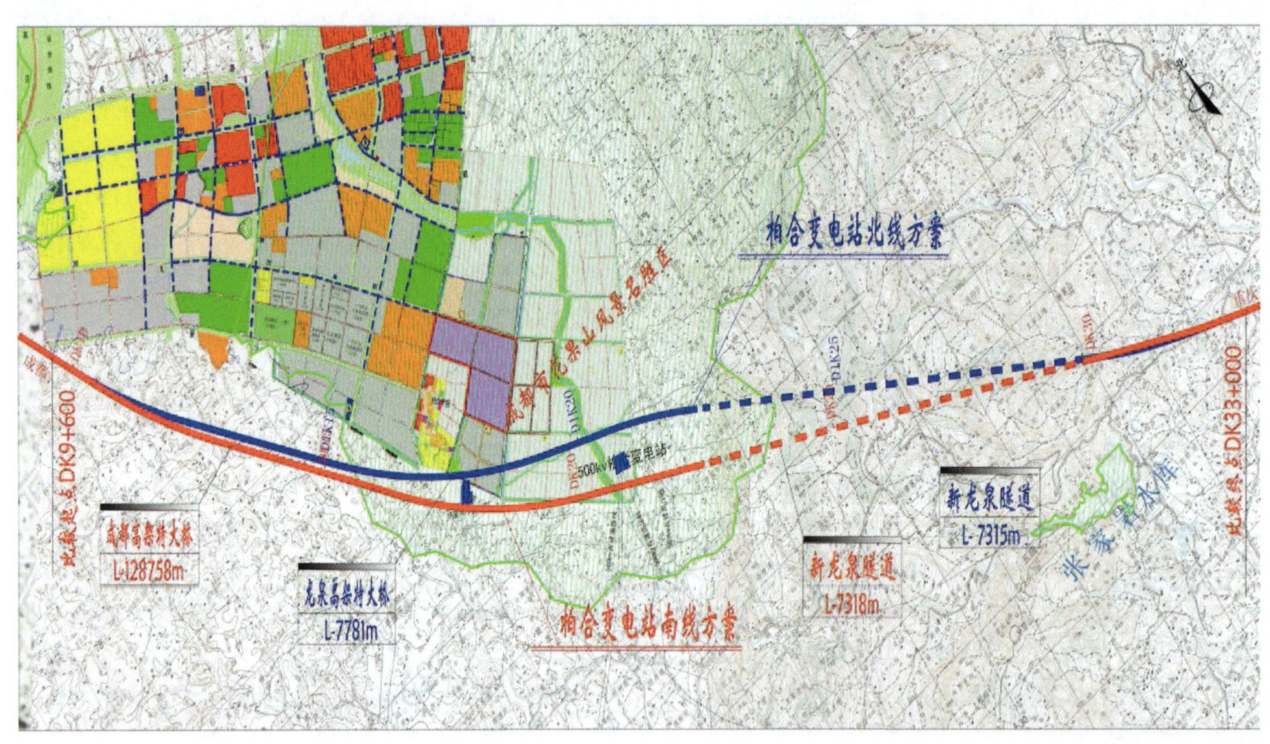

图 3-2-2 龙泉段线路方案示意图

1. 方案简述

柏合变电站北线方案：该方案起于成昆货车外绕线交叉处 D1K9＋600，高架东行上跨龙华路，绕避柏合变电站南侧进站 500 kV 高压线，经其北侧至都都桥穿龙泉山隧道(7 315 m)，至简阳贾家镇水口村出隧道后达方案比较终点，比较线路长 23.4 km。

柏合变电站南线方案：该方案起于比较起点，高架东行上跨龙华路，穿柏合变电站南侧进站 8 回 500 kV 高压线，至汤家园穿新龙泉山隧道(7 325 m)，于简阳贾家镇水口村出隧道后达方案比较终点 DK33＋000，比较线路长 23.301 km。

2. 两方案主要工程数量及投资比较

在 DK9＋600～DK33＋000 范围内，龙泉段线路两方案主要工程数量及概算比较见表 3-2-2。

表 3-2-2 龙泉段线路两方案主要工程数量及概算比较

项目			柏合变电站北线方案		柏合变电站南线方案		指标(万元)
			数量	投资(万元)	数量	投资(万元)	
建筑长度(km)			23.301		23.4		
征地	新征用地(亩)		659.08	2 645.5	612.45	2 458.4	4.014
	临时用地(亩)		525.09	262.5	474.3	237.2	0.5
拆迁建筑物($10^4 m^2$)			5.026	2 261.7	5.281	2 376.5	450
500 kV 电力线迁改						5 800	
路基	土石方	填方(10^4 m^3)	8.726	523.1	6.04	362.1	59.95
		挖土方(10^4 m^3)	10.748	103.6	7.44	71.7	9.640
		挖石方(10^4 m^3)	54.793	1 442.7	37.928	998.6	26.33
	级配碎石(10^4 m^3)		3.363	669.2	2.328	463.3	199
	圬工	加固防护圬工(10^4 m^3)	2.187	765.5	1.514	529.9	350
		附属圬工(10^4 m^3)	1.919	671.7	1.328	464.8	350
	复合地基处理	水泥搅拌桩(10^4 m)	0.165	7.8	0.114	5.4	47
		旋喷桩(10^4 m)	0.103	8.1	0.071	5.6	79
		CFG 桩(10^4 m)	3.631	326.8	2.513	226.2	90
桥梁	特大桥(座-m)		4-13 431	83 272.2	3-14 014	86 886.8	6.20
	大桥(座-m)		1-240	1 512	1-273	1 719.9	6.300
	中桥(座-m)		3-252	2 021.8	4-360	2 888.3	8.023
	桥梁合计(座-m)		8-13 923		8-14 647		
隧道(座-m)			1-7 315	68 305.3	1-7 325	68 488.8	9.350
桥隧总长(km)			21.238		21.972		
桥隧占线路比(%)			91.1		93.9		
铺轨(km)			46.602	24 326.2	46.8	24 429.6	522
站后及其他工程(万元)				38 772.9		38 937.6	1 664
概算(静态)(万元)				227 988.6		235 350.5	
差额(万元)						＋7 361.9	

3. 方案优缺点分析及结论意见

(1)从线路长度及工程投资方面分析：柏合变电站南线方案较北线方案线路多 99 m，工程投资增加 7 361.9 万元。

(2)从拆迁建筑物及构筑物的角度分析：两方案的房屋拆迁量相近，南线方案主要增加柏合变电站进站 4 路 8 回 500 kV 高压线的迁改，估算迁改费用约 5 800 万元，从拆迁角度分析北线方案占有优势。

(3)从对城市规划影响的角度分析：柏合变电站南线方案对龙泉远景规划用地切割最少，同时较多地预留了龙泉经济开发区发展用地；而北线方案切割规划用地较多，为经济开发区预留用地较少。从城市规划及发展的角度考虑，南线方案较好。

(4)从地方政府意见分析：龙泉区人民政府强烈要求采用南线方案，成都市政府亦支持采用该方案。

综上所述，虽南线方案较北线方案线路长，投资多，但其与城市规划结合较好，地方政府强烈要求采用该方案，且同意承担电力线拆迁费用，故初步设计推荐采用柏合变电站南线方案，建设实施亦采用的是该方案。

(二)大足站位方案比选

大足县地处川中丘陵与川东平行岭谷交接地带，距重庆市中区 80 km，以“大丰大足”之意而得名，境内山川秀丽,古迹众多,旅游资源得天独厚,是重庆市唯一的世界遗产胜地、中国优秀旅游城市。大足县 2007 年全县常住人口 76 万人,其中城镇人口 24.8 万人。根据大足县城镇空间总体布局,未来大足县将形成龙岗组团(主城区,规划面积 25 km×10 km)、龙水组团(规划面积 36 km×10 km)、邮亭组团(规划面积 40 km×10 km)三大带状分布格局。

根据可研审查意见,成渝客专拟于大足邮亭高速公路北侧设站,控制该段线路走向的因素主要有石灰岩采空区、煤矿采空区、成渝高速公路、成渝铁路、城镇规划等。本次设计根据采空区分布范围、成渝高速公路位置、大足设站条件、线路走向等因素,并结合地形条件、地方意见,比选了高速公路北侧站位、高速公路南侧站位两方案。大足站位方案如图 3-2-3 所示。

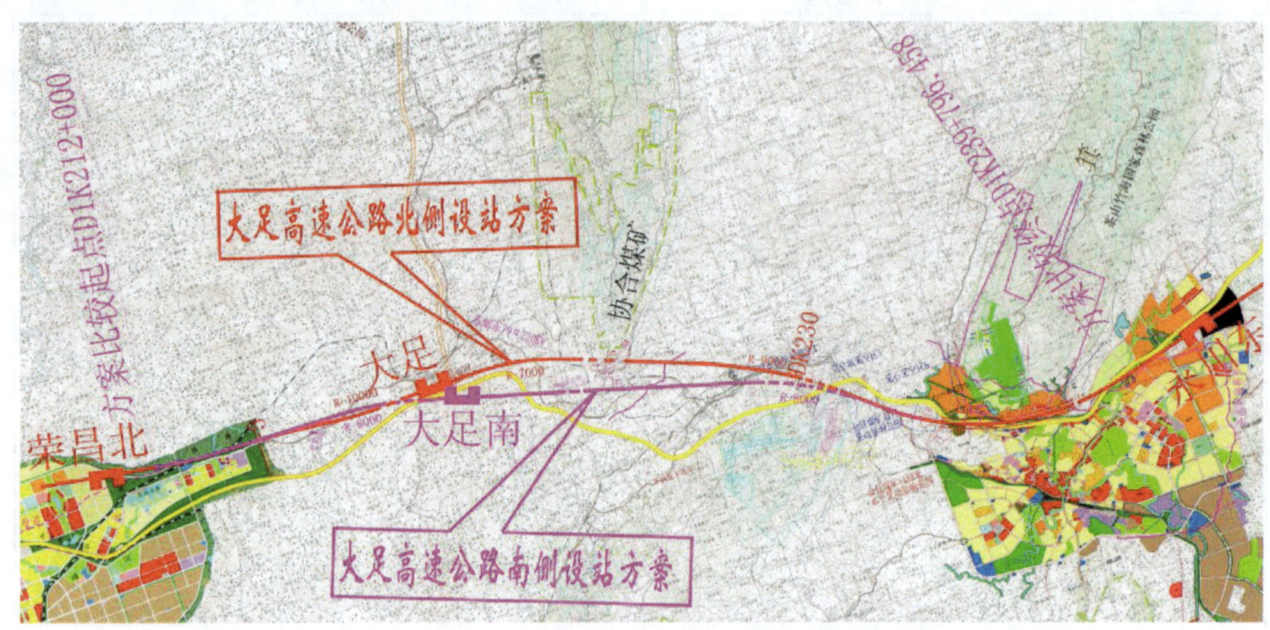

图 3-2-3 大足站位方案示意图

1. 方案简述

高速公路北侧站位方案:线路起于峰高镇西侧 DK212+000,上跨既有成渝铁路,经由峰高镇北侧东行至大足邮亭镇,紧临成渝高速公路北侧设大足站,出站后线路折向东南,3 跨既有成渝铁路,2 跨成渝高速公路,经太平场北侧、双石南侧至永川到达方案比较终点 DK240+200。比较线路长 28.046 km,桥隧总长 21.836 km,占线路长度的 77.86%。

高速公路南侧站位方案:线路自比较起点峰高镇西侧引出,经由峰高镇北侧东行上跨既有成渝铁路,而后线路折向东南,下穿成渝高速公路至邮亭镇南侧,于高速公路南侧 400 m 设大足站,出站后线路 5 跨既有成渝铁路,3 跨成渝高速公路,经太平场南侧、双石南侧沿小安溪行进至永川到达方案比较终点 DK240+200。比较线路长 27.796 km,桥隧总长 21.635 km,占线路长度的 77.83%。

2. 两方案主要工程数量及投资比较

在 DK212+000~DK240+200 范围内,大足站位方案主要工程数量及投资比较见表 3-2-3。

表 3-2-3 两方案主要工程数量及概算比较

项目			高速公路北侧设站方案		高速公路南侧设站方案		指标(元)
			数量	投资(万元)	数量	投资(万元)	
建筑长度(km)			28.046		27.796		
征地	新征用地(亩)		1 112.941	4 466.899	1 067.159	4 283.149	40 136
	临时用地(亩)		701.198	560.958	732.132	585.706	8 000
拆迁建筑物		民用(10^4 m^2)	4.367	1 965.150	4.426	1 991.700	450
		厂矿(10^4 m^2)	6.959	13 918.000	5.043	10 086.000	2 000

续上表

项　目			高速公路北侧设站方案		高速公路南侧设站方案		指标(元)
			数量	投资(万元)	数量	投资(万元)	
路基	土石方	土方(10^4 m^3)	49.874	3 092.191	49.485	3 068.062	62.0
		石方(10^4 m^3)	199.496	5 464.200	197.940	5 421.563	27.39
	级配碎石(10^4 m^3)		11.239	1 831.965	11.151	1 817.670	163
	加固防护圬工(10^4 m^3)		6.768	2 368.893	6.715	2 350.409	350
	附属圬工(10^4 m^3)		5.278	1 847.302	5.237	1 832.887	350
	复合地基处理	搅拌桩(10^4 m)	1.614	75.879	1.602	75.287	47
		多向水泥桩(10^4 m)	1.304	84.759	1.294	84.097	65
		CFG 桩(10^4 m)	24.093	2 023.774	23.905	2 007.982	84
桥梁	特大桥	特殊(座-m)	7-14 508.92	97 042.911	8-13 085.476	87 522.206	66 885
		一般(座-m)	—	—	1-731.08	4 364.767	59 703
		四线(座-m)	1-1 957.10	27 007.980	1-682.38	9 416.844	138 000
	大桥	特殊(座-m)	1-337.51	2 740.277	3-1 108.356	8 998.853	81 191
		一般(座-m)	11-2 829.02	17 210.626	10-2 309.21	14 048.310	60 836
	中桥	一般(座-m)	4-309.85	2 284.338	6-496.31	3 658.996	73 724
	桥梁合计(座-m)		24-19 942.4	146 286.133	29-18 412.812	128 009.976	
	涵　洞(座-m)		30-750	1 585.950	35-880	1 860.848	21 146
隧道	$L \leqslant 1$ km(座-m)		6-2 199	23 350.486	6-2 061.23	19 105.541	92 690
	1 km$<L\leqslant$4 km(座-m)		—	—	1-1 161.45	8 737.704	75 231
	隧道合计(座-m)		6-2 199		7-3 222.68		
桥隧总长(km)			21.836		21.635		
桥隧占线路比(%)			77.86		77.84		
轨道	正线铺轨(km)		56.092	29 784.852	55.592	29 519.352	5 310 000
	站线铺轨(km)		1.520	380.000	1.520	380.000	2 500 000
	道岔(组)		8.000	3 022.660	8.000	3 022.660	3 778 325
站后及其他工程(万元)				46 668.544		46 252.544	16 640 000
以上主要工程投资合计(万元)				283 778.6		280 493.1	
差额(万元)						−3 285.5	

3. 方案优缺点分析及结论意见

(1)从线路长度及工程投资方面分析：高速公路北侧站位方案线路较南侧站位方案长 250 m，投资增加 3 285.5 万元。

(2)从工程地质角度分析：高速公路北侧站位方案受协和煤矿、金佳煤矿采空区开采最终影响范围控制，必须穿越对线路影响较大、工程处理难度较大的太平场、双石场石灰岩采空区；高速公路南侧站位方案线路绕避了太平场、双石场石灰岩采空区，对工程安全有利，工程地质条件相对较好。

(3)从工程实施难度方面分析：北侧方案分别穿越太平、双石石灰岩采空区的隧道及路基工程处理难度较大；南侧方案需以浅埋隧道下穿成渝高速公路，工程实施难度相对较大，该方案大足站出站端道岔桥梁最大高度达 43 m，工程实施难度相对较大。

(4)从城市规划及站位条件方面分析：邮亭镇位于大足县南部，邮亭的发展方向为向北发展。高速公路北侧站位方案位于高速公路北侧，紧临邮亭镇，较便于当地居民出行；而南侧站位方案与城市发展方向相背，车站与城镇被高速公路隔离，地方需增加穿越高速公路的配套工程，居民出行条件相对较差。

地方政府意见：大足县人民政府认为应优先采用高速公路北侧站位方案。

综上所述,高速公路北侧站位方案地质条件相对较差,采空区处理困难,代价较高,工程风险相对较大;但其站位条件较好,结合地方意见,初步设计暂以高速公路北侧站位方案拉通,随后鉴定中心审查时认为,采空区工程风险较大,批复实施的为高速公路南侧站位方案。

(三)中梁山线路坡度方案比选

中梁山地处川东台褶带,狭长条形中低山山脉与丘陵槽谷沿区域构造线方向交替排列组成平行岭谷地貌。地质构造为川东南弧形构造带-华蓥山断裂之川东褶皱束区,由一系列北东-北北东向近乎平行的高背斜山脉及向斜谷地组成,地形高差达数百米。不良地质分布主要有岩溶、煤窑采空区、瓦斯、天然气等。本段环境地质极其敏感,总体评价工程地质条件差。

中梁山西永至梨树湾,现有遂渝高速公路大学城隧道和既有襄渝铁路隧道穿越,本次在线路平面确定的基础上,针对中梁山隧道岩溶发育的特点,同时结合两端煤矿采空区的开采高程情况,对线路坡度进行了上跨大学城隧道和下穿大学城隧道的比较。中梁山线路坡度方案比较如图 3-2-4 所示。

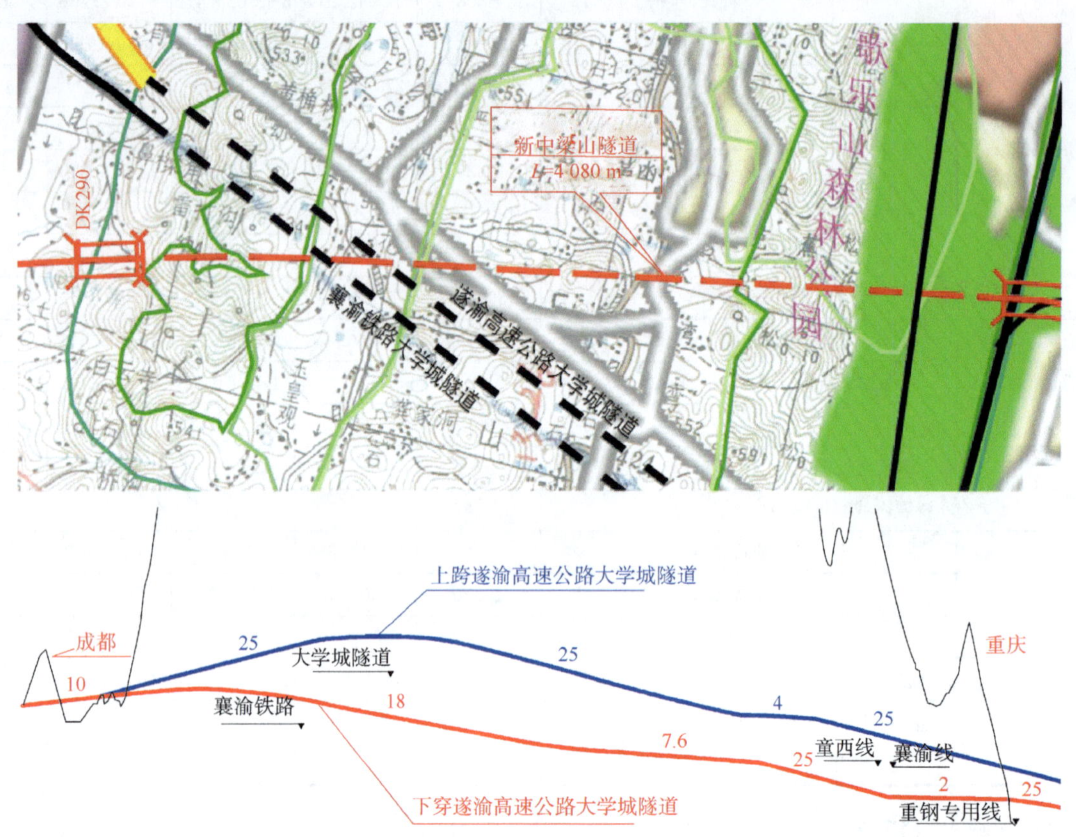

图 3-2-5 中梁山线路坡度方案比较示意图(单位:‰)

1. 主要工程数量及投资比较

在 DK289+450～DK296+200 范围内,中梁山线路坡度方案主要工程数量及投资比较见表 3-2-4。

表 3-2-4 两方案主要工程数量及概算比较

项目			下穿大学城隧道方案		上跨大学城隧道方案		指标(元)
			数量	投资(万元)	数量	投资(万元)	
建筑长度(km)			6.747		6.747		
征地	新征用地(亩)		190.17	763.266	207.32	832.1	40 136
	临时用地(亩)		496.37	397.1	519.10	415.3	8 000
拆迁建筑物		城市建筑(10^4 m^3)	7.50	15 000	7.50	15 000	2 000
		厂矿(10^4 m^3)	4.10	8 200	4.10	8 200	2 000

续上表

项　　目			下穿大学城隧道方案		上跨大学城隧道方案		指标(元)
			数量	投资(万元)	数量	投资(万元)	
路基	土石方	土方(10^4 m^3)	6.78	420.4	8.52	528.2	62.00
		石方(10^4 m^3)	27.13	743.1	34.08	933.5	27.39
	级配碎石(10^4 m^3)		0.99	161.4	1.24	202.1	163
	加固防护圬工(10^4 m^3)		1.63	570.5	2.05	717.5	350
	附属圬工(10^4 m^3)		0.54	189	0.68	238	350
	复合地基处理	搅拌桩(10^4 m)	0.14	6.58	0.18	8.46	47
		多向水泥桩(10^4 m)	0.54	35.1	0.68	44.2	65
		CFG 桩(10^4 m)	2.11	177.2	2.65	222.6	84
桥梁	单线	特大桥(座-m)	2-290	1 498.1	2-320	1 653.1	51 659.2
		大桥(座-m)	2-588	2 990.7	2-590	1 983.6	50 862
	双线	特大桥(座-m)	1-1 559	10 427.4	1-1 802	12 052.7	66 885
		大桥(座-m)	1-274	1 666.9	1-340	2 068.4	60 836
		桥梁合计(座-m)	6-2 123		6-2 462		
		涵　洞(座-横 m)	4-100	211.46	4-100	211.46	21 146
单线隧道		4 km$<L\leqslant$6 km(座-m)	2-8 155	45 977.9	2-8 036	49 307	56 380
桥隧总长(km)			6.2		6.48		
桥隧占线路比(%)			91.9		96.0		
重庆北联络线长度(km)			3.88	15 613.1	4.52	18 188.5	
正线铺轨(km)			13.49	7 163.2	13.49	7 163.2	5 310 000
站后及其他工程(万元)				11 227		11 227	16 640 000
以上主要工程投资合计(万元)				123 439.4		132 214.1	
差额(万元)						+8 774.7	

2. 方案优缺点分析及结论意见

(1)从工程投资方面分析：上跨大学城隧道方案处理出口端采空区工程量大，梨树湾至沙坪坝间桥较高，工程投资增加 8 774.7 万元。

(2)从工程地质、施工难易度方面分析：上跨大学城隧道方案西槽谷可充分利用既有襄渝铁路、遂渝高速公路形成的降水漏斗，有效降低了施工风险，但出口端线路标高较高，煤窑采空区埋深大，工程处理较困难；下穿大学城隧道方案线路西槽谷可利用既有襄渝铁路形成的降水漏斗，隧道出口线路标高与采空区标高接近，工程相对易处理。但新建隧道洞顶、轨底距上下两既有隧道均为 10 余米，隧道施工对既有工程影响较大，需加强工程措施，以保证既有工程的安全。总体而言下穿大学城隧道方案地质条件相对较好。

综上所述，从工程投资、地质条件及施工风险等综合考虑，本次推荐采用下穿大学城隧道方案，建设实施亦采用下穿大学城隧道方案。本线在上跨襄渝铁路段施工过程中，对襄渝铁路进行了临时封闭并加固，对既有工程影响较小；在下穿大学城双线隧道段施工过程中，通过超前支护、控制爆破及实施监控，确保了大学城隧道的运营安全和本线的施工安全。由于该方案充分地利用了降水漏斗区，施工期间未见大量涌水，与设计判断一致。

(四)梨树湾至沙坪坝段线路方案比选

梨树湾至沙坪坝间控制地区有红槽房 110 kV 变电站、融汇温泉城等。由于融汇温泉城位于线路走向通道上，该地块部分已建成楼房，对方案影响较大。本次设计根据融汇温泉城范围及其他重要建筑物分布、沙坪坝站改造等因素，结合线路走向、行车速度及融汇建设方要求等因素，对穿融汇温泉城取直、沿既有梨菜线右侧、沿既有梨菜线左侧三方案进行比选。梨树湾至沙坪坝段线路方案比较如图 3-2-5 所示。

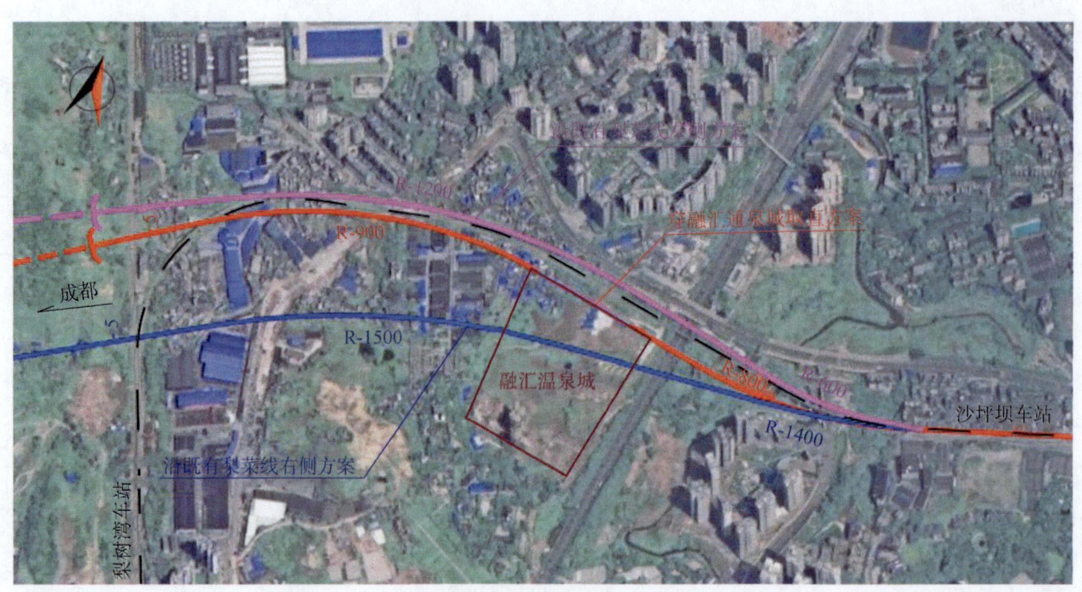

图 3-2-5 梨树湾至沙坪坝段线路方案比较示意图

1. 方案简述

穿融汇温泉城取直方案:线路自中梁山隧道引出,上跨既有梨菜线,由融汇温泉城地块未建设空地取直接入沙坪坝站。比较线路长 6.639 km,桥隧总长 5.813 km,占线路长度的 87.55%。

沿既有梨菜线右侧方案:线路自中梁山隧道引出,上跨既有梨菜线至其右侧,沿既有线右侧接入沙坪坝站。比较线路长 6.747 km,桥隧总长 6.203 km,占线路长度的 91.9%。

沿既有梨菜线左侧方案:线路自中梁山隧道引出,沿既有线左侧接入沙坪坝站。比较线路长 6.775 km,桥隧总长 6.022 km,占线路长度的 88.88%。

2. 主要工程数量及投资比较

在 DK289+450～DK296+200 范围内,梨树湾至沙坪坝段线路方案主要工程数量及投资比较见表 3-2-5。

表 3-2-5 两方案主要工程数量及投资比较

项目			穿融汇温泉城取直方案		沿既有梨菜线右侧方案		沿既有梨菜线左侧方案		指标(元)
			数量	投资(万元)	数量	投资(万元)	数量	投资(万元)	
建筑长度(km)			6.639		6.747		6.775		
征地	新征用地(亩)		231.05	927.34	190.17	763.27	213.01	854.94	40 136
	临时用地(亩)		542.35	433.88	496.37	397.09	530.45	424.36	8 000
拆迁建筑物	城市建筑(10^4 m^3)		6.19	12 380	7.5	15 000	6.12	12 240	2 000
	厂矿(10^4 m^3)		4.5	9 000	4.1	8 200	4.1	8 200	2 000
路基	土石方	土方(10^4 m^3)	10.3	638.6	6.78	420.36	9.39	582.18	62
		石方(10^4 m^3)	41.19	1 128.2	27.13	743.09	37.55	1 028.49	27.39
	级配碎石(10^4 m^3)		1.5	244.5	0.99	161.37	1.36	221.68	163
	加固防护圬工(10^4 m^3)		2.48	868	1.63	570.5	2.26	791	350
	附属圬工(10^4 m^3)		0.83	290.5	0.54	189	0.75	262.5	350
	复合地基处理	搅拌桩(10^4 m)	0.21	9.87	0.14	6.58	0.2	9.4	47
		多向水泥桩(10^4 m)	0.83	53.95	0.54	35.1	0.75	48.75	65
		CFG 桩(10^4 m)	3.21	269.64	2.11	177.24	2.92	245.28	84

续上表

项　目		穿融汇温泉城取直方案		沿既有梨菜线右侧方案		沿既有梨菜线左侧方案		指标（元）
		数量	投资（万元）	数量	投资（万元）	数量	投资（万元）	
单线桥梁	特殊特大桥(座-m)	—		2-290.92	1 503.28		0	51 659.2
	大桥(座-m)	6-1 504.24	7 649.64	2-588.17	2 990.68	4-796.52	4 053.7	50 862
	中桥(座-m)	1-77.08	397.78		0		0	51 659.2
双线桥梁	特殊特大桥(座-m)	3-1 466.93	9 812.03	1-1 558.87	10 427.37	2-1 215.47	8 126.53	66 885
	大桥(座-m)			1-274.08	1 666.9	1-275.3	1 672.99	60 836
	桥梁合计(座-m)	5-2 099.72		6-2 122.96	0	5-1 906.84	0	
	涵　洞(座-横 m)	4-100	211.46	4-100	211.46	4-100	211.46	21 146
单线隧道	4 km＜L≤6 km(座-m)	2-7 383	41 625.35	2-8 155	45 977.89	2-8 207.4	46 273.32	56 380
桥隧总长(km)		5.813		6.203		6.022		
桥隧占线路比(%)		87.55		91.9		88.88		
正线铺轨(km)		13.28	7 051.68	13.49		13.55	7 195.05	5 310 000
站后及其他工程(万元)			1 104.73				1 127.36	1 664 000
以上主要工程投资合计(万元)			96 497.2		89 441.2		93 569	
差额(万元)			＋7 056				＋4 127.8	

3. 方案优缺点分析及结论意见

(1)从线路长度及工程投资方面分析：三方案线路长度相当，沿既有梨菜线右侧方案工程投资分别较穿融汇温泉城取直方案和沿既有梨菜线左侧方案节省 7 056 万元和 4 127.8 万元。

(2)从线形条件及行车速度方面分析：穿融汇温泉城取直方案线形条件最好，行车速度不受限；沿既有梨菜线右侧方案线形条件较好，最小曲线半径为 800 m，行车速度可达 120 km/h 以上；沿既有梨菜线左侧方案进沙坪坝站采用了 600 m 的小曲线半径，线形条件较差，行车速度受限。

(3)从对融汇温泉城的影响方面分析：该段为重庆市核心城区，周边建筑物密集，尤其是正在建设的融汇温泉城，为该片区主要大型建筑群。沿既有线左侧方案沿既有线左侧前行，离融汇温泉城最远，对其影响最小；沿既有线右侧方案需拆迁融汇温泉城在建两栋楼房，对温泉城影响较大；穿融汇温泉城取直方案从温泉城中部穿越，影响最大。

地方意见：经与融汇公司和地方政府多次协商，尚未达成一致意见。融汇温泉城建设方强烈要求采用沿既有梨菜线左侧方案。

综上所述，沿既有梨菜线左侧方案虽然对温泉城影响最小，但进站端采用了 600 m 小曲线半径，速度受限；穿融汇温泉城取直方案对温泉城影响大，实施难度大；沿既有梨菜线右侧方案需拆迁在建两栋楼房，多次与融汇公司和地方政府协商，未形成统一意见，故初步设计暂以沿既有梨菜线右侧方案拉通。初设修编经设计优化，本线占用梨菜线线位，将梨菜线向左侧改建，虽然进站端采用 600 m 半径，速度稍有损失，但将对温泉城的影响降到了最小，有效地解决了铁路对地方建筑及道路的影响问题。实施中亦采用了初设修编方案。

(五)重大方案选择的设计体会与问题探讨

1. 龙泉无高铁站

成渝客专在龙泉未设站，使成都东站到简阳南站站间距达 52 km，究其原因是在可行性研究阶段，地方政府坚决将成渝客专赶出龙泉，以免客专线占用价值较高的土地。尽管设计单位一再强调客专线在龙泉设站对龙泉发展带来的益处，特别是全国高铁联网后的对地方发展的推动作用不可估量，但地方政府强调龙泉毗邻成都，有发达的公路和轨道交通，龙泉的发展需要货运铁路而不是客运专线。在鉴定中心审查时，龙泉表达了同样的观点，以至于龙泉在设计阶段未设站。

在成渝客专土建工程施工快完毕时，龙泉意识到这条客专对其的重要性，开始积极推动设站事宜，设计单位给予了积极配合,但最终报至北京的设站方案未能通过批准,龙泉最终无高铁站。

通过这件事情可以看出,地方政府官员对高铁线的认识不足,发展眼光受限,特别是地方政府派出国土单位牵头高铁是否设站工作,是不专业、不合适的。龙泉无高铁站实为惋惜。

2. 隆昌增设车站

在可行性研究送审稿阶段,无隆昌车站。隆昌政府在可研正式稿阶段,组建了县长挂帅,交通、规划、国土、经济齐上阵的团队,积极研究成渝客专对隆昌发展的影响,得出了成渝客专是给隆昌发展带来了巨大的机遇,未来全国高铁联网更是给隆昌发展插上了翅膀的结论。作为川东南面向重庆的门户县,隆昌急需成渝客专在其设站。为此,隆昌政府积极开展了设站工作,在其坚持不懈的努力下,隆昌得以设站。地方政府的发展前瞻性和工作态度令人钦佩,造福了隆昌县近 80 万百姓。在此事件当中,地方政府的决策和努力值得赞扬,当为楷模。

3. 重庆枢纽内行车速度较慢

成渝客专从成都东站到重庆北站,目前最快运行时间为 1 h 33 min,其中从成都东站到中梁山隧道进口为 1 h 12 min,其后到重庆北站为 21 min。成都东站到中梁山隧道进口线路长度约 292.17 km,每公里工程投资指标 1.3 亿元,工程投资约 379.82 亿元,平均每分钟 5.28 亿元。若按此计算,中梁山隧道进口到重庆北所花费的 21 min 等同于 110.8 亿元的价值,而这段线路长度仅 26.3 km。同时,这段线路是沪汉蓉通道的必经之路。

由于枢纽里面既有线路等级较低,大部分为 80～120 km/h 的运行速度,同时其他技术装备水平也较低,改造相对困难,增加了高速铁路进入枢纽的运行时间。这样,高速铁路存在着区间速度较快,节省时间较多,但进入枢纽却速度较慢,延长时间较多的“头重脚轻”的问题,花费了巨大代价节省出来的时间,却在枢纽里面损失掉,经济投资价值严重不对等,令人实为惋惜。同时,从重庆北站到中梁山隧道进口段为沪汉蓉通道的必经之路,影响就更为重大。建议在设计、建设决策中,重视枢纽的提速改造,使高速铁路能充分发挥其速度优势、体现时间价值。

第二节　重大设计原则的确定

一、平面技术标准

因成渝客专线于 2010 年 6 月得到了铁道部下达的《关于新建成都至重庆铁路客运专线初步设计的批复》(铁鉴函〔2010〕652 号)批复意见,批复时《高速铁路设计规范》(TB 10621—2014)尚未颁布,线路设计主要执行《高速铁路设计规范(试行)》(TB 10621—2009)。

(一)设计原则

1. 平面曲线半径

(1)正线

正线平面曲线半径满足设计速度 350 km/h 的要求,具体按表 3-2-6 选用。

表 3-2-6　平面曲线半径表(m)

设计速度(km/h)	推荐曲线半径	最小曲线半径	最大曲线半径
350	8 000～10 000	7 000	12 000

位于车站两端减、加速地段,以及引入成都、重庆枢纽等限速地段的线路,可按确定的设计速度采用相应标准的曲线半径。

(2)其他线路

其他线路的平面曲线半径根据确定的速度目标值,按《铁路线路设计规范》(GB 50090—2006)相关规定执行。

2. 缓和曲线

(1)正线

正线缓和曲线采用三次抛物线线形,长度按表 3-2-7 选用。

表 3-2-7　缓和曲线长度(m)

<table>
<tr><td>设计速度(km/h)
曲线半径(m)</td><td colspan="3">350</td><td colspan="3">300</td><td colspan="3">250</td></tr>
<tr><td></td><td>(1)</td><td>(2)</td><td>(3)</td><td>(1)</td><td>(2)</td><td>(3)</td><td>(1)</td><td>(2)</td><td>(3)</td></tr>
<tr><td>12 000</td><td>370</td><td>330</td><td>300</td><td>220</td><td>200</td><td>180</td><td>140</td><td>130</td><td>120</td></tr>
<tr><td>11 000</td><td>410</td><td>370</td><td>330</td><td>240</td><td>210</td><td>190</td><td>160</td><td>140</td><td>130</td></tr>
<tr><td>10 000</td><td>470</td><td>420</td><td>380</td><td>270</td><td>240</td><td>220</td><td>170</td><td>150</td><td>140</td></tr>
<tr><td>9 000</td><td>530</td><td>470</td><td>430</td><td>300</td><td>270</td><td>250</td><td>190</td><td>170</td><td>150</td></tr>
<tr><td>8 000</td><td>590</td><td>530</td><td>470</td><td>340</td><td>300</td><td>270</td><td>210</td><td>190</td><td>170</td></tr>
<tr><td rowspan="2">7 000</td><td>670</td><td>590</td><td>540</td><td rowspan="2">390</td><td rowspan="2">350</td><td rowspan="2">310</td><td rowspan="2">240</td><td rowspan="2">220</td><td rowspan="2">190</td></tr>
<tr><td>680*</td><td>610*</td><td>550*</td></tr>
<tr><td rowspan="2">6 000</td><td>670</td><td>590</td><td>540</td><td rowspan="2">450</td><td rowspan="2">410</td><td rowspan="2">370</td><td rowspan="2">280</td><td rowspan="2">250</td><td rowspan="2">230</td></tr>
<tr><td>680*</td><td>610*</td><td>550*</td></tr>
<tr><td>5 500</td><td>680*</td><td>610*</td><td>550*</td><td>490</td><td>440</td><td>390</td><td>310</td><td>280</td><td>250</td></tr>
<tr><td>5 000</td><td>—</td><td>—</td><td>—</td><td>540</td><td>480</td><td>430</td><td>340</td><td>300</td><td>270</td></tr>
<tr><td rowspan="2">4 500</td><td rowspan="2"></td><td rowspan="2"></td><td rowspan="2"></td><td>570</td><td>510</td><td>460</td><td rowspan="2">380</td><td rowspan="2">340</td><td rowspan="2">310</td></tr>
<tr><td>585*</td><td>520*</td><td>470*</td></tr>
<tr><td>4 000</td><td>—</td><td>—</td><td>—</td><td>585*</td><td>520*</td><td>470*</td><td>420</td><td>380</td><td>340</td></tr>
<tr><td>3 500</td><td>—</td><td>—</td><td>—</td><td></td><td></td><td></td><td>480</td><td>430</td><td>380</td></tr>
<tr><td>3 200</td><td>—</td><td>—</td><td>—</td><td>—</td><td>—</td><td>—</td><td>480</td><td>430</td><td>380</td></tr>
<tr><td rowspan="2">3 000</td><td rowspan="2">—</td><td rowspan="2">—</td><td rowspan="2">—</td><td rowspan="2">—</td><td rowspan="2">—</td><td rowspan="2">—</td><td>480</td><td>430</td><td>380</td></tr>
<tr><td>490*</td><td>440*</td><td>400*</td></tr>
<tr><td rowspan="2">2 800</td><td rowspan="2">—</td><td rowspan="2">—</td><td rowspan="2">—</td><td rowspan="2"></td><td rowspan="2"></td><td rowspan="2"></td><td>480</td><td>430</td><td>380</td></tr>
<tr><td>490*</td><td>440*</td><td>400*</td></tr>
</table>

注:1　表中(1)栏为舒适度优秀条件值,(2)栏为舒适度良好条件值,(3)栏为舒适度一般条件值;
　2　*表示为曲线设计超高 175 mm 时的取值。

(2)其他线路

其他线路缓和曲线采用三次抛物线线形,长度按《铁路线路设计规范》(GB 50090—2006)相关规定执行。

3. 线间距

区间正线按线间距不变的并行双线设计,曲线地段一般以左线为基准,右线设计为左线的同心圆;区间及站内正线线间距 5.0 m。引入成都、重庆枢纽联络线的线间距采用 4.0 m,曲线加宽按《铁路线路设计规范》(GB 50090—2006)相关规定执行。

正线与联络线、动车组走行线并行地段的线间距,应根据相邻一侧正线的行车速度及其技术要求和相邻线的路基高程关系,考虑站后设备、路基排水设备、声屏障、桥涵等建筑物以及保障技术作业人员安全的作业通道等有关技术条件综合研究确定,取值不应小于 5.0 m。

正线与既有铁路或客货共线铁路并行地段线间距不应小于 5.3 m。当两线不等高或线间设置其他设备时,最小线间距应根据有关技术条件计算确定。

隧道双洞地段,两洞净距不小于 1～2 倍洞径。

4. 夹直线和圆曲线长度

(1)正线

正线两相邻曲线间的夹直线长度和两缓和曲线间的圆曲线长度不应小于表 3-2-8 规定的数值。

表 3-2-8　夹直线和圆曲线最小长度(m)

<table>
<tr><td colspan="2">设计最高行车速度(km/h)</td><td>350</td><td>300</td><td>250</td></tr>
<tr><td rowspan="2">工程条件</td><td>一般</td><td>280</td><td>240</td><td>200</td></tr>
<tr><td>困难</td><td>210</td><td>180</td><td>150</td></tr>
</table>

(2)其他线路

其他线路的两相邻曲线间的夹直线长度和两缓和曲线间的圆曲线长度按《铁路线路设计规范》(GB 50090—2006)相关规定执行。

(二)设计概况

全线正线共使用平面曲线 57 处,共长 101.643 km,占线路长度的 32.95%。其中,枢纽范围最小曲线半径为 300 m,位于重庆枢纽重庆站进站端;区间最小曲线半径为 7 000 m,位于大足至永川东间,为躲避采空区;最大曲线半径为 12 000 m。

正线最小夹直线区间为 274.503 m,位于大足至永川东间,最大夹直线长度为 13 940.91 m;两端枢纽范围最小夹直线长度为 60.686 m,位于重庆枢纽沙坪坝至重庆间利用既有梨莱线扩建限速段。

曲线半径具体使用情况见表 3-2-9～表 3-2-11。

表 3-2-9　成渝客专成都枢纽内曲线使用情况表

曲线半径(m)	曲线个数	曲线长度(km)	占正线长度的百分比(%)	位　置
600	1	1.43	0.464	成都东客站出站端
650	1	0.718	0.233	成都东客站出站端
3 000	1	0.197	0.064	成都东客站出站端

表 3-2-10　成渝客运专线区间正线曲线使用情况表

曲线半径(m)	曲线个数	曲线长度(km)	占正线长度的百分比(%)	位　置
3 500	1	1.40	0.45	成都国际赛车场
7 000	2	10.657	3.45	大足站至永川东站间
8 000	1	2.841	0.92	
9 000	8	24.026	7.79	
10 000	25	47.827	15.51	
11 000	5	7.156	2.32	
12 000	1	1.02	0.33	

表 3-2-11　成渝客运专线重庆枢纽内曲线使用情况表

曲线半径(m)	曲线个数	曲线长度(km)	占正线长度的百分比(%)	位　置
300	1	0.595	0.193	重庆站进站端
600	3	0.872	0.28	重庆站进站端
700	1	0.475	0.15	沙坪坝站出站端
800	2	0.974	0.32	沙坪坝站出站端
900	1	0.817	0.26	沙坪坝站进站端
1 000	3	0.638	0.21	沙坪坝、重庆进站端

二、纵断面技术标准

(一)设计原则

1. 最大坡度

区间正线采用最大坡度一般情况为 20‰,个别困难情况为 25‰;动车组走行线坡度不大于 35‰。

2. 最小坡段长度

(1)正线

设计坡段尽可能采用长坡段,以增加行车平顺性及舒适度。区间正线设计速度 350 km/h 路段的坡段长度不小于 2 000 m,其他速度路段根据下列公式计算确定,但最小坡长为 400 m。

$$L_p=\frac{\Delta i_1+\Delta i_2}{2}\times R_{sh}+0.4V_{max}$$

式中 L_p——最小坡段长度(m)；

$\Delta i_1,\Delta i_2$——坡段两端相邻坡段坡度差；

V_{max}——设计速度(km/h)；

R_{sh}——竖曲线半径(m)。

(2)其他线路

其他线路坡长按《铁路线路设计规范》(GB 50090—2006)相关规定执行。

3. 坡段间的连接

(1)正线

为保证列车在变坡点处的运行安全、乘客的舒适性要求，相邻坡段的坡度差大于或等于1‰时，采用圆曲线型竖曲线连接。竖曲线(或变坡点)与缓和曲线、道岔及钢轨伸缩调节器均不得重叠设置。竖曲线半径采用见表3-2-12。

表3-2-12 最小竖曲线半径采用标准(m)

设计行车速度 V(km/h)	$V\geqslant300$	$250\leqslant V<300$	$200\leqslant V<250$
竖曲线半径 R_{sh}(m)	30 000	20 000	15 000

(2)其他线路

其他线路的设计速度为80～120 km/h，当相邻坡段的坡度差大于3‰时，以10 000 m半径的圆曲线型竖曲线连接。

动车组走行线相邻坡段坡度差大于3‰时设置圆曲线型竖曲线，竖曲线半径一般为5 000 m。

4. 其他设计原则及规定

(1)区间正线两线并行时，两线轨面高程宜按等高(曲线地段为内轨面等高)设计，区间渡线范围必须按等高设计。正线与联络线、动车组走行线、既有线并行时，其轨面设计高程应根据路基横断面设计情况综合研究确定。

(2)隧道内可设计为单面坡道或人字坡道，高瓦斯隧道(如龙泉山隧道)宜采用单面坡，地下水发育的长隧道宜采用人字坡，坡度值不应小于3‰。路堑地段坡度不宜小于2‰。

(3)竖曲线的设置应符合下列规定

竖曲线与竖曲线、缓和曲线、道岔均不重叠设置。

竖曲线与平面圆曲线不宜重叠设置；困难条件下，竖曲线可与常用半径的圆曲线重叠设置；特殊困难条件下经技术经济比选，竖曲线可与最小半径的圆曲线重叠设置。

(4)跨越排洪河道的特大桥和大中桥的桥头路基、水库和沿河地段、行洪及滞洪区的浸水路堤，其路肩设计高程应高出设计水位加壅水位加波浪高再加0.5 m，小桥涵附近的路肩设计高程应高出设计水位加壅水位再加0.5 m，设计水位采用1/100洪水频率。

(5)站坪宜设在平道上，且到发线有效长度范围内宜采用一个坡段；困难条件下，可设在不大于1‰的坡道上。车站咽喉区的正线坡度均与站坪坡度一致。

(二)纵断面设计情况

全线正线共设置坡段140个。其中，正线区间最大坡段长7 300 m，最小坡段长1 000 m，位于三圣乡；两端枢纽内最大坡段长4 700 m，最小坡段长550 m。正线区间竖曲线与缓和曲线之间的距离一般不小于200 m。

正线坡度及坡段长度使用情况见表3-2-13和表3-2-14。

表3-2-13 成渝客运专线正线区间坡度使用情况表

坡度 i(‰)	坡段数(个)	坡段长度(km)	占正线长度的百分比(%)
$0\leqslant i\leqslant6$	72	169.048	54.8
$6<i\leqslant12$	40	87.378	28.3
$12<i\leqslant15$	12	21.591	4.42

续上表

坡度(‰)	坡段数(个)	坡段长度(km)	占正线长度的百分比(%)
15<i<20	5	9.6	3.1
i=20	2	2.94	0.95
20<i≤25	6	11.16	3.6

表 3-2-14 成渝客运专线全段坡度使用情况表

坡段(m)	坡段数(个)	坡段长度(km)
400≤L<600	3	1.51
600≤L<900	6	4.47
900≤L<1 200	6	6.3
1 200≤L<2 000	48	77.361
L≥2 000	77	218.813

(三)与相关铁路线联络线平、纵面

成渝客运专线分别在成都枢纽设置成都南联络线和重庆枢纽重庆北联络线,预留重庆西联络线条件。两处联络线均按速度目标值 80 km/h 的有砟轨道设计。其平、纵面设计情况分别如下:

1. 成都南联络线

左右联络线共计线路长 8.17 km,最小曲线半径为 550 m,最大坡度为 24.5‰,最小坡段长度为 410 m。

2. 重庆北联络线

左右联络线共计线路长 3.882 km,最小曲线半径为 500 m,最大坡度为 25‰,最小坡段长度为 550 m。

三、改移道路

(一)设计原则

铁路与公(道)路交叉全部按立交设计,并严格执行铁道部《关于铁路工程设计线路交叉跨越有关规定的通知》(铁建设函〔2010〕146 号),原则上采用公路下穿的立交方式。

当铁路上跨高速公路、一级道路的净高按照高速公路建筑限界的相应规定,其净空不小于 5.5 m(以最不利位置净空为准);跨越二级道路、城市道路、国道、省道的净空不小于 5.0 m;其余道路的净空一般不小于 4.5 m,人行通道净空不小于 2.5 m。下穿道路应在进口方向或桥梁等显著位置设置限高、限宽门架及相应提示、警示等标志,防止超高车辆通行下穿通道。

铁路下穿既有道路,设计分别以公路桥或隧道方式通过,并在设计、施工期间加强安全防护措施,保障整个施工与营运过程中车辆畅通及行车安全。

(二)设计情况

本线改移道路总计 241 处—95.128 km,其中区间等级道路 18 处—14.323 km、区间非等级道路 217 处—79.105 km、站场道路 6 处—1.7 km,铁路与道路交叉按全部立交设计。立交及道路改移的技术标准和技术要求,按《公路工程技术标准》(JTG B01—2003)及《公路路线设计规范》(JTG D20—2006)办理,以不低于原公(道)路标准为原则。改移乡村道路,参照“铁路工程设计技术手册”《线路》的第六篇第二章有关条款办理。凡改移三级及其以上公(道)路、地形困难有桥梁、路基工点的四级公(道)路,均实地定线,搜集各专业设计资料。所有改移公(道)路及立交道设计,均调查了标准,并签订了改移及交叉形式等协议,并由建设单位与地方签订的协定进行投资划分。

四、铁路线路安全设施

(一)安全保护区

1. 设计原则

铁路线路两侧应设立铁路线路安全保护区,本线安全保护区设计执行《铁路安全管理条例》(国务院令第 639 号)。铁路线路安全保护区的范围,从铁路线路路堤坡脚、路堑坡顶或者铁路桥梁外侧起向外的距离分别为：

(1)城市市区高速铁路为 10 m,其他铁路为 8 m。

(2)城市郊区居民居住区高速铁路为 12 m,其他铁路为 10 m。

(3)村镇居民居住区高速铁路为 15 m,其他铁路为 12 m。

(4)其他地区高速铁路为 20 m,其他铁路为 15 m。

铁路线路安全保护区的具体范围,由铁路管理机构提出方案,县级以上地方人民政府按照保障铁路运输安全和节约用地的原则划定。铁路用地能满足前款要求的,由铁路管理机构在铁路用地范围内划定铁路线路安全保护区。

铁路线路安全保护区与公路建筑控制区、河道管理范围或者水利工程管理和保护范围重叠的,由铁路管理机构和公路管理机构、水行政主管部门协商后,报县级以上地方人民政府划定。

2. 设计情况

全线安全保护区设置宽度按照高速铁路标准,从铁路线路路堤坡脚、路堑坡顶或者铁路桥梁外侧起向外的距离为 10～20 m。全线共设 A 桩 1 199 个,B 桩 1 116 个。

(二)防护栅栏

1. 防护栅栏设置原则

(1)本线贯通封闭。路基地段在永久用地界内 0.5 m 设置防护栅栏。

(2)防护栅栏在维修人员进出口及每隔 200 m 处左右设警示标志。

在综合保养工区及车站等处应设置维修养护车辆进出口,区间地段应根据地面道路的交通情况及其他维修养护要求,设置维修用进出口。

(3)当公路及人行通道跨越铁路时,若公路跨线桥及人行天桥两侧设有防护栅栏时,有条件时可与线路两侧的防护栅栏形成封闭圈。在特大桥、大中桥内及涵洞出入口处不设,但栅栏延伸到桥头及涵洞顶部或包围桥台锥体。

(4)在隧道上方不设,但栅栏应延伸至洞口上方。有其他铁路线与本线相接时,应沿其他线路设置 200 m 长防护栅栏。

(5)当路肩挡土墙高出地面 2 m 时可不设;若地形陡峭,人及动物难以到达时可不设。

2. 防护栅栏形式

(1)铁路线路防护栅栏

根据初步设计批复,本线防护栅栏采用《铁路线路防护栅栏图集》(通线〔2010〕8001)。后因标准变化本线防护栅栏按照《铁路线路防护栅栏图集》(通线〔2012〕8001)进行了变更设计,并获得《中国铁路总公司关于〈新建成都至重庆铁路客运专线线路防护栅栏Ⅰ类变更设计〉的批复》(铁总办函〔2013〕75 号),变更后栅栏长度共计 325.2 km(其中旱桥高墩防护栅栏长 21.4 km)。

(2)高速铁路桥下防护栅栏

本线初步设计阶段,未有相关规范、规定要求设置桥下防护栅栏,建设施工阶段,根据《中国铁路总公司关于印发〈高速铁路防护栅栏管理办法〉的通知》(铁总运〔2014〕249 号)要求,按《高速铁路桥下防护栅栏》(通线〔2012〕8002)进行了变更设计。

(3)维修通道地段防护栅栏

根据工务、电务、供电、车辆等部门需要,防护栅栏应留有工务、电务及接触网等设备检查、施工、养护作业专用通道。通道要设置栅栏门并配锁,通道口应挂“铁路施工专用通道”宣传警示牌,标明管理单位、管理人、出入规定等。门的宽度分为 1.5 m 和 3 m 两种。特大桥桥台两端设置便门,其余地段单侧间距不得大于 2 km,并与线路对面的便门交错设置,设置位置尽量靠近桥台或涵洞。当有车辆进入时,选择 3 m 宽便门,其余地段选择 1.5 m 宽便门。

3. 工程数量

全线防护栅栏路基段铺设长度为 325.2 km,桥梁段铺设长度为 324.178 km。

第三章　大型临时设施设计

第一节　材料供应计划

一、材料运输方案

(1)全线 500 m 长轨条、100 m 和 25 m 定尺轨、道岔、接触网立柱、钢筋混凝土轨枕和 T 梁等直发料，全部先由营业火车运至铺轨基地，再由工程列车运往工地。

(2)钢梁、劲性骨架拱、型钢拱等特殊构件，由营业火车运至相应工点就近的材料厂，再汽车转运至工地。

(3)钢材、木材、水泥等按厂发料考虑，均以沿线所设材料场为起运点，汽车直接运往工地。

(4)预制箱梁和其他高标号混凝土所需的优质砂，先由供砂点营业火车运至相应工点就近的材料厂(材料中转站)，再汽车转运至工地。

(5)砂石等其他当地建筑材料，一律由施工调查确定的砂石料场，汽车直接运往工地。

二、主要材料的数量、来源及运输方法

主要材料的数量见劳材数量汇总表。

(1)500 m 长钢轨：成都石板滩长钢轨生产基地供应。

(2)100 m 和 25 m 定尺轨：攀钢供应。

(3)道岔：高速道岔由山海关桥梁厂供应，普通道岔由宝鸡桥梁厂供应。

(4)钢梁：山海关桥梁厂或宝鸡桥梁厂供应。

(5)简支箱梁：现场设预制梁场预制，困难地段部分采用移动模架或支架现浇。

(6)T 梁：成都枢纽内 T 梁，由成都桥梁厂供应，重庆枢纽内的 T 梁，由养马河桥梁厂供应。

(7)普通轨枕：成都桥梁厂和养马河桥梁厂供应。

(8)接触网立柱：德阳混凝土制品厂供应。

(9)钢材、木材、水泥：按厂发料考虑，以沿线所设材料厂为起运点。

三、当地材料的数量、来源、运输方法及供应范围

(1)箱梁用砂：广汉连山绵远河、洞庭湖供应。先由供砂点营业火车运至相应工点就近的材料厂(材料中转站)，再汽车转运至工地。广汉连山绵远河砂供应四川段，洞庭湖砂供应重庆段。

(2)砂石等其他当地建筑材料：据施工调查确定的砂石料场供应，汽车运往工地。供应范围详见“当地建筑材料的分布情况”部分的《砂石料场汇总表》。

(3)道砟：成都局白胶道砟场供应。先由供砟点营业火车运至相应铺轨基地，再工程列车运往工地。

(4)砖、瓦：沿线各县乡、市郊砖瓦厂供应，汽车运往工地。

第二节　大型临时设施设计

一、铁路便线、便桥的修建地点、标准及工程量

(1)本次设计的铁路便线，主要是由既有铁路通往峰高铺铺轨基地的出入线。

(2)技术标准按Ⅳ级铁路设计标准办理。

(3)铁路便线建筑长度总计 1.5 km。

二、汽车运输便道方案设计(含运梁便道)

(1)设计依据

①初步设计 1∶2 000、1∶10 000、1∶50 000 线路平面图。

②桥隧工点表。

③施工调查资料。

④《铁道部铁路大型临时工程和过渡工程设计暂行规定》(铁建设〔2008〕189 号)。

⑤《公路路线设计规范》(JTG D20—2006)。

(2)设计范围

根据《铁路基本建设工程设计概(预)算编制办法》(铁建设〔2006〕113 号),汽车运输便道包括运输干线及其通往隧道、特大桥、大桥和铺轨基地、混凝土拌和站、填料拌和站、制存梁场、材料厂、砂石料场等的引入线,以及机械化施工的重点土石方工点的运输便道。

(3)设置原则

①尽量利用乡村便道进行改扩建。

②便道引入尽量照顾相邻工点。

③地形条件较差的复杂桥梁工点将便道引至主墩,跨河桥一般考虑两岸引入便道。大于 4 km 的长桥有条件的将便道沿线路适当延长。

④隧道工程施工便道引至洞口,适当考虑弃砟便道。

⑤工点引入便道和局部贯通便道经方案比选后确定。

⑥兼顾无砟轨道施工必要的运输条件。

⑦部分既有公路现状较差,考虑整修加固以满足工程施工运输要求。

(4)技术标准

①一般便道应根据运量、地形条件,参照现行《公路路线设计规范》(JTG D20)中四级公路标准设计。其中,新建便道的桥涵设计车辆荷载宜按汽-20 级确定;软土地基上的便道应满足变形和稳定性要求。汽车运输便道宜采用泥结碎石路面,也可根据运量大小、当地料源情况选用其他形式路面。

路面路基宽度:引入便道路面按 3.5 m 考虑,路基按 4.5 m 考虑;贯通便道路面按 6 m 考虑,路基按 7 m 考虑。需要运输轨道板的便道,原则按路面宽 6 m、路基宽 7 m 考虑。

错车道设置:引入便道结合地形条件,选择有利地点适当加设错车道。错车道段路基宽度按 6 m 控制。

纵坡坡度:最大纵坡暂按 8%~10%控制。

路面:泥结碎石路面。

②箱梁运梁便道的平、纵断面应满足运梁车的技术要求,运梁便道路基可参照衔接段正线铁路路基标准设计。运梁便道的曲线半径一般不小于 300 m,纵坡一般不大于 3%。

(5)全线运输便道修建情况

根据上述原则和标准,结合地方既有道路情况和工程分布情况,新建引入线 46.33 km,改扩建便道 165.54 km,既有道路整修 66.55 km。施工栈桥 1.2 km。本线未修建运梁便道。

三、临时材料厂

临时材料厂的设置是为在施工过程中及时取得材料和设备,防备各种外因造成的材料供应中断,同时也是为大宗货物到达不能及时转运设置的临时停放场。

本线材料厂(河砂转运站)均设于老成渝线办理货运业务的车站或货场,全线设材料厂(河砂转运站)10 处,租用场地规模平均 20 亩左右。

四、铺轨基地

(1)铺轨基地设置原则

①铺轨基地宜设在既有车站附近,并靠近铺轨起点,对运营线路干扰小,列车进出方便,引入线路短的

开阔平坦处。

②尽量利用荒地,少占农田。

③充分利用正式工程的场地和基础设施,减少大型临时工程数量。

④联络线坡度不大于正线最大限坡,曲线半径满足通过 500 m 长轨运输要求,道岔不小于 9 号。

⑤铺轨基地场坪尽量采用平坡,困难条件下坡度不大于 2.5‰。

⑥平面布设满足生产能力、生产作业、材料堆放和运输要求。

⑦长轨存放区股道直线段长度按不小于 520 m 控制。

(2)铺轨方案的确定

初步设计定测,对全线满足铺轨基地设置条件的既有铁路车站进行了广泛深入的施工调查,包括本线与既有线位置关系、既有铁路车站出岔条件、铺轨基地上线条件、场地地形条件等。本线与既有铁路靠近的地段只有老成渝线的峰高车站,结合可行性研究铺轨基地方案比选和可研文件审查初步意见,本次初步设计将成渝客专的铺架基地设置在峰高车站与新建线之间。

峰高铺轨基地:采取双向铺轨,配 1 套铺轨设备,铺轨范围为成都东—重庆,铺轨长度正线 308.454 km。成都东铺至荣昌北,铺轨长度正线 210.250 km;荣昌北铺至重庆,铺轨长度正线 98.204 km。

全线配置 1 套长轨条铺轨设备,按双向铺轨,先铺成都东至荣昌北,后铺荣昌北至重庆;全线单向最大铺轨区间正线 210.250 km(成都东至荣昌北),铺轨工期可控制在 3 个月内。

对应正线里程:DK210.250。本铺轨基地这里是老成渝铁路的峰高铺车站,老成渝铁路峰高铺车站位于省道 108 左侧,距离 20 m,本线线位与车站距离 20 m,路面情况较好,到车站对面下水湾需整修 1.1 km 土路。

五、制存梁场

全线共有简支箱梁 4 924 孔,根据施工组织设计,预制架设箱梁 4 510 孔(占箱梁总数的 91.6%),其中并置箱梁 35 孔(占箱梁总数的 0.71%),移动模架现浇箱梁 9 孔(占箱梁总数的 0.18%),支架现浇箱梁 12 孔(占箱梁总数的 0.24%)。

(1)梁场设置原则

①梁场规模不小于 200 孔。

②预制箱梁运架按通过隧道考虑,但原则上通过隧道的长度不大于 4 km。

③梁场供梁半径,满足一天架设完成一孔箱梁。制梁场合理的供梁范围一般控制在 30～50 km 以内。运梁车满足一天架设完成一孔箱梁,合理走行距离一般控制在 25 km 以内。

④梁场尽量靠近桥梁集中地段,特别是梁孔数量较多的长桥附近,以缩短运梁距离,加快架梁进度和节约运梁投资。

⑤充分考虑技术复杂桥梁、高墩桥梁以及大跨连续梁桥对架梁工期的控制。

⑥必须考虑软弱地基路基段和长大路基段对架梁工程的影响。

⑦隧道群地段较分散的零星桥梁,箱梁宜采用桥位现浇法施工。当一定范围内箱梁数量相对集中时,优先考虑移动模架法施工。

⑧具备必要的"上线"条件,尽量减少运梁便道工程。

⑨尽量少占农田或耕地,注意保护生态环境。

(2)梁场设置情况

根据上述原则,结合可研设计文件审查初步意见,综合区段梁孔数量、长大隧道分布、地形条件、上线条件、单向最大供梁距离等因素,经比选,湘黔省界至昆明南段初步设计共布设庙山村、简阳车站、资阳车站、资中车站、内江车站、黄桷岭、太平场、璧山车站等共计 8 个制存梁场。

(3)制梁、存梁台座设置说明

根据各梁场制梁数量、平均架梁速度、架梁工期、制梁速度(每孔梁占用制梁台座时间)以及根据各梁场具体的地质条件和地形条件确定的存梁方式(单层或双层),通过计算确定各梁场的制梁台座和存梁台座数量。

根据目前我国运架梁设备的综合架梁进度，本次初步设计架梁速度暂按运距 0～5 km 内 3 孔/d、5～14 km 内2 孔/d、14～20 km 内 1 孔/d 考虑。综合架桥机、提梁机、运梁车等设备检修时间，本次设计平均架梁速度按 2 孔/d 计算。

山区修建客运专线通过隧道运架梁不可避免。本次设计架桥机过隧道转场暂按 7 d 考虑（小解体），由此，各梁场架梁工期＝平均架梁速度计算工期＋7∑（通过隧道座数）。

每孔梁占用制梁台座时间综合按 4 d 考虑。箱梁存梁周期按 30 d 考虑。

六、轨道板场

轨道板预制场的设计，按《铁路大型临时工程和过渡工程设计暂行规定》（铁建设〔2008〕189 号）4.1 条和 4.2 条相关规定办理。板场设置应在考虑无砟轨道线路的轨枕需要量以及满足轨道板铺设工期的前提下，综合轨道板生产线的生产能力和无砟轨道施工中拟设的工作面个数等因素，进行经济、技术比选后统筹考虑。布点原则如下：

(1)尽量选设在既有道路要道附近，以减少轨道板运输距离。

(2)靠近砂石料源，有满足要求的施工水源。

(3)供应范围，应结合困难山区地形情况和既有道路交通条件，通过对运板成本、板场建设成本、便道建设成本等综合分析确定。

(4)尽量利用车站场坪等永久性用地，减少临时占地及拆迁工程。

(5)尽量布设在地质条件较好、地形相对较平缓的坡地，避免布设在软弱地基较厚的洼地。

根据上述原则，结合本线工程分布和交通运输情况，本线全段共设玉屏、凯里、贵阳东、平坝、晴隆、曲靖、大板桥等若干轨道板预制场。轨道板预制场平均间距为正线 100 km，其中最大供应范围正线 120 km（内江车站板场），最小供应范围约正线 80 km（璧山车站板场），配备 6～8 套生产线。

七、混凝土拌和站

全线混凝土供应，按集中拌和考虑。拌和站的设置优先选设在长大隧道口和复杂桥梁工点附近。路基工程混凝土用量较小，一般不单独设置拌和站，由相邻桥隧工程所设拌和站兼顾。

混凝土集中拌和站的布点主要由拌和站的供应半径决定，拌和站供应半径必须满足表 3-3-1 要求。

表 3-3-1 混凝土拌和物运输时间限制(min)

气温 T(℃)	无搅拌运输	有搅拌运输
$20<T\leqslant30$	30	60
$10<T\leqslant20$	45	75
$5\leqslant T\leqslant10$	60	90

拌和站的布点原则：选择地势平坦，具有良好施工水源的交通要道附近；考虑砂石料源点分布，避免材料的反向运输；满足供应范围内各类工程量同期施工混凝土用量需求；供应范围尽量考虑不跨施工区段。

遵照拌和站布局尽量均衡，混凝土运输距离控制在 15 km 左右，尽量结合梁场、板厂、车站位置并适当考虑靠近长大桥隧的原则，全线共设置混凝土集中拌和站 25 处。

八、级配碎石和填料拌和站

受交通条件制约，从本线桥隧工点多、长大路基段少的实际情况出发，本次初步设计路基基床 A、B 组填料和基床表层级配碎石的拌和，以设集中拌和站拌和和局部分散拌和相结合的原则综合考虑。路基段根据实际利用填料数量和工程分布情况，全线共设置改良土拌和站 4 处，级配碎石拌和站 19 处。

第四章 路 基 设 计

第一节 路基工程概况与特点

一、设计的路基工程概况

路基长度统计见表 3-4-1。

表 3-4-1 路基长度统计表

类别＼项目	正线	成都枢纽	重庆枢纽
新建线路长度(km)	307.931	9.514	0.964
区间路基长度(km)	83.797	3.016	0.760
其中区间路堑长度(km)	60.920	—	—
其中区间路堤长度(km)	22.877	—	—
站场路基长度(km)	16.475	—	—
路基总长度(km)	100.272	3.016	0.760
路基总长度占线路长度百分比	32.6%	31.7%	78.8%

注:成都枢纽(不含正线)指反发联络线、成都南联络线,重庆枢纽(不含正线)指还建梨菜线、还建黄菜线,下同。

二、主要工程数量及公里指标

主要工程数量及公里指标见表 3-4-2。

表 3-4-2 主要工程数量及公里指标表

工程项目	正线		成都枢纽	重庆枢纽	备注
	工程数量	指标	工程数量	工程数量	
区间断面土石方(10^4 m^3)	3 121.16	37.25	30.46	23.46	区间路基
区间施工方(10^4 m^3)	2 888.16	34.47	6.24	23.23	
区间挖方(10^4 m^3)	2 773.61	33.10	6.24	19.80	
区间填方(10^4 m^3)	347.55	4.15	24.22	3.66	
其中区间填 AB 组填料(10^4 m^3)	322.80	3.85	24.22	3.37	
级配碎石(基床表层+过渡段)(10^4 m^3)	120.95	1.44	—	—	
ϕ0.5 m 水泥搅拌桩(10^4 m)	50.93	0.51	—	—	正线路基
ϕ0.5 m CFG 桩(10^4 m)	92.09	0.92	1.04	—	
ϕ0.5 m 多向搅拌砂水泥浆桩(10^4 m)	19.35	0.19	—	—	
ϕ0.6 m 或 ϕ0.5 m 柱锤冲扩桩(10^4 m)	—	—	2.41	1.51	
加固防护圬工(10^4 m^3)	137.92	1.38	4.64	2.26	
附属圬工(含弃渣防护)(10^4 m^3)	56.01	0.67	0.26	0.35	区间路基
区间路基永久用地(亩)	8 731.0	104.2	505.1	121.0	
区间路基临时用地(亩)	7 701.4	91.9	34.0	177.1	

三、路基工点类型及分布情况

路基主要工点类型见表 3-4-3 和表 3-4-4。

表 3-4-3　路基主要工点类型一览表(一)

工点处理类型	区间路基		车站路基		备　　注
	数量(处)	累计线路长度(km)	数量(处)	累计线路长度(km)	
ϕ0.5 m 水泥土(多向)搅拌桩	44	3.501	42	3.506	
ϕ0.5 m CFG 桩	137	8.733	55	3.724	
ϕ0.6 m 桩网结构	2	0.073	9	0.709	
ϕ0.6 m 桩阀结构	1	0.022	5	0.293	
埋式桩板结构	3	0.259	—	—	
非埋式桩板结构	5	0.587	1	0.109	
堑顶预加固桩	85	4.604	12	0.621	堑顶外
侧向约束桩	112	4.553	43	2.484	路堤坡脚处
半坡平台预加固桩	2	0.099	2	0.136	路堑

表 3-4-4　路基主要工点类型一览表(二)

工点类型	处　数	累计线路长度(m)	处理措施	备　　注
路堑高边坡（边坡高≥15 m ）	274	24 963	坡脚设重力式路堑挡土墙、桩间挡土墙；墙顶上或路堑边坡每 8 m 设一级或多级锚杆(索)框架梁护坡，并于半坡平台处靠坡面侧设截水沟一道，与天沟、侧沟及排水沟形成完整排水系统	
深路堑（中心挖深≥29 m）	18	1 782	基床底层表面换填 1.0 m A、B 组填料填筑，侧沟下方均设置纵向盲沟	
危岩落石	61	5.157	采用全部清除危石处理	
采空区路基	2	125	采用揭盖回填混凝土处理或对采空区采用 C20 微膨胀混凝土回填密实	
滑坡	1	98	采用 1 排或 2 排抗滑桩加固	DK275＋434.23～531.97 段位于缙云山隧道进口左侧
陡坡路堤	254	7.731	采用重力式路肩墙、桩基托梁重力式路肩墙、或桩板墙收坡	
防异物侵入	129	9.063	采用设被动防护网、刚性防护网防异物侵入	

第二节　设计原则与采用的主要技术标准

一、主要设计原则

(一)路基面宽度和形状

1. 无砟轨道地段

区间正线无砟轨道地段路基面形状为梯形，轨道混凝土支承层基础下为水平面，混凝土支承层基础边缘外向两侧电缆槽及向线路中心侧，根据轨道板的变化而设不小于 4％横向排水坡(路基面设 0.1 m 厚 C25 细石纤维混凝土防水)。

路基基床底层顶面及基床下路基面自中心向两侧设 4％的横向排水坡。区间无砟轨道路基面宽度见表 3-4-5。

表 3-4-5　无砟轨道路基面宽度表

范　　围	线间距(m)	路基面宽度		备　　注
		单线(m)	双线(m)	
DK5＋000～D3K289＋100	5.0	8.6	13.6	
D3K289＋100～沙坪坝车站		8.6		双线分左、右单线
沙坪坝车站～重庆车站	4～5	8.6	12.6～13.6	由于新红岩隧道出口大的走向方案待定，故本段路基施工图暂未设计

注：新建线路路肩范围内设通信信号及电力电缆槽，接触网支柱基础内侧距轨道中心距离为无砟轨道 3.0 m。

2. 120 km/h 及以下有砟轨道地段

区间直线地段路基面形状为三角形,有砟轨道路基面中心向两侧设置不小于 4%的横向排水坡;曲线加宽时,路基面仍保持三角形。路基基床底层顶面、基床以下路基面自中心向两侧设 4%的横向排水坡。有砟轨道路基面宽度见表 3-4-6。

表 3-4-6 有砟轨道路基面宽度表

轨道类型	设计最高速度(km/h)	单线(m)		备注
		路堤	路堑	
有砟轨道	≤120	7.8	7.7	还建黄莱线 HCDK502+910(起点)～HCDK502+990 段拨道维持原路基面宽度,路基仅右侧帮宽处理;由于新红岩隧道出口大的走向方案待定,故还建黄莱线段路基施工图暂未设计

曲线地段路基面宽度在曲线外侧按表 3-4-7 进行加宽,曲线加宽在缓和曲线内渐变完成。

表 3-4-7 有砟轨道曲线路基面加宽值

设计行车速度	曲线半径(m)	路基面外侧加宽(m)
V=120 km/h	R≥5 000	0.1
	5 000>R≥1 600	0.2
	1 600>R≥1 200	0.3
	1 200>R≥800	0.4
V=100 km/h	R≥4 000	0.1
	4 000>R>1 200	0.2
	1 200≥R≥800	0.3
	800>R≥600	0.4
V=80 km/h	R>1 800	0.1
	600>R≥1 800	0.2
	500≥R≥600	0.3

注:无缝线路 R<800 m、有缝线路 R<600 m 的曲线外侧路基面在上表加宽基础上增加 0.1 m。

(二)路基标准横断面

1. 无砟轨道地段

无砟轨道路基标准横断面形式如图 3-4-1～图 3-4-5 所示。

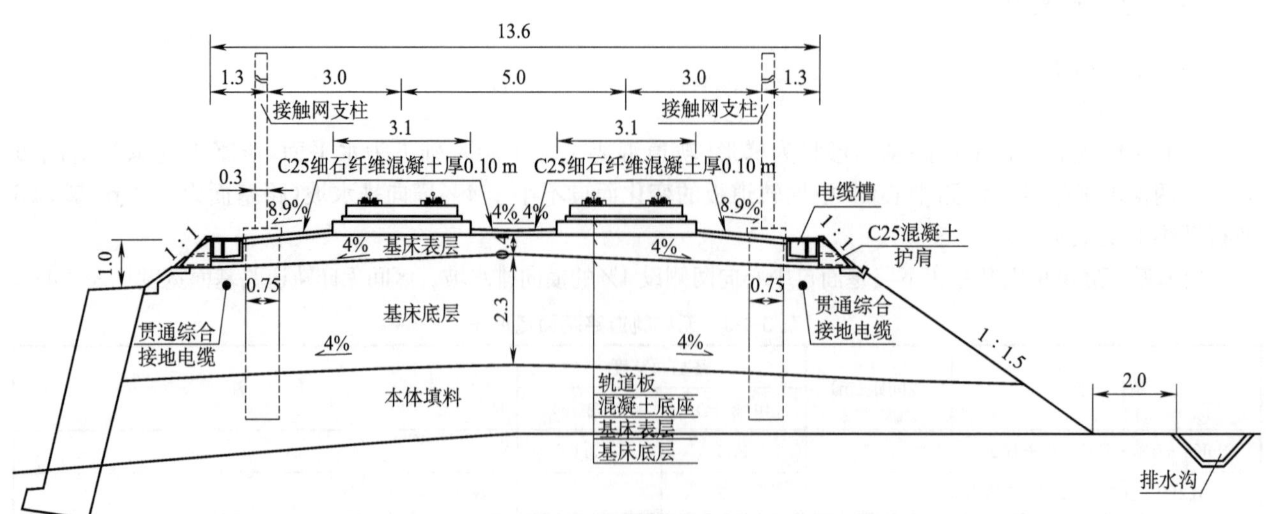

图 3-4-1 无砟轨道双线路堤标准横断面图(单位:m)

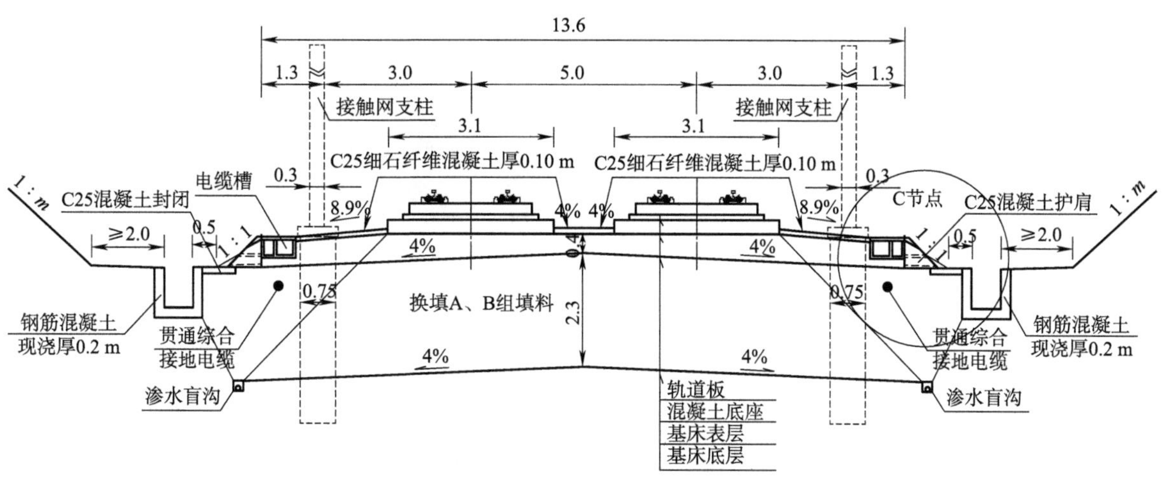

图 3-4-2 无砟轨道双线路堑标准横断面图(单位:m)
(地下水位距路肩＞2.7 m的土质、全风化岩层地段)

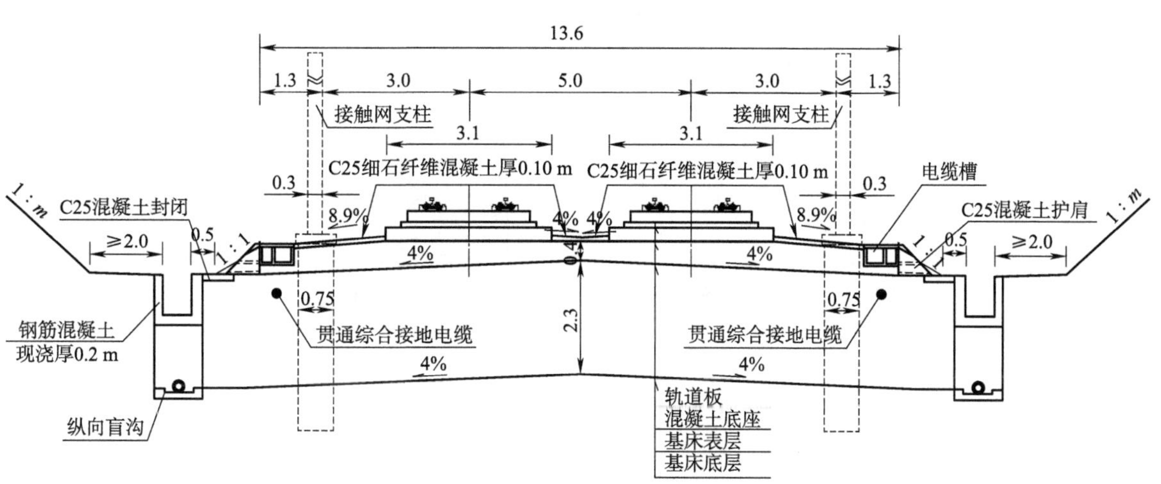

图 3-4-3 无砟轨道双线路堑标准横断面图(单位:m)
(地下水位距路肩≤2.7 m的土质、全风化岩层地段)

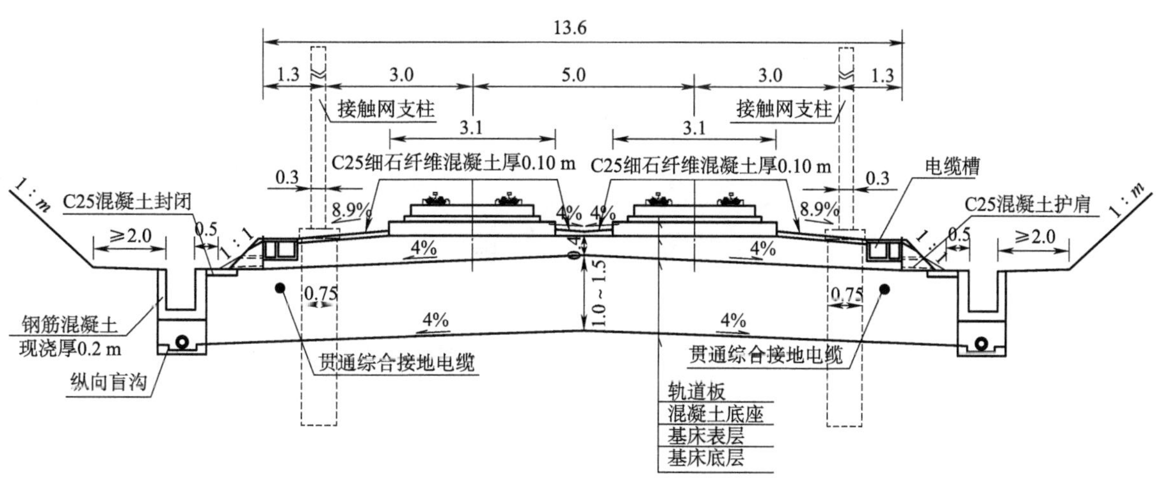

图 3-4-4 无砟轨道双线路堑标准横断面(单位:m)
(地下水位距路肩≤2.7 m的强～弱风化软质岩路堑地段)

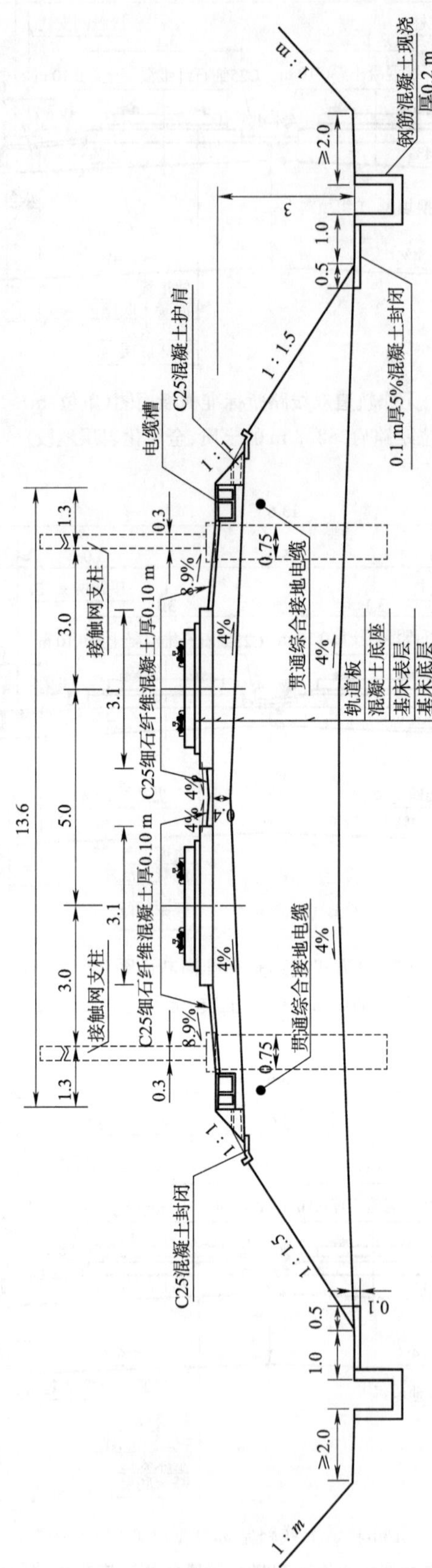

图 3-4-5 无砟轨道双线路堑标准横断面(单位:m)
[适用于黏土（含红黏土）、珍珠冲组泥层、弱～中膨胀土地段]

2. 有砟轨道地段

有砟轨道路基标准横断面形式如图 3-4-6～图 3-4-8。

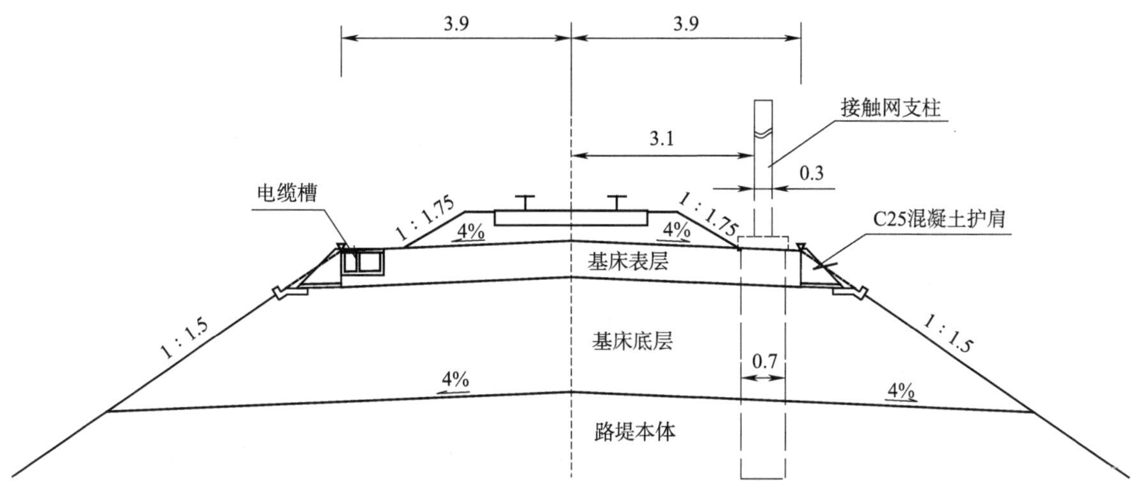

图 3-4-6 有砟轨道单线路堤标准横断面图(单位:m)

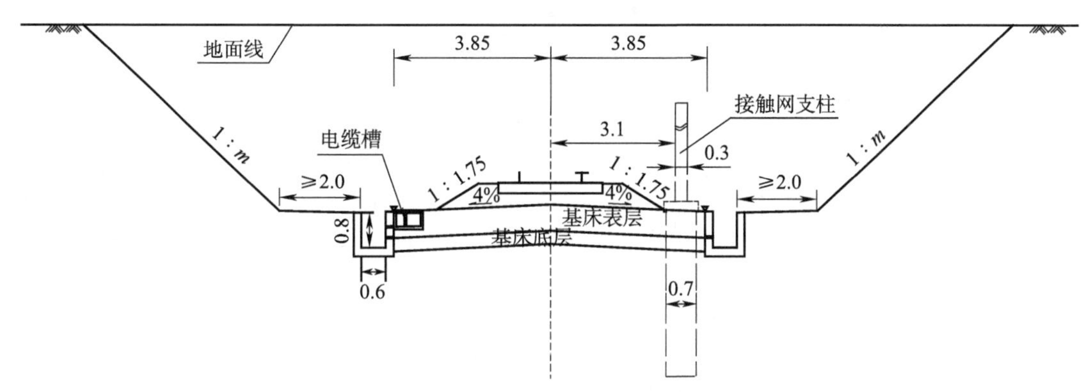

图 3-4-7 有砟轨道单线路堑标准横断面图(单位:m)
(地下水位距路肩>2.5 m 的土质、软质岩及全风化硬质岩地段)

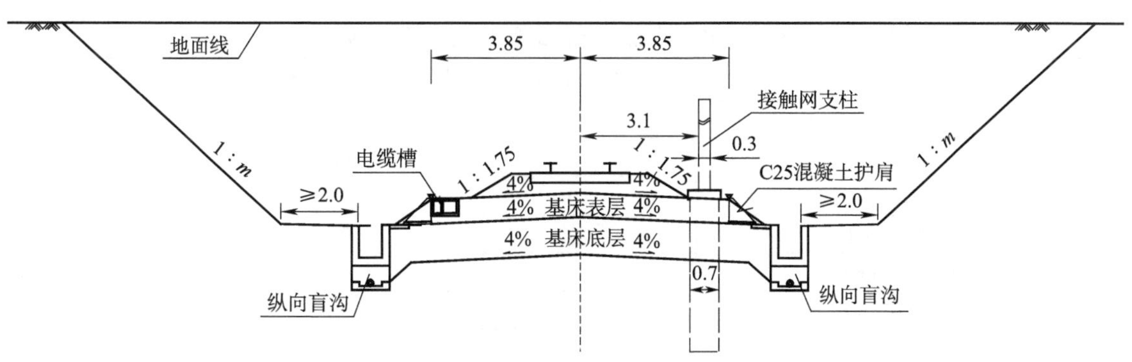

图 3-4-8 有砟轨道单线路堑标准横断面图(单位:m)
(地下水位距路肩≤2.5 m 的土质、软质岩及全风化硬质岩地段)

(三)路基边坡坡率

1. 路堤边坡坡率

路堤采用梯形断面,一般地基条件良好地段,路堤边坡坡度参照表 3-4-8 执行。长期受水浸泡的路堤,边坡相应放缓一级。高度超过表 3-4-8 中的边坡控制高度时,按个别设计处理。路堤边坡坡率见表 3-4-8。

表 3-4-8 路堤边坡坡率

填料种类	轨道类型	边坡高度(m)	边坡坡度	备注
A、B组(碎石、砾石类)填料	无砟轨道	0～6	1∶1.5	6 m处设边坡平台,宽2 m
		6～12	1∶1.75	
A、B、C组(碎石、砾石类)填料	有砟轨道	0～8	1∶1.5	8 m处设边坡平台,宽2 m
		8～20	1∶1.75	

2. 路堑边坡坡率

(1)路堑边坡形式

采用分级台阶形式边坡,非膨胀土地段每8～10 m高边坡设置2～5 m宽的半坡平台;膨胀土地段每6 m高边坡设置2～5 m宽的半坡平台;半坡平台上设截水沟,将坡面上的水引出路堑以外。当地面横坡较平缓时,尽量减少或不使用支挡结构。

(2)路堑边坡坡率

一般挖方地段,无不良地质现象时,路堑边坡坡度根据工程地质及水文地质条件、边坡高度等结合自然稳定边坡和人工边坡调查情况,综合确定。当路堑边坡高度为15～20 m时,边坡坡率参照表3-4-9采用;当路堑边坡高度超过20 m时,根据稳定检算确定,稳定安全系数$K \geqslant 1.3$。

表 3-4-9 路堑边坡坡率

土石名称	密实程度或风化等级	边坡高度(m)	一般地段边坡坡率	备注
黏土、粉质黏土、塑性指数大于3的粉土		15	1∶1.5	细砂、粉砂、膨胀(岩)土等特殊岩质路堑边坡形式及坡率应按现行《铁路特殊路基设计规范》(TB 10035)有关规定执行
中密以上的中砂、粗砂、砾砂		15	(1∶1.5)～(1∶1.75)	
漂石土、块石土、卵石土、碎石土、圆砾土、角砾土	胶结和密实	15	(1∶1.0)～(1∶1.25)	
	中密	15	(1∶1.25)～(1∶1.5)	
硬质岩(主要为砂岩)	全风化	15	(1∶1.25)～(1∶1.5)	
	强风化、弱风化	20	(1∶0.75)～(1∶1.25)	
软质岩(主要为泥岩夹砂岩)	全风化	15	(1∶1.25)～(1∶1.5)	
	强风化、弱风化	20	(1∶1)～(1∶1.5)	

(3)根据《中国地震动参数区划图》(GB 18306—2001)及其第1号修改单以及《成渝铁路区域性地震区划报告》(四川赛思特科技有限责任公司),沿线地震动参数区划见表3-4-10。

表 3-4-10 成渝客专沿线地震动参数区划表

里程范围	地震动峰值加速度	地震动反应谱特征周期	抗震设防烈度(度)
DK0+000～DK48+800	0.10g	0.45 s	7
DK48+800～DK51+200	0.10g	0.40 s	7
DK51+200～DK51+900	0.05g	0.40 s	6
DK51+900～DK185+400	0.05g	0.35 s	6
DK185+400～DK238+100	0.10g	0.35 s	7
DK238+100～DK306+302	0.05g	0.35 s	6

高烈度地震地区的路堑边坡按《铁路工程抗震设计规范(2009年版)》(GB 50111—2006)的有关要求进行抗震稳定性验算后确定。

(四)边坡平台宽度及护道宽度

(1)路堤边坡平台宽度为2.0 m。

(2)路堑侧沟平台宽度为2.0 m(困难地段1.0 m)。

(3)护道宽度:路堤坡脚外天然护道宽度一般不小于2 m。

(五)桥路隧不同工程类型设置原则

1. 路桥分界原则

无砟轨道路、桥分界高度根据路堤地基条件、填料性质及来源、当地土地资源、城镇交通要求等,通过技术经济比较综合确定。当路堤基底为软土、松软土时，桥路分界高度为 5～6 m；当线路通过高效经济作物区或城市、大城市近郊时，桥路分界高度一般为 4～5 m；路堤基底条件良好、填料材质优良地段，桥路分界高度控制在 6～7 m。当地基处理工程量较大或工后沉降不能满足技术要求时，进行线路平、纵断面调整或设桥方案进行技术经济比较。

2. 路隧分界原则

路堑设计避免深挖方，尽量减少对天然植被和山体的破坏，防止诱发地质灾害。原则上土质及风化破碎软质岩堑边坡高度不大于 15 m，软质岩堑边坡高度不大于 20 m，硬质岩堑边坡高度不大于 30 m，超过时考虑与隧道作技术经济比较。

（六）抗震设计

沿线地震动峰值加速度 0.10g 及以上地段，按照《铁路工程抗震设计规范（2009 年版）》（GB 50111—2006）中相关要求采取相应的抗震措施。液化土及软土地基上的路堤，砂类土、膨胀土等路堑进行抗震稳定检算；液化土及软土地基上的挡土墙也进行抗震稳定性检算。

重力式路肩、路堤和土质路堑挡土墙高度不大于 6 m，支挡结构设计考虑水平地震力的作用；墙身采用不低于 C30 的混凝土整体浇筑；路堤边坡高度超过设计中提出的相关要求时，边坡坡率放缓一级并采用土工格栅加筋等措施加固边坡。

二、主要技术标准

新建铁路成都至重庆客运专线全线正线按照无砟轨道双线标准设计，按一次铺设跨区间无缝线路进行设计。

联络线、还建线按照 120 km/h 有砟轨道标准设计，轨道设计为Ⅰ级干线、重型轨道、一次性铺设跨区间无缝线路、大机养护。其中还建黄莱线 HCDK502＋910（起点）～HCDK502＋990 段维持原路基面宽度，轨道拨道处理（线路左侧陡坡高层建筑，路基仅右侧帮宽）；HCDK502＋990～终点路基专业帮宽过渡及改建；由于新红岩隧道出口大的走向方案待定，故还建黄莱线段路基施工图暂未设计。

第三节　地基处理设计

一、路基基底处理原则

填高小于基床厚度的路堤按低矮路堤处理要求办理（详见第四节“路基基床设计中的低矮路堤”）；填高大于基床厚度的路堤，路堤基底处理主要采用以下措施：

1. 地基浅表处理地段

(1) 丘坡区路堤地段根据地表植被情况，挖除换填表层 0.3～0.5 m 厚表土，整平碾压至路堤本体填料压实标准。

(2)水田、雨季滞水或地下水位埋藏浅（地下水位距地表不大于 0.5 m）的低洼谷地路堤地段，清除表层种植土（一般 0.5 m 左右），填筑水稳性好、不易风化的硬质岩填料，换填厚度高出地面 0.5 m。

(3)水塘地段路堤采取排水疏干或围堰抽水后，清除塘底淤泥再填筑路堤，塘坝顶标高＋0.5 m 以下填筑水稳性好、不易风化的硬质岩填料。

(4) 地基表层分布浅层（小于 3 m）人工填土、松软土、软土等且地下水位埋藏较深时，挖除换填合格填料。

(5) 路堤基底处于倾斜地段（包括路堑与路堤衔接处、路基横断面、桥路过渡段纵向及横向坡度陡于 1∶10 等）：当地面横坡为（1∶10）～（1∶5）时，路堤基底挖台阶，台阶高度不大于 0.6 m，台阶宽度不小于 1.0 m，台阶底设 2%～4%向内倾斜的坡度；当地面横坡等于或陡于 1∶5 时，路堤基底挖台阶，台阶宽度不小于 2.5 m，同时进行稳定性检算，必要时设置支挡结构物等抗滑措施。

(6) 挖除的种植土用于路基边坡培土植草及取弃土场复垦。

2. 地基深层处理地段

当路堤基底存在压缩性较大的地基土,经沉降计算分析,工后沉降不满足设计要求时,基底采用水泥搅拌桩、CFG 桩、堆载预压、冲击碾压、钢筋混凝土桩板结构或桩网结构等地基加固措施。

要求路基填筑完成或施加预压荷载后,保证不小于 6 个月的沉降观测和调整期,经工后沉降评估分析,满足要求时,方可铺设无砟轨道。

二、稳定及沉降控制标准

(1)在系统分析地基土(含路堤、路堑各种地基条件)成因类型、分布范围、埋藏规律、分层厚度及其物理力学指标的基础上,结合路基设计参数及工程类型分布,进行各工点路基横断面和纵断面稳定检算及沉降分析,并取最不利情况进行设计。路基稳定安全系数 K 取值见表 3-4-11。

表 3-4-11 路基稳定安全系数

铁路等级	列车设计行车速度 V(km/h)	安全系数 K	
		施工期	运营期
客运专线(无砟轨道)	$200 \leqslant V \leqslant 350$	1.15	1.30
Ⅰ级铁路(有砟轨道)	$120 \leqslant V \leqslant 160$	1.10	1.25
Ⅱ级铁路(有砟轨道)	$V \geqslant 120$	1.10	1.20

注:1. 采用简化 Bishop 法、不平衡推力法计算分析时,稳定性安全系数相应比表 3-4-11 规定的安全系数增大 0.1。

2. 对于斜坡软弱地基路堤,采用圆弧法检算时,其稳定性安全系数根据软弱地基横向坡度大小,在表 3-4-11 规定的稳定安全系数 k_{min} 基础上按表 3-4-12 进行修正。

表 3-4-12 斜坡软弱地基路堤稳定性安全系数

软弱地基横向坡度(水平地基)	1∶20	1∶10	1∶7.5
路堤稳定性安全系数 k_{min}	$k_{min}+0.05$	$k_{min}+0.10$	$k_{min}+0.15$

(2)对 350 km/h 无砟轨道地段所有土质地基均进行工后沉降分析。

无砟轨道铺设完成后的工后沉降,满足扣件调整和线路竖曲线圆顺的要求。工后沉降一般不超过扣件允许的沉降调高量 15 mm;沉降比较均匀、长度大于 20 m 的路基,允许的最大工后沉降量为 30 mm,并且调整轨面高程后的竖曲线半径满足 $R_{sh} \geqslant 0.4 v_{sj}^2$。

路基与桥梁、隧道或横向结构物交界处的差异沉降不大于 5 mm,过渡段沉降造成的路基与桥梁、隧道的折角不大于 1/1 000。

(3)对 120 km/h 有砟轨道软土及松软土地基进行工后沉降计算,其工后沉降控制标准详见表 3-4-13。

表 3-4-13 120 km/h 有砟轨道路基工后沉降控制标准

设计速度	一般地段工后沉降(mm)	桥台台尾过渡段工后沉降(mm)	沉降速率(mm/年)
120 km/h 有砟轨道	200	100	50

(4)沉降监测系统

软土路堤填筑时,无砟轨道地段沿线路纵向每隔 50～100 m(有砟轨道地段间距一般为 100～200 m)在距边坡坡脚 2 m、12 m 处设置水平位移观测桩。

无砟轨道一般路基地段沿线路纵向每 50～100 m 设一个沉降观测断面,地质复杂地段或过渡段适当加密;无砟轨道松软土和软土地基地段沿线路纵向每 50 m 左右设一个沉降观测断面,过渡段在距台尾 1 m 处、10 m 处、30 m 处各设一个沉降观测断面。

有砟轨道松软土和软土地基地段、桥路过渡段、高路堤、道岔区沿线路纵向每 100～200 m 设一个沉降观测断面,过渡段在距台尾 1 m 处和过渡段中部各设一个沉降观测断面。

每个沉降观测断面在路堤基底中心地面埋设沉降板,在路基面中心及左、右两侧路肩处设置路基面沉降观测桩进行沉降观测。

第四节 路基基床设计

一、基床结构、厚度及填料

路基基床由表层和底层组成。

无砟轨道基床表层厚度与无砟轨道的混凝土支承层(或混凝土底座)的总厚度不小于 0.7 m(表层级配碎石厚 0.4 m),底层厚 2.3 m。轨道混凝土支承层(或底座)以外的路基面设 10 cm 厚 C25 细石纤维混凝土防水。

有砟轨道基床表层厚 0.6 m,基床底层厚 1.9 m,基床总厚度为 2.5 m。基床各层厚度及填料见表 3-4-14。

表 3-4-14 基床厚度及填料

速度及轨道类型	部位			厚度	填料要求
350 km/h 无砟轨道	路堤		基床表层	0.4 m	级配碎石
			基床底层	2.3 m	A、B 组填料或改良土
	路堑		基床表层	0.4 m	级配碎石
		土质(含膨胀土)及基岩全风化层 W_4	基床底层	2.3 m	换填 A、B 组填料或改良土
		强风化软质岩 W_3		1.5 m	
		弱风化软质岩 W_2		1.0 m	
		珍珠冲组红层膨胀岩		2.3 m	
120 km/h 有砟轨道	路堤		基床表层	0.6 m	A 组填料
			基床底层	1.9 m	A、B 组填料或改良土
	路堑		基床表层	0.6 m	A 组填料
			基床底层	0.3~0.5 m	换填 A、B 组填料或改良土

二、基床填料及压实标准

(一)无砟轨道地段

路基基床压实标准见表 3-4-15。

表 3-4-15 无砟轨道地段路基基床压实标准

压实标准 \ 填料类别 \ 层位	基床表层	基床底层	
	砂类土及细砾土	级配碎石	碎石类及粗砾土
压实系数 K	≥0.97	≥0.95	≥0.95
地基系数 K_{30}(MPa/m)	≥190	≥130	≥150
动态变形模量 E_{vd}(MPa)	≥55	≥40	≥40

注:1. 无砟轨道基床表层采用 E_{v2} 时,同时满足 E_{v2}≥120 MPa 及 E_{v2}/E_{v1}≤2.3;无砟轨道基床底层采用 E_{v2} 时,同时满足 E_{v2}≥80 MPa 及 E_{v2}/E_{v1}≤2.5。
2. K_{30} 为直径 30 cm 平板荷载试验的地基系数,K 为重型击实试验的压实系数。

级配碎石的性能指标、粒径等满足《高速铁路设计规范(试行)》(TB 10621—2009)规定:级配碎石由河中卵石制作,非过渡段地段路基基床表层级配碎石掺入水泥量 3%。基床底层采用 A、B 组填料填筑,A、B 组填料的材质性能指标满足《铁路路基设计规范》(TB 10001—2005)的要求:A、B 组粒径不得大于 6 cm。

(二)有砟轨道地段

基床底层压实标准满足表 3-4-16 要求。

表 3-4-16 有砟轨道地段路基基床压实标准

层位 填料类别 压实标准	基床表层	基床底层			
	A组填料 (砾石、碎石类)	砂类土 (粉砂除外)	砾石类	碎石类	块石类
地基系数 K_{30}(MPa/m)	≥150	≥100	≥120	≥130	≥150
相对密度 D_r		≥0.75			
孔隙率 n	28%		31%	31%	

三、路堑基床

1. 无砟轨道地段

除排水顺畅的长段硬质岩路堑地段除外，路堑均采用路堤式路堑。

(1)当地基为土质、全风化岩层路堑地段时，基床表层下挖除换填 2.3 m 厚，其中 2.2 m 厚为 A、B 组填料，0.1 m 厚为中粗砂夹一层复合防排水板或复合土工膜。基床底层顶面做成向两侧 4%排水坡。

地下水位距路肩超过 2.7 m 时：换填为 A、B 组填料，在 2.2 m 换填底面下全断面铺设 0.05 m 厚中粗砂＋一层复合土工膜＋0.05 m 厚中粗砂层，换填底面做成向两侧 4%排水坡。

地下水位距路肩不超过 2.7 m 时：在 2.2 m 厚 A、B 组填料换填底面下全断面铺设 0.05 m 厚中粗砂＋一层复合防排水板＋0.05 m 厚中粗砂层，换填底面做成向两侧 4%排水坡，并于两侧侧沟底设置纵向盲沟。

(2)当地基为强风化软质岩时，基床表层下挖除换填 1.5 m 厚，其中 1.4 m 厚为 A、B 组填料，0.1 m 厚为中粗砂夹一层复合防排水板或复合土工膜。基床底层顶面做成向两侧 4%排水坡。

当地下水位距路肩超过 2.7 m 时：换填为 A、B 组填料，在 1.4 m 换填底面下全断面铺设 0.05 m 厚中粗砂＋一层复合土工膜＋0.05 m 厚中粗砂层，换填底面做成向两侧 4%排水坡。

当地下水位距路肩不超过 2.7 m 时：在 1.4 m 厚 A、B 组填料换填底面下全断面铺设 0.05 m 厚中粗砂＋一层复合防排水板＋0.05 m 厚中粗砂层，换填底面做成向两侧 4%排水坡，并于两侧侧沟底设置纵向盲沟。

(3)当地基为弱风化软质岩地段时，基床表层下挖除换填 1.0 m 厚，其中 0.9 m 厚为 A、B 组填料，0.1 m 厚为中粗砂夹一层复合防排水板或复合土工膜。基床底层顶面做成向两侧 4%排水坡。

当地下水位距路肩超过 2.7 m 时：换填为 A、B 组填料，在 0.9 m 换填底面下全断面铺设 0.05 m 厚中粗砂＋一层复合土工膜＋0.05 m 厚中粗砂层，换填底面做成向两侧 4%排水坡。

当地下水位距路肩不超过 2.7 m 时：在 0.9 m 厚 A、B 组填料换填底面下全断面铺设 0.05 m 厚中粗砂＋一层复合防排水板＋0.05 m 厚中粗砂层，换填底面做成向两侧 4%排水坡，并于两侧侧沟底设置纵向盲沟。

(4)当地基为黏土(含红黏土)、珍珠冲组泥岩等极软岩、弱～中等膨胀土时，采用全路堤式路堑，堤高 3.0 m，基床表层底面下换填 2.2 m 厚 A、B 组填料，其下全断面铺设 0.05 m 厚中粗砂＋一层复合土工膜＋0.05 m 厚中粗砂层，基床底层顶面及换填底面做成向两侧 4%排水坡。

2. 有砟地段

当路堑基床底层厚度范围内天然地基静力触探比贯入阻力 P_s不小于 1.2 MPa 或天然地基基本承载力不小于 0.15 MPa，否则在基床底层范围内换填或加固处理。当承载力满足要求，但基床底层土质不满足材质要求时，换填不小于 0.3～0.5 m(弱～中膨胀土不小于 0.5 m)的 A、B 组填料。地下水位距路肩超过 2.5 m 时，基床底层顶面设 0.1 m 厚中粗砂夹一层复合土工膜；地下水位距路肩不超过 2.5 m 时，换填底部设 0.1 m 厚中粗砂夹一层复合防排水板，两侧侧沟底设置纵向盲沟。

四、低矮路堤

1. 无砟轨道地段

路堤填高小于或等于基床厚度(H≤2.7 m)的低矮路堤，基床范围内的地基满足 P_s≥1.5 MPa 或 σ_0≥0.18 MPa；不能满足时，根据地下水位、地层条件等采取整平碾压、夯实、翻挖回填、换填或其他地基加固处理措施。换填或翻挖回填部分，分层压实，达到路堤相应部位的压实标准。

结合本线特点，当地基的承载力满足要求，材料不满足要求时，低矮路堤地段（$H \leqslant 2.7$ m）按以下规定进行处理：

（1）$H \leqslant 0.6$ m时按上述相同地质条件的路堑基床方式进行处理。

（2）0.6 m$<H \leqslant$2.7 m时，按如下规定处理：

①当地基为土质、全风化岩层地段时，基床表层底面下挖除换填0.5～2.3 m厚（基床表层底面至换填底面厚度不小于2.3 m），其中0.4～2.2 m厚为A、B组填料，0.1 m厚为中粗砂夹一层复合防排水板或复合土工膜。基床底层顶面均做成向两侧4%排水坡。

当地下水位距路肩超过2.7 m时：换填为A、B组填料，在0.4～2.2 m换填底面下全断面铺设0.05 m厚中粗砂＋一层复合土工膜＋0.05 m厚中粗砂层，换填底面做成向两侧4%排水坡。

当地下水位距路肩不超过2.7 m时：在0.4～2.2 m厚A、B组填料换填底面下全断面铺设0.05 m厚中粗砂＋一层复合防排水板＋0.05 m厚中粗砂层，换填底面做成向两侧4%排水坡，并于两侧侧沟底设置纵向盲沟。

②当地基为强风化软质岩层地段时，基床表层底面下挖除换填0.5～1.5 m厚（基床表层底面至换填底面厚度不小于1.5 m），其中1.4 m厚为A、B组填料，0.1 m厚为中粗砂夹一层复合防排水板或复合土工膜。基床顶面及换填底面均做成向两侧4%排水坡。

当地下水位距路肩超过2.7 m时：换填为A、B组填料，在0.4～1.4 m换填底面下全断面铺设0.05 m厚中粗砂＋一层复合土工膜＋0.05 m厚中粗砂层，换填底面做成向两侧4%排水坡。

当地下水位距路肩不超过2.7 m时：在0.4～1.4 m厚A、B组填料换填底面下全断面铺设0.05 m厚中粗砂＋一层复合防排水板＋0.05 m厚中粗砂层，换填底面做成向两侧4%排水坡，并于两侧侧沟底设置纵向盲沟。

③当地基为弱风化软质岩层地段时，基床表层下挖除换填0.5～1.0 m厚（基床表层底面至换填底面厚度不小于1.0 m），其中0.4～0.9 m厚为A、B组填料，0.1 m厚为中粗砂夹一层复合防排水板或复合土工膜。基床底层顶面做成向两侧4%排水坡。

当地下水位距路肩超过2.7 m时：换填为A、B组填料，在0.4～0.9 m换填底面下全断面铺设0.05 m厚中粗砂＋一层复合土工膜＋0.05 m厚中粗砂层，换填底面做成向两侧4%排水坡。

当地下水位距路肩不超过2.7 m时：在0.4～0.9 m厚A、B组填料换填底面下全断面铺设0.05 m厚中粗砂＋一层复合防排水板＋0.05 m厚中粗砂层，换填底面做成向两侧4%排水坡，并于两侧侧沟底设置纵向盲沟。

④当地基为黏土（含红黏土）、珍珠冲组泥岩等极软岩、弱～中等膨胀土时，基床表层底面下换填0.5～2.2 m厚A、B组填料，其下全断面铺设0.05 m厚中粗砂＋一层复合土工膜＋0.05 m厚中粗砂层，基床底层顶面及换填底面做成向两侧4%排水坡。

2. 有砟轨道地段

路基基床应符合《铁路路基设计规范》（TB 10001—2005）（以下简称《路规》）中有关规定。对于高度小于基床厚度（<2.5 m）的低路堤，当基床底层厚度范围内天然地基的静力触探比贯入阻力值$P_s<1.5$ MPa或天然地基基本承载力$\sigma_0<0.18$ MPa时，采取换填及其他地基加固措施处理。

当基床底层范围内地基土满足值$P_s \geqslant 1.5$ MPa或基本承载力$\sigma_0 \geqslant 0.18$ MPa，但不满足《路规》第6.2.1条、第6.2.2条的有关规定，均对低矮路堤进行处理。换填时根据地层情况，保证基床底层填筑厚度不小于0.5 m。低矮路基地段当地下水位距路肩不超过2.5 m时，换填底部设0.1 m中粗砂夹一层复合防排水板，两侧排水沟底设置纵向盲沟；地下水位距路肩超过2.5 m时，基床底层顶面设0.1 m中粗砂夹一层复合土工膜。

第五节　一般路基设计

路基设计按一般路基设计、工点路基设计（陡坡路基、水塘及浸水路基、高路堤、改河改沟地段路基）、特殊路基设计(软土及松软土路基、膨胀土路基、具一定膨胀性的红层泥岩路基、顺层地段路基、危岩落石地段路基、采空区地段路基、岩堆地段路基)、深路堑及路堑高边坡设计等进行划分。

一、一般路基设计

路基面宽度和形状、路基标准横断面、路基边坡坡率、边坡平台宽度及护道宽度、桥路隧不同工程类型设置原则等详见本章的第二节"设计原则与采用的主要技术标准",以及第四节"路基基床设计"~第十二节"路基沉降控制设计"的有关内容。

二、工点路基设计

(一)陡坡路基

陡坡地段路堑:为降低路堑边坡高度,一般设支挡工程。陡坡地段路堤:为收回填方坡脚、保证路基稳定,一般设置重力式路肩挡土墙、桩基托梁重力式路肩挡土墙、路肩桩板墙收坡,局部路堤坡脚处设侧向约束桩加固。陡坡路基地段的路堤填料尽量利用优质填料,并采用水平铺设土工格栅,以减小路基变形。设计中保证路堤及陡坡的整体稳定及满足支挡结构的变形要求。

全线陡坡路基地段共计 254 处,线路长度共计 7.73 km,右侧路肩桩板现场如图 3-4-9 所示。

图 3-4-9 右侧路肩桩板墙现场图(D1K148+876~+992)

(二)水塘及浸水路基

1. 水塘(水田)路基

线路跨越水塘地段的路堤,对工程修建后仍保留蓄水时(坡脚距塘埂宽度大于 30 m,长度大于 50 m),一般采用围堰抽水疏干后清淤,并设置宽度不小于 2.0 m 的护道,然后进行路堤填筑,塘埂标高+0.5 m 以下填筑水稳性好、不易风化的硬质岩填料。软土地段的水塘路基在围堰抽水疏干后,立即进行施工场地整平:先填筑普通土至水面以上,压实系数不小于 0.9,再按软土路基加固处理。

线路跨越水塘地段的路堑,原则上废弃水塘。距堑顶 20 m 范围内(膨胀土距堑顶 50 m 范围内)不得有水塘出现。水田地段天沟外侧设置挡水土埂;路堑边坡采用主骨架位置改设支撑渗沟的截水护坡,以确保堑坡稳定。左侧路堤坡脚外水塘现场如图 3-4-10 所示。

2. 浸水路堤

(1)浸水部分的路堤采用水稳性好、不易风化的硬质岩填料或渗水土 A 组填料填筑,边坡相应放缓一级,其压实度满足相应要求;必要时采用浸水路肩挡土墙、桩基托梁挡土墙、桩板墙等收坡,确保路基稳定。

(2)在路堤易受水流冲刷的单侧或双侧堤坡面进行防护,顶面处设置宽 2.0 m 的护道。

(3)雨季滞水及排水不畅的低洼处,采用水稳性好、不易风化的硬质岩填料或渗水土 A 组填料填筑,并采取将水排除的疏导措施。

(4)地下水位高(地下水位距地表不超过 0.5 m)的黏性土地基上填筑路堤时,路堤底部采用水稳性好、不易风化的硬质岩填料或渗水土 A 组填料填筑,并至少高出地面 0.5 m,有条件时采取降低地下水位的措施。

图 3-4-10　左侧路堤坡脚外水塘现场图(DK108＋085～＋190)

(5)路堤边坡均设置墁石基础干砌片石护坡，局部对环境敏感地段堤边坡采用三维排水柔性生态护坡。

(三)高 路 堤

无砟轨道路堤边坡高度一般不大于 8 m，设计中采取措施，保证路堤与地基的整体稳定，满足路基工后沉降要求。高路堤地段尽量利用优质填料、阶梯形边坡，加强边坡防护，竖向每间距 0.6 m 边坡采用水平铺设幅宽 2.5～4.0 m 土工格栅加筋，每填 1.8 m 高度追密冲击碾压一次，坡面设截水骨架内灌草护坡防护。基底为斜坡且地下水位较高时，在基底设置侧向约束桩、纵横向盲沟等，排除地下水，增加基底稳定性。

全线高路堤地段共计 52 处，线路长度共计 3.16 km。左侧高路堤边坡如图 3-4-11 所示。

图 3-4-11　左侧高路堤边坡现场图(DK108＋150～＋210)

(四)改河改沟地段路基

因路基压占的河、沟和水渠，为保证路基的稳定，保持河沟渠水流畅通和过水能力，必须对有干扰的河、沟和水渠进行改移。采用 M7.5 浆砌片石或者混凝土加固河、沟。

全线改河、改沟地段共计 8 处，线路长度共计 1.17 km。

其余的工点路基设计详见本章的第六节“特殊路基设计”和第七节“路堑设计”。

第六节　特殊路基设计

本线的特殊(岩)土为软土及松软土、膨胀土，不良地质主要有顺层、危岩落石、采空区、岩堆。

一、软土及松软土路基

根据路堤填土高度、软土的厚度、埋深、分层物理力学指标等情况，选择代表性断面计算路堤稳定性、总沉降量、工后沉降检算，当不满足要求时，采取地基加固措施。基底采用水泥搅拌桩、CFG 桩、堆载预压、冲击碾压、钢筋混凝土桩板结构或桩网结构等地基加固措施。

(1)软土埋深厚度小于 2.5 m，且地下水位埋藏深，一般采取挖除换填处理。

(2)软土、松软土厚度不小于 2.5 m 的地段，一般采用水泥搅拌桩、CFG 桩等措施处理。

坡面横坡较陡或软土层底部存在斜坡时，考虑侧向滑动的可能性，稳定性检算稳定安全系数不小于规定值，必要时在路堤坡脚设置抗滑桩、桩板墙等措施进行侧向约束加固。

软土、松软土路基工点，对地基水平和垂直位移进行监测，建立沉降监测系统，根据监测结果，进行动态设计，调整路堤填筑速度以及预压荷载和预压时间，保证路基稳定和工后沉降满足要求。

路堤基底桩网结构施工现场如图 3-4-12 所示。

图 3-4-12　路堤基底桩网结构施工现场图(DK152＋667～＋857)

二、膨胀土路基

成渝客专线弱～中等强度膨胀土主要分布于成都东～龙泉山段；川中丘陵区及川东平行岭谷区 Q_4^{al+pl}、Q_4^{dl+pl} 及 Q_4^{dl+el} 黏土为弱膨胀土；沿线局部地段分布有珍珠冲组红层泥岩，其膨胀性对工程影响较大。针对上述路基采取以下措施加强：

(1)路堑均采用基床全露式路堤式路堑，路堑边坡高度一般控制在 10 m 以下，采用“矮挡墙、缓边坡、宽平台、加强截排水(明沟和支撑渗沟)”的设计原则。堑坡高度 $H<3$ m 时，放缓一级路堑边坡后采用液压喷播植草护坡；高度 3 m$\leqslant H<10$ m 时，一般在坡脚设 3 m 高路堑挡土墙，墙顶堑边坡每 6 m 高设一级平台，平台处设截水沟，堑坡面采用截水骨架内喷播植草间植低矮灌木护坡，并结合主骨架位置改设支撑渗沟；堑边坡高度 $H\geqslant10$ m 时，采用坡脚设置预加固桩结合锚杆框架梁或截水骨架护坡，增设支撑渗沟等措施加固处理。

(2)膨胀土地段挡土墙墙后的反滤层加厚至 0.5 m，并铺设一层复合排水网。

(3)侏罗系下统珍珠冲组(J_1z)泥岩夹砂岩具明显膨胀岩土特性，设计时按照膨胀土路堑边坡设计。主要分布在缙云山隧道(DK276＋942.5)进出口、中梁山隧道(DK292＋357.5)进出口的区间路基。

中梁山隧道进口区间路堑现场如图 3-4-13 所示。

三、具有一定膨胀性的红层泥岩路基

全线广泛分布的白垩系、侏罗系“红层”泥岩矿物成分有蒙脱石、水云母等，岩石易风化剥落，具有遇水易软化崩解、失水收缩开裂等特性，含水率变化时发生较大体积变化，具有一定膨胀性。据沿线公路、房屋建筑开挖剖面调查，泥岩夹砂岩临时边坡较陡，虽经日晒雨淋，稳定性一般较好，测区泥岩夹砂岩自然陡坎较多，不具明显的膨胀岩地貌特征，未见因膨胀性而产生的大规模边坡垮塌等地质病害。结合本线特点，采取以下措施：

(1)加强排水设施，完善并贯通截、排水工程，根据地表水、地下水发育情况坡脚设置盲沟、边坡设置支撑渗沟。

(2)膨胀土(岩)不直接作正线填料使用，膨胀岩挖方边坡参照软质岩，当挖方边坡较高时适当放缓。

四、顺层地段路基

根据工程和水文地质情况、岩层产状、走向与线路夹角、岩层层间充填物性质、节理发育程度、风化破碎状况、地下水发育情况等因素，结合现场既有开挖边坡情况(陡度、高度)，分别或综合采用顺层清方、锚固桩、锚杆框架梁等措施加固。

当岩层走向与线路走向夹角较小或近于平行，层面间有软弱夹层，开挖后可能产生顺层滑动地段，按下述原则进行个别设计：

图 3-4-13 中梁山隧道进口区间路堑现场图(D3K289+825.45～+988.258)

(1)当岩层倾角在 10°～30°,顺层清方量大时,视岩层间软弱夹层情况设置抗滑工程等。

(2)当岩层倾角大于 30°时,岩层倾向线路一侧,一般采用顺层清方。

全线顺层路堑共计 29 处,线路长度共计 3.56 km。

五、危岩落石地段路基

对危害程度严重的危岩地段,已采取绕避通过;对影响路基安全的危岩,采取全部清除和主、被动防护网拦截等工程措施进行了彻底整治,以保证铁路运营安全。

全线危岩落石地段共计 61 处,线路长度共计 5.16 km;全线被动防护网地段共计 14 处,线路长度共计 0.69 km。

右侧路堑三级边坡端部危岩如图 3-4-14 所示。

图 3-4-14 右侧路堑三级边坡端部危岩(DK176+010)

六、采空区地段路基

路基中岩溶不发育,个别地段的泥岩夹砂岩中存在灰岩,地方取灰岩作建筑材料,形成灰岩采空区,与路基有关的有 2 处灰岩采空区:DK223+960～DK223+985 段采空区高程位于路基基床附近,采空区采用揭盖回填混凝土处理;D2K229+200～D2K229+300 段采空区位于线路右侧 40 m 以外、路肩高程以下约 25 m,采空区底板标高 303～311 m,顶板标高 309～315 m,顶板厚度 48～52 m,采高 2.5～5 m,无充填物,顶板为泥岩夹砂岩,偶有顶板掉块现象。该段通过 D2K229+016.5 右侧 83.5 m 处的灰岩采空区洞口作为施工进口端,对采空区采用C20微膨胀混凝土回填密实。

在施工过程中发现的个别人为坑洞(如DK86+602处地方废弃过水洞),已按变更设计程序对路基影响范围的坑洞进行了揭盖回填处理。

由于路基多位于人口密集地区,人为活动频繁,应加强铁路沿线两侧安全保护区的监督和管理。严禁邻路附近随意堆载、挖坑取土、采石,严禁邻近铁路的地方工程深基坑开挖及抽水等危害铁路路基工程的人为活动。

全线采空区路基地段共计2处,线路长度共计0.13 km。

七、岩堆地段路基

DK238+424.75~DK238+458.815岩堆路基以浅挖路堑通过,左侧设路堑桩板墙封顶,路基基床位于松散岩堆中,采用非埋式桩板结构处理,如图3-4-15所示。

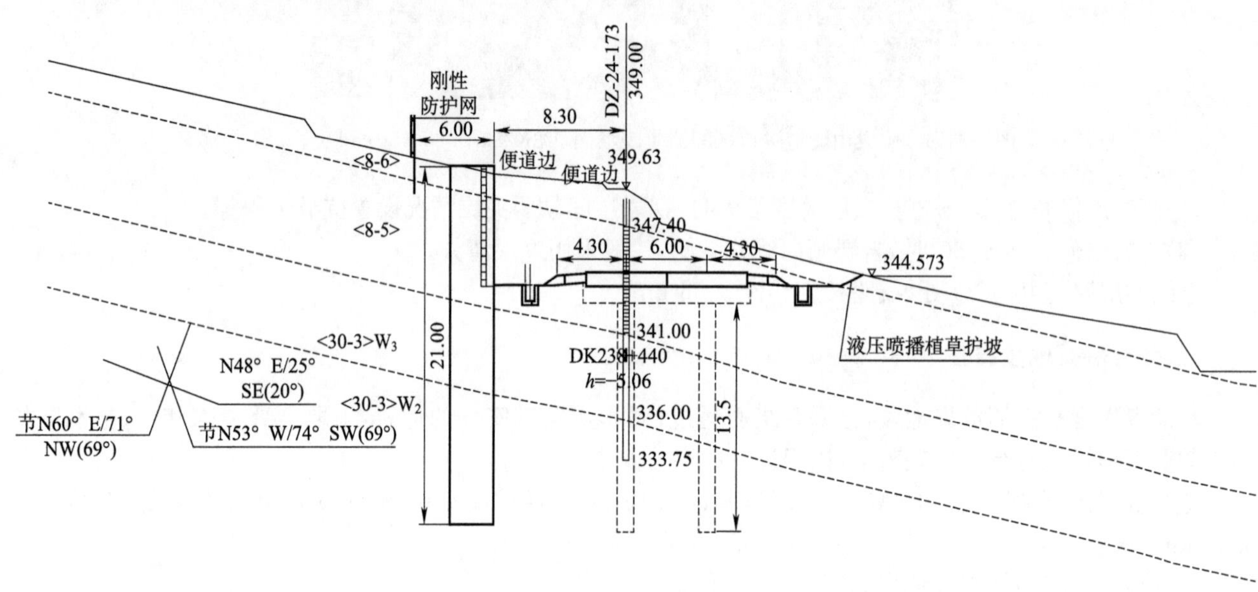

图3-4-15 岩堆地段路基(单位:m)

第七节 路 堑 设 计

一、一般路堑设计

路基面宽度和形状、路基标准横断面、路基边坡坡率、边坡平台宽度、桥路隧不同工程类型设置原则等详见本章的第二节"设计原则与采用的主要技术标准",第四节"路基基床设计"~第十二节"路基沉降控制设计"的有关内容。

二、工点路堑设计

1. 深路堑及路堑高边坡

土质及软质岩路堑边坡,地面横坡平缓地段,采用坡脚设矮挡墙,墙顶以上分级放坡开挖,分级高度为8~10 m一级,平台宽2~4 m,堑边坡设截水骨架或锚杆(索)框架护坡;当地面横坡较陡时,为避免剥山皮开挖,尽量减少工程滑坡的形成,确保边坡稳定及降低边坡高度,堑坡脚设置预加固桩及桩间挡土墙或桩板墙等支挡收坡,桩(或墙)顶上部采取分级放坡开挖,并采用锚杆框架及截水骨架护坡防护。

全线深路堑及路堑高边坡地段共计274处,线路长度共计24.96 km。

左侧深路堑及路堑高边坡现场如图3-4-16所示。

2. 防异物侵入

深路堑高边坡在两侧边坡、陡坡路堑在高边坡侧适当位置(墙顶、半坡平台、堑顶外2~3 m)设置1道或2道防异物侵入的刚性防护网。

图 3-4-16 左侧深路堑及路堑高边坡(DK170＋342～＋542)

全线刚性防护网地段共计 115 处，线路长度共计 8.38 km。

第八节 填 料 设 计

一、路堤填料

(1)无砟轨道地段基床表层、过渡段级配碎石由开山块石、天然卵石破碎筛选制作。

过渡段的基床表层采用级配碎石掺 5%水泥填筑，过渡段采用级配碎石掺 3%水泥填筑。

非过渡段基床表层采用卵石制作的级配碎石填筑，则需掺 3%水泥；采用开山块石制作的合格级配碎石填筑，则不需掺水泥。

有砟轨道地段的基床表层和过渡段采用 A 组填料填筑。

(2)基床底层尽量采用路堑或隧道弃砟中的符合要求的 A、B 组填料填筑，不符合要求时，采取价购(远运)合格 A、B 组填料。A、B 组填料粒径不得大于 6 cm。

(3)基床以下部分，原则上采用路堑或隧道弃砟中的符合要求的 A、B 组填料填筑，不符合要求时，采取价购(远运)合格 A、B 组填料，并通过严格的施工程序和质量控制，确保其压实标准符合设计要求，同时采取边坡加筋、坡面防护等加固措施。基床以下部分填料粒径不得大于 7.5 cm。

全线地震动峰值加速度等于 $0.10g$，路堤填料选用抗震稳定性较好的填料。路堤浸水部分填料选用稳定性较好的渗水土，不得使用粉砂、细砂、中砂。

(4)区间内价购的 A、B 组填料：成都～内江隆昌段主要由河中砂卵石制作，内江隆昌～重庆段主要由开山块石制作。

二、压实标准

路堤填料及压实标准见表 3-4-17。

表 3-4-17 无砟轨道基床以下路堤填料及压实标准

填料类别 压实标准	砂类土及细砾土	碎石类及粗砾土
压实系数 K	≥0.92	≥0.92
地基系数 K_{30}(MPa/m)	≥110	≥130

注：1 压实系数 K 为重型击实标准。

2 无砟轨道可采用 K_{30} 或 E_{v2}。当采用 E_{v2} 时，其控制标准为 $E_{v2} \geq 45$ MPa 且 $E_{v2}/E_{v1} \leq 2.6$。

有砟轨道地段路堤(含全段的站后场坪路堤)基床以下部分填料采用 A、B、C 组填料。压实标准必须符合表 3-4-18 规定。

表 3-4-18　有砟轨道基床以下路堤填料及压实标准（120 km/h）

层　位	压实标准	细粒土	砂类土(除粉砂外)	砾石类	碎石类	块石类
不浸水部分	压实系数 K_h	≥0.9				
	地基系数 K_{30}(MPa/m)	≥80	≥80	≥110	≥120	≥130
	相对密度 D_r		≥0.7			
	孔隙率 n			<32%	<32%	
浸水部分	压实系数 K_h					
	K_{30}(MPa/cm)		(≥80)	≥110	(≥120)	(≥130)
	相对密度 D_r		(≥0.7)			
	孔隙率 n			(<32%)	(<32%)	

注：1　括号内位砂类土(粉砂除外)、砾石类、碎石类、块石类中渗水土填料的压实标准。

2　过渡段压实标准满足基床底层压实标准。

第九节　过渡段设计

一、无砟轨道地段

1. 桥台与路基过渡段

(1)填方桥台台尾过渡段的长度按式(3-4-1)计算：

$$L=a+n(H-0.4) \tag{3-4-1}$$

式中　L——过渡段长度(m)，且不小于 20 m；

H——台后路堤高度(m)；

n——常数，大于 2；

a——常数，5 m。

若计算出的填方桥台台尾过渡段长度不足 20 m 时，调整过渡段 n 值至 L≥20 m，过渡段设置如图 3-4-17 所示。

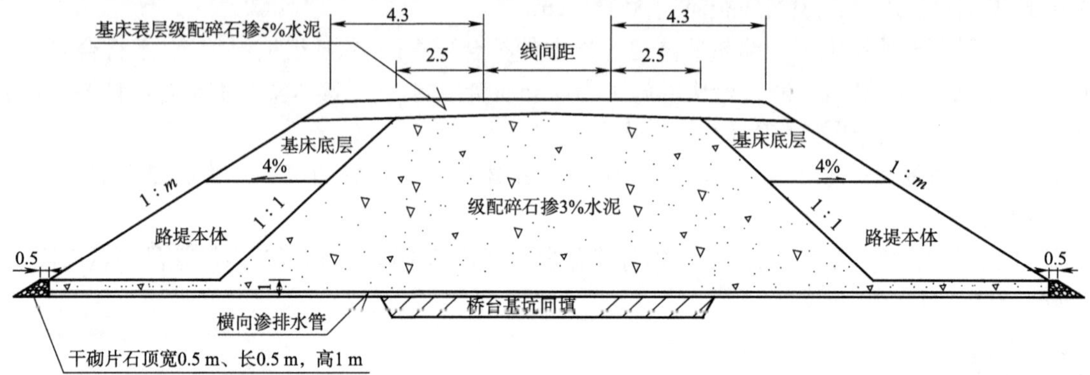

(a) Ⅰ-Ⅰ剖面图

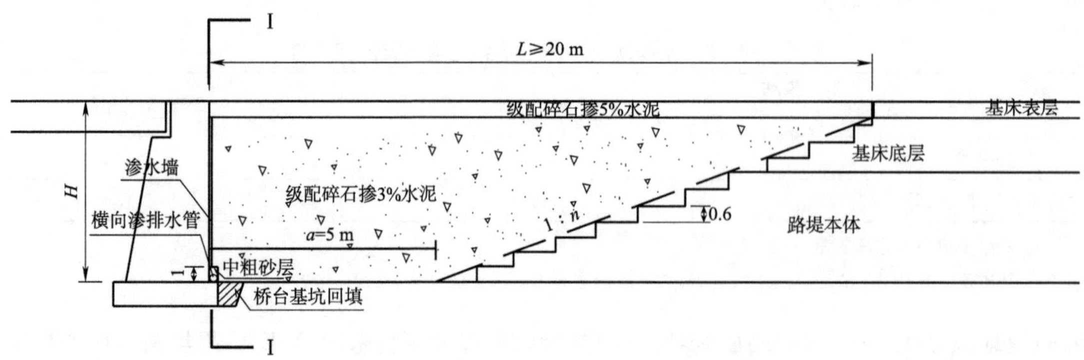

(b) 剖面图(沿线路方向)

图 3-4-17　桥台与路堤过渡段设置方式图(单位：m)

过渡段范围内的基床表层采用级配碎石掺 5％水泥填筑，过渡段采用级配碎石掺 3％水泥填筑。桥台台背设置渗水墙，渗水墙采用 C15 无砂混凝土块砌筑(配合比见"无砂混凝土板反滤层材料用量及有关数据")，长 30 cm、厚 10 cm、宽 15 cm。在渗水墙底部横向设高 1.0 m、厚 0.5 m 的中粗砂层，砂内埋设 ϕ100 mm RCP-10NG(A)渗排水管将渗流水排出路基以外。

(2)土质、软质岩及强风化硬质岩路堑地段挖方桥台台尾过渡段：过渡段范围内采用级配碎石掺 5％水泥填筑。过渡段采用厚度渐变过渡，长度为 20 m。过渡段设置如图 3-4-18 所示。

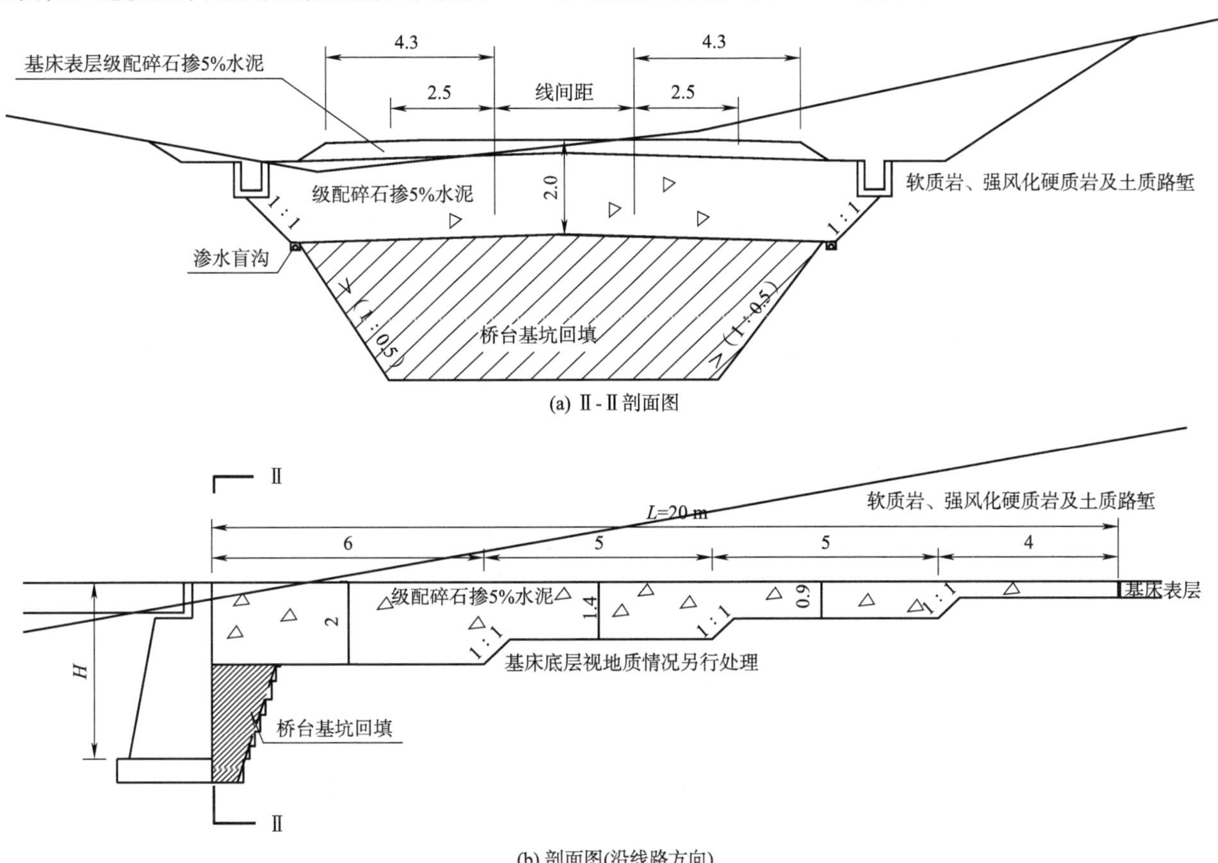

图 3-4-18　桥台与软质岩、强风化硬质岩及土质路堑过渡段设置方式图(单位：m)

(3)过渡段路基基床表层满足有关规范要求，并掺入 5％水泥。基床表层以下倒梯形过渡段部分分层填筑掺入 3％水泥的级配碎石，级配碎石的级配范围符合表 3-4-19 的规定，基床表层以下压实标准满足压实系数 $K \geqslant 0.95$、$K_{30} \geqslant 150$ MPa、$E_{vd} \geqslant 50$ MPa。

表 3-4-19　碎石级配范围

级配编号	通过筛孔(mm)质量百分率(％)									
	50	40	30	25	20	10	5	2.5	0.5	0.075
1	100	95～100	—	—	60～90	—	30～65	20～50	10～30	2～10
2	—	100	95～100		60～90	—	30～65	20～50	10～30	2～10
3	—	—	100	95～100	—	50～80	30～65	20～50	10～30	2～10

注：颗粒中针状、片状碎石含量不大于 20％，质软、易破碎的碎石含量不得超过 10％。

2. 路基与横向构筑物(立交框架桥、箱涵等)过渡段

(1)当横向构筑物顶部距路基面的高度 $h \leqslant 1.0$ m 时，横向构筑物顶部及两侧各 20 m 范围内的基床表层采用级配碎石掺 5％水泥填筑，过渡段采用级配碎石掺 3％水泥填筑，过渡段设置如图 3-4-19 所示。

(2)当横向构筑物顶部距路基面的高度 $h > 1.0$ m 时，过渡段采用级配碎石掺 3％水泥填筑，过渡段设置如图 3-4-20 所示。

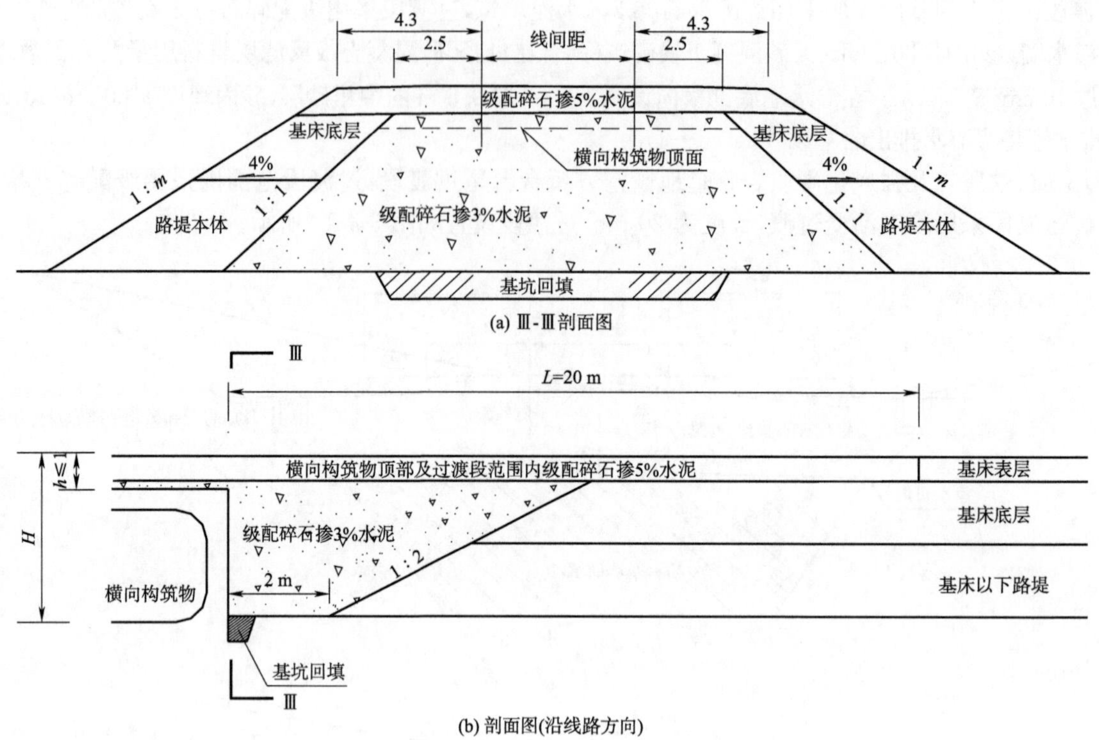

图 3-4-19 路堤与横向结构物过渡段设置方式图($h\leqslant1.0$ m,单位:m)

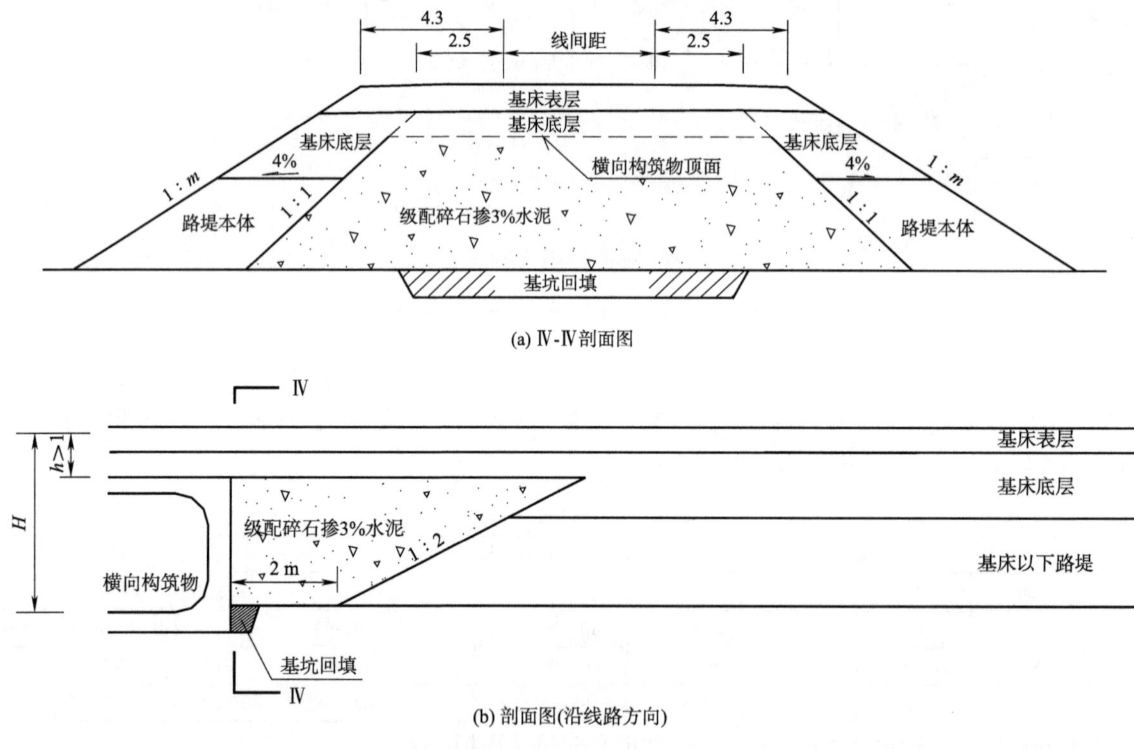

图 3-4-20 路堤与横向结构物过渡段设置方式图($h>1.0$ m,单位:m)

(3)当构筑物轴线与线路中线斜交时,首先采用级配碎石掺 3%水泥填筑斜交部分,然后再设置过渡段,以减小路基与横向构筑物横向刚度的差异,过渡段设置如图 3-4-21 所示。

(4)当横向构筑物在挖方地段时,横向构筑物顶部及两侧各 20 m 范围内的基床表层采用级配碎石掺 5%水泥填筑,过渡段采用级配碎石掺 3%水泥填筑,过渡段设置如图 3-4-22 所示。

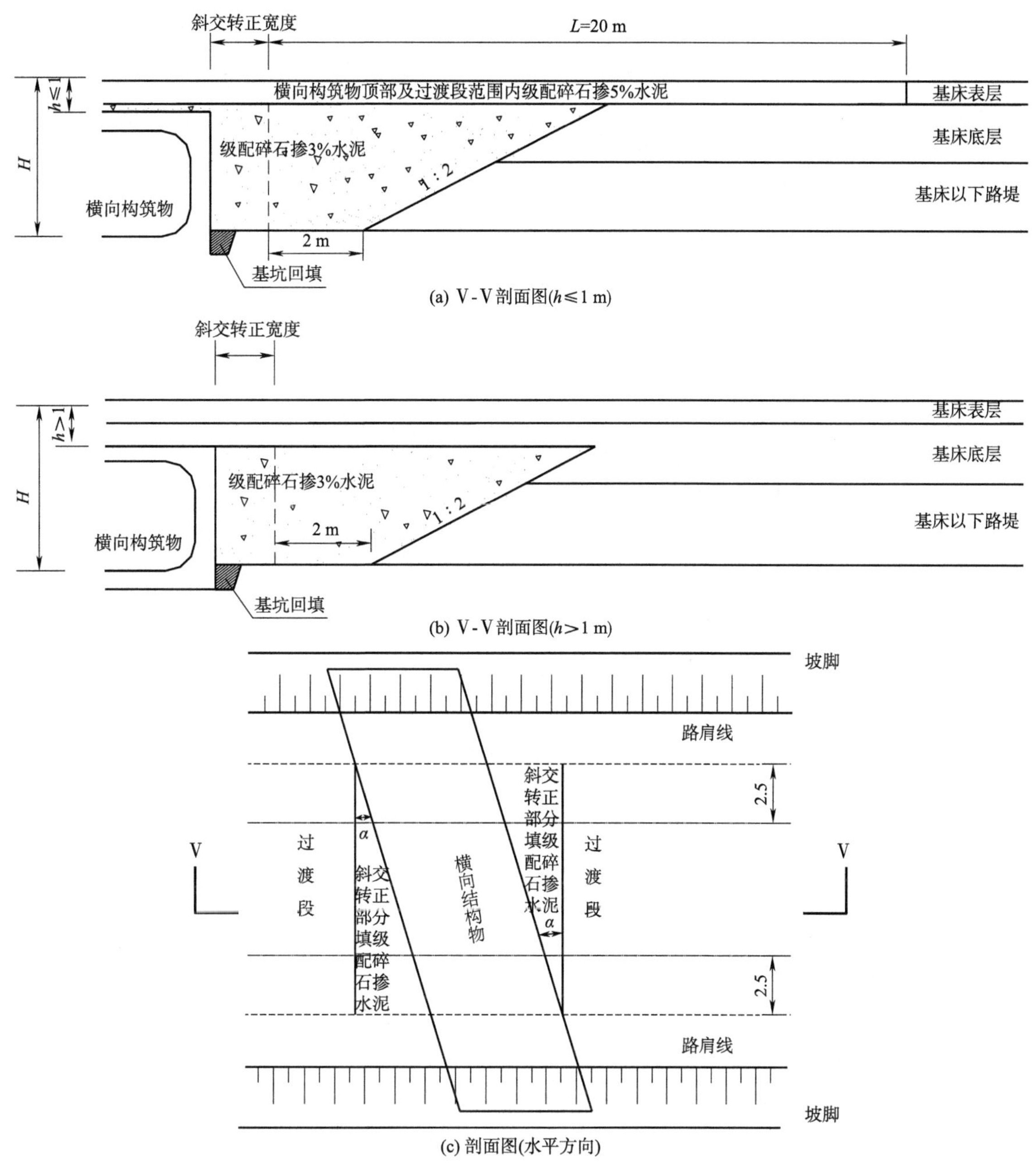

图 3-4-21　路堤与斜交横向结构物过渡段设置平面示意图(单位:m)

3. 路堤与路堑过渡段

(1)当路堤与路堑连接处为土质、软质岩及强风化硬质岩时,顺原地面纵向开挖台阶,每级台阶挖入深度不小于 1.0 m,台阶高度 0.6 m 左右,其开挖部分填筑要求与路堤相应位置相同,过渡段设置如图 3-4-23 所示。基床底换填部分需满足相应部位的填料及压实标准。

(2)当路堤与路堑连接处为弱风化硬质岩时,在路堑一侧顺原地面纵向开挖台阶,每级台阶挖入深度不小于 1.0 m,台阶高度 0.6 m 左右,并在路堤一侧设置过渡段。基床表层其下采用级配碎石掺 3%水泥填筑,顶面宽度不小于 2 m;过渡段 20 m 范围(伸入路堑不小于 2 m)基床表层采用级配碎石掺 5%水泥填筑,过渡段设置如图 3-4-24 所示。

4. 半填半挖过渡段

半填半挖路基轨道下横跨挖方与填方两部分。

(1)当挖方为土质、全风化软质岩及全风化硬质岩时,基床底层挖除换填 2.3 m,采用 A、B 组填料填筑,过渡段设置如图 3-4-25 所示。

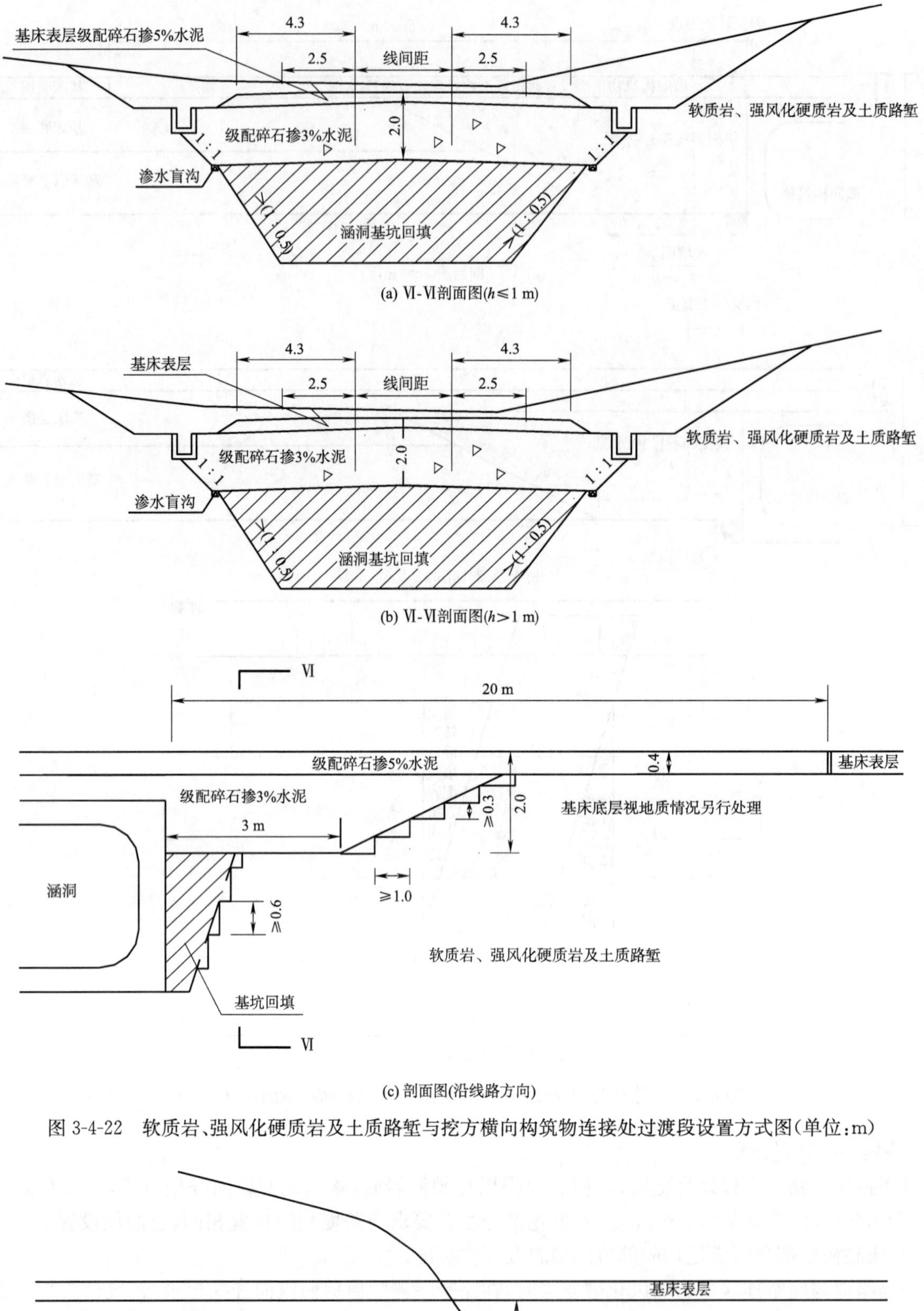

(a) Ⅵ-Ⅵ剖面图($h\leqslant 1$ m)

(b) Ⅵ-Ⅵ剖面图($h>1$ m)

(c) 剖面图(沿线路方向)

图 3-4-22　软质岩、强风化硬质岩及土质路堑与挖方横向构筑物连接处过渡段设置方式图(单位:m)

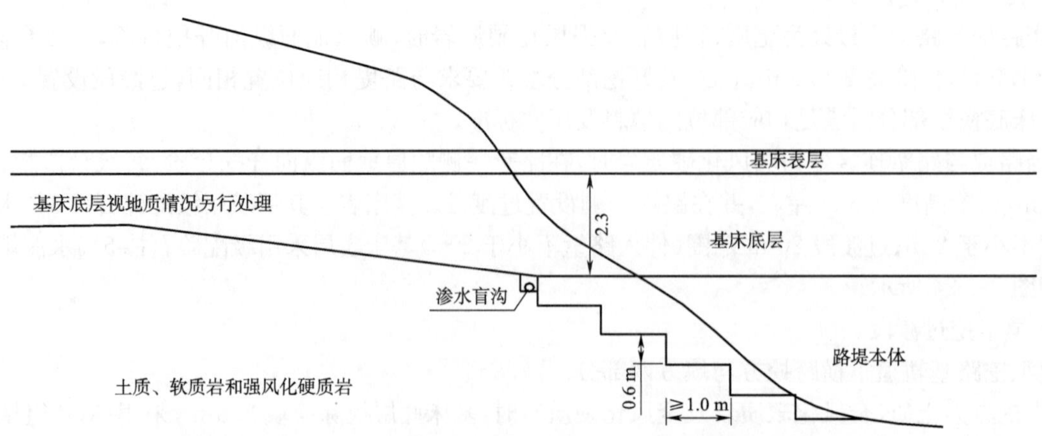

图 3-4-23　路堤与土质、软质岩及强风化硬质岩路堑过渡段设置方式图(单位:m)

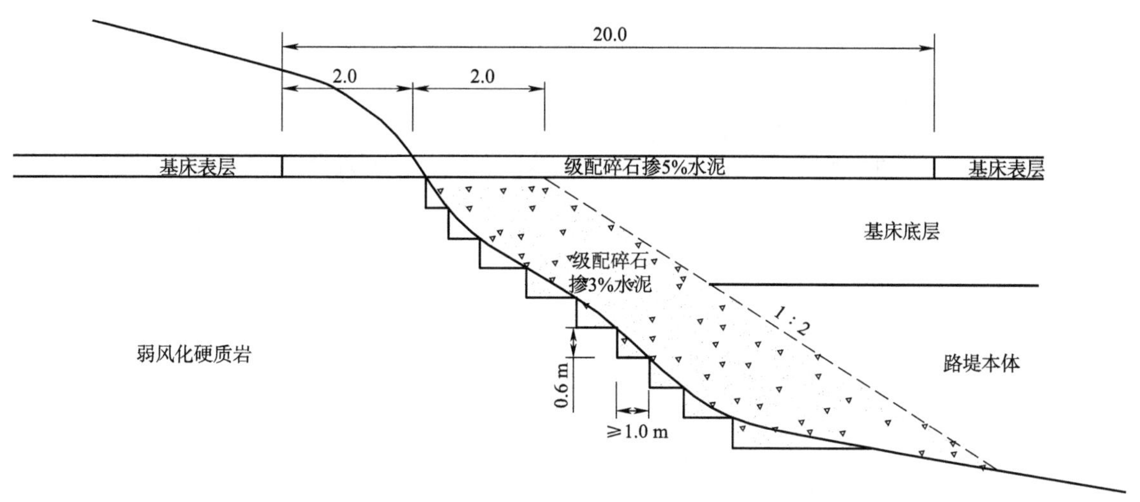

图 3-4-24 路堤与弱风化硬质岩路堑过渡段设置方式图(单位:m)

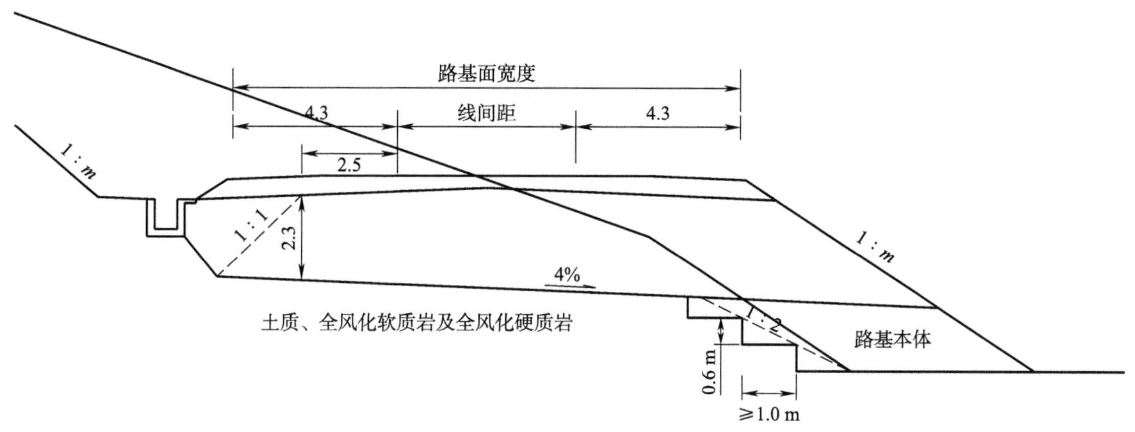

图 3-4-25 半填半挖路基横向设置方式图(土质、全风化软质岩及全风化硬质岩,单位:m)

(2)当挖方为强风化、弱风化软质岩及强风化硬质岩时,基床底层挖除换填 1.0～1.5 m,采用 A、B 组填料填筑,基床底层底面以下至 1∶1 边坡线以内采用级配碎石掺 3%水泥填筑,过渡段设置如图 3-4-26 所示。

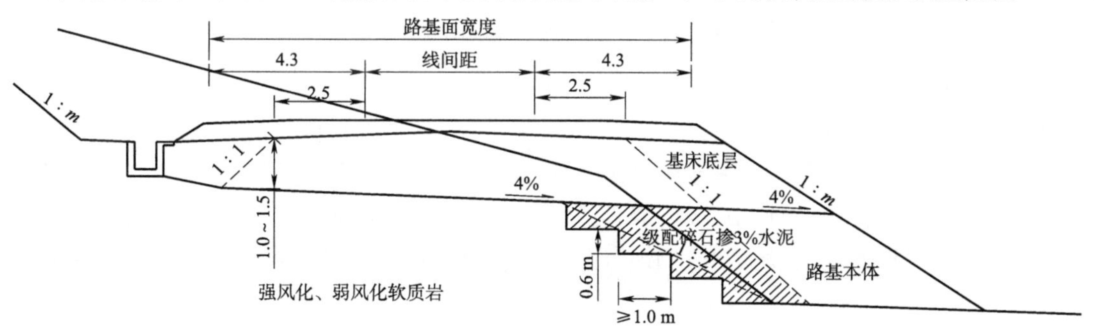

图 3-4-26 半填半挖路基横向设置方式图(强风化、弱风化软质岩及强风化硬质岩,单位:m)

(3)当挖方为弱风化硬质岩时,挖方一侧底部设置 4%向外排水坡,1∶1 边坡线以内采用级配碎石掺 3%水泥填筑,过渡段设置如图 3-4-27 所示。根据地形和施工条件压实困难时,可采用整体 C25 混凝土灌注的刚性基础过渡。

5. 路基与隧道过渡段

路基与隧道(土质、软质岩及全风化硬质岩地段)连接处,在路堑基床范围内设置厚度渐变过渡段,过渡段范围内采用级配碎石掺 5%水泥,过渡段长度不小于 20 m,过渡段设置如图 3-4-28 所示。根据地形和施工条件压实困难时,可采用整体 C25 混凝土灌注的刚性基础过渡。

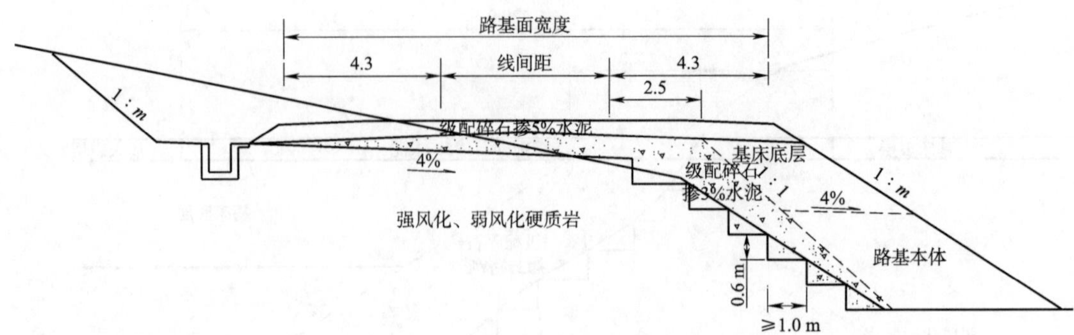

图 3-4-27 半填半挖路基横向设置方式图(强风化、弱风化硬质岩,单位:m)

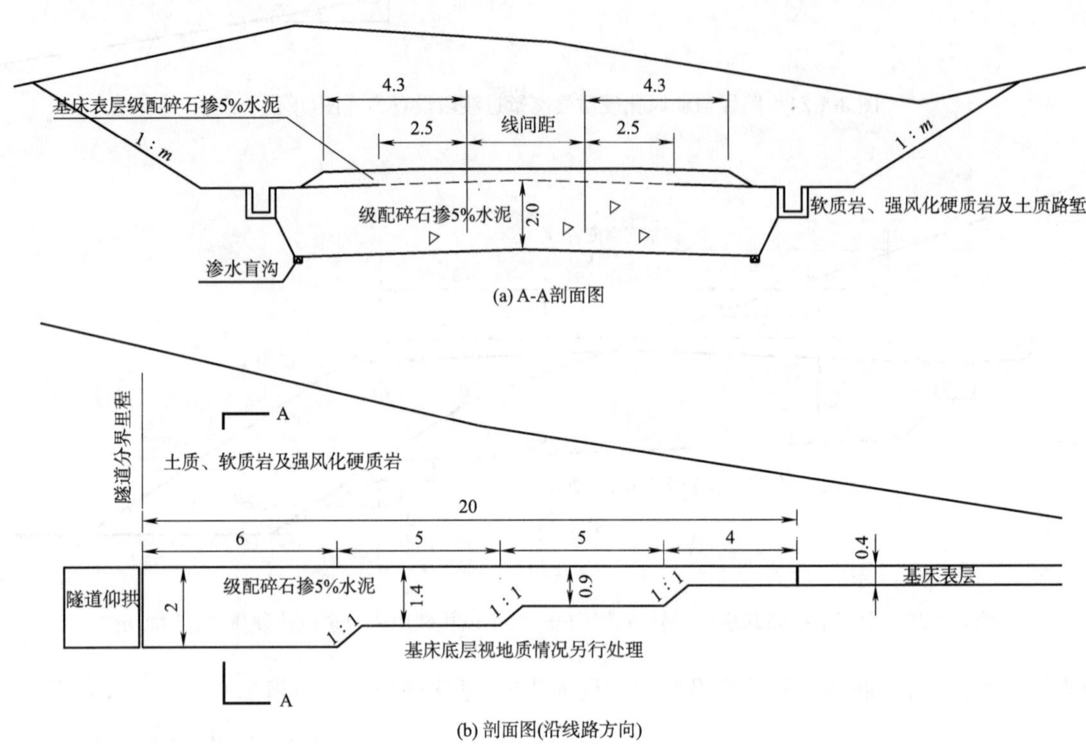

图 3-4-28 土质、软质岩及全风化硬质岩路堑与隧道过渡段(单位:m)

6. 两桥(隧)之间短路基过渡段

(1)两桥(隧)之间短路基长度在 60(不含)～150 m 时,设置厚度渐变的过渡段,渐变过渡段长度不小于 20 m,厚度渐变范围及渐变范围外基床表层采用级配碎石掺 5%水泥填筑。厚度渐变范围其下采用级配碎石掺 3%水泥填筑,其余范围采用 A、B 组填料或级配碎石掺 3%水泥填筑(该部分填方长度较短时,采用级配碎石掺 3%水泥拉通填筑;填方长度较长时,采用 A、B 组填料填筑;具体设计见路基纵断面及横断面设计图)。

(2)两桥(隧)之间短路基不超过 60 m 时,全段路基范围内的基床采用厚 2.0 m 的级配碎石掺 5%水泥填筑,其下采用级配碎石掺 3%水泥填筑。根据地形和施工条件压实困难时,可采用整体 C25 混凝土灌注的刚性基础过渡。

7. 不同轨道类型基床过渡段

在无砟轨道和有砟轨道交界处,不同轨道类型的基床结构形式和沉降控制标准不同。在有砟轨道地段侧设置地基加固、压实标准渐变过渡措施,使工后沉降逐渐从无砟标准渐变到有砟标准,过渡段长度一般不小于 20 m。

8. 无砟轨道地段过渡段填筑

过渡段与其连接的路堤按一体同时施工,并将过渡段与连接路堤的碾压面按大致相同的高度进行填筑。紧靠桥台或横向结构物处大型机械碾压困难时，可用小型振动碾压机充分压实。

二、有砟轨道地段

桥头路基和涵洞两侧路基设置倒梯形过渡段，过渡段纵向底长 3 m，其后按照 1∶2 放坡，过渡段长度 $L=2(H-h)+a$，过渡段填筑 A 组填料。其压实标准在基床表层厚度范围满足基床表层的压实标准，在基床表层以下满足基床底层的压实标准。当过渡段浸水时，浸水部分填料还满足渗水土的要求。填方桥台台尾路基设置倒梯形过渡段设置如图 3-4-29 所示。

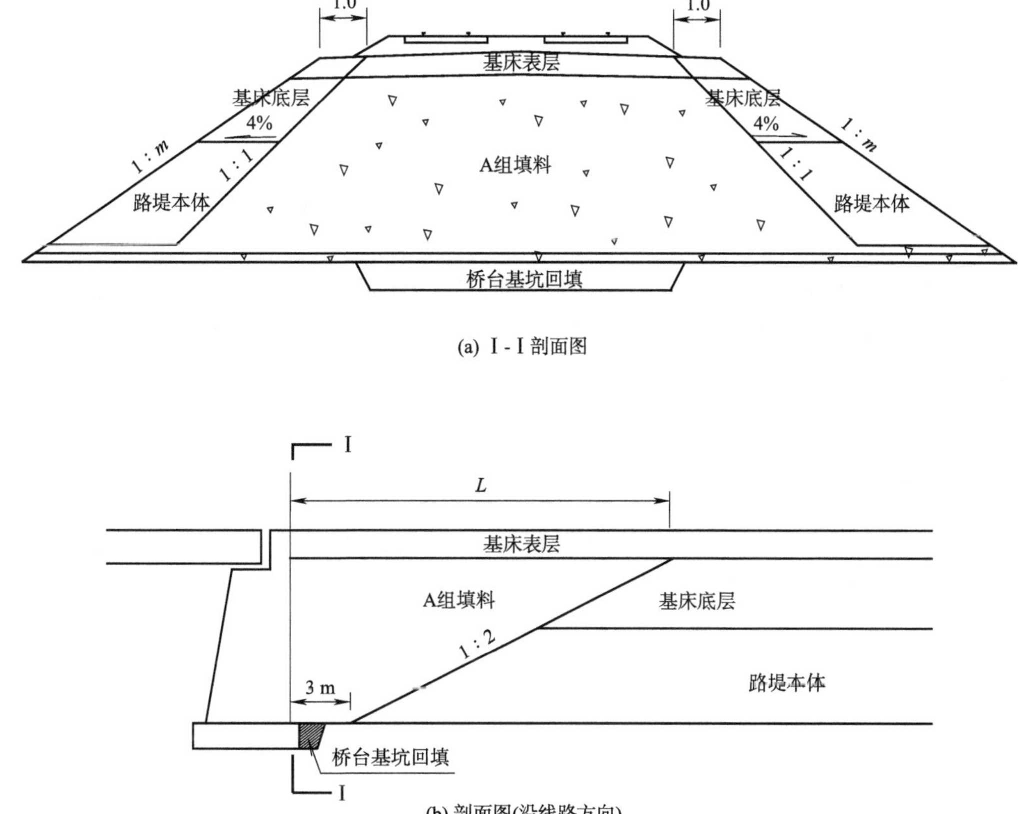

图 3-4-29 填方桥台台尾过渡段设置方式图(120 km/h，单位：m)

当路堤与路堑连接处为土质或软质岩路堑时，顺原地面纵向挖成 1∶2 的坡面，坡面上开挖台阶，台阶高度不小于 0.6 m，其开挖部分填筑同路堤各相应部位要求。

第十节 路基防排水设计

区间路基设计有完整、通畅的排水系统，并注意路基面排水、边坡排水和附属排水系统的衔接，长大地段排水设施过水截面尺寸根据流量计算确定。路基排水与桥涵、隧道、车站等排水设备衔接配合，并有足够的过水能力。设计路基排水设施时，已与水土保持及农田水利的综合利用相结合。路基排水设施拉通至桥梁下水沟、排洪涵的进出口，路基排水必须纵向穿越交通涵两端的路面。

一、地表排水

对路基表面汇水，通过设置集水井、侧沟、排水沟、天沟、吊沟、骨架截水槽、边坡平台截水沟等，将水拦截引排至路基范围以外，防止水流冲刷浸泡路基。

(1)侧沟、排水沟、天沟及截水沟按 1/50 洪水频率设计，沟顶高出设计水位 0.2 m。纵坡不小于 2‰，单面排水段不大于 400 m，必要时增设横向排水设施引入自然沟槽或涵洞，不得直接排入农田。

(2)地面横坡明显地段,排水沟在路堤上方一侧设置,若地面横坡不明显,在路基两侧设置。排水沟平面尽量采用直线,如必须转弯时,其半径不小于 10 m。排水沟均采用梯形沟,一般为 0.6 m×0.6 m,最小尺寸为 0.4 m×0.6 m,内、外侧坡率均为 1∶1,厚 0.2 m,采用混凝土浇筑。

(3)路基边坡采用截水骨架内种草籽间植低矮灌木护坡,主骨架作为路基顺边坡方向的排水槽引排坡面水流进入侧沟或排水沟;路基边坡采用撒草籽间植低矮灌木护坡时,每间隔 10～15 m 设置一个排水槽,槽深 0.2 m、宽 0.3 m、厚 0.2 m,采用混凝土浇筑。

(4)路堑侧沟一般采用底宽 0.6 m、深 0.9 m 的钢筋混凝土矩形沟,厚 0.2 m。长大拉槽路堑地段的侧沟按流量进行截面尺寸设计。

边坡平台截水沟采用混凝土,底宽 0.40 m、深 0.40 m 的矩形断面;平台截水沟的排水流向与侧沟、天沟、排水沟、涵洞、自然沟渠等构成合理的排水系统。

(5)无砟轨道地段线间排水:线间地表水通过两轨道板间设 0.08 m 厚 C25 细石纤维混凝土层(自轨道板向线路中心设 4%排水坡)将水引至线间集水井(钢筋混凝土),再流入预埋在基床底层的横向排水管(HDPE 双壁波纹管),然后排入侧沟或通过接长的排水槽排至路堤坡脚处的排水沟中,集水井间距 30～50 m。

(6)路堑地面横坡明显地段,仅在上方一侧设置天沟;地面横坡不明显地段,在路堑顶外两侧设置天沟,当路堑顶部无弃土堆时,天沟内边缘至堑顶距离不小于 5 m,当沟内进行加固防渗时,不小于 2 m。天沟采用混凝土梯形沟,一般为 0.6 m×0.6 m,最小尺寸为 0.4 m×0.6 m,内外侧坡率均为 1∶1,厚 0.2 m,采用混凝土浇筑。

二、地下水防排水

对路基地下水,根据其性质和特征设置明沟、暗沟、渗水盲沟、边坡支撑渗沟、深(浅)层排水斜孔等排水设施,特别对顺层路堑、地下水发育路堑和膨胀土(岩)路堑加强引排水措施。

1. 渗水盲沟

为排除地下水或降低地下水位,路基设纵向(局部设置横向)盲沟。盲沟高 0.8～1.2 m、宽 1.0～1.2 m,采用透水土工布包裹碎石,渗沟底部设置 ϕ315 mm PVC 带孔双壁波纹渗水管,底部设混凝土基础。路基两侧纵向盲沟每隔 30 m 设置一个检查井。

2. 边坡支撑渗沟

膨胀土路堑地段设支撑渗沟,间距一般为 10～15 m,当渗沟加固与截水骨架护坡均采用时,渗沟设在主骨架处。渗沟宽 1.5 m,排水层最小厚度 0.7 m。

边坡渗沟的排水层采用筛选洗净的碎石、砾石,外部包裹一层透水型土工布;排水层与渗水沟壁之间设置反滤层,反滤层采用砂砾石和卵砾石,各层厚 0.20 m;渗沟顶部覆以单层干砌片石,厚 0.3 m,表面采用水泥砂浆勾缝;渗沟底部采用混凝土封闭,厚 0.3 m。

三、深(浅)层排水斜孔

当路堑边坡地下水发育较深或构造破碎带、储水层等集中发育地下水时,通过设置深(浅)层排水斜孔引出、排除地下水,增强堑边坡、不良地质体的稳定性。排水斜孔孔径一般采用 110 mm,钻孔仰角一般为 10°～15°,困难时不小于 5°,内置 ϕ50 mm PVC 软式透水管,管内充填中粗砂、孔位布置、长度根据含水层水文地质情况确定。

第十一节　路基防护工程设计

一、一般路基边坡防护

1. 路堤边坡防护

(1)路堤边坡高度小于 3 m 时,路堤边坡采用人字型截水骨架内撒草籽并间植低矮灌木防护,主骨架净距 5 m,人字骨架净距 3 m。

(2)路堤边坡高度不小于 3 m 时,路堤边坡采用人字型截水骨架内撒草籽并间植低矮灌木防护,主骨架净距 5 m,人字骨架净距 3 m,骨架厚度 0.6 m。

(3)路堤边坡高度不小于 4 m 时,竖向每间隔 0.6 m 水平铺一层 25 kN/m 双向土工格栅,幅宽 2.5 m。

(4)路堤边坡高度不小于 6 m 时,铺设土工格栅幅宽 4 m。

(5)在有景观要求的车站、城镇及人口集中区的路堤边坡,采用三维排水柔性生态护坡。

2. 路堑边坡防护

(1)土质及全风化岩层路堑边坡高度小于 3 m 时,路堑边坡采用人字型截水骨架内喷播植草间植低矮灌木护坡防护,主骨架净距 5 m(膨胀土地段净距 4 m),人字骨架净距 3 m。

(2)土质及全风化岩层路堑边坡高度不小于 3 m 时,路堑边坡采用人字型截水骨架内喷播植草间植低矮灌木护坡防护,主骨架净距 5 m(膨胀土地段净距 4 m),人字骨架净距 3 m,骨架厚度 0.6 m,必要时辅以挖沟回填客土或网垫固土措施。膨胀土、水田或地形凹槽路堑等地下水发育地段增设边坡支撑渗沟。

(3)强～弱风化岩层路堑边坡,因地制宜采取喷混植生护坡、锚杆(索)框架梁护坡、挂柔性网等措施。框架梁内根据堑边坡地质情况采用喷混植生等护坡防护。

二、路基支挡

陡坡路基、深路堑、邻近城镇等为减少土石方开挖数量,保证路基边坡稳定,降低边坡高度和施工难度,保护既有建筑物及避免剥"山皮"现象,一般考虑设置挡土墙。

挡土墙高度:岩质路堑墙一般控制在 8 m,土质路堑墙一般控制在 6 m,重力式路肩墙一般控制在 6 m,桩板式路肩(堑)墙悬臂段一般不超过 10 m。

挡土墙材料采用混凝土浇筑,混凝土等级根据相应环境类别进行抗侵蚀性设计,反滤层采用袋装砂夹卵石及复合排水网反滤层,膨胀土地段反滤层加厚至 0.5 m。

第十二节 路基沉降控制设计

(1)路堤填筑施工前,根据填料种类和压实机械,做相应的填筑、压实试验,以确定合理的分层填筑厚度、压实遍数和填筑工艺。

路堤本体分层填筑厚度采用 0.3 m,严禁倾填。

为使区间正线无砟轨道路基本体沉降尽早趋于或基本稳定,达到无砟轨道铺设要求,对非复合地基处理的路基土质基底均进行冲击追密碾压压实,以满足路堤基底密实的验收标准;对部分填筑高度较高的路堤地段,填筑除采用常规压实设备和工艺碾压至规定的压实标准外,路基基床底层以下的填方,每填筑1.8 m 进行冲击碾压追密压实,以便提高压实密度。路基本体填筑完成后静置时间不少于 6 个月。

(2)软土及松软土地段的路堤填筑过程中,必须控制填土速率。控制标准:路堤中心地面沉降速率小于 1.0 cm/d,坡脚水平位移速率小于 0.5 cm/d。

第十三节 设计优化与变更

区间路基共有站后场坪 182 个,其中维持施工图站后场坪位置的 93 个,变更设计站后场坪位置的 89 个,约 48.9%站后场坪进行了位置调整的变更设计。

全线的路基变更设计Ⅱa 类变更共计 9 份,Ⅱb 类变更 416 份。

Ⅱa 类变更设计见表 3-4-20。

表 3-4-20 Ⅱa 类变更设计一览表

序号	标段	变更设计名称	变更设计依据	主要工程类型及措施	完成时间	批复情况
1	2-2 标段	资中北站房场坪路基旋喷桩等工程变更设计(DK123+010～DK123+249 段)	1.2014 年 5 月 28 日,成渝铁路客运专线有限责任公司成渝客专〔2014〕第 129 号。 2.2013 年 11 月 16 日,《变更设计建议书》(编号:成渝客专 CYZFSG-1 标段〔2014〕第 1 号)。 3.2014 年 4 月 28 日《变更设计会审纪要》(编号:成渝客专〔2013〕第 001 号)。 4.2013 年 11 月 8 日《变更设计现场确认意见书》(编号:成渝客专〔2013〕第 001 号)	主要工程类型:地基处理。 1. 对 DK123+026～DK123+249 段站房场坪区域内地方弃土进行清除,并采用合格填料回填至设计标高。 2. DK123+010～DK123+110 段站房场坪基底,长 100 m;DK123+170～DK123+230 段站房场坪基底,长 60 m,均采用旋喷桩加固。桩径 ϕ 0.5 m,桩间距 1.3 m,采用正三角形布置,桩长 3.0～10.1 m。桩要求打入 W_3层(泥岩夹砂岩)不小于 0.5 m,复合地基承载力不小于 150 kPa	2014.6	成渝公司已批复
2	1 标段	路基桩板结构工程变更设计(DK22+251.978～DK22+485 段)	1.2014 年 5 月 28 日,成渝铁路客运专线有限责任公司成渝客专〔2014〕第 129 号。 2.2013 年 12 月 2 日,《变更设计建议书》(编号:成渝铁路客运专线 CYSG-1 标段第 021 号)。 3.2014 年 4 月 28 日《变更设计会审纪要》(编号:成渝铁路客运专线 CYSG-1 标路变〔2013〕004 号)。 4.2013 年 12 月 5 日《变更设计现场确认意见书》(编号:成渝铁路客运专线 CYSG-1 标路变〔2013〕004 号)	主要工程类型:地基处理。 1. DK22+251.978～DK22+271.637 段由于布跨变化,由两跨端头联改为三跨标准联。原第三联承台板结构设计图作废,以变更设计图为准。 2. 取消 DK22+268.637～DK22+370 段 CFG 桩、DK22+271.637～DK22+375 段堆载预压、DK22+271.637～DK22+291.637 段桩板结构与路堤过渡段、DK22+465～DK22+485 段路堑与隧道过渡段。 3. DK22+251.978～DK22+485,长 233.022 m,设置双线非埋式桩板结构。桩板结构小里程端接原 DK22+192.871～DK22+251.958 桩板结构施工图;大里程端接新龙泉隧道	2015.2	成渝公司已批复
3	1～5 共 6 个标段	改良土变更为 A、B 组填料路基Ⅱa 类变更设计(DK5+000～D3K295+970.817 段,其中按原变更设计管理办法,已批复Ⅰ类变更设计部分除外)	1.2016 年 10 月 13 日,成渝铁路客运专线有限责任公司成渝客专〔2016〕第 158 号。 2. CYSG-1～CYSG-5 共 6 个标段有关的《变更设计建议书》《变更设计现场会勘纪要》等	主要工程类型:填料处理。 DK5+000～D3K295+970.817 段区间路基长度约 82.813 km、站场路基长度约 2.473 km,其中按原变更设计管理办法,已批复Ⅰ类变更设计部分除外,路基基床底层、路堤本体均采用 A、B 组填料填筑	2016.11	成渝公司已批复
4	4 标段	非爆破机械开挖区间路基Ⅱa 类变更设计(DK200+320～DK200+670 段)	1.2017 年 1 月 22 日成渝铁路客运专线有限责任公司成渝客专函〔2017〕11 号。 2.《变更设计建议书》(编号:成渝客专 CYSG-4 标路变〔2012〕第 141 号)、2012 年 12 月 24 日《变更设计会审纪要》(编号:成渝客专 CYSG-4 标路变〔2012〕第 141 号)	主要工程类型:石方开挖方式处理。 DK200+320～DK200+670 段区间路堑石方(Ⅳ级软石)开挖,调整为非爆破机械开挖	2017.4	成渝公司已批复

续上表

序号	标段	变更设计名称	变更设计依据	主要工程类型及措施	完成时间	批复情况
5	4标段	非爆破机械开挖区间路基Ⅱa类变更设计（DK226＋801.75～DK226＋935.75段）	1.2017年1月22日，成渝铁路客运专线有限责任公司成渝客专〔2017〕第11号。 2.《变更设计建议书》（编号：成渝客专CYSG-4标路变〔2012〕第142号）、2012年12月24日《变更设计会审纪要》（编号：成渝客专CYSG-4标路变〔2012〕第142号）	主要工程类型：石方开挖方式处理。 D2K226＋801.75～D2K226＋935.75段区间路堑石方（Ⅳ级软石）开挖，调整为非爆破机械开挖	2017.4	成渝公司已批复
6	4标段	非爆破机械开挖区间路基Ⅱa类变更设计（DK234＋220～DK234＋338段）	1.2017年1月22日，成渝铁路客运专线有限责任公司成渝客专〔2017〕第11号。 2.《变更设计建议书》（编号：成渝客专CYSG-4标路变〔2012〕第143号）、2012年12月24日《变更设计会审纪要》（编号：成渝客专CYSG-4标路变〔2012〕第143号）	主要工程类型：石方开挖方式处理。 DK234＋220～DK234＋338段区间路堑石方（Ⅳ级软石）开挖，调整为非爆破机械开挖及B类控制爆破开挖	2017.4	成渝公司已批复
7	5标段	非爆破机械开挖区间路基Ⅱa类变更设计（DK240＋580～DK240＋820段）	1.2017年1月22日，成渝铁路客运专线有限责任公司成渝客专〔2017〕第11号。 2.《变更设计建议书》（编号：成渝铁路客运专线GYSG-5标路变〔2012〕089号）、2012年12月1日《变更设计会审纪要》（编号：成渝客运专线GYSG-5标路变〔2012〕089号）	主要工程类型：石方开挖方式处理。 DK240＋580～DK240＋820段区间路堑石方（Ⅳ级软石）开挖，调整为非爆破机械开挖	2017.4	成渝公司已批复
8	5标段	非爆破机械开挖区间路基Ⅱa类变更设计（DK269＋850～DK270＋225.4段）	1.2017年1月22日成渝铁路客运专线有限责任公司成渝客专〔2017〕第11号。 2.《变更设计建议书》（编号：成渝铁路客运专线GYSG-5标路变〔2012〕088号）、2012年12月1日《变更设计会审纪要》（编号：成渝铁路客运专线GYSG-5标路变〔2012〕088号）	主要工程类型：石方开挖方式处理。 DK269＋850～DK270＋225.4段区间路堑石方（Ⅳ级软石）开挖，调整为非爆破机械开挖及B类控制爆破开挖	2017.4	成渝公司已批复
9	5标段	非爆破机械开挖区间路基Ⅱa类变更设计（DK271＋480～DK271＋765段）	1.2017年1月22日成渝铁路客运专线有限责任公司成渝客专函〔2017〕11号。 2.《变更设计建议书》（编号：成渝铁路客运专线GYSG-5标路变〔2012〕090号）、2012年12月1日《变更设计会审纪要》（编号：成渝铁路客运专线GYSG-5标路变〔2012〕090号）	主要工程类型：石方开挖方式处理。 DK271＋480～DK271＋765段区间路堑石方（Ⅳ级软石）开挖，调整为非爆破机械开挖及B类控制爆破开挖	2017.4	成渝公司已批复

第十四节　经验体会与问题探讨

(1)具有一定膨胀性的红层泥岩路堑，建议科研立项研究其路堑中心挖深与蠕变卸荷回弹、遇水微膨胀持续上拱的关系；岩体微膨胀影响深度的界线、持续时间效应及最终上拱变形量等。

(2)改良土原料软岩（主要为泥岩夹砂岩，其次为砂岩夹泥岩）物理学性能差异大，风化程度不均，均匀性差。原料破碎、制备、掺料、拌和等工艺复杂，过程控制难度较大；川渝地区气候以阴雨天为主，降雨量大，改良填料含水量不易控制，对填筑质量影响大；建议高速铁路路基基床底层、路堤本体填料均采用 A、B 组填料(价购远运)填筑，并在施工图设计中一并纳入。

(3)为便于养护、维修路基等的检修通道 1.5 m 宽踏步，建议高铁工务段在铺设无砟轨道板前介入尽早解决。

(4)为便于养护、维修路基边坡的起终点检查梯 1 m 宽踏步，可在施工图设计中一并纳入。

(5)电缆井的物理隔离砖可在施工图设计中一并纳入。

(6)路基与桥接头端部处的防护栏杆可在施工图设计中一并纳入。

(7)路堤线间集水井出水口的排水槽，建议排至路堤坡脚处的排水沟中，并在施工图设计中一并纳入。

(8)站后场坪的四周建议设侧沟或排水沟，确保其排泄畅通。

第五章　桥涵设计

第一节　桥涵工程概况与特点

成渝客专全线正线长 307.931 km，全线新建正线特大、大、中桥共计 299 座，全长 158.951 km，占正线长度的 51.6%；框架桥 25 座计 677.26 m(其中上跨框架桥 6 座 282.96 m)；框架涵 163 座计 3 834.56 横延长米；正线倒虹吸 3 座计 87.2 横延长米；旅客地道 11 座计 5 140.176 m^2。渡槽 4 座计 375.48 横延长米。

一、沿线地形、气象、河流水系及水文特征

(一)主要河流水系特征及水文

沿线所跨河流均属长江流域，主要河流有绛溪河、沱江、小青龙河、清流河、濑溪河、九龙河、梅江河、壁南河、小安溪及梁滩河等，其中绛溪河、小青龙河、清流河、濑溪河、九龙河、梅江河及壁南河属沱江水系；小安溪属于涪江水系，梁滩河属嘉陵江水系。

主要河流简介如下：

(1)沱江：为长江上游的一级支流，发源于四川盆地西北茶坪山脉九顶山南麓，出四川绵竹县汉旺镇进入成都平原，穿越龙泉山进入盆地丘陵区。沿途流经绵竹、金堂、简阳、资阳、资中、内江、富顺、泸县等地，在泸州市注入长江。沱江流域呈长条形，南北长，东西窄，地势自西北向东南逐渐降低，干流全长约 627 km，流域面积约 27 860 km^2，河道总落差 3 271 m，平均比降 5.21‰，桥位处百年流量约 12 000 m^3/s。

沱江为四川省腹部地区的重要河流之一，其西靠岷江，东临涪江，南抵长江，流域内涉及四川省德阳、成都、资阳、内江、自贡、泸州等 10 个地级行政区，35 个县(市)级行政区及重庆市大足、荣昌两个县级行政区。资阳沱江桥位河段地貌如图 3-5-1 所示。

图 3-5-1　资阳沱江桥位河段地貌

(2)绛溪河：为沱江中游右岸一级支流，古称绛水、赤水，发源于四川省仁寿县，流经简阳市贾家、三岔、玉成、草池和海螺等乡镇，在简阳城北面注入沱江，流域全长约 80 km，桥位处百年流量 1 480 m^3/s。

(3)小青龙河：为沱江中游右岸一级支流，发源于安岳文峰乡文峰寺，经大治、高梁、太安，从北至南，横贯内江东兴区大部分地域，于东兴区小河镇汇入沱江，流域全长约 56 km，流域面积约 532 km^2，桥位处百年流量 1 080 m^3/s。

(4)清流河：为沱江中游右岸一级支流，发源于四川安岳县石佛乡水口寺，在荣昌县西北吴家镇流入县境内，在四川内江市东兴区小河镇注入沱江，全流域面积约 1 538 km^2，桥位处百年流量 2 170 m^3/s。

(5)濑溪河：为沱江下游左岸一级支流，发源于重庆市大足县巴岩店，沿途流经重庆市大足县、荣昌县、四川省泸县，于泸县胡市镇注入沱江。集水面积约 3 240 km^2，河道长约 195 km，天然落差约 223 m，平均坡降约 1.1‰，桥位处百年流量 2 890 m^3/s。

(6)九龙河：属梅江河一级支流，发源于永川区二郎坝，源头海拔约 400 m，流向自西南向东北，流经复兴场、小河坝、金龙镇、徐家塘、德胜村后在河心桥附近汇入梅江河。桥位控制流域面积 121 km^2，流域长约 35 km，河道平均比降 1.95‰，桥位处百年流量 774 m^3/s。

(7)梅江河：属壁南河的一级支流，发源于璧山县福禄乡白果树村五堡山，流向自北向南，流经福禄、大兴、梅江、同兴、丹凤、正兴、会兴、石院、丁家、马坊、三合等乡镇，在马坊乡官井村附近汇入壁南河，流域形状呈

长条形，流域面积约 185 km²，河长约 42 km，河道平均比降 1.68‰，建梅江河大桥以上流域面积 181.2 km²，河长 39.34 km，河道平均比降 1.71‰，桥位处百年流量 1 130 m³/s。

(8)璧南河：发源于璧山县大路乡大竹村，流向自西向东，流经马家堡、半壳岩、张家祠、双河口、学堂坝，折向南流经璧山县城、狮子乡、白果乡、建龙乡等乡镇，在江津区长冲乡与梅江河汇合为油溪河，自油溪镇汇入长江，流域面积约 1 059 km²，全长约 95.4 km，河道比降约 2.00‰，桥位处控制流域面积 224 km²，河长 36.12 km，河道平均比降 2.26‰，桥位处百年流量 1 661 m³/s。

(9)小安溪：又名临渡河，为涪江右岸一级支流，源头有左右两处，左发源于双桥区叶家石坝子，流向自西南向东北，流经元通，在天心桥折向南流经双桥区、二郎塘、担石铺、太平镇，在双河口接纳右支流。右发源于双桥区金瓶屋基，流向自西南向东北，流经芭蕉屋基、沙坝子、天生桥、楼子坡、老油房，在双河口与左支流汇合，再流经时和场，又折向北流经万寿场、安溪镇、复兴场、虎峰场、天锡场、庆隆场、蒲吕场、旧县，在合川城西附近汇入涪江，流域面积 1 692 km²，流域长约 155.4 km，河道比降 1.3‰，桥位处控制流域面积 245 km²，河长 32.72 km，河道平均比降 2.25‰，桥位处百年流量 1 780 m³/s。

(10)梁滩河：为嘉陵江右岸一级支流，属低山丘陵性河道，源头有左、右两支，右支为主干流，发源于九龙坡区巴福镇鹤麻湾，流向自南向北，流经白市驿镇、含谷镇、西永、土主镇，在四塘接纳左支。左支发源于九龙坡区巴福镇李子湾，流向自南向北，流经走马、龙凤场，在白鹤场接纳虎溪河后，在四塘与右支汇合，再流经兴隆场、歇马场、磨滩，在北碚区毛背沱汇入嘉陵江，桥位处百年流量 715 m³/s。

(二)气　　象

沿线气候属中亚热带湿润季风气候区，受西南季风气候和地形影响，四季分明，雨热同季，冬暖春早，夏长秋雨，云雾多霜雪少。春季花明，夏日风清，秋熟香溢，冬至温润，空气湿度大，无霜期时间长，雨量充沛，日照少，风力小。根据收集资料，年平均气温 16.9 ℃～18.2 ℃，常年降水在 918～1 105 mm，主要集中在 5～10 月，占全年降水的 70%。日照年平均数为 1 000～1 400 h，是全国最少的地区之一。

沿线气象资料汇总见表 3-5-1。

表 3-5-1　成渝客专沿线气象特征值表

气象特征值	成都	简阳	资阳	资中	内江	隆昌	荣昌	永川	璧山	重庆
历年平均降雨量(mm)	918.2	789	884.5	986.2	949.1	1 064	1 092.8	1 033.7	1 042	1 104.5
历年平均气温(℃)	18.3	16.9	17.5	17.3	17.6	17.8	17.4	17.7		18.2
历年最高气温(℃)	37.3	39	40	41.9	40.4	40.1	42	42.1	42.2	43.8
历年最低气温(℃)	−5.9	−3.5	−4	−3.2	−1.7	−1.3	−3.4	−2.9	−3	−3.8
年平均相对湿度(%)	82	78	80	81	82	85	83	82	81	80
最小相对湿度(%)	18	12	15	17		17	11		15	11
历年平均风速(m/s)	1.3	1.9	1.1	1.7	1.1	1.3	1.1	1.5	1.6	
历年最大风速(m/s)	12	33	18.3	27	14.1	27.1	20	26	27	27
风　向	EN	N	S	WNW	E	NNW		N	E	
平均雾天日数(d)		55	56	82	40	49	54	40.6	38.7	148
平均雷暴日数(d)		31.3	34	34	36	29	32.8	34.2	33	33.9

(三)水文地质

沿线江河、水库、堰塘分布较多，水量均受大气降水补给。长江、岷江(府河)、沱江及其支流清水河、蒙溪河、濑溪河、小安溪河等大小江河、沟渠为常年地表径流。

地下水类型主要有第四系松散岩类孔隙潜水、基岩裂隙水、岩溶水等。孔隙潜水主要分布于长江、岷江(府河)、沱江两岸河漫滩、河流阶地砂卵石及丘间宽谷低洼处松散堆积层中，受大气降水及河水等地表水流渗透补给。基岩裂隙水主要为红层丘陵区基岩裂隙水及须家河组碎屑岩裂隙层间水。岩溶水主要分布于沥鼻峡(云雾山)背斜、温塘峡(缙云山)背斜、观音峡(中梁山)背斜核部、两翼的灰岩、白云质灰岩、白云岩、角砾状灰岩、泥质灰岩等碳酸盐岩中。

沿线地表水、地下水水质类型主要以 $HCO_3^{-}-Ca^{2+}$ 型与 $HCO^{-3}\cdot SO_4^{2-}-Ca^{2+}$、$SO_4^{2-}-Ca^{2+}\cdot Mg^{2+}$、$Cl^{-}\cdot SO_4^{2-}-Ca^{2+}$ 型为主，一般为低矿化度淡水、软水、弱酸性～弱碱性水。据区域地质资料，白垩系(K)、侏罗系(J)“红层”泥岩、砂岩地层中含石膏、盐卤，地下水对混凝土多具侵蚀性；三叠系须家河组含煤层段、三叠系嘉陵江组与雷口坡组含膏盐地层地下水对混凝土也多具侵蚀性。根据《铁路混凝土结构耐久性设计暂行规定》(铁建设〔2005〕157 号)，在环境作用类别为化学侵蚀环境时，主要为硫酸盐侵蚀、酸性侵蚀、二氧化碳侵蚀，环境作用等级为 H1～H3。

(四)沿线农田排灌、水利工程(含规划)及水工建筑物、水源保护区、国家重点保护的野生动植物区等对铁路桥涵的影响和要求

1. 沿线农田排灌

(1)成都至龙泉

段内属成都平原区，农业灌溉发达，灌溉网密布，农田灌溉主要由东风渠灌区的灌渠完成，东风渠灌区是都江堰灌区的重要组成部分，东风渠总干渠全长 54.2 km，为梯形断面，砂浆抹面，渠顶宽近 30 m，渠底宽 16～18 m，渠高 3～3.5 m。渠首设计流量 80 m³/s，加大流量 90 m³/s，2008 年扩建的麻石桥～团结闸渠段位于龙泉驿区境内，设计流量 65 m³/s，本线在龙泉驿区境内以高架桥跨越，其中以(48+80+48) m 连续梁跨越东风渠总干渠，对干渠及沿线灌渠影响不大，也不影响当地的农田灌溉。

(2)龙泉至内江

段内农田灌溉主要由龙泉山灌区的灌渠完成，龙泉山灌区地处简阳市境内，系东风渠六期扩灌工程，从东风渠总干渠末端罗家河坝分水闸引水，经 1.15 km 明渠和 6.274 km 的龙泉山隧洞后，注入张家岩水库，通过张家岩电站进入灌区，分南北干渠充蓄三岔水库和石盘水库。往南延伸，通过充水南干渠进入简资干渠，在通泉寺水利枢纽分水，可经过望水河向资阳市老鹰水库补充水源，也可由简资干渠穿过雁江区境后，进入到内江市资中县的黄板桥水库为止。灌区设计灌面 120.25 万亩，近期以灌溉简阳市耕地为主，远期扩灌雁江区和资中县。

段内灌渠大部分以桥梁跨越，少部分设置涵洞跨越，涵洞孔径均不低于现有灌渠宽度，适当放宽以满足农田灌溉要求，净空条件允许的兼人行，净空不够又满足改渠条件的灌渠采取降低灌渠渠底高程来设置涵洞，不影响农田灌溉，尽量避免设置倒虹吸。

(3)内江至重庆段

段内农田灌溉主要由当地的水库、堰塘及灌沟相结合完成，同时水库还提供农业生产、生活及农田灌溉用水。

段内灌渠大部分以桥梁跨越，一部分高程较控制的灌渠铁路尽量抬坡以设置涵洞通过，孔径满足灌溉要求，另一部分以埋置钢筋混凝土管输水的灌渠从水库采用梯级抽水灌溉，铁路则设置涵洞以让管道穿越，灌溉过水要求，涵洞孔径均留足养护和维修空间，尽量避免设置倒虹吸。

2. 沿线水利工程(含规划)及水工建筑物

沿线的水利工程及水工建筑物主要为水库(总库容大于 10 万 m³)，以及大量的水塘(总库容小于 10 万 m³)，水库、水塘用于滞洪调节、蓄洪补枯、灌溉、供水，有些水库兼具发电功能，对促进地方工农业发展作用巨大。

对设计线路有影响的水库有三座，分述如下：

(1)棉丰水库

棉丰水库为小(二)型水库，总库容 95 万 m³，库区集雨面积 3.32 km²，水库大坝为土坝，设计洪水频率 1/20，校核洪水频率 1/200，初步设计在 DK49+140 附近跨越棉丰水库(小二型)上游段，跨越水面宽约 75 m，设计以 9×32 m 简支梁跨越。

(2)振书水库

振书水库为小(一)型水库，总库容 511 万 m³，库区集雨面积 19.45 km²，水库大坝为土坝，设计洪水频率 1/30，校核洪水频率 1/300，初步设计在 DK98+900 附近跨越振书水库上游段，以 12×32 m 简支梁跨越。

(3)友谊水库

友谊水库为小(一)型水库，总库容 105.8 万 m³，库区集雨面积 33.43 km²，水库大坝为浆砌石拱坝，设计洪水频率 1/30，校核洪水频率 1/200，初步设计在 DK112+800 附近跨越友谊水库上游段，以 9×32 m 简

支梁跨越。

3. 水源保护区、国家重点保护的野生动植物区

本线仅在荣昌境经过库绿河二级水源保护区,本次设计选线已按国家相关法规及地方政府意见绕避该水源保护区核心区域。

本线未经过野生动植物区。

(五)沿线水陆交通现状、地下管线现状及规划对铁路桥涵的影响和要求

1. 水上交通

沿线水上交通不发达,根据四川省及重庆市《内河航运发展规划》,与本线相关的规划通航的河流有沱江及其支流小青龙河、清流河及濑溪河,航道还在规划和建设中,其中沱江规划为Ⅴ级航道,小青龙河、清流河、濑溪河规划为Ⅶ级航道。目前上述河流在丰水期可以部分地段通航,枯水期无法通航。本线三跨沱江及各一次跨越以上三条Ⅶ级航道河流。

本线跨越上述通航河流均采用大跨连续梁一跨跨越规划航道,主槽不设墩。资阳沱江、郑家坝沱江主跨均采用(78+168+78) m连续梁-拱组合体系,吴家坝沱江主跨采用(76+144+76) m连续梁方案。跨越小青龙河及清流河均采用(32+48+32) m连续梁,濑溪河主跨采用(68+120+68) m连续梁。

2. 陆上交通

沿线工农业发达,人口密度大,其道路交通四通八达。主要等级道路有驿都大道、成都市三环路、成都绕城高速公路、成渝高速公路、成渝S108省道、重庆外环高速公路、重庆内环高速公路等。由于线路技术标准较高,大多数与公路都是斜交跨越,并且公铁交角最小仅21°。

(1)驿都大道

驿都大道为混凝土路面,宽约48 m,双隔离带,既有成昆线设置(10+15+15+10) m框架桥,本线左、右线分修,分别位于成绵乐铁路两侧,公铁交角约85°。本桥位于成都枢纽内,与成绵乐桥对孔设置3×29 m连续梁跨越驿都大道。

(2)成都市三环路

成都市三环路为混凝土路面,宽约80 m,中央及两侧各有隔离带,中央隔离带宽8 m,公铁交角约71°,因已建成昆引入及待建成绵乐均在中央分隔带设墩,本次初步设计也按中央分隔带设墩考虑,采用(40+2×64+40) m连续梁跨越三环路。

(3)成都绕城高速公路

成都绕城高速为沥青混凝土路面,宽约35 m,中央隔离带宽4 m,公铁交叉角度约67°,本次可研采用(48+80+48) m连续梁跨越,中间不设墩。

(4)成渝高速公路

混凝土路面宽约26 m,中央隔离带宽为0.6~1.0 m,本次初步设计线位与成渝高速公路共有4处交叉,铁路均为斜交上跨,公铁交叉角度最小21°,其中四川省境内在资阳交叉一处;重庆市境内交叉三处(均在永川区),四处上跨均采用连续梁跨越,中间不设墩,具体交叉位置及采用跨度见表3-5-2。

(5)重庆外环高速公路

重庆外环高速公路为沥青混凝土路面,宽约40 m,中央隔离带宽3.5 m,公铁交角约85°,本次初步设计采用(40+56+40) m连续梁跨越,中间不设墩。

(6)重庆内环高速公路

重庆内环高速公路为沥青混凝土路面,宽约31 m,中央隔离带宽约2 m,公铁交角约87°。根据重庆市交委要求,铁路跨越内环高速公路须考虑预留公路8车道条件,本次初步设计暂按(40+64+40) m连续梁设计,中间不设墩。

本次可研对跨越高等级公路尽量采用大跨同时考虑设置防撞墩;对中央分隔带宽度较宽可以设置桥墩的等级道路,在满足道路相关技术要求的条件下考虑分隔带设墩;对所跨越的乡村道路均按保障通行、不影响交通的原则设置立交框架或进行道路改移;公路及乡村道路上跨铁路时均设置跨线公路桥或人行天桥通过;公路与铁路的交叉方式、技术标准及投资划分按照《铁路运输安全保护条例》(国务院令第430号)的相关规定与产权单位具体协商。

沿线上跨主要等级公路位置及孔跨布置详见表 3-5-2。

表 3-5-2 成渝客专初步设计上跨主要等级公路交叉表

序号	交叉公路名称	所在地区	铁路交叉里程	交叉角度	初拟桥跨	桥梁类型	备注
1	驿都大道	成都市锦江区	DK0+255	正交	3×29 m 连续梁	三线	成渝左右线、反发联络线
2	成龙路	成都市锦江区	DK2+285	61°	(48+80+48) m 连续梁	双线	总宽 40 m
3	三环路	成都市锦江区	DK3+440	71°	(40+2×64+40) m 连续梁	双线、单线	正线、成都南左右联络线
4	石胜路	成都市锦江区	DK4+947	71°	(40+64+40) m 连续梁	双线	中央分隔带宽 5 m,总宽 40 m
5	绕城高速	成都市锦江区	DK7+157	67°	(48+80+48) m 连续梁	双线	中央分隔带宽 4 m,总宽 35 m
6	成渝高速	资阳市雁江区	DK69+335	66°	(40+56+40) m 连续梁	双线	中央分隔带宽 1 m,总宽 21 m
7	成渝高速	重庆市永川区	DK230+966	41°	(48+80+48) m 连续梁	双线	中央分隔带宽 1.5 m,总宽 23 m
8	成渝高速	重庆市永川区	DK236+036	21°	(72+128+72) m 连续梁	双线	中央分隔带宽 2 m,总宽 23 m
9	成渝高速	重庆市永川区	DK239+025	23°	(72+128+72) m 连续梁	双线	中央分隔带宽 2 m,总宽 24 m
10	重庆外环高速	重庆沙坪坝区	DK279+650	85°	(40+56+40) m 连续梁	双线	中央分隔带宽 3.5 m,总宽 40 m
11	重庆内环高速	重庆沙坪坝区	CK295+730	86°	(40+64+40) m 连续梁	双线	中央分隔带宽 2 m,总宽 31 m

其他一般既有道路均以 24.32 m 的简支梁和框架涵(桥)跨越。

3. 地下管线现状及规划

成渝客专沿线工农业发达,地下管线较多,据相关专业提供资料(含规划),全线管线交叉约有 165 处,其中水管约 104 处,油气管约 61 处;对铁路影响比较大的有兰成渝输油管,与铁路交叉有 8 处(3 处位于路基地段需进行迁改,已设置相应的保护涵洞;5 处位于桥梁地段,需设置防护)。本次初步设计大部分管线都以桥跨越,少部分设置框架涵通过,管线迁改根据相关专业要求进行,桥涵设置尽可能避免大改,尽量减少迁改。

二、桥涵工程的特点

成渝客专沿线经过川渝经济发达城市群,途经成都、简阳、资阳、内江、隆昌、荣昌、永川、重庆等城市地区,沿线人口密集、公(道)路网发达、管线等市政设施众多,并多次与老成渝线铁路、成渝高速公路交叉。全线采用了较多的桥梁结构,桥梁占全线长度的比例达 51.6%。桥梁的设计既需要满足列车高速运行安全性、平稳性的要求,也需与环境、地形协调一致。桥梁设计具有以下特点:

1. 桥梁选型兼顾美观、实用的要求

本线桥梁以 32 m 简支梁为主,桥梁设计在满足高速铁路桥梁静、动力要求的前提下,做到与成都平原优美的自然风光协调统一。简支梁选用斜腹板整孔箱梁,下部结构采用花瓶式桥墩,桥面选用花瓶柱式无机复合型混凝土栏杆,桥型美观、简洁。桥梁及栏杆如图 3-5-2 所示。

图 3-5-2 桥梁及栏杆照片

2. 经济实用的特殊结构桥梁

成渝客运专线与纵多高速公路、国道、城市主干道、规划道路、干线铁路、大中型河流等交叉，桥梁设计受以上控制因素影响，特殊孔跨的种类繁多。

本线先后上跨成渝高速公路、成都绕城高速公路、成都第二绕城高速公路、成都三环路等高等级道路，先后上跨货车外绕线、成渝铁路等铁路干线，先后上跨濑溪河、沱江、清流河、小青龙河、小安溪、璧南河等大中型河流。设计采用了连续梁拱组合体系、连续结构桥梁等特殊桥梁结构，具有经济、实用的特点。

(1)根据上跨公(道)路、铁路的宽度和交叉角度，上跨河流通航等级、行洪要求，设计选用主跨 48～144 m 连续梁结构；在线路标高受限时，为满足高速无砟轨道桥梁严格的残余徐变、刚度等控制要求，并兼顾城市景观需要，选用了系杆拱、连续梁拱组合结构等特殊桥梁结构。资阳沱江特大桥实景如图 3-5-3 和图 3-5-4 所示。

图 3-5-3 资阳沱江特大桥连续梁拱结构拱部拼装实景

图 3-5-4 资阳沱江特大桥连续梁施工实景

(2)本线多处车站道岔位于桥上，为满足道岔区对平顺性和刚度的要求，设计根据道岔型号及桥梁孔跨控制因素，采用了多种跨度的等宽及变宽连续梁结构。资阳车站道岔区连续梁施工如图 3-5-5 所示。

(3)成渝铁路客运专线资中北站受标高、立交、城市拆迁、规划等影响，采用高架车站结构，桥梁结构充分兼顾了车站使用功能的要求，与站后、站房设施协调、一致。资中北高架车站如图 3-5-6 所示。

图 3-5-5 资阳车站道岔区连续梁施工实景

图 3-5-6 资中北高架车站实景

3. 因时、因地制宜确定简支整孔箱梁施工方案

根据简支梁架运设备实际情况，以及桥梁、隧道分布情况，制定了预制运架、支架现浇等多种施工方案，满足了全线工期的要求。简支梁如图 3-5-7 和图 3-5-8 所示。

三、新技术、新结构的研究与推广

(1)线路跨越成渝高速公路、既有成渝铁路及沱江等，采用了跨越能力大的预应力混凝土连续梁结构及(90+180+90) m 连续梁-拱组合体系。

(2)为保证全段桥梁设计的合理性、可靠性，做到技术可行、经济合理，结合全段桥梁结构的特点，需进行如下科学研究及试验项目：

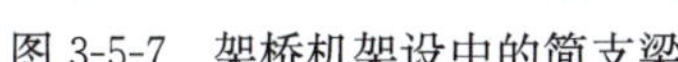
图 3-5-7　架桥机架设中的简支梁

图 3-5-8　支架现浇施工中的简支梁

①客运专线高架车站桥梁合理桥式研究。资阳、资中、隆昌站均为高架车站，为保证行车安全和站线与站台的整体受力协调，有必要进行高架车站桥梁合理桥式方案、桥上道岔布置和桥梁跨度等重点研究。

②轨道结构对道岔区桥梁的变形变位要求很高，应与相关专业联合研究确立道岔区桥梁变形变位的限值要求，为今后的高速铁路桥梁设计积累经验。

③城际客运专线往往经过人口稠密地区，景观对桥梁建筑提出了较高的要求，应结合桥位处的环境和人文景观，设计出充满现代感，梁、墩和环境和谐的桥梁建筑。

④对跨度大于 120 m 的特殊结构桥梁，特别是跨越沱江的连续梁-拱组合体系桥梁，有必要对桥梁结构进行行车检算，检测结构各项动力性能指标，评估高速列车通过时桥梁的安全性、乘坐舒适性及桥梁结构动力性能，并对桥梁设计参数进行检验，为今后高速铁路桥梁的设计积累经验。

⑤本线资阳沱江双线特大桥为跨度(90＋180＋90) m 的连续梁拱桥结构形式，其单跨长度及温度跨度均较大，由于无砟轨道结构对桥梁梁段转角、桥梁变形及挠跨比等均有较高要求，因此需要对此类大跨度桥梁上铺设无砟轨道结构的适应性和安全性问题做深入研究。

⑥目前无连续梁-拱组合体系上铺设无砟轨道运行 350 km/h 列车的经验，轨道专业尚无成熟的计算方法及资料，建议下阶段对该梁型铺设无砟轨道做专题研究。下阶段需配合轨道专业完成相关研究工作，提出连续梁-拱桥上Ⅱ型板的受力计算方法、滑动层参数的选取和钢轨力的检算方法等，并提出大跨度连续梁-拱桥上铺设无砟轨道对桥梁刚度限值的要求等。

⑦本线单线简支梁、成都高架特大桥双线简支梁及重庆高架特大桥组合箱梁均无通用图，需另行设计；三种简支梁均需进行动静载试验。

(3)为考虑本线在平原地区的景观要求，桥面选用花瓶柱式无机复合型混凝土栏杆，桥型美观、简洁。

第二节　设计原则与采用的主要技术标准

一、主要技术标准

1. 采用洪水频率

设计洪水频率：桥梁为 1/100，涵洞为 1/100。

沱江桥检算洪水频率：1/300。

当观测或调查洪水频率小于上述设计洪水频率时，按《铁路桥涵设计基本规范》(TB 10002.1—2005)第 1.0.7 条有关规定办理。

2. 设计行车速度

正线旅客列车速度目标值为 350 km/h，枢纽内的其他线路设计速度目标值为 120 km/h。

3. 设计活载

铁路:正线桥梁设计竖向活载采用ZK活载图式,枢纽内的其他线路采用中-活载,ZK活载图式如图3-5-9所示:

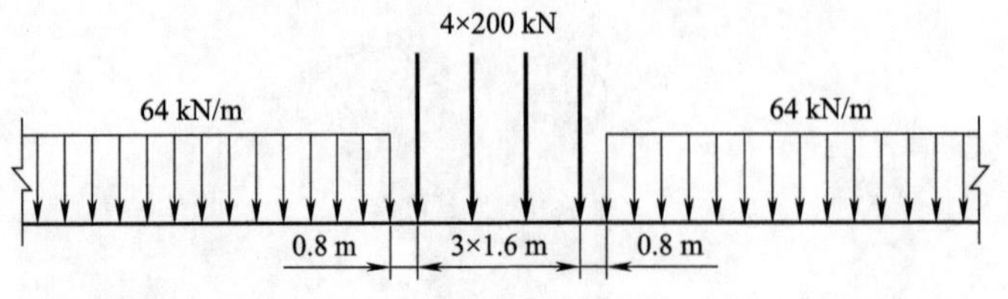

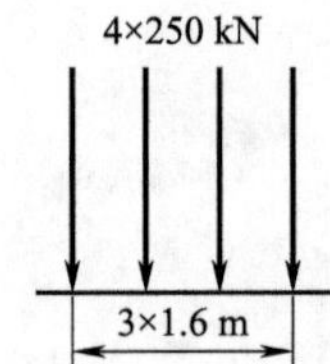

图3-5-9 ZK活载图式

公路及城市道路:采用与其等级对应的汽车活载。

4. 通航净空

跨越有通航要求及规划航道河流的桥梁,其桥下净空应按《内河通航标准》(GB 50139—2004)的有关规定和航道主管部门的审批意见办理。

5. 立交净空

(1)本线跨越铁路净空按《铁路技术管理规程》(铁道部令第29号)附图1办理。

(2)上跨铁路建筑物净空须满足《新建时速300～350公里客运专线铁路设计暂行规定》(铁建设〔2007〕47号)的建筑限界基本尺寸及轮廓的要求并适当预留富余量。

(3)跨越各级公路的铁路桥梁,应考虑已规划或正在规划的公路和道路标准等级,预留已规划公(道)路交叉条件。其桥下净空按《公路工程技术标准》(JTG B01—2003)的标准办理;跨越城市市区和市郊道路的桥梁桥下净空按《城市桥梁设计准则》(CJJ 11—93)的有关规定办理,或按与相关地方所签协议办理。

(4)乡村道路下穿铁路时,其净空应根据通道种类和立交条件与有关部门协商并按签订的协议办理,但不小于表3-5-3规定。

表3-5-3 立交桥下乡村道路净空

名　　称	高度(m)	宽度(m)
人力车和人行通道	2.5	2.0
机耕和畜力车通道	3.5	4.0
汽车通道	4.5	5.0

(5)通行机动车的道路下穿铁路桥交叉时,铁路桥跨布置应使道路视线长度满足停车视距的要求。立体交叉范围应形成完整畅通的排水系统。铁路与道路立交桥上应按有关规范要求设置安全防护设施。

(6)受水文控制但不通航的桥梁,桥下净空高度按《铁路桥涵设计基本规范》(TB 10002.1—2005)第3.2.5条办理。

(7)排洪涵及灌溉涵净空,按《铁路桥涵设计基本规范》(TB 10002.1—2005)第3.2.9条办理。

6. 建筑限界

本线建筑限界按《新建时速300～350公里客运专线铁路设计暂行规定》(铁建设〔2007〕47号)执行,如图3-5-10所示。

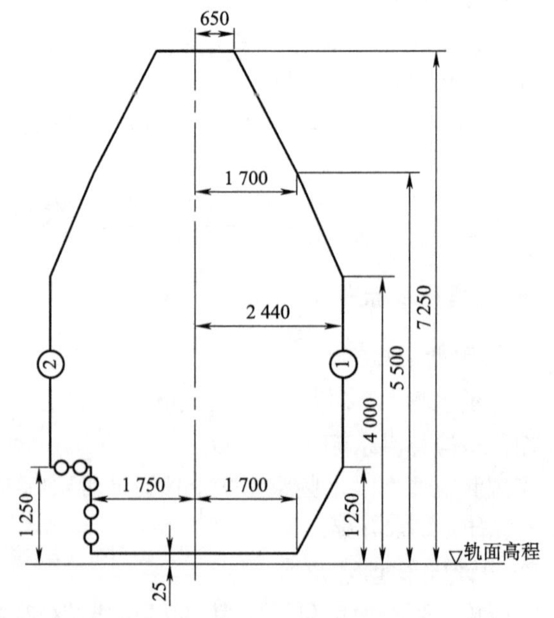

图3-5-10 间及站内正线(无站台)建筑限界(单位:mm)

二、桥涵式样及孔径的确定原则

(一)新建桥梁

1. 桥梁孔跨布置原则及桥式

(1)桥跨布置应结合地形地貌、河流水文、工程地质、跨越功能、工程投资、施工工期、施工技术条件等因素，综合比选。桥跨布置优先采用 32 m 跨，当地物控制需调整跨度时，可采用 24 m 跨调整，作为调跨使用时，24 m 箱梁梁高与 32 m 箱梁等高处理。一般不采用跨度小于 24 m 的简支梁，当需要采用小跨度时，可采用框架、连续刚构或其他超静定结构。当跨越道路、河流等不能满足跨越要求时，可采用大跨度桥梁结构跨越。

(2)正线双线简支梁原则上采用"通桥(2008)2322A"系列梁图，进入枢纽地段，最小曲线半径不满足"通桥(2008)2322A"系列梁图要求时，应另行设计；主跨 56～100 m 连续梁原则采用"通桥(2008)2368A"系列梁图；联络线、走行线、站线及安全线结合运架、梁场布置、施组等条件，优先采用"通桥(2005)2101"系列梁图。

(3)路、桥分界高度应根据路堤地基条件、填料性质及来源、当地土地资源、城镇交通要求等，通过技术经济比较综合确定。本线采用无砟轨道，且路基填料缺乏、道路纵横交错，综合比较后一般地区路、桥分界处填方高度为 6～8 m，在地形平坦、水网发育、软土较厚地区，如隆昌等，路、桥分界处填方高度按 5～6 m 控制。

(4)位于地质复杂及陡坡地段的桥梁，应避免设置高桥台大锥体，并应结合边坡稳定线，适当延长桥孔。对桥台后紧邻隧道或路堑时，为避免线路在短距离范围内在桥梁、路堤、路堑(或隧道)之间频繁过渡，可考虑适当延长桥跨将桥台尾置于挖方内。

(5)跨越道(铁)路时，应根据所跨越空间和容许的结构建筑高度，选择相适应的各种桥式方案。对高速公路、城市道路、国省道等应尽可能采用不同跨度桥跨越且满足协议要求，对一般低等级道路及乡村道路，当常规跨度简支梁无法跨越时，可考虑改移既有道路。

(6)跨越河流时，应考虑桥墩对行洪的影响；当为通航河流时，应根据《内河通航标准》(GB 50139—2004)的要求布置孔跨，并经航道主管部门认可。

(7)桥跨布置时应尽量避开不良地质、地下管线及光缆，特别是油、气管线、较大供水管及军用光缆，若因交角太小或其他特殊原因无法避让时，应提交相关专业迁改。

(8)两桥桥梁并行或较近时，桥跨布置原则上应对孔布置。

(9)桥梁位于正线道岔范围内时，梁部采用连续结构且道岔岔头、岔尾距连续梁端部距离应满足轨道专业要求；位于非正线道岔范围内时，原则上也采用上述原则布置，仅当连续梁布置困难且经轨道专业确认可行时采用简支结构，但梁缝的设置应避开尖轨和心轨范围。

(10)桥梁结构原则上应设计为正交。当必须斜交时，桥轴线与支承线交角不宜小于 60°。

(11)路堤段两桥台台尾之间净距不宜小于 150 m，为路堑段时可视具体情况确定桥台台尾间最小距离。

2. 桥面布置

对于采用梁图为"通桥(2005)2101"的桥梁，桥面布置如下：

(1)桥上采用有砟轨道，道砟槽宽度、道砟厚度及桥面防排水系统按"通桥(2005)2101"图设计规格采用。

(2)人行道支架及栏杆采用角钢，人行道宽度可按"通桥(2005)2101"图设计规格采用。

(3)速度 160 km/h 段每个桥墩(24 m 及 32 m)两侧于人行道栏杆外侧均设置避车台，速度 120 km/h 段相邻墩台交错设置避车台。对大跨度桥梁应在梁部每 30 m 左右加设避车台。

(4)桥上电力、通信、信号电缆槽布置在人行道栏杆外侧。

(5)接触网支柱设置在两侧人行道栏杆外侧，支柱内侧至线路中心距离不应小于 3.1 m。

对于采用梁图为"通桥(2008)2322A"及"通桥(2008)2368A"的桥梁按部颁梁图规定办理。桥面附属设施按相应通用图及"通桥(2008)8388A"图采用。桥长超过 3 km 时，应结合地面道路在桥梁单侧按约 3 km 间隔设置救援疏散通道，救援疏散通道侧对应的梁上防护墙(声屏障)位置应预留出口。

车站四线桥布置：正线采用整孔箱梁，梁图为"通桥(2008)2322A"，正线两侧到发线采用梁图为"通桥(2005)2101"T 梁，布置详情如图 3-5-11 所示。

3. 桥梁墩台

(1)常用跨度桥梁，正线双线桥台采用 T 形空心桥台或矩形空心桥台；非正线单线桥台采用 T 形桥台。

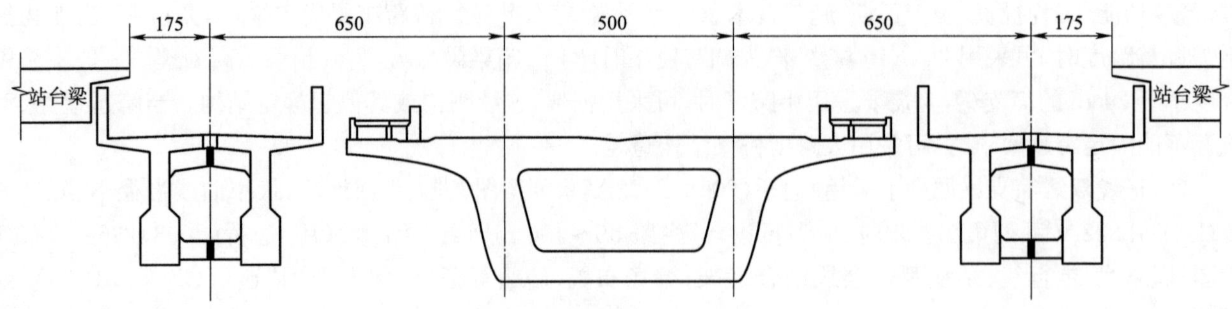

图 3-5-11　车站四线桥布置(单位:cm)

(2)桥墩一般采用圆端型实体(或空心)墩。同一座桥宜采用同一类型桥墩,一般不应超过 2 种以上墩型。

(3)在线路与跨越道路、铁路交叉角度较小地段,采用了门式桥墩。

4. 地基与基础

(1)冲刷计算按《铁路工程水文勘测设计规范》(TB 10017—1999)有关条文办理。岩石河床桥基冲刷深度参见《桥渡水文》有关资料取值,以确保结构设计的安全。

(2)桥梁的基础类型应根据桥址处的工程地质条件、水文条件、地下管网布置、施工时可能采取的工程措施等综合考虑、比选确定,分别采用明挖扩大基础、钻(挖)孔桩基础或嵌固桩基础。

(3)一般开挖深度不超过 6 m 者,采用明挖扩大基础。反之,采用钻(挖)孔桩基础或嵌固桩基础。

(4)对于桩长较短(承台面至桩底不大于 12 m),无不良地质,且土层为无地下水或少量地下水时,采用挖孔桩,桩径应不小于 1.25 m;否则,一般采用钻孔桩,桩径应不小于 1.0 m。一般承台厚度按 2 倍桩径,承台底面配置一层钢筋网。

(5)对有特殊不良工程地质的地段(如液化土、软土等),则视具体情况采取相应的基础类型及处理措施。

(6)基坑回填:嵌入基岩内的明挖扩大基础,其岩层内超挖部分用 M10 浆砌片石回填至基岩面;对台后设过渡段的桥台,要求台后及两侧基坑用级配碎石土掺 3%～5%水泥回填,台前基坑及桥墩基坑用原状土夯实回填;对台后不设过渡段的桥墩台基坑,用原状土夯实回填。

(7)支座:本线常用跨度简支梁均采用盆式橡胶支座,一般跨度连续梁采用盆式橡胶支座,特殊大跨连续梁采用球面支座。

(8)对摩擦桩,当桩尖置于风化岩层 W_4、W_3或土层及松散砂类土层,基本承载力小于 0.35 MPa 时要计算沉降;桥梁墩台在恒载作用下,工后沉降应满足表 3-5-4 的要求。

表 3-5-4　无砟轨道墩台工后沉降量限值

项　　目		最大允许沉降量
无砟桥面简支梁	墩台均匀沉降量	20 mm
	相邻墩台沉降量之差	5 mm
外部超静定结构	相邻墩台沉降量之差	根据沉降对结构影响而定

(9)桥梁基桩全部检测,当符合下列条件之一时采用声波透射法检测:

①地质较差;

②桩长超过 40 m;

③桩径大于或等于 2.0 m 的桩;

④特殊桥梁主墩基桩,桩身设置声测管,其余一般的桩基采用低应变反射波法检测;采用声波透射法应计预埋检测管数量,检测管规格为 $\phi 40$ mm,$d=3.5$ mm。

(二)新建涵洞

1. 涵洞布置

(1)涵洞一般宜顺河沟水流天然趋势,设置于原河沟主流及稳定的沟床位置;若须斜交布置,则交角不宜超过 45°;当斜交角大于 15°时,应采用斜交斜做。

(2)涵洞流水面及纵坡应根据地形、地质、临界坡度等因素综合确定，应保证适应其功能，并应避免涵内积水。

2. 涵洞(渠)式样选用

正线均采用钢筋混凝土框架涵，枢纽内其他线路可采用盖板箱涵。

3. 涵洞孔径

(1)涵洞孔径应根据功能、流量等因素确定，排洪涵孔径不得小于 1.25 m；交通涵孔径不得小于 4.0 m；位于城市或车站范围内有污水流入或宜淤积的涵洞，应根据需要酌情加大孔径。对于涵洞入口地势平坦，且涵前不允许积水或积水高度受限制，应加大孔径或设置双孔涵洞。

(2)正线涵洞顶至轨底的填土厚度不宜小于 1.5 m，枢纽内的其他线路，新建涵洞顶至轨底的填土厚度不宜小于 1.2 m。

4. 地基与基础

(1)涵洞基础一般采用整体式基础。当置于承载力较高的岩层时，基础可适当减薄。

(2)当涵洞地基容许承载力或基础工后沉降量不满足要求时，当基础底面以下为软弱土层且厚度在 2～3 m 以内时，根据地下水埋深可采用中粗砂、砂砾、级配碎石等换填；当软弱土层较厚、埋藏较深时，一般采用深层处理法，如旋喷桩、粉喷桩、CFG 桩等，涵洞软基处理应与两侧路基处理措施协调。

(3)正线路基与横向结构物连接处应设置过渡段。对设过渡段的涵洞或框架，要求其基坑两侧用混凝土回填，出入口侧基坑用原状土夯实回填；对不设过渡段的涵洞基坑，均用原状土夯实回填。

5. 出入口

(1)涵洞出入口一般采用翼墙式。

(2)涵洞出入口应根据地形确定采用标准铺砌、浅沟铺砌、深槽铺砌等铺砌形式。

6. 倒虹吸

一般用于灌溉沟渠的过铁路的引水构筑物，并应采用竖井式钢筋混凝土倒虹吸管。

(三)跨线建筑物

1. 公路桥

(1)跨线公路桥的桥面应根据道路等级或与地方所签协议布置。

(2)桥跨布置应根据所跨铁路股道、地形、地质等因素确定，一般不少于 3 孔。

(3)根据所选跨度，梁部可采用预应力混凝土空心板梁或预应力混凝土 T 梁。

(4)桥墩可根据桥梁跨度及梁型采用桩柱式或板式桥墩；桥台可根据台高及对边孔的影响采用桩柱式、肋板式或 U 形桥台。

(5)基础可根据地质、地形情况采用明挖基础、桩柱式基础、群桩基础。

2. 人行天桥

(1)跨线人行天桥的净宽一般不小于 3 m，并应根据与地方所签协议布置。

(2)孔跨布置应根据所跨铁路股道、地形、地质等因素确定，踏步台阶应每 3 m 高设计一处平台。

3. 渡槽

(1)渡槽一般用于灌溉，可根据灌溉沟渠断面形状、流量等情况选用 U 形或矩形渡槽，以接近原沟渠底宽及坡度为宜。

(2)应合理处理出入口与沟渠间各段的连接，必须顺畅，以减少水头损失，保证农田灌溉需要。

4. 跨线建筑物

除按前述设计原则考虑净空外，跨线建筑物还应按既有公路等级和与相关地方主管部门所签意向协议要求设计。其数量和投资划分按《铁路运输安全保护条例》(国务院令第 430 号)执行。

(四)桥梁检查设备等附属设施

(1)对于速度 $V \leqslant 160$ km/h 的桥梁，当梁跨大于 10 m，墩台顶帽面至地面的高度大于 4 m，或经常有水的河流，桥墩、台顶应设置围栏、吊篮(桥墩双侧设置)；桥面下至墩台顶应设检查梯；当桥涵处路堤高度超过 3 m 时，应在路堤边坡上设置简易台阶。

对于速度 $V=350$ km/h 的桥梁，桥面布置按“客专铁路常用跨度梁桥面附属设施(通桥(2008)8388A)”

的要求设置。检修设备应考虑定期的检查和维修的需要,根据桥梁情况设置足够数量的专门用于检修的设备。

(2)对于速度 $V \leqslant 160$ km/h 的桥梁,在桥上人行道栏杆外侧按照相关专业技术要求,分别设置电力、通信、信号电缆槽。

(3)对于速度 $V \leqslant 160$ km/h 的桥梁,接触网支柱设置在每个桥墩两侧人行道栏杆外侧,对大跨度桥梁应根据规范要求在梁部增设,并应根据相关专业要求设置支承结构及预留锚栓孔。

(4)通航桥梁应按航道主管部门要求,由建设单位委托有资质设计单位进行必要的航标等设施设计。

(五)安全防护

(1)跨线公路桥应设置刚性防撞墙。在跨线公路桥的防撞墙和人行天桥的栏杆上还应设置防护网,网高不应小于 2.2 m。当防灾专业在跨线桥上设置坠落物检测报警装置时,应在桥上设置坠落物检测报警装置的基础。

(2)立交桥涵均应设置限高标志。当通行机动车辆的立交桥涵净空小于 5 m 时,应设置限高架。

(3)公铁并行及公路下穿铁路桥梁,当桥梁墩台距公路较近时,应设置防撞设施。

(4)受车、船、筏、漂流物撞击、磨损或受冰压力等作用时,在上述外力作用高度以下部分,不得采用空心墩;对于通航孔附近的桥墩,应根据通航论证及批复意见的相关要求,对桥墩进行防撞设计。

(六)建筑材料的采用

(1)桥涵结构、构件的材料应按铁道部颁发的通用参考图及采用的公司参考图中相关材料规格选用;并应根据本线的环境特点按《铁路混凝土结构耐久性设计暂行规定》(铁建设〔2015〕157 号)及《铁路钢桥保护涂装》(TB/T 1527—2004)要求执行。

(2)常用跨度简支梁采用预应力混凝土;小跨度连续刚构及框架桥采用钢筋混凝土,大中跨度连续梁(刚构)采用预应力混凝土;特殊结构桥梁根据结构受力、耐久性等因素进行材料选用。

(3)桥梁实体墩(台)一般采用混凝土(含护面钢筋),空心墩(台)采用钢筋混凝土或混凝土加设护面钢筋;四线三柱式桥墩采用钢筋混凝土。

(4)明挖基础一般采用混凝土,当桥墩为柱式墩时则顶层基础应设置钢筋网。桩基础承台采用钢筋混凝土;桩基采用钢筋混凝土,当为摩擦桩时桩身可分段配筋。

(5)框架涵主体结构采用钢筋混凝土;盖板箱涵的盖板采用钢筋混凝土,其边墙、中墙采用混凝土;出入口端翼墙采用混凝土。

(6)常用跨度简支梁采用盆式橡胶支座;大跨度预应力混凝土连续梁(刚构)采用球形钢支座;其他特殊结构桥梁根据具体情况选择支座类型。跨线公路桥及人行天桥一般采用板式橡胶支座,当所需支座吨位较大时可采用盆式橡胶支座。

(7)本线护栏采用钢栏杆,电缆槽盖板采用无机复合型(水泥基)新型材料。

(七)生态环境与水土保持的措施

桥梁施工及运营过程中,对生态环境与水土保持的影响主要表现为:基坑开挖对地表植物的破坏,钻孔泥浆、施工围堰、施工弃渣对河流、水库水质和农田的污染,施工及运营时噪声对附近居民的影响,施工运输产生的扬尘对空气的污染,桥梁修建还可能加大河流对河岸堤防的冲刷。

为减少桥梁修建对生态环境与水土保持的影响,在桥梁施工期间应采取以下适当可行的措施:

(1)对跨越河流、冲沟的桥梁,桥长的确定按不压缩或尽量少压缩河道的原则,适当延长桥孔,以利泄洪;并应充分考虑河床、沟心及坡面的冲刷,合理设置墩台位置及基础(承台)埋深,合理设置河床铺砌、沟岸防护、坡面防护,保证桥下排水顺畅、减小水土流失。

(2)根据环保专业要求进行桥梁环保工程设计。弃方位置结合桥位处的地形情况及隧道、路基弃土场设计位置,运至附近路基或隧道弃渣场弃渣,并结合附近路基及站场的土石方调配情况综合考虑。

(3)采取措施防止钻孔桩施工的泥浆流入河中和公(道)路上,必要时要考虑外运泥浆至适当地点。

(4)桥梁设计时,应给出必要的防止河岸冲刷的工程防护措施。

(5)对线路所经城镇、村庄附近的桥梁,均根据环评专业要求在桥上设置声屏障,声屏障的色彩外形与周围环境相协调。

(6)涵洞的设置充分考虑了上游壅水、积水、下游冲淤变化对农田及村庄的影响,设置适当的出入口铺砌工程。

(7)尽量减少基坑开挖等临时工程对环境的影响,做到桥涵工程与沿线的人文和自然景观的协调统一。

(8)节约用地,控制工程永久和临时用地数量,临时工程不得占用基本农田,以减少工程对土地资源及植被的影响。做好工程用地范围内的绿化,打造铁路绿色长廊,在工程结束后对临时用地及时进行整治和复垦。

(9)跨越铁路、公(道)路的桥梁工程,设置封闭式的栏杆;尽量采用合理的施工方法,进行适当的防护,减小对既有设施的干扰和破坏。

第三节　常用跨度桥梁设计

一、梁型选择与设计

1. 概述

成渝客专沿线经过川渝经济发达城市群,途经成都、简阳、资阳、内江、隆昌、荣昌、永川、重庆等城市地区,沿线人口密集、公(道)路网发达、管线等市政设施众多,并多次与老成渝线铁路、成渝高速公路交叉。全线采用了较多的桥梁结构,桥梁占全线长度的比例达 51.6%。

2. 简支梁梁型的选用

桥梁应按标准化设计,并力求构造简洁,尽量采用统一的孔跨类型,便于施工和养护维修,重视桥梁结构的耐久性、良好的动力特性,满足列车安全运行和旅客乘坐舒适度的要求。

成渝客专设计中的铁路大中桥梁部采用以下梁型:

正线双线简支梁原则上采用"通桥(2008)2322A"系列梁图,正线单线地段采用单线箱梁,联络线优先采用"通桥(2005)2101"系列梁图。

3. 简支箱梁施工方案

正线标准简支梁原则上均采用预制架设施工,但当有以下几种情况时,可采取其他施工方案:

(1)桥隧相连地段

若采用运架一体的架桥机,运梁车均可通过隧道并对桥隧相连地段桥梁架设无特殊要求。若采用普通架桥机,箱梁通过隧道时需采用高度较低的运梁车。因此,桥隧相连地段,应要求施工采用可运梁通过隧道的运架梁设备。桥隧相连地段的首、末孔梁需满足一定的距离要求,以 TLJ900 架桥机为例,出隧道后首孔梁架设需满足桥台尾距离隧道洞口 21 m、架桥机进隧道前末孔梁架设需满足桥台尾距隧道洞口 12 m 的要求。本次初步设计按使用普通架桥机考虑,对于桥隧相连地段,当桥台尾距隧道洞口距离小于 25 m 时,相应箱梁采用支架现浇施工。

(2)桥梁上方有 110 kV 及以上高压线,高压线距离梁顶距离满足运梁要求并有一定的富余量而不满足架梁要求,且桥下有支架现浇条件时,箱梁可采用支架现浇施工以减少高压线迁改。

(3)成都枢纽范围内 24 m 单线简支梁仅有 2 孔,为减少制梁场梁型,此两孔梁采用支架现浇施工。

二、墩台设计

(1)同一座桥原则宜采用统一的墩台形式,以方便施工。外形尽量协调一致。桥梁墩台一般按标准图尺寸和坡度设计,不宜随意调整墩台尺寸和坡度。

(2)根据地形、地貌、地质、水文等情况,原则上尽量采用圆端形墩,个别采用圆形墩、矩形墩、钢架墩。对跨越铁路、公路条件受限时,可采用门式刚架墩。

(3)新建正线桥梁桥台采用矩形空心桥台,枢纽内其他线路桥台采用 T 台。

(4)混凝土简支梁的墩台顶部纵向水平线刚度应满足《高速铁路设计规范(试行)》(TB 10020—2009)表 7.3.7 的限值要求。

(5)城市和公路附近的桥梁墩台设计时,应考虑美观和与周围环境协调一致的要求。

(6)成都高架特大桥经过三圣花乡观光旅游区，为达到更好的景观效果，采用与梁更加协调统一的矩形桥墩。墩高小于 15 m 时，桥墩采用直坡，墩身纵向尺寸 2.2 m，横向尺寸 4.5 m，经计算，墩身变形满足安全、舒适的要求。常用跨度桥梁，正线双线桥台采用 T 形空心桥台或矩形空心桥台，非正线单线桥台采用 T 形桥台。

三、基础工程设计

(1)冲刷计算按《铁路工程水文勘测设计规范》(TB 10017—1999)有关条文办理。岩石河床桥基冲刷深度参见《桥渡水文》有关资料取值，以确保结构设计的安全。

(2)桥梁的基础类型根据桥址处的工程地质条件、水文条件、地下管网布置、施工时可能采取的工程措施等综合考虑确定，分别采用明挖扩大基础、钻(挖)孔桩基础。

(3)一般开挖深度不超过 6 m 者，采用明挖扩大基础。反之，采用钻(挖)孔桩基础或挖井基础。

(4)对于桩长较短(承台面至桩底不大于 12 m)，无不良地质，且土层为无地下水或少量地下水时，可采用挖孔桩，桩径应不小于 1.25 m；否则，一般采用钻孔桩，桩径应不小于 1.0 m。一般承台厚度按 2 倍桩径，承台底面配置一层钢筋网。

(5)对有特殊不良工程地质的地段(如液化土、软土等)，则视具体情况采取相应的基础类型及处理措施。

(6)可溶岩地区溶洞处理：根据桩基展示图，对大溶洞(洞身高大于 3 m)为空洞或填充物为流塑状的，采用钢护筒跟进处理；填充物为软塑状的根据溶洞洞身发育情况来确定是否采用钢套筒跟进处理；若洞身较大，连通性好，灌注桩身混凝土时串孔的可能性大，采用钢套筒；其余溶洞采用抛填黄泥夹片石处理。若桩基底部有较小溶洞，根据具体情况，桩基可不穿过溶洞，对桩底较小溶洞采用注浆处理。对于明挖或桩基持力层内岩溶不发育的局部小溶洞，根据情况采用压浆处理。桩底嵌入微风化层 W_2 内不少于 1.0 m。

(7)基坑回填：嵌入基岩内的明挖扩大基础，其岩层内超挖部分用 M10 浆砌片石回填至基础顶面，其他部分采用原土回填至地面(底层基础基坑不得超挖，底层基础满贯混凝土)；对台后设过渡段的桥台，要求两侧基坑用级配碎石土掺 3%～5%水泥回填，台前基坑用原状土夯实回填，台后回填见路基专业设计图；对桥隧相连段的桥台基坑，要求两侧基坑用级配碎石土掺 3%～5%水泥回填，台前基坑用原状土夯实回填，台后回填见隧道设计图；桥墩基坑用原状土夯实回填。

(8)根据桥墩所处位置的水深、流速、河床地质情况等选择围堰形式。可选用编织袋装土筑岛围堰、钢筋混凝土薄壁围堰、钢板桩围堰、钢围堰、钢吊箱及沉井等。水深 0～3 m 采用编织袋围堰、承台挖基采用 0.8 m 厚的钢筋混凝土薄壁围堰护壁，并计列 C20 封底混凝土量；水深 3～7 m 采用钢板桩围堰或单层钢围堰，并计列水上钻孔平台量及 C20 封底混凝土量；水深 7 m 以上采用双壁钢围堰或钢吊箱，并计列水上钻孔平台量及 C20 封底混凝土量。

(9)对于位于基坑开挖边坡较陡或离既有(公)铁路较近的需采用防护措施的，设计时根据情况分别计列防护数量(M10 浆砌片石或混凝土挡墙、混凝土喷护、挂网喷锚)，挡墙可参照路基相关设计；对于处理难度较大的工点，可请路基专业设计，数量列入本工点。对于有危岩落石的工点，设计时应根据调查资料分别采用清除危岩、嵌补及支顶，计列清方及 M10 浆砌片石数量，复杂工点应请路基专业会审并设计。

(10)对摩擦桩当桩尖置于风化岩层 W_4、W_3或土层及松散砂类土层，基本承载力小于或等于 0.30 MPa 时检查基础沉降；桥梁墩台在恒载作用下，工后沉降应满足表 3-5-5 的要求。

表 3-5-5　无砟轨道墩台工后沉降量限值

项　目		最大允许沉降量
无砟桥面简支梁	墩台均匀沉降量	20 mm
	相邻墩台沉降量之差	5 mm
外部超静定结构	相邻墩台沉降量之差	根据沉降对结构影响而定

(11)桥梁基桩全部检测,当符合下列条件之一时采用声波透射法检测:

①地质较差;

②桩长超过 40 m;

③桩径大于或等于 2.0 m 的桩;

④特殊桥梁主墩基桩,桩身设置声测管,其余一般的桩基采用低应变反射波法检测;采用声波透射法应计预埋检测管数量,检测管规格为 ϕ40 mm,d=3.5 mm。

(12)承台及桩基础

①当桩径为 1.0 m 时,承台厚度一般按 2.0 m 采用;当桩径为 1.25 m 时,承台厚度一般按 2.5 m 采用;当桩径为 1.5 m 时,承台厚度一般按 3.0 m 采用。当承台刚性角不满足要求时,在承台顶加设垫块处理。

②双线桥墩桩基础布置:桩基础一般均按行列式布置,承台及桩布置根据计算结果最终确定设计。摩擦桩先采用 1.0 m 桩柱计算。

四、桥面系设计

1. 采用梁图为"通桥(2005)2101"的桥梁

(1)桥上采用有砟轨道,道砟槽宽度、道砟厚度及桥面防排水系统按"通桥(2005)2101"图设计采用。

(2)人行道支架及栏杆采用角钢,人行道宽度可按"通桥(2005)2101"图设计规格采用。

(3)双线桥每个桥墩(24 m 及 32 m)两侧于人行道栏杆外侧均设置避车台,对大跨度桥梁应在梁部每 30 m 左右加设避车台;单线桥交错设置避车台。

(4)桥上电力、通信、信号电缆槽布置在人行道栏杆外侧。

(5)接触网支柱设置在两侧人行道栏杆外侧,支柱内侧至线路中心距离不应小于 3.1 m。

通桥(2005)2101 系列梁图桥面布置如图 3-5-12 所示。

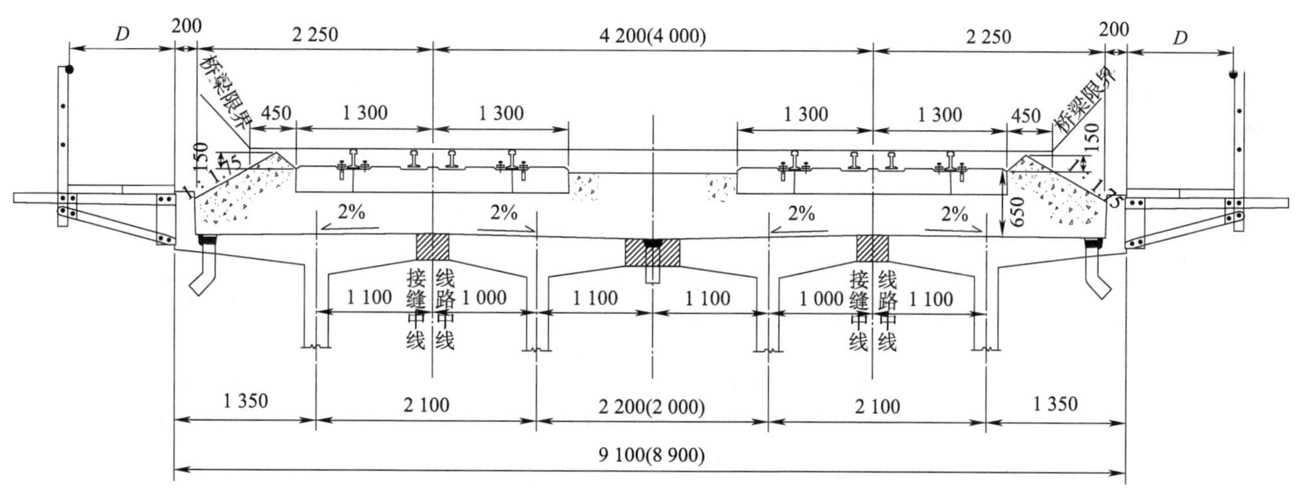

图 3-5-12　通桥(2005)2101T 梁桥面布置图(单位:mm)

2. 采用梁图为"通桥(2005)2201"的桥梁

(1)桥上采用有砟轨道,道砟槽宽度、道砟厚度及桥面防排水系统按"通桥(2005)2201"图设计采用。

(2)人行道支架及栏杆采用角钢,人行道宽度可按"通桥(2005)2201"图设计规格采用。

(3)双线桥每个桥墩(24 m 及 32 m)两侧于人行道栏杆外侧均设置避车台,对大跨度桥梁应在梁部每 30 m 左右加设避车台;单线桥交错设置避车台。

(4)桥上电力、通信、信号电缆槽布置在人行道栏杆外侧。

(5)接触网支柱设置在两侧人行道栏杆外侧,支柱内侧至线路中心距离不应小于 3.1 m。

通桥(2005)2201 系列梁图桥面布置如图 3-5-13 所示。

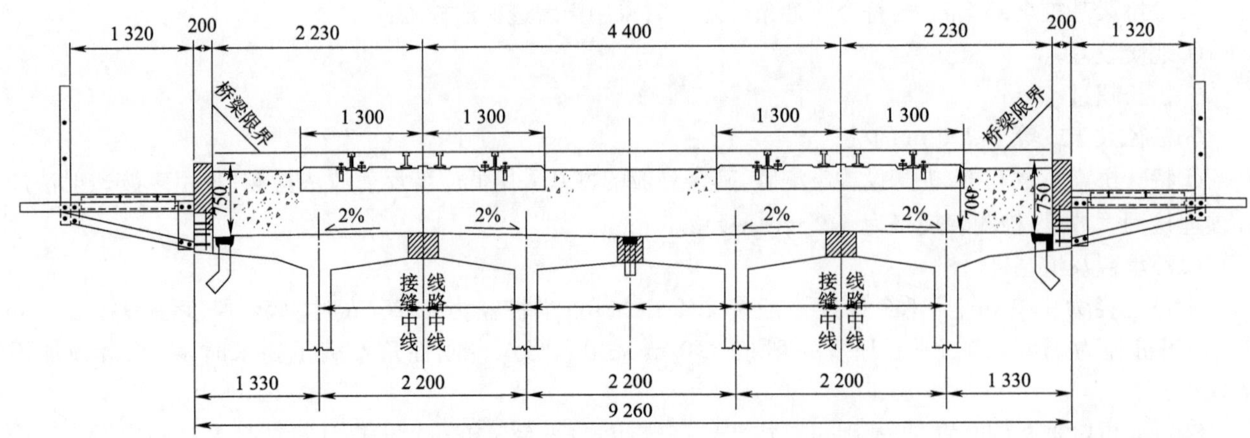

图 3-5-13 通桥(2005)2201T 梁桥面布置图(单位:mm)

3. 速度 350 km/h 无砟轨道整孔箱梁

桥面布置按“客专铁路常用跨度梁桥面附属设施(通桥(2008)8388A)”的要求设置。

第四节 特殊桥梁设计

控制桥梁桥式方案和孔跨的布置主要受道路、河流、铁路等因素影响。成渝专线三次跨越沱江,多次跨越道路、河流、铁路,跨越情况见表 3-5-6～表 3-5-8。本节将对资阳沱江特大桥、郑家坝沱江特大桥的设计做简要介绍。

表 3-5-6 跨越主要道路

序号	交叉公路名称	所在地区	铁路交叉里程	交叉角度	初拟桥跨	备注
1	绕城高速	成都市锦江区	DK7+157	67°	(48+80+48) m 连续梁	中央分隔带宽 4 m,总宽 35 m
2	成渝高速	资阳市雁江区	DK69+335	66°	(40+56+40) m 连续梁	中央分隔带宽 1 m,总宽 21 m
3	成渝高速	重庆市永川区	DK230+966	41°	(68+120+68) m 连续梁	中央分隔带宽 1.5 m,总宽 23 m
4	渝昆高速	重庆市永川区	DK236+036	21°	(72+128+72) m 连续梁	中央分隔带宽 2 m,总宽 23 m
5	渝昆高速	重庆市永川区	DK239+025	23°	(72+128+72) m 连续梁	中央分隔带宽 2 m,总宽 24 m
6	重庆外环高速	重庆沙坪坝区	DK279+650	85°	(40+56+40) m 连续梁	中央分隔带宽 3.5 m,总宽 40 m
7	重庆内环高速	重庆沙坪坝区	CK295+730	86°	(40+64+40) m 连续梁	中央分隔带宽 2 m,总宽 31 m

表 3-5-7 跨越主要河流

序号	桥名	孔跨式样	跨越河流里程	跨越主要河流名称	通航等级	防洪评价主要结论
1	狮子沱绛溪河双线特大桥	(68+120+68) m 连续梁	DK45+581	绛溪河	不通航	对河道行洪影响较小,满足防洪要求
2	资阳沱江多线特大桥	(90+180+90) m 连续梁-拱组合体系	DK80+157	沱江	规划Ⅴ级	对河道行洪影响较小,满足防洪要求
3	郑家坝沱江双线特大桥	(78+168+78) m 连续梁-拱组合体系	DK129+070	沱江	规划Ⅴ级	对河道行洪影响较小,满足防洪要求
4	吴家坝沱江双线特大桥	(76+144+76) m 连续梁	DK135+838	沱江	规划Ⅴ级	对河道行洪影响较小,满足防洪要求
5	小青龙河双线特大桥	(32+48+32) m 连续梁	DK156+911	小青龙河	规划Ⅶ级	对河道行洪影响较小,满足防洪要求
6	清流河双线特大桥	(32+48+32) m 连续梁	DK162+432	清流河	规划Ⅶ级	对河道行洪影响较小,满足防洪要求

续上表

序号	桥　　名	孔跨式样	跨越河流里程	跨越主要河流名称	通航等级	防洪评价主要结论
7	濑溪河双线特大桥	(48+80+68) m 连续梁+3×32	D1K207+270	濑溪河	规划Ⅶ级	对河道行洪影响较小，满足防洪要求
8	九龙河双线大桥	(32+48+32) m 连续梁	DK253+196	九龙河	不通航	对河道行洪影响较小，满足防洪要求
9	梅江河双线特大桥	(32+48+32) m 连续梁	DK255+212	梅江河	不通航	对河道行洪影响较小，满足防洪要求
10	壁南河双线特大桥	(40+56+40) m 连续梁	DK273+956	壁南河	不通航	对河道行洪影响较小，满足防洪要求

表 3-5-8　跨越主要铁路

序　号	桥　　名	铁路名称	孔跨布置
1	资阳沱江特大桥	成渝线	(90+180+90) m 连续梁拱边跨
2	峰高铺双线特大桥	成渝线	32 m 简支梁及门式墩跨越
3	小安溪 2 号双线大桥	成渝线	40 m 连续梁

一、资阳沱江特大桥

1. 概况

资阳沱江特大桥全长 1 602.80 m，孔跨布置为：(90+180+90) m 连续梁-拱组合体系+17×32 m+(6×32) m 双线连续梁+1×32 m+(24+2×32+24) m 连续梁+(27+2×32+27) m 连续梁+2×32 m+3×24 m+2×32 m+1×24 m。

本桥主要跨越成渝铁路、沱江规划Ⅴ级航道及资阳市规划道路。桥址范围内属剥蚀丘陵地貌，丘槽相间，地形起伏小。地面高程 340～430 m，相对高差 30～90 m，自然横坡一般 10°～35°，局部较陡。丘坡上覆土层较薄，多被垦为旱地，基岩零星出露；沟槽等低洼地带覆土较厚，多辟为水田。桥址区附近有乡间小道相通，交通较方便。沿线有民房村庄分布。

桥址范围内上覆第四系人工填土(Q_4^{ml})，全新统冲积层(Q_4^{al})软土(软粉质黏土)、松软土(软塑状粉质黏土)、膨胀土、粉土、粉细沙，全新统下段冲积层(Q_4^{1+2al})膨胀土、粉细砂、圆砾土、卵石土，中更新统中段冲积层(Q_2^{2al})卵石土，坡残积(Q_4^{dl+el})膨胀土，下伏基岩为侏罗系上统遂宁组(J_3s)泥岩夹砂岩。

桥址区范围内地表水较发育，表水主要为沱江、季节性河水、沟水、塘水及水田水，流量受季节控制明显，雨季水量较大，旱季相对较小。

地下水主要为第四系孔隙潜水及基岩裂隙水，受大气降水补给，水位随季节变化较大。基岩为泥岩，含水量微弱。据钻孔揭露，地下水埋深 0～15 m，高程一般在 346～360 m 之间。

地下水具硫酸盐侵蚀，环境作用等级为 H1。

测区不良地质为泥岩风化剥落；特殊岩土为软土、松软土、膨胀(岩)土。

本桥地震动峰值加速度为 0.05g，地震动反应谱特征周期为 0.35 s。

2. 桥梁设计

成渝客专设计为速度 350 km/h 双线客运专线铁路，采用 CRTS Ⅰ型双块式无砟轨道。本桥按双线进行设计，位于直线上，线路坡度 12‰及 0，受资阳北站站位及站场标高控制，成渝客专上跨老成渝线及沱江，主桥选用(90+180+90) m 连续梁拱组合结构。资阳沱江特大桥与老成渝线及沱江位置关系如图 3-5-14 所示。

设计采用先梁后拱的施工顺序，先按悬灌法施工连续梁。资阳沱江特大桥实景如图 3-5-14 所示。

图 3-5-14 资阳沱江特大桥主桥施工实景

3. 桥梁施工

主桥采用“先梁后拱”的施工顺序，采用轻型挂篮分段悬臂浇筑连续梁结构，形成整个连续梁体系后，搭设支架拼装拱肋、泵送拱肋混凝土，再张拉吊杆，最后施工桥面附属设施及钢管外表涂装。主墩采用圆形实体墩，桥台设计为矩形空心桥台，基础采用钻孔桩。

二、郑家坝沱江特大桥

1. 概况

郑家坝沱江特大桥全长 927.96 m，孔跨布置为 18×32＋(78＋168＋78) m 连续梁-拱组合体系。

成渝客专设计为速度 350 km/h 双线客运专线铁路，采用 CRTS Ⅰ型双块式无砟轨道。本桥跨越沱江规划Ⅴ级航道，线位与沱江水流交角约 80°，采用(76＋144＋76) m 连续梁跨越沱江。桥台采用矩形空心桥台，桥墩采用圆端形桥墩，基础采用 ϕ1 m、ϕ1.25 m、ϕ1.5 m、ϕ2 m 的钻孔桩。

桥址范围属丘陵地貌，丘槽相间，地形波状起伏，地面高程 296～390 m，相对高差 96 m，自然横坡 5°～30°，重庆岸台较陡，可达 41°。丘坡上覆土层较薄，基岩部分裸露，地表多被垦为旱地；沟槽等低洼地带覆土较厚，多被辟为水田。DK135＋315 为村庄民房聚集，DK135＋315 有机耕道相交于线路，交通较为方便。

桥址范围内上覆第四系全新统上段冲积层(Q_4^{3al})软黏土、卵石土；第四系全新统下段冲积层(Q_4^{1+2al})松软土、卵石土，崩坡积层(Q_4^{dl+col})块石土，坡残积(Q_4^{dl+el})粉质黏土等；下伏基岩为侏罗系中统沙溪庙组(J_2s)泥岩夹砂岩。

地表水主要为线路跨越的沱江和坡面暂时性流水，流量受季节影响，雨季水量较大，旱季相对较小。

地下水为第四系土层孔隙潜水及基岩裂隙水，第四系土层主要集中分布于沟槽及河床内，含一定量孔隙水，基岩中泥岩裂隙水含量甚微，砂岩中相对较大。据本次实测钻孔静止水位，桥址区地下水位深 2.3～5.2 m，地下水埋至高程 298～341 m。

地下水具硫酸盐侵蚀，环境作用等级为 H1。

本桥不良地质为泥岩风化剥落、危岩落石，特殊岩土为软土、松软土、膨胀岩。

本桥地震动峰值加速度为 0.05g，地震动反应谱特征周期为 0.35 s。

2. 桥梁设计

本桥按双线进行设计，最大线路纵坡 12‰，主要跨越郑家坝沱江，主桥采用(78＋168＋78) m 连续梁-拱组合体系。

3. 桥梁施工

主桥采用“先梁后拱”的施工顺序，采用轻型挂篮分段悬臂浇筑连续梁结构，形成整个连续梁体系后，搭设支架拼装拱肋、泵送拱肋混凝土，再张拉吊杆，最后施工桥面附属设施及钢管外表涂装。全桥采用圆端形实体墩，桥台设计为矩形空心桥台，基础采用钻孔桩。

第五节 涵洞工程设计

一、涵洞布置

(1)涵洞一般宜顺河沟水流天然趋势,设置于原河沟主流及稳定的沟床位置;若须斜角布置,则交角不宜超过45°;当斜交角大于15°时,应采用斜交斜做。

(2)涵洞流水面及纵坡应根据地形、地质、临界坡度等因素综合确定,应保证适应其功能,并应避免涵内积水。

二、涵洞(渠)式样选用

(1)涵洞一般采用框架涵、盖板箱涵。

(2)速度$V \leqslant 160$ km/h地段的涵洞,根据实际情况采用盖板涵或框架涵;速度$V > 200$ km/h地段的涵洞,采用框架涵。

三、涵洞孔径

(1)涵洞孔径应根据功能、流量等因素确定,排洪涵孔径不得小于1.25 m;交通涵孔径不得小于4.0 m;位于城市或车站范围内有污水流入或宜淤积的涵洞,应根据需要酌情加大孔径。对于涵洞入口地势平坦,且涵前不允许积水或积水高度受限制,应加大孔径或设置双孔涵洞。

(2)涵洞顶至轨底的填方厚度不宜小于1.5 m。

四、地基与基础

(1)涵洞基础一般采用整体式基础。当置于承载力较高的岩层时,基础可适当减薄。

(2)当涵洞地基容许承载力或基础工后沉降量不满足要求,基础底面以下为软弱土层且厚度在2～3 m以内时,根据地下水埋深可采用中粗砂、砂砾、级配碎石等换填;当软弱土层较厚、埋藏较深时,一般采用深层处理法,如旋喷桩、粉喷桩、CFG桩等,涵洞软基处理尽可能与两侧路基处理措施协调。

(3)速度200 km/h以上地段,路基与横向结构物连接处应设置过渡段。对设过渡段的涵洞或框架,要求其基坑两侧用级配碎石土掺3%～5%水泥回填,出入口侧基坑用原状土夯实回填;对不设过渡段的涵洞基坑,均用原状土夯实回填。

五、出 入 口

(1)涵洞出入口一般采用护墙式。

(2)涵洞出入口应根据地形确定采用标准铺砌、浅沟铺砌、深槽铺砌等铺砌形式。

六、倒 虹 吸

倒虹吸一般用于灌溉沟渠的过铁路的引水构筑物,并应采用竖井式钢筋混凝土倒虹吸管。

七、接长涵渠

接长涵渠除满足以上相关规定外,尚应满足如下规定:

(1)对接长涵尽量选择与既有涵一致的涵渠类型。

(2)涵洞接长除满足排洪涵的孔径不应小于1.25 m及为便于清淤而对涵洞净高和涵长作出要求外,一般均采用同孔径同类型涵洞接长;对涵长超过25 m、流量较大的涵洞,将接长涵洞孔径放大一级。

第六节 地道、跨线公路桥及站台桥设计

一、旅客地道

全线共设置 10 座车站,详见表 3-5-9。

表 3-5-9 成渝客专地道设置统计表

编号	里程	名称	长度(m)	
			轨下主地道	延长段主地道
1	DK51+998.8	简阳南车站旅客地道	21.5	8.63
2	DK81+887.55	资阳北车站旅客地道	31	17.1
3	DK81+948.0	资阳北车站旅客地道	31	14.5
4	DK178+139.6	隆昌北车站旅客地道	21.5	13.37
5	DK152+339.6	内江北车站旅客地道	31	17.31
6	DK152+400.0	内江北车站旅客地道	31	14.5
7	D1K209+647.79	荣昌北车站旅客地道	31.8	—
8	D2K220+461.9	大足南车站旅客地道	21.5	6.53
9	DK241+999.5	永川东车站旅客地道	31	17.9
10	DK272+806	璧山车站旅客地道	21.5	7.93

旅客地道根据建筑提供相关资料确定地道位置、高程、孔径及出入口形式,并做好排水、电梯、扶梯等相关设备的预留,结构按照防水等级一级、抗渗等级 P8 进行设计。

二、渡　　槽

全线根据水渠灌溉的要求设置渡槽 6 座,共计 511.42 延长米。

渡槽孔径根据水渠尺寸及流量确定,设计为钢筋混凝土 U 形槽梁,采用矩形墩,基坑根据地质情况设置桩基础或明挖基础。

为防止渡槽上行人抛物危及铁路运营安全,对渡槽设置全封闭防抛网,如图 3-5-15 所示。

图 3-5-15 渡槽设置防抛网实物图

第七节 主要变更设计

成渝客专现场发生变更共 442 份,其中Ⅰ类变更 1 份,Ⅱ类变更 441 份,对变更设计进行分类,主要有以

下情况：

(1)颁布新的相关规范、规定引起的变更

在铁路实施过程中，新标准的颁布，对未实施工程进行变更设计，如桥墩采用全封闭吊篮等。

(2)地方规划道路与铁路交叉引起的变更

在铁路建设期间，地方不断更新规划，要求在规划道路与铁路交叉处增设或加宽立交通道，根据地方要求，在成渝客专预留下穿通道进行了变更设计。

(3)涵洞出口地方灌溉、排洪沟渠变更设计

成渝客专沿线灌溉、排洪沟渠众多，水系发达，铁路涵洞因收集路基段汇水，引起暴雨时涵洞出口集中排水，增大地方沟渠排水压力，故对涵洞出口沟渠进行加宽、硬化、拉沟等方式处理，进行变更设计。

(4)地方违规建设、采砂引起的变更设计

成渝客专施工期间，地方在铁路范围违规建设、弃土，危及铁路安全，如地方在肖家湾特大桥附近违规弃土，危及桥墩安全。诸如以上情况均进行了变更设计。

第八节 配合施工过程中解决的疑难工点

一、重庆枢纽西左联络线T梁预制改现浇

1. 变更原因

成渝客专重庆枢纽西左联络线由正线梁滩河特大桥引出，接入既有襄渝线中梁山隧道；共计2座桥梁(清水基大桥、堰塘坎特大桥)，原设计19孔32 m T梁、2孔24 m T梁均为价购架设。

由于T梁运输通道受阻，无法进行运架施工。具体情况如下：

(1)根据国办督函〔2016〕98号通知、铁办督〔2016〕3号通知的相关要求，重庆枢纽联络线需在2017年12月底前通车运营，倒排施工工期，需在2017年7月底完成联络线范围内4座桥梁的架梁并铺轨完成。

(2)西左联络线2座桥梁的T梁运输必须经过西左改建中梁山隧道，而中梁山隧道改建完成满足运梁条件时间为2017年7月底(成渝客专函〔2016〕130号)。

(3)还建梨菜线2座桥梁的T梁运输必须经过重庆东站，根据2016年2月23日《施工办 工务处 电务处 供电处 运输处 建设处关于封闭小梨线中梁山(不含)-重庆东-梨树湾Ⅲ级施工的通知》，2016年2月29日永久封闭梨树湾全站、重庆东站全站线路及道岔。重庆东站关闭后实施货站改造为客站，预计2017年底完成。而重庆东站改造之前由于地方征拆原因，还建梨菜线2座桥梁无法进行基础及桥墩施工，无法架梁。

综合以上原因，为保证重庆枢纽联络线2017年底通车运营，联络线范围内4座桥梁的T梁无法运架施工，需改为现浇施工。

2. 处理措施

重庆枢纽西左联络线及还建梨菜线T梁价购架设改为现浇。

二、重庆西左联络线改建段K825＋712～K826＋007段涵洞出口排水工程

1. 变更原因

重庆西左联络线改建段K825＋860～K825＋930段路基设计为半填半挖路基，路基左侧为填方，填方高度为10～10.6 m，坡脚至线路中线距离为27.3～33.6 m，此段线路左侧距线路中线距离约25 m处存在地方天然蓄水塘，路基设计位置占据地方天然蓄水塘。K825＋712～K826＋007段设置K825＋780(1-1.25 m)、K825＋830(1-1.25 m)、K825＋900(1-1.25 m)、K825＋997.6(1-1.25 m)排洪涵，涵洞出口排水均未引排至地方水系。根据《重庆市沙坪区农业委员会限期消除皮匠沟金音岩片区泄洪安全通知书》(沙农水事令〔2017〕第22号)要求，需对该段排水工程进行适当调整，确保涵洞出口及地方排水畅通，以免影响附近居民区及厂房的安全。

2. 处理措施

将该段线路 4 个排洪涵洞排水统一引排至襄渝二线(蔡东联络线)金音沟大桥桥下河沟,根据具体地形采用管涵或明渠,管涵需设置检查井,便于管涵的检查、疏通。

第九节 经验与体会

一、成渝客专施工图设计及投资检算相关问题的处理

(一)地方规划道路与铁路交叉的问题

1. 出现的问题及处理措施

成渝客专连接川渝经济发达的城市群,随着地方规划、建设的加速,铁路建设过程中出现大量规划道路与成绵乐客专交叉。由于成渝客专初步设计阶段部分地区未提供全部的道路规划资料,铁路建设过程地方不断要求在铁路路基段新增立交通道,影响铁路建设进度。

在地方提出要求后,由成渝公司组织与地方相关部门进行沟通,在立交方案稳定、确定立交通道出资方并签订立交协议后,增设立交框架桥。

2. 原因分析

(1)在初步设计阶段,设计单位在收集地方规划资料、设计方案征求地方意见时,地方相关部门不够重视,未提供相关规划资料。

(2)设计单位在初步设计阶段收集地方规划资料时,地方规划正在进行或尚未批复。

3. 经验总结与建议

(1)在人员密集的平原地区铁路应尽量采用桥梁方案通过,减少铁路建设对地方发展的影响。

(2)在铁路设计前期阶段,加强与地方政府相关部门的沟通,提请地方相关部门充分重视资料的提供,对尚未批复或在正进行的规划充分研究后以书面意见提供预留通道的要求,为设计单位提供依据。

(二)上跨高等级公(道)路孔跨确定问题

1. 出现的问题及处理措施

成渝客专沿线高等级公(道)路分布密集,本线多次与高等级公(道)路交叉,初步设计阶段由成渝公司组织与道路管理部门进行对接,部分立交方案未与地方达成共识或尚未签订书面协议,故在施工图设计阶段道路产权单位、管理部门由于对方案存在异议或主管人员更换等因素要求对立交孔跨进行调整。

成渝公司组织与公(道)路产权单位进行多次沟通,在签订立交协议或取得交通主管部门批复,并与鉴定中心主管工程师沟通后,按交通部门意见调整桥梁跨度。

2. 原因分析

由于初步设计工期紧张,建设单位在部分立交方案未稳定、协议未签订的情况下,要求设计院完成初步设计,致使施工图阶段出现较大调整。

3. 经验总结与建议

在铁路设计前期阶段,立交方案提前与地方相关部门进行沟通,并建议建设单位或筹备组重视立交协议的签订工作,尽早稳定立交方案。

(三)上跨公路桥防撞、防冲逸问题

1. 出现的问题及处理措施

在成渝客专建设过程中,铁道部鉴定中心以《关于开展客专建设有关问题设计核查的紧急通知》(鉴综电〔2010〕455 号)要求对上跨铁路立交进行核查,上跨桥必须有足够的防撞、防车辆冲逸功能,并考虑防止物体掉落措施。按照该要求,对上跨立交进行全线清理,公路立交尽量以下穿方式通过,对于无条件下穿必须上跨的公路桥,按“多重防撞、缓冲承托”的原则设置 2 道防撞墙+缓冲带的方式提高桥梁的防撞、防车辆冲逸性能(如图 3-5-16 所示),对于既有上跨公路桥,在既有桥两侧增设防撞护桥(如图 3-5-17 所示),上跨桥均设置不低于 2.3 m 防抛网。

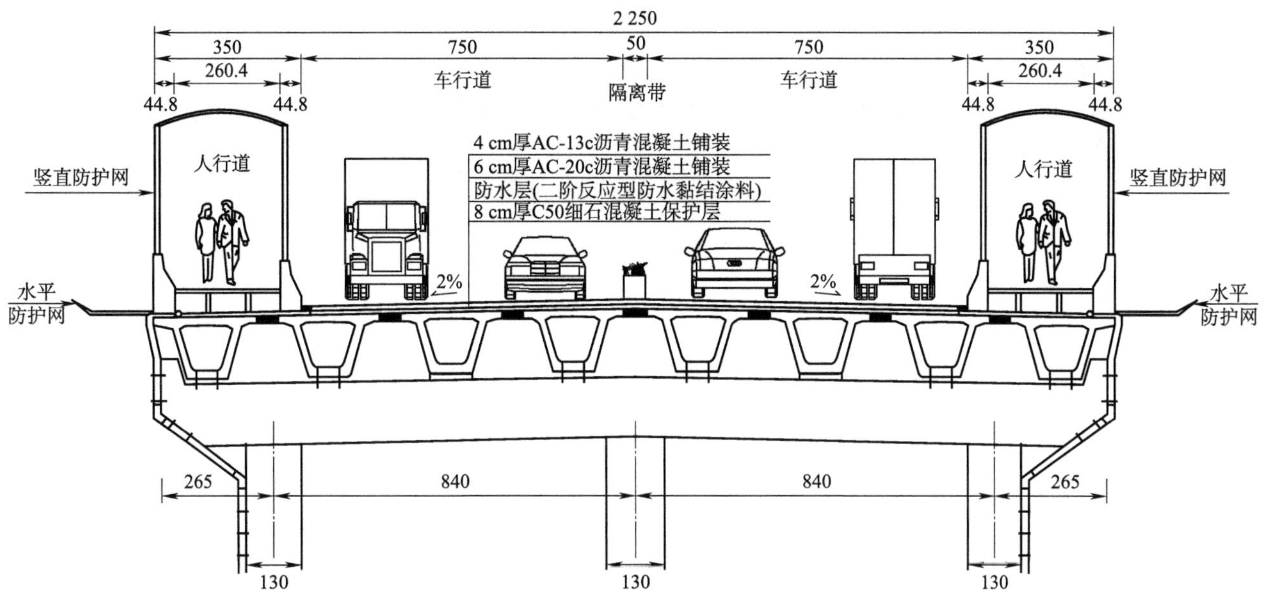

图 3-5-16 新建上跨公路桥布置断面(单位:cm)

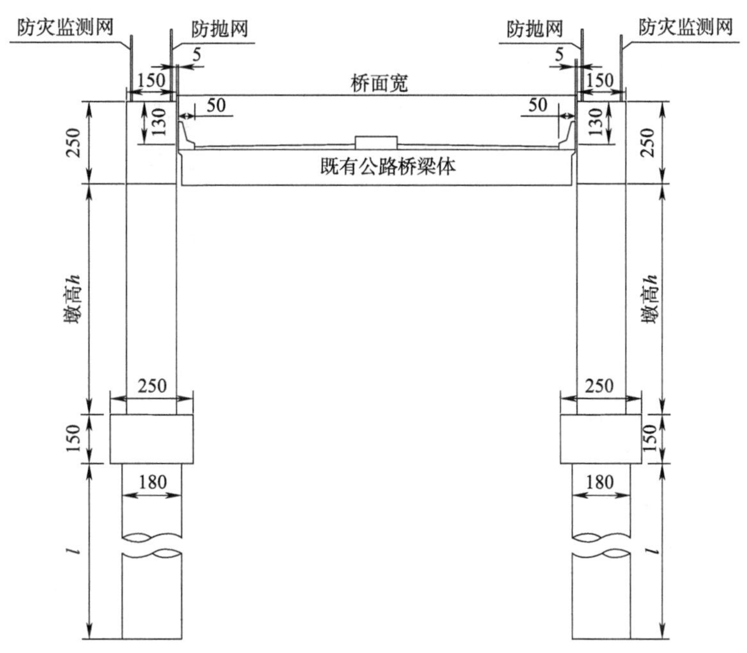

图 3-5-17 既有公路桥设置护桥断面图(单位:cm)

2. 原因分析

由于客运专线运行速度高,结合近年客运专线上跨桥梁事故,为确保列车及旅客的人身安全,铁道部鉴定中心发布紧急通知,对上跨客运专线铁路进行核查,提高上跨公路桥结构安全,加强上跨立交防撞、防抛、防冲逸性能。

3. 经验总结与建议

公铁立交应尽量采用公路下穿铁路的方式,对于无条件下穿必须设置上跨的公路跨线桥,采用整体性能较好的连续结构,并设置双重防撞墙及缓冲带,确保桥梁具有足够的防撞、防冲逸、防抛性能。

(四)地方违规弃土改变桥梁范围地形地貌

1. 出现的问题及处理措施

成渝客专资中北站特大桥在施工图设计阶段,施工单位反映该桥范围地形出现大量地方弃土,地形已发生较大变化。

经桥梁专业设计人员进行现场踏勘,现场地形与勘测资料有较大差异,立即对桥梁范围进行重新勘察,并重新填绘地质资料，及时调整桥梁施工图设计。

2. 原因分析

城市建设产生大量弃渣，部分施工单位违规弃于城郊，致使城郊地形地貌在短时间内发生较大变化。

3. 经验总结与建议

在施工图设计前的补定测阶段，应对城市周边现场踏勘，对变化较大处进行补充测量及补充地质钻探。

(五)悬灌连续梁竖向和横向预应力张拉问题

1. 出现的问题及处理措施

设计图中要求竖向、横向预应力筋在连续梁合龙后再一次性批量张拉，2010 年底颁布施工技术规程规定竖向、横向预应力筋张拉滞后纵向预应力张拉不宜大于 3 个悬浇梁段，两者存在冲突。经成绵乐公司组织研究后，同意按施工规范进行调整。

2. 原因分析

关于竖向、横向预应力筋张拉时间设计规范未作规定，本线连续梁施工图于 2009 年下半年开始交付。2010 年底新颁布施工技术规程考虑到竖向、横向预应力筋长时间暴露易产生锈蚀等问题，要求不宜滞后纵向预应力筋 3 个节段，故设计中应与施工技术规程匹配。

3. 经验总结与建议

对新建铁路桥梁悬灌连续梁竖向、横向预应力张拉时间按施工技术规程要求进行调整。

(六)山区铁路桥梁合理施工组织问题

山区高速铁路的特点是桥隧众多，桥隧相间，桥梁座数多、单桥长度不长，桥墩高、墩高变化大，山高路险、交通不便。这些条件决定了桥梁梁型选择的重要性，若全部采用整孔箱梁，则无法通过标准断面隧道，或者采用运架一体的运架梁设备，但这种设备尚未大面积使用。因此，重点研究桥梁梁型及施工方案是山区铁路桥梁设计的关键，对满足桥梁的质量、安全、工期乃至全线工期具有重大意义。成渝客专简支梁有两个选择：双线整孔箱梁和组合箱梁(两个并置的单线箱梁)。组合箱梁的优势是桥面横向宽度小，很容易通过隧洞，但是需现场施工湿接缝，且混凝土方量较整孔箱梁大。因此，是采用整孔箱梁还是组合箱梁，不能简单地统一规定，应根据现场实际情况确定。结合本线，有如下体会：

(1)对线路较长范围无隧道或仅有短隧道，并且梁部预制孔数较多，可采用整孔箱梁，若有较短隧道，可对隧道进行加大断面设计，以满足整孔箱梁运梁机通过的要求。

(2)对线路较长范围内桥隧相间，桥梁不集中，采用运架一体的运架梁设备。

(3)对线路较长范围内无法设置梁场，或设置梁场运梁距离太长(一般可按 30 km 考虑)的，且桥梁较短，梁部简支梁可采用现浇施工。

(七)资阳沱江特大桥主桥(90＋180＋90) m 连续梁拱主梁变形及轨道平顺性分析

1. 工程概况

本桥主桥为(90＋180＋90) m 连续梁-拱桥，边支座至梁端距离为 0.8 m，主桥全长 361.6 m。对应墩台号为 0 号～3 号。0 号台高为 6 m，1 号墩高 34.5 m，2 号墩高 29.5 m，3 号墩高 33 m。主桥均位于直线上，线路纵坡－12.9‰，线间距 S＝5.0 m，主桥布置如图 3-5-18 所示。

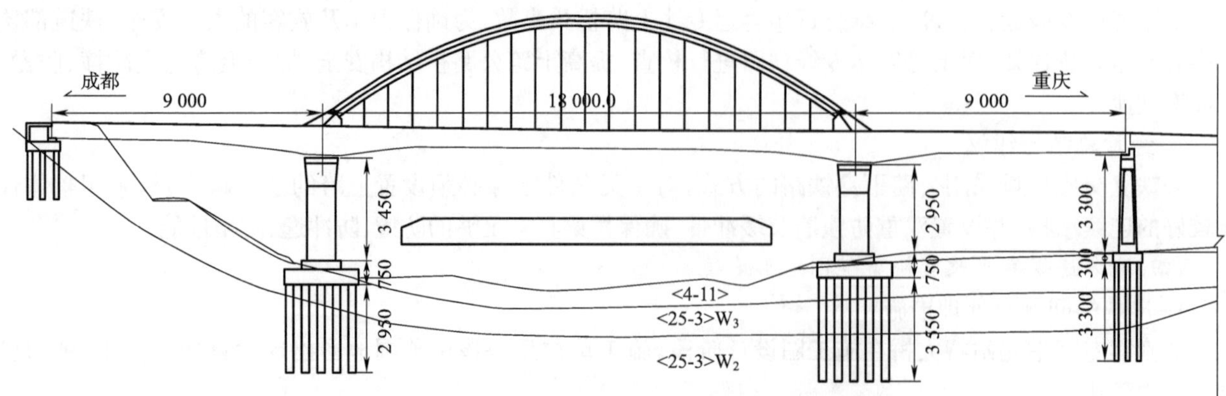

图 3-5-18 资阳沱江特大桥主桥总布置图(单位：cm)

2. 主梁变形计算

根据《高速铁路设计规范》(TB 10621—2014)检算梁体竖向挠度、梁体竖向残余徐变变形、梁端转角、横向挠跨比等变形数据,各种荷载工况下主梁变形计算结果如图 3-5-19～图 3-5-24 所示,图中竖坐标为计算变形值,横坐标为沿主梁长度(小里程侧梁端支点至大里程侧梁端支点),单位均为 m。

(1)《高速铁路设计规范》(TB 10621—2014)7.3.2 条第 1 款相关检算。

根据《高速铁路设计规范》(TB 10621—2014)7.3.2 条第 1 款规定:在 ZK 竖向静活载作用下,梁体边跨竖向挠度不应大于 $1.1L/1900$,梁体主跨竖向挠度不应大于 $1.1L/1\,500$。

图 3-5-19 列出了 ZK 竖向静活载下主梁竖向挠度值。

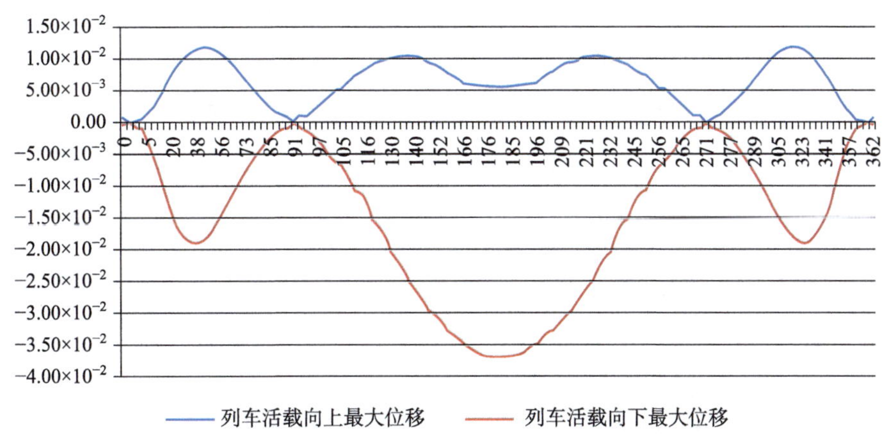

图 3-5-19 ZK 竖向静活载作用下主梁竖向挠度值(单位:m)

在 ZK 竖向静活载作用下,主跨跨中最大竖向位移为 36.8 mm,按规范计算容许值为 132 mm;边跨跨中最大竖向位移为 18.8 mm,按规范计算容许值为 66 mm,均满足《高速铁路设计规范》(TB 10621—2014)7.3.2 条第 1 款规定。

(2)《高速铁路设计规范》(TB 10621—2014)7.3.2 条第 2 款相关检算。

根据《高速铁路设计规范》(TB 10621—2014)7.3.2 条第 2 款规定:拱桥、刚架及连续梁桥的竖向挠度,除应考虑列车竖向静活载作用外,尚应计入温度的影响。

由于各桥墩(台)在升降温时会引起梁体变形,故计入桥墩(台)升降温影响。桥墩整体升降温偏安全按极端温度计算整体升降温对梁体变形的影响,即按桥墩(台)整体升温 23 ℃,降温 23 ℃计算。

桥墩(台)升降温 23 ℃时,产生的主梁竖向挠度值如图 3-5-20 所示。

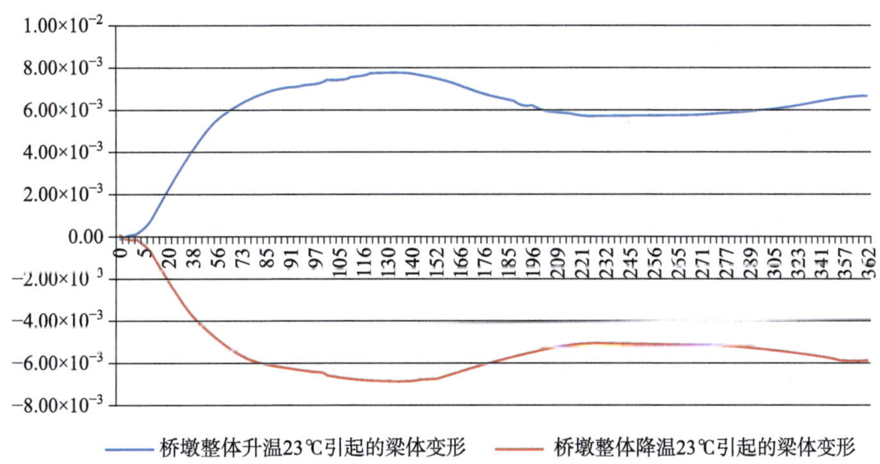

图 3-5-20 桥墩整体升降温 23 ℃荷载作用下主梁竖向挠度值(单位:m)

根据《高速铁路设计规范》(TB 10621—2014)7.3.2 条第 2 款规定,图 3-5-21～图 3-5-24 及表 3-5-10 分别列出了考虑桥墩和不考虑桥墩升降温影响下,活载与温度组合下的竖向挠度值。

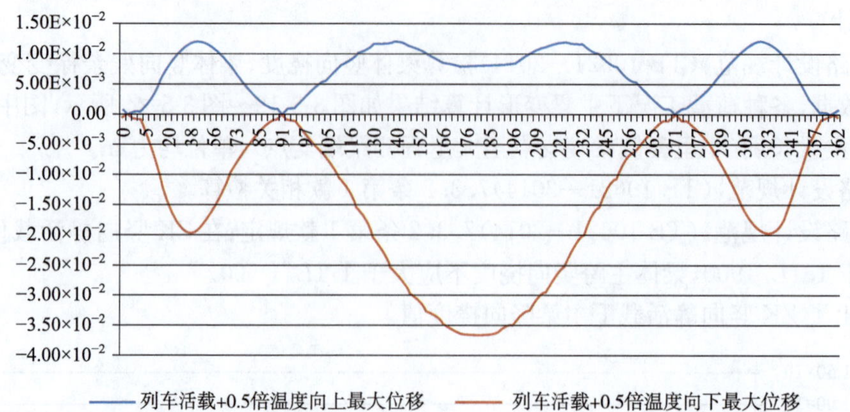

图 3-5-21 列车活载＋0.5 倍温度荷载作用下主梁竖向挠度值(不含桥墩升降温)(单位:m)

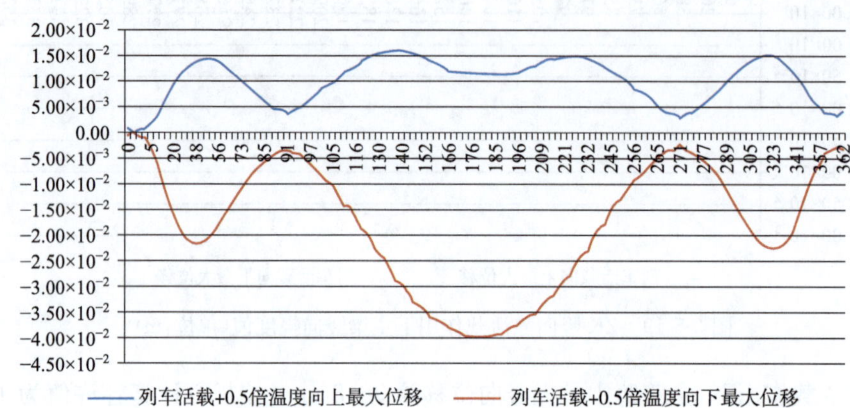

图 3-5-22 列车活载＋0.5 倍温度荷载作用下主梁竖向挠度值(含桥墩升降温)(单位:m)

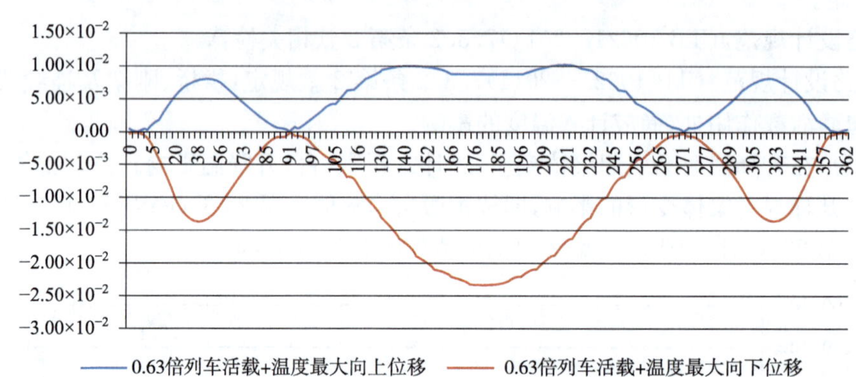

图 3-5-23 0.63 倍列车活载＋温度荷载作用下主梁竖向挠度值(不含桥墩升降温)(单位:m)

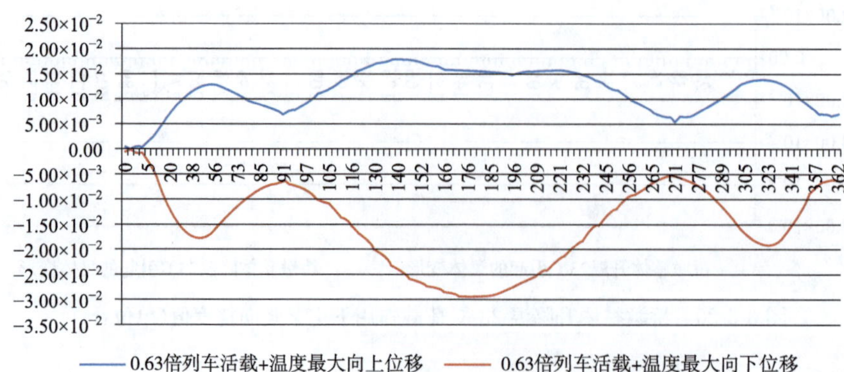

图 3-5-24 0.63 倍列车活载＋温度荷载作用下主梁竖向挠度值(含桥墩升降温)(单位:m)

表 3-5-10　列车活载与温度荷载组合作用下主梁竖向挠度值

荷载工况	中跨跨中挠度(mm)			边跨跨中挠度(mm)		
	最大	最小	容许值	最大	最小	容许值
ZK 竖向静活载作用下	10.5	−36.8	132	11.9	−18.8	66
ZK 活载+0.5 倍温度作用下(不含桥墩)	12.1	−36.9	132	12.1	−19.7	66
0.63 倍 ZK 活载+温度作用下(不含桥墩)	10.1	−23.3	132	8.0	−13.7	66
ZK 活载+0.5 倍温度作用下(含桥墩升温 9 ℃降温 15 ℃)	16.0	−39.8	132	15.3	−22.5	66
0.63 倍 ZK 活载+温度作用下(含桥墩升温 9 ℃降温 15 ℃)	17.9	−29.3	132	14.3	−19.1	66

从图表可见,在 ZK 竖向静活载与温度组合作用下,主跨跨中最大竖向位移为 39.8 mm,按规范计算容许值为 132 mm;边跨跨中最大竖向位移为 19.7 mm,按规范计算容许值为 66 mm,均满足《高速铁路设计规范》(TB 10621—2014)7.3.2 条第 2 款规定。

(3)《高速铁路设计规范》(TB 10621—2014)7.3.2 条第 3 款相关检算。

根据《高速铁路设计规范》(TB 10621—2014)7.3.2 条第 3 款规定,桥面附属设施宜在轨道铺设前完成,轨道铺设完成后,预应力混凝土梁的竖向残余变形应符合下列规定:跨度小于或等于 50 m 的无砟桥面竖向变形不应大于 10 mm;跨度大于 50 m 的无砟桥面竖向变形不应大于 $L/5\,000$ 且不应大于 20 mm。

图 3-5-25 列出了轨道铺设完成后梁体的竖向残余徐变变形值。

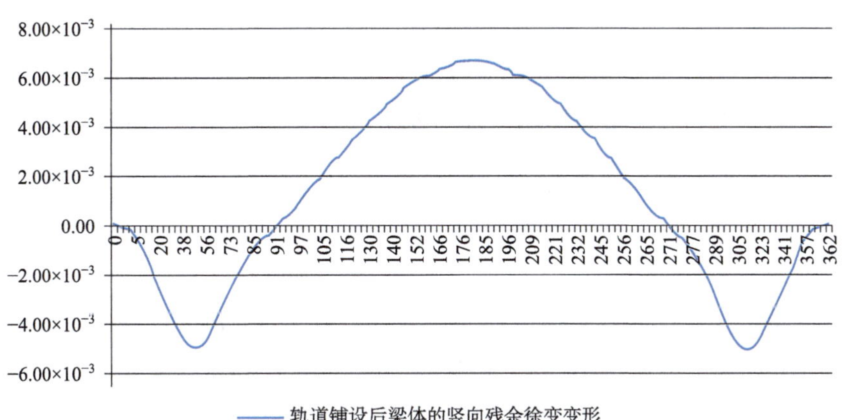

图 3-5-25　轨道铺设后梁体竖向残余徐变变形值(单位:m)

轨道铺设完成后,主跨最大竖向残余徐变变形值为 6.7 mm,按规范计算容许值为 20 mm;边跨最大竖向残余徐变变形值为 5.0 mm,按规范计算容许值为 18 mm,均满足《高速铁路设计规范》(TB 10621—2014)7.3.2 条第 3 款规定。

(4)《高速铁路设计规范》(TB 10621—2014)7.3.2 条第 4 款相关检算。

根据《高速铁路设计规范》(TB 10621—2014)7.3.2 条第 4 款规定:设有纵向坡度的无砟轨道桥梁,应考虑梁体纵向伸缩引起的梁缝两侧钢轨支承点竖向相对位移对轨道结构的影响。

在最不利工况下,小里程侧梁端最大纵向位移 7.19 cm,主桥位于−12.9‰纵坡上,梁端纵向伸缩引起的梁缝两侧钢轨支承点最大竖向相对位移为 0.928 mm,满足《高速铁路设计规范》(TB 10621—2014)7.3.2 条第 4 款规定。

(5)《高速铁路设计规范》(TB 10621—2014)7.3.3 条第 1 款相关检算。

根据《高速铁路设计规范》(TB 10621—2014)7.3.3 条第 1 款规定:在列车横向摇摆力、离心力、风力和温度的作用下,梁体的水平挠度应小于或等于梁体计算跨度的 1/4 000。

本桥主桥位于直线上,无离心力荷载,在列车横向摇摆力、风力和温度的作用下,梁体的水平挠度为 0.77 cm,横向挠跨比为 1/23 376,满足《高速铁路设计规范》(TB 10621—2014)7.3.3 条第 1 款规定。

(6)《高速铁路设计规范》(TB 10621—2014)7.3.3 条第 2 款相关检算。

根据《高速铁路设计规范》(TB 10621—2014)7.3.3 条第 2 款规定:无砟轨道桥梁相邻梁端两侧的钢轨

支点横向相对位移不应大于 1 mm。

本桥主桥横向固定支座位于箱中心位置,相邻简支梁横向固定支座距箱中心 2.275 m,按结构最不利工况下整体升降温 25 ℃计算,横向最大相对位移为 0.57 mm,小于 1 mm,满足《高速铁路设计规范》(TB 10621—2014)7.3.3 条第 2 款规定。

(7)《高速铁路设计规范》(TB 10621—2014)7.3.4 条相关检算。

根据《高速铁路设计规范》(TB 10621—2014)7.3.4 条规定:ZK 静活载作用下梁体扭转引起的轨面不平顺限值,在一段 3 m 长的线路范围内一线两根钢轨的竖向相对变形量不应大于 1.5 mm。

ZK 静活载作用下梁体横向最大扭转角为 0.185‰,相邻 3 m 范围内横向扭转角基本相同,一线两根钢轨的横向间距为 1.435 m,则最大扭转角下一线两根钢轨的竖向最大相对变形量为 0.265 mm,小于 1.5 mm,满足《高速铁路设计规范》(TB 10621—2014)7.3.4 条规定。

(8)《高速铁路设计规范》(TB 10621—2014)7.3.7 条相关检算。

根据《高速铁路设计规范》(TB 10621—2014)7.3.7 条规定:在 ZK 竖向静活载作用下,桥梁梁端竖向转角应符合表 7.3.7 的规定,桥台与桥梁之间竖向梁端转角应不大于 1.0‰;相邻两孔梁之间竖向梁端转角之和应不大于 2.0‰。

主梁梁端在静活载作用下的梁端转角为 0.86‰,相邻简支梁在静活载作用下的梁端转角为 0.8‰,两孔梁之间竖向梁端转角之和为 1.66‰,满足《高速铁路设计规范》(TB 10621—2014)7.3.7 条规定。

从以上结果可见,梁体的各项变形指标均满足现行标准要求。

3. 现场实测主梁变形分析

(1)实测数据

根据中铁十六局提供的资料,本桥的梁部合龙时间为 2013 年 5 月 15 日,合龙温度为 17 ℃。

①主跨实测数据

表 3-5-27 中竖向位移差为每日不同气温下的位移差值,为每日气温高时梁体高程减去每日气温低时梁体高程,表中正值表示为相对上拱,负值表示为相对下挠。测量时间为早上 6 点半至晚上 7 点半。测量日期为 2015 年 5 月 31 日至 2015 年 6 月 16 日。

从表中可见,现场测量时单日最大气温变化范围为 22 ℃～38 ℃,单日最大温差为 16 ℃。当气温升高时,表中数据基本均为正值,即主跨发生向上的位移。表中测得最大变化幅度为 11.9 mm(上拱),测点位于主跨跨中附近。

②边跨实测数据

表 3-5-28 中竖向位移差为每日不同气温下的位移差值,为每日气温高时梁体高程减去每日气温低时梁体高程,表中正值表示为相对上拱,负值表示为相对下挠。测量时间为早上 6 点半至晚上 7 点半。测量日期为 2015 年 5 月 31 日至 2015 年 6 月 15 日。

从表中可见,现场测量时单日最大气温变化范围为 26 ℃到 37 ℃,单日最大温差为 11 ℃。

小里程侧边跨最大上拱位移为 3.2 mm,位于小里程主墩位置附近;小里程侧边跨最大下挠位移－1.0 mm,位于小里程侧边跨跨中附近。

大里程侧边跨最大上拱位移为 1.5 mm,位于大里程边墩位置附近;大里程侧边跨最大下挠位移为－1.5 mm,位于大里程侧边跨跨中附近。

(2)理论计算数据

中铁十六局测量温度与实际当日气温有些差别,如 5 月 31 日所测气温变化范围为 22 ℃～38 ℃,实际查询当日为 22 ℃～31 ℃,但由于整体升降温对梁体变形影响相对较小,故实际计算时仍采用中铁十六局所测数据。

不同时间段温度荷载按以下荷载工况组合进行计算:

早晨计算时荷载工况:拱梁及吊杆整体升温＋墩整体升温＋拱肋降温温差＋吊杆降温温差

中午及下午计算时荷载工况:拱梁及吊杆整体升温＋墩整体升温＋拱肋日照温差＋吊杆升温＋主梁日照温差

图 3-5-26 和图 3-5-27 分别列出了气温由 22 ℃升高至 38 ℃及气温由 26 ℃升高至 37 ℃主梁竖向位移变化。

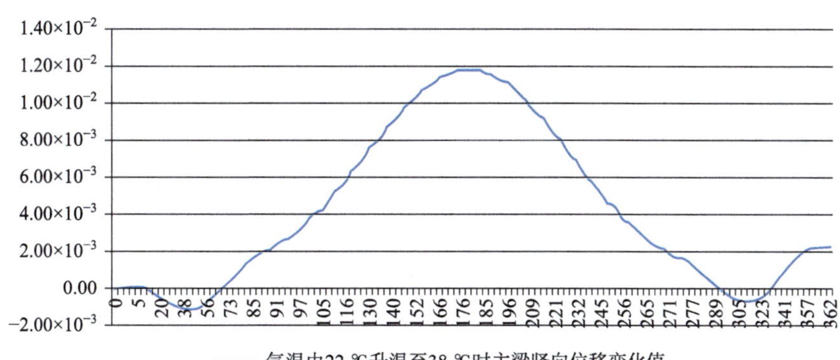

图 3-5-26　气温由 22 ℃升温至 38 ℃时主梁竖向位移变化值(单位:m)

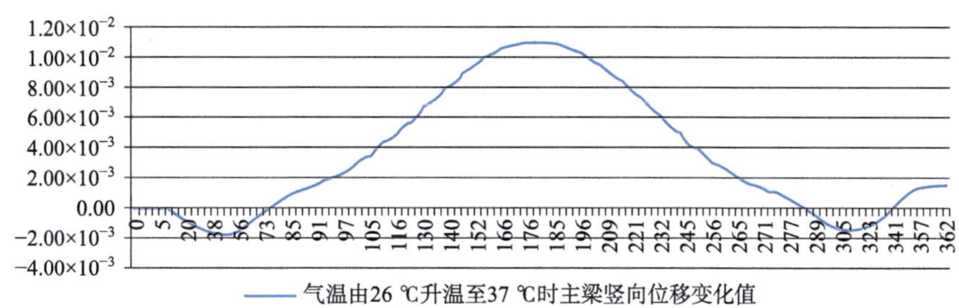

图 3-5-27　气温由 26 ℃升温至 37 ℃时主梁竖向位移变化值(单位:m)

理论计算当气温由 22 ℃升高至 38 ℃时,主跨最大位移变化值为 11.8 mm(上拱),最大值位于主跨跨中。

理论计算当气温由 26 ℃升高至 37 ℃时,小里程侧边跨最大上拱位移为 1.6 mm,位于小里程主墩位置;小里程侧边跨最大下挠位移－1.7 mm,位于小里程侧边跨跨中位置。

理论计算当气温由 26 ℃升高至 37 ℃时,大里程侧边跨最大上拱位移为 1.6 mm,位于大里程边墩位置附近;大里程侧边跨最人下挠位移－1.4 mm,位于大里程侧边跨跨中位置。

(3)实测数据与理论计算数据对比

主跨数据对比:从图 3-5-26 可见,理论计算当气温由 22 ℃升高至 38 ℃时,主跨跨中产生上拱位移,与测量数据趋势相同。中跨跨中最大计算位移为 11.8 mm(上拱),与实际测量最大值 11.9 mm 基本一致。

小里程侧边跨数据对比:从图 3-5-27 可见,理论计算当气温由 26 ℃升高至 37 ℃时,小里程侧边跨最大上拱位移为 1.6 mm,较实测值 3.2 mm 略小,最大上拱位移均位于小里程侧主墩位置;小里程侧边跨最大下挠位移为－1.7 mm,较实测值－1.0 mm 略大,最大下挠位移均位于小里程侧边跨跨中位置。

大里程侧边跨数据对比:从图 3-5-27 可见,理论计算当气温由 26 ℃升高至 37 ℃时,大里程侧边跨最大上拱位移为 1.6 mm,与实测值 1.5 mm 基本一致,最大上拱位移均位于大里程边墩位置附近;大里程侧边跨最大下挠位移为－1.4 mm,与实测值－1.5 mm 基本一致,最大下挠位移均位于大里程侧边跨跨中位置。

经以上数据对比可以看出,理论计算产生的梁体竖向变形值与实际测量的数据变化趋势是吻合的,边跨及主跨最大最小值出现位置两者均一致,且数值基本接近。仅由于测量误差以及温度荷载差异(实际作用在结构上的温度荷载与理论计算假定值会有差别)等因素影响,数值略有差别。

4. 桥梁结构变形分析

(1)收缩徐变

本桥的梁部合龙时间为 2013 年 5 月 15 日,无砟轨道施工时间为 2014 年 9 月 15 号。

图 3-5-28 列出了轨道铺设完成后至 2015 年 10 月,以及其后每一年的收缩徐变值。

从图 3-5-28 可见:轨道铺设完成后至 2015 年 10 月、2015 年 10 月至 2016 年 10 月、2016 年 10 月至 2017 年 10 月、2017 年 10 月至 2018 年 10 月各阶段最大收缩徐变上拱值分别为 3.00 mm、2.40 mm、2.00 mm、1.69 mm,位于主跨跨中位置附近;各阶段收缩徐变最大下挠值分别为－2.86 mm、－1.44 mm、－1.07 mm、

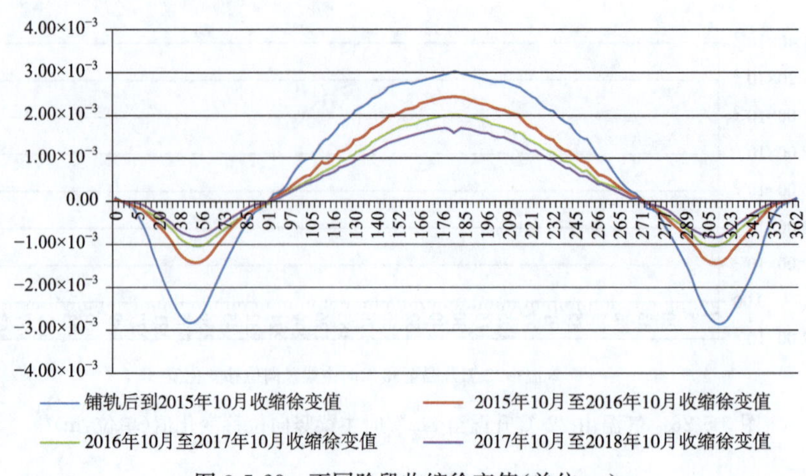

图 3-5-28 不同阶段收缩徐变值(单位:m)

—0.85 mm,位于边跨跨中位置附近。

图 3-5-29 列出了从轨道铺设完成后至收缩徐变 1 500 d、3 000 d 及 13 000 d 的收缩徐变值。

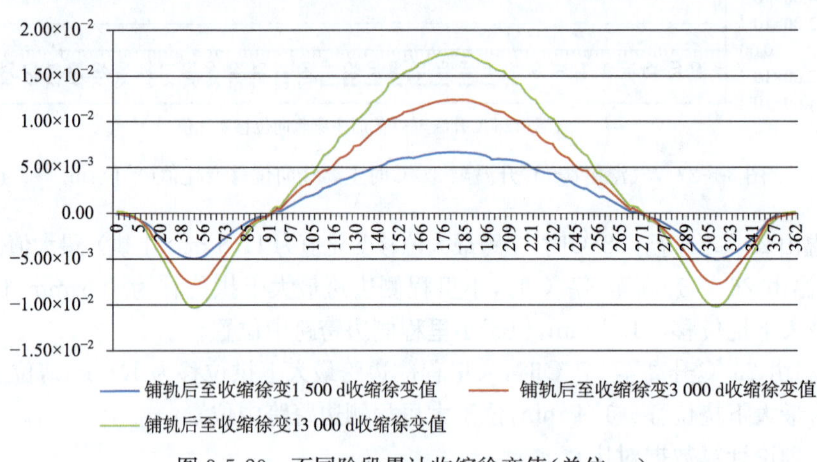

图 3-5-29 不同阶段累计收缩徐变值(单位:m)

从图 3-5-29 可见:轨道铺设完成后至收缩徐变 1 500 d、3 000 d 及 13 000 d 收缩徐变最大上拱值分别为 6.7 mm、12.5 mm、17.6 mm,位于主跨跨中位置;各阶段收缩徐变最大下挠值分别为—5.02 mm、—7.84 mm、—10.30 mm,位于边跨跨中位置附近。

铺轨后至 2015 年 10 月收缩徐变值为已发生的梁体收缩徐变位移,影响轨道精调数据的应为以轨道精调时间点(2015 年 10 月)为基准,其后时间段内发生的收缩徐变位移。故图 3-5-30 列出了从 2015 年 10 月至收缩徐变 1 500 d、3 000 d 及 13 000 d 下的收缩徐变值。

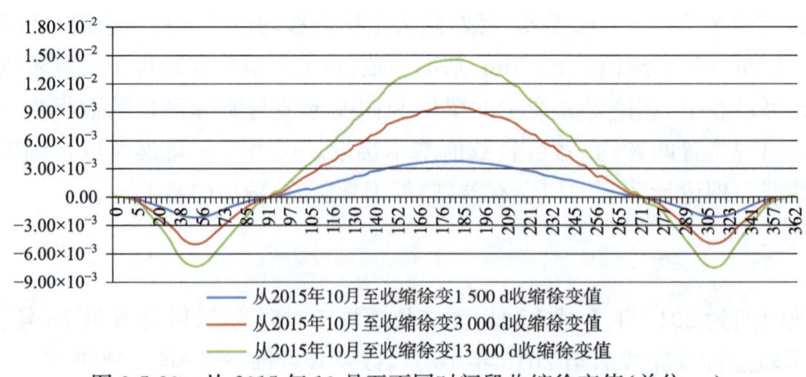

图 3-5-30 从 2015 年 10 月至不同时间段收缩徐变值(单位:m)

从图 3-5-30 可见:2015 年 10 月至收缩徐变 1 500 d、3 000 d 及 13 000 d 收缩徐变最大上拱值分别为 3.76 mm、9.50 mm、14.6 mm,位于主跨跨中位置;各阶段收缩徐变最大下挠值分别为—2.18 mm、—5.04 mm、

－7.48 mm，位于边跨跨中位置附近。此收缩徐变值即为轨道精调后不同时间段累积的收缩徐变位移值。由图中可见收缩徐变值随时间推移逐渐减小，前 3 000 d 完成了 65％的收缩徐变变形，后 10 000 d 完成了 35％的收缩徐变变形。

(2)温度荷载

①各单项温度荷载位移

图 3-5-31 列出了拱肋升温及降温温差、主梁日照温差及吊杆升降温温差荷载作用下主梁竖向变形值，从图可见：

拱肋升温温差作用下，主跨最大竖向位移为 11.7 mm(上拱)，最大值位于主跨跨中位置；边跨最大竖向位移为－3.8 mm(下挠)，最大值位于边跨跨中附近。

拱肋降温温差作用下，主跨最大竖向位移为－5.9 mm(下挠)，最大值位于主跨跨中位置；边跨最大竖向位移为 1.9 mm(上拱)，最大值位于边跨跨中附近。

主梁日照温差荷载作用下，主跨最大竖向位移为－4.1 mm(下挠)，最大值位于主跨跨中位置；边跨最大竖向位移为 1.7 mm(上拱)，最大值位于边跨跨中附近。

吊杆升温 9 ℃荷载作用下，主跨最大竖向位移为－2.6 mm(下挠)，最大值位于主跨跨中位置；边跨最大竖向位移为 0.79 mm(上拱)，最大值位于边跨跨中附近。

吊杆降温 5 ℃荷载作用下，主跨最大竖向位移为 1.45 mm(上拱)，最大值位于主跨跨中位置；边跨最大竖向位移为－0.44 mm(下挠)，最大值位于边跨跨中附近。

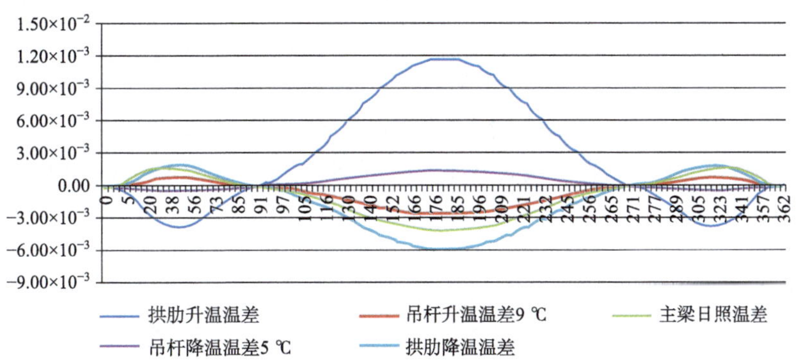

图 3-5-31 单项温度荷载作用下主梁竖向位移包络图(单位：m)

图 3-5-32 列出了梁拱及吊杆整体升降温荷载作用下主梁竖向变形值，从图可见：

梁拱及吊杆整体升温荷载作用下，主跨最大竖向位移为 0.29 mm(上拱)，最大值位于主跨 1/4 截面位置；边跨最大竖向位移为 0.55 mm(上拱)，最大值位于边跨跨中附近。

梁拱及吊杆整体降温荷载作用下，主跨最大竖向位移为－0.25 mm(下挠)，最大值位于主跨跨中位置；边跨最大竖向位移为－0.48 mm(下挠)，最大值位于边跨跨中附近。

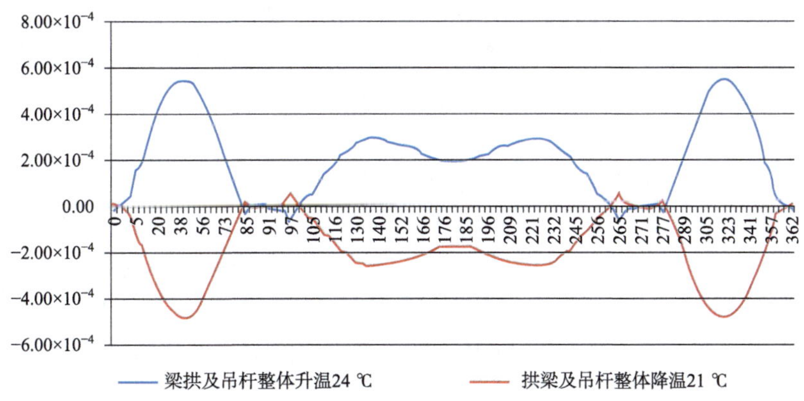

图 3-5-32 梁拱及吊杆整体升降温荷载作用下主梁竖向位移包络图(单位：m)

图 3-5-33 列出了桥墩整体升降温荷载作用下主梁竖向变形值,从图可见:

桥墩整体升温荷载作用下,主跨最大竖向位移为 7.85 mm(上拱),最大值位于主跨靠近小里程侧主墩附近;边跨最大竖向位移为 6.70 mm(上拱),最大值位于大里程侧边墩位置。

桥墩整体降温荷载作用下,主跨最大竖向位移为−6.87 mm(下挠),最大值位于主跨靠近小里程侧主墩附近;边跨最大竖向位移为−5.87 mm(下挠),最大值位于大里程侧边墩位置。

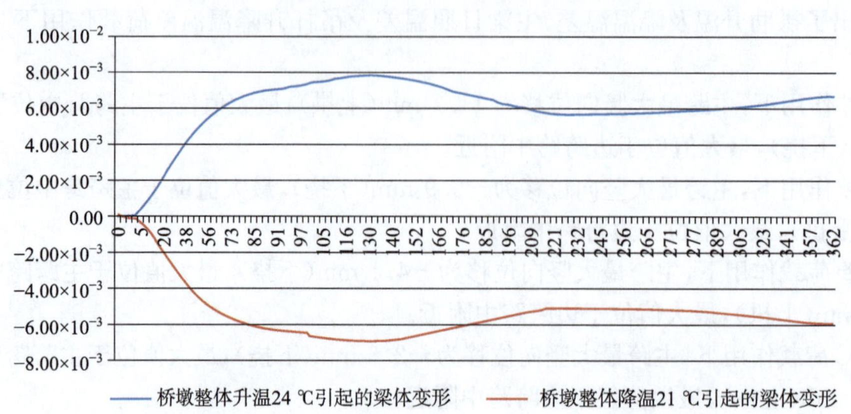

图 3-5-33 桥墩整体升降温荷载作用下主梁竖向位移包络图(单位:m)

从图 3-5-31～图 3-5-33 可见,拱肋升温温差、主梁日照温差、吊杆升温温差、拱梁及吊杆整体升温及桥墩升温荷载作用下主梁跨中最大竖向位移分别为 11.7 mm、−4.1 mm、−2.6 mm、0.29 mm、6.73 mm。拱肋降温温差、吊杆降温温差、拱梁及吊杆整体降温及桥墩降温荷载作用下主梁跨中最大竖向位移分别为−5.9 mm、1.45 mm、−0.25 mm、−5.89 mm。可见整体升降温工况下主梁竖向变形相对较小,拱肋升温温差工况下主梁竖向变形最大,主梁竖向变形主要受拱肋日照升温影响,而整体气温变化对主梁竖向变形影响较小。

②温度荷载组合。

升温组合按拱梁及吊杆整体升温、桥墩整体升温、吊杆升温温差、拱肋升温温差及主梁日照温差进行组合。降温组合按拱梁及吊杆整体降温、桥墩整体降温、拱肋降温温差、吊杆降温温差、拱肋日照温差、拱肋相对梁升温及主梁日照升温进行组合。并考虑实际可能发生的各种升降温工况按以下工况进行组合:

夏季白天升温工况(有日照):拱梁及吊杆整体升温+墩整体升温+拱肋升温温差+吊杆升温温差+主梁日照温差

夏季夜间升温工况(无日照):拱梁及吊杆整体升温+墩整体升温+拱肋降温温差+吊杆降温温差

冬季白天降温工况(有日照):拱梁及吊杆整体降温+墩整体降温+拱肋升温温差+吊杆升温温差+主梁日照温差

冬季白天降温工况(无日照):拱梁及吊杆整体降温+墩整体降温

冬季夜间降温工况(无日照):拱梁及吊杆整体降温+墩整体降温+拱肋降温温差+吊杆降温温差

图 3-5-34 分别列出了各温度荷载工况下主梁竖向变形值,从图可看出:

夏季白天升温工况(有日照)作用下,主跨最大竖向位移为 12.2 mm(上拱),最大值位于主跨跨中位置;边跨最大竖向位移为 6.9 mm(上拱),最大值位于小里程侧边主墩位置。

夏季夜间升温工况(无日照)作用下,主跨最大竖向位移为 7.1 mm(上拱),最大值位于小里程侧主墩位置;边跨最大竖向位移为 8.2 mm(上拱),最大值位于大里程侧边跨跨中位置。

冬季白天降温工况(有日照)作用下,主跨最大竖向位移为−6.2 mm(下挠),最大值位于小里程侧主墩位置;边跨最大竖向位移为−7.4 mm(下挠),最大值位于大里程侧边跨跨中附近。

冬季白天降温工况(无日照)作用下,主跨最大竖向位移为−7.1 mm(下挠),最大值位于主跨靠近小里程侧主墩位置;边跨最大竖向位移为−6.02 mm(下挠),最大值位于大里程侧边主墩位置。

冬季夜间降温工况(无日照)作用下,主跨最大竖向位移为−10.7 mm(下挠),最大值位于主跨跨中位置;边跨最大竖向位移为−5.9 mm(下挠),最大值位于大里程侧边主墩位置。

由上可见,夏季白天有日照工况下主梁竖向位移值最大,最大值为 12.2 mm(上拱),最大值位于主跨跨中位置。

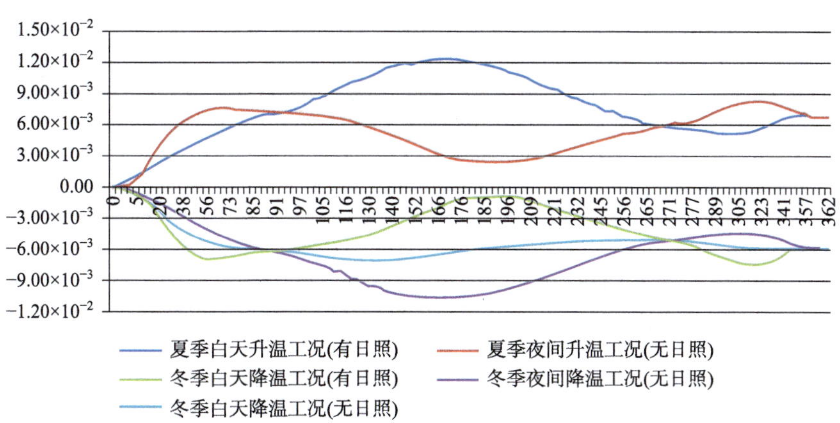

图 3-5-34 各温度荷载组合工况下主梁竖向位移包络图(单位:m)

(3)温度与收缩徐变组合工况

此处梁体收缩徐变按成桥后 1 500 d 计算并与温度荷载进行组合。

图 3-5-35 列出了各温度荷载与收缩徐变 1 500 d 组合工况下主梁竖向变形值,从图可看出:

夏季白天升温工况(有日照)+收缩徐变作用下,主跨最大竖向位移为 15.8 mm(上拱),最大值位于主跨跨中位置;边跨最大竖向位移为 6.8 mm(上拱),最大值位于小里程侧边主墩位置。

夏季夜间升温工况(无日照)+收缩徐变作用下,主跨最大竖向位移为 8.1 mm(上拱),最大值位于小里程侧 1/4 主跨位置;边跨最大竖向位移为 7.1 mm(上拱),最大值位于小里程侧边主墩位置。

冬季白天降温工况(有日照)+收缩徐变作用下,主跨最大竖向位移为−6.2 mm(下挠),最大值位于小里程侧主墩位置;边跨最大竖向位移为−9.6 mm(下挠),最大值位于大里程侧边跨跨中附近。

冬季白天降温工况(无日照)+收缩徐变作用下,主跨最大竖向位移为−6.2 mm(下挠),最大值位于主跨靠近小里程侧主墩位置;边跨最大竖向位移为−8.0 mm(下挠),最大值位于大里程侧边跨跨中附近。

冬季夜间降温工况(无日照)+收缩徐变作用下,主跨最大竖向位移为−7.4 mm(下挠),最大值位于小里程侧 1/4 主跨位置;边跨最大竖向位移为−6.6 mm(下挠),最大值位于大里程侧边跨跨中附近。

由上可见,夏季白天升温工况(有日照)+收缩徐变工况下主梁竖向位移值最大,最大值为 15.8 mm(上拱),最大值位于主跨跨中位置。

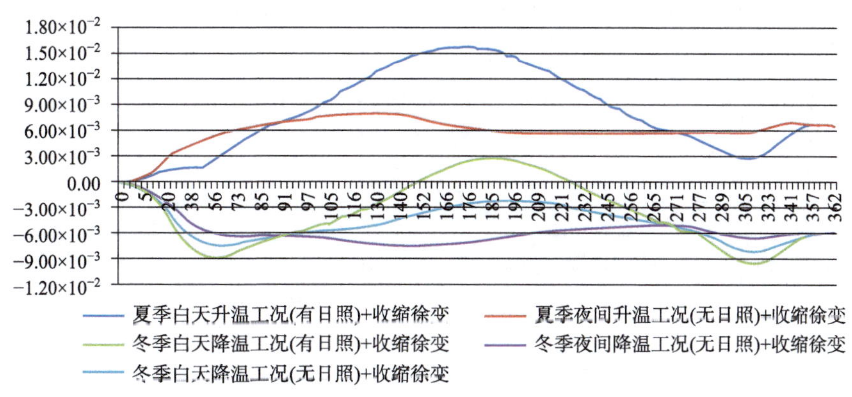

图 3-5-35 温度+收缩徐变组合工况下主梁竖向位移包络图(单位:m)

(4)单日极端气温下梁体变形

查询资阳地区 2012 年～2015 年每日天气情况,表 3-5-11 列出了 4 年中单日极端最高温、单日极端最低温及单日极端温差情况。

表 3-5-11　单日极端温度

极端天气	最高温度(℃)	最低温度(℃)	最大温差(℃)	出现时间
极端最高温	37	25	12	2014 年 7 月 23 日
极端最低温	9	−1	8	2012 年 12 月 31 日
单日极端温差	17	1	16	2014 年 1 月 12 日

单日极端最高温、极端最低温及单日极端温差三种极端天气情况下，分别考虑以下荷载工况进行检算单日极端天气下梁体竖向位移值：

单日极端最高温：按夏季白天升温工况(有日照)及夏季夜间升温工况(无日照)进行检算。

单日极端最低温：按冬季白天降温工况(有日照)、冬季白天降温工况(无日照)及冬季夜间降温工况(无日照)进行检算。

单日极端温差：由于白天最高气温 26 ℃，高于主梁合龙温度(19 ℃)，夜间最低气温 10 ℃，低于主梁合龙温度(19 ℃)。故按夏季白天升温工况(有日照)、冬季夜间降温工况(无日照)进行检算。

图 3-5-36 列出了单日极端最高气温下主梁竖向变形值，从图中可看出：单日极端最高温天气下，最大竖向位移为 11.0 mm(上拱)，最大值位于主跨跨中位置，为夏季白天日照升温工况引起；最小竖向位移为 −2.13 mm(下挠)，最小值位于主跨跨中位置；最大竖向位移差为 12.9 mm，最大位移差值位于主跨跨中位置。

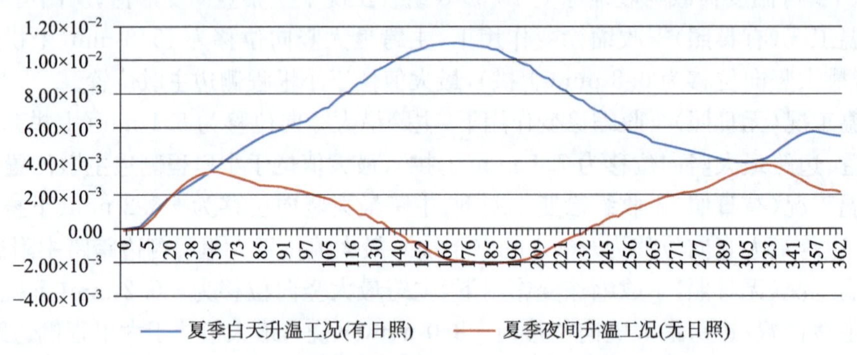

图 3-5-36　单日极端最高温天气下主梁竖向位移包络图(单位：m)

图 3-5-37 列出了单日极端最低温天气下主梁竖向变形值，从图中可看出：单日极端最低温天气下，最大竖向位移为 2.7 mm(上拱)，最大值位于主跨跨中位置，为冬季白天日照降温工况引起；最小竖向位移为 −9.8 mm(下挠)，最小值位于主跨跨中位置附近，为冬季夜间降温工况(无日照)引起；最大竖向位移差为 12.3 mm，最大位移差值位于主跨跨中附近。

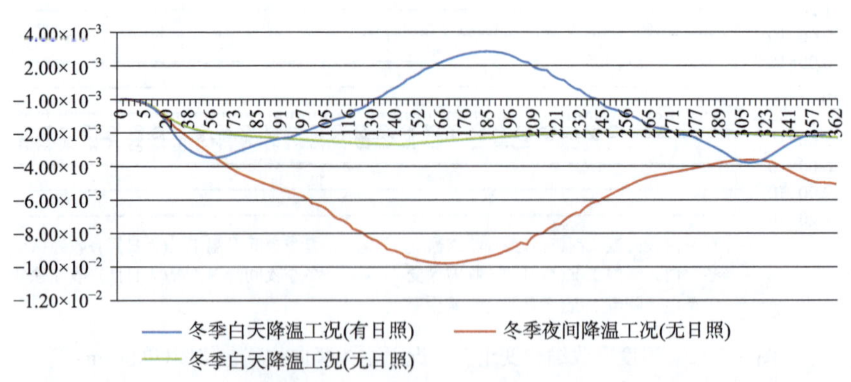

图 3-5-37　单日极端最低温天气下主梁竖向位移包络图(单位：m)

图 3-5-38 列出了单日极端最大温差天气下主梁竖向变形值，从图中可看出：单日极端最大温差天气下，最大竖向位移为 5.0 mm(上拱)，最大值位于主跨跨中位置，为白天日照升温工况引起；最小竖向位移为 −9.2 mm(下挠)，最小值位于主跨跨中位置附近，为夜间降温工况(无日照)引起；最大竖向位移差为 14.1 mm，最大位移差值位于主跨跨中附近。

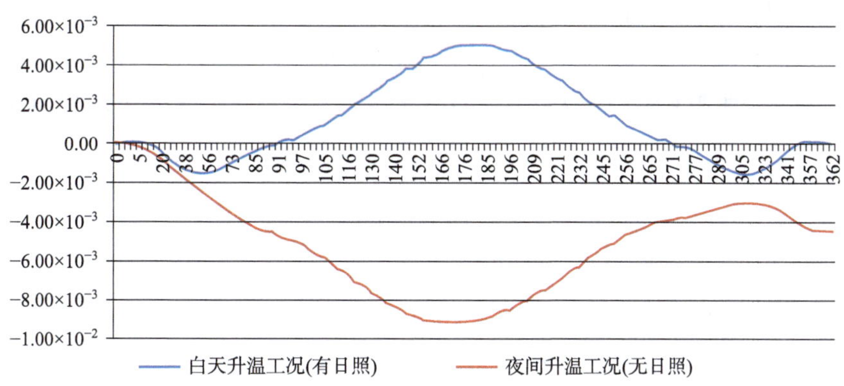

图 3-5-38　单日极端最大温差天气下主梁竖向位移包络图(单位:m)

表 3-5-12 列出了单日极端温度下主梁竖向变形值，由图 3-5-36～图 3-5-38 及表 3-5-12 可见，单日极端天气下，最大竖向位移为 11.0 mm(上拱)，最大值位于主跨跨中位置，为单日极端最高温天气引起；最小竖向位移为−9.8 mm，最小值位于主跨跨中位置附近，为单日极端最低温天气引起；最大竖向位移差为 14.1 mm，最大位移差值位于主跨跨中附近，为单日极端温差天气引起。

表 3-5-12　单日极端温度引起梁体变形(单位:mm)

极端天气	工　况	最大上拱位移	最大下挠位移	最大位移差
极端最高温	白天升温工况(有日照)	11.0	−0.1	12.9
	夜间升温工况(无日照)	3.7	−2.1	
极端最低温	白天降温工况(有日照)	2.7	−3.8	12.3
	白天降温工况(无日照)	0.0	−2.7	
	夜间降温工况(无日照)	0.0	−9.8	
单日极端温差	白天升温工况(有日照)	5.0	−1.6	14.1
	夜间降温工况(无日照)	0.0	−9.2	

注:表中升温降温是指实际温度相对梁体合龙温度而言。

(5)根据对本桥的变形观测及计算分析可得出以下结论：

①梁体的各项变形指标均满足《高速铁路设计规范》(GB 10621—2014)要求。

②梁部竖向变形的理论计算值与中铁十六局及大成国测的实测数据变化趋势一致，变化幅值基本接近。由于所选取的基准点、测量误差、外部荷载以及温度荷载的差异(实际作用在结构上的温度荷载与理论计算假定值会有差别)等因素影响，导致测量数据与理论计算略有差异。

③理论计算主桥变形对无砟轨道结构影响如下：

a. 主梁竖向变形主要受拱肋日照升温影响，而结构整体升降温对主梁竖向变形影响较小。在最不利温度作用下，主梁最大上拱值为 12.2 mm，最大下挠值为−10.7 mm，最大值均位于主跨跨中位置。

b. 温度荷载与收缩徐变 1 500 d 组合工况下，主梁竖向位移最大值为 15.8 mm(上拱)，最大值位于主跨跨中位置。

c. 单日极端天气下，最大上拱值为 11.0 mm，最大下挠值为−9.8 mm，竖向位移单日最大变化值为 14.1 mm。最大值均位于主跨跨中位置。

5. 轨道变形观测及动态检测情况

(1)无砟轨道施工完成时轨道静态不平顺较为明显，10 m 弦长和 30 m、300 m 基线长的静态高低不平顺均超过静态验收标准，最大值分别为 3.56 mm、3.42 mm 和 14.36 mm。

(2)2015 年 5 月 25 日、6 月 13 日和 6 月 29 日(右线 7 月 7 日)三次精调前轨道初始线形偏差较大，精调后轨道线形满足静态验收标准，每次精调前与前一次精调后的线形变化较大。

①6 月 13 日轨面高程较 5 月 25 日呈曲线变化，6 月 29 日轨面高程较 6 月 13 日普遍下降。

②后两次精调前小里程边跨均有异常下沉，最大值分别为−5.55 mm 和−6.30 mm，后期应加强监测。

③精调完成后轨道静态高低不平顺满足静态验收标准,但与设计高程相比有一定的差异。

(3)根据本桥在最高速度 330 km/h 和 300 km/h 条件下动态检测表明,脱轨系数、轮重减载率、轮轨垂向力、构架横向加速度、轮轴横向力等动力学指标测试最大值均未超出限度值,本桥上下行线保持了良好的轨道几何状态。

6. 桥梁动力学检算

根据车桥耦合振动分析理论,运用桥梁结构动力分析程序 BDAP V2.0,针对资阳沱江特大桥(90+180+90) m 连续梁拱三种桥面线形曲线(设计成桥线形、升温+收缩徐变曲线、降温+收缩徐变曲线),采用空间有限元方法建立其全桥动力分析模型,考虑了桩与土的相互作用,对该桥的空间自振特性进行了计算;同时,对在 CRH3 动车组作用下的车桥空间耦合振动进行了分析。其主要结论如下:

(1)桥梁自振特性分析

资阳沱江特大桥(90+180+90) m 连续梁拱的拱肋一阶侧倾频率为 0.482 Hz,墩、梁、拱体系一阶横向弯曲频率为 0.797 Hz。

(2)桥梁振动性能

通过对资阳沱江特大桥(90+180+90) m 连续梁-拱进行车桥空间耦合振动分析,得到资阳沱江特大桥主桥主跨、拱顶以及墩顶的最大响应值详见表 3-5-13 和表 3-5-14。

表 3-5-13 资阳沱江特大桥(90+180+90)m 连续梁拱最大位移响应值(mm)

桥面曲线	车速(km/h)	主跨跨中		拱顶		1 号墩顶	2 号墩顶
		横向	竖向	横向	竖向	横向	横向
设计成桥线形	200～450	0.601	5.860	1.527	3.237	0.409	0.357
升温+收缩徐变曲线	200～450	0.601	5.927	1.528	3.273	0.409	0.357
降温+收缩徐变曲线	200～450	0.601	5.911	1.527	3.264	0.409	0.357

表 3-5-14 资阳沱江特大桥(90+180+90)m 连续梁拱最大加速度响应值(m/s^2)

桥面曲线	车速(km/h)	主跨跨中		拱顶		1 号墩顶	2 号墩顶
		横向	竖向	横向	竖向	横向	横向
设计成桥线形	200～450	0.070	0.399	0.037	0.235	0.017	0.016
升温+收缩徐变曲线	200～450	0.070	0.399	0.037	0.235	0.017	0.017
降温+收缩徐变曲线	200～450	0.070	0.397	0.037	0.235	0.017	0.017

可见,在上述动车组作用下,资阳沱江特大桥(90+180+90) m 连续梁拱组合桥的竖向和横向振动位移较小,墩顶横向振动位移也较小,桥梁竖向和横向振动加速度以及桥墩横向振动加速度均小于规范规定的限值,说明桥梁的振动性能良好。

(3)列车行车安全性

资阳沱江特大桥(90+180+90) m 连续梁拱组合桥在 CRH3 动车组以速度 200～450 km/h 范围通过时,动车与拖车的脱轨系数、轮重减载率、轮轨横向力等安全性指标均在限值以内,说明高速列车运行的安全性得到保障。

(4)列车行车舒适性

在 CRH3 动车组以速度 200～450 km/h 范围通过时,车辆竖向舒适性均能达到“优”,横向舒适性为“优”。

(5)温度与收缩徐变变形对车桥动力响应的影响

温度变化与混凝土收缩徐变变形,必然会引起桥梁桥面上拱,进而引起桥上轨道产生附加竖向不平顺。由于这种变形只能在桥梁跨度范围内渐变,因此,该附加竖向不平顺属于在桥梁跨度范围内的长波不平顺。而长波不平顺对车辆行车安全性指标影响很小。

车-线-桥动力仿真分析结果表明,温度与收缩徐变变形,对车桥系统横向动力响应几乎没有影响;对桥梁竖向振动位移有一定影响,但影响很小;对车辆行车安全性指标(轮重减载率、脱轨系数)影响很小。

综上所述，资阳沱江特大桥（90＋180＋90）m 连续梁-拱具有足够的竖向和横向刚度，温度变化与收缩徐变引起的桥面变形，经车桥耦合动力仿真分析，满足成渝客专列车运行的安全性和行车舒适性。

7. 轨道平顺性分析

（1）桥梁最不利升降温组合工况下，轨道 10 m 弦长、30 m 基线长、300 m 基线长高低不平顺均满足《高速铁路设计规范》（TB 10621—2014）要求（10 m 弦长和 30 m 基线长容许偏差值为 2 mm，300 m 基线长容许偏差值为 10 mm），但 300 m 基线长高低不平顺最大值为 9.349 mm，接近规范容许偏差值。

（2）单日极端气候工况下，轨道 10 m 弦长、30 m 基线长、300 m 基线长高低不平顺均满足《高速铁路设计规范》（TB 10621—2014）要求，但 300 m 基线长高低不平顺较大。最高气温日、最低气温日和最大温差日的 300 m 基线长高低不平顺最大值分别为 8.552 mm、7.652 mm 和 7.255 mm。

（3）无砟轨道施工完成后的前三年收缩徐变对轨道高低不平顺的影响较大，其中对 10 m 弦和 30 m 基线长不平顺影响相对较小，对 300 m 基线长波不平顺影响相对较大。在无砟轨道施工完成至桥梁合龙 1 500 d 的收缩徐变影响下 300 m 基线长高低不平顺最大值为 13.4 mm，超过规范容许偏差值 10 mm。

（4）以 2015 年 7 月 7 日无砟轨道最后一次精调后的轨道状态为基础进行检算，最不利温度荷载和一年的收缩徐变影响共同作用时，轨道左线 300 m 长波不平顺最大值将达到 13.92 mm，右线将达到 12.75 mm，超过规范容许偏差值 10 mm。因此，需要根据日常动态检测数据和轨道几何状态测量情况适时进行精调，确保安全舒适运行。

8. 评估结论与建议

（1）主桥（90＋180＋90）m 连续梁拱变形及轨道平顺性分析结论

①经检算，桥梁的各项变形指标均满足现行规范要求，桥梁结构安全可靠。在最不利工况下，梁部最大竖向静态变形为 15.8 mm（上拱），梁体变形可控。

②梁部竖向变形的理论计算值与中铁十六局及北京大成国测科技有限公司的实测数据变化趋势一致，变化幅度值基本接近。

③温度变化与收缩徐变引起的桥面变形，经车桥耦合动力仿真分析，满足成渝客专列车运行的安全性和行车舒适性。

④温度荷载单独作用下，资阳沱江特大桥桥梁理论变形引起的轨道不平顺均满足规范要求，线形符合静态验收标准，其中桥梁整体温度变化对轨道线形影响较小，日照升温引起拱肋和主梁温差引起的主梁竖向变形相对最大。

⑤无砟轨道精调后最不利温度荷载组合作用下，轨道理论不平顺值仍满足规范要求，线形符合静态验收标准，但 300 m 基线长不平顺接近容许偏差值 10 mm。

⑥收缩徐变影响不可忽视，尤其在运营初期对轨面高程影响较大，但影响逐年减小并趋于稳定（至 2018 年 10 月收缩徐变引起的年垂向变化量仅为 1.69 mm）。温度荷载与收缩徐变共同作用下，轨道理论 300 m 长波不平顺值可能超限，但通过轨道精调可以有效消除收缩徐变影响。

⑦联调联试至今的动态检测数据表明，本桥上下行线均保持了良好的轨道几何状态，最高速度 330 km/h 通过条件下，各项安全性评价均未超出限度值，车辆动力学响应垂向和横向平稳性指标均为优，满足动态验收标准要求。

综上所述，在及时精调的情况下本桥主梁变形及轨道不平顺对运营的影响可控，满足按设计速度开通运营的要求。

（2）建议

①由于本桥为梁-拱组合结构，温度荷载下变形相对敏感，运营过程中应加强对梁体变形监测，监测数据应为梁体的绝对变形值。

②应加强对吊杆及拱肋的检查，每年应至少检查两次。对本桥的养护除遵循全线的养护规程外，并应严格按照本桥的养护手册执行。

③前三年收缩徐变对轨道线形的影响较大，2015 年 7 月精调后的轨道状态叠加温度荷载与一年的收缩徐变影响后，可能造成 300 m 长波不平顺超限。因此运营后应根据日常动态检测数据和轨道几何状态测量情况适时精调以满足相关规定的要求。

④建议在日常维护基础上增加调高垫板的备品备件数量,特别增加 0.5 mm 级调高垫板,保证维修调整工作的顺利开展。每次精调时应准确记录轨道几何状态数据、每个承轨台的调高量及精调温度,以利于后期精调和运营维护工作。

⑤建议加强对轨道长波不平顺的监测,利用添乘仪、晃车仪和动检车数据对线路动态情况进行实时监控和分析,对异常不良情况及时安排复核检查或测量。发现影响安全的现象应按相关规定立刻采取应急措施,避免产生安全事故。

⑥建议定期进行轨面高程测量,每次进行轨面高程测量前均应进行 CPⅢ桩的复测以保证测量数据的可靠性,进行测量时还应记录准确时间及温度情况。收集完整温度周期下的轨道、桥梁变形数据和充足的动检数据,以便掌握桥梁变形、轨道几何形位变化与气温及气候变化条件下的规律,为完善养护维修方案积累基础数据。

二、成渝客专配合施工相关问题的处理

(一)平原地区涵洞出口排水问题

1. 出现问题及处理措施

①成渝客专平原地区路基段排水涵原则上按逢沟设涵的原则进行设计,铁路路基汇水排入涵洞将增大暴雨季节涵洞出口流量,既有水沟往往不能满足排水要求,对涵洞出口农田产生较大冲刷甚至淹没农田。

②由于铁路建设过程周期较长,铁路附近灌溉系统在铁路建设过程中受铁路施工等方面影响不断调整灌溉路径或排水方向,原设计涵洞设置位置、标高出现与调整后灌溉系统的情况。

针对涵洞排水问题,成绵乐公司组织参建各方,在铁路沿线进行现场踏勘,对地方水沟进行加宽、加深、硬化等措施进行改造;对于灌溉系统因铁路建设出现较大变化者,变更增设涵洞或调整涵洞设置位置。

2. 原因分析

平原地区路基段将铁路范围雨水收集后集中于涵洞内排出,与铁路建设前农田中分散排放有较大区别,增大了涵洞出口瞬时流量,超过既有水沟最大允许流量。受铁路建设影响,当地村民在铁路施工期间根据现场条件自行调整农田灌溉系统。总之,平原地区修建铁路路基对当地出行、农田灌溉的影响在设计阶段难以准确预计,无法考虑周全。

3. 经验总结与建议

对于平原人员密集地区,建议铁路采用矮桥的方式通过,将大大减小铁路建设对当地交通、灌溉、居民生活等各方面的影响。

(二)旅客车站地方配套工程堵塞铁路排水系统

1. 出现问题及处理措施

成渝客专部分车站范围根据既有地形、排灌水系设置排水涵,地方车站配套设施建设,未对原有排水沟渠设置排水通道,致使车站内排水涵被堵,影响车站路基安全。

经成渝公司与地方进行多次沟通、对接,根据地方提供路径,埋设圆管涵将铁路汇水排至地方水系。

2. 产生原因

铁路建设站前工程与站房工程不同步进行,地方政府车站配套设施设计方案在站房方案稳定后开展,往往忽略了铁路已建或正在建设的排水系统,在配套工程中未考虑铁路水系通道。

3. 经验总结与建议

铁路施工图交付完成后,应主动配合站房设计单位与地方衔接站房方案,将站场范围桥涵设计资料提交地方,供其在车站配套规划时统一考虑铁路排水通道。

(三)地方建设对铁路桥梁的影响

1. 出现问题及处理措施

铁路建设周期长,而随着地方建设速度加快,在铁路周边甚至铁桥桥墩处野蛮施工,危及铁路桥梁安全。永川渝昆高速 1 号特大桥 K238+100～K238+300 段桥墩施工完成后,地方建设基坑开挖,致使桥墩偏移。

经成渝公司组织参建各方对地方土建工程影响的桥墩及时进行了加固处理。

2. 产生原因

地方工程建设周期短，铁路建设过程中不断出现铁路与地方土建工程交叉施工问题，而地方相关部门在未与铁路建设单位、设计单位充分沟通的情况下，擅自强行施工，危及铁路桥梁安全。

3. 经验总结与建议

配合施工过程中要求施工单位对铁路红线范围及附近地方土建工程引起足够重视，一旦出现影响铁路安全的施工现象，应立即通知建设单位组织参加各方与地方政府及相关部门进行对接，杜绝地方违规施工影响铁路安全现象。

（四）内江北站框架桥上拱问题

1. 出现问题及处理措施

2015 年 4 月，内江北站轨道精调过程中发现 K152＋690.268～K152＋922.268 与 K153＋595.268～K153＋770.268 段无砟轨道高程较设计高程最大“上拱”约 20 mm。

发现该问题后，铁二院随即开展了内江北站 CPⅢ网的检测、核查工作；同时四川西南交大铁路发展有限公司对该段路基 CPⅢ网进行了复测；并对 3 线（靠山侧）、Ⅰ线（正线左线）、Ⅱ线（正线右线）、4 线（靠站房侧）进行了沉降变形自动监测。

根据测量结果分析，检测、核查、复测内江北站区域内有两处、内江北至隆昌北区间路基有 1 处，确实存在上拱变形现象。

目前，根据北京大成国测科技有限公司提供的沉降变形自动监测数据，2015 年 8 月 7 日～2018 年 1 月 3 日，内江北站：3 线（靠山侧）最大上拱量 29.74 mm，Ⅰ线（正线左线）最大上拱量 25.75 mm，Ⅱ线（正线右线）最大上拱量 23.37 mm，4 线（靠站房侧）最大上拱量 20.81 mm。

根据 2017 年 11 月 9 日成都高铁工务段《成渝高速线 K170＋500-K171＋600 观测分析报告》，内江北至隆昌北区间路基 DK170＋341.98～＋541.98 路堑上拱最大值（累计观测时段 2015 年 2 月精调后～2017 年 11 月 5 日）27.6 mm 左右。

由于上拱原因不明，暂未对上拱路基段的框架桥作相应的处理。

2. 上拱段落上拱原因初步分析

从施工质量来看，基床底层换填不存在路基“上拱”因素；从下伏基岩地质复查情况来看，对所取试样岩体含水量、膨胀性等方面分析，同时采用工程类比法和排除法等方法分析，其也不具备“上拱”条件。故本段路基“上拱”原因为：川南铁路施工形成了较大面积基坑暴露，特深路堑高边坡卸载引起的弹塑性体回弹隆起、路堑高边坡及基床下岩体的蠕变变形两种因素综合造成。

3. 经验与总结

类似地质岩性的深路堑高边坡地段应尽量避免设置涵洞或框架桥，若必须有地方需求设置立交工程，应对该地段的地质情况作详尽的分析和评估，确定该处是否能设置相应的工程。

三、工务部门提前介入检查及静态验收提出问题的处理

（一）桥上声屏障与栏杆连接处空隙处理

1. 出现问题及处理措施

成都铁路局高铁工务段对成渝铁路各标段提前介入检查时提出：桥梁设置声屏障与栏杆交界处空隙未封闭，为保证检修人员安全，对桥上声屏障与栏杆交界处空隙应进行封闭。

经成渝公司组织研究后，同意在桥梁声屏障与栏杆交界处增设钢栏杆对空隙进行封闭。

2. 原因分析

部颁通用图桥上声屏障、栏杆靠近梁端处支柱距离梁端约 20 cm，桥梁梁缝处存在 40～50 cm 空隙，桥梁附属设施通用图 8388A 未作处理，对检修人员安全存在一定风险。

3. 经验总结与建议

为保证检修人员安全，桥上声屏障与栏杆交界处在通用图未完善时应补充空隙封闭设计图。

（二）涵洞、框架桥帽石防护网

1. 出现问题及处理措施

成都铁路局高铁工务段对成渝铁路各标段提前介入检查时提出：涵洞、框架桥帽石上防护网与路基防

护栅栏未封闭,且防护网刚度不足,养护维修工作量大,要求调整防护网设计,提高防护网刚度,并对与防护栅栏间缝隙进行封闭。

经成渝公司组织研究后,同意提高防护网设计标准,按工务部门要求调整。

2. 原因分析

涵洞、框架桥帽石上防护网由于施工单位不重视防腐处理,各线均存在铁路运营后极易损坏、锈蚀的情况,故工务部门意见较大。

3. 经验总结与建议

2012 版防护栅栏通用图包含了涵洞处封闭处理内容,建议各线涵洞不再单独设置防护网,按通用图采用栅栏+刺丝滚笼的方式进行封闭。

(三)地方新增道路邻近铁路桥墩设置防撞墩、限高架

1. 出现问题及处理措施

成都铁路局高铁工务段对成渝铁路各标段提前介入检查时提出部分道路下穿成绵乐铁路桥梁、涵洞净高小于 5.0 m 时未设置限高防护架,部分邻近道路桥墩未设置防撞墩。

经成渝公司组织研究后同意增设防撞设施、限高架。

2. 原因分析

(1)铁路建设过程中,地方交通建设也同时进行,特别乡村道路受铁路施工影响,位置不断变化,使桥梁范围出现较多新增道路并靠近桥墩,部分下穿道路桥梁净空不足 5.0 m。

(2)路基地段为方便两侧行人通行,设计是设置部分人行涵洞(净高小于 5.0 m),铁路建设过程中,地方自行修建道路与人行涵洞连通,并通行机动车辆。

3. 经验总结与建议

对于地方新增道路在设计中难以考虑,对于位于地势平坦地区、净空高度小于 5.0 m 的人行涵洞,建议设置限高架,在当地改变使用功能时保证涵洞结构安全。

(四)连续梁梁端及主墩支点处进入洞检修爬梯

1. 出现问题及处理措施

成都铁路局高铁工务段对成渝铁路各标段开展静态验收时提出:检修人员在连续梁梁端及主墩支点处进入洞行走困难,要求增设爬梯,便于检修人员在连续梁内通行。

针对该问题,成渝公司组织研究,同意增设检修爬梯。

2. 原因分析

部分跨度较大连续梁梁端及支点进入洞处高差较大,检修人员从梁体内部行走时存在一定的难度,应考虑检修人员通行辅助设施。

3. 经验总结与建议

对于连续梁进入洞高差较大处,设置检修爬梯,便于检修人员通过。

第六章 隧道设计

第一节 隧道工程概况与特点

一、隧道工程概况

成渝客专正线贯通方案(成都东站至重庆站)全线共有隧道 48 座/52 874 m,其中双线隧道 46 座/44 631 m,单线隧道 2 座/8 243 m,占正线路总长的 15.8%。其中重庆枢纽范围内新中梁山左右线隧道为新建设计速度 250 km/h 单线隧道及 3 座设计速度 120 km/h 双线隧道,其余均为新建设计速度 350 km/h 双线隧道。重庆枢纽联络线隧道 15 座/13 222 m,设计速度 120 km/h;其中重庆北联络线新建隧道 6 座/6 194.5 m(单线 3 座 3 933.4 m,双线 3 座/2 266.1 m);重庆西联络线单线隧道 8 座/6 887.5 m(2 座新建隧道、6 座扩挖隧道)及还建黄菜线扩挖单线隧道 1 座/140 m。全线最长隧道为新龙泉隧道,全长 7 325 m。成渝客专长度大于 5 km 的隧道统计见表 3-6-1。

表 3-6-1 成渝客专长度大于 5 km 隧道统计表

序号	工程名称	进口里程	出口里程	中心里程	全长(m)
1	龙泉山隧道	DK 22+485	DK 29+813	DK 26+149	7 328
2	大安隧道	DK 243+950	DK 249+004	DK 246+477	5 054
3	新红岩隧道	GDK 297+295	GDK 303+994	GDK 300+644.5	6 699

二、隧道工程特点

成渝客专线隧道所属区段地形地质条件复杂,主要不良地质有煤层瓦斯及煤窑采空区、老窑积水、石灰岩采空区、岩溶;其他尚有滑坡、岩堆、顺层、危岩落石、可燃气体(天然气田)、人为坑洞(人防工事)等;特殊岩土主要有人工弃填土、软土(松软土)、膨胀土(岩)、石膏、盐溶角砾岩。其中共有Ⅰ级风险隧道 3 座,分别为龙泉山隧道、新中梁山隧道、新红岩隧道;高瓦斯隧道 1 座/7.3 km,下穿高速公路、与道路及房屋等构筑物立交地段众多,施工难度大。

第二节 设计原则与采用的主要技术标准

一、建设标准

本线隧道工程按以下标准设计:正线隧道除重庆枢纽内新建设计速度 250 km/h 单线隧道新中梁山左右线隧道两座,沙坪坝至菜园坝段新建+改建 120 km 双线隧道 2 座,其余均为新建设计速度 350 km/h 双线隧道。重庆枢纽联络线建设计速度 120 km/h 单线隧道 10 座、双线隧道 3 座。

二、建筑限界及内轮廓

1. 正线(不含重庆枢纽范围)

旅客列车设计行车速度为 350 km/h。双线地段建筑限界及衬砌内轮廓如图 3-6-1 所示,轨面以上净空面积为 100 m^2,曲线地段不设加宽。

2. 正线重庆枢纽新中梁山隧道

旅客列车设计行车速度为 250 km/h。单线隧道圆形衬砌断面内轨顶面以上净空面积为 60 m^2,曲线地段隧道不加宽,大跨段根据需要拟用,如图 3-6-2 所示。

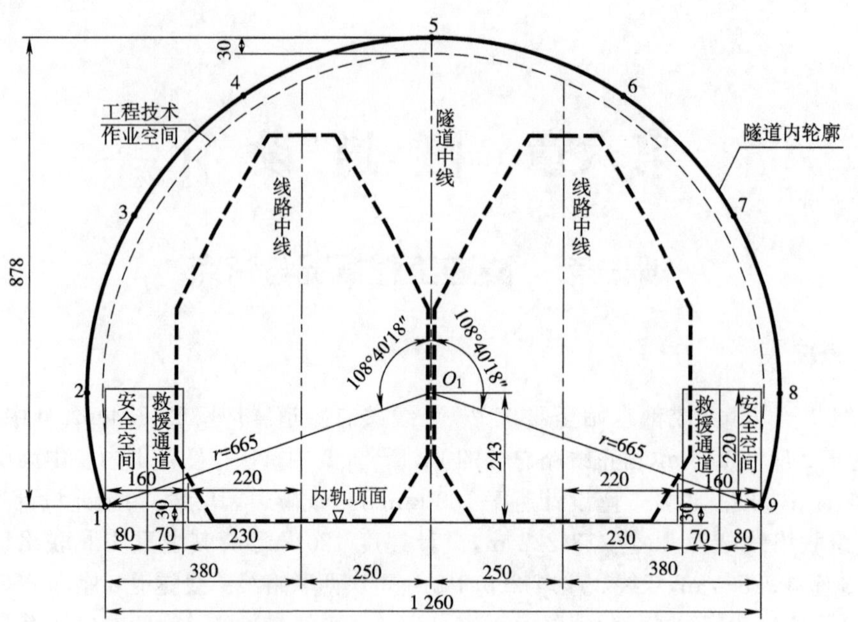

图 3-6-1 建筑限界及内轮廓(正线,不含重庆枢纽范围,单位:cm)

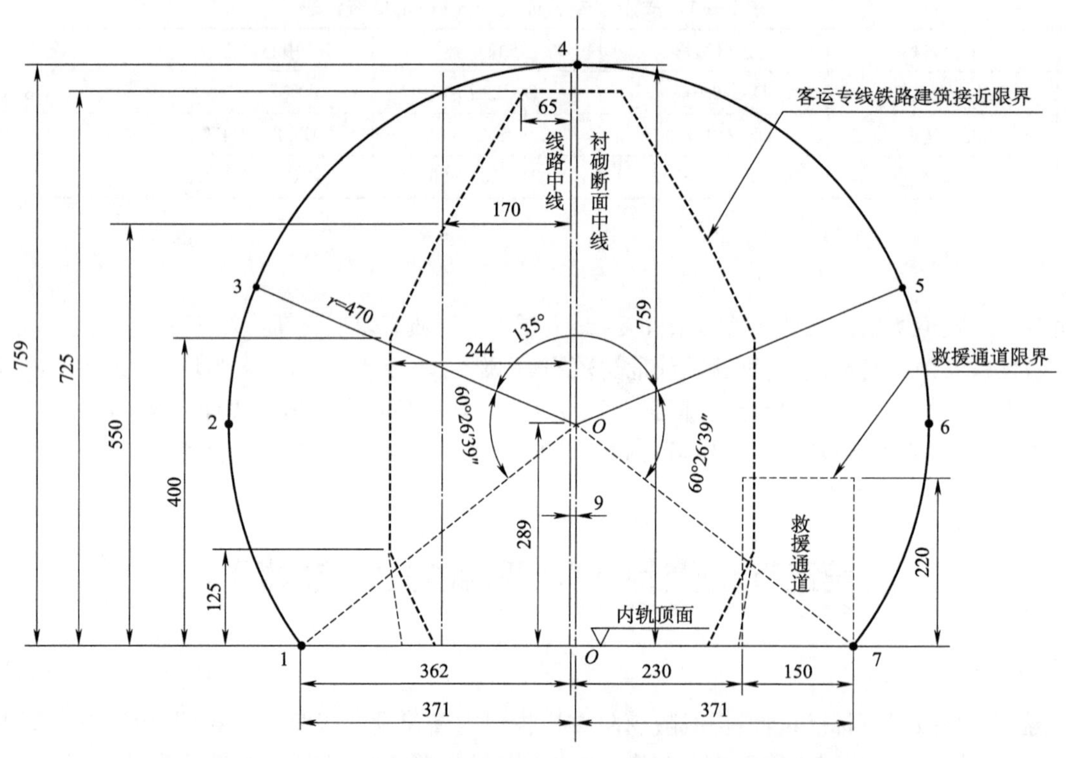

图 3-6-2 建筑限界及内轮廓(正线,含重庆枢纽范围,单位为 cm)

3. 重庆枢纽范围内双线

重庆枢纽范围内部分正线及联络线隧道,设计速度 120 km/h 段,双线隧道衬砌内轮廓,曲线段设置加宽,如图 3-6-3 所示。

4. 重庆枢纽范围内单线

重庆枢纽联络线设计速度 120 km/h 及其以下,单线隧道,不开行双层集装箱衬砌内轮廓,曲线段设置加宽,如图 3-6-4 所示。

5. 隧道内过梁,隧道净空应满足桥梁设置和架梁作业要求;隧道内设置信号机等设备时,隧道内净空宽度需满足设备安装要求。

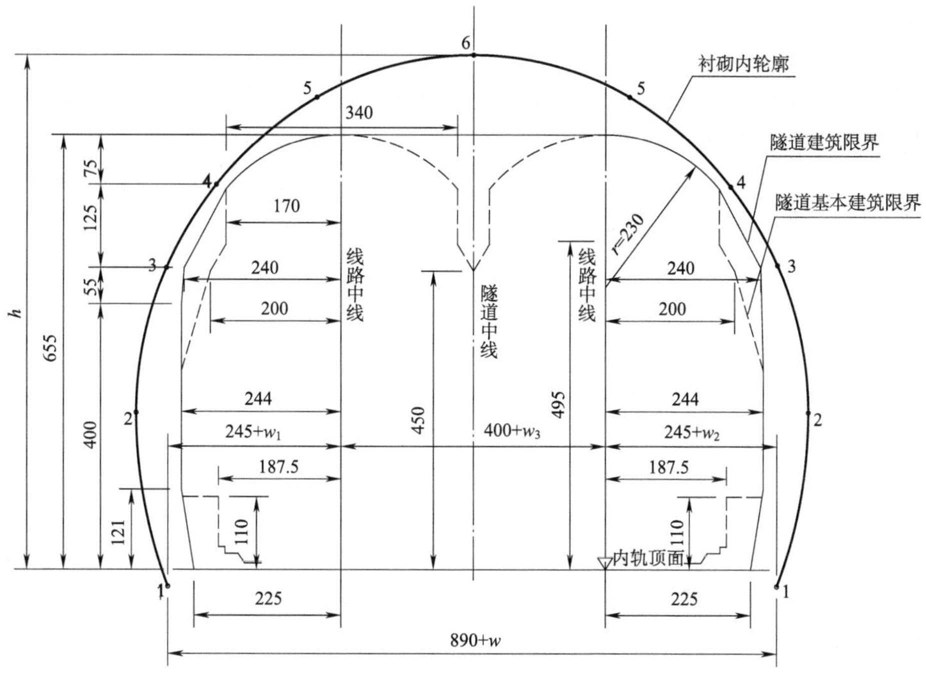

图 3-6-3 建筑限界及内轮廓(内双线,单位为 cm)

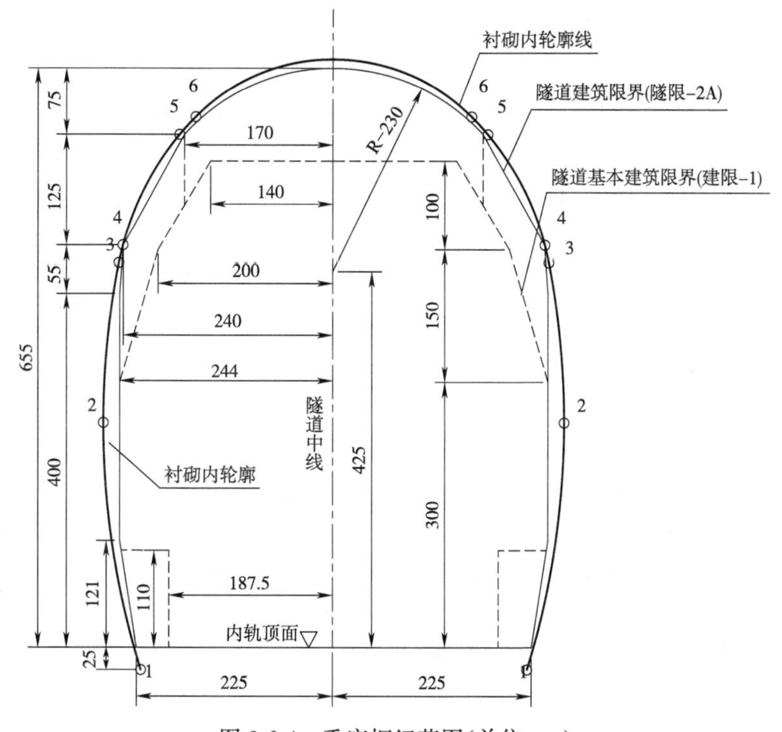

图 3-6-4 重庆枢纽范围(单位:cm)

6. 接触网下锚段内轮廓要求

当隧道内需设置接触网下锚段时,隧道净空和净宽尺寸应满足相关专业要求。

第三节 一般隧道设计

一、隧道结构设计

(一)明洞设计

明洞设计断面分偏压式、单压式明洞、双耳墙式明洞,设计根据地形地质条件分别选用。

(二)暗洞设计

1. 正洞衬砌结构

(1)全段正线 350 km/h 双线隧道明洞、斜切段采用整体式衬砌,暗挖段衬砌为充分利用岩体自稳能力,均采用复合式衬砌。浅埋、地形地质构造等引起有明显偏压地段、断层破碎带、特殊地质段及近距离下穿建(构)筑物段、国防设防段应采用加强复合衬砌。Ⅲ、Ⅳ、Ⅴ级围岩地段均采用曲墙式带仰拱衬砌,地下水及岩溶强烈发育的地段采用曲墙式带仰拱抗水压衬砌。

(2)一般情况下,Ⅲ级围岩衬砌之拱墙采用 C30 纤维混凝土,Ⅲ级围岩仰拱采用 C30 素混凝土,一般情况下,Ⅳ级围岩深埋地段拱墙二衬采用 C35 纤维混凝土,Ⅳ级围岩浅埋及偏压段、Ⅴ级围岩地段二衬均采用 C35 钢筋混凝土。

(3)高瓦斯地段隧道采用全封闭复合式衬砌,拱墙、仰拱衬砌均采用 C35 气密性混凝土。

(4)专用洞室衬砌类型采用与之所在二衬段落相同之衬砌类型。

(5)接触网下锚段、隔离开关处二次衬砌采用钢筋混凝土结构。

(6)特殊衬砌段落

①断层破碎带、岩堆体或错落体、滑坡体、人工填土或弃渣场地段,衬砌结构进行加强,原则上除特殊地质情况下,如断层破碎带等,差的围岩段不向较好围岩地段延伸。

②顺层及偏压地段,计算地质偏压影响较大时,采用加强衬砌。

③采空区影响段加大预留变形量、加强初期支护等控制大变形的措施,二次衬砌采用钢筋混凝土。

2. 辅助坑道衬砌类型

辅助坑道衬砌一般采用锚喷衬砌,Ⅴ级围岩洞口段、与正洞交接段采用模筑衬砌。

3. 支护类型

(1)一般正洞暗挖段均采用锚喷网系统支护并辅以超前小导管或大管棚及钢架进行加强支护,一般情况下,其中Ⅴ级围岩段均采用全环 I20a 或 I20b 型钢钢架,Ⅳ级围岩段采用拱墙格栅钢架或全环格栅钢架,Ⅲ级围岩水平岩层采用拱部格栅钢架,Ⅲ级围岩水平岩层采用超前锚杆、Ⅳ级围岩设超前锚管支护、Ⅴ级设小导管或大管棚超前支护。

(2)本线隧道穿越砂泥岩地层较多,若岩层缓倾,设计应充分考虑缓倾岩层的拱部分层剥落问题,采取加强支护措施,局部设置拱部格栅钢架及拱部 ϕ25 mm 超前锚杆支护,防止拱顶坍塌掉块。

(3)辅助坑道Ⅴ级围岩地段设拱墙型钢钢架及拱部 ϕ42 mm 超前小导管加强支护,其余采用锚喷网支护。

二、结构的耐久性

(1)隧道主体结构设计使用年限级别为一级,洞口支挡结构及隧道二次衬砌设计使用年限均为 100 年。

(2)主体结构混凝土原材料品质、配合比参数限值以及耐久性指标要求均按《铁路混凝土结构耐久性设计暂行规定》(铁建设〔2007〕140 号)及本规定局部修订条文的通知办理。

(3)衬砌结构钢筋净保护层厚度:拱墙、仰拱不小于 55 mm,底板不小于 40 mm。结构的主要部件初期支护采用喷 C25 混凝土或 C30 纤维混凝土。本隧地下水对混凝土无侵蚀,隧道二次衬砌按碳化环境 T2 设计。

(4)洞门端墙及挡(翼)墙一般按 T2 环境等级采用 C30 混凝土。

三、主要建筑材料

混凝土建筑材料一般应参照现行通用图及《铁路混凝土结构耐久性设计暂行规定》(铁建设〔2007〕140 号)及本规定局部修订条文的通知办理。

1. 对混凝土无侵蚀性环境(T2)

(1)洞口工程

洞门端墙、翼墙、挡墙混凝土等级:C30 混凝土或 C35 钢筋混凝土。

(2)初期支护

正洞喷射混凝土:C25 混凝土或 C30 纤维混凝土。

辅助坑道喷射混凝土:C25 混凝土。

锚杆:ϕ22 mm 组合中空锚杆,ϕ22 mm 砂浆锚杆。

格栅钢架:主筋 ϕ22 mm 和 ϕ25 mm。

型钢钢架:I16、I18、I20a、I20b 及 H175。

(3)模筑衬砌(含专用洞室)

拱墙、仰拱圬工强度等级:C30 纤维混凝土或 C35 钢筋混凝土。

仰拱圬工强度等级:C30 混凝土或 C35 钢筋混凝土。

水沟沟身和电缆槽槽身强度等级:C30 混凝土。

水沟盖板及电缆槽盖板强度等级:C35 钢筋混凝土。

辅助坑道按临时工程设计时,模筑衬砌的拱墙仰拱采用 C25 混凝土,铺底采用 C20 混凝土。

2. 对混凝土有侵蚀性环境要求时

(1)本线隧道主体结构与环境作用等级见表 3-6-2。

表 3-6-2 隧道主体结构与环境作用等级

环境类别	环境作用等级	隧道衬砌		水沟沟身
		钢筋混凝土	素混凝土	素混凝土
碳化环境	T2	C35	C30、C35	C30
氯盐环境	L1	C40	C35	C30
	L2	C45	C35	C30
	L3	C50	C35	C30
化学侵蚀环境	H1	C35	C35	C30
	H2	C40	C40	C35

一般情况下,二次衬砌结构采用防水混凝土,抗渗等级不小于 P10,地下水发育地段,抗渗等级应不小于 P12。

(2)初期支护及水沟沟身

当地下水有侵蚀性时,正洞初期支护之喷混凝土应按所处地段环境作用等级,选用相应外加剂,混凝土原材料(水泥、矿物掺合料、粗细骨料、水、外加剂)及其配合比应满足环境作用等级相关要求,具体应在施工中现场试验确定。

3. 防排水

(1)防水板:暗洞段采用 ECB 或 EVA,厚度 1.5 mm。防水板和无纺布分开铺设,无纺布重量不小于 400 g/m^2。防水板应满足《铁路隧道防水材料暂行技术条件》(科技基〔2008〕21 号)有关要求。

(2)橡胶止水带、钢边橡胶止水带:满足《铁路隧道防水材料暂行技术条件》(科技基〔2008〕21 号)有关要求。

(3)外贴止水带:满足《铁路隧道防排水施工技术指南》(TZ 331—2009)有关要求。

(4)环向盲管:ϕ50 mm 单壁打孔波纹管(外裹无纺布)。

(5)纵向盲管:ϕ80 mm 单壁打孔波纹管(外裹无纺布)。

(6)嵌缝材料:双组份聚硫密封膏、灰色,渗出性指数不超过 4,低温柔性−30 ℃,伸长率不小于 300%,恢复率不小于 80%,加热失重不超过 10%,拉伸强度不应小于 0.2 MPa,且拉、压循环性能为 80 ℃时拉伸-压缩率不小于 25%。

4. 弃渣工程

弃渣挡护采用 M10 浆砌片或 C20 混凝土石挡墙。拦渣坝采用 C20 混凝土。

隧道弃渣用地尽量少占农用地,尽量不占用基本农田。在条件允许的情况下,弃渣表面覆盖腐殖土或耕植土或种草植树绿化,防止水土流失。

隧道弃渣满足建材要求的尽量用作路基、站场填料或混凝土的骨料,其余部分则根据隧道附近地形和水文条件,明确弃渣地点,并根据场地类别,设置永久的渣场挡护工程,做好排水设施,防止水土流失。对放射性超标的隧道弃渣,严禁利用做填料或建筑材料,并应按相关的环保、卫生标准要求进行弃置处理。

四、抗震设计

根据《中国地震动参数区划图》(GB 18306—2001)与《四川、甘肃、陕西部分地区地震动峰值加速度区划图》(GB 18306—2001)图 A2,《四川、甘肃、陕西部分地区地震动反应谱特征周期区划图》(GB 18306—2001)图 B2 及四川赛思特科技有限责任公司 2009 年 9 月发布的《成渝铁路区域性地震区划报告》,测区地震动峰值加速度为 0.05g～0.1g(其中 DK0＋000～DK51＋200 及 DK185＋400～DK238＋100 段为 0.1g 外其余段均为 0.05g),0.1g 段考虑地震结构设防,其余段考虑抗震结构设防。

五、洞内附属工程设计

(1)隧道内按单侧间距 500 m 设置电缆余长腔洞室,沿隧道两侧交错布置。

(2)当站后专业要求隧道内设置专用洞室时,根据其具体要求增设专用洞室。专用洞室可与电缆余长腔洞室合并设置。专用洞室不得设于衬砌断面变化处或沉降缝处,当位于上述地段时,隧道衬砌结构变化位置应进行适当调整。

(3)隧道进出口及洞室设置通信、电力过轨管,过轨管按站后要求设置。

(4)本线正线隧道(除重庆枢纽范围)每侧均设置 2 条电缆槽,尺寸为 300 mm×300 mm(宽×深)及 300 mm×350 mm(宽×深);重庆枢纽新中梁山隧道内隧道每侧一条电缆槽,尺寸为 300 mm×250 mm(宽×深);重庆枢纽新红岩隧道每侧均设置 2 条电缆槽,尺寸为 200 mm×200 mm(宽×深)及 150 mm×200 mm(宽×深);重庆枢纽联络线隧道每侧一条电缆槽,尺寸为 200 mm×200 mm(宽×深)。

(5)其他洞室(如变压器洞室等)根据相关专业要求设置。

六、施工组织设计

1. 总工期要求

成渝客专隧道土建工程总工期(不包括无砟轨道铺设、联调联试、沉降评估及站后工程施作)安排为不超过 36 个月。

2. 隧道施工进度

根据本线的地质、地形条件,经与类似条件铁路比较,施工进度按主要工序全部推进考虑,本线采取的进度指标原则见表 3-6-3。

表 3-6-3 施工进度(本表适用于一般情况)

围岩级别	成洞进度(m)							
	正洞单线	正洞双线	平导及横洞	平(横)带正双线	斜井无轨	斜井有轨	斜带正(双线)无轨	斜带正(双线)有轨
Ⅲ	120	120	180	同正线	220	100	同正线	96
Ⅳ	85	80	120		150	60		64
Ⅴ	50	40	80		90	40		36

注:对于突水与岩溶整治的施工可根据开挖后揭示的实际情况调整进度。

3. 重点隧道工期

根据以上施工进度指标及隧道的辅助坑道设置,全线控制工程工期表 3-6-4。

表 3-6-4 全线重点隧道工程工期表

序号	工程名称	全长(m)	土建工期(月)
1	龙泉山隧道	7 328	32.6
2	大安隧道	5 054	31
3	新中梁山左线隧道	4 124	33.99
4	新中梁山右线隧道	4 119	34.6
5	新红岩隧道	6 699	34.27

七、接口专业设计情况

1. 隧道轨下基础类型

(1)正线范围内隧道除重庆枢纽竹木街隧道采用有砟轨道外，其余均采用 CRTSⅠ型双块式无砟轨道。全线按 60 kg/m 重型轨道标准设计，一次性铺设跨区间无缝线路，轨道结构高度 515 mm。

(2)重庆枢纽重庆北、重庆西联络线以及正线竹木街隧道采用有砟轨道，轨道结构高度 77 cm。

2. 隧道照明

长度在 500～5 000 m 隧道根据相关要求设置固定式检修照明设备。

5 000 m 以上隧道根据相关要求设置固定式检修照明设备和应急照明设备：应急照明设备应设置在救援通道，应急照明在救援通道的地面水平照度不应小于 0.5 lx；疏散指示照明标志安装间距不宜大于 30 m，并应安装在距离地面 1 m 以上的墙上。

救援通道内应急疏散标志处配备灯光及应急照明显示方向。

3. 通信、信号、电力、接触网

(1)按照通信信号及电力专业综合接地体的要求，在相应的位置预埋接地钢筋、接地端子等。

(2)隧道专用洞室处及隧道洞口根据相关专业要求设置过轨钢管。

(3)本隧接触网基础采用化学锚栓。化学锚栓设置位置根据接触网专业要求布置。

(4)隧道均设置综合接地系统。

4. 消防设施

对于安放通信信号、电力设备的专用洞室及变压器洞室，均应配备消防设施，具体要求详见相关专业。

第四节 长大、重难点隧道设计

一、龙泉山隧道

(一)概　　况

龙泉山隧道进口里程 DK22＋485，出口里程 DK29＋813，全长 7 328 m，双线隧道，线间距 5 m，隧道位于直线上，属高瓦斯隧道。

(二)施工地质概况

1. 地形地貌

龙泉山隧道位于成都市龙泉驿区，区内主要山脉为龙泉山，龙泉山山脉系四川盆地西部成都平原和川中丘陵的地理界线，是岷江与沱江的分水岭。龙泉山呈一条形山脉，地面高程 480～985 m，由北东-南西纵贯境内，为本区最高地形。

2. 地层岩性

本段隧道洞身穿过侏罗系上统遂宁组(J_3s)泥岩夹砂岩，中统上沙溪庙组(J_2s)泥岩夹砂岩。

龙泉山隧道围岩级别见表 3-6-5。

表 3-6-5　龙泉山隧道围岩级别统计

高铁隧道	全长	Ⅲ级	Ⅳ级	Ⅴ级
长度(m)	7 328	1 505	4 675	1 148
比例(%)		20.5	63.8	15.7

3. 地质构造及地震动参数

测区位于新华夏系第三沉降带四川盆地西缘的川西褶皱带中，主要构造体系为龙泉山褶皱带，以龙泉山箱状大背斜为骨干，包括一系列走向北 20°～30°东的褶皱、冲断层等压性、压扭性结构面，龙泉山大背斜轴部宽阔平缓，两翼陡然下降，延伸不远复又变平。本段发育卧龙寺向斜、龙泉山大背斜(三大湾背斜)。隧址区节理裂隙较发育，主要以构造裂隙为主，浅部基岩多为风化卸荷裂隙。

测区地震动峰值加速度为 0.10g，地震动反应谱特征周期为 0.45 s。

4. 水文地质特征

隧道本段地层岩性为泥岩夹砂岩,地下水以基岩裂隙水为主,基岩中泥岩裂隙水含量甚微,砂岩中相对较大。地下水被严格限制在含水砂岩层分布的范围之内,具有多个互不联系的砂岩裂隙层间水含水岩体,含水性极不均匀。

5. 隧道浅层天然气

根据地质调查及钻孔分析,龙泉山隧道为高瓦斯隧道,在施工阶段应加强超前地质预报,加强通风和天然气监测工作。隧道瓦斯危险等级划分见表 3-6-6。

表 3-6-6 隧道瓦斯危险等级划分

段别	位 置	地 层	里 程	长度(m)	瓦斯危险等级
A段	隧道进口段	J_2s	DK22+480～DK23+210	730	低瓦斯段
B段	卧龙寺向斜、三大湾背斜段	J_3s、J_2s	DK23+210～DK25+900	2 690	高瓦斯段
C段	单斜构造段	J_2s	DK25+900～DK26+351	451	低瓦斯段
D段	单斜构造段	J_2s	DK26+351～DK26+690	339	高瓦斯段
E段	单斜构造段	J_2s、J_3s、J_3p	DK26+690～DK29+798	3 108	低瓦斯段

(三)施工图设计概况

1. 洞口段设计

进、出口均采用斜切式洞门。洞口设置缓冲结构,洞口边仰坡采用锚杆框架梁骨架护坡防护。

2. 洞身衬砌、支护及施工方法

全隧除斜切、斜切延伸段采用明挖法施工,设置明洞衬砌外;其余段落均采用暗挖法施工,设置复合式衬砌;浅埋段采用Ⅴ级加强衬砌、Ⅲ级围岩缓倾岩层地段采用Ⅲ级Ⅰ型加强衬砌外,其余Ⅴ、Ⅳ、Ⅲ级围岩采用一般复合衬砌(高瓦斯段采用全封闭复合衬砌)。

斜切及斜切延伸段采用明挖法施工,暗挖段采用锚喷构筑法施工,光面爆破法开挖,全隧仰拱超前拱墙施作,拱墙一次衬砌。洞身Ⅲ级围岩缓倾地段采用拱部格栅钢架及 $\phi25$ mm 超前锚杆加强支护,Ⅳ级围岩设拱墙格栅钢架及 $\phi42$ mm 超前钢花管加强支护,Ⅴ级围岩地段采用 I20a、I20b 或 HW200 全环钢架及 $\phi42$ mm 超前小导管加强支护,进出口段设置 $\phi108$ mm 大管棚支护。

全隧洞身暗挖段施工方法按:Ⅲ级围岩一般地段采用台阶法或全断面施工,缓倾软质岩层采用台阶法施工;Ⅳ级围岩一般采用台阶法施工;Ⅴ级围岩深埋段采用台阶法施工,浅埋地段采用台阶法、中壁法(CD)或中隔壁法施工。

3. 辅助坑道设计

龙泉山隧道辅助坑道设计如图 3-6-5 所示。

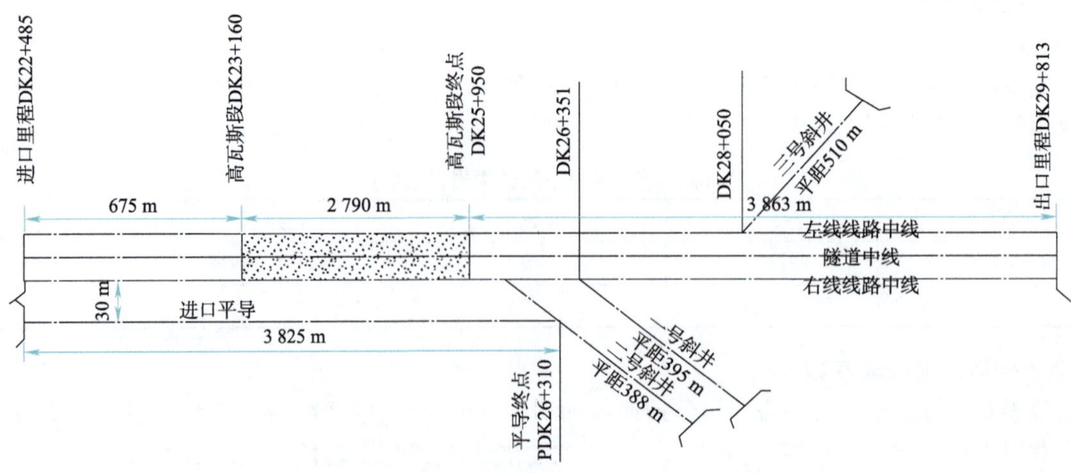

图 3-6-5 辅助坑道设计

为满足高瓦斯隧道巷道式通风及加快施工进度要求,全隧设置进口平导,一号、二号主副斜井以及三号斜井。

(1)进口平导

于线路前进方向右侧 30 m 设置一平行导坑，全长 3 825 m。平导设 8 个横通道与隧道相连，按有轨运输单车道设计。平导坡度与正洞一致。净空尺寸为 4.0 m(宽)×4.6 m(高)。

(2)一号、二号斜井

于隧道 DK26+351 处线路前进方向右侧设置一号斜井，斜井与隧道大里程方向平面夹角 40°，斜井平距 395 m，采用双车道有轨运输。净空尺寸为 5.1 m(宽)×4.7 m(高)。斜井坡度 39%。

于隧道 PDK26+310 处线路前进方向右侧设置二号斜井，斜井与平导大里程方向平面夹角 36°，斜井平距 388 m，采用单车道有轨运输。净空尺寸为 4.0 m(宽)×4.7 m(高)，坡度 40%。

(3)三号斜井

于隧道 DK28+050 处线路前进方向左侧设置三号斜井，斜井与隧道大里程方向平面夹角 46°，斜井平距 510 m，采用双车道无轨运输。净空尺寸为 7.5 m(宽)×6.2 m(高)，坡度 10%。

隧道竣工后，完成排水系统及全隧逸出瓦斯浓度测量检测和评估后，若不作为永久通风通道，则将其洞口及与正洞相交处采用 3 m 厚 M10 浆砌片石封堵。

4. 隧道高瓦斯段设计

根据地质资料，本隧道不良地质为浅层天然气，其中洞身 DK23＋160～DK25＋950、DK26＋351～DK26+690 为高瓦斯段，其余为低瓦斯段，但不排除其他段落在节理裂隙密集带有高瓦斯和瓦斯突出部位存在，特别是 DK25+950～DK26＋310、DK27＋400～DK28＋100、DK28＋685～DK28＋900 段。其中进口及进口平导工区，一号、二号主副斜井工区按高瓦斯工区设置，其余按低瓦斯工区设置。

本隧高瓦斯工区所有机电设备及作业机械必须使用防爆型，行车机械均采用有轨运输。

高瓦斯工区供电应配置两路电源。工区内采用双电源线路，其电源线上不得分接隧道以外的任何负荷。

低瓦斯工区行车机械严禁驶入高瓦斯工区。

瓦斯工区内各级配电电压和各种机电设备的额定电压等级应符合规范要求：

(1)高压不应大于 10 000 V。

(2)低压不应大于 1 140 V。

(3)照明、手持式电气设备的额定电压和电话、信号装置的额定供电电压，在低瓦斯工区不应大于 220 V，高瓦斯工区不应大于 127 V。

(4)远距离控制线路的额定电压不得大于 36 V。

瓦斯工区内的配电变压器严禁中性点直接接地。严禁由洞外中性点直接接地变压器或发电机直接向隧道内供电。

凡容易碰到的、裸露的电气设备及其带动机械外露的传动和转动部分，都必做加装护罩或遮拦。

施工中应加强超前地质预报并加强瓦斯探测、监测和施工通风，洞内工作人员必须配备便携式瓦检仪，并应配置高浓度瓦检仪及自动检测报警断电装置。

开挖后根据实测资料，当低瓦斯工区瓦斯涌出量大于或等于 0.5 m^3/min 时，须立即停工，撤出人员，切断电源，不间断通风并通知相关单位进行处理。

本隧设备配置、施工作业程序、施工通风方案、施工管理等应严格按现行《铁路瓦斯隧道技术规范》(TB 10120)、《煤矿安全规程》、《防治煤与瓦斯突出细则》等规范相关要求办理。

5. 超前地质预报

隧道施工时，应通过综合超前地质预报手段探明掌子面前方地质条件，以便采取有效的施工措施，避免施工突发灾害的发生。根据本隧道地质情况，设计推荐按以下方法和程序进行超前地质预测：地质调查法、超前地质钻探、加深炮孔探测、地震波反射法、超前导坑法。通过对多项预测预报手段所得的资料进行综合分析与评判，相互印证，并结合掌子面揭示的地质条件、发展规律、趋势及前兆进行预测、判断，根据超前地质预测预报结果，相应优化调整措施，制订应急预案，以确保施工安全及结构安全。

6. 附属建筑物

本隧共设余长电缆腔 29 个，变压器洞室 2 个。

为满足电力、通信、信号等要求，隧道两侧各设两道电缆槽，在洞口处隧道沟槽应与路基沟槽顺接。

7. 防排水

(1)洞口工程排水

洞口开挖前,应在边仰坡开挖边缘线外 5～10 m 设置天沟,天沟在分界断面处应与路基天沟顺接。

(2)洞身衬砌防水

全隧二次衬砌拱部、边墙及仰拱混凝土抗渗等级不低于 P10。

全隧暗洞衬砌初期支护与二次衬砌之间拱部及边墙部位铺设防水板及无纺布(分离式)。

全隧环向施工缝及纵向施工缝设外贴橡胶止水带及中埋式橡胶止水带防水。变形缝设中埋式钢边止水带及外贴式止水带,填充聚苯乙烯硬质泡沫板,变形缝内缘采用双组份聚硫密封膏嵌缝。

斜切及斜切延伸段衬砌外缘设置聚合物防水水泥砂浆＋防水板及无纺布防水。

暗洞段二衬拱部每隔 3 m 左右预留回填注浆孔,待混凝土达到设计强度后,进行充填注浆。

(3)洞身衬砌排水

隧道排水采用双侧沟加中心沟的方式。衬砌背后的积水通过环向和纵向盲管的汇集后引入侧沟,再经过侧沟的汇集后通过横向导水管将侧沟水引入中心沟,由中心沟排出洞外。

本隧 DK23＋160～DK25＋950、DK26＋351～DK26＋690 为高瓦斯段,采用全封衬砌;二次衬砌背后环向盲管,按 10 m 间距设置,且与两侧 ϕ50 mm PVC 瓦斯排放管连接;两侧边墙脚处设纵向盲管,将衬砌背后的水气通过纵向盲管将水气混合体引入水气分离室内,将分离出来的水、气分别排放。

8. 耐久性设计

本隧道衬砌结构设计使用年限级别为一级,设计使用年限为 100 年。本隧道地下水对混凝土具酸性侵蚀,化学侵蚀环境作用等级为 H1～H2。

隧道结构混凝土原材料品质、配合比参数限值以及耐久性指标要求,按《铁路混凝土结构耐久性设计暂行规定》(铁建设〔2007〕140 号)及此规定的局部修订条文的通知办理。

9. 建筑材料

(1)混凝土应满足以下要求:

①二次衬砌抗渗等级:不得低于 P10。

②结构混凝土强度:衬砌拱部、边墙、仰拱 C35 混凝土、C40 混凝土或 C35 钢筋混凝土、C40 钢筋混凝土;沟槽身 C30 混凝土、仰拱填充 C20 混凝土、盖板 C35 钢筋混凝土;喷 C25 混凝土或 C30 纤维混凝土;临时支护喷 C25 混凝土。

③当Ⅲ、Ⅳ级围岩二次衬砌为素混凝土时,其拱墙二次衬砌应采用纤维混凝土,混凝土内纤维素纤维掺量为 0.9 kg/m^3。

④抗腐蚀要求:本隧地下水对混凝土具 H1～H2 侵蚀性,初期支护喷混凝土、衬砌拱墙混凝土、仰拱混凝土、沟槽身混凝土及系统支护锚杆用砂浆均应掺外加剂,以增强其耐腐蚀性能,保证混凝土耐蚀系数不小于 0.9。混凝土原材料(水泥、矿物掺合料、粗细骨料、水、外加剂)及其配合比应满足《铁路混凝土结构耐久性设计暂行规定》(铁建设〔2007〕140 号)及此规定的局部修订条文的通知的相关要求。

⑤隧道 DK23＋160～DK25＋950、DK26＋351～DK26＋690 高瓦斯段初期支护喷混凝土及二次衬砌混凝土均采用气密性混凝土。现场施工中应进行气密剂掺量试验,其中喷射混凝土中掺加气密剂后,透气系数不应大于 10^{-10} cm/s,模筑混凝土中掺加气密剂后,透气系数不应大于 10^{-11} cm/s。模筑混凝土衬砌施工缝应进行气密性处理,其封闭瓦斯性能不应小于衬砌本体。其施工材料及混凝土施工应满足现行《铁路瓦斯隧道技术规范》(TB 10120)中相关要求。

(2)锚杆:全隧拱部系统锚杆采用带排气装置的 ϕ25 mm 普通中空锚杆或 ϕ22 mm 组合中空锚杆。边墙及临时支护采用 ϕ22 mm 全长黏结型砂浆锚杆。

(3)超前小导管采用 ϕ42 mm 无缝钢花管,壁厚 3.5 mm。

(4)超前锚管采用 ϕ42 mm 无缝钢管,壁厚 3.5 mm。

(5)大管棚采用 ϕ108 mm 钢花管,壁厚 6 mm。

(6)纤维素纤维:断裂强度应大于 700 MPa,初始模量 8.0～10.0 GPa,标称直径 16～20 μm。

10. 隧道照明

本隧道根据相关要求设置固定式检修照明设备和应急照明设备:应急照明设备应设置在救援通道,应急照明在救援通道的地面小水平照度不应小于 0.5 lx;疏散指示照明标志安装间距不宜大于 30 m,并应安装在距离地面 1 m 以上的墙上。

11. 施工组织

(1)工区划分

本隧共分进口,一号、二号主副斜井,三号斜井及出口四个工区。其中进口及一号、二号主副斜井为高瓦斯工区,施工总工期为 32.6 个月(不含无砟轨道铺设、观测时间)。进口工区承担 1 690.7 m 施工,出口工区承担 1 053 m 施工,一号斜井工区承担 2 514.3 m 施工,三号斜井工区承担 2 070 m 施工。

(2)施工通风

进口、一号斜井工区为高瓦斯工区,采用巷道式通风,为避免污风回流,平导中部横通道临时封闭。其余工区采用压入式通风。

12. 弃渣及环保

(1)全隧共弃渣约 124.6 万 m³。其中进口及进口平导工区弃于 DK22+300～+600 段线路前进方向右侧 200 m 处;一号、二号主副斜井工区弃于 DK31+050 线路前进方向右侧 400 m 处和 DK31+200 线路前进方向右侧 500 m 处;三号斜井及出口工区弃于 DK30+400～+800 线路前进方向左侧 200 m 处。

(2)隧道施工场地、弃渣场设置应满足地方环保、水保要求。

二、新中梁山左右线隧道

(一)概　　况

新中梁山左右隧道为分修单线隧道,左线隧道进口里程 D3K290+296,出口里程 D3K294+420,全长 4 124 m;右线隧道进口里程 YDK290+305,出口里程 YD3K294+424,全长 4 119 m。衬砌内轮廓及限界单线段采用轨面以上净空面积 60 m² 的圆形衬砌轮廓,设计速度 250 km/h。左右线线间距 19～64 m。左线隧道引出重庆北左线联络线,右线隧道引出重庆北右线、重庆西右线联络线。

新中梁山左右线隧道洞身多处与既有隧道立交,依次上跨襄渝铁路中梁山单线隧道、下穿遂渝高速公路大学城隧道左右线、上跨穿拟建童西线新双碑双线隧道、下穿新襄渝线新双碑隧道。

(二)工程地质和水文地质特征

1. 地形地貌

隧道通过地段位于中梁山山脉中部,中梁山位于四川盆地的东南部,属嘉陵江、长江侵蚀河谷发育的低山丘陵地区,地形受构造及岩性的控制,在观音峡背斜两翼,可溶岩与砂、泥页岩相间分布,形成北北东向延伸的三条平行山脊(山岭)和两条岩溶槽谷(东槽谷、西槽谷)相间的"笔架形"平行岭谷地貌景观。溶蚀形成对称的两个洼地,被当地居民称为东、西两槽谷;侵蚀速度较慢的砂页岩则突起成山。隧道中部分水岭高程达 640 m;东西两侧槽谷高程 480～520 m;山脚以外为侏罗系组成的红色丘陵区,高程仅 300 m 左右。槽谷内横向沟谷发育,雨洪期有暂时性水流,平时有地下水补给的溪流流程较短,流入槽谷后大部分渗入地下。

2. 工程地质特征

隧区上覆第四系全新统坡洪积(Q_4^{dl+pl})软土(软粉质黏土)、松软土(粉质黏土)、粉质黏土,坡残积(Q_4^{dl+el})粉质黏土等;下伏基岩为侏罗系中统新田沟组(J_2x)泥岩夹砂页岩,中下统自流井组($J_{1-2}z$)泥岩夹砂页岩及灰岩,下统珍珠冲组(J_1z)泥岩夹砂岩;三叠系上统须家河组(T_3xj),中统雷口坡组(T_2l),下统嘉陵江组(T_1j)、飞仙关组(T_1f)地层。

新中梁山隧道左右线围岩级别分别见表 3-6-7 和表 3-6-8。

表 3-6-7　新中梁山左线隧道围岩级别统计

新中梁山左线隧道	全长	Ⅲ级	Ⅳ级	Ⅴ级
长度(m)	4 124	535	1 825	1 764
比例(%)		13	44.3	42.7

表 3-6-8　新中梁山右线隧道围岩级别统计

新中梁山右线隧道	全长	Ⅲ级	Ⅳ级	Ⅴ级
长度(m)	4 119	570	1 625	1 924
比例(%)		13.8	39.5	46.7

隧区位于扬子准地台之川中台拗,测段位于华蓥山断裂以东的褶皱束,由一系列北东～北北东向近于平行的高背斜山脉组成,测段内发育一条褶皱:观音峡背斜,以及派生的小褶曲、小断层、节理裂隙等。

3. 水文地质特征

隧道位于中梁山中部,自西向东横穿观音峡背斜,背斜轴部为测区地下水的分水岭,其两侧形成两个独立的地下水体系。本区地下水补给来源主要为大气降水,含水层多为易溶蚀的碳酸盐岩,地表多成槽谷凹地,岩溶发育,有利于地表水汇集。由于岩层倾角较陡,含水岩层多暴露地表,直接接受大气降水及地表水的补给,加之含水层上下多为透水性较弱的岩层阻隔,导致嘉陵江组及飞仙关组第三段灰岩地层形成狭长的地下水"水槽"。

测区内地下水主要有第四系松散岩类孔隙水、基岩裂隙水、岩溶水等。考虑地下水具硫酸盐侵蚀,环境作用等级为 H1～H2。新中梁山左线隧道预测正常涌水量为 8 600 m^3/d,雨季最大涌水量为 21 500 m^3/d。新中梁山右线隧道预测正常涌水量为 5 700 m^3/d,雨季最大涌水量为 14 250 m^3/d。

4. 不良地质

测区不良地质为岩溶、煤窑采空区、隧道进出口仰坡顺层,特殊岩土为石膏、盐溶角砾岩、泥岩的膨胀性。

(1)岩溶

岩溶发育受构造与岩性的控制,主要发育在背斜两翼三叠系雷口坡组、嘉陵江组及飞仙关组三段地层中,嘉陵江组地层在地貌上形成东西两个槽谷,雷口坡组地层构成岩溶槽谷的边缘山坡。

雷口坡组岩溶主要发育于盐溶角砾岩中,嘉陵江组二、四段岩溶很发育,一、三段以灰岩、白云质灰岩为主,岩溶发育弱,飞仙关组三段岩溶主要发育在三段与二、四段的界面处。据野外调查,测区岩溶发育很不均匀,最大有数米至十余米深的落水洞、溶洞,小至数毫米的溶隙和溶孔,发育深度一般 40～90 m,岩溶的发育随深度增加而减弱。隧道穿越灰岩地层时不会遇到大的溶洞,但在灰岩顶底部界面、构造附近,可能会遇溶孔、溶穴、溶蚀裂隙及小溶洞等。

(2)煤窑采空区

中梁山隧道穿煤地层为三叠系上统须家河组(T_3xj),分布在隧道的进出口端陡坡段。以往不同时期开采的小煤窑,规模小,为零星个体开采,其开采深度不大,早已停采。采空区与隧道关系预测见表 3-6-9。

表 3-6-9　采空区与隧道关系预测表

编号	里　　程	地　　层	煤洞名称及开采高程	与隧道关系	对隧道的影响
1	D3K290+370～D3K290+545、YDK290+380～YDK290+550	T_3xj_3	鼻梁谷、兴隆沟煤洞,约 331 m 以上	轨面上约 10 m	可能产生洞顶坍方及煤洞水涌出,突水突泥
2	D3K290+750～D3K290+815、YDK290+750～YDK290+825	T_3xj_1	雷打沟、兴隆沟、流水岩煤洞,约 359 m 以上	轨面上约 50 m	对隧道影响较小
3	D3K293+320～D3K293+440、YDK293+320～YDK293+430	T_3xj_1	碧云天煤洞,约 440 m 以上	轨面上约 165 m	对隧道无影响
4	D3K293+590～D3K293+725、YDK293+590～YDK293+720	T_3xj_3	杨家沟下洞、杨家沟中洞,约 280 m 以上	轨面上约 5 m	可能产生洞顶坍方及煤洞水涌出,突水突泥

(3)隧道进出口顺层

隧道进出口仰坡存在顺层问题,且新田沟组和珍珠冲组地层存在泥页岩等软弱夹层,应及时防护,加强进出口天沟及洞内排水,防止岩层顺层滑动,引起地面坍塌。

(4)石膏

根据《地质图说明书(重庆篇)》(1∶20 万),在三叠系中统雷口坡组(T_2l)、下统嘉陵江组(T_1j)二段、四段夹石膏层,为软层,石膏具膨胀性,地下水多具有硫酸盐侵蚀性,对工程危害大。

(5)盐溶角砾岩

根据《地质图说明书(重庆篇)》(1∶20 万),在三叠系中统雷口坡组(T_2l)、下统嘉陵江组(T_1j)二段、四段夹盐溶角砾岩,盐溶角砾岩胶结较差,部分呈碎块石状,遇水易软化崩解,地下水多具有硫酸盐侵蚀性,对工程危害大。

(6)膨胀岩

测区下伏基岩为侏罗系(J)泥岩夹砂岩,泥岩为紫红色,泥质结构,泥质胶结,中厚层状,岩质较软,易风化剥落,具遇水软化崩解、失水收缩开裂等特性,为膨胀岩。

(7)瓦斯

三叠系须家河组一、三段含煤地层瓦斯含量低,瓦斯压力小。二叠系上统长兴组灰岩也可能通过断层和节理裂隙溢出龙潭组煤系地层瓦斯。本隧道为低瓦斯隧道。

5. 地震动参数

本隧地震动峰值加速度小于 0.05g,地震动反应谱特征周期 0.35 s。

6. 洞口位置的确定及洞门形式的选择

新中梁山左右线隧道进出口洞门均合修,进口洞门左右线隧道均采用单压式明洞门;出口洞门左线隧道采用偏压式明洞,右线隧道采用单压式明洞,出口洞门采用“飞鹤迎宾”景观设计。洞口边仰坡采用锚杆框架梁护坡防护。

7. 洞身衬砌、支护及施工方法

隧道除明洞衬砌段采用明挖法施工,设置明洞衬砌外,其余段落均采用暗挖法施工,采用复合式衬砌。单线段Ⅴ级围岩采用格栅钢架或型钢钢架及拱部 ϕ42 mm 小导管或 ϕ108 mm 大管棚加强支护,下穿既有隧道交叉段采用钢筋混凝土加强衬砌、拱墙格栅钢架及 ϕ75 mm 或 ϕ108 mm 超前大管棚加强支护。大跨段详见大跨段设计。

隧道多处与既有建(构)筑物小间距立交,采取的措施见表 3-6-10。

表 3-6-10　本隧与既有(拟建)构筑物的相互关系及施工措施

序号	立交关系	夹角及净距	工程措施
1	新中梁山左线隧道于 D3K291＋100～＋140 上跨既有襄渝线中梁山隧道	交角约 34°,净距 2.8 m 左右	采用 I20b 型钢钢架对既有隧道进行加固,钢架间距 0.4 m,钢架间采用 ϕ25 mm 钢筋连接。因既有隧道无法按时停运本段变更采用桩板梁结构通过,确保下方隧道开挖期间成渝客专运营安全
2	新中梁山右线隧道于 YDK291＋200～＋240 上跨既有襄渝线中梁山隧道	交角约 34°,净距 4.1 m 左右	
3	新中梁山左线隧道 D3K291＋509～＋559 下穿遂渝高速公路大学城左线隧道	交角约 35°,净距 8.4 m	采用 40 m 长 ϕ108 mm 大管棚超前支护,环向间距 0.4 m;开挖采用控制爆破,既有隧道壁爆破震速不大于 5 cm/s,二次衬砌采用钢筋混凝土加强衬砌。隧道下穿段施工前,对既有大学城隧道进行调查,拍照取证,并布设监测点。新中梁山隧道施工至距既有隧道前 50 m,开始监测;下穿段施工期间,加强与公路管理部门协调,对公路隧道设专人看守,开挖爆破时限制车辆通行,以确保公路隧道运营安全及施工安全
4	新中梁山左线隧道 D3K291＋605～＋655 下穿遂渝高速公路大学城右线隧道	交角约 35°,净距 11.6 m	
5	新中梁山右线隧道 YDK291＋615～＋655 下穿遂渝高速公路大学城左线隧道	交角约 35°,净距 9.7 m	
6	新中梁山右线隧道 YDK291＋703～＋743 下穿遂渝高速公路大学城右线隧道	交角约 35°,净距 13.3 m	
7	新中梁山左线隧道 D3K293＋605～＋665 下穿拟建成渝客专重庆北联络线右线隧道	交角约 23°,净距 2.3 m	中梁山左线隧道先于联络线隧道施工,D3K293＋605～＋665 段全环 I18 型钢钢架,二次衬砌采用钢筋混凝土加强衬砌
8	新中梁山左线隧道 D3K293＋815～＋850 上跨拟建童西线新双碑隧道(渝黔线引入重庆枢纽工程)	交角约 81°,净距 2.5 m	新中梁山左线隧道 D3K293＋815～＋850 段、右线隧道 YDK293＋812～＋845 段开挖施作初期支护后,预留施作竖井条件;提前施作既有童西线立交影响段,待既有童西线立交段施工完成后,中梁山左右线隧道立交影响段采用钢筋混凝土加强衬砌
9	新中梁山右线隧道 YDK293＋812～＋845 上跨拟建童西线新双碑隧道(渝黔线引入重庆枢纽工程)	交角约 81°,净距 2.8 m	

续上表

序号	立交关系	夹角及净距	工程措施
10	新中梁山左线隧道 D3K293＋885～＋915 段下穿襄渝二线双碑隧道	交角约 89°,净距 2.3 m	为确保襄渝线运营行车安全,新中梁山左线隧道 D3K293＋899.64～＋907.32 右线隧道 YDK293＋903.21～＋910.89 下穿襄渝二线双碑隧道段已提前施作外衬,待施工此段时,施作混凝土套衬。详细设计详见《新中梁山隧道下穿襄渝二线双碑隧道施工图设计》。左线隧道 D3K293＋881～＋899.64 段、D3K293＋907.3～＋927 段,右线隧道 YDK293＋884～＋903.21 段、YDK293＋901.9～＋922 段采用控制爆破,既有隧道壁爆破震速不大于 5 cm/s,二次衬砌采用钢筋混凝土加强衬
11	新中梁山左线隧道 YDK293＋887～＋917 段下穿襄渝二线双碑隧道	交角约 89°,净距 2.6 m	

8. 监控量测

按照《铁路隧道监控量测技术规程》(TB 10121—2007)有关要求进行监控量测。Ⅲ级围岩段量测断面间距不大于 30 m,Ⅳ级围岩段量测断面间距不大于 10 m,Ⅴ级围岩段量测断面间距不大于 5 m。对监控量测数据严格按相关规定进行分级管理,指导施工管理及支护等措施。

9. 超前地质预报

按照《铁路隧道超前地质预报技术指南》(铁建设〔2008〕105 号)开展隧道超前地质预报。一般应采用以地质法为基础的综合预报方法。采用宏观预报指导微观预报、长距离预报指导中短距离预报的方法,并采用物探、钻探等方法相互验证,以求预报准确,指导隧道安全顺利施工。

10. 辅助坑道设计

为加快施工进度,兼顾施工通风,结合地形条件,本隧道于 YDK293＋760 线路右侧设斜井一座,井身坡度 5.6%,斜井与线路大里程方向平面夹角 73°56′30″,长 277 m,采用双车道无轨运输。斜井内净空为 7.5 m(宽)×6.2 m(高)。斜井与左线隧道交与 D3K293＋735.46,夹角为 72°34′27″,横通道采用单车道断面,全隧共设 8 处横通道,净空为 5 m(宽)×6 m(高)。新中梁左右线辅助坑道布置如图 3-6-6 所示。

11. 施工方法与施工组织

(1)工区划分

新中梁山左右线隧道共分进口、出口、斜井三个工区。左线隧道施工总工期为 33.99 个月,其中进口工区承担隧道 D3K290＋296～D3K292＋156 段施工,长 1 860 m;斜井工区承担隧道 D3K293＋315～D3K293＋735 段施工,长 420 m;出口工区承担其余段正洞施工,长 1 844 m。右线隧道施工总工期为 34.80 个月,其中进口工区承担正洞 YDK290＋305～YDK292＋205 施工,长 1 900 m;斜井工区承担正洞 YDK293＋240～＋760 段施工,长 520 m;出口工区承担其余段正洞施工,长 1 699 m。本工期不含无砟轨道沉降观测及无砟轨道施作时间。

(2)施工通风

进、出口及斜井工区均采用压入式通风。

(3)施工排水

新中梁山左线隧道除进口工区 DK290＋750～D3K292＋156 及斜井工区为反坡抽水外,其余均为顺坡排水。新中梁山右线隧道除进口工区 YDK290＋900～YDK292＋205 及斜井工区为反坡抽水外,其余均为顺坡排水。进口及斜井工区施工应配备足够的抽排水设备。

12. 主要安全施工措施

(1)采用综合超前地质预测预报手段,探明前方掌子面围岩、地下水情况等,以采取合理的施工支护措施。

(2)本隧道属低瓦斯隧道,施工中采用超前地质预报及超前钻孔探测并加强瓦斯监测和施工通风。

(3)对穿越煤层采空区段,施工中采用超前地质预报并辅以超前钻孔探测,探明前方地质和采空区的具

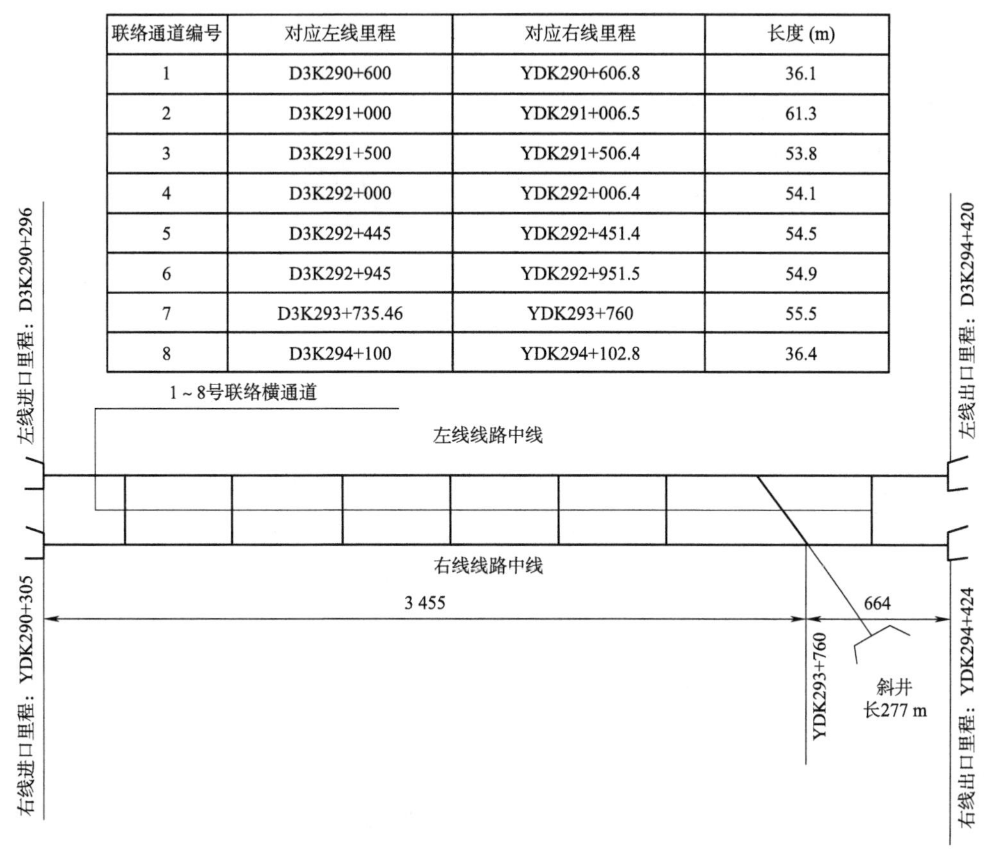

联络通道编号	对应左线里程	对应右线里程	长度 (m)
1	D3K290+600	YDK290+606.8	36.1
2	D3K291+000	YDK291+006.5	61.3
3	D3K291+500	YDK291+506.4	53.8
4	D3K292+000	YDK292+006.4	54.1
5	D3K292+445	YDK292+451.4	54.5
6	D3K292+945	YDK292+951.5	54.9
7	D3K293+735.46	YDK293+760	55.5
8	D3K294+100	YDK294+102.8	36.4

图 3-6-6　新中梁左右线辅助坑道布置(单位:m)

体位置,防止突水突泥事故发生。

(4)隧道通过可溶岩地区,施工中应以超前地质预测预报为基础,对岩体赋水,地表水与地下水连通性,岩体完整性及施工安全、环境保护多因素进行评价。为保证隧道通过突水、突泥威胁地段施工安全及减少施工对地表水环境的影响,本次设计对隧道通过可溶岩与非可溶岩接触带、盐溶角砾岩段根据超前地质预报并结合开挖揭示围岩地下水发育情况,采用帷幕注浆堵水或超前周边注浆堵水,对可溶岩段根据开挖揭示地下水情况,采用径向注浆堵水或局部注浆堵水。

三、新红岩隧道

(一)概　况

新红岩隧道里程范围 GDK297＋295～ GDK303＋994,全长 6 699 m,隧道进口位于重庆市沙坪坝区,出口位于渝中区,双线隧道,线间距 4 m(曲线地段加宽),设计速度 120 km/h。隧道下穿重庆市区,地表建(构)筑物密集,隧道洞身最大埋深约 260 m,多处与既有匝道、道路、地铁轻轨、高层建筑小间距立交,是全线三座Ⅰ级风险隧道之一。

(二)地质特征

1. 工程地质特征

测区属剥蚀丘陵地貌,隧道进口地势较平缓,出口地形起伏较大,为砂岩陡坎,中部地势较平缓。测区地表上覆第四系全新统人工填土(Q_4^{ml})碎石土,坡洪积层(Q_4^{dl+pl})粉质黏土,坡残积层(Q_4^{dl+el})粉质黏土等;下伏基岩为侏罗系中统沙溪庙组(J_2s)砂岩、泥岩夹砂岩。隧道围岩级别见表 3-6-11。

表 3-6-11　新红岩隧道围岩级别统计

高坡隧道	全长	Ⅳ级	Ⅴ级
长度(m)	6 699	4 785	1 914
比例(%)		72.8	27.2

测区位于扬子准地台之川中台拗,测段位于华蓥山断裂以东的褶皱束,由一系列北东～北北东向近于平行的高背斜山脉组成,隧址区发育金鳌寺向斜,泥岩风化节理裂隙普遍发育,主要见于地表及浅部,裂隙多而细小;砂岩中节理多为闭合或微张型,其延伸较远。

2. 水文地质特征

地下水主要为第四系土层孔隙水及基岩裂隙水,第四系土层较薄,孔隙水较贫乏,基岩中泥岩裂隙水含量甚微,砂岩中相对较丰富。地下水对混凝土结构具硫酸盐侵蚀,环境作用等级按 H1 考虑。预测隧道正常涌水量为 5 300 m^3/d,雨季施工时最大涌水量为 6 400 m^3/d。

3. 不良地质

测区不良地质为地质灾害带、危岩落石、人防洞室,特殊岩土为泥岩的膨胀性。

(1)地质灾害带

新红岩隧道洞身 GDK297＋635～GDK298＋350 段,隧道埋深 40～75 m。根据收集的沙坪坝区人民政府于 2007 年组织川东南地质队对该段地质灾害监测预警情况的调查资料,地质灾害分析如下:

①该段共有滑坡两处,即学堂湾 26 号滑坡和学堂湾 33-70 号不稳定斜坡,均为土质滑坡,厚 1.5～4 m,长 23～35 m,宽 15～20 m,主导因素主要为暴雨和冲蚀,目前处于基本稳定～不稳定,潜在威胁对象为 5～8 户房屋。

②该段共有危岩四处,即学堂湾 35-51 号危岩,学堂湾 105-106 号危岩,新民坡 5 号围墙偏移及危岩,新民坡 78-81 号危岩,地貌上为陡崖,地层岩性为侏罗系中统上沙溪庙组(J_2s)泥岩夹砂岩,坡高 10～20 m,坡宽 20～100 m,可能失稳因素为降雨,目前处于基本稳定～潜在不稳定,对陡崖下方房屋有较大影响。

(2)危岩落石

①新红岩隧道出口 GDK303＋970～GDK303＋990 段,地形较陡,陡崖高约 20 m,危岩带沿陡崖分布,长约 230 m,既有工程已对危岩体采取了支挡、嵌补、清除措施,对新建工程有一定影响。

②新红岩隧道斜井进口地形较陡,陡崖高约 30 m,危岩主要为侏罗系中统沙溪庙组(J_2s)厚层砂岩,泥岩的抗风化能力较差,表层易逐渐崩解剥落,局部在砂岩层下部形成凹腔,上部砂岩在自重和卸荷张节理作用下易形成危岩,对斜井进口工程有一定影响。

(3)人防洞室

抗日战争时期,为躲避日军实施的"重庆大轰炸",重庆依山修建了大量的防空工事。新红岩隧道从沙坪坝火车站进洞,根据本次调查,沿线分布有大量的人防洞室。由于年代久远,沿线房屋密集,许多人防洞室已封闭和挖填,大量人防洞室已无法通过访问查明其具体走向及规模。

(4)泥岩的膨胀性

隧址区下伏基岩为侏罗系中统沙溪庙组(J_2s)泥岩夹砂岩。泥岩为紫红色,泥质结构,泥质胶结,含有较多亲水矿物,中厚层状,岩质较软,易风化剥落,具遇水软化崩解、失水收缩开裂等特性,具一定膨胀性,对隧道工程有一定影响。据沿线公路、房屋建筑开挖剖面调查,泥岩夹砂岩临时边坡较陡,虽经日晒雨淋,稳定性一般较好,测区泥岩夹砂岩自然陡坎较多,不具明显的膨胀岩地貌特征。

4. 地震动参数

本隧地震动峰值加速度小于 0.05g,地震动反应谱特征周期 0.35 s。

5. 洞口位置的确定及洞门形式的选择

本隧进口采用耳墙式洞门,出口采用单压式明洞门。洞口边仰坡采用 M10 浆砌片石铺砌或锚杆框架梁护坡。对洞口危岩落石采用加固、支挡、清除及设置被动防护网进行处理。

6. 洞身衬砌、支护及施工方法

(1)全隧除 GDK303＋986～＋994 明洞段采用明挖法施工,设置明洞衬砌外;其余段落均采用暗挖法施工,设置复合式衬砌。

(2)全隧仰拱超前拱墙施作,拱墙一次衬砌;洞身Ⅳ级围岩地段设拱墙格栅钢架及拱部 ϕ42 mm 超前锚管加强支护;洞身Ⅴ级围岩地段设全环格栅、I18 或 H175 型钢钢架及拱部 ϕ42 mm 超前小导管或 ϕ75 mm 中管棚加强支护;进、出口段、GDK297＋385～＋425 下穿 A、B 匝道段、GDK297＋450～＋485 及 GDK297＋512～＋547 下穿小龙坎广场地下一层商场段、GDK297＋610～＋635 下穿公路段、GDK303＋928～＋985

下穿竹园小区 F3 高层段均设 ϕ159 mm 超前大管棚(带钢筋笼)支护。

(3)全隧浅埋段多处下穿或上跨既有建(构)筑物,交叉情况及采取措施见表 3-6-12。

表 3-6-12　浅埋段控制工点设计概况

序号	控制工点	交叉点情况	工程措施	辅助措施
1	进口近接房屋段(GDK297 + 295 ~ GDK297+385)	线路下穿小龙坎正街,线路左右侧分布 5 栋房屋,其中 2 栋 6 层,2 栋 8~9 层建筑,隧道埋深约 8 m,隧道开挖边界距离建筑横向最近距离约 1.4 m	采用非爆破开挖,台阶法施工,超前支护采用 ϕ75 mm 中管棚;全环 I18 型钢钢架加强支护,间距 0.6 m;采用Ⅴ级Ⅱ型加强衬砌	施工期间,上部两侧房屋居民临时安置;并且加强地表房屋的沉降、倾斜的监测
2	下穿 A、B 匝道段(GDK297 + 385 ~ GDK297+430)	A、B 匝道下穿段为箱型截面,箱型截面两侧下部加厚作为盖梁,并于既有小龙坎隧道两侧 3 m 外设置桩基,隧道扩挖后,A、B 匝道右侧 7 根桩基位于隧道内轮廓范围内,扩挖隧道拱顶距离匝道结构底部距离不到 1 m	采用非爆破开挖;台阶法施工;设置 ϕ159 mm 大管棚超前支护;采取护拱托换方案,护拱采用双层喷混凝土支护,喷混凝土内设 HW175 型钢钢架+ϕ25 mm 四肢格栅钢架,纵向间距 0.6 m,先施作桩间护拱,再施作桩基处护拱,采用Ⅴ级Ⅱ型加强衬砌	施工期间,上部交通不中断,匝道路面铺设 2 cm 厚钢板,对交通实施 24 h 管制:重载、超载车辆不能通行;车辆限速通行;并对匝道实施监测,发现异常中断匝道内行车
3	下穿小龙坎广场段(GDK297 + 440 ~ GDK297+580)	下穿广场地下商场一层及人行通道,扩挖隧道顶距离上部结构间距约 1.7~3 m,其中最近扩挖柱基础距离隧道顶约 0.8 m,横向距离地下二、三层车库约 7~10 m	采用非爆破开挖;大拱脚台阶法施工;下穿小龙坎广场地下一层商场段采用 ϕ159 mm 大管棚超前支护,取消拱部锚杆;全环 I18 型钢钢架,间距 0.6 m;采用Ⅴ级Ⅱ型加强衬砌	施工期间对地下商场结构的沉降、倾斜进行监测
4	上跨轨道交通一号线隧道段(GDK297+658~GDK297+725)	扩挖后隧道仰拱底距离轨道交通一号线隧道顶距离约 3.7 m,扩挖隧道位于轨道交通一号线隧道加强衬砌段内	采用非爆破开挖;台阶法施工;采用 ϕ42 mm 小导管注浆加强超前支护;全环 I18 型钢钢架,间距 0.6 m;采用 Ⅴ级Ⅱ型加强衬砌	上跨段隧道施工中,加强对下部轨道交通隧道衬砌净空位移的监测
5	下穿竹园小区 F3 段(GDK303+928~GDK303+968)	竹园小区高层建筑住宅楼为 15 层居民楼,总计约 158 户,基础形式为部分桩基,部分条形基础,扩挖后隧道距离桩基横向距离最近约 1.9 m,下穿隧道段落上部结构为条形基础,距离约 9~12 m	采用非爆开挖,台阶法施工,采用Ⅴ级Ⅱ型加强衬砌,拱部设置 ϕ159 mm 超前大管棚,拱部施作 ϕ32 mm 自进式锚杆,锚杆长度 6 m(局部离桩基较近时长度按 3 m 设计),边墙施作 ϕ22 mm 普通砂浆锚杆,锚杆长 3.5 m,环向间距 1.2 m;初期支护采用 H175 型钢钢架加强支护	在隧道施工期间以及以后房屋使用期间,应对 F3 住宅楼实施变形监测,变形监测直至隧道施工完成后并达到沉降变形稳定标准为止

(4)根据《成渝客专初步设计批复文件》(铁鉴函〔2010〕652 号)及《重庆铁路枢纽岩石路堑与浅埋隧道安全控爆技术研讨会议纪要》(鉴桥隧函〔2010〕312 号),确定开挖方法的原则:埋深小于 15 m,采用非爆破方法开挖;埋深在 15~30 m 之间,可考虑机械与控制爆破组合法开挖;埋深在 30~50 m 之间采用控爆方法开挖;埋深大于 50 m 地段原则上采用弱爆破法开挖。

根据上述原则,结合地表建(构)筑物等情况,隧道开挖方法分段如下:隧道进口 GDK297+295~GDK297+725 段为下穿控制工点段,采用非爆破开挖,施工方法除 GDK297+385~+425、GDK297+450~+485、GDK297+512~+535 为大拱脚台阶法外,其余均为台阶法;GDK297+725~GDK298+350 段为地质灾害带,地表房屋密集、破旧、年久失修,开挖方式为上半断面机械开挖,下半断面控制爆破,采用台阶法施工;洞身段 GDK298+350~GDK303+700 段为深埋段,除 GDK302+840~+940 下穿嘉华公路隧道段采用控制爆破开挖外,其余段落采用弱爆破开挖,均采用台阶法施工。GDK303+700~GDK303+920 段地表为高层建筑,且部分在建中,采用机械与控爆组合开挖,台阶法施工;出口 GDK303+920~GDK303+985 段下穿竹园小区,采用非爆破开挖方式,台阶法施工。弱爆破控制振速不大于 2 cm/s,机械与控制爆破组合法段落振速不大于 0.5 cm/s。

7. 监控量测

(1)按照《铁路隧道监控量测技术规程》(TB 10121—2007)有关要求进行监控量测。Ⅲ级围岩段量测断面间距不大于 30 m,Ⅳ级围岩段量测断面间距不大于 10 m,Ⅴ级围岩段量测断面间距不大于 5 m。对监控量测数据严格按相关规定进行分级管理,指导施工管理及支护等措施。

(2)浅埋段地表房屋保护措施

对隧道进出口段地表房屋，于房屋四周布置沉降监控点，监测房屋的沉降和倾斜。

地表沉降监测：隧道地表沉降测点应在隧道开挖前布设。地表沉降测点和隧道内测点应布置在同一断面里程。

地表振动监测：浅埋地段隧道横向左右侧 30 m，纵向为掌子面前后方各 2D 范围；深埋地段监测上部有房屋段落，重点对上部房屋实施监测；隧道中线垂直上方设计一个最近监测点，其余监测点按 5 m 距离布置；地表建筑物柱、墙部位设置监测点；深埋段监测地表建筑角点及柱、墙等部位。

8. 安全评估

第三方评估对象为隧道施工可能引起不均匀沉降、开裂，影响使用功能的建(构)筑物。本次设计结合隧道施工方法及地质条件，以深浅埋隧道分界埋深为基础，重点对浅埋隧道地表建(构)筑物进行评估。

根据《铁路隧道设计规范》(TB 10003—2005)，计算隧道深浅埋分界深度为 35 m，本次设计埋深 50 m 以下作为评估重点。对于埋深大于 50 m 以上隧道段落，根据已施工隧道段落地表建(构)筑物情况、现场评估情况及隧道施工情况，判定是否进行评估。结合隧道开挖破裂角推断水平影响范围，具体影响范围见表 3-6-13。

表 3-6-13　隧道第三方评估范围(m)

埋深	第三方评估房屋范围(距离隧道中线距离)
<5	15
5～15	18～20
15～30	22～27
30～50	29

9. 超前地质预报

按照《铁路隧道超前地质预报技术指南》(铁建设〔2008〕105 号)开展隧道超前地质预报。一般应采用以地质法为基础的综合预报方法。采用宏观预报指导微观预报、长距离预报指导中短距离预报的方法，并采用物探、钻探等方法相互验证，以求预报准确，指导隧道安全顺利施工。

10. 辅助坑道设计

(1)为保证工期并解决施工场地问题，结合既有小龙坎隧道与新红岩隧道线位条件，于新红岩隧道 GDK298＋135 处线路左侧设置横洞 1 座，横洞与隧道大里程方向平面夹角为 65°，横洞全长 67.5 m，洞身坡度 0.28%。横洞采用双车道无轨运输，横洞断面净空尺寸为 7.5 m(宽)×6.2 m(高)。

(2)为保证工期并解决施工场地问题，于新红岩隧道 GDK301＋315 处线路左侧设置横洞 1 座，横洞与隧道大里程方向平面夹角为 90°，横洞全长 604 m，洞身坡度 3.7%。横洞采用双车道无轨衬砌，横洞断面净空尺寸为 7.5 m(宽)×6.2 m(高)。新江岩隧道辅助坑道设置如图 3-6-7 所示。

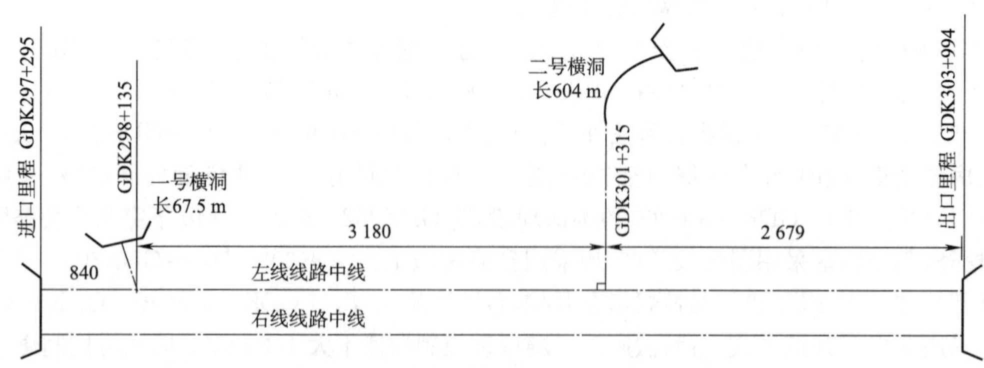

图 3-6-7　新红岩隧道辅助坑道示意图(单位：m)

(3)一号、二号横洞均作为运营期间紧急出口，一号横洞采用模筑衬砌，二号横洞施工期间采用锚喷衬砌，隧道施工完成后增设套衬。

11. 施工方法与施工组织

本隧共分进口、出口、1 号横洞、2 号横洞四个工区，其中进口工区承担 413 m 施工，出口工区承担 1 778 m

施工,1 号横洞工区承担 2 248 m 施工,2 号横洞工区承担 2 260 m 施工。隧道主体工程施工总工期 34.27 个月。

各工区均采用压入式通风。

12. 主要安全施工措施

(1)采用综合超前地质预测预报手段,探明前方掌子面围岩、地下水情况等,以采取合理的施工支护措施。

(2)加强地表监测(变形、沉降、振动等)、洞内监控量测及第三方评估工作,对小间距立交既有建(构)筑物段,应获得产权单位的同意,通过第三方评估。

第五节　特殊不良地质隧道设计

一、龙泉山隧道高瓦斯

1. 概况

隧道进口里程 DK22＋485,出口里程 DK29＋813,隧道全长 7 328 m,为高瓦斯隧道,为全线三座Ⅰ级风险隧道之一,隧道瓦斯危险等级划分见表 3-6-14。

表 3-6-14　隧道瓦斯危险等级划分

段别	位　置	地　层	里　　程	长度(m)	瓦斯危险等级
A 段	隧道进口段	J_2s	DK22＋480～DK23＋210	730	低瓦斯段
B 段	卧龙寺向斜、三大湾背斜段	J_3s、J_2s	DK23＋210～DK25＋900	2690	高瓦斯段
C 段	单斜构造段	J_2s	DK25＋900～DK26＋351	451	低瓦斯段
D 段	单斜构造段	J_2s	DK26＋351～DK26＋690	339	高瓦斯段
E 段	单斜构造段	J_2s、J_3s、J_3p	DK26＋690～DK29＋798	3 108	低瓦斯段

2. 隧道瓦斯处置措施

(1)根据地质资料,本隧道不良地质为浅层天然气,其中洞身 DK23＋160～DK25＋950、DK26＋351～DK26＋690 为高瓦斯段,其余为低瓦斯段,但不排除其他段落在节理裂隙密集带有高瓦斯和瓦斯突出部位存在,特别是 DK25＋950～DK26＋310、DK27＋400～DK28＋100、DK28＋685～DK28＋900 段。其中进口及进口平导工区、一号、二号主副斜井工区按高瓦斯工区设置,其余按低瓦斯工区设置。

(2)本隧高瓦斯工区所有机电设备及作业机械必须使用防爆型,行车机械均采用有轨运输。高瓦斯工区均采用巷道式通风,低瓦斯工区采用压入式通风。

(3)高瓦斯工区供电应配置两路电源。工区内采用双电源线路,其电源线上不得分接隧道以外的任何负荷。

(4)低瓦斯工区行车机械严禁驶入高瓦斯工区。

(5)瓦斯工区内各级配电电压和各种机电设备的额定电压等级应符合下列要求:

①高压不应大于 10 000 V。

②低压不应大于 1 140 V。

③照明、手持式电气设备的额定电压和电话、信号装置的额定供电电压,在低瓦斯工区不应大于 220 V;高瓦斯工区不应大于 127 V。

④远距离控制线路的额定电压不得大于 36 V。

(6)瓦斯工区内的配电变压器严禁中性点直接接地。严禁由洞外中性点直接接地变压器或发电机直接向隧道内供电。

(7)凡容易碰到的、裸露的电气设备及其带动机械外露的传动和转动部分,都必做加装护罩或遮拦。

(8)施工中应加强超前地质预报并加强瓦斯探测、监测和施工通风,洞内工作人员必须配备便携式瓦检仪,并应配置高浓度瓦检仪及自动检测报警断电装置。

(9)开挖后根据实测资料，当低瓦斯工区瓦斯涌出量大于或等于 0.5 m^3/min 时，须立即停工，撤出人员，切断电源，不间断通风并通知相关单位进行处理。

(10)本隧设备配置、施工作业程序、施工通风方案、施工管理等应严格按现行《铁路瓦斯隧道技术规范》(TB 10120)、《煤矿安全规程》、《防治煤与瓦斯突出细则》等规范相关要求办理。

二、中梁山隧道大跨及岩溶发育段注浆堵水

(一)概　况

新中梁山左右隧道为分修单线隧道，左线隧道进口里程 D3K290＋296，出口里程 D3K294＋420，全长 4 124 m；右线隧道进口里程 YDK290＋305，出口里程 YD3K294＋424，全长 4 119 m。隧道共引出三条联络线，存在三处大跨段，分别为左线隧道引出重庆北左线联络线、右线隧道引出重庆北右线及重庆西右线联络线。隧道岩溶较发育，地下水环境敏感。

(二)大跨段设计及岩溶段处理

1. 岩溶段处理措施

(1)设计依据

根据成都理工大学地质灾害防治与地质环境保护国家重点实验室发布的《中梁山隧道岩溶水环境影响研究专题报告》结论：成渝线新中梁山隧道修建对西槽谷内地下水的改造作用较小，其主要的影响范围在已有的襄渝铁路、遂渝高速公路大学城隧道及成渝高速公路隧道形成的降水漏斗影响范围内；而东槽谷内隧道的修建在其北侧造成的影响半径会在原有基础上往北侧扩展。

(2)注浆堵水范围

隧道通过可溶岩地区，施工中应以超前地质预测预报为基础，对岩体赋水，地表水与地下水连通性，岩体完整性及施工安全、环境保护多因素进行评价。为保证隧道通过突水、突泥威胁地段施工安全及减少施工对地表水环境的影响，本次设计参照渝怀线重庆枢纽歌乐山隧道成功堵水经验，对隧道通过可溶岩与非可溶岩接触带、盐溶角砾岩段根据超前地质预报并结合开挖揭示围岩地下水发育情况，采用帷幕注浆堵水或超前周边注浆堵水，对可溶岩段根据开挖揭示地下水情况，采用径向注浆堵水或局部注浆堵水。

(3)可溶岩发育段注浆堵水及加强衬砌设计原则

对西槽谷段隧道采用普通复合衬砌，对东槽谷段隧道帷幕注浆段及可溶岩段采用加强衬砌。帷幕注浆段落加强衬砌按承受 1 MPa 水压设计，径向注浆段落加强衬砌按承受 0.5 MPa 水压设计。

(4)施工揭示岩溶段处理

施工中根据超前地质预报揭示情况，对岩溶地下水发育段采用超前周边注浆或帷幕注浆处理，开挖后对岩溶段局部出水段落采用径向注浆处理，处理程序严格按照成渝公司变更管理办法执行。

2. 大跨段设计

新中梁山右线隧道及重庆西右联络线合修 YDK292＋457～＋710 段采用大跨衬砌，左线隧道及重庆北左联络线合修 D3K293＋120～＋350 段采用大跨衬砌，右线隧道及重庆北右联络线合修 YDK292＋987～YDK293＋240 段采用大跨衬砌，隧道共设置三段大跨段，最大开挖断面 273.6 m^3，最大开挖宽度 20.67 m。

大跨段均采用新奥法施工，复合式衬砌结构，位于岩溶接触带及岩溶段采用富水加强衬砌。开挖方式根据断面大小及围岩级别分别采用台阶法、CD 法、CRD 法、双侧壁导坑法施工，超前支护采用 ϕ42 mm 锚管或小导管、ϕ89 mm 大管棚等支护。根据超前地质预报情况，对揭示后大跨段富水段落采用超前周边注浆或开挖后径向注浆或局部注浆进行处理。

三、新红岩隧道小间距下穿地表建(构)筑物

1. 概况

新红岩隧道里程范围 GDK297＋295～GDK303＋994，全长 6 699 m，隧道进口位于重庆市沙坪坝区出口位于渝中区，双线隧道，设计速度 120 km/h。隧道下穿重庆市区，地表建(构)筑物密集，隧道洞身最大埋深约 260 m，多处与既有匝道、道路、地铁轻轨、高层建筑小间距立交，是全线三座Ⅰ级风险隧道之一。

2. 设计处理措施

(1)全隧浅埋段多处下穿或上跨既有建(构)筑物,交叉情况及采取措施见表 3-6-15。

表 3-6-15　浅埋段控制工点设计概况

序号	控制工点	交叉点情况	工程措施	辅助措施
1	进口近接房屋段(GDK297＋295～GDK297＋385)	线路下穿小龙坎正街,线路左右侧分布5栋房屋,其中2栋6层,2栋8层或9层建筑,隧道埋深约8 m,隧道开挖边界距离建筑横向最近距离约1.4 m	采用非爆破开挖,台阶法施工,超前支护采用 ϕ75 mm 中管棚;全环 I18 型钢钢架加强支护,间距 0.6 m;采用Ⅴ级Ⅱ型加强衬砌	施工期间,上部两侧房屋居民临时安置;并且加强地表房屋的沉降、倾斜的监测
2	下穿 A、B 匝道段(GDK297＋385～GDK297＋430)	A、B 匝道下穿段为箱型截面,箱型截面两侧下部加厚作为盖梁,并于既有小龙坎隧道两侧3 m外设置桩基,隧道扩挖后,A、B 匝道右侧7根桩基位于隧道内轮廓范围内,扩挖隧道拱顶距离匝道结构底部距离不到1 m	采用非爆破开挖;台阶法施工;设置 ϕ159 mm 大管棚超前支护;采取护拱托换方案,护拱采用双层喷混凝土支护,喷混凝土内设 HW175 型钢钢架＋ϕ25 mm 四肢格栅钢架,纵向间距 0.6 m,先施作桩间护拱,再施作桩基处护拱,采用Ⅴ级Ⅱ型加强衬砌	施工期间,上部交通不中断,匝道路面铺设2 cm 厚钢板,对交通实施24 h管制:重载、超载车辆不能通行;车辆限速通行;并对匝道实施监测,发现异常中断匝道内行车
3	下穿小龙坎广场段(GDK297＋440～GDK297＋580)	下穿广场地下商场一层及人行通道,扩挖隧道顶距离上部结构间距1.7～3 m,其中最近扩挖柱基础距离隧道顶约0.8 m,横向距离地下二、三层车库7～10 m	采用非爆破开挖;大拱脚台阶法施工;下穿小龙坎广场地下一层商场段采用 ϕ159 mm 大管棚超前支护,取消拱部锚杆;全环 I18 型钢钢架,间距 0.6 m;采用Ⅴ级Ⅱ型加强衬砌	施工期间对地下商场结构的沉降、倾斜进行监测
4	上跨轨道交通一号线隧道段(GDK297＋658～GDK297＋725)	扩挖后隧道仰拱底距离轨道交通一号线隧道顶距离约3.7 m,扩挖隧道位于轨道交通一号线隧道加强衬砌段内	采用非爆破开挖;台阶法施工;采用 ϕ42 mm 小导管注浆加强超前支护;全环 I18 型钢钢架,间距 0.6 m;采用Ⅴ级Ⅱ型加强衬砌	上跨段隧道施工中,加强对下部轨道交通隧道衬砌净空位移的监测
5	下穿竹园小区 F3 段(GDK303＋928～GDK303＋968)	竹园小区高层建筑住宅楼为15层居民楼,总计约160户,基础形式为部分桩基,部分条形基础,扩挖后隧道距离桩基横向距离最近约1.9 m,下穿隧道段落上部结构为条形基础,距离9～12 m	采用非爆开挖,台阶法施工,采用Ⅴ级Ⅱ型加强衬砌,拱部设置 ϕ159 mm 超前大管棚,拱部施作 ϕ32 mm 自进式锚杆,锚杆长度6 m(局部离桩基较近时长度按3 m设计),边墙施作 ϕ22 mm 普通砂浆锚杆,锚杆长3.5 m,环向间距1.2 m;初期支护采用 H175 型钢钢架加强支护	在隧道施工期间以及以后房屋使用期间,应对F3住宅楼实施变形监测,变形监测直至隧道施工完成后并达到沉降变形稳定标准为止

(2)根据《成渝客专初步设计批复文件》(铁鉴函〔2010〕652 号)及《重庆铁路枢纽岩石路堑与浅埋隧道安全控爆技术研讨会议纪要》(鉴桥隧函〔2010〕312 号),确定开挖方法的原则:埋深小于 15 m,采用非爆破方法开挖;埋深在 15～30 m 之间,可考虑机械与控制爆破组合法开挖;埋深在 30～50 m 之间采用控爆方法开挖;埋深大于 50 m 地段原则上采用弱爆破法开挖。

根据上述原则,结合地表建(构)筑物等情况,隧道开挖方法分段如下:隧道进口 GDK297＋295～GDK297＋725 段为下穿控制工点段,采用非爆破开挖,施工方法除 GDK297＋385～＋425、GDK297＋450～＋485、GDK297＋512～＋535 为大拱脚台阶法外,其余均为台阶法;GDK297＋725～GDK298＋350 段为地质灾害带,地表房屋密集、破旧、年久失修,开挖方式为上半断面机械开挖,下半断面控制爆破,采用台阶法施工;洞身段 GDK298＋350～GDK303＋700 段为深埋段,除 GDK302＋840～＋940 下穿嘉华公路隧道段采用控制爆破开挖外,其余段落采用弱爆破开挖,均采用台阶法施工。GDK303＋700～GDK303＋920 段地表为高层建筑,且部分在建中,采用机械与控爆组合开挖,台阶法施工;出口 GDK303＋920～GDK303＋985 段下穿竹园小区,采用非爆破开挖方式,台阶法施工。弱爆破控制振速不大于 2 cm/s,机械与控制爆破组合法段落振速不大于 0.5 cm/s。

(3)监控量测

浅埋与既有建(构)筑物交叉段采用地表沉降、变形监测、爆破振动监测及洞内监控量测相结合的方式,掌握隧道洞内、地表、房屋变形情况,如有异常及时提出进行处理。

(4)安全评估

第三方评估对象为隧道施工可能引起不均匀沉降、开裂、影响使用功能的建(构)筑物,本次设计结合隧道施工方法及地质条件,以深浅埋隧道分界埋深为基础,重点对浅埋隧道地表建(构)筑物进行评估。

根据《铁路隧道设计规范》(TB 10003—2005),计算隧道深浅埋分界深度为 35 m,本次设计埋深 50 m 以下作为评估重点。对于埋深大于 50 m 以上隧道段落,根据已施工隧道段落地表建(构)筑物情况、现场评估情况及隧道施工情况,判定是否进行评估。结合隧道开挖破裂角推断水平影响范围,具体影响范围见表 3-6-16。

表 3-6-16 隧道第三方评估范围(m)

埋深	第三方评估房屋范围(距离隧道中线距离)
<5	15
5~15	18~20
15~30	22~27
30~50	29

第六节 洞口设计

一、洞口位置

(1)隧道洞口位置应根据地形、地质、水文等条件,贯彻"早进晚出"的原则,同时结合洞外相关工程要求确定。

(2)洞口应尽量采用无仰坡进洞。在无不良地质现象的情况下,洞口边仰坡的设计高度(从路基面算起)控制在表 3-6-17 数值内为宜(原则上不按上限确定洞口位置)。

表 3-6-17 洞口边仰坡设置

围岩级别	中心控制(m)	开挖边仰坡高(m)
Ⅲ级和Ⅳ级	12~14	15~20
Ⅴ级	10~12	12~15

(3)浅埋、漫坡地段隧道洞口的选择应结合洞外相关工程、用地范围、洞口弃渣、排水、洞口施工场地的布置等进行经济技术比较,择优选择,尽量避免长路堑进洞。

(4)在桥隧相连的情况下,如桥台靠近洞口位置时,洞口位置的选定还应兼顾洞口施工的相互干扰和影响、路基专业的施作难易程度等,会同桥涵、路基专业会审确定。

二、洞门类型

(1)隧道洞口均应设置洞门结构,并结合沿线的地形、地貌、地质条件、附近建筑物、周边自然环境、民族特色及人文历史等因素,在保证结构和运营安全及排水通畅的前提下,选择适合的洞门结构形式以适应高速铁路的特点和环保要求。

(2)洞口地形、地质条件适宜时优先采用斜切式洞门(斜面坡率为 1∶1.5),等高线与线路交角较小或洞顶存在危岩落石且有条件时,原则上接长明洞,采用明洞门或与地形相协调的隧道洞门。根据危岩落石的范围、高度、大小及发育情况进行分类,并制定相应的清除、支顶、主动或被动防护等工程措施。

三、边仰坡防护

(1)洞口边、仰坡坡面防护

①永久边仰坡防护

永久边仰坡位于土层、W_4及 W_3地层时,采用锚杆框架梁防护或,植草骨架护坡防护;永久边仰坡位于 W_2地层时,采用 M10 浆砌片石嵌补防护;斜切洞门回填边坡,采用植草骨架护坡防护。

②临时边仰坡防护

斜切洞门明暗分界处、明暗洞分界处、非斜切式洞门挡墙、端墙背后等临时边坡采用锚喷网防护。同一坡面上防护形式原则上应尽量统一,采用一种防护形式。

(2)对于岩体松散，围岩较破碎或土质为主的洞口浅埋段，应考虑超前注浆支护、地表注浆等预加固措施。

(3)为防止水流冲刷洞口，保持边、仰坡的稳定，应在开挖边缘线外 5～10 m 修筑天沟，天沟断面形式、大小及长度，应根据地形、流量等情况确定，天沟的纵坡较陡时，应设置防滑基座及必要的消能设施。

(4)路堑侧沟水不能经隧道排出，路堑水沟底应低于洞内中心沟底，便于排水和防止积水。此外为防止洞外的路堑侧沟水流入洞内，当出口端为上坡时，应将洞外侧沟做成与线路纵坡相反的纵坡，坡度不小于 2‰。

(5)每个洞口均应设置检查设施。

四、洞口缓冲结构

一般情况下，隧道长度大于 500 m，正线速度目标值为 250 km/h 及以上的双线隧道洞口设置缓冲结构，结构形式结合洞口段工程一并设计，洞口缓冲结构采用衬砌拱顶开孔结构形式，每个洞口开孔个数为 1～3 个。但当隧道洞口有建筑物(居民密集区)或周围有特殊环境要求时，应根据环评专业要求设置声屏结构或缓冲设施。

五、过 渡 段

路隧和桥隧过渡段按现行《高速铁路设计规范》(TB 10621)规定进行处理，并且对洞口软弱地基进行加固，保证轨下基础稳定。洞口至分界里程范围内道床基础采用 C25 混凝土换填，换填深度为 2 m 且侧沟深度应保证低于换填深度。若洞口道床底面基础为 W_2 风化层且岩性为灰岩时，则道床底面以下设 50 cm 厚 C25 混凝土垫层。

第七节　洞内设施设计

一、隧道轨下基础类型

(1)正线范围内隧道除重庆枢纽竹木街隧道采用有砟轨道外，其余均采用 CRTSⅠ型双块式无砟轨道。

(2)重庆枢纽重庆北、重庆西联络线以及正线竹木街隧道采用有砟轨道。

二、隧道照明

长度在 500～5 000 m 隧道根据相关要求设置固定式检修照明设备。

5 000 m 以上隧道根据相关要求设置固定式检修照明设备和应急照明设备：应急照明设备应设置在救援通道，应急照明在救援通道的地面水平照度不应小于 0.5 lx；疏散指示照明标志安装间距不宜大于 30 m，并应安装在距离地面 1 m 以上的墙上。

救援通道内应急疏散标志处配备灯光及应急照明显示方向。

三、通信、信号、电力、接触网

(1)按照通信信号及电力专业综合接地体的要求，在相应的位置预埋接地钢筋、接地端子等。

(2)隧道专用洞室处及隧道洞口根据相关专业要求设置过轨钢管。

(3)隧道接触网基础采用化学锚栓，化学锚栓设置位置根据接触网专业要求布置。

(4)隧道均设置综合接地系统。

四、消防设施

对于安放通信信号、电力设备的专用洞室及变压器洞室，均应配备消防设施，具体要求详见相关专业。

五、洞内附属工程设计

(1)隧道内按单侧间距 500 m 设置电缆余长腔洞室，沿隧道两侧交错布置。

(2)当站后专业要求隧道内设置专用洞室时，根据其具体要求增设专用洞室。专用洞室可与电缆余长腔洞室合并设置。专用洞室不得设于衬砌断面变化处或沉降缝处，当位于上述地段时，隧道衬砌结构变化位置应进行适当调整。

(3)隧道进出口及洞室设置通信、电力过轨管，过轨管按站后要求设置。

(4)本线正线隧道(除重庆枢纽范围)每侧均设置 2 条电缆槽，尺寸为 300 mm×300 mm(宽×深)及 300 mm×350 mm(宽×深)；重庆枢纽新中梁山隧道内隧道每侧一条电缆槽，尺寸为 300 mm×250 mm(宽×深)；重庆枢纽新红岩隧道每侧均设置 2 条电缆槽，尺寸为 200 mm×200 mm(宽×深)及 150 mm×200 mm(宽×深)；重庆枢纽联络线隧道每侧一条电缆槽，尺寸为 200 mm×200 mm(宽×深)。

(5)其他洞室(如变压器洞室等)根据相关专业要求设置。

第八节　运营通风及防灾救援设计

一、运营通风

成渝客专除龙泉山隧道预留营运通风条件外，其余均采用自然通风。

二、防灾救援设计

(一)工程概况

成渝客专铁路(正线及联络线)共有隧道 57 座，隧道总长约 64.54 km，其中双线隧道总长约 46.88 km，单线隧道总长约 17.66 km。其中长度 3～5 km 隧道 5 座，为缙云山、璧山、新中梁山、中梁山、双碑隧道；长度 5～10 km 隧道 3 座，为龙泉山、大安、新红岩隧道。长度大于 3 km 隧道情况见表 3-6-18。

表 3-6-18　成渝线长度大于 3 km 的隧道统计表

编号	隧道名称	隧道性质	隧道长度(m)	备注
1	新龙泉隧道	双线，250 km/h	7 328	高瓦斯隧道
2	大安隧道	双线，250 km/h	5 054	低瓦斯隧道
3	缙云山隧道	双线，250 km/h	3 175	低瓦斯隧道
4	璧山隧道	双线，250 km/h	3 455	—
5	新中梁山左线隧道	单线，250 km/h	4 124	低瓦斯隧道
	新中梁山右线隧道	单线，250 km/h	4 119	低瓦斯隧道
6	新红岩隧道	双线，100 km/h	6 699	—
7	双碑隧道	双线，100 km/h	新建 1 741.1	双线
			全长 4 846	
8	中梁山隧道	单线，100 km/h	3 915	低瓦斯隧道、无辅助坑道

(二)隧道辅助坑道设置情况

成渝线大于 3 km 的隧道除中梁山隧道施工期间未设置辅助坑道外，其余隧道均设置有辅助坑道。成渝线隧道辅助坑道设置情况见表 3-6-19。

表 3-6-19　成渝线长度 3 km 以上隧道施工辅助坑道统计表

序号	名　称	全长(m)	辅助坑道形式	辅助坑道长(m)	备　注
1	龙泉山隧道	7 328	进口平导	3 825	高瓦斯，单车道，瓦斯排放通道
			一号主斜井	385	低瓦斯，坡度 39%，有轨双车道
			二号副斜井	388	低瓦斯，坡度 40%，有轨单车道。瓦斯排放通道
			三号斜井	510	低瓦斯，坡度 10%，无轨双车道
2	大安隧道	5 054	斜井	652	低瓦斯，坡度 10%，无轨单车道

续上表

序号	名　　称	全长(m)	辅助坑道形式	辅助坑道长(m)	备　　注
3	缙云山隧道	3 175	斜井	185	低瓦斯,坡度 6.5%,无轨双车道,施工期间根据公司施组架梁工期变更增加
4	璧山隧道	3 455	斜井	79	施工单位增加、坡度 6%
5	新中梁山左右线隧道	4 124/4 119	8 个联络通道	36.1	岩溶,无轨单车道
				63.1	
			出口斜井	277	无轨双车道
6	新红岩隧道	6 699	一号横洞	67.5	接入既有梨菜线隧道,无轨双车道
			二号横洞	604	无轨双车道
7	双碑隧道	新建 1 741 全长 4 846	一号横洞	150	无轨双车道
			二号横洞	280	变更增加、无轨双车道

(三)设计原则

1. 总体原则

根据《铁路隧道防灾救援疏散工程设计规范》(TB 10020—2012),并结合成渝客专隧道的建设情况,制定本线防灾救援疏散工程设计的总体原则,具体如下:

(1)防灾救援对象为旅客列车在隧道内发生的火灾事故。

(2)隧道防灾救援应贯彻“以防为主、防消结合、以人为本、应急有备、方便自救、安全疏散”的总体原则。健全防灾系统,预防灾害发生;建立完善的疏散设施及救援系统,提供人员快速、安全、有效的疏散的途径和避难场所,保证人员的生命安全。

(3)列车发生火灾时应拉出洞外,并将失火车厢完全停靠于露天地段开展人员疏散及消防扑救。如果事故列车不能驶出洞外,应控制列车停靠在最近的紧急出口、避难所等疏散设施进行疏散(成渝客专无隧道救援站)。

(4)隧道防灾救援的土建设施尽量利用施工辅助坑道,原则上不对正洞已完成段落进行改建。

(5)原则上隧道长度大于 3 km 时根据已有辅助坑道情况设置紧急出口或避难所。

(6)作为紧急出口或避难所的辅助坑道,一般利用现状锚喷或模筑衬砌支护形式;设置避难所的段落应设置模筑套衬。

2. 防灾救援系统组成及设置原则

紧急出口及避难所应设置的防灾救援系统包括防灾救援通风、防护门、应急照明系统、疏散指示标志、防灾救援设备监控系统等子系统。

防灾救援各子系统设置原则如下:

(1)防灾救援通风

①本线隧道长度均小于 20 km,正洞不设置机械通风系统。

②隧道避难所及紧急出口时,其防护门处的风速不小于 2 m/s。

③射流风机采用拱顶安装,采用专用钢结构风机安装门架,分别将射流风机支撑在拱顶部。

(2)防护门

紧急出口、避难所以及横通道均设置防护门,防护门的通行净宽不小于 1.5 m,通行净高不小于 2.0 m。

(3)应急照明系统

长度为 3 km 及以上或设有紧急出口的隧道内应设置应急照明,并符合以下要求:

①在救援通道和其他救援疏散路线上,均应设置疏散照明。

②在隧道洞口、紧急出口、横通道口、避难所口等处,均应设置相应的标志灯。

(4)疏散指示标志

隧道内应设置疏散导向标线,并注明距最近隧道口、紧急出口、避难所的方向和距离,配合指示标志引导旅客快速疏散。导向标志采用热熔型反光涂料。

(5)应急通信系统

于隧道防灾定点救援点、避难所及紧急出口等处设置隧道通话终端。

(6)防灾救援设备监控系统

①设置防灾救援系统的隧道设置防灾救援设备监控系统,并具备远程功能。

②根据隧道防灾救援疏散模式配备合理的监控设备。

③防火灾设备的设计能力,按同一隧道同一时间内发生一次火灾考虑。

④机电设备监控远程站包括救援通风控制系统、电力设备监控系统、应急照明监控系统、给水控制系统及其他与防灾救援有关的防护门、通信系统。

3. 隧道防灾救援土建工程的设计原则

本线隧道防灾救援疏散工程主要包括紧急出口、避难所、联络横通道、通场道路。

(1)紧急出口及避难所

①紧急出口及避难所断面净空尺寸结合辅助坑道情况设置,原则不小于 4.0 m×5.0 m(宽×高);避难所面积不小于 0.5 m^2/人,纵坡不得大于 3%;利用既有横洞设置避难所原则上不改变既有结构断面,长度根据需要待避面积确定。待避人数的比例按照目前现有人口结构比例定 15 岁以下及 60 岁以上(30%),再考虑部分工作人员、维护人员,一共不超过 45%。

②长度为 3~5 km 的单洞隧道,可结合辅助坑道,设置一处紧急出口。当施工辅助坑道条件不满足紧急出口标准要求时,可不设置紧急出口。

③长度为 5~10 km 的单洞隧道,应在隧道洞身段设置一处紧急出口或避难所。

④平行的两条隧道互为救援疏散隧道,应设置相互联络的横通道。

⑤利用既有斜井、横洞避难所应设置套衬。疏散救援通道、紧急出口、避难所坑底必须设置底板,保证走行面的平整、稳固。

⑥隧道正洞原则上利用既有通风条件。

(2)联络横通道

①平行两条隧道之间应设置互相联络横通道。横通道间距不大于 500 m。

②横通道断面净空尺寸采用 4.0 m×3.50 m(宽×高),纵坡不得大于 1%;横通道设置便于开启的防护门。

③横通道的地面平整、稳固、不积水。

(3)通场道路

①设置紧急出口、避难所等疏散设施的隧道,隧道洞口、紧急出口应设置与通场道路连接的道路;原则上利用施工便道作为进出道路,以利于救援车辆、人员及时到达现场和避难人员的疏散。

②疏散设施洞口应设置内、外均能方便开启的栅栏门。

③通场道路、人行梯步、紧急出口等设施应按规定进行维护、维修。

4. 人员疏散原则

当旅客列车在隧道内发生火灾时,原则上将列车拉出隧道进行处理,但不具备拉出洞外处理条件时,其人员的疏散可分为列车内疏散、从列车向地面疏散 2 个阶段。

(1)人员在列车内的疏散

当旅客列车发生火灾时,列车内应立即启动人员疏散和救援的相关紧急预案。列车乘务员或工作人员应根据定期或不定期的消防演练分工,各尽其职,分别向列车长报告火情、指导和帮助乘客向邻近的安全车厢疏散转移、组织力量消防灭火,并对安全车厢采取合理的防烟措施,避免列车内出现人员伤亡。

(2)人员在车厢外的疏散

若列车在隧道内停车后,列车工作人员应立即组织和指导乘客向地面疏散,乘客下车后可根据疏散指示标志向救援站、紧急出口或避难所等安全地带逃生,可暂时待避于洞内安全地带等待外部救援,或徒步疏散至洞外。

(四)防灾救援疏散土建工程设计主要内容

根据《铁路隧道防灾救援疏散工程设计规范》(TB 10020—2012)规定,并结合成渝客专隧道施工图辅助坑道设置及现场施工情况等进行设计。防灾救援疏散土建工程主要内容如下:

1. 龙泉山隧道

龙泉山隧道起讫里程 DK22＋485～DK29＋813，全长 7 328 m，属高瓦斯隧道。为满足高瓦斯隧道巷道式施工通风及加快施工进度要求，全隧设置进口平导、一号、二号主副斜井以及三号斜井。龙泉山隧道辅助坑道如图 3-6-8 所示。

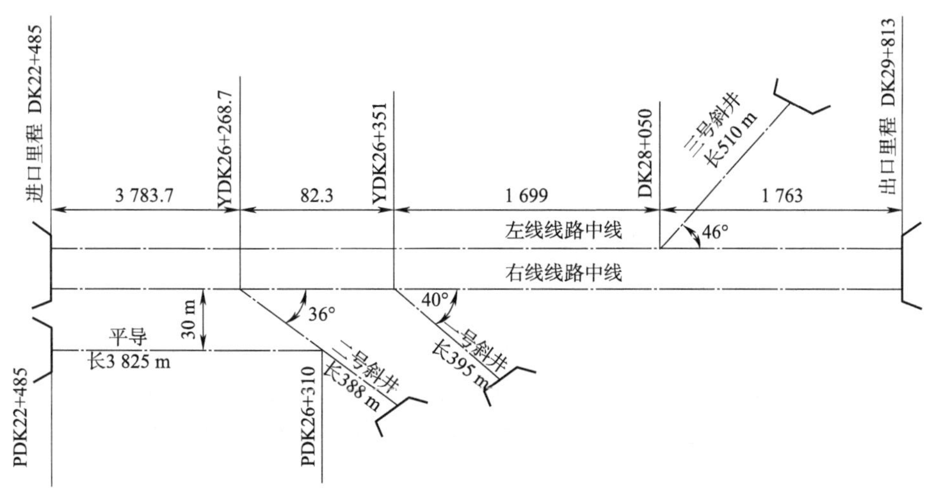

图 3-6-8　龙泉山隧道辅助坑道示意图(单位：m)

设计龙泉山隧道一号斜井作为避难所，相关专业需按规范配套通风、照明、供电、通信、控制、消防等设备系统设计。本隧道为高瓦斯隧道，避难所位于低瓦斯段，设置瓦斯监测系统。

2. 大安隧道

大安隧道起讫里程 DK243＋950～DK249＋004，全长 5 054 m，属低瓦斯隧道。本隧道于 DK246＋100 线路前进方向左侧设一斜井，斜井与隧道小里程方向平面夹角 30°，斜井平距 652 m，井身坡度 10%，采用单车道无轨运输。大安隧道辅助坑道如图 3-6-9 所示。

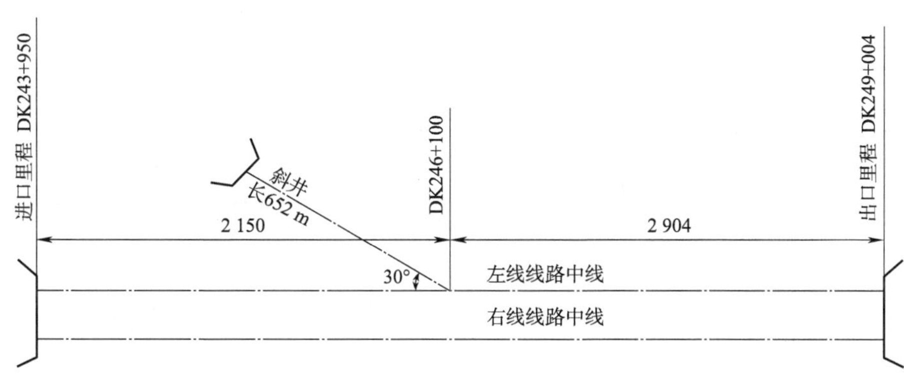

图 3-6-9　大安隧道辅助坑道示意图(单位：m)

设计大安隧道斜井作为避难所，相关专业需按规范配套通风、照明、供电、通信、控制、消防等设备系统设计。避难所位于低瓦斯段，应设置瓦斯监测系统。

3. 缙云山隧道

缙云山隧道起讫里程 DK275＋355～DK278＋530，全长 3 175 m，属低瓦斯隧道。隧道原施工图设计无辅助坑道，施工期为满足运架梁要求，变更设计增加斜井 1 座，于线路前进方向 DK277＋480 左侧，斜井平距 185 m，井身坡度 5.5%，采用双车道无轨运输。净空尺寸为 7.5 m(宽)×6.2 m(高)。缙云山隧道辅助坑道如图 3-6-10 所示。

设计缙云山隧道斜井作为紧急出口，相关专业需按规范配套通风、照明、供电、通信、控制、消防等设备系统设计。本隧道为低瓦斯隧道，应设置瓦斯监测系统。

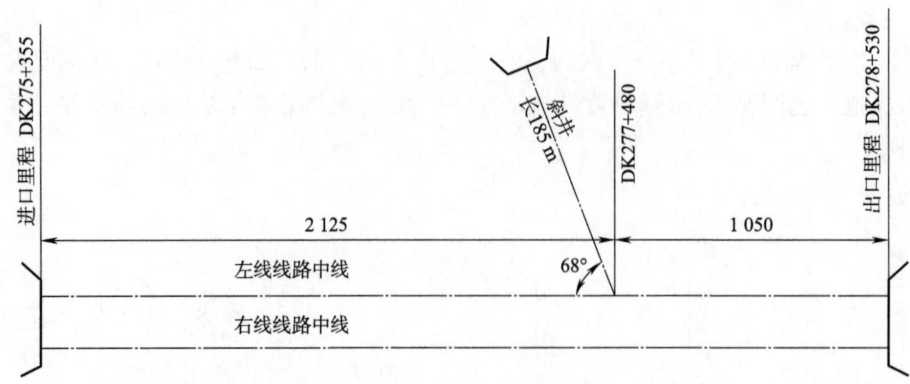

图 3-6-10 缙云山隧道辅助坑道示意图(单位:m)

4. 新中梁山左右线隧道

新中梁山隧道左线起讫里程 DK290＋296～DK294＋420,全长 4 124 m;右线起讫里程 YDK290＋305～DK294＋424,全长 4 119 m,左右线隧道并行,设置联络横通道 8 个,正线设置斜井 1 座。

新中梁山左右线辅助坑道布置如图 3-6-11 所示。新中梁山左右隧道及其联络线如图 3-6-12 所示。

联络通道编号	对应左线里程	对应右线里程	长度 (m)
1	D3K290+600	YDK290+606.8	36.1
2	D3K291+000	YDK291+006.5	61.3
3	D3K291+500	YDK291+506.4	53.8
4	D3K292+000	YDK292+006.4	54.1
5	D3K292+445	YDK292+451.4	54.5
6	D3K292+945	YDK292+951.5	54.9
7	D3K293+735.46	YDK293+760	55.5
8	D3K294+100	YDK294+102.8	36.4

图 3-6-11 新中梁山左右线辅助坑道布置示意图(单位:m)

设计新中梁山左右线隧道将联络横通道作为正线左右线隧道互为救援疏散通道,相关专业需按规范配套通风、照明、供电、通信、控制、消防等设备系统设计。本隧道为瓦斯隧道,应设置瓦斯监测系统。

5. 新红岩隧道

新红岩隧道起讫里程 GDK297＋295～GDK303＋994,全长 6 699 m,隧道一号横洞全长 67.5 m,交于正线 GDK298＋135 处。另一端位于既有小龙坎隧道内,采用双车道无轨运输,净空尺寸为 7.5 m(宽)×6.2 m(高),井身坡度 1%。二号横洞全长 604 m,交于正线 GDK301＋315 处,采用双车道无轨运输,净空尺寸为 7.5 m(宽)×6.2 m(高)。新红岩隧道辅助坑道如图 3-6-13 所示。

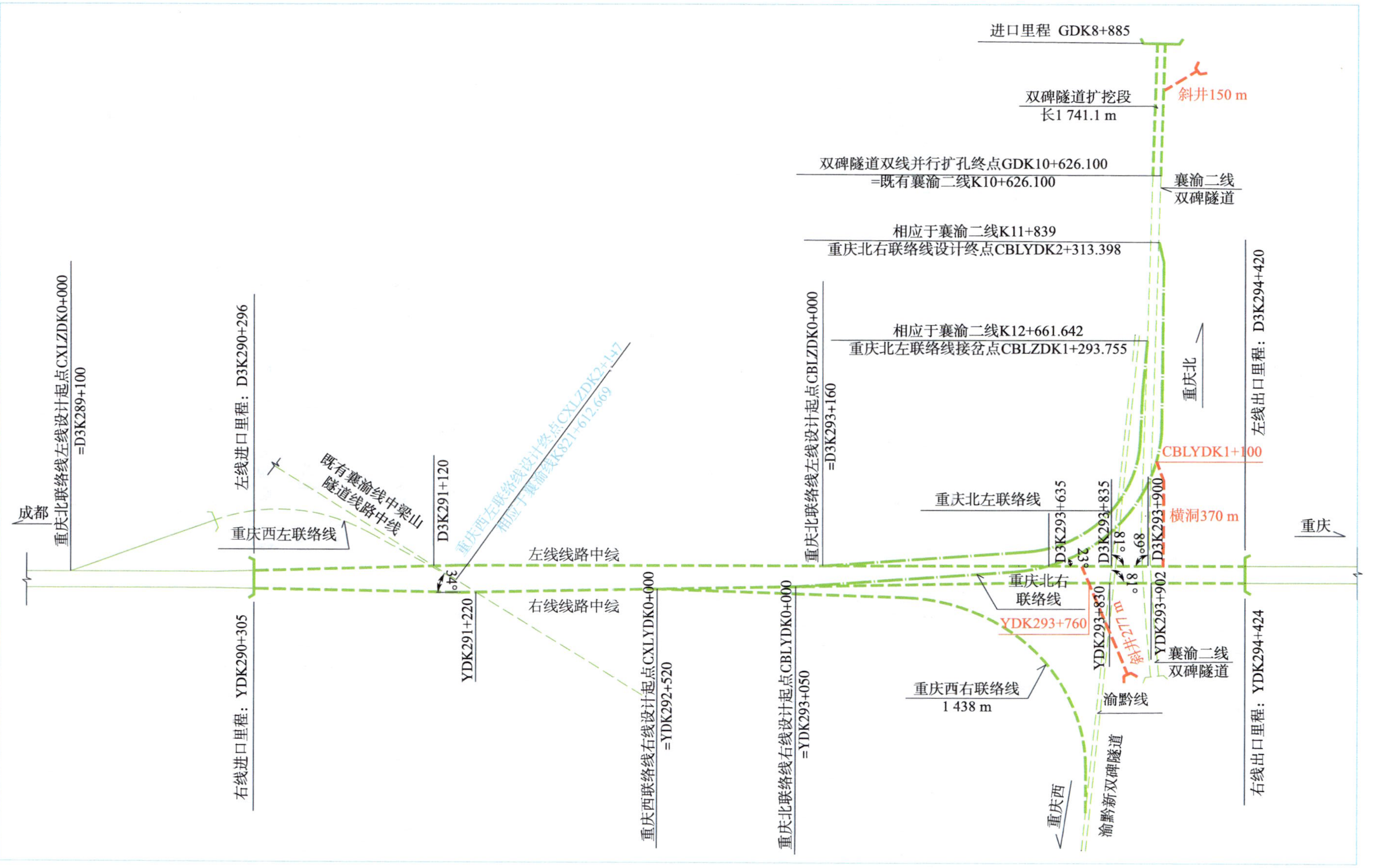

图 3-6-12 新中梁山左右隧道及其联络线关系图

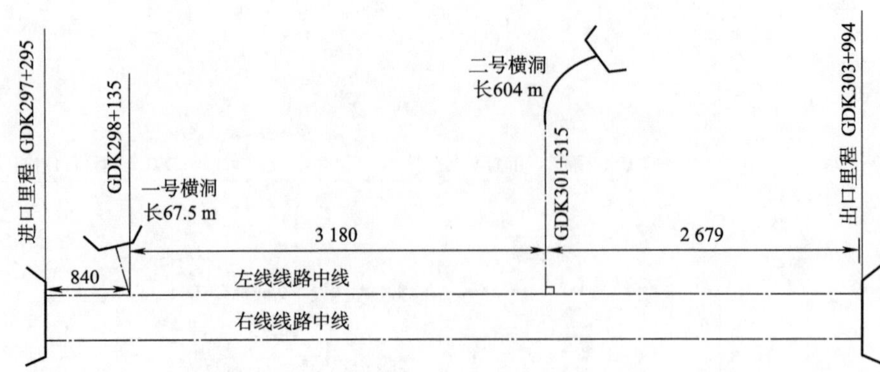

图 3-6-13 新红岩隧道辅助坑道示意图(单位:m)

设计新红岩隧道二号横洞作为紧急出口,相关专业需按规范配套通风、照明、供电、通信、控制、消防等设备系统设计。

6. 双碑隧道(重庆枢纽重庆北左线联络线)

双碑隧道起止里程 K8+886.3～ GDK8+887(K13+732.7),全长 4 846.4 m。本隧道于 GDK9+550 线路左侧设一座横洞,横洞与隧道小里程方向平面夹角 55°,横洞长 152 m,坡度 0.3%,采用双车道无轨运输。为加快施工进度确保成渝客专开通到重庆北,变更增加二号横洞,于 GDK9+960(距离进口 1 074 m,出口 3 772 m)线路左侧设一座横洞,横洞与隧道小里程方向平面夹角 31°,横洞长 280 m,坡度−4.3%,采用双车道无轨运输。双碑隧道辅助坑道如图 3-6-14 所示。

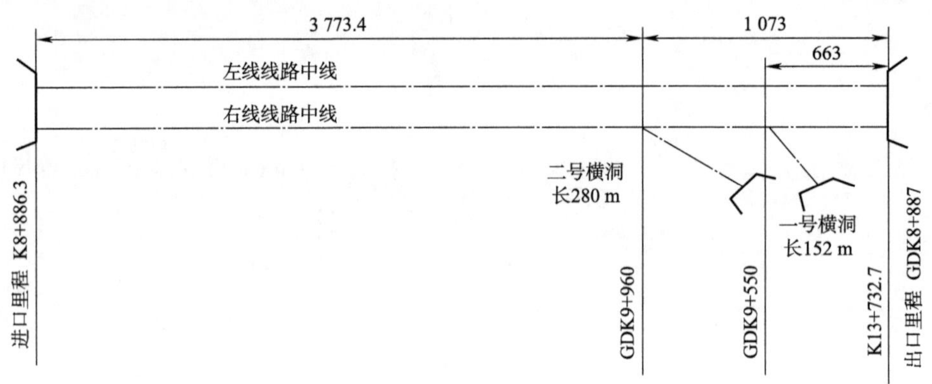

图 3-6-14 双碑隧道辅助坑道示意图(单位:m)

设计将双碑隧道二号横洞作为紧急出口,相关专业需按规范配套通风、照明、供电、通信、控制、消防等设备系统设计。

(五)成渝客专隧道辅助坑道防灾救援疏散功能

根据成渝客专现场施工情况及规范要求,成渝客专辅助坑道作为救援通道的情况见表 3-6-20。

表 3-6-20 成渝客专隧道施工辅助坑道防灾救援功能表

序号	名 称	全长(m)	辅助坑道形式	辅助坑道长度(m)	防灾救援功能	备 注
1	龙泉山隧道	7 328	进口平导	3 825	—	高瓦斯,单车道
			一号主斜井	395	避难所	高瓦斯,坡度 39%,有轨双车道
			二号副斜井	388	—	高瓦斯,坡度 40%,有轨单车道
			三号斜井	510	—	—
2	大安隧道	5 054	斜井	652	避难所	低瓦斯,坡度 10%,无轨单车道
3	缙云山隧道	3 175	斜井	185	紧急出口	低瓦斯,坡度 6.5%,无轨双车道,施工期间根据成渝公司施组架梁工期变更增加

续上表

序号	名　　称	全长(m)	辅助坑道形式	辅助坑道长度(m)	防灾救援功能	备　　注
4	璧山隧道	3 455	斜井	79	—	施工单位增加、已经封闭废弃
5	新中梁山左右线隧道	4 124/4 119	8 个联络通道	36.1	救援通道	岩溶,无轨单车道
				63.1		
			出口斜井	277	—	无轨双车道、渝黔施工辅助坑道
6	新红岩隧道	6 699	一号横洞	67.5	—	无轨双车道
			二号横洞	604	紧急出口	无轨双车道
7	双碑隧道	新建 1 741.1	一号横洞	152	—	无轨双车道
		全长 4 846	二号横洞	280	紧急出口	无轨双车道

(六)洞外道路

(1)设置紧急出口、避难所等疏散设施的隧道,隧道洞口及紧急出口(含避难所)的洞口,均有外界通向隧道的施工便道,并满足车辆通行的要求。

(2)设置在隧道洞口的防护栅栏门采用内外均能方便开启的形式,栅栏门附近设置醒目的标志,以便于人员疏散和救援。

第九节　防排水设计

在保证施工安全的条件下,隧道防排水采取"防排结合,以排为主"的原则,以混凝土结构自防水为主体,以衬砌三缝为重点,达到防水可靠、经济合理、不留后患的目的。

一、结构自身防水

二次衬砌混凝土抗渗等级不得低于 P10,地下水发育地段二次衬砌混凝土抗渗等级不得低于 P12。

二、防水板防水

全线暗挖隧道二次衬砌背后均铺设拱墙防水板及无纺布(分离式)防水。斜切、斜切延伸段及明洞段衬砌外缘设置防水板并设置水泥砂浆保护层。防水板的厚度不小于 1.5 mm。

防水板的铺设应满足《地下工程防水技术规范》(GB 50108—2008)第 4.5.5 条～第 4.5.9 条,《铁路隧道防排水施工技术指南》(TZ 331—2009)及《铁路隧道防水板铺设工艺技术规定》(建技〔2010〕13 号)中相关的规定。

三、施工缝及变形缝防水

隧道衬砌纵向施工缝采用中埋橡胶止水带＋外贴橡胶止水条两种防水措施,环向施工缝采用中埋橡胶止水带＋外贴式橡胶止水带,外贴式止水带应与防水板粘接在一起。变形缝采用中埋式橡胶钢边止水带＋外贴式橡胶止水带＋聚乙烯泡沫塑料板＋聚硫建筑密封膏嵌缝材料进行防水处理。

环向施工缝每 10 m 设一道,在地质或结构断面变化较大处、基底软硬分界处、围岩荷载变化较大处、明暗分界处及明洞段按 20 m 应设置变形缝。

四、隧道排水

(1)正线双线隧道内设中心矩形盖板沟＋双侧水沟,并与洞外路基水沟相连,侧沟主要用于汇集地下水,同时起到沉淀和兼顾部分排水的作用,中心矩形盖板沟用于排水。

(2)二次衬砌背后设环向 ϕ50 mm 透水盲管,每 10 m 一环,在地下水发育段应适当加密;两侧边墙脚设纵向 ϕ80 mm 透水盲管。

(3)隧道洞口平坡段及纵坡较小地段,根据最大涌水量进行水力计算,通过加深水沟、减小横向排水管埋置深度或增设排水通道满足排水要求。

(4)明挖段衬砌外缘直边墙顶设纵向 ϕ100 mm 透水盲管，直边墙范围采用浆砌片石回填，回填浆砌片石顶面设置 50 cm 厚砂卵石反滤层；并每隔 8～10 m 设竖向 ϕ50 mm 盲管接入隧道侧沟。

第十节　辅助坑道设计

一、辅助坑道设置一般原则

(1)结合工期、地形条件、施工通风、排水及地质条件，设置横洞、斜井及平导等辅助坑道。

(2)为解决工期，加快施工进度等，非可溶岩隧道设置辅助坑道优先选择横洞或斜井，岩溶发育隧道原则上结合施工要求及运营期间排水，选择横洞或平导，以降低施工风险。高瓦斯隧道应按能够形成巷道式通风的原则选用有轨运输辅助坑道。

二、辅助坑道净空设计

隧道辅助坑道采用无轨运输：对于单车道，内净空采用 5 m(宽)×6.0 m(高)；对于双(错)车道，内净空采用 7.5 m(宽)×6.2 m(高)；坡度不大于 10%。

隧道辅助坑道采用有轨运输：单车道断面采用 4.0 m×4.6 m(宽×高)，双车道断面采用 5.1 m×4.7 m(宽×高)。

三、辅助坑道设置

为解决工期、施工场地及弃渣、施工通风等问题，确保施工安全及满足防灾救援要求，成渝客专辅助坑道设置情况见表 3-6-21。

表 3-6-21　成渝客专隧道施工辅助坑道表

序号	名称	全长(m)	辅助坑道形式	辅助坑道长度(m)	备　注
1	龙泉山隧道	7 328	进口平导	3 825	高瓦斯，单车道
			一号主斜井	395	高瓦斯，坡度 39%，有轨双车道
			二号副斜井	388	高瓦斯，坡度 40%，有轨单车道
			三号斜井	510	—
2	大安隧道	5 054	斜井	652	低瓦斯，坡度 10%，无轨单车道
3	缙云山隧道	3 175	斜井	185	低瓦斯，坡度 6.5%，无轨双车道，施工期间根据成渝公司施组架梁工期变更增加
4	璧山隧道	3 455	斜井	79	施工单位增加
5	新中梁山左右线隧道	4 124/4 119	8 个联络通道	36.1	岩溶，无轨单车道
				63.1	
			出口斜井	277	无轨双车道、渝黔施工辅助坑道
6	新红岩隧道	6 699	一号横洞	67.5	无轨双车道
			二号横洞	604	无轨双车道
7	双碑隧道	新建 1 741.1	一号横洞	152	无轨双车道
		全长 4 846	二号横洞	280	无轨双车道

第十一节　沉降变形设计

一、监控量测设计

1. 采用喷锚构筑法修建隧道，应将现场监控量测项目列入设计文件

作为施工工序中不可缺少内容，它不仅监测各施工阶段围岩和支护动态，确保施工安全，而且可为调整

初期支护设计参数，确定二次衬砌和仰拱的施作时间，了解施工对附近建筑物的影响，提供反馈信息，作为信息化设计的依据；同时，积累资料为以后的设计、施工提供参考。

2. 监控量测计划与内容

(1)监控量测计划应根据隧道的规模、地形地质条件、支护类型和参数、开挖方式等制定。监控量测作业应根据图 3-6-15 所示的监控量测流程进行。

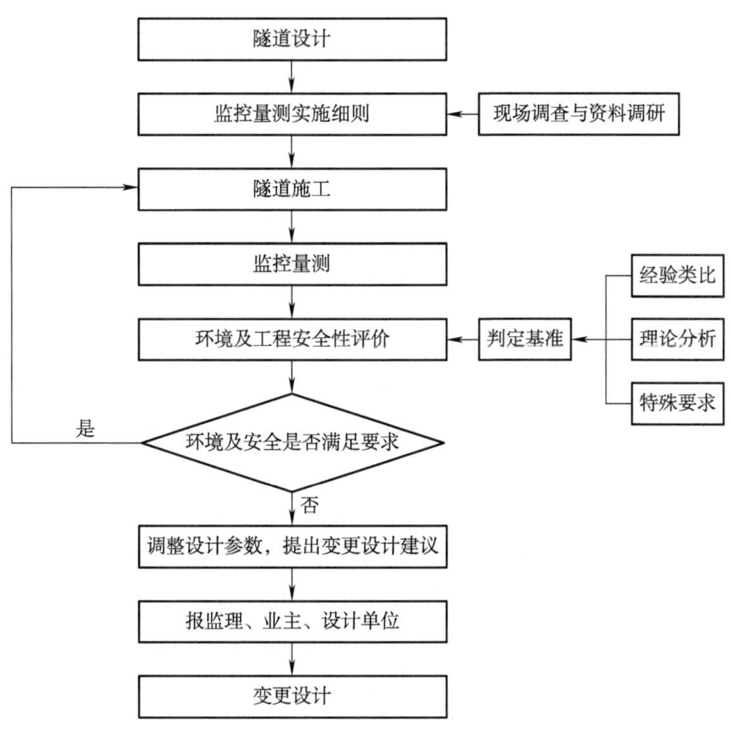

图 3-6-15 监控量测流程

监控量测计划的内容包括：量测项目及方法、量测仪器的选择、测点布置、量测频率、数据处理及量测作业人员的组织等。

施工中，当地质条件发生显著变化时，应及时修改量测计划。

(2)监控量测应符合下列要求：

①掌握围岩和支护动态，进行日常施工管理；

②了解支护构件的作用及效果；

③确保隧道工程的安全性和经济性；

④将监控量测结果反馈于设计及施工中；

⑤了解隧道施工对附近建筑物的影响；

⑥积累资料，作为以后设计、施工参考。

(3)监控量测可分为必测项目和选测项目两类：必测项目是隧道工程必须进行的日常监控量测项目；选测项目是为满足隧道设计与施工的特殊要求，根据围岩性质、隧道埋置深度、开挖方式等条件确定进行的监控量测项目。

①必测项目应包括表 3-6-22 所列项目。

表 3-6-22 必测项目

序 号	监控量测项目	常用量测仪器	备 注
1	洞内、外观察	现场观察、数码相机、罗盘仪	
2	拱顶下沉	水准仪、钢挂尺或全站仪	
3	净空变化	收敛计、全站仪	
4	地表沉降	水准仪、钢挂尺或全站仪	隧道浅埋段

②选测项目应包括表 3-6-23 所列项目。

表 3-6-23 选测项目

序 号	监控量测项目	常用量测仪器
1	围岩压力	压力盒
2	钢架内力	钢筋计、应变计
3	喷混凝土内力	混凝土应变计
4	二次衬砌内力	混凝土应变计、钢筋计
5	初期支护与二次衬砌间接触压力	压力盒
6	锚杆轴力	钢筋计
7	围岩内部位移	多点位移计
8	隧底隆起	水准仪、铟钢尺或全站仪
9	爆破振动	振动传感器、记录仪
10	孔隙水压力	水压计
11	水量	三角堰、流量计
12	纵向位移	多点位移计、全站仪

③隧道开挖后应及时进行地质素描及数码成像,必要时进行物理力学试验。

④初期支护完成后应进行喷层表面裂缝及其发展、渗水、变形观察和记录。

⑤对围岩为土砂质时可对围岩内部位移、锚杆轴力、初期支护内力、锚杆拉拔试验等进行量测。

⑥对地下水发育断层破碎带等地质构造带可进行水量、孔隙水压力等进行量测。

⑦对隧道附近存在隧道施工爆破影响的构筑物时,可进行爆破振动监控量测。

⑧对一般硬质岩、软岩认为可以优化设计,减少支护结构数量时,可对锚杆轴力、围岩压力、初期支护与二次衬砌间接触压力等进行量测。

(4)当浅埋隧道上方有地面建筑物、地下管线等,而且需要采用钻爆法开挖时,应进行爆破振动监测。

3. 监控量测作业

(1)洞内观察可分为开挖工作面观察和已施工区段观察两部分。开挖工作面观察应在每次开挖后进行一次。当地质情况基本无变化时,可每天进行一次。观察后应绘制开挖工作面略图(地质素描),填写工作面状态记录表及围岩级别判定卡。在观察中如发现地质条件恶化,应立即通知施工负责人采取应急措施。对已施工区段的观察也应每天至少进行一次,观察内容包括喷射混凝土、锚杆、钢架的状况。洞外观察包括对洞口地表情况、地表沉陷、边坡及仰坡的稳定、地表水渗透的观察。

(2)净空变形量测断面的间距应根据围岩级别、隧道断面尺寸、埋置深度及工程重要性等确定,宜为 10～15 m,在Ⅰ、Ⅱ级围岩的隧道中可根据需要酌情设置测点,在洞口段应适当减少。

(3)净空变形量测应在每次开挖后尽早进行,初读数应在开挖后 12 h 内读取,不得超过 24 h,而且在下一循环开挖前,必须完成初期变形值的读取。

(4)测点应牢固可靠,易于识别并妥善保护。拱顶量测后视测点必须埋设在稳定岩面上,并和洞内水准点建立联系。

(5)量测应选择精度适当、性能可靠、使用及携带方便的仪器。如拱顶下沉量测,每断面宜布置 1～3 点,应采用水准仪、水准尺和挂钩钢尺等,有条件时周边位移宜采用非接触监测仪进行量测。锚杆或围岩内部变形量测可采用单点或多点式锚头和传递杆,配以机械式或分表式点测位移计。变形量测可选用电阻或电感式仪器,仪器使用前必须经过严格标定。

(6)水平相对净空变化量测线的布置应根据施工方法、地质条件、量测断面所在位置、隧道埋置深度等条件确定。在地质条件良好,采用全断面开挖方式时,可设一条水平测线。当采用台阶开挖方式时,可在拱腰和边墙部位各设一条水平测线。

净空收敛量测测线数,参照表 3-6-24 和图 3-6-16 布置。

表 3-6-24　净空收敛量测测线数

开挖方法＼地段	一般地段	特殊地段
全断面法	一条水平测线	—
台阶法	每台阶一条水平测线	每台阶一条水平测线，两条斜线
分部开挖法	每部分一条水平测线	CD 法或 CRD 法上部，每分部一条水平测线，两条斜测线，其余部分一条水平测线

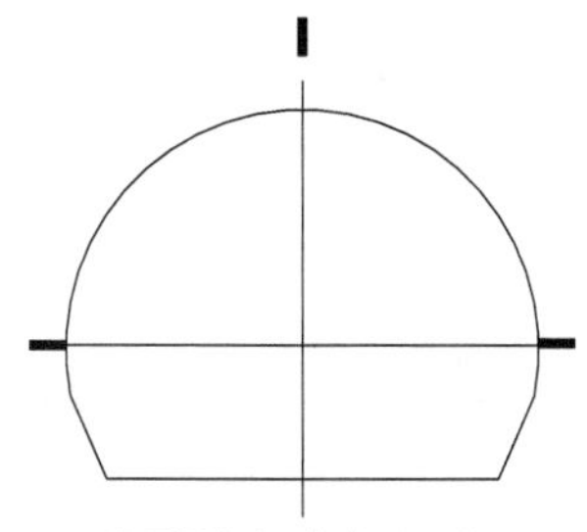
(a) 拱顶测点和1条水平测线示例

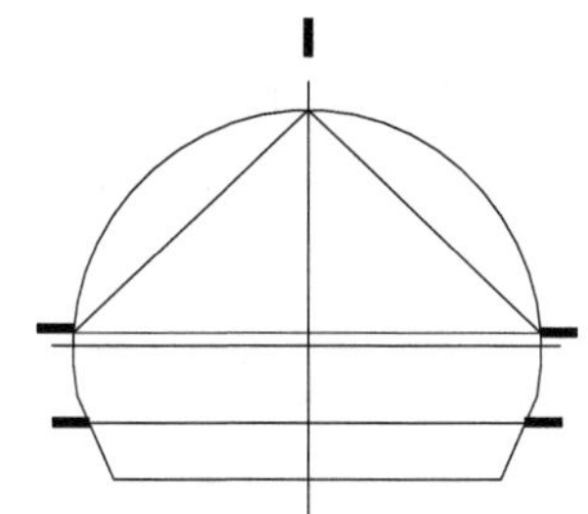
(b) 拱顶测点和2条水平测线，2条斜测线示例

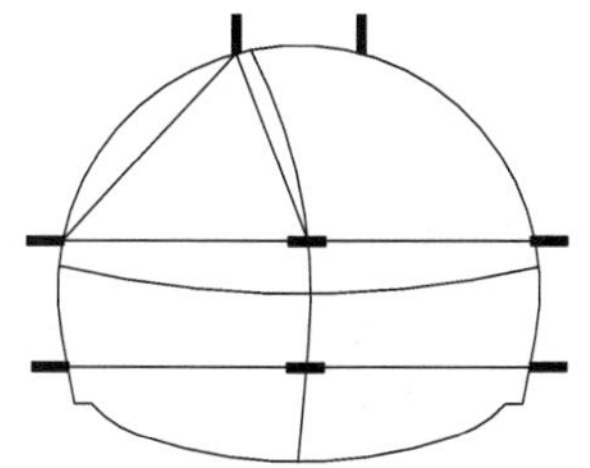
(c) CD或CRD法拱顶测点和测线示例

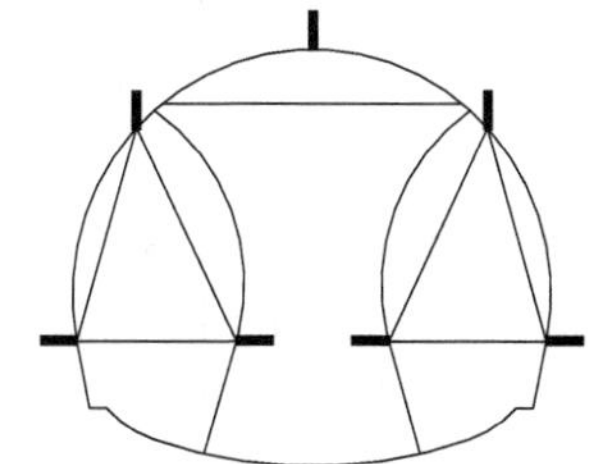
(d) 双侧壁导坑法拱顶测点和测线示例

图 3-6-16　断面量测测点和测线

(7)拱顶下沉量测应与水平相对净空量测在同一量测断面内进行，可采用水准仪等测定下沉量。当地质条件复杂，下沉量大或偏压明显时，除量测拱顶下沉外，尚应量测拱腰下沉及基底隆起量。

拱顶下沉测点和净空收敛测点应布置在同一断面上。监控量测断面按表 3-6-25 要求布置。

表 3-6-25　必测项目监控量测断面间距

围岩级别	断面间距(m)
Ⅴ	5～10
Ⅳ	10～30
Ⅲ	30～50

注：Ⅱ级围岩视具体情况确定间距。

拱顶下沉测点原则上设置在拱顶轴线附近。当隧道跨度较大时，应结合施工方法在拱部增设测点，参照图 3-6-16 布置。

(8)必测项目的监控量测频率应根据点距开挖面的距离及位移速度分别按表 3-6-26 和表 3-6-27 确定。由位移速度决定的监控量测频率和由距开挖面的距离决定的监控量测频率之中，原则上采用较高的频率值。出现异常情况或不良地质时，应增大监控量测频率。

表 3-6-26　按距开挖面距离确定的监控量测频率

量测断面距开挖工作面的距离(m)	量测频率
(0～1)B	2 次/d
(1～2)B	1 次/d
(2～5)B	1 次/(2～3) d
＞5B	1 次/7 d

注：B 表示隧道开挖宽度。

表 3-6-27 按位移速度确定的监控量测频率

位移速度(mm/d)	量测频率
≥5	2 次/d
1～5	1 次/d
0.5～1	1 次/(2～3) d
0.2～0.5	1 次/3 d
<0.2	1 次/7 d

(9)地表下沉量测应根据隧道埋置深度、地质条件、地表有无建筑物、所采用的开挖方式等因素确定。地表下沉量测的测点应与水平净空相对变化和拱顶下沉量测的测点布置在同一横断面内，沿隧道中线，地表下沉量测断面的间距可按表 3-6-28 采用。

表 3-6-28 地表下沉量测测点纵向间距

埋置深度 H	地表下沉量测断面间距(m)
$H>2B$	20～50
$B<H<2B$	10～20
$H<B$	10

注：无地表建筑物时取表中上限值。

横断面方向地表下沉量测的测点间隔应取 2～5 m，在一个量测断面内应设 7～11 个测点。地表下沉量测应在开挖工作面前方（隧道埋置深度 H＋隧道高度 h）处开始，直到衬砌结构封闭、下沉基本停止为止。地表下沉的量测频率应和拱顶下沉及水平相对净空变化的量测频率相同。

(10)各项量测作业均应持续到变形基本稳定后 1～3 周。

(11)锚杆轴力、围岩压力、衬砌应力等的量测，开始时应和同一断面的变形量测频率相同，当量测值变化不大时，可降低量测频率，从每周一次到每月一次，直到无变化为止。

4. 监控量测控制基准及位移管理等级

监控量测控制基准应根据地质条件、隧道施工安全性、隧道结构的长期稳定性以及周围建（构）筑物特点和重要性等因素制定，包括隧道内位移、地表沉降、爆破振动等。

位移控制基准根据测点距开挖面的距离，由初期支护极限相对位移按表 3-6-29 要求确定。

表 3-6-29 位移控制基准

类　别	距开挖断面 $B(U_B)$	距开挖断面 $2B(U_{2B})$	距开挖断面较远
允许值	$65\%U_0$	$90\%U_0$	$100\%U_0$

注：D 表示隧道开挖宽度，
U_0表示极限相对位移值，在缺乏实测资料时，可先按预留变形量作为 U_0控制，在施工中加以调整。

根据位移控制基准，位移管理按表 3-6-30 分为三个等级。

表 3-6-30 位移管理等级及应对措施

管理等级	距开挖断面 $B(U_B)$	距开挖断面 $2B(U_{2B})$	应对措施
Ⅲ	$U<U_B/3$	$U<U_{2B}/3$	正常施工
Ⅱ	$U_B/3\leqslant U\leqslant 2U_B/3$	$U_{2B}/3\leqslant U\leqslant 2U_{2B}/3$	综合评价设计施工措施，加强监测，必要时采取相应工程措施
Ⅰ	$U>U_B/3$	$U>2U_{2B}/3$	暂停施工，采取相应工程措施，如补强支护等

注：U 表示实测位移值。

地表沉降控制基准根据地层稳定性、周围建（构）筑物的安全要求分别确定，取最小值。钢架内力、喷混凝土内力、二次衬砌内力、围岩压力（换算成内力）、初期支护与二次衬砌间接触压力（换算成内力）、锚杆轴力等控制基准应满足《铁路隧道设计规范》(TB 10003—2005)相关规定：

(1)根据控制基准及时态曲线形态综合判别围岩与支护结构稳定性。

(2)一般情况下，二次衬砌的施作应在满足下列要求时进行：

①隧道周边变形速率明显趋于减缓。

②水平收敛速度小于 0.2 mm/d，拱顶下沉速度小于 0.15 mm/d。

③对浅埋与围岩破碎、松散等情况，二次衬砌应尽早施作。

5. 监控量测资料的整理与反馈

(1)掌子面地质状况表、周边收敛、拱顶下沉测试数据按《铁路隧道监控量测技术规程》(TB 10121—2007)附表 A、B、C 格式记录。

(2)应及时根据量测数据绘制水平相对净空变化、拱顶下沉时态曲线及水平相对净空变化、拱顶下沉与距开挖工作面的关系图等。根据现场量测数据绘制位移-时间曲线或散点图，在位移-时间曲线趋平缓时应进行回归分析，选择与实测数据拟合好的函数进行回归，预测可能出现的最大拱顶下沉及水平相对净空变化值，并推算最终位移和掌握位移变化规律。当位移-时间曲线出现反弯点，即位移出现反常的急骤增加现象，表明围岩和支护已呈不稳定状态，应及时加强支护必要时应停止掘进，采取必要的安全措施。

(3)根据位移变化速率判断围岩稳定状况，变形基本稳定应符合下列条件：隧道水平净空变化速度及拱顶或底板垂直位移速度明显下降；隧道位移相对值已达到总相对位移量的 90%以上。

(4)围岩及支护的稳定性应根据开挖工作面的状态、净空水平收敛值及拱顶下沉量的大小和速率综合判断，并及时反馈于设计和施工中，根据水平相对净空变化值进行判断时，应符合《铁路隧道监控量测技术规程》(TB 10121—2007)的有关规定，并结合隧道跨度修正考虑。

(5)设计单位可根据施工单位所提供的监控量测数据反分析求算初始应力、岩体似弹模、塑性区范围、作用在二次衬砌上的荷载及岩体流变参数等，为动态设计提供信息和资料。

(6)测量过程中如发现异常现象或与设计不符时，应及时提出，以便修改支护参数。

(7)根据量测结果及《铁路隧道监控量测技术规程》(TB 10121—2007)的有关规定，可按表 3-6-30 指导施工。

6. 工程安全性评价及应对措施

根据监控量测数据分析结果，对工程安全性进行评价，并提出相应工程对策建议，以此作为设计施工变更最重要的依据，做到信息化设计与施工。根据位移管理等级，将工程安全性评价相应分为三级进行，并采取相应的应对措施，具体位移管理等级及应对措施见表 3-6-30。

工程安全性评价可按图 3-6-17 进行。

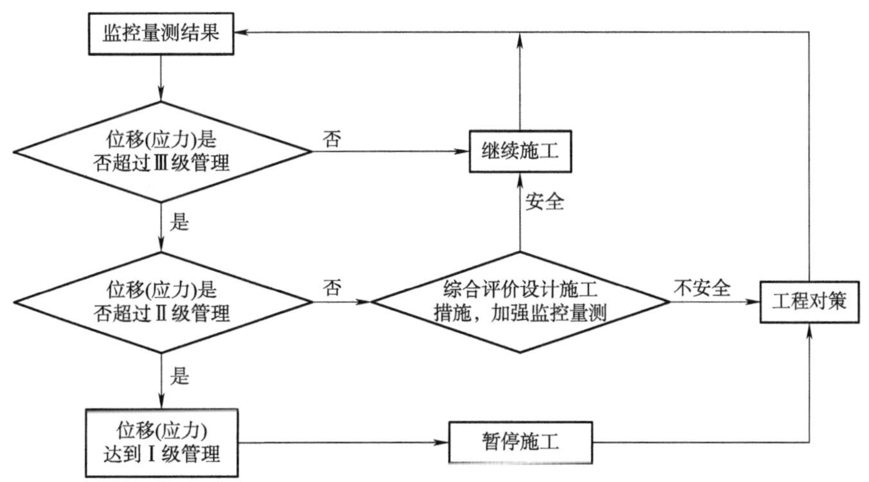

图 3-6-17　工程安全性评价流程

根据监控量测结果所反应的不同情况及其对应的工程管理等级，可采取加强超前预支护、喷混凝土稳定开挖面、调整施工方法、调整初期支护强度和刚度并及时支护、降低爆破振动影响、围岩与支护结构间回填注浆等应对措施，确保施工的顺利进行。

7. 测点埋设情况和量测资料应纳入竣工文件，以备运营中查考或继续观察。

8. 本设计未详事项，请参照《铁路隧道监控量测技术规程》(TB 10121—2007)中规定办理。

二、沉降监测

1. 观测断面和观测点的设置原则

(1)隧道工程沉降观测是指隧道基础的沉降观测，即隧道的仰拱部分。其他如洞顶地表沉降、拱顶下沉、断面收敛沉降变形等不列入沉降观测的内容。

(2)隧道的进出口进行地基处理的地段，从洞口起每 25 m 布设一个断面。

(3)隧道内一般地段沉降观测断面的布设根据地质围岩级别确定，一般情况下Ⅲ级围岩每 400 m、Ⅳ级围岩每 300 m、Ⅴ级围岩每 200 m 布设一个观测断面。当长度不足时，每段围岩或不同衬砌段应至少布置一个断面。

(4)不良地质和复杂地质区段，观测断面的间距为一般地段的一半。

(5)隧道洞口里程、隧线分界里程、明暗分界里程、有仰拱和无仰拱衬砌变化里程及所有设置变形缝两侧均应布置观测断面。

(6)地应力较大、断层或隧底溶蚀破碎带、膨胀土等不良和复杂地质区段，特殊基础类型的隧道段落、隧底由于承载力不足进行过换填、注浆或其他措施处理的复合地基段落适当加密布设。

(7)施工降水范围至少布设一个观测断面。

(8)长度大于 20 m 的明洞，每 20 m 设置一个观测断面。

(9)隧底填充或底板施工完成后，每个观测断面设置 2 个沉降观测点，分别布置在隧道中线两侧各 6.24 m 处；明暗交界处、围岩级别、衬砌类型变化段及变形缝处每个观测断面设置 4 个沉降观测点，分别布置在隧道中线两侧各约 6 m 和变形缝前后各 0.5 m 处。沉降观测点如图 3-6-18 所示。

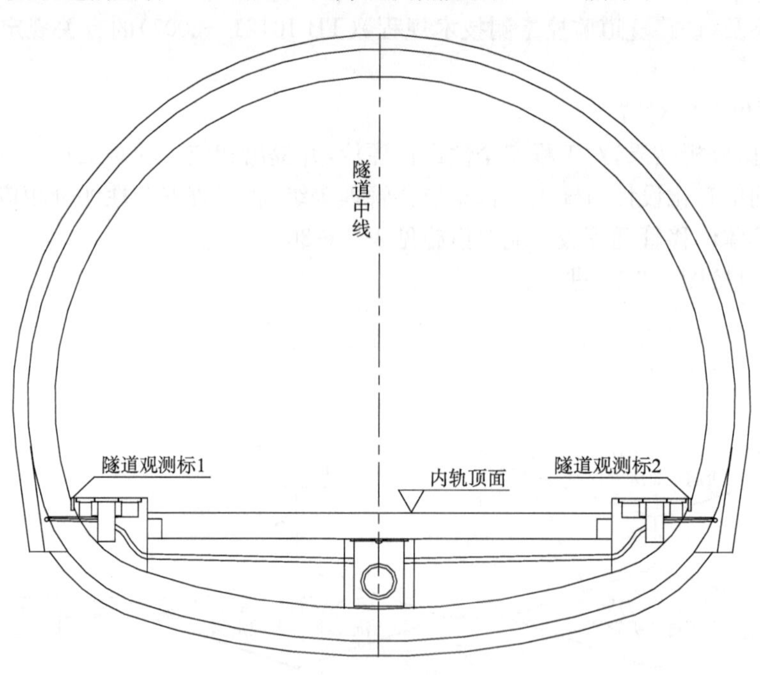

图 3-6-18 沉降观测点

(10)隧道水准路线观测按二等水准测量精度要求形成附合水准路线，沉降观测点位布设于观测断面隧道内壁两侧，水准路线观测示意图如图 3-6-19 所示。

2. 观测元器件埋设

测点及观测元器件的埋设位置应标设准确、埋设稳定。观测期间应对观测点采取有效的保护措施，防止施工机械的碰撞及人为因素的破坏。观测点的埋设参照图 3-6-20 进行。

3. 观测技术要求

(1)隧道沉降观测从仰拱施工结束后立即进行，观测时间不得少于 3 个月。当观测数据不足或工后沉降评估不能满足要求时，应适当延长观测期。

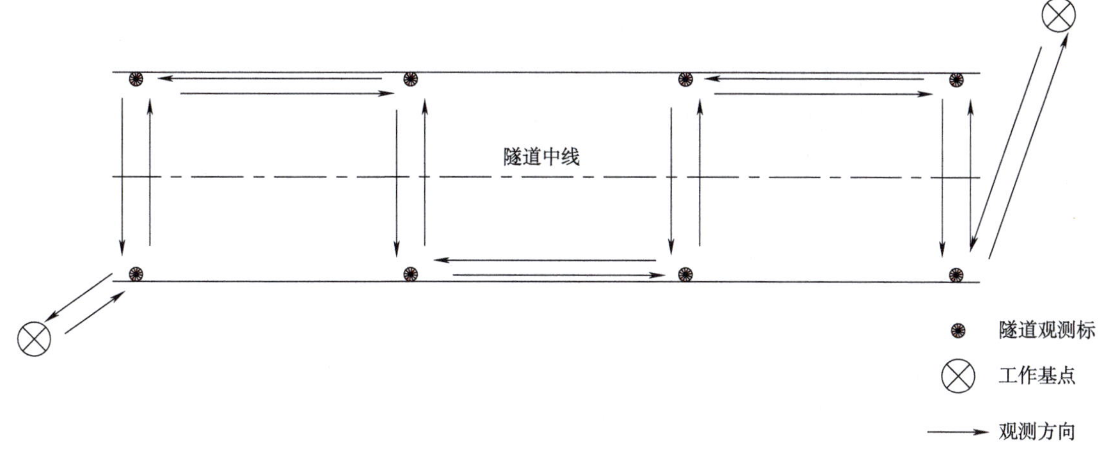

图 3-6-19 沉降观测点位布设

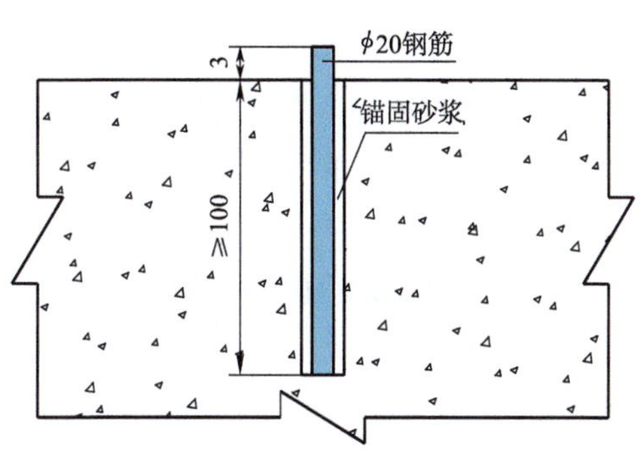

图 3-6-20 隧道变形观测点设置参考图(单位:mm)

(2)所使用的仪器和设备应进行定期检查并作出详细记录;每次测量应采用同一仪器,固定观测人员,采用相同的观测路线和观测方法,在基本相同的环境和观测条件下工作。

(3)隧道沉降观测水准的测量精度为±1 mm,读数取位至 0.01 mm。

(4)隧道沉降变形观测据表 3-6-31 中要求的时间间隔进行。每阶段的沉降观测在开始时可一般每周观测一次,以后可根据两次观测的沉降量调整沉降观测频度,但两次的观测沉降量不宜大于 1 mm。

表 3-6-31 隧道基础沉降观测频次

观测阶段	观测频次		
	观测期限		观测周期
隧底工程完成后	3 个月		1 次/周
无砟轨道铺设后	3 个月	0～1 个月	1 次/周
		1～3 个月	1 次/2 周

4. 隧道变形评估方法及判定标准

(1)隧道评估前应收集下列资料

①隧道基础沉降观测资料。

②隧道地段的线路设计纵断面图、工程地质纵横断面图、地质勘查报告、设计图纸和说明书等相关设计资料。

③隧道开挖地质描述及开挖围岩分级记录、Ⅳ～Ⅴ级围岩地段基底承载力检测情况、施工监控量测资料、仰拱施工分项工程验收记录等施工资料。

④施工质量控制过程和抽检情况等监理资料。

(2)隧道内无砟轨道铺设条件的评估应根据有关设计、施工和监理的资料及交接检验和复检的结果进行综合分析。

(3)隧道基础的沉降预测与评估方法采用路基沉降预测采用的曲线回归法,具体应满足以下要求:

①根据隧道完成或回填土后不少于 3 个月的实际观测数据作多种曲线的回归分析,确定沉降变形的趋势,曲线回归的相关系数不应低于 0.92。

②沉降预测的可靠性应经过验证,间隔不少于 3 个月的两次预测最终沉降的差值不应大于 8 mm。

③隧道完成或回填土后,最终的沉降预测时间应满足下列条件(沉降和时间以隧道完成后为起始点):

$$s(t)/s(t=\infty)\geqslant 75\%$$

式中 $s(t)$——预测时的沉降观测值;

$s(t=\infty)$——预测的最终沉降值。

④预测的隧道基础工后沉降值不应大于 15 mm,并应满足无砟轨道有关设计要求。

第十二节　设计阶段的安全风险评估及技术措施

一、安全风险评估

1. 评估目标

侧重于安全风险,通过风险评估工作,识别所有潜在的风险因素,确定风险等级,提出风险处理措施,将各类风险降到可接受水平,进而达到保障安全、保护环境、保证建设工期、控制投资、提高效益的目的,后果或损失与评估目标关系见表 3-6-32。

表 3-6-32　后果或损失与评估目标关系表

评估目标	后果或损失
安全风险	人员伤亡、经济损失、第三方人员伤亡、第三方经济损失、工期延误
工期风险	工期延误、经济损失
投资风险	经济损失、第三方经济损失
环境风险	环境破坏、经济损失、第三方经济损失

2. 风险评估人员

参与风险识别人员具备隧道或地质专业 3 年以上工作或科研经验,对工程风险有足够认识程度。参与风险评价人员技术职称为工程师及以上,5 年以上隧道工程或地质工程工作经验,评估组成员中至少包括隧道、地质、线路专业各一名。

3. 风险评估基本程序

(1)对初始风险进行识别,形成风险清单表。

(2)对初始风险进行评价,对各个风险因素评价其发生的概率和后果等级,并最终确定初始风险的等级。

(3)依据风险评价结果和风险接受准则,制定相应的方案和措施。

(4)对风险进行再评估,提出残留风险等级。

风险评估流程如图 3-6-21 所示。

二、防止安全风险的技术措施

1. 防止塌方

全线岩层倾角较缓地段较多,拱部易掉块形成塌方,施工中应加强初期支护变形的监控量测,采取加强支护措施,局部设置拱部格栅钢架及超前锚杆支护,取消边墙系统锚杆等措施,防止拱顶坍塌掉块。根据实际情况,必要时调整支护参数,并及时施作二次衬砌,防止塌方发生。

2. 防止涌水突泥施工灾害

在隧道内实行超前地质预报,并准备施工抢险救援预案和设备。隧道施工时,通过综合超前地质预报手段探明掌子面前方地质条件,以便采取有效的施工措施,避免施工突发灾害的发生。本次设计按以下方法和程序进行超前地质预报:

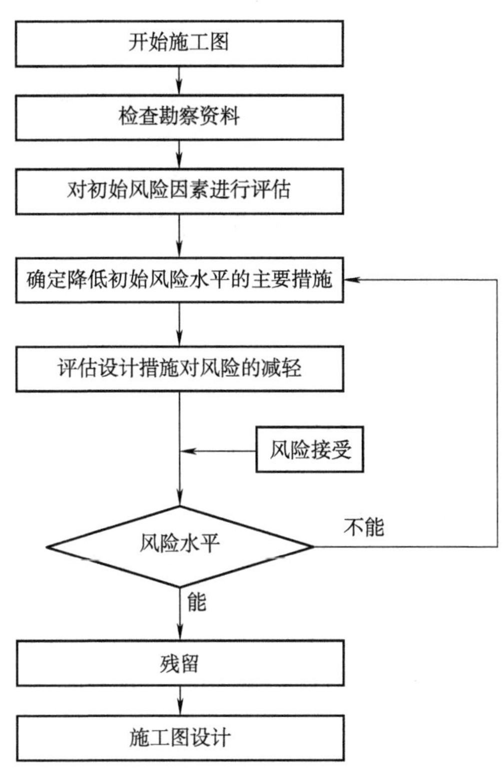

图 3-6-21 风险评估流程图

(1)采用地震波勘探设备对掌子面前方 30～100 m 范围内的不良地质体的位置、规模、性质作较为详细的预报，预报围岩级别和地下水情况，每 100 m 施作一次，当有异常情况时适当加密。

(2)在地震波勘探的基础上采用超前探测验证。对掌子面前方 30 m 左右范围的地质情况作更准确的预报，先进行红外超前探水，然后每个断面布设 5 个探测孔(其中一孔取岩芯)，25 m 一个循环，单孔长度为 30 m 左右，相邻探测孔之间的搭接长度为 5 m。当有异常情况时，结合预测结果判释，适当加密钻孔或加长钻孔。

(3)对多项预测预报手段所得的资料进行综合分析与评判，相互印证，并结合掌子面揭示的地质条件、发展规律、趋势及前兆进行预测、判断，根据超前地质预测预报结果，相应优化调整措施，以确保施工安全及结构安全，确保工程顺利实施。

(4)预报预测范围：断层破碎带，岩溶发育地段，煤层采空区等不良及特殊地质区段。本次设计计列了超前钻孔、地震波物探、红外探水等超前地质预报数量。

3. 防止瓦斯燃烧、爆炸及煤与瓦斯突出

隧道通过煤系地层等含瓦斯地层时，按瓦斯隧道施工，有瓦斯突出危险或威胁时，进行煤与瓦斯防突处理，瓦斯隧道开展超前地质预测预报工作。通过岩溶及断层带地段开展超前地质预报，并根据揭示的地质情况进行相应的处理，存在突水突泥可能的地段，开展超前探水工作并采用预注浆堵水。

在隧道内实行超前地质预报及瓦斯监测并准备施工抢险救援预案和设备，严格按瓦斯隧道施工安全规程、规定办理施工作业。

4. 地表构筑物的影响

施工前及施工中应对隧道开挖对地表环境造成的影响进行调查、观测，以便发现问题，尽早处理。

5. 洞口安全

隧道开挖前应先做好洞口的防排水设施，再进行洞口开挖，并及时做好洞口边仰坡防护，尽早修建洞门及洞口段衬砌，以确保洞口稳定和施工安全。隧道进出口段位于松散堆积体，或洞身经过断层破碎带以及地表有建筑物或水库且隧道埋深较浅地段，采用超前锚杆或超前小导管预注浆加固岩体，并采用管棚、钢拱架及格栅钢支撑等辅助措施通过。

6. 施工安全

施工中应逐段核实围岩级别,取样化验地下水,并加强监测,若与设计不符,应及时提出以便处理。为了更好地指导现场施工,在施工中应加强监控量测工作,具体按《铁路隧道监控量测技术规程》(TB 10121—2007)办理。

7. 隧道修建对生态环境与水土保持的影响及采取的措施

隧道洞口施工场地布置中均在洞口外合适位置设置污水处理池,施工中产生的废渣、废液应按有关环保要求进行处理后再排放。

本线内隧道进出口附近多为耕地,洞口施工及施工场地布置尽可能少占耕地。施工污水应先排入沉淀池,经沉淀处理后方可排入河中,同时应做好洞口及施工场地附近的排水设施,避免因隧道施工引起地表径流改变而冲毁农田。洞口边仰坡必须及时进行防护,防止雨水冲刷导致水土流失。

本线隧道总弃渣量大,沿线地形、城市范围弃渣处理困难,除部分用作路基和站场填料外,充分考虑选作建筑材料。剩余部分根据隧道附近地形地质和水文条件,认真研究弃渣方案,并与地方有关部门一起妥善选择、落实弃渣场位置,设置永久的渣场挡护工程,渣场顶面设置截排水系统,同时对渣场坡面采取植被防护等措施,有条件时可进行复耕。严禁在没有稳妥的防护措施条件下,向江河及桥涵上游弃置,防止渣土流失,堵塞沟道。

第十三节 经验与体会

一、岩溶段落处理

新中梁山左右隧道穿越重庆市歌乐山国家级森林公园,为全线重点环境敏感点,属高风险隧道。隧道洞身穿越 12 处岩溶富水段落,存在突水突泥风险,设计综合运用多种超前地质预报手段及动态设计方案,创新采用超前周边注浆及径向注浆、局部注浆、补注浆等多种方式进行注浆堵水,减少了地下水流失,成功通过了地下水环境敏感段,为全部穿越歌乐山的隧道工程中环境保护的成功案例,保障了隧道施工运营安全。

通过新中梁山左右线隧道的设计及配合施工控制,体会到对穿越地下水环境敏感段的隧道应从最初选线开始控制,选择从地下水漏斗内穿行可减少地下水的部分流失,施工期间对揭示地下水段落应进行封堵处理,可综合超前注浆、径向注浆等方式进行处理,减少隧道地表水、地下水的流失,避免了同类隧道出现的引起的地表塌陷,地表水、地热水漏失的情况。设计采取的创新超前周边注浆堵水措施也减少了止水孔的布置,节约了工程投资。开挖揭示出水情况和注浆处理后分别如图 3-6-22 和图 3-6-23 所示。

图 3-6-22 开挖揭示出水情况

图 3-6-23 注浆处理后

二、隧道掉块处理

隧道掉块是目前影响高铁运营的一项风险很大的因素,其中施工缝掉块占据很大一部分,本线工务提出隧道存在问题施工缝掉块占大部分。主要原因有混凝土振捣不密实、施工缝部分跑浆、施工缝止水带安装不标准、拆模不规范时间短等。建议管理单位制定严格的管理措施并加强检查，将验收检查提前纳入，每段衬砌均有检查记录，发现问题提前处理；研究隧道专用的施工缝止浆材料；加强施工缝处混凝土振捣及止水带的安装；严格控制拱部混凝土的浇筑间隔时间，防止混凝土分层脱层。作为设计应在设计图及技术交底中向相关单位明确要求，尽量减少后期拆换整治的工作量，确保隧道运营安全。

第七章 轨道设计

第一节 轨道工程设计概况与特点

本线为客运专线铁路,正线轨道按一次铺设跨区间无缝线路设计,资阳沱江特大桥和郑家坝沱江特大桥设置钢轨伸缩调节器。本线轨道结构铺设情况如下:

一、正　　线

(1)成渝三环特大立交桥至重庆高架特大桥区段(DK3+696.235~D3K296+100)和新红岩隧道区段(DK297+295~DK304+286)采用CRTSⅠ型双块式无砟轨道。

(2)沙坪坝车站(D3K296+461.672~DK297+025.574)采用减振型CRTSⅠ型双块式无砟轨道。

(3)无砟道岔区采用长枕埋入式无砟轨道。

(4)其余正线采用有砟轨道,其中沙坪坝车站DK297+025.574~DK297+295段为减振型有砟轨道。

二、到 发 线

(1)沙坪坝车站到发线:D3K296+461.672~DK297+025.574区段均采用减振型CRTSⅠ型双块式无砟轨道,DK297+025.574~DK297+295区段采用减振型有砟轨道,其余区段采用有砟轨道。

(2)其余车站到发线:邻近正线无砟轨道的到发线采用CRTSⅠ型双块式无砟轨道,其余到发线采用有砟轨道。

(3)道岔区:采用CRTSⅠ型双块式无砟轨道的到发线上道岔区采用长枕埋入式无砟轨道,其余道岔区采用有砟轨道。

三、联络线及还建线

(1)重庆西右联络线

重庆西右联络线(CXLYDK0+000~CXLYDK1+828)采用CRTSⅠ型双块式无砟轨道;接入童西线的两组单渡线道岔区采用长枕埋入式无砟轨道。

(2)其余联络线及还建线

成都南左右联络线、成渝反发联络线、重庆北左右联络线、重庆西左联络线、襄渝二线增建二线、还建梨菜线、还建黄菜线均采用有砟轨道。

第二节 设计原则与采用的主要技术标准

一、主要设计原则

本线除引入成都枢纽和重庆枢纽地段及相关联络线、还建线外均采用无砟轨道,其主要设计原则如下:

(1)正线一次性铺设跨区间无缝线路,铺设60 kg/m新轨。

(2)轨道结构配套采用WJ-8B型扣件。

(3)设计考虑客运专线综合接地系统的相关要求。

(4)设计考虑谐振式轨道电路的相关要求。

(5)曲线超高采用外轨抬高方式设置,路基地段在路基基床表层实现,桥梁地段在底座上实现,隧道地段在道床上实现。

(6)设计静轮载 85 kN,动力系数 3.0。竖向设计荷载为 255 kN,横向设计荷载为 68 kN;竖向疲劳检算荷载为 127.5 kN,横向疲劳检算荷载为 34 kN。

(7)无砟轨道混凝土结构使用年限满足《铁路混凝土结构耐久性设计规范》(TB 10005—2010)要求。

二、采用的主要技术标准

(1)《高速铁路设计规范(试行)》(TB 10621—2009);

(2)《铁路轨道设计规范》(TB 10082—2005);

(3)《铁路无缝线路设计规范》(TB 10015—2012);

(4)《混凝土结构设计规范》(GB 50010—2010);

(5)《铁路混凝土》(TB/T 3275—2011);

(6)《铁路混凝土结构耐久性设计规范》(TB 10005—2010);

(7)《钢筋混凝土用钢　第 2 部分:热轧带肋钢筋》(GB 1499.2—2007);

(8)《铁路桥涵钢筋混凝土和预应力混凝土结构设计规范》(TB 10002.3—2005);

(9)《客运专线高性能混凝土暂行技术条件》(科技基〔2005〕101 号)

(10)《铁路混凝土施工质量验收标准》(GB 10424—2010);

(11)《铁路混凝土工程钢筋机械连接技术暂行规定》(铁建设〔2010〕41 号);

(12)《高速铁路轨道工程施工技术指南》(铁建设〔2010〕241 号);

(13)《高速铁路轨道工程施工质量验收标准》(TB 10754—2010);

(14)《铁路混凝土工程施工技术指南》(铁建设〔2010〕241 号);

(15)《铁路轨道工程施工安全技术规程》(TB 10305—2009)

(16)《客运专线铁路双块式无砟轨道双块式混凝土轨枕暂行技术条件》(科技基〔2008〕74 号);

(17)《客运专线铁路无砟轨道铺设条件评估技术指南》(铁建设〔2006〕158 号,铁建设〔2008〕147 号局部修订);

(18)《无砟轨道和高速道岔首件工程评估实施细则》(工管技〔2011〕35 号);

(19)《关于发布〈无砟轨道条件下 ZPW-2000 系列轨道电路传输特性关键参数技术条件(暂行)〉的通知》(铁科技〔2006〕188 号);

(20)《铁路综合接地系统》(通号〔2009〕9301);

(21)《高速铁路工程测量规范》(TB 10601—2009);

(22)《铁路工程建设通用参考图高速铁路 CRTSⅠ型双块式无砟轨道》(图号:通线〔2011〕2351);

(23)《关于发布〈铁路轨道设计规范〉等八项铁路工程建设标准局部修订条文的通知》(铁建设〔2007〕104 号)。

第三节　有砟轨道结构设计

一、成渝客专正线

(一)钢　　轨

成渝正线有砟轨道采用 100 m 定尺长、60 kg/m、U71MnG 钢轨,在半径不超过 2 800m 曲线地段所在的单元轨节钢轨采用 U71Mn 热处理钢轨。

(二)轨枕及扣件

铺设 2.6 m 长Ⅲa 型有挡肩混凝土枕(图号:专线 3393);设置护轮轨的有砟桥和高路肩挡墙地段铺设新Ⅲ型混凝土桥枕(图号:专线 3448)。轨枕均按 1 667 根/km 配置。

道岔地段,配套铺设混凝土岔枕,铺设见道岔相关文件。

轨道电路区段根据补偿电容节距和电气绝缘节地点设置轨道电路专用枕,其铺设位置见信号专业相关图纸,应与信号专业共同确定其位置后方可施工。

(三)道 床

单线道床顶面宽度 3.4 m,道床边坡 1∶1.75,砟肩堆高 15 cm。轨道半径小于 800 m 的曲线地段,曲线外侧道床顶面宽度应增加 0.10 m。面砟采用一级碎石道砟,并应符合《铁路碎石道砟》(TB/T 2140—2008)的相关规定。底砟应符合《铁路碎石道砟底砟》(TB/T 2897—1998)的相关规定。

二、联络线及还建线

(一)重庆西左联络线、重庆北左右联络线、襄渝线增建二线、还建梨菜线和还建黄菜线

重庆西左联络线、重庆北左右联络线、襄渝线增建二线为新建有砟轨道,还建梨菜线和还建黄莱线为还建既有线,上述线路有砟轨道设计情况如下:

1. 钢轨

采用 100 m 定尺长、60 kg/m、U71Mn 钢轨,半径不超过 1 200 m 的曲线所在单元轨节采用 U71Mn 热处理钢轨。

2. 轨枕和扣件

有砟轨道铺设 2.6 m 的Ⅲa 型有挡肩混凝土轨枕(专线 3393),铺设护轨地段采用新Ⅲ型混凝土桥枕(专线 3448),均采用弹条Ⅱ型扣件(专线 3351)。轨枕均按 1 667 根/km 铺设。

道岔地段配套铺设混凝土岔枕,布置见站场专业施工图。

信号补偿电容和电气绝缘节安装区段采用轨道电路专用枕,其位置见信号专业相关图纸,应与信号专业共同确定其位置后方可施工。

3. 道床

道床采用Ⅰ级碎石道砟。

一般路基地段为双层道床厚 50 cm(其中面砟厚 30 cm,底砟厚 20 cm),桥、隧及石质路基地段采用单层道床厚 35 cm。单线道床顶面宽度 3.4 m,道床边坡 1∶1.75,砟肩堆高 15 cm。轨道半径小于 800 m 的曲线地段,曲线外侧道床顶面宽度应增加 0.10 m。

4. 轨距杆

半径小于 600 m 的曲线地段按表 3-7-1 规定设置绝缘轨距杆。

表 3-7-1 绝缘轨距杆数量表

曲线半径	轨距杆数量(根)	
	25 m 轨	12.5 m 轨
$350<R\leqslant450$	10	5
$450<R\leqslant600$	6～10	3～5
$600<R\leqslant800$	根据需要设置	

(二)既有襄渝线改建地段、既有襄渝二线改建地段

既有襄渝线改建地段采用重型轨道标准,一次铺设跨区间无缝线路,并按照充分利旧的原则,尽量利用既有线轨料。

1. 钢轨

更换伤轨,更换钢轨为 60 kg/m,100 m 定尺长 U71Mn 无螺栓孔新轨。无缝道岔内部钢轨和胶接绝缘钢轨应采用与正线钢轨相同材质的在线热处理钢轨。钢轨质量应符合《43 kg/m～75 kg/m 钢轨订货技术条件》(TB/T 2344—2012)的相关规定。

护轮轨及梭头尽量利旧,根据调查结果补充缺失的护轮轨及梭头。

2. 轨枕及扣件

路基和隧道地段失效、破损的轨枕抽换为Ⅲa 型混凝土枕;桥梁地段失效、破损的桥枕抽换为新Ⅲ型混凝土桥枕,均按 1 667 根/km 铺设。抽换轨枕地段的扣件全部更换为弹条Ⅱ型扣件。

道岔地段配套铺设混凝土岔枕,布置见道岔相关文件。

信号补偿电容安装区段采用轨道电路专用枕,其位置见信号专业相关图纸,应与信号专业共同确定其

位置后方可施工。

3. 道床

道砟尽量利旧，对既有面砟进行清筛回填，根据调查结果补充Ⅰ级碎石道砟，改建后道床标准如下：

单线道床顶面宽度 3.4 m，土质路基地段采用双层道床，厚 50 cm，其中面砟厚 30 cm，底砟厚 20 cm；桥梁、隧道及硬质岩石路基地段采用单层道床，道砟厚 30 cm。砟肩堆高 15 cm，道床边坡 1∶1.75。

（三）成都南左右联络线、成渝反发联络线

1. 钢轨

成渝成都南联络线、成渝反发联络线采用 60 kg/m，100 m 长 U71Mn 无孔全长淬火新轨。

无缝道岔内部钢轨、胶接绝缘钢轨以及伸缩调节器钢轨应采用与相邻线路相同材质的在线热处理钢轨。

2. 轨枕和扣件

采用 2.6 m 长Ⅲa 型有挡肩轨枕（专线 3393）和弹条Ⅱ型扣件（专线 3351），一般地段，按 1 667 根/km 铺设。

桥梁地段铺设新Ⅲ型混凝土桥枕（专线 3448）和弹条Ⅱ型扣件（专线 3351），按 1 667 根/km 铺设。护轨采用 50 kg/m 旧轨。

高挡墙路基地段采用新Ⅲ型桥枕和弹条Ⅱ型扣件，并在靠山一侧铺设单侧护轮轨，按 1 667 根/km 铺设。护轨采用 50 kg/m 旧轨。

道岔地段配套铺设混凝土岔枕，布置见道岔相关文件。

信号补偿电容安装区段采用轨道电路专用枕，其位置见信号专业相关图纸，应与信号专业共同确定其位置后方可施工。

3. 道床

道床采用Ⅰ级碎石道砟，土质路基地段采用双层道床，其中面砟厚 30 cm，底砟厚 20 cm，渗水土路基地段采用单层道床，道砟厚度 35 cm。桥梁和硬质岩石路堑地段道床厚度 35 cm，桥隧地段砟肩至挡砟墙（或边墙）间以道砟填平。道床顶面宽度为 3.40 m，轨道半径小于 800 m 的曲线地段，曲线外侧道床顶面宽度增加 0.10 m。砟肩堆高为 15 cm，道床边坡坡度为 1∶1.75。

道砟材质应符合《铁路碎石道砟》（TB/T 2140—2008）中Ⅰ级道砟标准。底砟应符合《铁路碎石道床底砟》（TB/T 2897—1998）的规定。

4. 轨距杆

半径不超过 600 m 的曲线地段，每 25 m 轨设置 10 根绝缘轨距杆。

三、轨道结构高度

有砟轨道结构高度详见表 3-7-2。

表 3-7-2 有砟轨道结构高度表

基础类型	钢轨 h_1（mm）	轨下胶垫 h_2（mm）	轨枕 h_3（mm）	内轨枕下最薄处道床厚度 h_4（mm）		轨道结构高度 $H=\sum_{i=1}^{4}h_i$（mm）
土质路基	176	10	230	面砟	300	916
				底砟	200	
级配碎石路基	176	10	230	350		766
硬质岩石路堑	176	10	230	350		766
桥　梁	176	10	210	350		746
隧　道	176	10	230	350		766

注：轨道结构高度为内轨顶至内轨下路拱顶面的值。

对于路堤、路堑、路桥、路隧等不同轨道结构高度衔接处，其高差应在路基上过渡完成，不同基础地段的道床厚度应在 30 m 范围内顺坡。

第四节　无砟轨道结构设计

CRTSⅠ型双块式无砟轨道自上而下由钢轨、扣件、SK-2 型双块式轨枕、道床板、支承层(或底座)组成。其中长度大于 30 m 的长路基、级配碎石短路基和隧道地段采用连续结构,长度小于 30 m 的 C25 混凝土短路基、桩板、无覆土框架桥和桥梁地段采用单元式结构。

1. 钢轨

钢轨采用 60 kg/m、定尺长 100 m、U71MnG 钢轨,钢轨质量应符合《高速铁路用钢轨》(TB/T 3276—2011)的相关规定,半径 $R\leqslant$2 800 m 的曲线应采用 U71Mn 热处理钢轨(主要位于成都枢纽和重庆枢纽范围)。

2. 轨枕

轨枕除资阳沱江主跨连续梁小里程端梁缝两侧的各一根轨枕采用新铁德奥道岔的“CS60 250”号岔枕外,其余均采用 SK-2 型双块式轨枕(图号通线〔2011〕2351-I),轨枕间距一般取 650 mm,且不宜小于 600 mm。

3. 扣件

路基和隧道地段扣件采用 WJ-8B 型常阻力扣件,扣件纵向阻力应大于 9 kN,扣件高度为 34 mm;桥梁地段靠近梁缝的一组扣件采用 WJ-8B 扣件(W1 型弹条和复合垫板),其余位置采用 WJ-8B 小阻力扣件(采用 X2 型弹条和复合垫板);桥台地段采用 WJ-8B 常阻力扣件(W1 型弹条和橡胶垫板);采用“CS60 250”号岔枕地段,采用配套 SKL12 扣件。

4. 结构高度

轨道结构高度见表 3-7-3。

表 3-7-3　CRTSⅠ型双块式无砟轨道结构高度表

轨道结构形式	基础类型	轨道结构高度(mm)
CRTSⅠ型双块式无砟轨道	路基	815
	桥梁	725
	隧道	515

5. 路基长度 $L\geqslant$30 m 地段 CRTSⅠ型双块式无砟轨道

(1)道床板

路基长度 $L\geqslant$30 m 地段 CRTSⅠ型双块式无砟轨道道床板采用 C40 钢筋混凝土,现场浇筑。路基地段道床板连续浇筑,道床板的宽度均为 2 800 mm,高度为 260 mm。道床板采用双层配筋,上层纵向钢筋置于双块枕的轨枕桁架钢筋上,保护层最小厚度为 50 mm,下层钢筋的净保护层厚度为 35 mm。

道床板浇筑在支承层(或底座)上,支承层(或底座)表面进行拉毛处理,并保持干净湿润,底座范围内道床板通过“Z”形钢筋与底座连接,“Z”形钢筋采用直径 14 mm 的 HPB300 钢筋。

(2)支承层

路基起终点至端梁后 20 m 范围内道床板下设置钢筋混凝土底座,其余地段在路基基床表层铺设支承层,支承层优先采用水硬性混合料进行机械化作业,困难条件下亦可采用低塑性水泥混凝土,支承层材料性能应符合《客运专线铁路无砟轨道支承层暂行技术条件》(科技基〔2008〕74 号)。

支承层宽度为 3 400 mm,厚度为 300 mm,当采用水硬性混合料时支承层两侧设置 3∶1 的斜坡,当采用低塑性水泥混凝土时侧面不设 3∶1 的斜坡。支承层应连续摊铺并每隔 5.2 m 左右设一处深度约 105 mm 的横向伸缩假缝。伸缩假缝位置应在两轨枕的中间设置,避免伸缩假缝位置处于轨枕块的下方。道床范围内支承层及底座浇筑完后应进行拉毛。路基上 CRTS Ⅰ型双块式无砟轨道横断面如图 3-7-1 和图 3-7-2 所示。

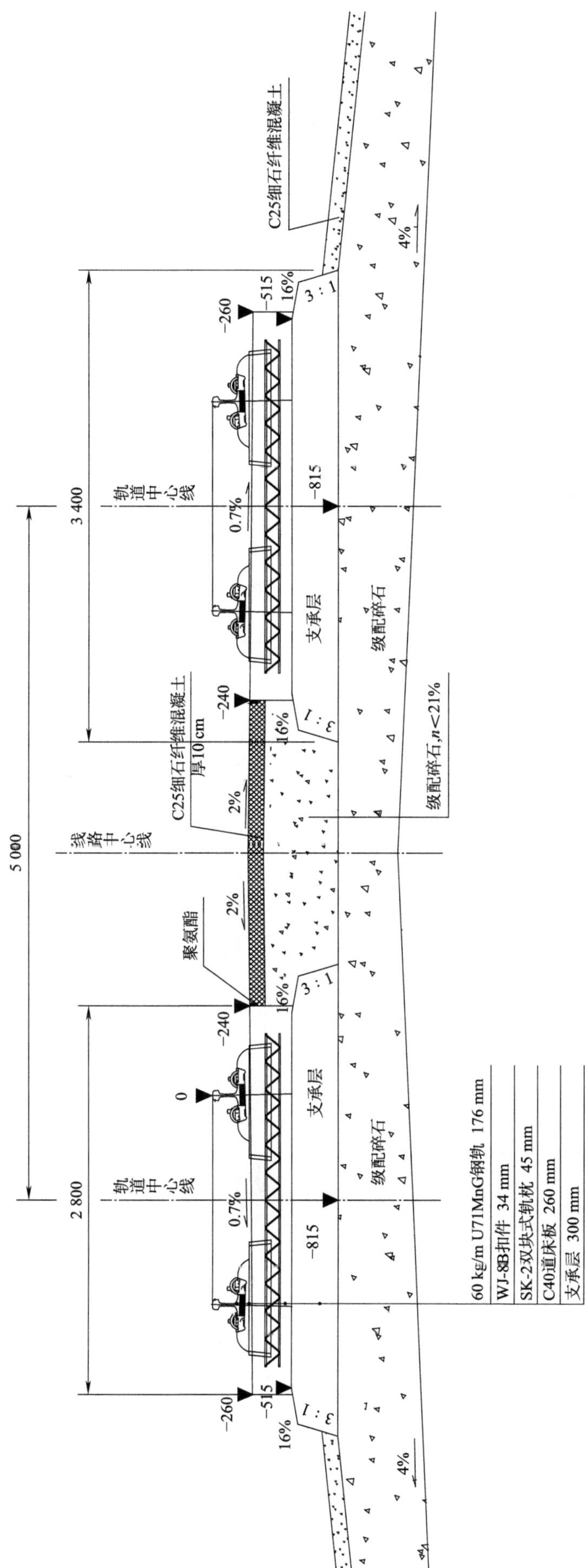

图 3-7-1　路基上CRTS Ⅰ型双块式无砟轨道横断面示意图（直线，除标高单位为m外，单位：mm）

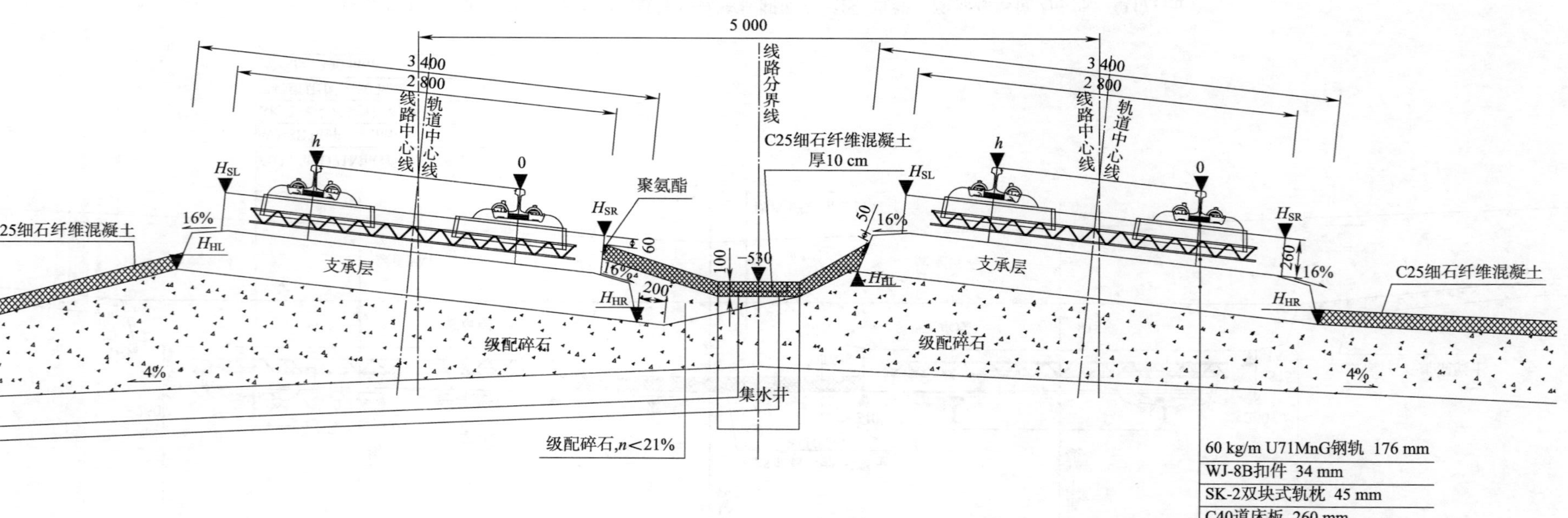

图 3-7-2 路基上CRTS I 型双块式无砟轨道横断面示意图(曲线，除标高单位为m外，其他单位为mm)

(3)端梁及钢筋混凝土底座结构

路桥、路隧过渡段在路基地段连续道床板两端设置端梁，30～100 m 长路基两端各设一个端梁，超过 100 m 长的路基两端各设两个端梁。端梁与道床板浇筑为一个整体并垂直于道床板，混凝土强度等级为 C40，端梁宽度为 3.4 m，端梁在路基基床表层内埋置深度为 1 m。端梁内钢筋笼与道床板底层钢筋绝缘绑扎固定，钢筋保护层厚度为 50 mm。

路基起终点至端梁后 20 m 范围内道床板下设置钢筋混凝土底座。在底座范围内，道床板与底座通过"Z"形钢筋连接。底座宽度为 3 400 mm，厚度为 300 mm，混凝土强度等级为 C25。底座内采用双层钢筋，钢筋的混凝土保护层厚度为 50 mm，底座表面不切割假缝。

(4)排水设计

路基直线地段，采用线间填充级配碎石不设集水井的排水方式。线间填充孔隙率 $n<21\%$ 的级配碎石并采用不小于 100 mm 厚的 C25 细石纤维混凝土封面。通过在道床表面设置 0.7%的一字排水坡，线间封面设置 2%的人字排水坡，将水排至线路两侧的路基排水系统。

路基曲线地段，采用线间设置集水井的排水方式，线间两集水井之间设置纵向顺坡，确保排水顺畅。

6. 级配碎石短路基地段 CRTSⅠ型双块式无砟轨道

(1)底座

在道床板下面设置 C40 钢筋混凝土底座，底座宽度为 3 400 mm，厚度为 300 mm。在底座范围内，道床板与底座通过 HPB300ϕ14 mm"Z"形钢筋连接。底座内采用双层钢筋，钢筋的混凝土保护层厚度为 35 mm，底座表面不切割假缝。

(2)排水设计

①直线地段，若线间设有集水井

线间积水通过线路纵坡或设置合适的反坡($i>2\%$)排入线间集水井，防止线间积水排入隧道或桥梁内。道床板表面设置 2%的人字型排水坡将水排至线路两侧的路基排水系统，底座两侧设置 10%横向排水坡。

②直线地段，若线间无集水井

线间填满孔隙率 $n<21\%$ 的级配碎石并铺设 100 mm 厚 C25 细石纤维混凝土防水层进行封面；通过在道床表面设置 0.7%的一字排水坡，线间封面混凝土表面设置 2%的人字排水坡，将水排至线路两侧的路基排水系统。

曲线地段，采用线间设置集水井的排水方式。集水井的设计详见路基专业。

7. C25 混凝土短路基地段 CRTSⅠ型双块式无砟轨道设计

(1)道床板

道床采用 C40 钢筋混凝土，现场浇筑。道床采用分块式，长度一般为 4.5～7 m，宽度为 2.8 m，厚度为 260 mm，相邻道床板板缝 100 mm 左右。每块道床板设两个凸向底座方向的限位凸台，限位凸台在高度方向成四棱台型，倾角为 1∶10，上下表面尺寸分别为 1 022 mm×700 mm、1 000 mm×678 mm，高为 110 mm。

道床板采用双层配筋。道床板上层和侧面钢筋保护层厚度为 50 mm，下层钢筋保护层厚度为 35 mm。

(2)底座

在道床板下面设置 C40 钢筋混凝土底座，底座采用分块式结构，底座长度与宽度与道床板长度与宽度相同，厚度为 300 mm。底座内采用双层钢筋，钢筋混凝土保护层厚度为 35 mm。

底座直接浇筑在混凝土路基上，并通过 HPB300ϕ14 mm"Z"形预埋钢筋连接，预埋钢筋纵向间距为 600 mm。每块底座上设置两个凹槽与道床板限位凸台匹配，凹槽内侧铺设弹性垫层。道床板与底座之间设置 4 mm 厚聚丙烯土工布中间层。

(3)排水设计

道床板表面设置 0.7%的一字型排水坡将水排至线路两侧的路基排水系统。线间填充 100 mm 厚 C25 细石纤维混凝土防水层，并设置 3%横向排水坡。道床板板缝处设置 100 mm 厚 C25 细石纤维混凝土防水层，并设置 2%一字型排水坡。线间积水通过线路纵坡或设置合适的反坡排入线间集水井，防止线间积水排入隧道或桥梁内。

8. 桩板地段

(1)道床板

道床板采用分块浇筑,道床板宽度为 2 800 mm,厚度为 260 mm,根据桩板长度,尽量减少道床板种类,长度尺寸分 4 230 mm、4 846 mm、5 650 mm、5 580 mm 四种。每块道床板设两个凸向底座方向的限位凸台,限位凸台在高度方向成四棱台型,倾角为 1∶10,上下表面尺寸分别为 1 022 mm×700 mm、1 000 mm×678 mm,高为 110 mm。

道床板采用双层配筋,上层纵向钢筋置于双块枕的轨枕桁架钢筋上,钢筋的保护层厚度不得小于 35 mm。

(2)底座

桩板上无砟轨道的混凝土底座直接浇筑在桩板面上,并与桩板面用预置连接钢筋连接。混凝土底座采用分块式结构,底座长度与宽度跟道床板的长度与宽度相同,高度为 210 mm。每块底座板上设置两个限位凹槽,与道床板的限位凸台相匹配。底座顶面及凹槽底部设 4 mm 厚土工布隔离层,凹槽四周设置 8 mm 厚弹性橡胶垫层。弹性垫层应与凹槽侧壁粘贴牢固,防止漏浆,并在弹性橡胶垫层四周粘贴泡沫板材料。

(3)排水设计

直线地段的道床板板面设置 1%的单面横向排水坡,避免道床板表面积水。线间及板缝处桩板表面防排水设计详见路基专业设计图。在桩板与路基交接处,应在集水井与交接面之间设置纵向防水反坡,将积水引向积水井,防止在交接处积水。

9. 隧道地段 CRTSⅠ型双块式无砟轨道设计

(1)道床板

道床板采用 C40 钢筋混凝土结构,道床板除在隧道结构缝处断开外均采用连续浇筑,道床板宽度为 2 800 mm,厚度为 260 mm。

道床板采用双层配筋,上层纵向钢筋置于双块枕的轨枕桁架钢筋上,保护层最小厚度为 45 mm,下层钢筋的保护层最小厚度为 35 mm。隧道内的道床板配筋方式有两种,即距隧道洞口 200 m 范围内的配筋结构和隧道洞口 200 m 范围外的配筋结构。

道床板浇筑在隧道仰拱回填层上,道床板除在结构缝处断开外均采用连续浇筑,仰拱回填层表面应进行拉毛或凿毛处理。距连续道床板起点(隧道分界里程)15 m 范围内,道床板与仰拱回填层(C25 混凝土换填层)间通过 12 列×4 排 M27 销钉连接。隧道内 CRTSⅠ型双块式无砟轨道横断面图如图 3-7-3 和图 3-7-4 所示。

(2)排水设置

直线地段道床板设置 1%人字形排水坡流向线间排水沟和两侧水沟,曲线地段通过道床板面横坡排向中心水沟或两侧水沟。

纵向采用沿线路纵坡的排水方式、平坡地段设 2‰的排水坡将水排至集水井。

10. 桥梁地段 CRTSⅠ型双块式无砟轨道设计

(1)道床

道床采用 C40 钢筋混凝土,现场浇筑。桥上道床采用分块式,长度一般为 5~7 m,宽度为 2.8 m,厚度为 260 mm,相邻道床板板缝 100 mm 左右。每块道床板设两个凸向底座方向的限位凸台,限位凸台在高度方向成四棱台型,倾角为 1∶10,上下表面尺寸分别为 1 022 mm×700 mm、1 000 mm×678 mm,高为 110 mm。道床面设"人"字形排水坡,将水引入桥面系排水系统。桥梁上 CRTS Ⅰ型双块式无砟轨道横断面如图 3-7-5 和图 3-7-6 所示。

(2)底座

桥上无砟轨道的混凝土底座直接浇筑在桥面上,并与桥面用预置连接钢筋连接。混凝土底座采用分块式结构,底座长度与宽度跟道床板的长度与宽度相同,高度为 210 mm。

每块底座板上设置两个抗剪凹槽,凹槽内侧铺设弹性缓冲垫层。道床板与底座之间设置 4 mm 厚聚丙烯土工布中间层。

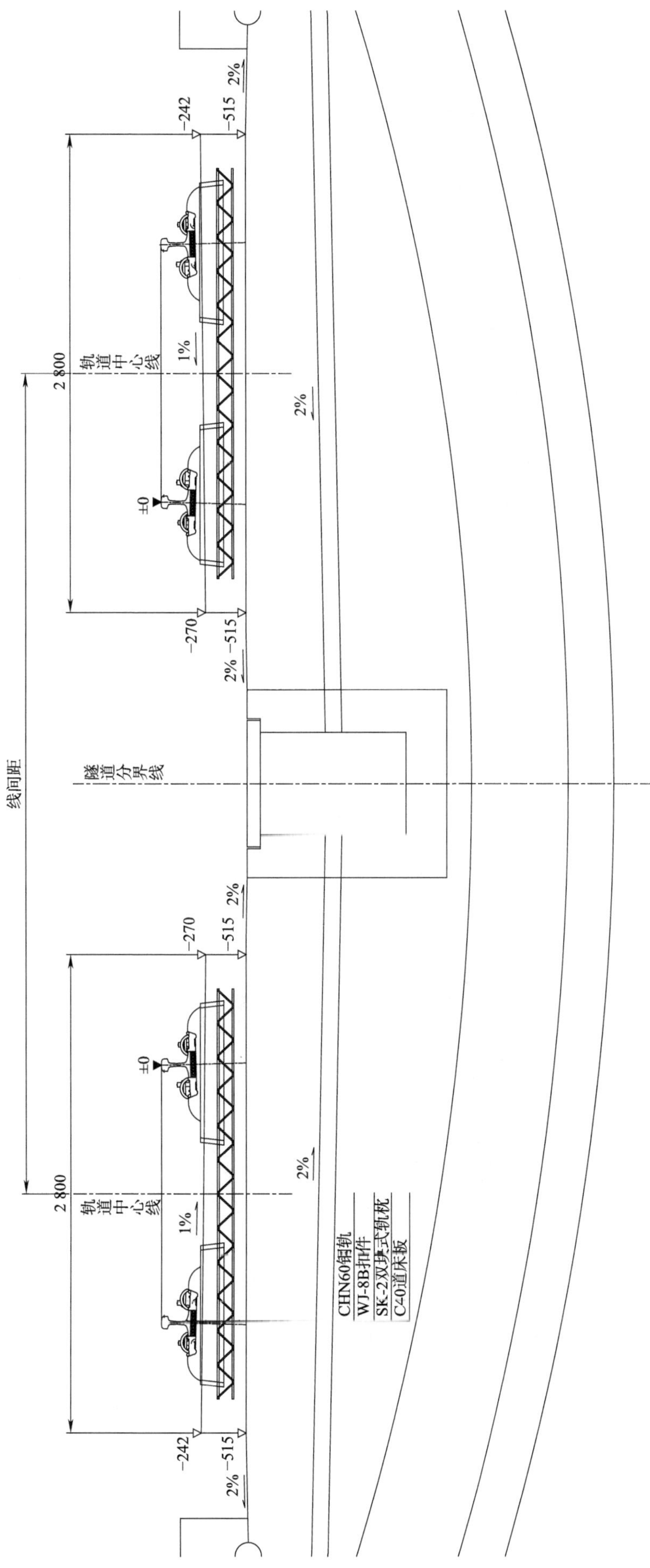

图 3-7-3　隧道内CRTS Ⅰ 型双块式无砟轨道横断面图（直线，除标高单位为m外，其他单位为mm）

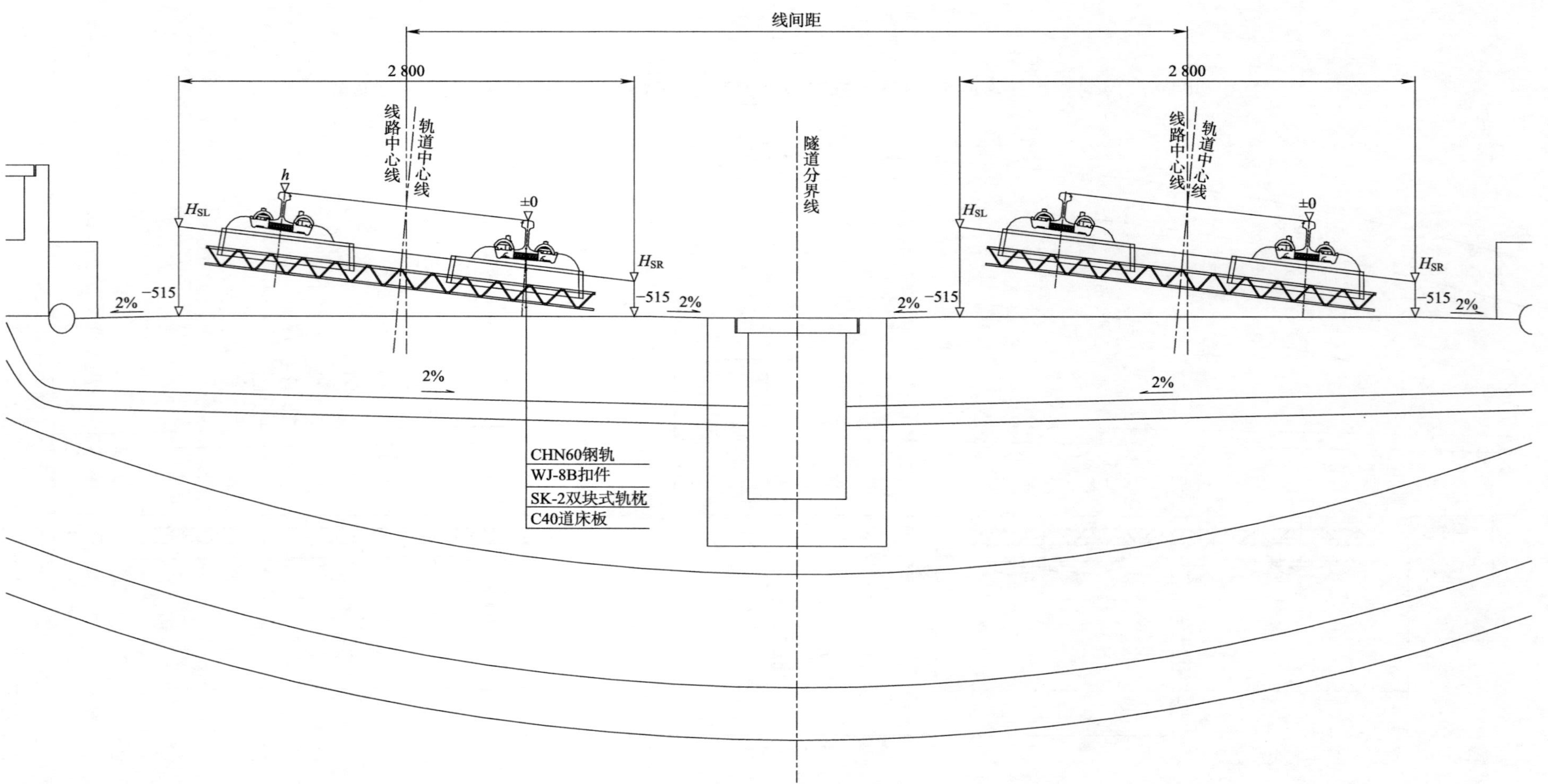

图 3-7-4 隧道内CRTS Ⅰ型双块式无砟轨道横断面图(曲线，除标高单位为m外，其他单位为mm)

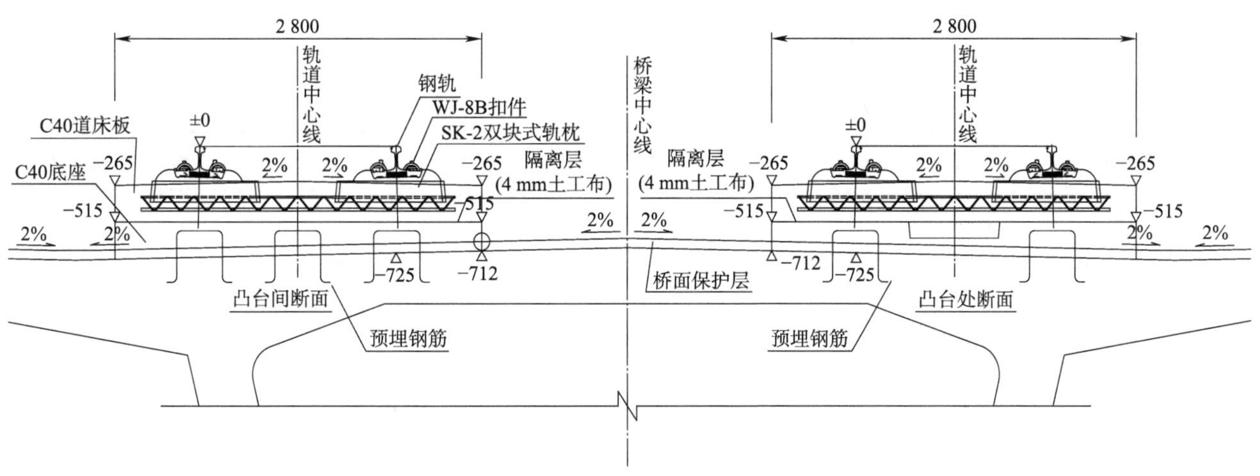

图 3-7-5 桥梁上 CRTSⅠ型双块式无砟轨道横断面图(直线,除标高单位为 m 外,其他单位为 mm)

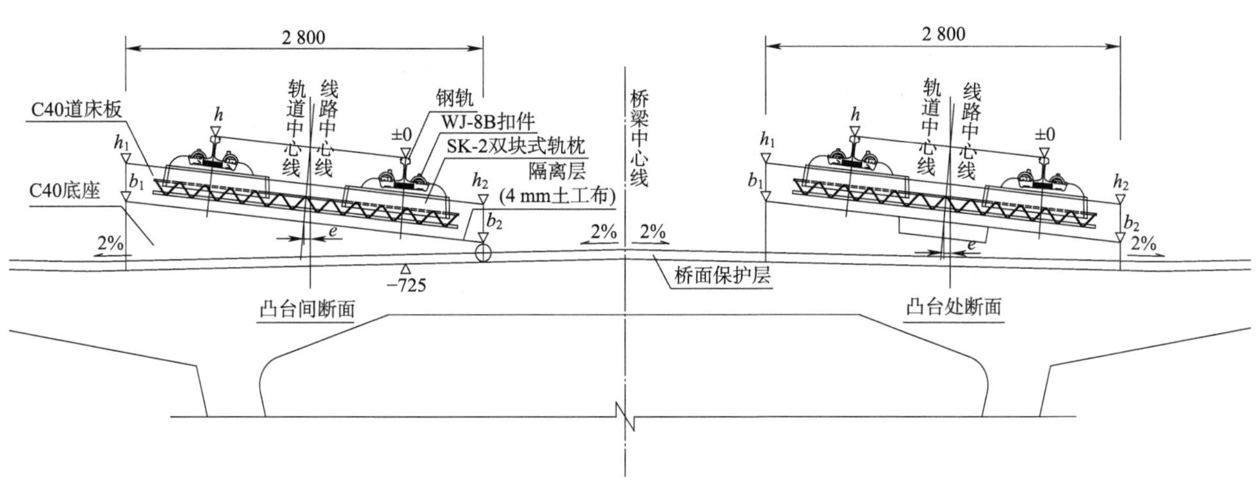

图 3-7-6 桥梁上 CRTSⅠ型双块式无砟轨道横断面图(曲线,除标高单位为 m 外,其他单位为 mm)

11. 无覆土框架桥地段

(1)道床

道床采用分块结构,根据框架桥长度,尽量减少道床板种类。道床板长度分为 4 860 mm、5 030 mm、6 010 mm、6 230 mm 及 6 400 mm 五种。

每块道床板设两个凸向底座方向的限位凸台,限位凸台在高度方向成四棱台型,倾角为 1∶10,上下表面尺寸分别为 1 022 mm×700 mm、1 000 mm×678 mm,高为 110 mm。

框架桥地段道床板采用双层配筋,上层纵向钢筋置于双块枕的轨枕桁架钢筋上,钢筋的保护层厚度不得小于 35 mm。

(2)底座

混凝土底座直接浇筑在框架桥底板上,底板先进行机械凿毛,凿毛深度 2 mm,凿毛宽度为线路中心线左右各 1 300 mm,并用"7"型后植钢筋加强连接。

混凝土底座采用分块式结构,底座长度与宽度跟道床板的长度与宽度相同,高度随着下穿式框架桥标高而变化,底座高度为 279～485 mm。每块底座板上设置两个限位凹槽,与道床板的限位凸台相匹配。底座顶面及凹槽底部设 4 mm 厚土工布隔离层,凹槽四周设置 8 mm 厚弹性橡胶垫层。弹性垫层应与凹槽侧壁粘贴牢固,防止漏浆,并在弹性橡胶垫层四周粘贴泡沫板材料。无覆土框架桥上 CRTSⅠ型双块式无砟轨道横断面如图 3-7-7 所示。

12. 道岔区无砟轨道

道岔区铺设轨枕埋入式无砟轨道,采用原位组装,现场浇筑而成,其中路基和隧道地段采用连续结构,

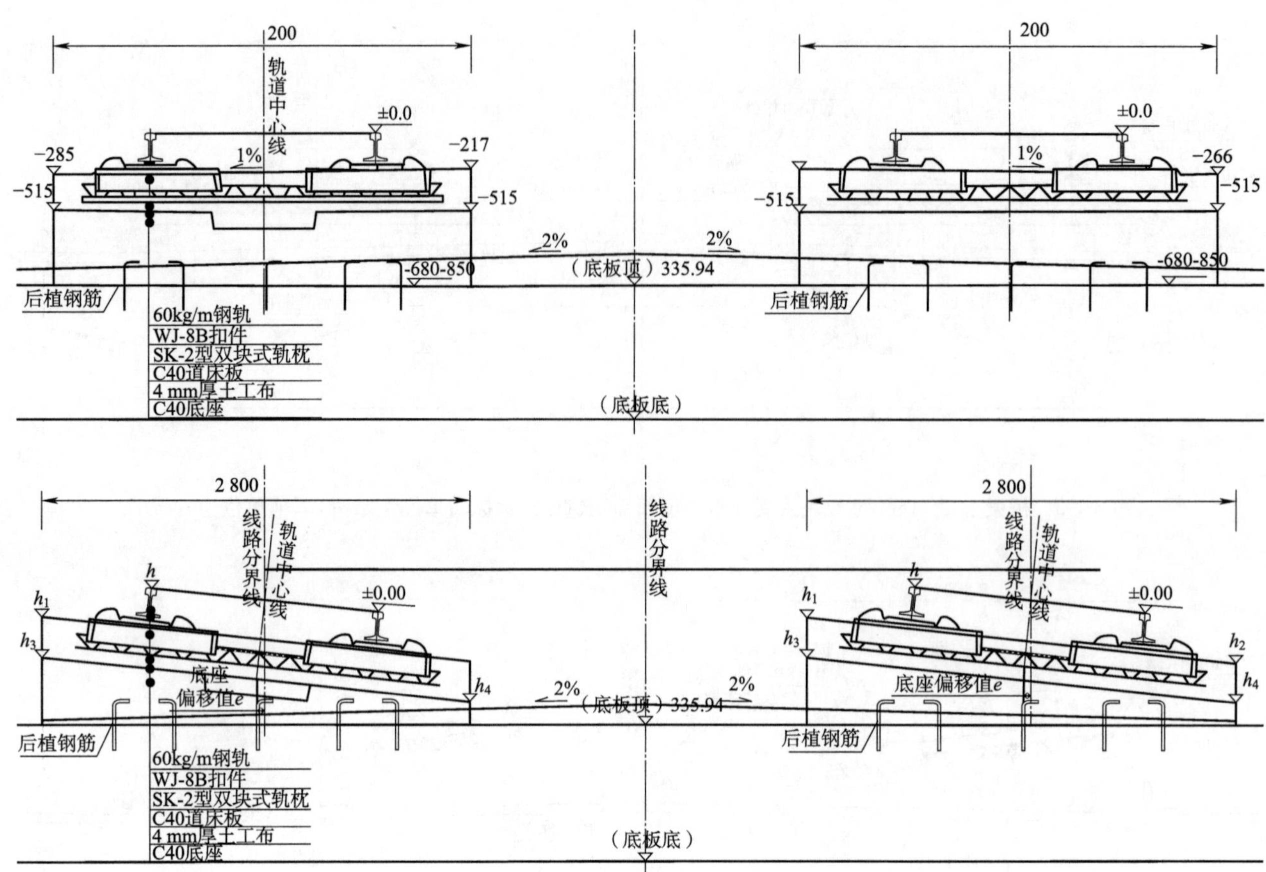

图 3-7-7　无覆土框架桥上 CRTS Ⅰ型双块式无砟轨道横断面图(除标高单位为 m 外,其他单位为 mm)

桥梁地段采用分块式结构。

(1)道岔型号

正线采用 60 kg/m 钢轨 18 号单开道岔,除隧道内为"客专线(07)001"、成渝三环特大立交桥和梁滩河特大桥上共 3 组 42 号"客专线(07)006"道岔以外,其余车站均采用"客专线(07)009"道岔。

新建车站侧向接发旅客列车的到发线上无砟道岔采用 60 kg/m 钢轨 18 号"GLC(07)02w"单开道岔。

(2)轨道结构高度

岔区轨道结构高度见表 3-7-4。

表 3-7-4　岔区轨枕埋入式无砟轨道结构高度表

轨道结构形式	基础类型	轨道结构高度(mm)
岔区轨枕埋入式无砟轨道	路基	860
	桥梁	860
	隧道	580

(3)路基地段岔区无砟轨道

①道床板

道床板采用 C40 钢筋混凝土现场连续浇筑,最大厚度为 308 mm。道床板宽度按直股一侧边缘至道岔直股轨道中心线距离为 1 600 mm,另一侧边缘至侧股中心线距离为 1 600 mm 控制。路基地段轨枕埋入式无砟轨道横断面如图 3-7-8 所示。

②底座

路基地段岔区轨枕埋入式无砟轨道的道床板下设置 C35 钢筋混凝土底座,底座厚度为 300 mm。底座宽度按直股一侧边缘至道岔直股轨道中心距离为 1 900 mm,另一侧边缘至侧股中心线距离为 1 900 mm 控制。底座内钢筋均不需绝缘。在道床板范围内底座需凿毛或做不规则拉毛处理,使道床板同底座接合紧

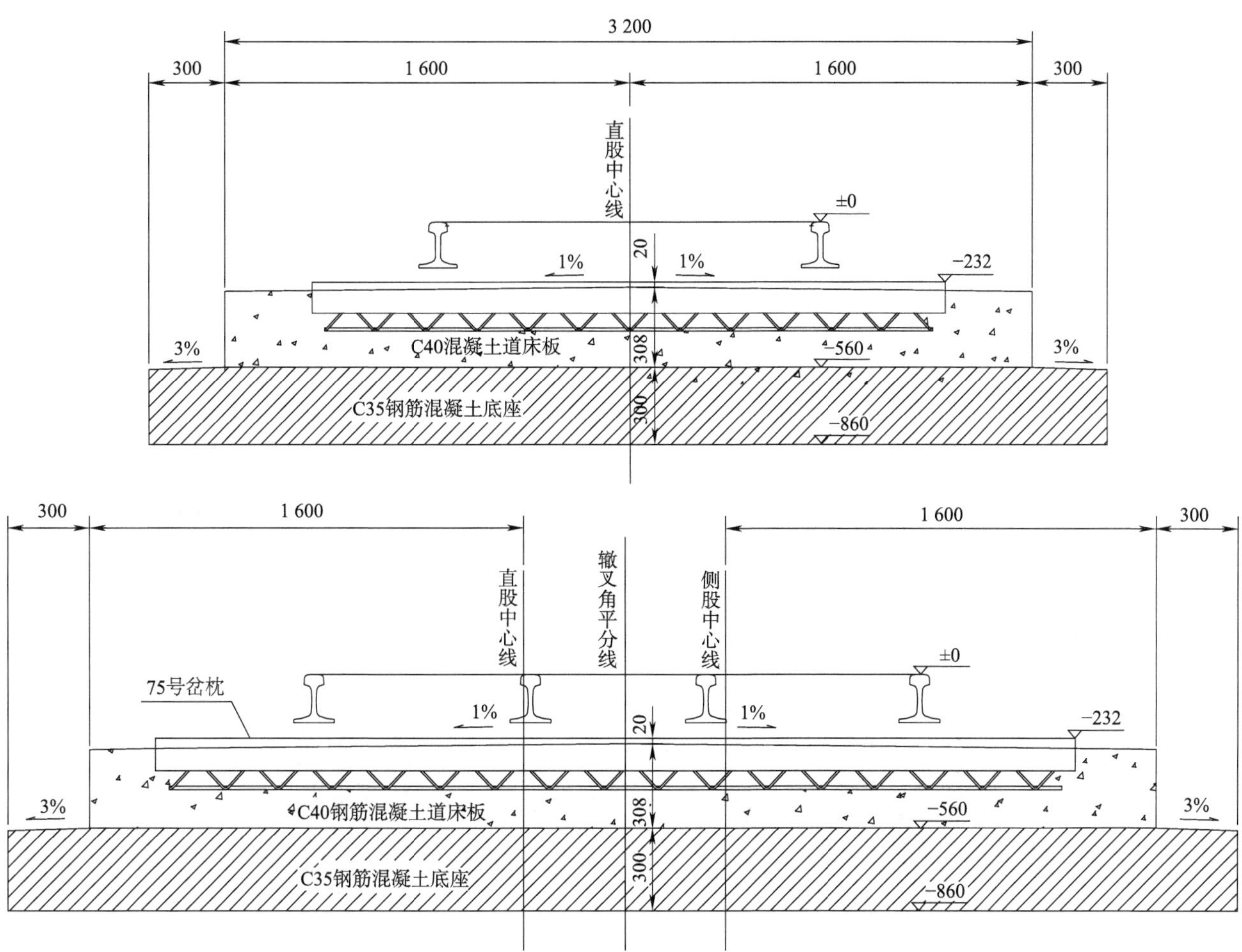

图 3-7-8 路基地段轨枕埋入式无砟轨道横断面图(除标高单位为 m 外,其他单位为 mm)

密。为增强道床板和底座的整体性,在转辙机安装位置及左右两侧和过渡段的底座上,预埋一定数量的门型钢筋。

③转辙机安装区

转辙机安装范围应预留转辙机安装空间,区域内标高不得高于−560 mm。

④岔区排水

道床板顶面、转辙机坑及密贴检查器坑顶面均设置 1%的横向人字排水坡,横向排水至站场内排水沟渠;无排水沟渠地段线间应纵向顺坡将积水排向沟渠,确保排水顺畅,不得出现积水。

(4)桥梁地段岔区无砟轨道

①道床板

采用 C40 钢筋混凝土现场浇筑而成,道床板宽度按直股一侧边缘至道岔直股轨道中心的距离为 1 600 mm(岔后异形板按 1 400 mm 控制),另一侧边缘至侧股中心线距离为 1 600 mm 控制(岔后异形板按 1 400 mm 控制)。桥梁地段轨枕埋入式无砟轨道横断面如图 3-7-9 所示。

②底座

桥梁地段岔区轨枕埋入式无砟轨道的道床板下设置 C40 钢筋混凝土底座,底座结构高度 235 mm,底座宽度同道床板边缘齐平。在道床板与混凝土底座之间设置“两布一膜”滑动层,即两层土工布夹一层土工膜。

在底座上设置纵、横向凹槽,凹槽的宽度为 700 mm,深度为 130 mm,底座凹槽的侧面粘贴弹性垫层。

③岔区排水

道床板顶面和转辙机坑面均设置 1%的横向人字排水坡,排至桥梁的线间和两侧的泄水孔,如现场实际排水系统有变化,应进行相应的调整,确保岔区排水畅通。

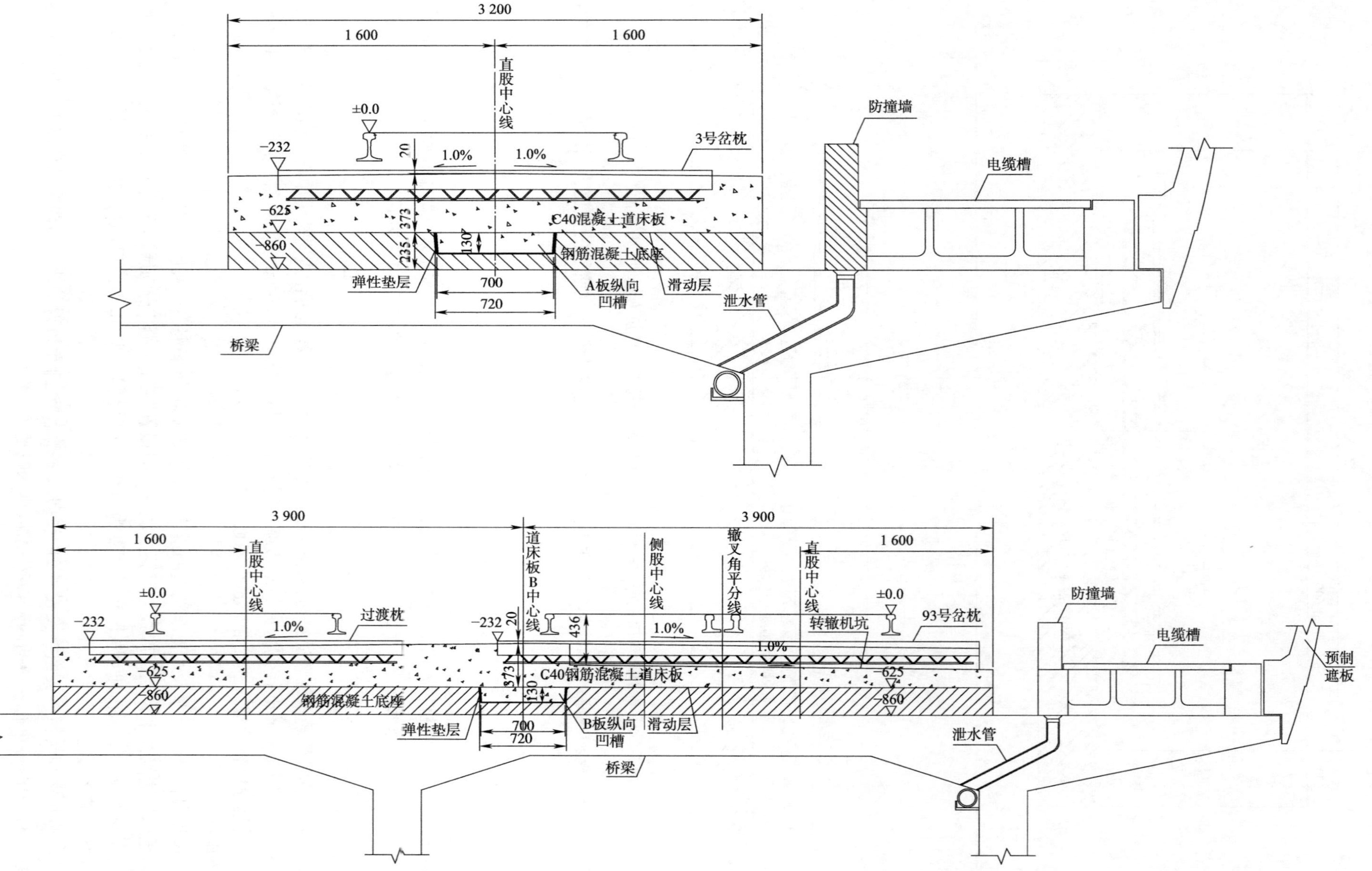

图 3-7-9 桥梁地段轨枕埋入式无砟轨道横断面图(除标高单位为m外，其他单位为mm)

(5)隧道地段岔区无砟轨道

①道床板

道床板采用C40钢筋混凝土现场浇筑而成，最大厚度328 mm，向两侧设置1%的横向人字排水沟坡。道床板宽度按直股一侧边缘至道岔直股轨道中心线距离为1 600 mm，另一侧边缘至侧股中心线距离为1 600 mm控制。

②转辙机安装区

转辙机安装区为转辙机预留空间，该区域内仰拱填充层标高不得高于－560 mm(相对于轨顶的标高)。

③岔区排水设计

道床板顶面设置1%的横向人字排水坡，转辙机坑及密贴检查器坑顶面设置1%的横向人字排水坡，横向排水至隧道侧沟。侧股与直股线间设置2‰的纵向排水坡，将水顺线路纵坡方向排至岔后集水井。岔后设置中心水沟前，双块式无砟轨道设置1%的横向一字排水坡；设置中心水沟后设置1%的横向人字排水坡。

如现场实际排水系统有变化，应进行相应的调整，确保岔区排水畅通，不得出现积水。

隧道地段轨枕埋入式无砟轨道横断面如图3-7-10所示。

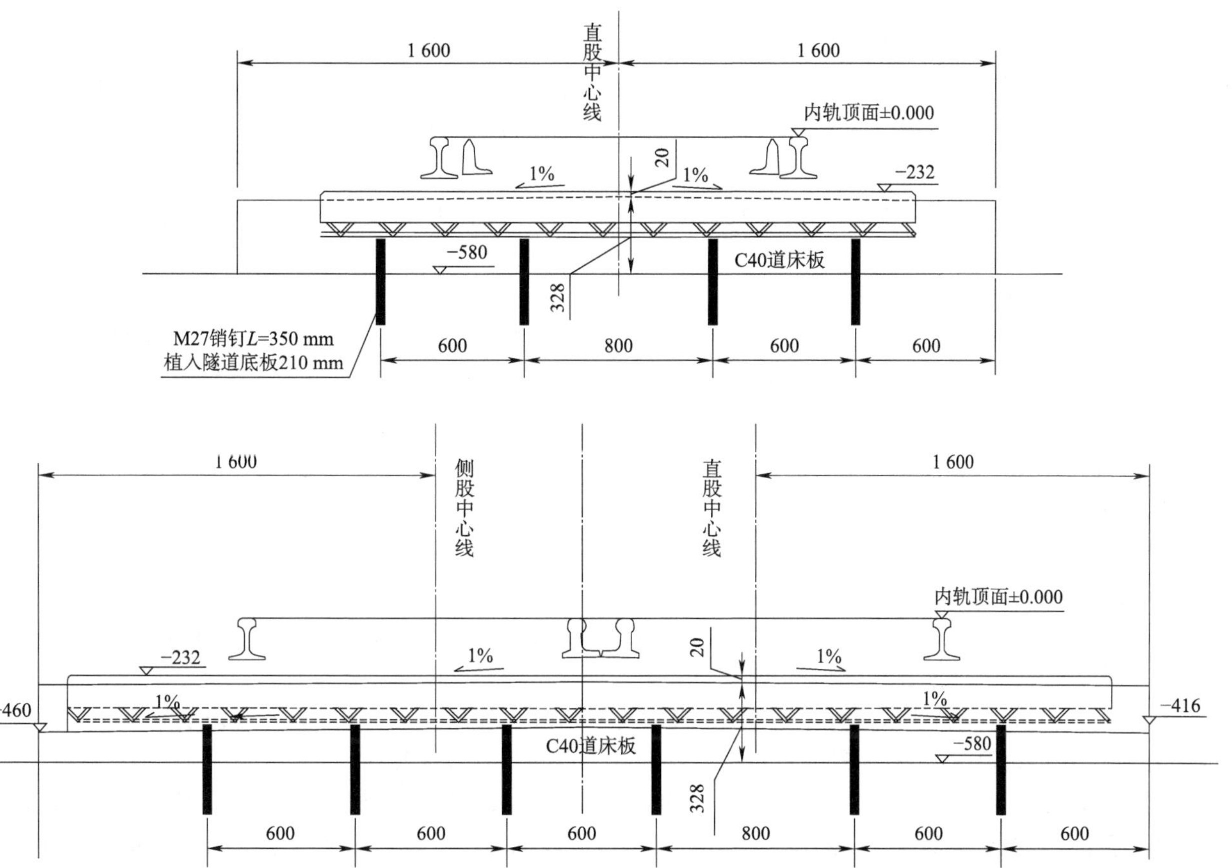

图3-7-10 隧道地段轨枕埋入式无砟轨道横断面图(除标高单位为m外，其他单位为mm)

13. 伸缩调节器无砟轨道

郑家坝与资阳沱江特大桥上跨连续梁两端各设置一组单向伸缩调节器，共8组。伸缩调节器地段无砟轨道由60 kg/m钢轨伸缩调节器(含配套扣件和轨枕)道床板、隔离层、底座及弹性垫层等组成；轨道结构高度与桥梁地段结构高度相同，均为725 mm。

(1)钢轨伸缩调节器

采用60 kg/m钢轨单向伸缩调节器(图号：研线0706，型号：TKY60-400DZ)，伸缩调节器钢轨采用与相邻正线钢轨相同的材质。钢轨伸缩调节器的制造、厂内组装、现场铺设、养护维修的技术要求、检验方法和检验规则，以及标志、包装、运输、储存应满足《时速350公里客运专线无砟轨道60 kg/m钢轨伸缩调节器暂行技术条件》(科技基〔2008〕166号)的要求。

(2)轨枕

伸缩调节器道床范围内除资阳沱江小里程端采用一根“CS60 250”号岔枕外,其余轨枕均采用伸缩调节器配套轨枕,轨枕间距一般为625 mm。

(3)扣件

在调节器轨枕地段,采用其配套扣件,在伸缩调节器基本轨端100 m范围采用WJ-8B小阻力扣件,在其尖轨端100 m范围采用WJ-8B常阻力扣件,扣件技术条件应满足相关规范要求。

(4)道床

道床采用C40钢筋混凝土,现场浇筑。道床采用分块式,长度一般为4～7 m,相邻道床板板缝100 mm左右,道床板厚度为313 mm。桥上每块道床板设两个棱柱形凸台,长×宽=1 022 mm×700 mm(上表面),高110 mm,倾角为1∶10。

道床面设“人”字形排水坡,桥上采用两列排水,桥面除底座范围外均设置防水层,道床板板缝处也应设防水层并设横向排水坡。

双块式无砟轨道地段道床板采用双层配筋,伸缩调节器无砟轨道地段道床板采用三层配筋。

(5)底座

桥上无砟轨道混凝土底座直接浇筑在桥面上,并与桥面用预埋钢筋连接。混凝土底座采用分块式结构,底座长度与宽度跟道床板的长度与宽度相同,伸缩调节器地段底座高度为160 mm。每块底座板上设置两个抗剪凹槽,凹槽内侧铺设弹性缓冲垫层。道床板与底座之间设置4 mm厚聚丙烯土工布中间层。

14. 无砟-有砟过渡段

成渝正线无砟轨道起终点地段、道岔岔后接有砟轨道时需设置无砟-有砟过渡段。过渡段具体设计详见成渝客专轨道专业相关设计图。

(1)路基地段无砟-有砟过渡段

本线路基地段无砟-有砟轨道过渡段采用辅助轨形式,过渡段基本轨间设置两根60 kg/m辅助钢轨及配套扣件,辅助钢轨铺设长度为25 m,其中无砟轨道部分5 m,有砟轨道部分20 m,辅助钢轨与基本轨轨头净距为500 mm。有砟过渡段采用长2.6 m的过渡段专用枕,图号为通线(2008)2201-2-58.59,无砟过渡段采用无砟过渡段专用枕,图号为通线(2008)2201-2-60、61;扣件采用WJ-7A弹性分开式扣件,扣件刚度与有砟轨道相同,辅助轨采用扣板式扣件。

路基地段18号单开无砟道岔岔后接有砟轨道时应先设置1个端梁再设置无砟-有砟过渡段。

(2)桥梁地段无砟-有砟过渡段

桥梁地段无砟-有砟过渡段采用辅助轨形式,辅助轨、过渡段轨枕及扣件设置形式同路基地段无砟-有砟轨道过渡段。

成渝三环特大立交桥正线无砟轨道起点、成渝右联络线无砟轨道终点、成渝左联络线无砟轨道终点有砟轨道-无砟轨道过渡段除采用辅助轨过渡外,还增设了道砟胶分级过渡。

成渝右联络线过渡段全长50 m,成渝正线和成渝左联络线过渡段全长48.765 m。其中无砟过渡段长度5 m,有砟过渡段长度为45 m或43.765 m。有砟过渡段范围内道砟分三级用道砟胶进行黏结,其中成渝右联络线每级长度为15 m;成渝正线和成渝左联络线第一级和第二级长度为15 m,第三级长度为13.765 m。第一级道砟全部胶结;第二级除轨枕盒内的道砟,其余道砟全部胶结;第三级轨枕底面以下道砟全部胶结。

(3)隧道地段无砟-有砟过渡段

隧道地段无砟-有砟过渡段采用辅助轨形式,辅助轨、过渡段轨枕及扣件设置形式同路基地段无砟-有砟轨道过渡段。

正线在新红岩隧道起点与终点的有砟-无砟过渡段除采用辅助轨过渡外还增设了道砟胶分级过渡。过渡段全长50 m,其中无砟过渡段长度5 m,有砟过渡段长度为45 m。有砟过渡段范围内道砟分三级用道砟胶进行黏结,每级长度为15 m,第一级道砟全部胶结;第二级除轨枕盒内的道砟,其余道砟全部胶结;第三级轨枕底面以下道砟全部胶结。

15. 综合接地

本线无砟轨道综合接地在道床内实现。

道床板内除纵向接地钢筋间及纵、横向接地钢筋交叉点按规定进行焊接外，其余纵向钢筋与横向钢筋（含轨枕桁架横向钢筋）、纵向钢筋间的交叉点处均设置绝缘卡做绝缘处理，限位凸台采用涂层钢筋进行绝缘，接地钢筋不得形成电气环路。在道床板浇筑前应对绝缘性能进行测试，满足相关技术要求后方可浇筑混凝土。

无砟轨道中的接地钢筋利用道床内的结构钢筋，每线轨道设三根纵向接地钢筋，利用道床板上层轨道中心和最外侧两根钢筋。

每个接地单元不超过 100 m，每个接地单元内设置一根横向接地钢筋。若道床板为单元结构，每块道床板通过板端接地端子用等电位连接线连接成接地单元；若道床板为连续结构，通过绝缘接头形成接地单元；若为 18 号道岔，每组单开道岔单独设置成一个独立的接地单元，单渡线道岔设置两个接地单元；若为 42 号单开道岔，每组道岔设置 2 个接地单元。

每个接地单元中部与“贯通地线”单点“T”形可靠连接，接地单元之间的接地端子不连接。接地钢筋间采用焊接方式进行连接，焊接长度单面焊不小于 100 mm，双面焊不小于 55 mm，焊缝厚度不小于 4 mm。

第五节　跨区间无缝线路设计

全线按一次铺设跨区间无缝线路设计。

一、单元轨节布置

无缝线路由若干单元轨节组成。单元轨节的布置应根据线路条件、工点情况、施工工艺及养护维修等因素综合研究确定，一般为 1 000～2 000 m。无缝道岔以单组道岔划分单元。桥、隧、线相连地段，若桥、隧长度不足 1 000 m，长轨条连续设置。单元轨节左右两股钢轨终始端的相错量不得超过 100 mm。

长钢轨焊接应优先在工厂焊接，特殊情况下（如工期控制），经技术经济比选后，可采用工厂化基地焊接。钢轨焊接应采用闪光焊，长钢轨焊接长度宜为 500 m。

绝缘接头采用胶接绝缘钢轨，其性能应符合国家现行标准《胶接绝缘钢轨技术条件》(TB/T 2975)的规定，胶接绝缘钢轨位置根据信号要求进行确定。

二、设计锁定轨温

无缝线路的设计锁定轨温根据线路通过地区的最高和最低轨温、无缝线路的允许温降和允许温升计算确定，并满足无缝线路的钢轨断缝检算要求。

成渝客专沿线设计锁定轨温见表 3-7-5。

表 3-7-5　成渝客专沿线设计锁定轨温表

市　县	中间轨温(℃)	设计锁定轨温(℃)
简阳	28	28
资阳	28	28
资中	30	30
内江	29	29
隆昌	29	32
荣昌	30	30

无缝线路应在设计锁定轨温范围内锁定，且相邻单元轨节的施工锁定轨温差不应大于 5 ℃；同一单元轨节左右单元轨的施工锁定轨温差，正线不应大于 3 ℃，其余线路不应大于 5 ℃；同一区间内单元轨节的最高与最低锁定轨温差不应大于 10 ℃；非道岔区设计锁定轨温幅度为(－5～＋3) ℃，道岔区设计锁定轨温幅度为(－3～＋3) ℃。

三、桥上无缝线路

桥上无缝线路按《铁路无缝线路设计规范》(TB 10015—2012)进行设计。建立桥梁-轨道有限元模型进行桥上无缝线路检算,并根据检算结果确定是否需要设置钢轨伸缩调节器。钢轨伸缩调节器应尽量少用或不用,并不得设置在平面曲线或竖曲线地段。经检算在温度跨度较长的连续梁两端设置钢轨伸缩调节器,见表 3-7-6。

表 3-7-6 钢轨伸缩调节器设置表

序 号	桥 名	温度跨度(m)	线路情况	中心里程	伸缩调节器数量	孔跨样式
1	资阳沱江特大桥	270	设置调节器处为直线	DK80+167 K80+879.789	单向 4	主跨(90+180+90) m 连续梁-拱组合体系
2	郑家坝、沱江特大桥	246	设置调节器处为直线	DK129+050 K129+762.789	单向 4	主跨(78+168+78) m 连续梁-拱组合体系

四、岔区无缝线路

正线无缝道岔采用道岔区全焊形式。道岔前后直股钢轨与区间线路应全部焊接,到发线道岔岔后侧股接有缝线路时应焊接 75 m 长后再设置为普通接头,岔后不足 75 m 插入轨时也应焊接至下一组道岔。

当道岔上桥不可避免时,正线无缝道岔布置在一联梁上,道岔岔前、岔尾距离梁端一般应不小于 18 m。

无缝道岔及前后绝缘接头采用胶接绝缘接头,应满足《胶接绝缘钢轨技术条件》(TB/T 2975—2010)的规定。

无缝道岔的设计锁定轨温应与两端区间无缝线路的设计锁定轨温一致。无缝道岔应在设计锁定轨温 ±3 ℃范围内锁定,且相邻单元轨节间的锁定轨温差不应大于 5 ℃。

五、隧道地段无缝线路

隧道内无缝线路的锁定轨温,根据隧道内的气温和轨温特性合理确定。隧道内距隧道口 200 m 范围内的无缝线路设计锁定轨温与隧道外区间无缝线路设计锁定轨温一致。

隧道口 200 m 范围内轨温过渡区段加强锁定。

六、焊接接头和绝缘接头

1. 焊接接头

所有钢轨间的焊接,在焊接前均应进行焊接试验,并符合《钢轨焊接》(TB/T 1632—2005)要求才能上道施工,所有焊接接头均应进行轨底打磨。钢轨焊接应采用闪光焊,道岔内及两端与区间线路连接的钢轨锁定焊可采用铝热焊。长钢轨焊接长度不应小于 500 m。钢轨焊接质量、力学性能指标应符合《钢轨焊接》(TB/T 1632—2005)的相关规定。

钢轨焊接接头应纵向打磨平顺,不得有低接头。焊接接头平直度应符合相关技术要求的规定,具体要求见表 3-7-7。

表 3-7-7 焊接接头平直度标准(mm/m)

部 位	技术要求
轨顶面	+0.2 0
轨头侧面工作边	+0.3 0

2. 绝缘接头

无缝线路及无缝道岔的绝缘接头采用胶接绝缘接头。胶接绝缘采用现场胶接绝缘或 60 kg/m 长 25 m 厂制胶接绝缘钢轨,并符合《胶接绝缘钢轨技术条件》(TB/T 2975—2010)的要求,胶接绝缘钢轨材质必须与正线钢轨和道岔钢轨件的材质相同。左右两股钢轨的胶接绝缘接头应相对铺设,且绝缘接头轨缝绝缘端板距轨枕边缘不小于 100 mm。

胶接绝缘接头的设置位置见信号专业设计图，应与信号专业共同确认位置后方可施工。

第六节　经验体会与问题讨论

开展成渝客专轨道工程设计工作的几年来，我们经历了不少波折和困难，主要的经验和体会总结如下：

(1)桥上无砟轨道设计是成渝客专轨道工程设计中的重难点

本线桥梁众多，其中资阳沱江特大桥[主桥跨度为(90＋180＋90) m]、郑家坝沱江特大桥[主桥跨度为(78＋168＋78) m]主桥均为连续梁-拱桥，采用钢管混凝土系杆拱结构。该类型桥梁桥上无砟轨道设计过程中除考虑大跨度桥梁桥上无缝线路设计问题外，还必须重视特殊桥梁结构的变形特性。温度变化、收缩徐变及初始状态等因素均会影响桥梁变形特性，进而影响轨道平顺性。

在今后特殊桥梁桥上轨道设计工作中，应对桥梁变形引起的轨道长波不平顺进行检算，并将检算结果用于指导设计及施工方案优化。

(2)路基及隧道上拱问题给无砟轨道设计带来了新的课题

成渝客专内江北站等 3 处路基地段、龙泉山隧道内几处地段出现的线下基础上拱问题造成了轨道结构几何形位的变化，为后期养护维修工作带来了难题。现有的无砟轨道结构形式仍难以解决特殊地质情况对轨道适应性提出的难题。

以成渝客专内江北站为例，内江北站上拱区段在精调过程中及时发现了路基上拱情况，组织专家审查评审会研究后采取了线路调坡与无砟轨道返工处理相结合的变更设计方案。但目前由于路基上拱变形已累计达 40 mm，同时其局部水平位移也已达 10 mm，运营部门已采取了限速 200 km/h 的临时措施以保障运营安全。目前国内已有多条线路出现类似基础上拱情况，但却未找到统一的成因或者通用的解决办法。今后无砟轨道扣件、道岔等部件设计中如何提高结构的变形适应性是亟待攻克的技术难题。

第八章　站场及运营设备设计

第一节　站场工程概况与特点

成渝客专自成都东站(不含)至重庆站(含),共设车站11个,分别为简阳南、资阳北、资中北、内江北、隆昌北、荣昌北、大足南、永川东、璧山等9个新建车站,以及沙坪坝、重庆2个改建车站。

成都枢纽设置华兴村线路所,设成贵成渝客专联络线接通成都南站。重庆枢纽设置半边山线路所和芭蕉沟线路所,分别设成渝井西联络线接通重庆北站,设重庆西联络线接通重庆西站。

新建车站均为直线站,改建站维持既有站型。除新建荣昌北站与既有沙坪坝站位于1‰坡道外,其余车站均位于平坡上。各站设计情况详见表3-8-1。

表3-8-1　车站性质、类型及股道数量表

序号	站　名	主站房左右侧	车站中心里程	站间距(km)	性　质	类　型	到发线数量
1	简阳南	左	DK51+936	—	中间站	横列式	2条
2	资阳北	右	DK81+948	30.012	中间站	横列式	5条
3	资中北	右	DK123+138.20	41.191	中间站	横列式	2条
4	内江北	右	DK152+400	29.259	中间站	横列式	5条
5	隆昌北	右	DK178+180	25.668	中间站	横列式	2条
6	荣昌北	右	D1K209+699.187	33.901	中间站	横列式	2条
7	大足南	左	D2K220+420	10.722	中间站	横列式	2条
8	永川东	右	DK242+058	21.243	中间站	横列式	5条
9	璧山	左	DK272+757	30.697	中间站	横列式	2条
10	沙坪坝	左	DK296+760	24.004	中间站	横列式	4条
11	重庆	尽端	DK306+051	8.999 —	客运站	端式	8条

全段站场路基总长16.475 km,站内多线桥地段总长2.133 km,路基土石方总计1 326.3×10^4 m^3,其中填方277.3×10^4 m^3,挖方1 049.0×10^4 m^3;站场路基圬工总量20.3×10^4 m^3;有砟站线铺轨长度25.018 km;铺P60-42号无砟单开道岔3组,P60-18号无砟单开道岔102组,P60-18号有砟单开道岔13组,P60-12号有砟单开道岔24组,P50-9号单开道岔25组。

第二节　设计原则与采用的主要技术标准

一、一般规定

(1)车站布置应配合城市规划,结合当地交通条件、地形及地质情况,综合研究,合理配置,力求布置紧凑、工程省、运营方便。

(2)进出站线路和站线的平面、纵断面,按《高速铁路设计规范(试行)》(TB 10621—2009)的有关规定设计。

(3)站内建筑物及设备必须满足《高速铁路设计规范(试行)》(TB 10621—2009)限界规定。

(4)车站布置形式:新建中间站采用横列式布置,改建车站维持原车站布置形式。

(5)车站规模:车站到发线有效长650 m,均按双进路设计,执行初步设计及修改初步设计批复确定的规模。

(6)信号机类型及设置要求:新建高速客专线中间站出站信号机采用三灯位矮型单机构不带表示器色灯信号机。枢纽内车站、改建既有站出站信号机采用矮型双机构带表示器色灯信号机。信号机与到发线绝缘缝原则上按并置设计。

(7)站场股道电气化范围:有电力机车或动车组进入的到发线、安全线、机(动)车走行线和其他需要行驶的线路,均应架设接触网。

二、平面设计

(1)车站应设在直线上。新建车站正线上缓和曲线与道岔前后接缝间的直线段长度应符合《高速铁路设计规范(试行)》(TB 10621—2009)第 5.2.11 条规定;改建车站在正线和站线上,道岔至曲线间的直线段长度应符合《铁路车站及枢纽设计规范》(GB 50091—2006,以下简称《站规》)第 3.2.9 条规定。

(2)岔后连接曲线半径应符合《高速铁路设计规范(试行)》(TB 10621—2009)第 10.3.1 条、第 10.3.3 条、第 10.3.4 条规定。

(3)到发线上的曲线应设外轨超高,其超高值应根据通过速度、超高时变率容许值、欠超高时变率容许值计算确定,并不小于 20 mm。超高顺坡率不大于 2‰。具体数值参照《高速铁路设计规范(试行)条文说明》说明表 10.3.2 执行。

(4)列车到发进路上的道岔至其连接曲线间的直线段长度应符合《高速铁路设计规范(试行)》(TB 10621—2009)第 10.3.5 条规定。

(5)车站道岔不应与竖曲线和变坡点重叠,正线道岔两端距竖曲线起点和变坡点不宜小于 20 m。

(6)在车站线路的直线地段,主要建筑物和设备之线路中心线距离应符合《高速铁路设计规范(试行)》(TB 10621—2009)第 10.1.12 条表 10.1.12 中规定。

在线路的直线地段上,站内两相邻线路中心线的线间距应符合《高速铁路设计规范(试行)》(TB 10621—2009)第 10.1.14 条的规定。

一般中间站及越行站站内正线线间距与区间相同,采用 5.0 m。

三、纵断面设计

(1)新建车站站坪、咽喉区的坡度应符合《高速铁路设计规范(试行)》(TB 10621—2009)第 5.3.8 条规定。

(2)养护维修走行线的坡度困难条件下不应大于 30‰。综合维修工区内线路宜设在平道上,困难条件下可设在不大于 1‰的坡道上。

(3)到发线和通行正规列车的站线,相邻坡段的坡度差大于 3‰时,可采用 10 000 m 半径的竖曲线;不通行正规列车的站线,相邻坡度差大于 5‰时,可采用 3 000 m 半径的竖曲线;设立交的机(动)车走行线,在困难条件下,可采用半径不小于 3 000 m 的竖曲线。

(4)通行旅客列车到发线有效长范围内宜设计为一个坡段,困难条件下坡段长度不应小于 450 m;不通行列车的站线和段管线可采用不小于 50 m 的坡段长度,但应保证竖曲线不相互重叠。

(5)本线新建车站到发线均不顺坡,其轨道标高与正线一致,不足部分采用道砟补足。其余站线的顺坡原则按《站规》的有关规定执行。

四、安全线设计

(1)疏解线、联络线应在站内与正线或到发线接轨,当必须在区间内与正线接轨时,应在接轨处设置线路所,并应根据列车运行需要设置安全线。

(2)岔线、段管线在站内与到发线接轨,应设置安全线。当站内有平行进路及隔开道岔,并与联锁装置时,可不设安全线。

(3)中间站有列车长时间停留的到发线两端应设置安全线。当站内有平行进路及隔开道岔,并与联锁装置时,可不设安全线。

(4)在进站信号机外制动距离内进站方向为超过 6‰的下坡道的车站,应在正线或到发线的接车方向末端设置安全线。

(5)安全线的设置应符合《高速铁路设计规范(试行)》(TB 10621—2009)第 10.1.11 条规定。

五、客运设备

1. 旅客站台

(1)长度

新建的一般中间站旅客站台长度 450 m,改建站按批复意见执行。

(2)宽度

新建的岛式中间站台宽度采用 12 m,侧式站台宽度采用 8 m。改建站按批复意见执行。

(3)高度

站台高度按 1.25 m 设计,处于曲线内侧站台按 0.6 h 超高予以降低。

(4)台线间距

站台邻靠到发线无通过列车一侧时其边缘距线路中心 1 750 mm,当为曲线时应相应进行限界计算加宽。

(5)站台端部

站台端部宽度不宜小于 5.0 m,两端应设置台阶或坡道。

2. 雨棚

雨棚长度与站台长度等长。

3. 跨线设施

站内不得设置平过道,站台间以地道或天桥连通。新建地道(天桥)为宽度 8 m。其设置要求见《高速铁路设计规范(试行)》(TB 10621—2009)第 10.4.2 条。站内通道应考虑残疾人通道。

4. 防护栅栏

(1)站台两端和侧式中间站台外侧应设置防护栅栏,设宽度不小于 1.0 m 的栅栏门,并标有禁行标志。

(2)车站两侧的防护栅栏应设于用地界内 0.5 m 处,并应与区间防护栅栏相衔接。栅栏高度为 2.2 m,采用的材质等具体参照《铁路线路防护栅栏》(通线〔2010〕8001)执行。

六、轨道工程

1. 轨道

(1)轨道工程标准参照《高速铁路设计规范(试行)》(TB 10621—2009)第 9.9 节规定和《铁路轨道设计规范》(TB 10082—2005)办理。

(2)新建车站临靠正线的接发旅客列车的到发线铺设无砟轨道无缝线路,采用 60 kg/m、定尺长 100 m、U71Mn(k)无螺栓孔新钢轨。

(3)新建车站非临靠正线的到发线及改建车站到发线铺设有砟轨道无缝线路,采用 60 kg/m、定尺长 100 m、U71Mn(k)无螺栓孔新钢轨,有效长范围铺设混凝土宽枕(专线 3397),其余地段铺设Ⅲ型混凝土枕(专线 3388)。

(4)其余站线铺设有砟轨道有缝线路,采用 25 m 或 12.5 m 的 50 kg/m 的钢轨,铺设新Ⅱ型混凝土枕(图号为研线 0322)。

(5)不同轨型的钢轨连接时采用模压异型轨,异型轨长度可采用 12.5 m 和 8.0 m。不同枕木的铺设地段间设置过渡段。

(6)改建车站站线铺轨尽量利用旧轨。

(7)站线轨枕扣件:车站到发线范围内铺设混凝土宽枕地段采用弹条Ⅰ型调高扣件,其余站线混凝土枕地段根据混凝土枕类型采用弹条Ⅱ型扣件或弹条Ⅰ型扣件。其余要求按《站规》第 13.3 节规定办理。

(8)站内正线轨道结构高度同区间正线。

(9)站线的轨道铺设标准见表 3-8-2。

表 3-8-2　站线的轨道铺设标准

项　目			到 发 线	其他站线
钢轨类型(kg/m)			60	50
轨枕根数(根/km)	混凝土枕		1 667	1 440
	混凝土宽枕		1 760	
道床厚度(cm)	非渗水土	双层	20/20	
		单 层	35	25
	岩石、渗水土		25	20
道床顶宽(m)			3.4	2.9
道床边坡			1∶1.75	1∶1.5

2. 道岔

(1)速度 350 km/h 地段

①车站正线上道岔采用 P60-18 号无砟道岔，图号客专线(07)009。

②无砟到发线上道岔采用 P60-18 号无砟道岔，图号 GLC(07)02W。

③有砟到发线上道岔采用 P60-18 号有砟道岔，图号 GLC(07)02。

④有砟到发线上道岔采用 P60-12 号有砟道岔，图号 GLC(06)01。

(2)速度不超过 120 km/h 地段(沙坪坝、重庆站)

①车站正线上道岔采用 P60-12 号有砟道岔，图号专线 4249 有砟道岔。

②到发线上道岔采用 P60-12 号有砟道岔，图号 SC330 有砟道岔。

(3)枢纽内联络线道岔

①联络线无砟道岔：成都枢纽华兴村线路所及重庆枢纽重庆西左联络线起点道岔采用 P60-42 号无砟道岔，图号采用客专线(07)006。

枢纽内其余的联络线与成渝正线连接道岔采用 P60-18 号无砟道岔，图号采用客专线(07)001，相应安全线道岔亦采用 P60-18 号无砟道岔。

②联络线有砟道岔：联络线与其他枢纽内有砟正线连接道岔采用 P60-18 号有砟道岔，图号采用客专线(07)004，相应安全线道岔亦采用 P60-18 号有砟道岔。

(4)综合维修工区内线路、工区外安全线道岔采用 P50-9 号 CZ2209，重庆站内动车存车线道岔采用 P50-9 号 CZ2209。

(5)道岔配列

①新建高速车站相邻道岔间插入短轨长度应符合《高速铁路设计规范(试行)》(TB 10621—2009)第 10.2.9 条规定。

②$V \leqslant 120$ km/h 地段道岔配列应符合《站规》第 13.5.7 条及《铁路轨道设计规范》(TB 10082—2005)第 9.0.9 条和第 9.0.10 条规定。

(6)轨道常备材料

本线车站有砟到发线(无缝线路)常备材料按正线有砟轨道标准计列，站线(有缝线路)常备材料按站线有砟轨道标准计列。

(7)护轮轨的铺设按《铁路轨道设计规范》(TB 10082—2005)第 13.0.3 条规定办理。

七、站场路基、道路、排水及用地

1. 设计范围

车站设计范围以车站最外道岔(含预留)外正线上第一个百米标计算，若牵出线、安全线等岔线与正线并修，则以车挡后最近百米标计算。

2. 站场路基

(1)350 km/h 地段新建车站路基面宽度

站内正线线路中心线至路基面边缘宽度采用 5.0 m,最外侧至到发线线路中心线至路基面边缘宽度为 5.0 m。其他站线仍按《高速铁路设计规范(试行)》(TB 10621—2019)和《站规》的相关条款执行。

(2)120 km/h 及以下地段(改建车站)路基面宽度

站内正线与区间标准相同,车场最外侧站线,到发线不应小于 4.0 m,其他线路不应小于 3.5 m。困难情况下不应小于 3.0 m。

(3)站场路基的路肩宽度不应小于 0.6 m,设有作业通路时,还应保证作业通路宽度不小于 1.0 m。位于车场外侧的接触网支柱,应设于路肩外侧。

(4)养护维修列车走行线路基面宽度:非渗水土路基不应小于 5.6 m,渗水土路基不应小于 5.0 m。

(5)由于改、扩建需抬道而造成既有路肩宽度不足时,可根据实际情况采取角墙、干砌条石、干砌片石、浆砌片石、混凝土、侧沟外移、改变侧沟断面类型、加设侧沟盖板等措施。

(6)当联络线、牵出线、安全线与正线间无纵向排水槽时,路基采用与正线相同标准。横坡与正线路基相同。路基面加宽保证路肩满足规范要求宽度。曲线地段站线根据现行规范进行加宽。

(7)站内路基面横坡及轨面坡等引起外侧线路的道床超过标准厚度时,应加宽路基,以保证路肩宽度不小于上述要求。

(8)车站道路(含改建与铁路并行、通站所道路)与正线并行地段,道路路肩应低于铁路路肩 0.7 m 及以下。当不能满足时,应在其间设置安全防护设施。

(9)道岔咽喉区梯线部分,断面设计时应考虑路基顺序过渡,并考虑道砟厚度及到发线斜交关系,进行必要加宽。

(10)350 km/h 地段新建车站路基基床及填料

车站内正线路基基床表层采用 0.4 m 级配碎石,底层厚 2.3 m 的 A、B 组或改良土。

临靠正线的到发线(无砟线路)其路基基床标准同正线一致;到发线为有砟线路的路基填料和压实标准应按客货共线Ⅱ级铁路路基标准设计,路基基床表层采用 0.6 m 的 A 组填料,底层厚 1.9 m 的 B 组或改良土。

(11)120 km/h 及以下地段(改建车站)路基基床及填料

车站内正线路基基床表层采用 0.6 m 的 A 组填料,底层厚 1.9 m 的 A、B 组或改良土。

当到发线与正线处于同一路基面时,其路基基床标准同正线一致;当到发线路基与正线路基分开设置时,到发线的路基填料和压实标准应按Ⅱ级铁路路基标准设计,路基基床表层采用 0.3 m 的 A 组填料,底层厚 0.9 m 的 B 组或改良土。

(12)除到发线外的站线,综合维修段(工区)、动车段(所)、大型养路机械段(工区)路基标准按Ⅱ级铁路路基标准设计。路基基床表层采用 0.3 m 的 A 组填料,底层厚 0.9 m 的 B 组或改良土。

(13)无砟道岔区正线路基基床以下本体的填料及压实标准同正线基床底层。

(14)路基面应设有倾斜横坡的排水系统。高速路基基床表层顶面、基床底层顶面、底面应设置向两侧 4%的排水坡。其他站线路基面排水横坡应结合各地区年降雨量具体确定,但不小于 2%。

(15)桥台、隧道与路堤、路堤与路堑、路堤与涵洞(框架构筑物)设置过渡段。过渡段的设置要求同路基专业设计原则。

(16)路基边坡及防护

按《高速铁路设计规范(试行)》(TB 10621—2009)第 6.8 节和路基专业设计原则办理。

(17)土石方调配

①站场路基土石方调配,尽可能移挖作填,充分利用隧道弃渣,减少取弃土,取弃土尽量集中,并与区间土石方调配及车站远期预留工程相结合,统筹考虑。

②合理确定取、弃土位置,弃土场不得挤压桥墩及危及民房。

③加强弃土坡脚防护,结合弃土高度、自然地形条件设置弃土挡渣墙,防止水土流失。

④取弃土场地与城镇建设规划结合考虑,并采取喷播植草绿化或复耕。

3. 站场道路

(1)站、段、所道路应与地方道路连通。

(2)凡供电段、牵引变电所、分区所、开闭所、接触网工区所在站有公路与外部连通且有可能引入段、所、工区者，原则上将公路(按站内Ⅳ级道路标准设计)引入段、所、工区内。牵引变电所进所道路路面宽度为4.5 m(最大运输量为100 t)，其余各所进所道路路面宽度不小于3.5 m(最大运输量为40 t)。

(3)其他通段、所的道路路面宽度一般不小于4.0 m。单车道应在间距不大于300 m距离内设置长20 m、路基面宽6.5 m的错车道。

(4)通站、所道路路面采用混凝土路面，其标准按表3-8-3办理。

表3-8-3 通站、所道路路面铺设标准表

铺设要求 / 分层	沥青混凝土路面		混凝土路面	
	材料	厚度(cm)	材料	厚度(cm)
面层	沥青混凝土	5	C30混凝土	20
基层	碎(砾)石	18	6%水泥稳定层	20
垫层	中粗砂	18		

(5)道路改移

改移道路应结合城市道路规划统筹考虑，原则上不得低于原道路标准。在取得协议的情况下，按照协议要求进行改移。

4. 站场排水

(1)对路基有危害的地面水，通过设置线间沟、侧沟、天沟、排水沟及边坡平台截水沟，将水拦截引排至路基范围以外，防止水流冲刷路基。

(2)侧沟、天沟、排水沟或截水沟按1/50频率设计，沟顶高出设计水位0.2 m，纵坡不小于2‰。排水设施过水截面尺寸根据流量计算，并注意路基面排水、边坡排水和附属排水系统的衔接。

(3)地面横坡明显地段，可仅在路堤上方一侧设置，若地面横坡不明显，宜在路基两侧设置。排水沟平面尽量采用直线，如必须转弯时，其半径不小于10～20 m。排水沟一般尺寸为0.8 m×0.8 m，最小为0.4 m×0.6 m，边坡坡率1∶1。排水沟采用C30混凝土浇筑，厚0.20 m。

(4)当路堤边坡采用骨架内种草籽间植低矮灌木护坡时，主骨架作为路堤顺边坡向的横向排水槽；当路堤边坡采用撒草籽间植低矮灌木护坡时，间隔10～20 m设置一道横向排水槽，槽深0.1 m，宽0.3 m。

(5)路堑侧沟一般采用底宽0.8 m、深0.8 m的矩形沟，采用钢筋混凝土现浇，厚0.2 m。长大拉槽路堑地段按设计流量进行侧沟截面尺寸设计。边坡平台截水沟尺寸采用底宽0.40 m、深0.40 m的矩形断面，用C30混凝土砌筑。

(6)路堑地面横坡明显地段，可仅在上方一侧设置天沟；地面横坡不明显地段，宜在路堑顶两侧设置天沟，当路堑顶部无弃土堆时，天沟内边缘至堑顶距离不宜小于5 m，当沟内进行加固防渗时，不小于2 m。天沟最小尺寸为0.4 m×0.6 m，一般采用0.6 m×0.6 m，边坡坡率1∶1，天沟采用C30混凝土砌筑。堑顶坡面较陡的天沟，采用矩形，底宽0.60 m，深0.60 m，采用C30混凝土砌筑。当沟壁为土层及全风化岩层，浆砌片石水沟靠山侧沟壁厚和高度根据深度确定。天沟的水宜引入附近排水涵洞或路基外的排水设施，不宜引入路基排水沟或侧沟。困难情况下，可引入路基排水沟或侧沟，但应设消能池。

(7)站台范围内纵向排水槽设于到发线与正线之间，横向排水槽不宜穿越正线。新建的纵向排水槽长度不宜大于200 m，否则设置横向排水槽，将水引出股道之间。

新建高速车站到发线与正线间排水槽采用《高速铁路车站排水构筑物》(贰站(07)8012)，其余地段线间排水槽采用《铁路车站排水构筑物》(贰站(01)8011)。

5. 用地及拆迁

(1)用地

设计中尽量少占农田，节约用地，合理处理好站场路基工程取弃土的设计，按《铁路路基设计规范》(TB 10001—2005)附录C"铁路建设用地"有关规定要求办理。

路堤用地宽度：排水沟、护道或坡脚矮挡墙边缘外不小于3 m；路基两侧兼作排水的取土坑、弃土场(堆)时，其边缘外不小于2 m。路堑用地宽度：天沟外不小于2 m；无天沟时，距路堑堑顶边缘不小于5 m。

车站用地按近期规模计算，按土地预审要求分类统计。取弃土用地按临时用地考虑，并单独计列；房建新增用地由相关专业计列。

(2)拆迁

拆迁建筑物均应将原有建筑物类型、用途、建筑材料、所属单位、拆迁数量等调查清楚。拆迁房屋按路内(生产房屋、生活房屋)和路外(城市房屋、一般房屋、企业生产房屋)分开计列。

未尽事宜详见相关专业设计原则及设计要求。

6. 其他

(1)车站实行全封闭,在路基两侧无其他设备时,按线路封闭原则设置隔离栅栏;在站内有其他设备时,应根据有关设备的布置,充分利用既有或设计的围墙、房屋等综合考虑封闭方案,仅保留必要的工作和作业通道。

(2)绿色通道防护按《铁路建设项目水土保持方案技术标准》(TB 10503—2005)规定办理。

第三节　车站工程设计

一、新建中间站

(一)简阳南中间站

1. 设计说明

车站设到发线 4 条(含正线 2 条),到发线有效长 650 m;线路左侧重庆端设机械停留线 2 条,有效长分别为 260 m、120 m,安全线 1 条,有效长 50 m。站房设于正线左侧,设 450 m×8 m×1.25 m 的基本站台及侧式中间站台各 1 座,8.0 m 宽的旅客地道 1 处。

车站成都端线路左侧设配电所 1 座,重庆端线路左侧设简阳南警务区 1 处,给水所 1 处,生活综合楼 1 处。

车站临靠正线的到发线铺设无砟轨道。其余次要站线采用 50 kg/m、1 440 根/km 新Ⅱ型枕、弹条Ⅰ型扣件。铺设护轨地段采用新Ⅲ型桥枕。

站内位于正线上的单开道岔采用 60 kg/m 18 号道岔(图号客专线(07)009,a=31.729 m,b=37.271 m);位于到发线上的单开道岔采用 60 kg/m 18 号道岔(图号 GLC(07)02W,a=31.729 m,b=37.271 m);其他线路的单开道岔采用 50 kg/m 9 号道岔(图号:CZ2209,a=13.839 m,b=15.009 m)。

2. 主要工程数量

铺轨(有砟):新铺 50 kg/m 钢轨 0.572 km。

铺道岔:新铺 60 kg/m 道岔,18 号单开 9 组;新铺 50 kg/m 道岔,9 号单开 2 组。

全站填方约 27.65×10^4 m^3,挖方约 84.95×10^4 m^3。基床表层级配碎石 1.9×10^4 m^3,过渡段级配碎石 2.1×10^4 m^3,基床表层 A 组填料 1 874 m^3。

车站新征用地 248.46 亩,取弃土用地 210.0 亩,拆迁房屋 4 625 m^2。

(二)资阳北中间站

1. 设计说明

车站设到发线 7 条(含正线 2 条),到发线有效长 650 m;线路左侧重庆端设综合维修工区(内设大机停靠线 1 条,有效长 260 m;轨道车停放线 2 条,有效长 160 m);安全线 2 条,有效长 50 m。站房设于正线右侧,设 450 m×12 m×1.25 m 的基本站台 1 座、岛式中间站台 2 座,8.0 m 宽的旅客地道 2 处。

站内成都端线路右侧设公安派出所 1 处,生活综合楼 1 处;重庆端线路右侧配电所 1 座。

车站邻靠正线的到发线、安全线铺设无砟轨道。其他有砟到发线采用 60 kg/m 无缝线路、1 667 根/km Ⅲ型枕、弹条Ⅱ型扣件,桥上有砟到发线采用 60 kg/m 无缝线路、1 667 根/km 新Ⅲ型桥枕、弹条Ⅱ型扣件;其他次要站线采用 50 kg/m、1 440 根/km 新Ⅱ型枕、弹条Ⅰ型扣件;铺设护轨地段采用新Ⅲ型桥枕。

站内位于正线上的单开道岔采用 60 kg/m 18 号道岔(图号客专线(07)009,a=31.729 m,b=37.271 m);位于到发线上的单开道岔采用 60 kg/m 18 号道岔(图号 GLC(07)02W 或 GLC(07)02,a=31.729 m,b=37.271 m);其他线路的单开道岔采用 50 kg/m 9 号道岔(图号:CZ2209,a=13.839 m,b=15.009 m)。

2. 主要工程数量

铺轨(有砟):新铺 60 kg/m 钢轨 2.663 km/m,新铺 50 kg/m 钢轨 0.891 km。

铺道岔:新铺 60 kg/m 道岔,18 号单开 17 组;新铺 50 kg/m 道岔,9 号单开 3 组。

全站填方约 $22.79\times10^4 m^3$,挖方约 $282.58\times10^4 m^3$。基床表层级配碎石 $1.81\times10^4 m^3$,过渡段级配碎石 6 350 m^3,基床表层 A 组填料 $1.22\times10^4 m^3$。

新征用地 418.97 亩,取弃土用地 413.44 亩,拆迁房屋 14 188 m^2。

(三)资中北中间站

1. 设计说明

车站设到发线 4 条(含正线 2 条),到发线有效长 650 m;线路左侧重庆端设安全线 1 条,有效长 138 m。车站设 450 m×8 m×1.25 m 的基本站台及中间站台各 1 座。

站房采用线下式,设于高架桥下方,设 8.0 m 宽的跨线设备 1 处。

车站成都端线路右侧设配电所 1 处;车站站房重庆端设生活综合楼 1 处,资中北警务区 1 处,分区所 1 处,给水所 1 处。

车站临靠正线的到发线、安全线铺设无砟轨道。

站内位于正线上的单开道岔采用 60 kg/m 18 号道岔(图号客专线(07)009,a=31.729 m,b=37.271 m);位于到发线上的单开道岔采用 60 kg/m 18 号道岔(图号 GLC(07)02W,a=31.729 m,b=37.271 m)。

2. 主要工程数量

铺道岔:新铺 60 kg/m 道岔,18 号单开 5 组。

全站填方约 $10.15\times10^4 m^3$,挖方约 $82.56\times10^4 m^3$。基床表层级配碎石 $1.04\times10^4 m^3$,过渡段级配碎石 7 853 m^3。

车站新征用地 255.07 亩,取弃土用地 131.42 亩,拆迁房屋 3 576 m^2。

(四)内江北中间站

1. 设计说明

车站设到发线 8 条(含正线 2 条),到发线有效长 650 m;线路右侧成都端设综合维修车间(内设大机停靠线 1 条,有效长 260 m;轨道车停放线 3 条,有效长 130~175 m)。站房设于正线右侧,设 450 m×12 m×1.25 m 的基本站台 1 座,岛式中间站台 2 座,8.0 m 宽的旅客地道 2 处。

站内成都端线路右侧设配电所 1 处,公安派出所 1 处,生活综合楼 1 处。

车站邻靠正线的到发线铺设无砟轨道。其他有砟到发线采用 60 kg/m 无缝线路、1 667 根/kmⅢ型枕、弹条Ⅱ型扣件;其他次要站线采用 50 kg/m、1 440 根/km 新Ⅱ型枕、弹条Ⅰ型扣件;铺设护轨地段采用新Ⅲ型桥枕。

站内位于正线上的单开道岔采用 60 kg/m 18 号道岔(图号客专线(07)009,a=31.729 m,b=37.271 m);位于到发线上的单开道岔采用 60 kg/m 18 号道岔(图号 GLC(07)02W 或 GLC(07)02,a=31.729 m,b=37.271 m);位于到发线上的连接综合维修车间的单开道岔采用 60 kg/m 12 号道岔(图号 GLC(06)01,a=16.592 m,b=26.608 m);其他线路的单开道岔采用 50 kg/m 9 号道岔(图号 CZ2209,a=13.839 m,b=15.009 m)。

2. 主要工程数量

铺轨(有砟):新铺 60 kg/m 钢轨 4.586 km,新铺 50 kg/m 钢轨 0.976 km。

铺道岔:新铺 60 kg/m 道岔,18 号单开 26 组;新铺 60 kg/m 道岔,12 号单开 1 组;新铺 50 kg/m 道岔,9 号单开 4 组。

全站填方约 $81.08\times10^4 m^3$,挖方约 $318.60\times10^4 m^3$。基床表层级配碎石 $2.76\times10^4 m^3$,过渡段级配碎石 $2.60\times10^4 m^3$,基床表层 A 组填料 $2.42\times10^4 m^3$。

新征用地 530.80 亩,取弃土用地 450.00 亩,拆迁房屋 21 215 m^2。

(五)隆昌北中间站

1. 设计说明

车站设到发线 4 条(含正线 2 条),到发线有效长 650 m。站房设于正线右侧,设 450 m×8 m×1.25 m

的基本站台及中间站台各1座,8.0 m宽的旅客地道1处。

车站重庆端线路右侧设隆昌北警务区1处,生活综合楼1处。

车站邻靠正线的到发线铺设无砟轨道。

站内位于正线上的单开道岔采用60 kg/m 18号道岔(图号客专线(07)009,a=31.729 m,b=37.271 m)。

2. 主要工程数量

铺道岔:新铺60 kg道岔,18号单开8组。

全站填方约15.15×10^4 m^3,挖方约38.82×10^4 m^3。基床表层级配碎石1.20×10^4 m^3,过渡段级配碎石9 741 m^3。

新征用地162.44亩,取弃土用地73.04亩,拆迁房屋5 010 m^2。

(六)荣昌北中间站

1. 设计说明

车站设到发线4条(含正线2条),到发线有效长650 m;线路右侧成都端设机械停留线2条,有效长为150 m,安全线1条,有效长50 m。站房设于正线右侧,设450 m×8 m×1.25 m的基本站台及中间站台各1座,8.0 m宽的旅客地道1处。

车站线路右侧成都端设荣昌北警务区1处,生活综合楼1处;重庆端设给水所1处,配电所1座。

车站临靠正线的到发线铺设无砟轨道。其余次要站线采用50 kg/m、1 440根/km新Ⅱ型枕、弹条Ⅰ型扣件。铺设护轨地段采用新Ⅲ型桥枕。

站内位于正线上的单开道岔采用60 kg/m 18号道岔(图号客专线(07)009,a=31.729 m,b=37.271 m);位于到发线上的单开道岔采用60 kg/m 18号道岔(图号GLC(07)02W,a=31.729 m,b=37.271 m);其他线路的单开道岔采用50 kg/m 9号道岔(图号CZ2209,a=13.839 m,b=15.009 m)。

2. 主要工程数量

铺轨(有砟):新铺50 kg/m钢轨0.526 km。

铺道岔:新铺60 kg/m道岔,18号单开9组;新铺50 kg/m道岔,9号单开2组。

全站填方约45.06×10^4 m^3,挖方约68.88×10^4 m^3。基床表层级配碎石1.63×10^4 m^3,过渡段级配碎石1.39×10^4 m^3,基床表层A组填料997 m^3。

新征用地258.82亩,取弃土用地195.90亩,拆迁房屋3 560 m^2。

(七)大足南中间站

1. 设计说明

车站设到发线4条(含正线2条),到发线有效长650 m。站房设于正线左侧,设450 m×8 m×1.25 m的基本站台及中间站台各1座,8.0 m宽的旅客地道1处。

车站线路左侧重庆端设大足南警务区1处,生活综合楼1处。

车站临靠正线的到发线铺设无砟轨道。

站内位于正线上的单开道岔采用60 kg/m 18号道岔(图号客专线(07)009,a=31.729 m,b=37.271 m)。

2. 主要工程数量

铺道岔:新铺60 kg/m道岔,18号单开4组。

全站填方约9.83×10^4 m^3,挖方约46.49×10^4 m^3。基床表层级配碎石1.21×10^4 m^3,过渡段级配碎石4 572 m^3。

新征用地139.10亩,取弃土用地92.11亩,拆迁房屋2 000 m^2。

(八)永川东中间站

1. 设计说明

车站设到发线7条(含正线2条),到发线有效长650 m;线路右侧重庆端设综合维修工区(内设大机停靠线1条,有效长260 m;轨道车停放线2条,有效长120 m);安全线2条,有效长50 m。站房设于正线右侧,设450 m×12 m×1.25 m的基本站台1座,岛式中间站台2座,8.0 m宽的旅客地道1处、天桥1处。

站内成都端线路右侧设给水所1处,生活综合楼1处。

车站邻靠正线的到发线、安全线铺设无砟轨道。其他有砟到发线采用60 kg/m无缝线路、1 667根/km

Ⅲ型枕、弹条Ⅱ型扣件；其他次要站线采用 50 kg/m、1 440 根/km 新Ⅱ型枕、弹条Ⅰ型扣件；铺设护轨地段采用新Ⅲ型桥枕。

站内位于正线上的单开道岔采用 60 kg/m 18 号道岔(图号客专线(07)009，a=31.729 m，b=37.271 m)；位于到发线上的单开道岔采用 60 kg/m 18 号道岔(图号 GLC(07)02W 或 GLC(07)02，a=31.729 m，b=37.271 m)；其他线路的单开道岔采用 50 kg/m 9 号道岔(图号为 CZ2209，a=13.839 m，b=15.009 m)。

2. 主要工程数量

铺轨(有砟)：新铺 60 kg/m 钢轨 2.556 km，新铺 50 kg/m 钢轨 1.084 km。

铺道岔：新铺 60 kg/m 道岔，18 号单开 16 组；新铺 50 kg/m 道岔，9 号单开 3 组。

全站填方约 55.88×10^4 m^3，挖方约 135.54×10^4 m^3。基床表层级配碎石 2.61×10^4 m^3，过渡段级配碎石 2.04×10^4 m^3，基床表层 A 组填料 1.54×10^4 m^3。

新征用地 473.68 亩，取弃土用地 178.52 亩，拆迁房屋 12 160 m^2。

(九)璧山中间站

1. 设计说明

车站设到发线 4 条(含正线 2 条)，到发线有效长 650 m；安全线 2 条，有效长 50 m。站房设于正线左侧，设 450 m×8 m×1.25 m 的基本站台及中间站台各 1 座，8.0 m 宽的旅客地道 1 处。

车站成都端线路左侧设配电所 1 处，生活综合楼 1 处；重庆端线路左侧设璧山警务区 1 处，给水所 1 处。

车站临靠正线的到发线及安全线铺设无砟轨道。

站内位于正线上的单开道岔采用 60 kg/m 18 号道岔(图号客专线(07)009，a=31.729 m，b=37.271 m)；位于到发线上的单开道岔采用 60 kg/m 18 号道岔(图号 GLC(07)02W，a=31.729 m，b=37.271 m)。

2. 主要工程数量

铺道岔：新铺 60 kg/m 道岔，18 号单开 10 组。

全站填方约 25.21×10^4 m^3，挖方约 46.92×10^4 m^3。基床表层级配碎石 2.01×10^4 m^3，过渡段级配碎石 2.52×10^4 m^3。

新征用地 177.92 亩，取弃土用地 121.70 亩，拆迁房屋 4 350 m^2。

二、沙坪坝中间站

(一)工程概况

沙坪坝站原为襄渝线上一个中间站，车站现有到发线 9 条(含 1 条正线)，段管线 1 条，其中客运到发线 5 条；基本站台 1 座，中间站台 2 座，人行通道 1 处，旅客站房最高聚集人数 1 500 人，如图 3-8-1 所示。

图 3-8-1 沙坪坝火车站

成渝客专引入车站后，车站既有铁路和设备全部拆除，并于原址重新打造一个集客专线、公路交通、城市轨道交通、城市列车线于一体的综合性车站。成渝客专铁路正线以 R=600 m 的曲线引入车站，同时于进站端成渝客专正线左侧还建梨菜线，右侧预留梨菜二线条件。改扩建后沙坪坝站设到发线 7 条(含正线)，车站采用 3 台 7 线布置，重庆端设安全线 1 条，基本站台宽度按 8 m，岛式站台宽度按 11.5 m 设计。结合综合交通枢纽功能，车站于 DK296+756.112 处新建 15 m 宽地道 1 处。

(二)站场设计原则

1. 一般规定

(1)车站布置形式

改建沙坪坝车站维持原车站布置形式。

(2)车站规模

①沙坪坝站为重庆枢纽辅助客运车站,改建后按 3 台 7 线布置布置,设到发线 7 条,到发线有效长尽量满足 650 m,线间立柱的到发线线间距采用 6.5 m。

②车站到发线进路均按双进路设计。

③信号机类型及设置要求

沙坪坝站出站 C3 系统应答器信号机,信号机至警冲标距离不小于 55 m。

④站场股道电气化范围

有电力机车或动车组进入的到发线、安全线、机(动)车走行线和其他需要行驶的线路,均应架设接触网。

2. 车站平面设计

(1)车站应设在直线上。困难条件下可设在曲线上,但曲线半径应与区间正线标准一致。

(2)到发线上的曲线应设外轨超高,其超高值应根据通过速度、超高时变率容许值、欠超高时变率容许值计算确定,并不小于 20 mm。超高顺坡率不大于 2‰。

(3)位于正线上车站内每一咽喉区两端最外道岔及其他单独道岔直向至曲线超高顺坡终点之间,路段设计行车速度 120 km/h 及以下的线路,一般不小于 40 m,困难条件下不得小于 20 m。

(4)车站道岔不应与竖曲线和变坡点重叠,正线道岔两端距竖曲线起点和变坡点不宜小于 20 m。

(5)在车站线路的直线地段,主要建筑物和设备之线路中心线距离应符合表 3-8-4 要求。

表 3-8-4 主要建筑物和设备至线路中心线的距离(mm)

序号	建筑物和设备名称			高出轨面的距离	至线路中心线的距离
1	跨线桥、天桥柱、雨棚柱、电力照明等杆柱边缘	位于车站最外侧站线一侧		1 100 及以上	≥3 100
		车站相邻线间	位于正线一侧	1 100 及以上	≥2 440
			位于到发线一侧	1 100 及以上	≥2 150
2	旅客站台边缘	位于到发线一侧		1 250	1 750
3	连续墙体、栅栏、声屏障边缘	位于正线或站线外侧(无人员通行)		—	路基面外
4	接触网柱边缘	位于正线一侧(无砟)		—	≥3 000
		位于站线一侧		—	≥2 500
		位于正线一侧(有砟)、位于站场最外站线外侧		—	≥3 100

3. 车站纵断面设计

(1)站坪宜设在平道上。困难条件下,中间站可设在不大于 1‰的坡道上,特别困难条件下,可设在不大于 2.5‰的坡道上。越行站有充分依据时可设在不大于 6‰的坡道上,但不应连续设置。改建车站在特殊困难条件下,如有充分技术依据,可保留既有坡度,但应采取防溜安全措施。

(2)车站咽喉区的正线坡度宜与站坪坡度一致。

(3)位于咽喉区外的道岔和渡线,其坡度应与区间相同。

(4)区间正线应采用圆曲线型竖曲线连接。设计速度小于或等于 160 km/h 的区段,按相邻坡段的坡度差大于 3‰时设置竖曲线。

(5)到发线和通行正规列车的站线,相邻坡段的坡度差大于 3‰时,可采用 10 000 m 半径的竖曲线,不通行正规列车的站线,相邻坡度差大于 5‰时,可采用 3 000 m 半径的竖曲线;设立交的机(动)车走行线,在困难条件下,可采用半径不小于 3 000 m 的竖曲线。

(6)通行旅客列车到发线有效长范围内宜设计为一个坡段,困难条件下坡段长度不应小于 450 m。

(7)车站到发线均不顺坡,其轨道标高与正线一致,不足部分采用道砟补足。其余站线的顺坡原则按《铁路车站及枢纽设计规范》(GB 50091—2006)的有关规定执行。

（三）车站设计说明

1. 车站自然、交通、经济特征

车站位于重庆市沙坪坝商业中心区，商业发达，站区地势平坦，地质情况良好，地面高程 245～258 m，相对高差 13 m，自然横坡一般 5°～10°，局部较陡。站内居住房和厂房分布较集中，有铁路、国道、城市干道、地铁等通道交叉通行，交通十分方便。

2. 既有沙坪坝车站现状

既有沙坪坝站设到发线 9 条（含 1 条正线），段管线 1 条，其中客运到发线 5 条；基本站台 1 座，中间站台 2 座，旅客最高聚集人数 1 500 人，车站既有现状示意如图 3-8-2 所示。

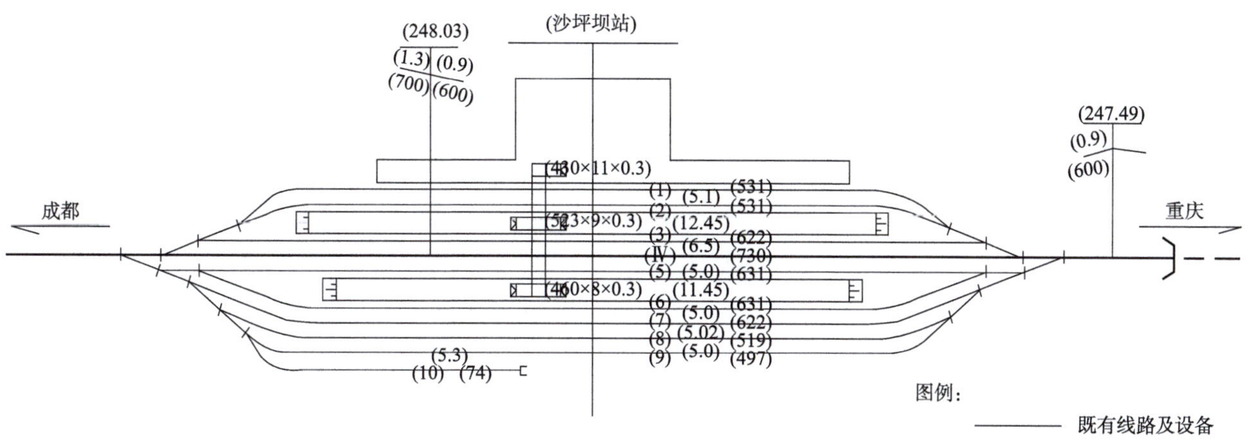

图 3-8-2 沙坪坝站既有现状示意图（单位：m）

3. 车站改建设计概述

成渝客运专线铁路引入重庆枢纽，沙坪坝车站为进入重庆主城区的第一站，除具有重要的交通功能之外，还扮演着重庆城市门户的重要角色，同时也是重庆市沙坪坝区的一个重要城市节点。

本次车站改建既有车站线路及设备全部拆除，新建车站平面设计结合综合换乘枢纽功能，采用地铁车站概念设计，车站站台区域范围加盖，车场设到发线 7 条（含正线），设站台 3 座，其中 450 m×8.0 m×1.25 m 基本站台 1 座，450 m×11.5 m×1.25 m 岛式站台 2 座，车站设 15 m 宽旅客地道 1 座，车站示意如图 3-8-3 所示。

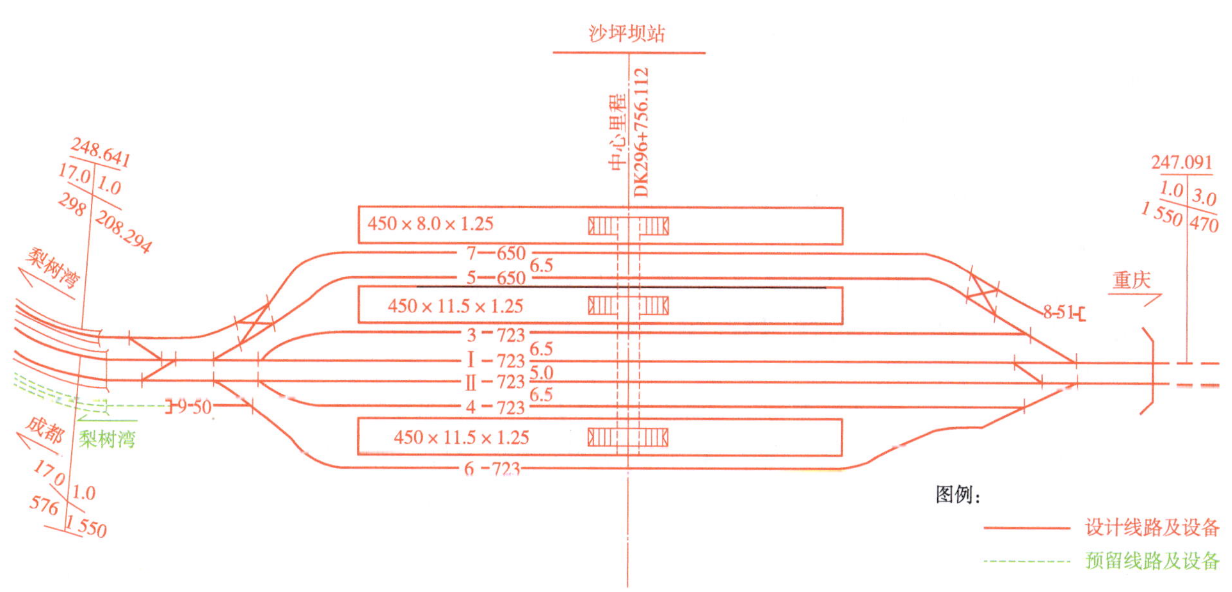

图 3-8-3 沙坪坝车站改造示意图（单位：m）

由于近期菜园坝车站不开通，沙坪坝站办理成渝客专立折车作业。待菜园坝车站改造完成拆除客运过渡工程。车站示意如图 3-8-4 所示。

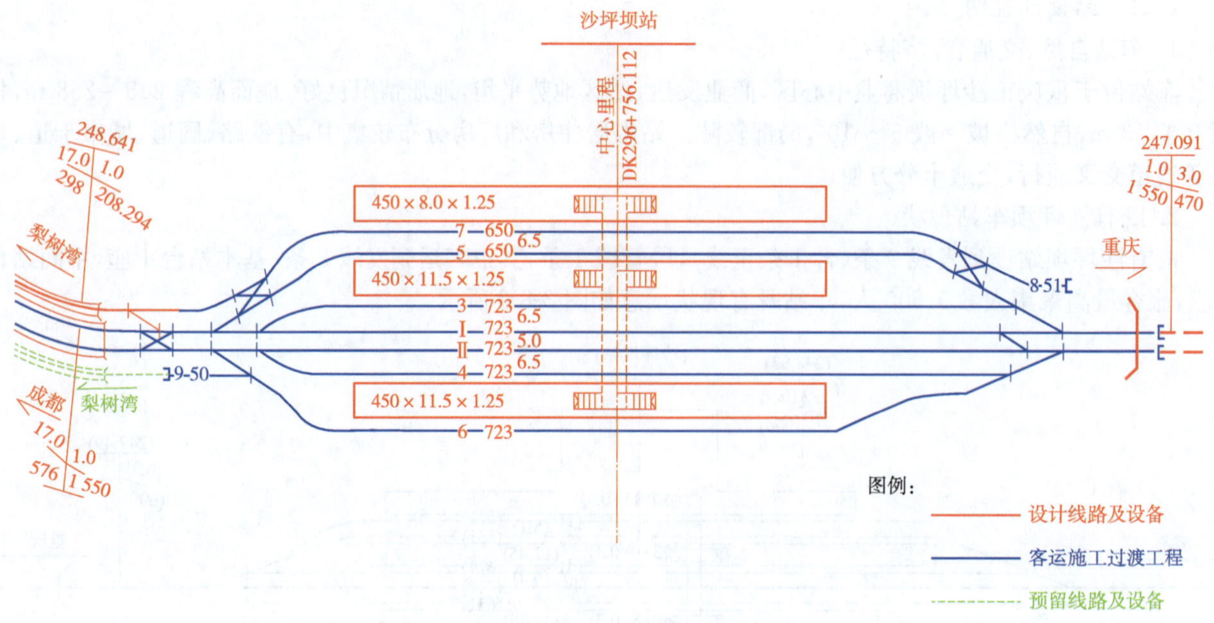

图 3-8-4 客运过渡期间车站示意图(单位:m)

(四)道路及排水设计

1. 车站道路

沙坪坝铁路枢纽影响范围内的道路,含既有站西站东路、天陈路的改扩建和新建站西路站东路下穿道、天陈路下穿道、站南路及东、西连接路,道路总长度约 4.594 km。车站周边设计道路共 8 条,分别为:

(1)站西站东路(改建):ZDK0+000~ZDK1+140,长 1 140 m。

(2)站西站东路下穿道(新建):ZXK0+167.176~ZXK0+708.431 及 ZX901.131~ZXK1+140,长 780.3 m。地铁 9 号线车站范围 ZXK0+708.431~ZX901.131 段工程数量及投资计入城市轨道交通分项,长 192.7 m。

(3)天陈路下穿道(新建):TXK0+091.85~TXK0+658.599,长 567 m。

(4)天陈路北段(改建):TCK0+000~TCK0+259.636,长 260 m。

(5)天陈路南段(改建):TCK0 +425.344~TCK0 +719.384,长 294 m。

(6)站南路(新建):ZNK0+000~ZNK1+212,长 1 212 m。

(7)东连接路(新建):LDK0+000~LDK0+182.826,长 182 m。

(8)西连接路(新建):LXK0+000~LXK0+149.472,长 149 m。

其中天陈路、西连接路为下穿车站道路,东连接路为桥跨车站道路。道路分布情况如图 3-8-5 所示。

2. 车站排水

车站排水结合市政排水管网设计综合考虑,车站排水系统设计原则如下:

(1)对路基有危害的地面水,通过设置线间沟、侧沟、天沟、排水沟及边坡平台截水沟,将水拦截引排至路基范围以外,防止水流冲刷路基。

(2)侧沟、天沟、排水沟或截水沟按 1/50 频率设计,沟顶高出设计水位 0.2 m。纵坡不小于 2‰。排水设施过水截面尺寸根据流量计算,并注意路基面排水、边坡排水和附属排水系统的衔接。

(3)站台范围内纵向排水槽宜设于到发线与站台之间,横向排水槽不宜穿越正线。新建的纵向排水槽长度不宜大于 200 m,否则设置横向排水槽,将水引出股道之间。

(4)沙坪坝站旅客列车上水栓的给水管道分别设置于 5-7、Ⅰ-3、Ⅱ-4 股道之间及 6 股道外侧,由于在Ⅰ-3、Ⅱ-4 设置了隔离墙,设置上水栓缺少作业条件,取消这两排上水栓,仅在 5-7 及 6 道设置两排上水栓。

(5)线间排水槽采用《铁路车站排水构筑物》(贰站(01)8011)。

(6) 静态验收新增:Ⅰ道和Ⅱ道间 DK296+025~DK296+125 范围增设纵向高铁排水槽,采用砟底式"贰设站参(07)8012-5,6,7,10",在 DK297+125 处通过高铁横向排水槽(贰设站参(07)8012-12,17,19)引

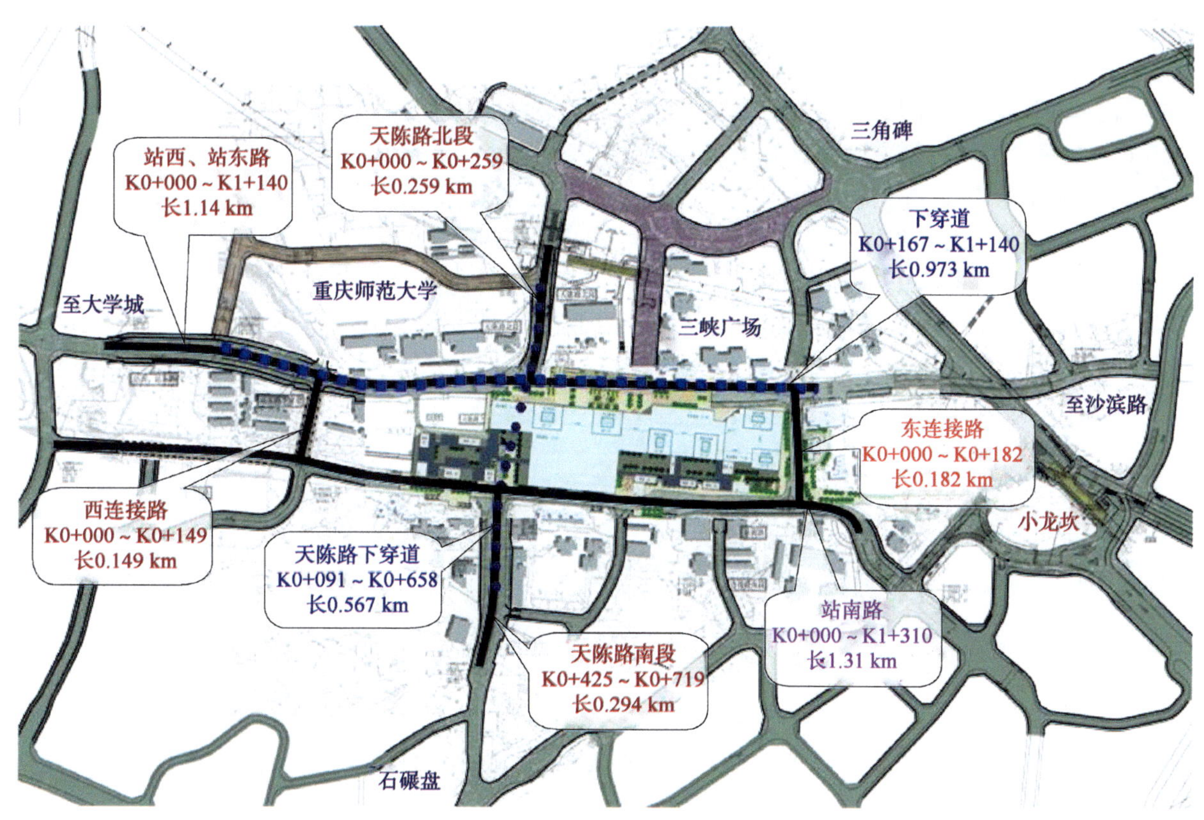

图 3-8-5 沙坪坝站道路示意图

入线路右侧侧沟。

（五）安全线设计

（1）疏解线、联络线应在站内接轨，当与正线接轨，应根据列车行车方向设置安全线，与站内到发线接轨，可不设置安全线；当必须在区间内与正线接轨时，应在接轨处设置线路所，并应根据列车运行需要设置安全线。

（2）岔线、段管线在站内与到发线接轨，应设置安全线。当站内有平行进路及隔开道岔，并与联锁装置时，可不设安全线。

（3）中间站有列车长时间停留的到发线两端应设置安全线。当站内有平行进路及隔开道岔，并与联锁装置时，可不设安全线。

（4）安全线的设置应符合以下规定：

①安全线的有效长不应小于 50 m。

②安全线的纵坡应设计为平道和面向车挡的上坡道。

③安全线的末端应设置缓冲装置。

④安全线应设置双侧护轨。当安全线位于路基上时，应设置止轮土基。

⑤曲线形安全线末端与相邻线的间距应能确保机车、车辆侧翻时不影响相邻线的安全。

⑥安全线不宜设在桥上。

（5）安全设备：尽头式车挡前 5～10 m 均安装挡车器。

（六）轨道、道岔

1. 站线轨道

（1）钢轨

正线采用 60 kg/m、100 m 定尺长 U71Mn 无螺栓孔热处理钢轨。钢轨质量应符合相关技术条件的规定。

（2）轨枕及扣件

有砟轨道范围内采用Ⅱ型混凝土轨枕及配套弹条Ⅱ型扣件，轨枕铺设 1 667 根/km。

(3)道床

道床采用Ⅰ级碎石道砟,其材质应符合《铁路碎石道砟》(TB/T 2140—2008)中的Ⅰ级碎石道砟的规定。

有砟轨道地段均采用单层道床,道砟厚350 cm。Ⅱ型轨枕有砟轨道地段道床顶面宽度为340 cm,砟肩堆高15 cm,线路中心线一侧道床边坡1∶1.75,砟肩至挡砟墙间以道砟填平。

(4)轨道结构高度

①DK295+970.817～DK296+100地段(含5 m无砟过渡段)

在该段正线(Ⅰ和Ⅱ股道)范围内按CRTSⅠ型双块式无砟轨道结构设计,路基轨道结构高度为815 mm(详见表3-8-6),超高在路基基床表层上实现,断面图如图3-8-6所示。

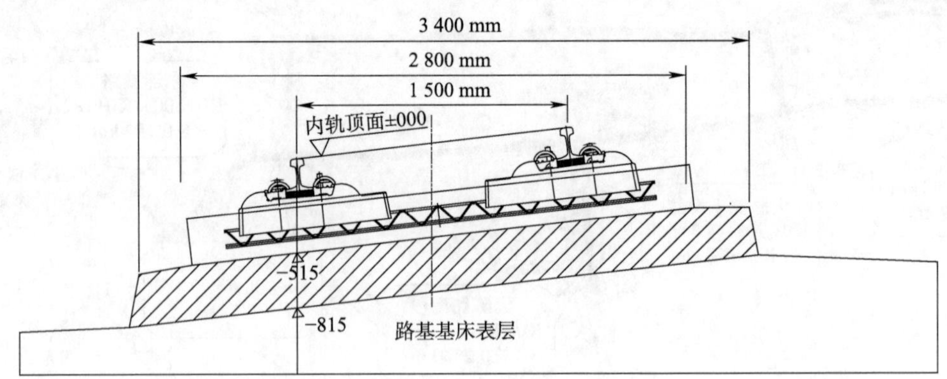

图3-8-6 CRTSⅠ型双块式无砟轨道结构横断面图(标高单位:m)

②DK296+100～DK296+120地段

在该段正线(Ⅰ和Ⅱ股道)20 m范围内为有砟过渡段,轨道结构高度为966 mm(详见表3-8-5),断面图如图3-8-7所示。

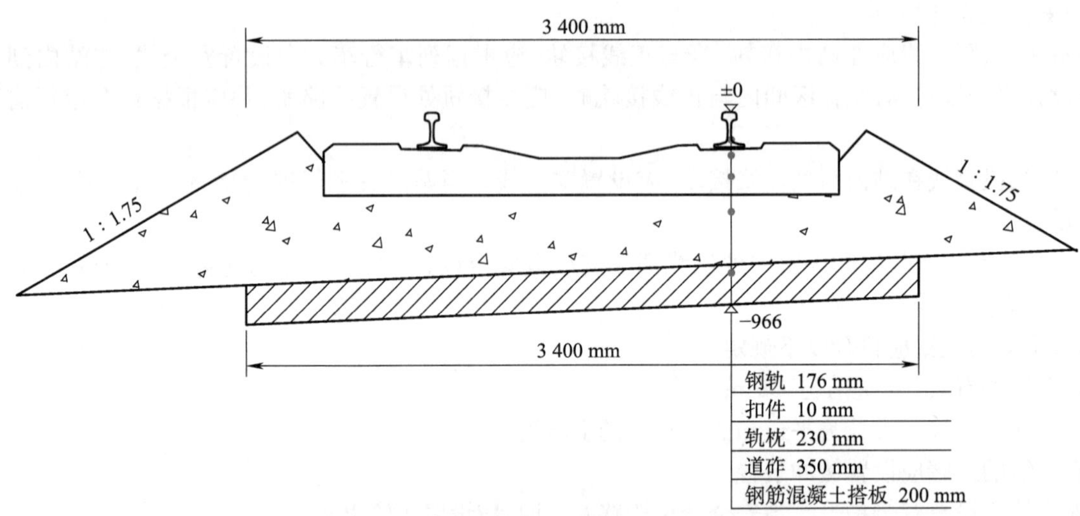

图3-8-7 有砟过渡段断面图(标高单位:m)

③DK296+120～DK296+441.672地段

在该段正线(Ⅰ和Ⅱ股道)铺设有砟轨道结构,轨道结构高度为916 mm(详见表3-8-5),断面图如图3-8-8所示。

④DK296+441.672～DK296+461.672地段

在该段20 m范围内(正线Ⅰ和Ⅱ股道,到发线3、4、5、6、7股道)铺设有砟过渡段,轨道结构高度为966 mm(详见表3-8-5),断面图如图3-8-7所示。

⑤DK296+461.672～DK297+025.574地段(含两端各5 m无砟过渡段)

在该段范围内(正线Ⅰ和Ⅱ股道,到发线3、4、5、6、7股道)铺设CRTSⅠ减振型双块式无砟轨道,轨道结构高度为 815 mm(详见表 3-8-6),断面图如图 3-8-9 所示。

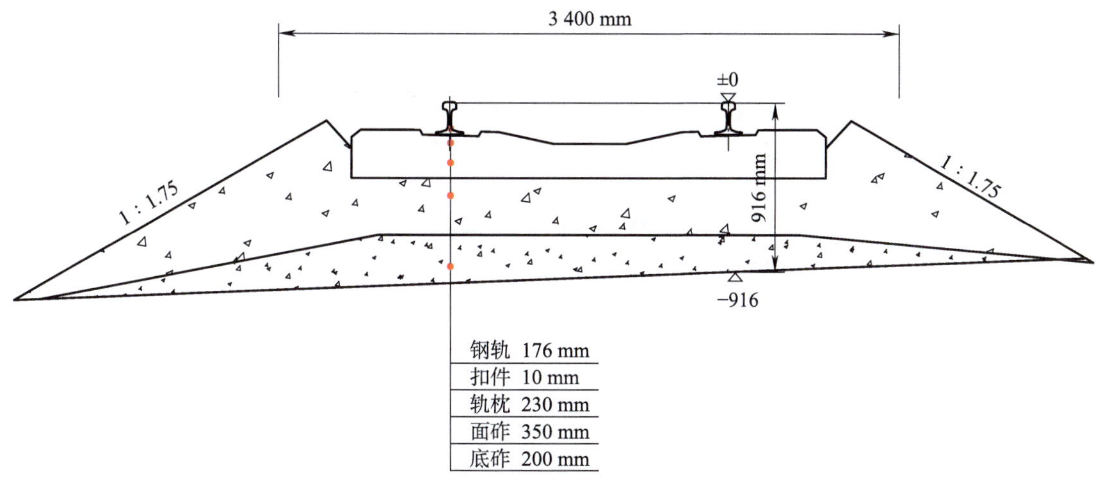

图 3 8 8　有砟轨道断面图(标高单位:m)

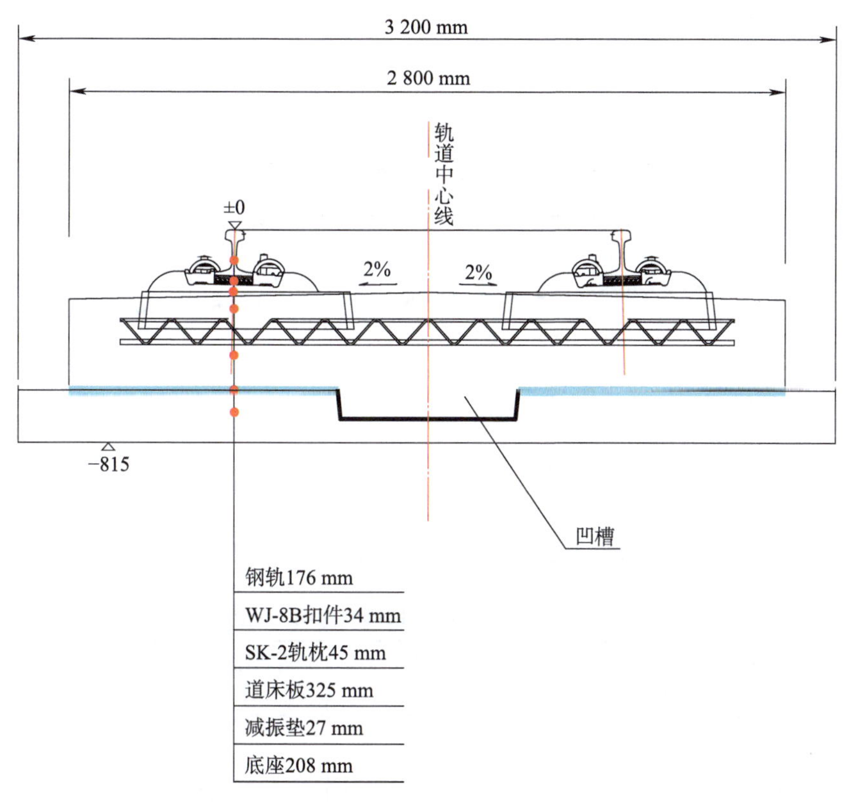

图 3-8-9　CRTSⅠ减振型双块式无砟轨道断面图(标高单位:m)

⑥DK297+025.574～DK297+045.574 地段

在该段 20 m 范围内(正线Ⅰ和Ⅱ股道,到发线 3、4、5、6、7 股道)铺设减振型有砟过渡段,轨道结构高度为 993 mm(详见表 3-8-5),断面图如图 3-8-10 所示。

⑦DK297+045.574～DK297+290 地段

在该段正线(Ⅰ和Ⅱ股道)铺设减振型有砟轨道,轨道结构高度为 793 mm(详见表 3-8-6),断面图如图 3-8-11 所示。

注意:路基面斜面朝水沟方向设置,保证排水顺畅,避免路基面积水。

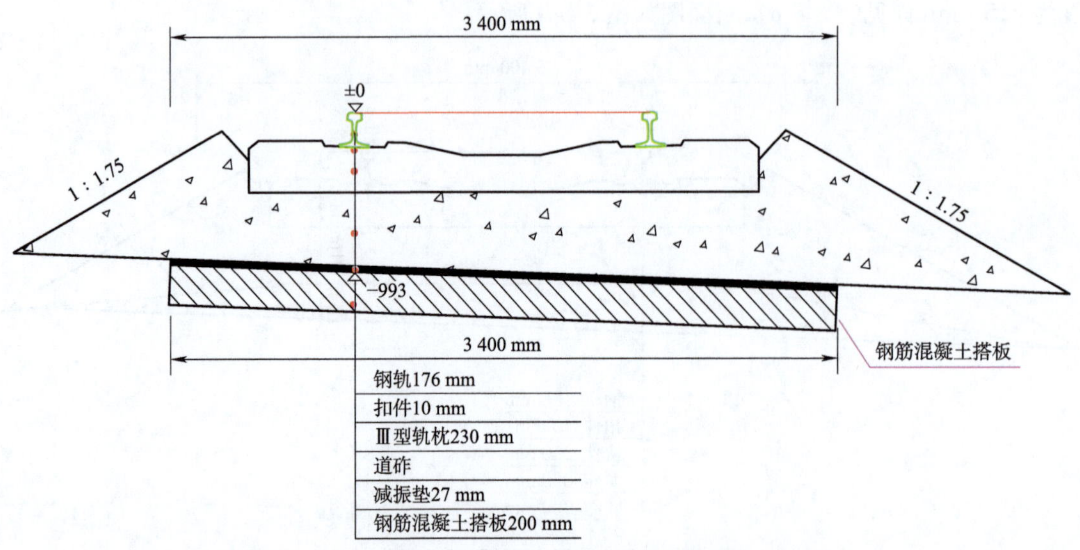

图 3-8-10 减振型有砟过渡段断面图(标高单位:m)

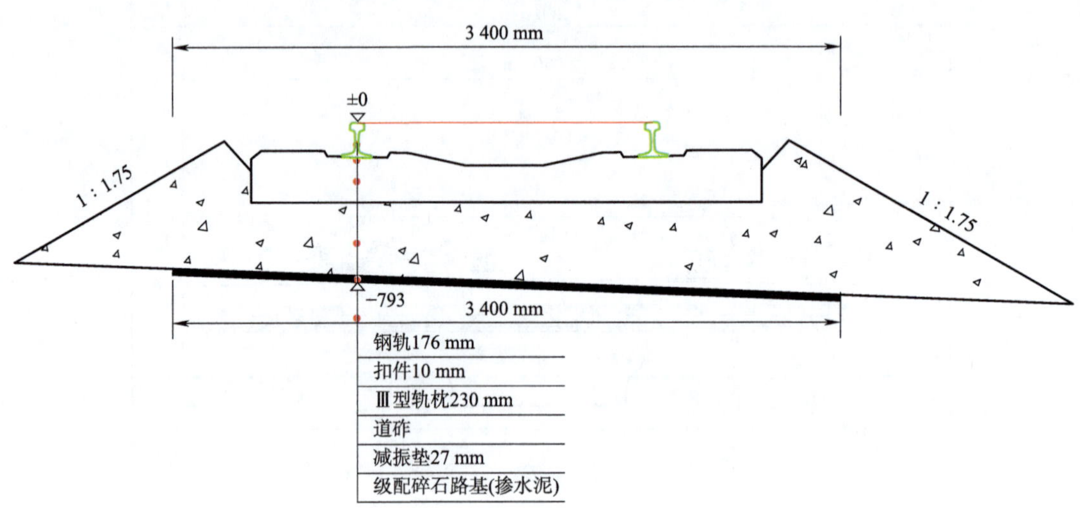

图 3-8-11 减振型有砟轨道断面图(标高单位:m)

表 3-8-5 沙坪坝有砟轨道结构高度表(单位:mm)

铺设地段	钢轨高度 h_1	扣件下橡胶垫板 h_2	轨枕高度 h_3	道砟垫高度 h_4	内轨枕下最薄处道床厚度 h_5	钢筋混凝土搭板 h_6	$H=\sum_{i=1}^{6}h_i$
有砟轨道地段	176	10	230	0	500(面砟+底砟)	0	916
有砟过渡段	176	10	230	0	350	200	966
减振型有砟轨道地段	176	10	230	27	350	0	793
减振型有砟过渡段	176	10	230	27	350	200	993

表 3-8-6 沙坪坝无砟轨道结构高度表(单位:mm)

铺设地段	钢轨高度 h_1	WJ-8B 扣件高度 h_2	承轨面至道床板面高度 h_3	减振垫的高度 h_4	道床板高度 h_5	支承层或底座高度 h_6	$H=\sum_{i=1}^{6}h_i$
双块式无砟轨道	176	34	45	0	260	300	815
减振型双块式无砟轨道	176	34	45	32	326	200	815

梨莱线还建地段铺设有砟轨道结构,轨道结构高度详见表 3-8-7。

表 3-8-7　梨菜线还建有砟轨道结构高度表(单位:mm)

基础类型	60 kg/m 钢轨高度 h_1	轨下胶垫厚度 h_2	轨枕高度 h_3	内轨枕下最薄处道床厚度 h_4	$H=\sum_{i=1}^{4}h_i$
土质路基	176	10	230	面砟 300,底砟 200	916
硬质岩石路堑	176	10	230	350	766

注:表中 H 指的是内轨顶至内轨下道砟底的高度,包括钢轨高度、垫板厚度、轨枕高度及道砟高度。钢轨顶至路肩高度$=H+$路拱高度,路拱高度应根据路基面宽度确定。

2. 道岔

(1)道岔选用

①正线上道岔图号采用专线 4249 有砟道岔($a=16.592$ m,$b=21.208$ m,连接曲线半径 400 m)。

②到发线上道岔图号采用 SC330 有砟道岔($a=16.853$ m,$b=21.054$ m,连接曲线半径 400 m)。

(2)道岔配列(详见表 3-8-8 和表 3-8-9)

表 3-8-8　两对向单开道岔间插入钢轨的最小长度 f(单位:m)

道岔布置	线别		在正规列车同时通过两侧线时		无正规列车同时通过两侧线时
			一般情况	特殊情况	
f f	正线	直向速度 $V>120$ km/h	12.5	12.5	12.5
		直向速度 $V\leqslant120$ km/h	12.5	6.25	6.25
	到发线		12.5	6.25	0
	其他站线和次要站线		—	—	0

表 3-8-9　两顺向单开道岔间插入钢轨的最小长度 f(单位:m)

道岔布置	线别		木岔枕道岔	混凝土岔枕道岔
f	正线	直向速度 $V>120$ km/h	—	12.5
		直向速度 $V\leqslant120$ km/h	6.25	8.0 或 12.5
	到发线		4.50 或 6.25	
	其他站线和次要站线		0	
f	到发线		4.50 或 6.25	
	其他站线和次要站线		0	

(3)岔后连接曲线半径的选择

12 号道岔连接曲线半径一般采用 400 m,困难时可不小于 350 m;9 号道岔连接曲线半径一般采用 300 m,位于工区岔线等的连接曲线半径困难时可采用 250 m。

(4)护轮轨的铺设按《铁路轨道设计规范》(TB 10082—2005)第 13.0.3 条办理。

(5)轨道常备材料:本线车站有砟到发线(无缝线路)常备材料按正线有砟轨道标准计列,站线(有缝线路)常备材料按站线有砟轨道标准计列。

(七)客运设备

1. 旅客站台

(1)长度:沙坪坝站旅客站台长度 450m。

(2)宽度:沙坪坝站中间站采用 11.5 m,基本站台宽度采用 8 m。

(3)高度:站台高度按 1.25 m 设计。

(4)台线间距:站台邻靠到发线或正线无通过列车一侧时其边缘距线路中心 1 750 mm,当为曲线时应相应进行限界计算加宽。

(5)雨棚:雨棚取消,由上盖工程设计。

2. 旅客地道

站内站台间以地道或天桥连通。沙坪坝站设 15 m 宽地道 1 座。站内通道考虑残疾人通道。

3. 站台端部

站台端部宽度不宜小于 5.0 m,两端应设置台阶或坡道。

4. 站台护栏

站台两端和站台靠股道边侧应设置防护栏杆,栏杆高度不小于 1.4 m。

5. 停车位置标

站台上应设置停车位置标,具体位置由铁路局规定。

6. 站台铺面厚度、站台墙厚度设计要求

基本站台、中间站台站台墙厚度 0.5 m,站台铺面厚度 0.48 m,详见房建专业。

7. 防护围墙

车站两侧的防护围墙应设于用地界内 0.5 m 处,并应与区间防护栅栏相衔接。围墙高度采用 2.5 m。

第四节　引入枢纽工程设计

一、成都枢纽相关工程(不含成都动车运用所相关工程)

(一)华兴村线路所

1. 设计说明

设安全线 1 条,有效长度 58 m。采用 60 kg/m,1 667 根/km 新Ⅲ型桥枕(铺设护轨),弹条Ⅱ型扣件。联络线与成渝客专正线汇合处采用 60 kg/m 42 号单开道岔(图号:客专线(07)006,a=60.573 m,b=96.627 m),安全线出岔采用 60 kg/m 12 号单开道岔(图号:客专线(10)018,a=16.592 m,b=26.608 m)。

2. 主要工程数量

铺轨(有砟):新铺 60 kg/m 钢轨 0.181 km。

铺道岔:新铺 60 kg/m 道岔,42 号单开 2 组,12 号单开 1 组。

(二)成渝反发联络线

1. 设计说明

联络线与成渝客专正线汇合处采用 60 kg/m 18 号单开道岔(图号:客专线(07)004,a=31.729 m,b=37.271 m)。

2. 主要工程数量

铺道岔:新铺 60 kg/m 道岔,18 号单开 1 组。

(三)成渝成都南联络右线

1. 设计说明

联络线与成绵乐客专正线汇合处采用 60 kg/m 18 号单开道岔(图号:客专线(07)004,a=31.729 m,b=37.271 m)。

2. 主要工程数量

铺道岔:新铺 60 kg/m 道岔,18 号单开 1 组。

二、重庆枢纽相关工程

(一)半边山线路所

1. 设计说明

设安全线 2 条,有效长 50 m,铺设无砟轨道。重庆西联络左线与成渝客专正线汇合处采用 60 kg/m 42 号单开道岔(图号:客专线(07)006,a=60.573 m,b=96.627 m),其余联络线与成渝正线汇合处采用 60 kg/m 18 号单开道岔(图号:客专线(07)001,a=31.729 m,b=37.271 m),安全线出岔采用 60 kg/m 18 号单开道岔(图号:客专线(07)001,a=31.729 m,b=37.271 m)。

2. 主要工程数量

铺道岔:新铺 60 kg/m 道岔,42 号单开 1 组,18 号单开 5 组。

（二）芭蕉沟线路所

1. 设计说明

设安全线 2 条，有效长分别为 50 m、103 m。采用 60 kg/m，1 667 根/km 新Ⅲ型枕（桥上地段及铺设护轨地段采用新Ⅲ型桥枕），弹条Ⅱ型扣件。联络线与正线汇合处采用 60 kg/m 18 号单开道岔（图号：客专线(07)004，a=31.729 m，b=37.271 m），安全线出岔采用 60 kg/m 18 号单开道岔（图号：客专线(07)004，a=31.729 m，b=37.271 m）。

2. 主要工程数量

铺轨（有砟）：新铺 60 kg/m 钢轨 0.231 km。

铺道岔：新铺 60 kg/m 道岔，18 号单开 6 组。

（三）重庆西联络右线终点

1. 设计说明

重庆西联络右线与渝黔上行线间设渡线 1 组，采用 60 kg/m 18 号单开道岔（图号：客专线(07)001，a=31.729 m，b=37.271 m）。

2. 主要工程数量

铺道岔：新铺 60 kg/m 道岔，18 号单开 2 组。

第五节　主要客运设备配置

车站股道数量、客运量及主要设备数量见表 3-8-10。

表 3-8-10　车站股道数量、客运量及主要设备数量表

序号	站　名	股道数量				客运设备							备　注
		到发线（含正线）（条）	联络线（条）	安全线（条）	段管线（条）	旅客最高聚焦人数（人）	基本站台长×宽×高（m）	中间站台（座）	中间站台长×宽×高（m）	雨棚（座）	地道/桥下跨线设备（座）	天桥（座）	
1	简阳南	4		1	2	800	450×8×1.25	1	450×8×1.25	2	1		
2	资阳北	7		2	3	2 500	450×12×1.25	2	450×12×1.25	3	2		站房线侧下式
3	资中北	4		1		1 000	450×8×1.25	1	450×8×1.25	2	/1		站房线下式
4	内江北	7		3	4	4 000	450×12×1.25	2	450×12×1.25	3	2		站房线侧下式
5	隆昌北	4				1 000	450×8×1.25	1	450×8×1.25	2	1		
6	荣昌北	4		1	2	1 000	450×8×1.25	1	450×8×1.25	2	1		
7	大足南	4				1 200	450×8×1.25	1	450×8×1.25	2	1		
8	永川东	7		2	3	2 000	450×12×1.25	2	450×12×1.25	3	1	1	
9	璧山	4		2		800	450×8×1.25	1	450×8×1.25	2	1		
10	沙坪坝	6		1		800		2	450×11.5×1.25	2		2	
11	重庆	8	4		16	10 000		4	500×11×1.25	4			端头式车站

第六节　经验体会与问题探讨

一、关于车站平面布置

1. 车站平面布置需满足车站轨道设计要求

成渝客专正线是无砟无缝线路，根据批复车站的到发线临靠正线的采用无砟无缝线路，其他到发线采用有砟无缝线路，其他站线采用有砟有缝线路。车站平面布置设计中，带综合维修工区的车站，4 股道以上的车站平面布置设计时需考虑车站轨道的设计需求，满足轨道有砟、无砟线路（道岔）间过渡，有缝、无缝线路(道岔)间过渡设计。下面以成渝客专简阳南站为例进行说明。

简阳南站8号~12号道岔之间的轨道配列需要满足无砟线路向有砟线路过渡,无缝线路向有缝线路过渡以及60 kg/km钢轨向50 kg/km钢轨过渡的三种过渡需求,如图3-8-12所示。

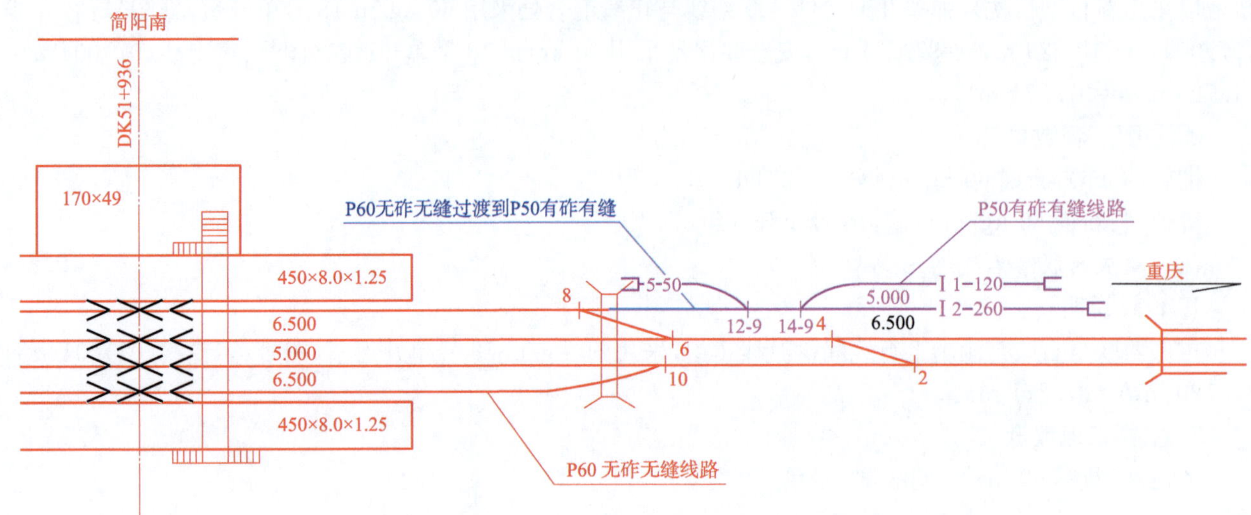

图3-8-12　简阳南站8号~12号道岔之间的轨道配列(单位:m)

(1)无砟轨道过渡到有砟轨道,根据轨道设计过渡段长度需要45.125 m。

(2)无缝线路结构设计要求缓冲区宜为2~4对同类型长的12.5 m或25.0 m标准轨,本次设计采用12.5 m长标准轨2对,计25 m长。

(3)P60(60 kg/m轨)过渡到P50(50 kg/m轨),异形轨长度12.5 m。

综上,简阳南站8号~12号道岔之间直线长度至少满足为82.649 m(不含道岔b值长度)。简阳南站8号~12号道岔之间实际配列长度84.841 m,如图3-8-13所示。

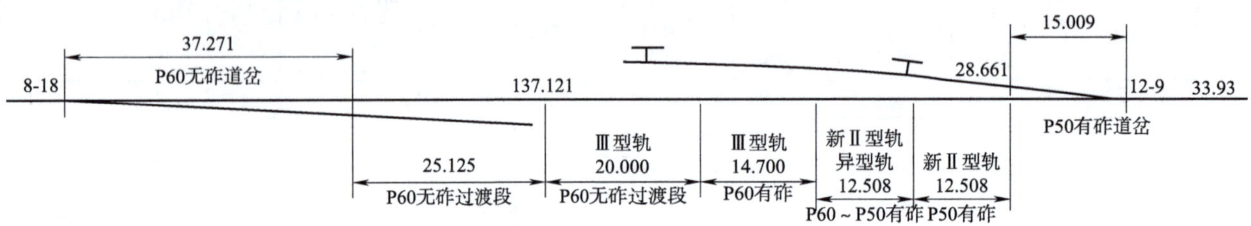

图3-8-13　简阳南站8号~12号道岔之间直线长度(单位:m)

结论:①无砟无缝线路向有砟有缝线路过渡,建议扣除道岔长度,道岔间配列钢轨长度可按100 m考虑(不同的无砟轨道类型,无砟过渡段和有砟过渡段的长度可能有变化)。

②有砟无缝线路向有砟有缝线路过渡,建议扣除道岔长度,道岔间配列钢轨长度可按不小于75 m考虑。

2. 车站平面布置需满足桥梁设计要求

当车站道岔咽喉区布置在桥上时,道岔间配列除了满足规范要求,无砟-有砟过渡需求,还需要根据桥梁专业的设计调整道岔配列。

下面以成渝客专资阳北站为例进行说明。

资阳北站成都端位于资阳沱江特大桥上,道岔间配列按规范要求布置开放给桥专业,桥梁专业设计后,将3号~5号、7号~13号、13号~15号道岔间距调整后反馈给站场专业、轨道专业,三专业会审后,确定采用的实际长度作为资阳北站成都端咽喉区的最终设计。桥上安全线的车挡位置根据桥梁的设计进行调整,有效长度最终采用77 m,如图3-8-14所示。

结论:①车站无砟道岔区位于桥梁地段的车站平面布置,需与桥梁、轨道专业共同会审道岔区的布置。

②位于桥上的安全线有效长在满足规范要求的长度50 m的前提下,还需要根据桥梁的设计进行调整。

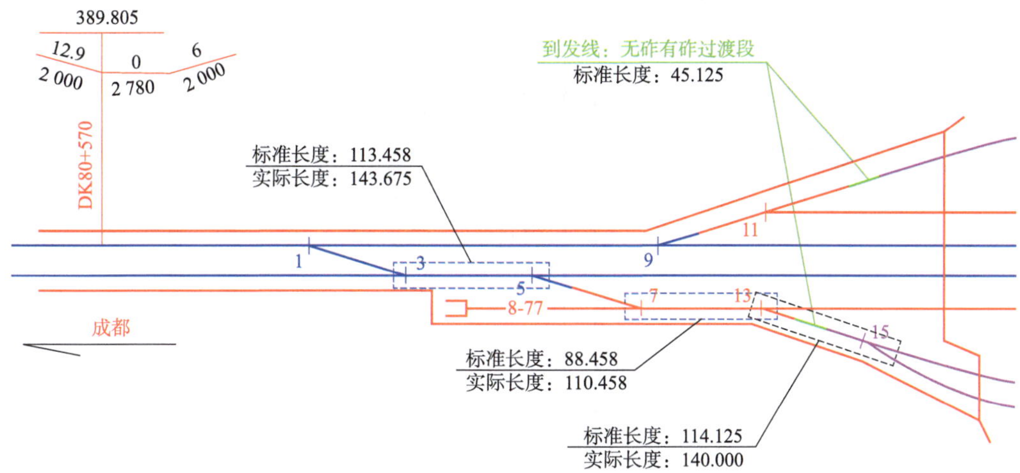

图 3-8-14　资阳北站道岔间配列(单位:m)

3. 车站平面布置需满足路基设计要求

成渝客专正线无砟轨道，按规范要求路堤与桥台连接处、路堤与横向构筑物连接处、路堤与路堑连接处、土质、软质岩路堑与隧道连接处均应设置过渡段。无砟轨道与有砟轨道连接处路基应设置过渡段。

由于成渝客专位于西南地区，线路所经除起点的成都平原及终点的重庆山区，大部分位于川中丘陵地区。丘陵地貌的特点是丘槽相间，地形波状起伏。同时，本线经过的均是成渝地区间经济发达、人口密集区，公路交通网遍布。以上原因，使成渝客专车站内，涵洞(排洪、人行)、立交框架桥分布较多，车站范围的各种过渡段均有分布，道岔区的布置不可避免地会有部分道岔位于各种过渡段上。

道岔范围是无砟轨道线路的薄弱地段，位于道岔下部的路基，需要最大限度地减少不均匀沉降引起的轨面变化，以保证列车高速、安全、舒适的运行。当道岔区位于路基过渡段上时，为使道岔区下的路基工后沉降差值满足规范要求，需根据道岔区的长度延长过渡段设计。下面以成渝高铁资中北站为例进行说明。

资中北站 1 号道岔的岔尖至岔心与 DK122＋500 的涵洞及其过渡段范围重叠，5 号、7 号道岔的岔跟与 DK122＋780 的涵洞及其过渡段范围重叠。两处涵洞的过渡段处理范围延长，处理范围的长度根据道岔区长度确定，如图 3-8-15 和图 3-8-16 所示。

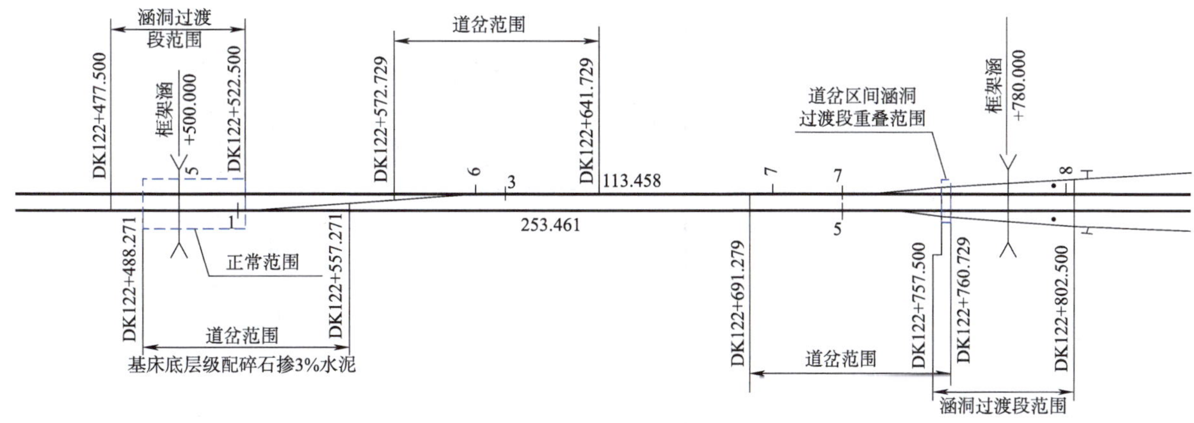

图 3-8-15　过渡段处理(一)

(1)道岔区里程范围 DK122＋488.271～DK122＋557.271，1 号道岔位于 DK122＋500 涵路过渡段上，道岔全长范围(DK122＋488.271～DK122＋557.271)按过渡段处理，基床底层填筑级配碎石掺 3%水泥，DK122＋468.271～DK122＋641.729 基床表层级配碎石掺 5%水泥。

(2)道岔区里程范围 DK122＋691.729～DK122＋760.729，5 号、7 号道岔伸入 DK122＋780 涵路过渡段，DK122＋691.729～DK122＋760.729 段路基基床底层以下本体填料同基床底层采用改良土掺 6%水泥，压实标准同基床底层。DK122＋691.729～DK122＋802.500(涵洞过渡段终点)基床表层级配碎石掺 5%水泥，见表 3-8-11。

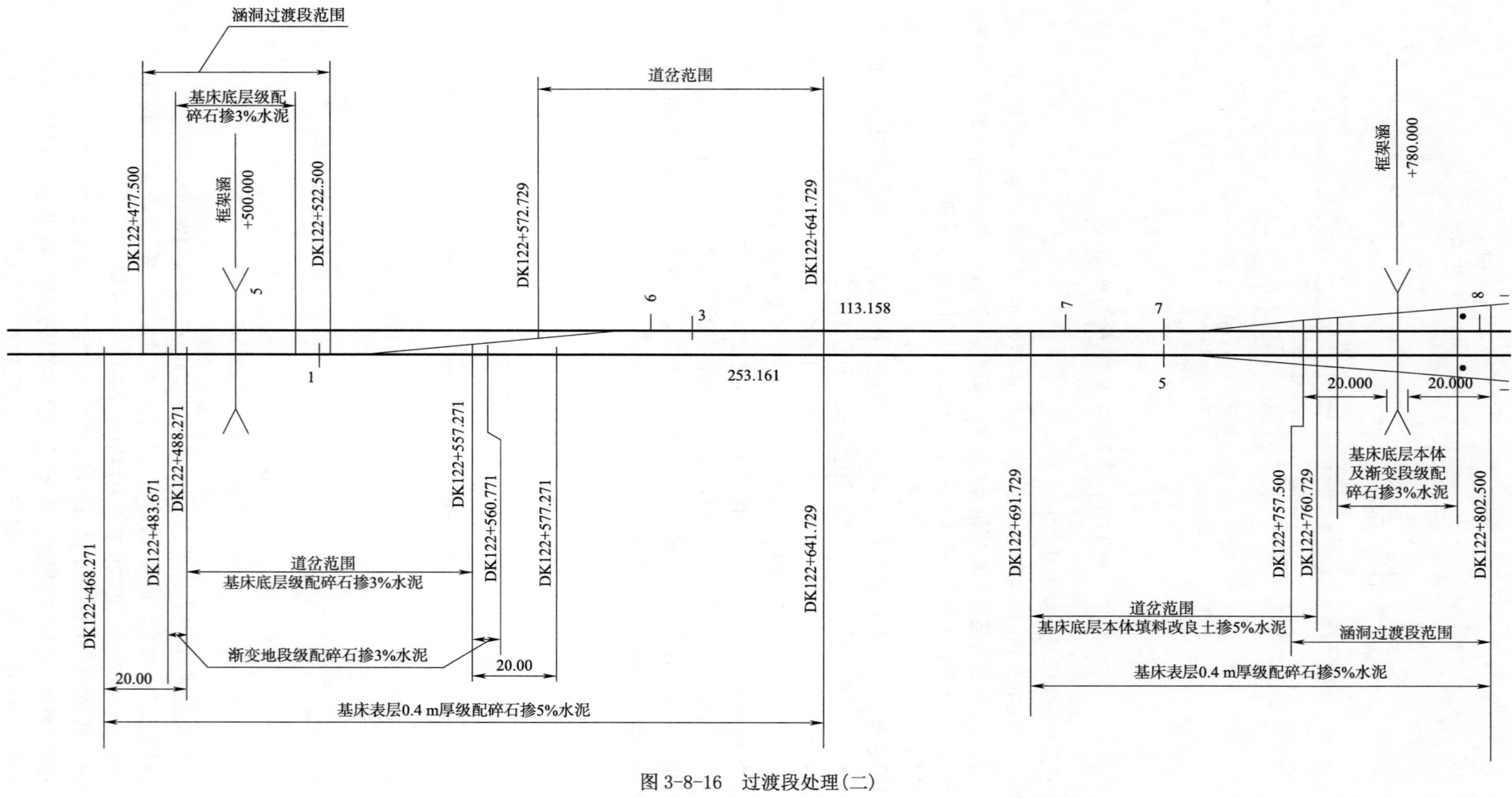

图 3-8-16 过渡段处理(二)

表 3-8-11　过渡段级配碎石

路基填筑位置	道岔区不上过渡段时	1 号道岔上涵洞及其过渡段	5 号、7 号道岔上涵洞过渡段
基床表层	级配碎石 3%水泥	级配碎石 5%水泥	级配碎石 5%水泥
基床底层	改良土掺 6%水泥	级配碎石 3%水泥	改良土掺 6%水泥
路基本体	改良土掺 4%水泥	级配碎石 3%水泥	改良土掺 6%水泥

结论:①车站无砟道岔区与站内涵洞或立交框架桥极其过渡段范围重叠时,需根据重叠范围内道岔与涵洞(立交框架)及其过渡段的位置关系确定道岔范围路基基床表层、基床底层、路基本体的填筑标准。

②车站范围的路基填筑及地基处理需要结合车站平面设计,对道岔区下的路基的填筑或地基处理措施要一致。

二、车站路基横断面设计

1. 关于车站路基面宽度

路基横断面设计首先是路基面宽度问题。成渝客专施工图设计时执行的是《高速铁路设计规范(试行)》(TB 10621—2009)。其中第 10.5.1 条对站内线路中心至路基面边缘的距离规定是:站内正线的与区间正线标准相同(即无砟轨道路基面半宽 4.3 m),车场最外侧到发线路基面半宽不小于 4.4 m。

然而,根据通信、信号、电力、接触网等专业提供的电缆槽宽度、接触网柱的位置及基础宽度等设计要求,计算显示 4.4 m 的路基面宽度,不能满足站后专业的设施、设备的设置需求。

根据规范中无砟轨道路基标准横断面示意图显示,路基面宽度受接触网支柱位置、基础宽度及电缆槽宽度等因素影响。故成渝客专设计时,根据站后专业提供的接触网支柱位置、宽度及电缆槽宽度等资料计算,最终采用 5.0 m 的站场路基面半宽设计。

结论:成渝客专站场路基设计中,对路基面宽的设计符合 2014 年 12 月发布的《高速铁路设计规范》(TB10621—2014)第 10.5.1 条规定,"进站信号机以内线路中心至路基面边缘的距离应根据接触网柱的位置及基础宽度、电缆槽的位置及宽度等因素计算确定。正线及到发线外侧线路中心线至路基面边缘不应小于 4.6 m,其他线路不应小于 3.0 m。"的设计理念。

2. 关于站内涵洞设计

《高速铁路设计规范(试行)》(TB 10621—2009)第 7.4.5 条规定,涵洞顶至轨底的高度不宜小于 1.5 m。成渝客专设计中,经过对车站范围内所有涵洞的施工图设计复查发现,有部分位于车站内的涵洞顶至轨底的高度不足 1.5 m,其中有部分覆土高度不够的涵洞上还有道岔。经相关专业会审,对不符合规范要求的未施工的涵洞进行优化设计;对已施工的涵洞,通过调整涵洞范围受影响的车站道岔位置,加强涵洞影响范围无砟轨道设计的方式进行处理。

建议:设于无砟线路上的车站内的涵洞或框架桥,当车站平面布置中,道岔不可避免放在涵洞或框架桥上时,需要求桥涵设计时满足"涵洞顶至轨底的高度不宜小于 1.5 m"的要求。在桥涵设计时应对照车站平面布置图,如有道岔位于涵洞或框架桥上,尽量满足"涵洞顶至轨底的高度不宜小于 1.5 m"的要求。不能满足时,须提出加强轨道设计或调整道岔位置的需求。

2014 年 12 月发布的《高速铁路设计规范》(TB 10621—2014)中将"涵洞顶至轨底的高度不宜小于 1.5 m"的条文取消,改以"涵洞顶控制路肩高程时,涵洞顶可与路肩齐平"。

3. 关于站房侧车站路基边坡问题

客运专线车站一般均位于现有城镇边缘或城镇新规划建设区范围,铁路开工建设的同时,地方也同时开始车站周边城镇及道路的规划建设。由于铁路车站施工较早,地方站前工程施工时,铁路施工范围与地方衔接地段边坡防护已完成,与地方施工后的场坪易形成土方三角区,需变更边坡设计,势必会挖除已施工完成的铁路边坡圬工,造成浪费。

以资阳北站为例,资阳北站成都端线路左侧 DK81+990~DK82+130 段挖方,地表下膨胀土厚度 6~7 m,其下为泥岩夹砂岩强风化带 5~6 m,下为泥岩夹砂岩弱风化带,根据地层地质情况,路基左侧挖方边坡设置桩间挡土墙及路堑挡土墙,墙顶第一级边坡设置人字型截水骨架内网垫客土植草护坡,如图 3-8-17 所示。

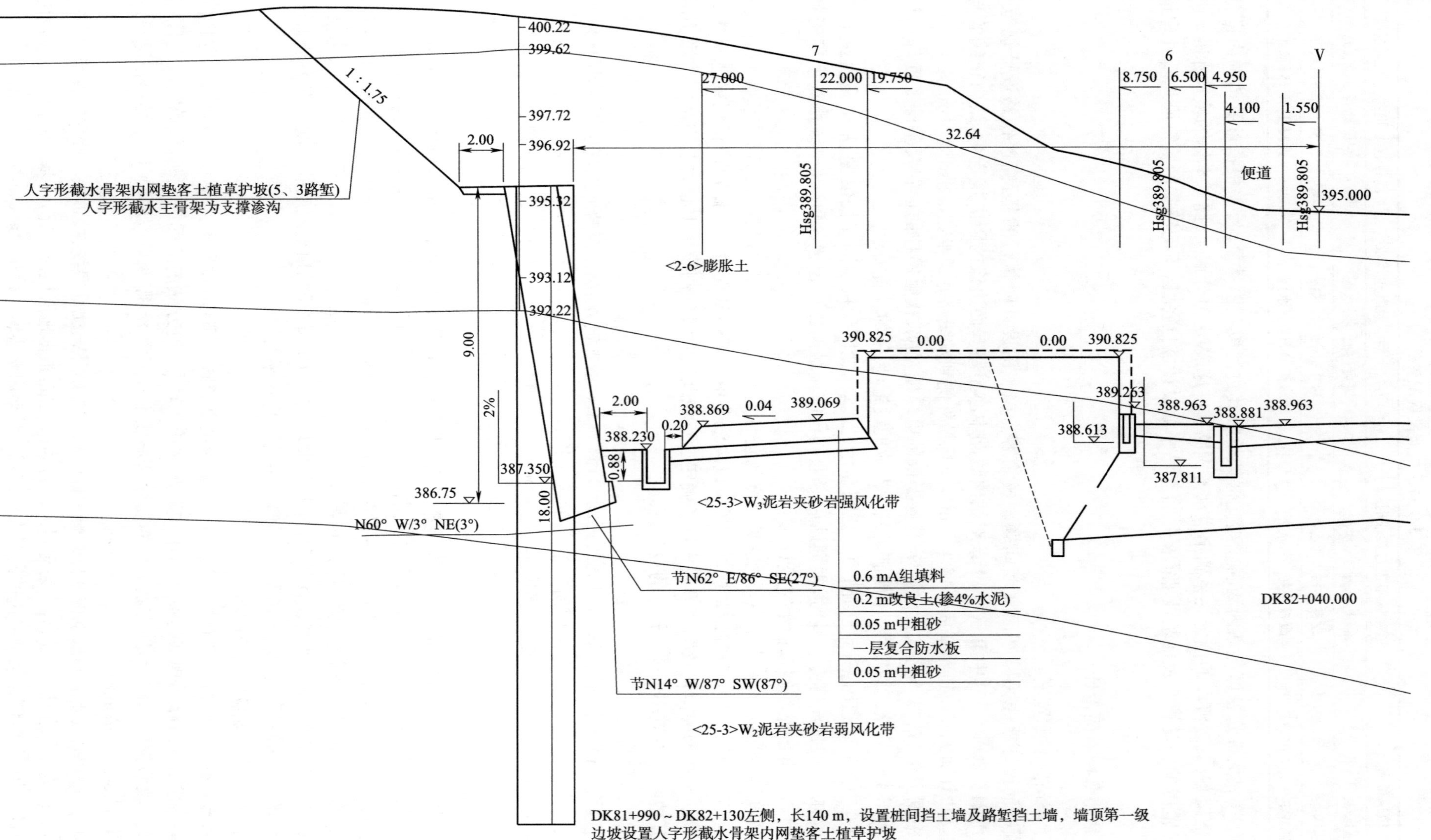

图 3-8-17 资阳北站路基边坡设置(单位:m)

2013 年 11 月，地方提出变更设计要求：削减资阳北站两侧路基边坡，降低铁路路堑顶标高以满足地方规划高程。此时，DK81＋990～DK82＋130 段左侧挡护工程已按施工图施工完成。根据地方提供的规划资料显示，DK81＋990～DK82＋130 段左侧地方规划高程 386.0 m，低于该段车站路基的路肩高程，原设计的挡护工程失去了存在的必要，造成了投资的浪费，如图 3-8-18 所示。

图 3-8-18　墙顶第一级边坡被拆除后的现场照片

建议：在车站路基边坡设计中，采用宽平台(例如：挖方水沟外侧采用 4～6 m)，缓边坡(例如：站内挖方边坡采用 1.25 或 1.50 的坡率)，在工程安全的前提下，尽量减少挖方段挡墙的设置，边坡防护尽量采用绿色防护，减少或不用混凝土等圬工。优点：减少车站边坡了圬工防护数量，避免了圬工拆除废弃，造成投资浪费。缺点：加大了用地数量及挖方数量。

4. 关于天沟的设计

一般天沟设计只在平面图上标注，设置的位置在堑顶外 5 m，其外 3 m 为用地界。故设计者一般会采用堑顶外 8 m 设用地界，平面图上用地界标注后，在用地界内 2～3 m 的地方画上天沟，即完成了天沟设计。这种天沟的设计方法，是很不合理的。部分设计者做的天沟，因未考虑按地形等高线的走向，完全人为地设置天沟起终点，在现场施工中会产生许多问题：天沟顺接不通，排水流向混乱；为顺排水标高造成天沟挖方量大，天沟外侧因深挖，形成边坡，造成用地界不够等。

建议：天沟设计纳入断面设计，根据车站断面，设计天沟的起终点，在路基横断面上显示天沟位置和排水高程，天沟的位置应顺堑顶地势而设，同时平面图上也要标注。

三、车站设计的其他需要注意的问题

1. 临靠正线的安全线设计问题

根据《铁路车站及枢纽设计规范》(GB 50091—2006)要求，临靠正线的安全线需铺设双侧护轮轨：有砟轨道安全线应注意铺设护轮轨的轨枕采用桥枕；无砟轨道安全线要铺设护轮轨，则应采用双块式(或板式)无砟轨道用于无砟-有砟过渡段的装辅助轨的轨枕。

2. 关于车站综合管线的设计问题

车站综合管线及站后过轨管线设置，可以提前做站内综合管线的规划设计，除信号专业外，其他通信、电力、给排水等专业的过轨位置根据车站平面布置图，通常在咽喉区或站台端部集中过轨。信号专业过轨设置相对较复杂，一般在车站道岔尖轨前、信号机外、应答器外 1 m 位置，但过轨穿越的股道在信号设计图完成前，不好确认。车站内过轨管线施工时，站后专业往往还没有开展施工图设计，站内过轨位置不能提供，影响车站路基施工进度。成渝客专因站前、站后设计工期不同步，已先完成路基填筑及部分站内构筑物(如纵向排水槽)的施工。站后专业施工图完成后，个别车站因已完成部分无砟轨道混凝土支撑层的浇筑，不得已需要切开已完工的混凝土层、级配碎石层，开挖至基床底层。

建议车站综合管线设计在车站平面布置图稳定后，先做综合管线的规划设计，根据站后专业需求，预留过轨位置，对信号过轨，按车站道岔尖轨前、信号机与应答器外 1 m 等位置规划过轨管线，相邻股道间均预留手孔井。

3. 关于站内电缆槽的设计问题

根据成渝客专车站电缆槽的实际设计、施工情况表明，铁路工程建设通用参考图《铁路路基电缆槽》(通路(2010)8401)中的电缆槽宽度不适合在车站设计范围采用。由于站内股道间、场坪上、站房内设有较多的通信、信号、信息、电力、接触网、牵引供电、牵引变电等专业设施设备,使站内敷设的强、弱电电缆远多于区间,站内电缆槽的宽度需满足电缆的敷设数量要求。

成渝客专资中北站,除两端咽喉区外,站台及到发线有效长范围的 830 m 线路长度均位于桥上;资阳北站成都端咽喉区 600 m 均在桥上。由于桥专业设计时,桥上电缆槽宽度采用的通路(2010)8401 图中的电缆槽宽度,站后专业的电缆敷设时,出现了槽宽不满足敷设需要,不得已才用部分电缆悬挂桥外侧的方式解决。

第九章　房屋建筑

第一节　站房设计概况与特点

全线共新建车站9座，均为地面站，改扩建车站2座。其中整条线中的特大型站房菜园坝交通枢纽站是此线上站房设计的重点。大型站房有内江站，其他均为中小型站房。

一、车站规模

车站规模根据经调专业提供的远期（2030年）客流量确定，详见表3-9-1。车站的站厅、站台、出入口通道、人行楼梯、自动扶梯等部位的通过能力按照该站远期超高峰设计客流量确定。

表3-9-1　车站概述表

序号	站名	车站规模	车站性质	车站最高聚集人数(人)	站房形式	站房面积(m^2)	雨棚形式
1	简阳南站	2台4线	中间站	800	线侧平式	3 500	单臂悬挑
2	资阳北站	3台7线	中间站	2 500	线侧平式	14 500	无站台柱雨棚
3	资中北站	2台4线	中间站	1 000	线下式	4 000	单臂悬挑
4	内江北站	3台7线	中间站	4 000	线侧下式	20 000	无站台柱雨棚
5	隆昌北站	2台4线	中间站	1 000	线侧平式	4 000	单臂悬挑
6	荣昌北站	2台4线	中间站	1 000	线侧平式	4 000	单臂悬挑
7	大足站	2台4线	中间站	1 200	线下式	4 000	单臂悬挑
8	永川东站	3台7线	中间站	2 000	线侧平式	10 000	无站台柱雨棚
9	璧山站	2台4线	中间站	800	线侧平式	3 500	单臂悬挑
10	沙坪坝站	站房维持既有，仅作装修改造（地方要求综合交通改造未列入）					
11	菜园坝站	站房维持既有，仅作装修改造（地方要求综合交通改造未列入）					

二、车站形式

本线车站主要有以下几种形式：

（1）地面站台、线侧平式站房：站房与站台面位于同一标高的车站，站房布置在线路一侧。旅客由站前广场进入车站内站厅，购票检票后可到达基本站台，经地道或高架通廊进出中间站台。这类车站旅客流线简单，本线多数站房均采用此方式，如永川站、简阳站等。

（2）地面站台、线侧下式站房：站房标高低于站台面高差较大的车站，站房布置在线路一侧，低于站台。旅客由站前广场进入车站内站厅，购票检票后经楼扶梯到达基本站台，经地道进出中间站台。此类站房与线侧平式站房基本类似，但增设了到达同侧站台的交通体，如内江北站等。

（3）高架站台、线下式站房：线路及站台高架，利用高架桥下的空间设置车站，站厅位于线路正下方。旅客由地面直接进入站厅，检票后经楼扶梯可直接上至站台。这类车站不割裂城市交通，旅客可经由线路两侧进站，流线简捷，如资中北站、大足站等。

第二节　设计原则与采用的主要技术标准

一、建　　筑

1. 一般生产生活房屋建筑设计原则

生产房屋根据工艺专业要求及有关工艺和技术要求进行设计，并合理安排房屋朝向、通风、采光、防火及道路;生活房屋按照《铁路房屋建筑设计标准》(TB 10011—2012)及现行有关建筑设计规范进行设计,在遵守国家有关规范、规定的前提下,以为职工创造良好工作和生活环境为目的,在有利生产、方便生活的前提下一般同一地区的生产或生活用房尽量合并集中设置修建综合楼。铁路房屋的防火设计按照现行的防火规范执行。

2. 一般生产生活房屋建筑设计标准

地震烈度为6~7度,第一组,设计基本地震加速度值为0.05g~0.10g。

建筑抗震设防类别:四电用房为乙类,其余房屋为丙类。

建筑耐久年限:50年。

建筑耐火等级:二级。

防雷分类:二类。

防水等级:一级。

二、结　　构

(一)一般生产生活房屋结构设计原则

1. 设计遵循规范、依据和技术标准

主要包括《建筑工程抗震设防分类标准》(GB 50223—2008)、《建筑结构可靠度设计统一标准》(GB 50068—2001)、《建筑结构荷载规范》(GB 50009—2012)、《混凝土结构设计规范》(GB 50010—2010)、《建筑地基基础设计规范》(GB 50007—2011)等设计规范标准。

2. 主要设计荷载

钢筋混凝土构件自重27 kN/m^3,钢材自重78.5 kN/m^3。

各单体建筑楼、屋面活载及风雪荷载取值均按《建筑结构荷载规范》(GB 50009—2012)取值。各单体建筑结构计算时荷载组合均按《建筑结构荷载规范》(GB 50009—2012)及《建筑结构抗震设计规范》(GB 50011—2010)进行荷载组合与设计。

3. 主要结构材料

混凝土:±0.000以下混凝土主要按C40控制,其余构件混凝土强度等级主要按C30控制。

钢筋:选用HRB400级钢(带肋钢筋),HPB300级钢(光圆钢筋)。

4. 结构设计选型

一般小型生产、生活房屋原则上采用砌体结构;较大的工区、单身宿舍、综合办公楼、公安派出所原则上采用钢筋混凝土框架结构。一般生产、生活房屋均采用现浇钢筋混凝土楼、屋面板。

(二)一般生产生活房屋结构设计标准

房屋建筑结构安全等级:二级。

设计使用年限:50年。

混凝土耐久性年限:50年。

地震烈度为6度,第一组,设计基本地震加速度值为0.05g。

地基基础设计等级:丙级。

建筑桩基设计等级:丙级。

第三节　一般站房设计

本次设计为新建成都至重庆铁路客运专线9站(除璧山站为中南院设计外,其他8站均由悉地(北京)国际建筑设计顾问有限公司设计),分别为(总建筑面积/高峰小时发送量):隆昌北站(6 000 m^2/1 080)、荣昌北站(6 000 m^2/1 000)、大足南站(6 000 m^2/1 200)、资中北站(6 000 m^2/1 060)、简阳南站(8 000 m^2/800)、资阳北站(12 000 m^2/1 714)、内江北站(12 000 m^2/4 000)、永川东站(15 000 m^2/1 536)、璧山站(6 000 m^2/800)。

隆昌北站、荣昌北站、大足南站、简阳南站、永川东站、璧山站站房采用线侧平站型,资阳北站和内江北站站房采用线侧下站型，资中北站站房采用正线下站型。

一、项目概述

(一)简阳南站

本次设计简阳南站批复 8 000 m^2，实际设计建筑面积为 7 997.6 m^2。

1. 总平面设计

(1)结合车站站区城市规划与防洪要求，优化站房、站前广场(含地下车场、商业设施)及其周边道路的平面与竖向设计，合理确定车站站前广场、站房平台的标高，优化站区城市公交、出租、长途与社会车辆的流线、停车场规模与标高及其平面布局，细化防洪、排水、综合管线和市政设施的配套衔接等设计。

(2)车站站房面宽范围内的站前广场不宜设大型水池、碑(塔)、绿化景观等设施，靠近站房平台不宜设车道，避免旅客与车辆交叉干扰。

(3)简阳南站按线侧平式站房设计，站房贴基本站台边缘布置。

(4)站房平台铺面宽度靠广场一侧按 12 m，其余周边按 10 m 控制规模。

(5)车站通信、信息、信号、电力、暖通设备机房与站房合建。站区其他房屋要结合现场地形，合理布局、集中设置。

2. 立面设计

简阳南站站房设计：建筑造型开放明快，立面舒展，内部交通组织合理，功能齐全完善，站房两侧造型向上飞扬，充分体现简阳山水后花园的城市特点及简阳作为快速发展的新兴城市的现代感。

(二)资阳北站

1. 项目概况

(1)资阳北站站房总建筑面积 29 383.38 m^2，其中站房总建筑面积为 11 953.7 m^2，雨棚建筑面积为 16 200 m^2，进站天桥建筑面积为 84 m^2，进出站地道面积为 1 145.68 m^2。

(2)站型采用线侧下站型设计。旅客流线采用下进下出、上进下出模式。车站最高聚集人数 2 500 人。

(3)车站总规模为 5 台 7 线，基本站台尺寸长 450 m、宽 12 m、高 1.25 m，岛式站台尺寸长 450 m、宽 12 m、高 1.25 m。车站中心里程轨顶高程为 389.805 m，站台面到车站中心里程轨顶高差为 1.25 m。新建站房±0.000 设计标高为黄海高程 383.655 m。站场(站房)中心里程为 DK81＋948。

2. 立面设计

资阳北站方案汲取沱江的江景，整个站房犹如一幅美丽的江景画，站房正立面渐变的横线条犹如沱江江水，两侧的屋顶犹如飘在江上的木船，正上方的梭子形大屋顶寓意为绿叶，犹如沱江江景两岸的绿树。

(三)资中北站

1. 项目概况

(1)资中北站房总建筑面积 14 531 m^2，其中站房总建筑面积为 5 885 m^2，站台雨棚建筑面积 7 200 m^2，进出站楼扶梯面积 1 446 m^2。

(2)站型采用正线下式站房设计。旅客进出站方式为下进下出。车站规高峰小时发送人数 1 000 人。

(3)车站总规模为 2 台 4 线，其中 2 条客车到发线，2 条铁路正线，站台尺寸长 450 m、宽 8 m、高 1.25 m。

(4)车站±0.000 绝对高程为 337.210 m(铁路高程系统)，车站中心里程轨顶高程为 353.960 m，站台面到车站中心里程轨顶高差为 1.25 m。

2. 立面设计

资中北站提出“文武同辉”的设计概念，采用三段式的型制和资中古城及文庙相呼应。这样既符合功能的要求，又增强了建筑整体的表现力。立面色彩隐喻传统建筑的特征，细节的纹饰抽象于地方的特色文化符号。建筑墙面细节上采用红色装饰，与文武庙等历史建筑相呼应，表现细腻、简洁，极具地方特色。建筑屋顶抽象于传统的历史建筑，采用现代的处理手法，使得站房与站台雨棚体现一体化设计概念。

(四)内江北站

1. 项目概况

(1)本工程是新建的客运专线铁路旅客车站。站房按最高聚集人数 4 000 人规模设计，站房建筑面积

12 000 m^2,采用线侧下式方案。内江北站站房中心里程为 DK152+404,铁路车场设计规模 5 站台面 7 线,设基本站台 450 m×12 m×1.25 m 和岛式站台 450 m×12 m×1.25 m 各两座。铁路车场中心里程轨顶设计高程为 335.865 m,地面高程为 325.32 m。

(2)站房工程包括:铁路客运用房、辅助生产生活用房及设备用房等。雨棚采用站台有柱雨棚。

2. 立面设计

内江北站站房设计:方案建筑设计概念以"挥洒大千"为主题,采用大气的形体、飘逸的曲线,表现大千用笔的收放转折,笔墨浓淡相宜,笔力遒劲。

(五)隆昌北站

1. 总平面设计

广场中部为步行广场区,东西两侧地面为绿化,远端分布公交车、出租车、社会车等城市交通换乘设施。

2. 立面设计

方案造型以牌坊造型为依据,提出"坊兴隆昌"的概念,寓意站房建设促进隆昌兴旺发展。隆昌北站造型简洁大气,体现当地牌坊文化,融入地域建筑特色。

(六)荣昌北站

1. 项目概况

(1)荣昌北站总建筑面积 15 287 m^2,其中站房总建筑面积为 5 999 m^2,站台雨棚建筑面积 8 160 m^2,进出站地道面积 1 128 m^2。

(2)站型采用线侧平式站型设计。旅客流线采用上进下出的旅客流线模式。车站高峰小时发送人数 1 000 人。

(3)车站总规模为 2 台 4 线,其中 2 条客车到发线,2 条铁路正线,基本站台尺寸长 450 m、宽 8 m、高 1.25 m,二站台尺寸长 450 m、宽 8 m、高 1.25 m。

(4)车站±0.000 绝对高程为 346.426 m(铁路高程),车站中心里程轨顶高程为 345.026 m,站台面到车站中心里程轨顶高差为 1.25 m。

2. 立面设计

方案采用现代风格,立面采用倒梯形,呈现出飞扬的态势,象征荣昌蒸蒸日上的发展势头。四棵墩子仿照预掩还张的折扇,大有"一捻生秋意"之势;中间的横线宛如润泽光洁的夏布,颇有"弱于罗兮轻霏霏"的意境。舒展又不失厚重的曲线,表现荣昌秀美的形象;沉稳的体量,展现出荣昌豁达文化气质。

(七)大足南站

1. 项目概况

(1)大足南站位于成渝客专永川站以西、荣昌站以东,处于四川盆地川中丘陵东平行岭谷区交界处,距重庆市区 0.5 km,距成都市区 254 km,是新建的客运专线铁路旅客车站。

(2)本工程包括站房、站台雨棚及地下出站通道的楼梯、扶梯部分(不包括地下通道)。站场规模为 2 台面 4 线(包含正线)。车站中心里程轨顶设计高程为 389.816 m。

(3)车站站型:线侧平式平形旅客车站,设一条地下跨线通道。旅客流线采用下进下出的旅客流线。高峰小时发送量:1 200 人/h。

(4)大足南站站房中心里程确定为站场中心里程 D2K220+420,跨线地道中心里程 D2K220+461.9。主站房建筑面积 5 995.37 m^2,站台雨棚投影面积 7 458.70 m^2。本工程设计标高±0.000 相当于绝对高程 391.081 m。建筑层高及高度:站房地上二层,层高分别为一层 6.00 m 和二层 4.50 m。建筑檐口高度最低处为 10.65 m,屋脊高度 17.450 m,室内外高差 0.015 m。

2. 建筑造型

(1)屋面起伏的曲线一气呵成,舒展灵动。

(2)站房设计以大足石刻和海棠香国为主题,体形硕大雄浑,光影起伏交错,与石雕相得益彰。造型如佛祖手拈海棠花,既有佛的禅意,又不失海棠花的雍容华贵。

(八)永川东站

1. 项目概况

(1)永川东站站房总建筑面积 14 981.91 m^2,站台雨棚建筑面积 16 200 m^2,天桥建筑面积 636 m^2,出站地道面积 1 212 m^2。

(2)站型采用线侧平式站型设计，旅客流线采用上进下出的旅客流线模式。

(3)初期 2020 年年旅客发送量为 218 万人，日通过客车对数为 123；远期 2030 年旅客发送量将达到 320 万人，日通过客车对数为 162。最高聚集人数 2 000 人。

(4)站场规模为 5 台 7 线，其中正线 2 条，基本站台尺寸长 450 m、宽 12 m、高 1.25 m，中间站台尺寸长 450 m、宽 12 m、高 1.25 m。车站中心里程轨顶高程为 317.444 m。站台面到车站中心里程轨顶高差为 1.25 m。站房中心里程确定为站场中心里程 DK242＋063.00，跨线地道中心里程 DK241＋999.50。

2. 立面设计

(1)入口进站厅处为引导旅客视线采用中空 Low-E 玻璃幕墙，两侧墙面利用纵向窗间墙有效地控制了窗墙面积比。

(2)对站房屋檐及竖向构件采用铝单板无缝拼接后喷涂白色氟碳漆的工艺，在主立面上生动地勾勒出两片极具动感的飞翼，以及网格划的幕墙形式，强化了“茶山竹海”的主题寓意。

(九)璧 山 站

1. 项目概况

(1)车站规模

璧山站为无配线地面站，车场设计规模为 2 站台面 4 线，设 450 m×8 m×1.25 m 基本站台和侧式站台各一座。站中心里程为 DK272＋757，站中心轨顶高程为 285.489 m。车站设 8 m 宽进出站地道 1 座(地道中心里程 DK272＋807.6)。

该站设计为地面站，线侧平式站房。

(2)客流量

预测旅客发送量近期(2020 年)为 2 802 万人/年，远期(2030 年)3 638 万人/年。旅客最高聚集人数为 800 人。

(3)站房形式

站台与站前广场地面基本持平，站房采用“线侧平式”布局，旅客进出站采用“下进下出”流线模式。

2. 站区总平面设计

站房中心线、广场中心线与站台中心线重合，站房中心线里程定为 DK272＋757。

二、主要技术标准

(一)简阳南站

(1)站房形式：线侧平式站房。

(2)结构类型：屋面采用网架、混凝土结构体系。

(3)建筑结构安全等级为二级，设计基准期为 50 年，设计使用年限(耐久性)为 50 年，抗震设防烈度为 6 度，地震动峰值加速度为 0.05g。

(4)设计标高：设计正负零高程相当于绝对高程 420.171 m。

(5)站房耐火等级为二级。

(6)站房房屋防水等级为一级，地下室防火等级为一级。

(二)资阳北站

(1)站房形式：线侧下式站房。

(2)结构类型：站房主体采用钢筋混凝土框架结构，屋面采用钢网架。

(3)站房结构的安全等级为二级，结构重要性系数为 1.0。站台雨棚建筑结构的安全等级为一级，结构重要性系数为 1.1。通信、信号和电力设备房屋为重点设防，其余为标准设防。设计基准期为 50 年，设计使用年限(耐久性)为 50 年。

(4)设计标高：设计正负零高程相当于绝对高程 383.655 m。

(5)站房耐火等级为二级。

(6)站房房屋防水等级为一级，地下室防火等级为一级。

(三)资中北站

(1)站房形式:桥式站。

(2)结构类型:混凝土结构体系。

(3)建筑结构安全等级为二级,设计基准期为 50 年,设计使用年限(耐久性)为 50 年,抗震设防烈度为 6 度,地震动峰值加速度为 0.05g。

(4)设计标高:设计正负零高程相当于绝对高程 337.210 m。

(5)站房耐火等级为二级地下一级。

(6)站房房屋防水等级为一级,地下室防火等级为一级。

(四)内江北站

(1)站房形式:线侧下式站房。

(2)结构类型:站房主体采用钢筋混凝土框架结构,屋面采用钢网架。

(3)站房结构的安全等级为二级,结构重要性系数为 1.0。站台雨棚建筑结构的安全等级为一级,结构重要性系数为 1.1。通信、信号和电力设备房屋为重点设防,其余为标准设防。设计基准期为 50 年,设计使用年限(耐久性)为 50 年。

(4)设计标高:设计正负零高程相当于绝对高程 329.715 m。

(5)站房耐火等级为二级。

(6)站房房屋防水等级为一级,地下室防火等级为一级。

(五)隆昌北站

(1)站房形式:线侧平式站房。

(2)结构类型:屋面采用网架、混凝土结构体系。

(3)建筑结构安全等级为二级,设计基准期为 50 年,设计使用年限(耐久性)为 50 年,抗震设防烈度为 6 度,地震动峰值加速度为 0.05g。

(4)设计标高:设计正负零高程相当于绝对高程 397.716 m。

(5)站房耐火等级为二级。

(6)站房房屋防水等级为一级,地下室防火等级为一级。

(六)荣昌北站

(1)站房形式:线侧平式站房。

(2)结构类型:屋面采用网架、混凝土结构体系。

(3)建筑结构安全等级为二级,设计基准期为 50 年,设计使用年限(耐久性)为 50 年,抗震设防烈度为 7 度,地震动峰值加速度为 0.1g。

(4)设计标高:设计正负零高程相当于绝对高程 346.426 m。

(5)站房耐火等级为二级。

(6)站房房屋防水等级为一级,地下室防火等级为一级。

(七)大足南站

(1)站房形式:线侧平式站房。

(2)结构类型:屋面采用网架、混凝土结构体系。

(3)建筑结构安全等级为二级,设计基准期为 50 年,设计使用年限(耐久性)为 50 年,抗震设防烈度为 7 度,地震动峰值加速度为 0.1g。

(4)设计标高:设计正负零高程相当于绝对高程 391.081 m。

(5)站房耐火等级为二级。

(6)站房房屋防水等级为一级,地下室防火等级为一级。

(八)永川东站

(1)站房形式:线侧平式站房。

(2)结构类型:屋面采用网架、混凝土结构体系。

(3)建筑结构安全等级为二级,设计基准期为 50 年,设计使用年限(耐久性)为 50 年,抗震设防烈度为

6度,地震动峰值加速度为0.05g。

(4)设计标高:设计正负零高程相当于绝对高程318.709 m。

(5)站房耐火等级为二级。

(6)站房房屋防水等级为一级,地下室防火等级为一级。

(九)璧 山 站

(1)站房形式:线侧平式站房。

(2)结构类型:屋面采用网架、混凝土结构体系。

(3)建筑结构安全等级:站房二级,雨棚一级。

(4)设计标高:设计正负零高程相当于绝对高程285.489 m。

(5)站房耐火等级为二级(地下通道一级)。

(6)站房房屋防水等级二级。

三、主要设计原则

(一)建筑设计

(1)车站建筑的设计规模由高峰小时旅客发送量确定。

(2)根据候车室面积规模,确定各站候车室卫生间厕位数量,配电间、信息设备机房等设备用房面积。

(3)通信、信息、信号机房集中布置在二层的一侧,尽量不与电力用房紧贴布置。

(4)利用出站厅上方空间,安排办公用房、职工间休等房间;利用售票厅上方空间,安排预留客服等房间。

(5)为保证良好的职工办公、生活环境,尽量将办公、生活用房结合站房朝向与天井位置安排在采光、通风较好区域,其余区域安排设备用房,并合理控制天井尺寸。

(6)合理控制候车厅、售票厅、出站厅的净空尺寸,降低建筑的整体高度。结合站房内部空间尺度,提高附属用房部分的空间利用率。

(二)电气设计

1. 供、配电系统

(1)负荷分级

一级负荷:铁路通信信号系统、售票系统、安防系统、安检设备。

二级负荷:防灾报警设备、站房消防设备、应急照明、消防监控室照明、站台雨棚照明、站房候车大厅照明、售票厅照明、进出站地道照明、静态标志、为通信信号设备配备的专用空调。

三级负荷:电梯、扶梯、列车到发预告显示系统、商业、广告、给排水设备等其他一般动力。

(2)供电电源

站房内10/0.4 kV综合变电所不同低压母线段,主要为站房信息、照明、空调、商业、电梯、扶梯、冷暖风幕、风机等负荷供电;动力远东变电所主要为站房内通信、信号设备供电。

(3)备用电源和应急电源

①应急电源EPS:为应急照明提供应急备用电源。

②不间断电源UPS:为重要弱电机房提供应急备用电源及优质供电电源。机房UPS由弱电深化设计确定。

2. 低压配电

(1)通信、信号负荷由站房变电所专用变压器供电的两段低压母线各引一路电源供电,其中信号设备引两回低压电源至信号电源屏,通信负荷至用电设备末端经自动切换后供电。

(2)除通信、信号外一级负荷由站房变电所综合变压器供电的两段母线各引一路低压电源供电,两回低压电源至用电设备末端经自动切换后供电。

(3)站房候车室、售票厅照明及站台雨棚照明、地道、天桥、车站广场照明由引自站房变电所不同低压母线段的两路电源交叉供电,当一路电源失电时,仍保持约50%照明灯具工作。

(4)站房内其他办公房屋用电由站房变电所引一路电源供电。

(5)三级负荷采用放射式和树干式相结合方式,从站房变电所引一路低压电源供电。

(6)低压配电系统采用三级配电的方式,即总配电(变电所)、区域配电(配电间)和终端配电(商业、机房等)。三级配电系统相互之间保护开关动作具有选择性。对于单台容量较大的负荷或重要负荷采用放射式配电;对一般设备采用放射式与树干式相结合的混合方式配电;变电所到各个配电间及大容量机房的配电缆线形成二级干线配电网。配电间至终端配电设备之间形成三级支线配电网。对生活水泵、排水泵、客梯等二级负荷采用电缆由配电间沿电缆桥架敷设,引至设备控制点;对消火栓泵、喷淋泵、水炮泵、防排烟风机、消防控制室、变电所、弱电机房等一级负荷采用专用两路电源供电并在末端互投;消防设备的过负荷保护只作用于报警信号,不作用于切断电源。接到消防控制室报警信号后自动启动消防设备。

3. 防雷、接地与安全

(1)防雷措施

本工程防雷等级为二类。建筑的防雷装置满足防直击雷、侧击雷、防雷电感应及雷电波的侵入,并设置总等电位联结。本工程电子信息系统雷电防护等级为A级。

(2)接闪器

雨棚金属屋面板做接闪器,金属屋面板与钢结构屋架做可靠电气连接。雨棚屋面板为铝镁锰金属,厚度0.9 mm,板下无易燃物,满足规范关于利用金属屋面做接闪器的要求。站房在屋面四周女儿墙上以及突出屋面的建筑构筑物顶部四周敷设25 mm×4 mm不锈钢扁钢作为防雷接闪器,信号、通信机房屋面设间隔不大于3 m×3 m的避雷带网格,其余屋面加设间隔不大于10 m×10 m(12 m×8 m)的避雷带网格,避雷带为明敷,采用25 mm×4 mm不锈钢扁钢。

(3)引下线

雨棚利用钢结构柱作为引下线,引下线上端与金属屋面板及钢结构屋架焊牢,站房利用建筑物钢结构柱体、钢筋混凝土柱子内两根ϕ16 mm以上主钢筋通长焊接做避雷引下线,引下线间距不大于18 m,引下线上端与屋面接闪器及钢结构屋架焊牢,下端与建筑物基础底板轴线上的上下两层钢筋内的两根主筋焊接。外墙引下线在室外地坪下800处引出预留与室外接地线焊接。

(4)接地极

站房接地极为结构基础板轴线上的上下两层主筋中的两根通长焊接形成的基础接地网并连接室外人工接地装置、护坡桩组成。当接地电阻不满足要求时增设室外人工接地极,室外接地极距建筑物大于3 m,距室外地面0.8 m。用40 mm×5 mm热镀锌扁钢连接成水平接地装置,垂直接体为40 mm×40 mm×5 mm镀锌角钢,长2.5 m,每5 m设一根。雨棚接地极利用结构柱内钢筋及增设人工接地极,水平接地极40 mm×4 mm镀锌扁钢,垂直接地极40 mm×40 mm×5 mm镀锌角钢,间距不超过5 m。

(5)防雷电波侵入

所有进出建筑物的强弱电电缆均为埋地敷设,其金属护套和金属保护管以及其他进出建筑物的各种金属管道均与防雷接地装置可靠连接。

(6)等电位连接

凡进出建筑物或在防雷区的界面处的所有金属管道、电缆金属护套、金属保护管均应就近的总接地端子板可靠连接。强、弱电配电(线)间及各设备机房内设局部等电位端子板。

(7)通信机房、信号机房ETB接地端子排采用2根2×BV-50分别穿PVC40绝缘管与基础接地体相连。通信机房、信号机房的接地做法参见信号专业图纸,未尽事宜见铁路有关规范及文件的要求。

4. 电气火灾监控系统

(1)为了防止电气火灾,本工程设电气火灾监控系统,用于监测配电系统漏电状况,有效防止漏电火灾的发生。漏电报警信号送至本工程一层消防控制室内电气火灾监控系统控制器。

(2)本工程各层照明总配电箱进线开关处均设置防火灾漏电保护器。漏电信号仅作用于报警,不切断电路。

(3)电气火灾监控系统可检测漏电电流、过电流及温度等信号,发出声光报警信号,报出故障位置,监视故障点变化,存储各种故障信号。

(4)本系统从一层消防控制室、各配电箱及各配电箱之间的通信线路,均预留管线SC25热镀锌钢管,平面图中不作表示。

5. 智能化设计原则

(1)设计内容

本设计包括红线内的以下内容：

①火灾自动报警系统(FAS)。

②机电设备监控系统(BAS)。

(2)系统说明

火灾自动报警系统，本工程是一个小型客运专线火车站，火灾自动报警系统的保护等级按二级设置。

系统组成：

①火灾自动报警系统。

②消防联动控制系统(包括消火栓系统、自动喷水灭火系统、气体灭火系统、电动通风排烟天窗系统、火灾应急广播系统、非消防电源强切、应急照明控制系统、电梯迫降控制系统、验票闸机联动控制、智能疏散指示系统等子系统)。

③消防专用电话系统。

(3)消防控制室

①本工程消防控制室设在一层，与机电设备监控系统合用控制室，并设有直接通往室外的出口。

②消防控制室的报警控制设备由火灾报警控制主机、联动控制台、CRT 显示器、打印机、应急广播设备、消防直通电话设备、电源设备等组成。

③消防控制室接收感烟、感温等探测器、红外光束感烟等探测器的火灾报警信号，手动报警按钮、消火栓按钮、防火阀的动作信号。

④消防控制室可显示消防水池水位，显示消防水泵的电源及运行状况。

⑤消防控制室可联动控制所有与消防有关的设备。

⑥消防控制室预留车站安防监控系统的视频、控制接口条件。

⑦消防控制室应显示系统供电电源的工作状态。

(4)机电设备监控系统

①本工程机电设备监控系统采用直接数字控制技术。本系统所有线缆均采用低烟无卤阻燃线缆。

②本工程机电设备管理系统采用集散式网络结构模式，为管理层、监控层两层网络结构。

③管理层网络由楼宇监控服务器和工作站组成，楼宇监控服务器与控制分站间通过 TCP/IP 网络协议进行通信，同时管理层设备也可以通过其他网络接口与第三方设备独立的监控子系统集成，完成对整体的监控调度工作。

④监控层网络是由设置在各处的直接现场控制器(DDC)组成，现场控制器间通过通信总线进行通信，并经过网络接口模块与管理层相连。

⑤分布在现场各处的直接数字控制器采用对等型通信方式，并可独立运行。

⑥本系统监控中心设在一层消防控制室内。

⑦冷热源监控。

⑧热回收新风机组系统。

⑨环境温湿度监测。

⑩送排风系统。

⑪集水坑潜污泵系统。

⑫电梯系统。

⑬空气幕。

⑭广告及普通照明回路。

⑮客服系统、变配电系统、智能照明、UPS、VRV 空调系统通过标准的通信接口和公开的通信协议将相关监测参数传输至机电设备监控系统。

6. 消防设计原则(以简阳南站为例)

(1)本工程防火设计执行《建筑设计防火规范》(GB 50016—2006)、《铁路工程设计防火规范》(TB

10063—2007)、《建筑内部装修设计防火规范(2001 年版)》(GB 50222—1995)。

(2)本工程耐火等级:站房地面以上为二级,地下一级,站台雨棚耐火等级为二级。

(3)消防车道:本工程属于多层建筑,分别在建筑周边设置了 4 m 宽的消防车道,面对站场一侧的基本站台也兼作消防车道,满足消防车道的环通。

(4)防火分区及消防疏散:本工程建筑面积 7 977.6 m^2,站房候车大厅设有自动喷水灭火系统、自然排烟设施和火灾自动报警系统且内部装修设计符合现行国家标准《建筑内部装修设计防火规范》(GB 50222)的有关规定,防火分区面积均小于 10 000 m^2;候车大厅左右两侧的一层、二层办公及设备用房,设置了自动灭火系统,每个防火分区面积均小于 2 500 m^2;依据上述要求划分为 6 个防火分区,地下一层为 1 个防火分区,一层划分为 3 个防火分区,二层划分为 2 个防火分区,详见建筑施工图中的防火分区示意图。

(5)消防疏散满足每个防火分区、一个防火分区内的每个楼层,其安全出口数量不少于 2 个的规定。站房候车厅内由于设置了自动灭火系统,最远点距安全出口的距离均小于 37.5 m。其余房间当其位于两个安全出口之间时,其房间门距安全出口的距离均小于 50 m;房间位于两个安全出口之间且建筑面积大于 120 m^2,设置了两个疏散门,两门之间的水平距离大于 5 m;当房间位于走廊尽端时,其房间门距安全出口的距离均小于 27.5 m,房间位于走道尽端,且房间内任意一点到疏散门的直线距离不超过 15 m,其疏散门的净宽度不小于 1.4 m。

(6)消防控制室设于站房一层。消防控制室、通风机房、及与消防有关的设备用房均采用耐火极限不低于 2.00 h 的隔墙和 1.5 h 楼板与其他部位隔开,隔墙上的门采用乙级防火门;通信机械室、信号机械室、票务主机房及其相关的设备用房均采用耐火极限不低于 2.00 h 的隔墙和 1.5 h 楼板与其他部位隔开,隔墙上的门采用乙级防火门;电力远动、变电所及高压配电室采用耐火极限不低于 2.00 h 的隔墙和 1.5 h 楼板与其他部位隔开,隔墙上的门采用甲级防火门。

(7)建筑防火构造:本工程结构类型为钢筋混凝土框架结构。主要承重构件中,钢筋混凝土柱耐火极限不小于 3 h,梁不小于 2 h,楼板为钢筋混凝土整体现浇板,耐火极限不小于 1.5 h。

(8)防火墙采用 200 mm 厚加气混凝土砌块墙,耐火极限大于 3 h。

(9)楼梯采用 200 mm 厚加气混凝土砌块墙,耐火极限大于 2 h。

(10)疏散走道两侧采用 200 mm 厚加气混凝土砌块墙,耐火极限大于 1 h。

(11)管井壁采用 100～200 mm 厚加气混凝土砌块墙,耐火极限不小于 1 h,井壁上的检查门均采用乙级防火门,除通风管井外,其余管道井在每层楼板处用耐火极限大于 1.5 h(相当于楼板耐火等级)的钢筋混凝土或防火封堵材料封堵。

(12)隔墙均砌至梁底且不留缝隙;不能在防火墙上设置无关的孔洞,设备管线穿越防火墙、疏散走道隔墙、管道井等墙体,应采用不低于墙体耐火极限的防火封堵材料严密封堵。

(13)防火墙两侧的门、窗、洞口最边缘水平距离不小于 2 m,内、外转角处不小于 4 m(局部不满足距离处使用甲级防火门窗)。

(14)防火门窗、防火卷帘的要求如下,且均应为消防部门的合格产品。

①本工程防火门、防火窗均需要满足《防火门》(GB 12955—2008)的要求。

②防火墙上如开门,如空调机房、水泵房、变电所等,采用甲级防火隔声门,隔声量不小于 35 dB。

③其他设备间及电缆井等井道检修门采用乙级防火门。

④作为防火分区的防火卷帘,耐火极限不小于 3 h,耐火极限符合现行国家标准《门和卷帘耐火试验方法》(GB/T 7633)有关背火面温升的判定条件。

⑤防烟分区采用挡烟垂壁或挡烟垂帘。

⑥防火门窗、防火卷帘的使用原则:防火墙上的门窗为甲级防火门窗或耐火极限不低于 3.00 h 的防火卷帘(采用背火温升作耐火极限的判定条件)。疏散通道、封闭楼梯间的防火门采用具有自行关闭功能的乙级防火门(设在疏散走道上的防火卷帘在卷帘两侧设置启闭装置并具有自动、手动和机械控制功能)。

⑦甲级防火门:耐火极限 1.50 h,用于防火分区墙,变电所、发电机房等设备机房门。

⑧乙级防火门:耐火极限 1.00 h,用于设备机房门及管井检修门。

⑨所有防火门均设自动闭门器并向疏散方向开启。

(15)其他专业消防设计见各专业消防设计。

(16)旅客服务等用房若设置为餐饮、商业零售网点时，应根据相关消防规范重新进行消防设计及报审。预留商业中设置的餐饮设施必须采用无明火作业、无重油的餐饮形式。伙食团、厨房不应使用燃气。

(17)玻璃幕墙在每层楼板外沿设置耐火极限不低于 1.00 h，高度不低于 0.8 m 的不燃烧实体裙墙；玻璃幕墙与每层楼板、隔墙处的缝隙均采用耐火极限 1.5 h 防火封堵材料封堵。

(18)四电用房等设有气体灭火设施的房间门窗平时应保持关闭。

(19)室内装修所选材料及做法均应严格遵守《建筑内部装修防火规范》(GB 50222—95)和消防审批主管部门意见。

(20)电力、通信、信号、信息电缆穿墙体、楼板的孔洞设专用防火封堵，其他专业消防设计见各专业消防设计，按照规范《建筑设计防火规范》(GB 50016—2006)、《铁路工程设计防火规范》(TB 10063—2007)、《建筑内部装修设计防火规范(2001 年版)》(GB 50222—1995)执行。

(21)站房钢结构

①钢结构梁柱：按照二级耐火时间涂刷薄型防火涂料，保证耐火极限梁不低于 1.50 h、柱不低于 2.50 h。

②钢结构屋架：按照二级耐火时间涂刷薄型防火涂料，保证耐火极限不低于 1.5 h。

(22)电动排烟窗：下悬式开启，开启角度大于 30°，位于所需排烟区域墙面 1/2 以上高度且与火灾报警系统联动。

(23)其他专业消防设计见各专业消防设计。

(三)幕墙设计

(1)结构安全等级：二级。

(2)结构构件重要性系数取 1.0。

(3)地面粗糙度：B 类。

(4)基本风压

①简阳南、资阳北站 0.35 kN/m^2(50 年一遇)，0.4 kN/m^2(100 年一遇)。

②资中北、内江北站 0.45 kN/m^2(50 年一遇)，0.5 kN/m^2(100 年一遇)。

③隆昌北、荣昌北、大足南、永川东站 0.4 kN/m^2(50 年一遇)，0.45 kN/m^2(100 年一遇)。

(5)基本雪压：0(50 年一遇)，0(100 年一遇)。

(6)抗震烈度：简阳南、资阳北、内江北、隆昌北、资中北、大足南、永川东站 6 度，设计基本地震加速度为 0.05g；荣昌北站 7 度，设计基本地震加速度为 0.1g。

(7)年设计最大温差：Δ=50 ℃。

(8)幕墙主要形式

①简阳南、资阳北、内江北、隆昌北、荣昌北、大足南、永川东站明框玻璃幕墙，檐口及吊顶铝板幕墙，石材幕墙，铝板雨棚，金属屋面系统，上下站台楼梯玻璃雨罩，玻璃栏杆。

②资中北站明框玻璃幕墙，檐口及吊顶铝板幕墙，石材幕墙，铝板雨棚，金属屋面系统，上下站台楼梯玻璃雨罩，玻璃栏杆，站台金属雨棚。

四、变更设计情况

以下各条如无备注执行情况的，设计均系按照批复意见执行；其他情况的，则作具体说明。

(一)总　平　面

(1)结合车站站区城市规划与防洪要求，优化站房、站前广场(含地下车场、商业设施)及其周边道路的平面与竖向设计，合理确定车站站前广场、站房平台的标高，优化站区城市公交、出租、长途与社会车辆的流线、停车场规模与标高及其平面布局，细化防洪、排水、综合管线和市政设施的配套衔接等设计。

(2)车站站房面宽范围内的站前广场不宜设大型水池、碑(塔)、绿化景观等设施，靠近站房平台不宜设车道，避免旅客与车辆交叉干扰。

(3)线侧下式站房设计，站房面宽范围内基本站台设垂直挡墙，站房与基本站台挡墙间距为 10 m。

(4)各站站房平台铺面宽度靠广场一侧按 12 m,其余周边按 10 m 控制规模。

(5)车站通信、信息、信号、电力、暖通设备机房与站房合建,要结合现场地形,合理布局、集中设置。

(二)站房综合楼规模与流线

(1)根据重庆市发改委《关于恳请扩大成渝客运专线等铁路部分站房建设规模的函》(川发改铁建管理函〔2011〕1021 号)、《关于成渝客专沿线站房规模有关问题的函》(渝发改交函〔2010〕462 号)要求,经中国铁路总公司研究,同意永川东站按 15 000 m^2,资阳北、内江北站按 12 000 m^2,简阳南站按 8 000 m^2,资中北、隆昌北、荣昌北、大足、璧山站均按 6 000 m^2设计。新建站房综合楼建筑面积合计按 77 000 m^2控制。

(2)永川东站旅客采用地下出站流线,其他车站采用地面出站流线。

(三)建　筑

1. 平面

(1)候车区、售票区不宜设置固定式售票,检票排队栏杆,售票区和候车区之间设低隔断。

(2)站房候车厅设置 VIP 候车室,饮水处、客运值班室、无障碍厕所、公安值班室、安检值班室各一间,售票厅设一间制证室,出站厅设一处旅客卫生间。

执行情况:对内江北站贵宾候车室的设置和数量进行了优化,现为一间贵宾候车室和一间服务间。VIP 候车室设置一间,站房候车厅设饮水处、客运值班室、无障碍厕所、公安值班室各设一间,设旅客服务用房,出站厅设一处旅客卫生间。

(3)合理确定售票厅人工售票窗口与自动售票机的数量及平面布局,自动售票机原则上采用嵌入式布置方式。

(4)细化候车厅、出站厅旅客卫生间的平面布局,细化室内视线遮挡措施,卫生间不设内门,主要门洞及通道宽度尺寸不小于 1.5 m。

(5)根据客运需求,进一步落实站房旅客服务用房及车站办公管理、职工生活房屋的使用功能及平面布局,预留必要的水、电、空调、信息等设施。根据《建筑设计防火规范》(GB 50016—2006)要求,细化综合监控室与消防控制室的平面布局。

(6)资中北站

①VIP 候车室调整至第 10-12、A-B 及 F-G 轴间合理布置,调整第 11-3、A-B 轴旅客服务用房的平面布局。

执行情况:11-13、A-B 轴旅客服务用房改为 VIP 候车室,VIP 候车室设 10-13 轴交 A-B 轴处和 10-12 交 F-G 轴两处。

②桥下及站房内旅客进、出站通道的楼梯、自动扶梯侧面及顶面应增设围护设施。

(7)永川东站

①通信机械室与信息机房位置对调。

②二层旅客服务用房区域增设卫生间等设施。

(8)内江北站

①取消一层候车厅第 5、12 轴与 C-D 轴间结构柱。

②适当加大客运交接班室的面积。

(9)荣昌北站、隆昌北站

①适当加大出站厅外门开启扇的数量与中间站台出站楼梯的宽度。

②细化二层预留客服区域的平面布局。

③车站进站楼梯、自动扶梯原则上上移至基本站台靠 D 轴合理布置。

(10)简阳南站

①车站进站楼梯、自动扶梯原则上移至基本站台靠 A 轴合理位置。

②适当加大出站检票机与楼梯、自动扶梯口部的间距。

(11)大足站

①车站进站楼梯、自动扶梯原则上移至基本站台靠 A 轴合理布置。

②适当加大出站检票机与楼梯、自动扶梯口部的距离。

(12)资阳北站

①候车大厅取消一层候车厅第 5、12 轴与 C-D 轴间的结构柱。

执行情况:已取消改位置的结构柱。

②二层设备区增设卫生间。

执行情况:已在设备区增设卫生间。

2. 站房立面

(1)车站建筑造型按铁道部审定,并征求地方政府同意的方案实施。

(2)结合平面功能细化设计,合理控制建筑高度及长宽比例尺度。

(3)结合室内功能需求,优化候车厅两侧附属用房外墙,格栅及外窗等设计。

(4)进一步优化站房北立面(站台侧)设计。调整外墙的开窗位置,适当核减外窗面积。结合信息屏安装要求,适当增加进站检票信息牌安装区域的实体墙面面积。

3. 剖面

结合站房内部空间效果,合理控制候车室、售票厅、出站厅的净高,提高附属用房部分的空间利用率。优化各层层高及女儿墙高度设计,严格控制站房整体高度。

4. 围护结构与站房装修

(1)装修标准

车站室内主要公共空间采用花岗岩地面、贴挂石材墙裙、乳胶漆墙面、铝条板吊顶,设备机房按工艺要求装修。候车室、出站厅室内墙裙高度原则上按 1.2 m 控制,售票厅按 1.0 m 控制。站房立面以涂料为主,局部采用干挂花岗岩墙面、玻璃幕墙。

(2)屋面

站房候车厅采用铝镁锰板金属屋面,设置必要的检修马道。其他部位采用钢筋混凝土,卷材防水屋面。

(3)幕墙

结合建筑造型及内部功能布局,优化玻璃幕墙、石材及金属幕墙的设置范围,适当核减幕墙面积。

(4)装修设计原则

①站房外立面和室内公共区域的材料分格要严格遵循"模数化"的设计原则,地面、墙面、吊顶材料的分格要协调。

②根据不同区域层高,合理确定候车厅、售票厅和出站厅吊顶的条板尺寸和间距。

③候车厅、售票厅等主要空间的消火栓、空调风口、集水器和配电箱等设备末端的位置和形式要与站房装修统筹考虑,进行一体化设计。

(5)附属结构的安全性

加强站房栏板、吊顶、檐口、屋面板、玻璃幕墙等附属结构构件的强度、变形检算,构造节点的选用应充分考虑当地的气候特点及环境条件,确保站房附属结构的安全。

5. 静态标志

(1)按照公共信息导向系统的相关国家标准要求,并参照铁道部运输局《铁路旅客车站导向标志系统设计指南》,结合运输部门意见,进一步完善各站静态标志的细部设计。

(2)根据板面、箱体尺寸和所处的使用环境,合理确定面板材料厚度、骨架材料材质及规格型号。结合不同部位空间效果,确定悬挂方式,确保附属结构安全。

6. 结构

(1)隆昌北站站房综合楼按《建筑抗震设计规范》(GB 50011—2010)要求设计,通信、信息、信号、电力设备机房及其下房间按重点设防类,其他按标准设防类设计。

(2)站房基本风压、基本雪压重现期按 100 年设计,调整站房设备机房楼面活荷载、屋面钢结构计算温差的取值,适当加强站房积水(冰)、防风、防腐蚀与减轻温度变形等措施。

(3)车站站房采用钢筋混凝土框架结构。车站候车厅屋面采用钢网架结构,楼(屋)面采用钢筋混凝土梁板结构。

(4)根据现场地质资料,优化站房基础、室内外地面地基处理以及防水、排水、管沟等设计。原则上挖方区采用钢筋混凝土独立基础,填方区采用钢筋混凝土钻孔灌注桩基础。

7. 室内给排水、暖通、空调

(1)各站公共区域冷热源采用风冷热泵机组,调整空调水泵间位置,优化室外机组气流组织,做好室外设备及材料的防风、防雨、防腐及防坠落措施。

执行情况:按照批复要求对风冷热泵机组安装,空调水泵房位置进行了优化调整。严格做好室外设备材料的防风、防雨、防腐及防坠落措施。

(2)各站候车、售票厅采用全空气空调系统,入口设置贯流风幕;VIP 候车售票及办公等房屋分区域设置多联机空调;信息主机房、通信机械室、防灾机房、信号继电器室及计算机房等无人值守房间设置机房专用空调;变配电房屋设置温控通风装置。

(3)结合候车室、售票厅装修方案,优化空调送回风形式,细化风口处理措施;调整各站工艺机房空调选型及布局,优化空调气流组织及通风设计,确保工艺设备运营安全。

执行情况:与建筑及室内专业配合,对空调送回风形式进行了优化。按照批复要求对各站工艺机房空调选型及布局进行了调整优化,确保工艺设备运营安全。

(4)进一步核实各站市政给排水及雨水接口条件,站房室内给水优先采用市政直接供水,调整给排水及消防系统管材。室外电、扶梯基坑应设置排水设施。

(5)完善站房暖通、空调、给排水等系统的维护及保养措施,健全设备系统安全、节能运营策略及操作流程,做好室内外各种管线及设施的综合。

8. 消防

(1)各站按规范设置消火栓、喷淋及固定灭火措施。永川东、资阳北、内江北站设置消防水炮系统。优化室外消防系统设计,做好相关专业的接口配合。

(2)各站通信机械室、信号继电器及计算机房、信息主机房、防灾机房设置气体灭火系统,合理选择气体灭火系统形式。

(3)电力、通信、信号电缆穿墙体、楼板的孔洞设专用防火封堵,其他按现行建筑及铁路工程设计防火规范设计。

(4)消防设备的选用应严格按相关规定办理,消防施工报送消防主管部门审核,按审核意见完善设计文件。

9. 雨棚

(1)资中北站采用圆形截面钢管混凝土柱、实腹钢梁、压型钢板屋面板站台有柱雨棚;隆昌北站采用圆形截面钢管混凝土柱、实腹钢梁、压型钢板混凝土组合屋面板站台有柱雨棚;其他车站采用钢筋混凝土圆形截面柱、屋面梁板站台有柱雨棚。

(2)雨棚与站台等宽,净高不大于 5.5 m,长度为 450 m,按安全等级一级、基本风压与基本雪压重现期按 100 年设计。

(3)根据地质资料与车场处理方案,优化雨棚基础设计。原则上按方区采用钢筋混凝土独立基础,填方区采用钢筋混凝土钻孔灌注桩基础。

(4)优化雨棚屋面系统防腐蚀、防水、防裂设计与薄弱部位的加强措施等设计,设置必要的检查维修通道和防坠落设施。

10. 地道装修

地道采用花岗岩地面、干挂黄岗岩墙面、局部设铝合金板吊顶。

(1)资阳北站进站地道至各中间站台分别设置自动扶梯、电梯各 1 部及 2 部楼梯,出站地道至各中间站台设 1 部自动扶梯与 2 部楼梯,基本站台外设自动扶梯、电梯、楼梯各 1 部。

(2)内江北站进站地道至各中间站台分别设置自动扶梯、电梯各 1 部及 2 部楼梯,出站地道至各中间站台设楼梯、斜坡道各 1 部,基本站台外设自动扶梯、电梯、楼梯各 1 部。

(3)永川东站出站地道至各中间站台设 1 部自动扶梯、2 部楼梯。

(4)资中北站出站地道至各站台设自动扶梯、楼梯各 2 部及 1 部电梯。

(5)其他车站出站地道至中间站台设自动扶梯、电梯各 1 部及 2 部楼梯。

11. 天桥

(1)永川东站天桥按宽度 8 m、净高 4.5 m 设计，天桥至各中间站台设电梯、自动扶梯各 1 部及 2 部楼梯。资阳北站、内江北站站房至基本站台设 1 座宽度 8 m、净高 4.5 m 天桥。

(2)天桥采用花岗岩地面、铝合金外窗、格栅及吊顶、钢桁架结构、钢筋混凝土钻孔灌注桩基础。

12. 其他

各车站站台及站房平台采用花岗岩铺面。

13. 电力

内江北、永川东、简阳南、资阳北、资中北、荣昌北站由铁路 10 kV 配电所接引 2 路 10 kV 电源。大足、隆昌北站由公用电网接引 2 路 10 kV 电源。各站分别新建 1 座 10/0.4 kV 变电所，给站房等负荷供电。

(1)永川东站设置 2×1 000 kV+800 kV 安变压器。

(2)资阳北、内江北站设置 2×1 000 kV+800 kV 安变压器。

(3)简阳南站设置 2×1 000 kV 安变压器。

(4)资中北、隆昌北、荣昌北、大足站设置 2×800 kV 安变压器。

(5)进一步核实各类电力负荷，并根据相关专业供电需要，校验变压器安装容量。

(6)10/0.4 kV 变电所及其电源线路、供电线路设计，应满足配套旅客服务设施用电需要并适当考虑今后发展的条件。

(7)10/0.4 kV 变电所按室内布置，无人值班设计。

(8)10/0.4 kV 变电所纳入电力远动系统，实行集中监控。

14. 照明

(1)候车大厅

简阳南、荣昌北、大足、隆昌北站候车大厅及资阳北、内江北、永川东站进站大厅采用 150 W 金卤灯；资阳北、内江北、永川东站一层候车厅采用 2×26 W 荧光灯；资中北站及资阳北、内江北、永川东站二层候车厅采用 70 W 金卤灯。资阳北、内江北、永川东站采用 2 灯 1 组布置，其余各站单灯布置，各站结合吊顶装饰板形式嵌入安装。

(2)售票厅采用 2×26 W 荧光灯，在吊顶上嵌入安装。售票台增设局部照明。

(3)出站厅采用 2×26 W 荧光灯，在吊顶上嵌入安装。

(4)地道在两侧局部吊顶两边灯槽内安装荧光灯带。

(5)雨棚采用 70 W 金卤灯，在次檩上明装，灯具底边与次檩底边平齐。

(6)资阳北、内江北、永川东站天桥采用 2×26 W 荧光灯，结合屋面形式进行安装。

(7)灯具应安装在承力结构上，有防坠落措施，做到牢固稳定，且便于维护和检修。

(8)充分利用广告灯箱、信息指示牌等背景光源对照度的贡献，合理优化照明灯具布置，减少灯具数量。

(9)室外景观照明原则上采用室内照明内透光，相关室内照明及其控制设计应适应室外景观照明的需要。

15. 应急照明

(1)采用荧光灯时，利用正常照明的一部分作为应急照明。

(2)采用金卤灯时，大空间采用卤钨灯，较低空间采用荧光灯，一般在吊顶上方隐藏安装，灯具颜色与吊顶上方背景颜色协调。

16. 照明控制

灯具应根据使用特点和需要合理分组，在技术经济合理时，尽可能细分供电支线及控制区域、控制单元，做到使用方便、控制灵活。应充分听取运营单位意见，进一步完善设计方案。

17. 概算

(1)修改初步设计概算包括简阳南、资阳北、资中北、内江北、隆昌北、荣昌北、大足、永川东、璧山站共 9 座中间站站房、雨棚、天桥、地道及站台铺面等工程及信息、电力、暖通、给排水等配套设施。

(2)站房、雨棚、天桥工程设计概算按工程所在地现行建筑安装工程定额及配套费用定额编制，主要材料价格编制期为 2012 年第二季度。其他工程设计概算按铁道部铁鉴函〔2011〕682 号文批复原则编制。

(3)对地方收取的站房工程有关规费,建设单位应向地方主管部门依据相关政策争取减免,概算暂不计列。

(4)按建设单位与地方政府签订协议的原则,地方政府承担站房投资合计为 30 700 万元。其中,简阳南站 3 000 万元、资阳北站 4 000 万元、资中北站 1 500 万元、内江北站 4 000 万元、隆昌北站 1 500 万元、荣昌北站 2 800 万元、大足站 2 400 万元、永川东站 8 800 万元、璧山站 2 700 万元。

(5)新建成都至重庆铁路客运专线简阳南等 9 座车站站房、雨棚及相关工程修改初步设计概算(含地方承担站房投资)较铁鉴函〔2011〕682 号文批复增加按 21 298 万元控制。

第四节　采暖及通风设计

一、设计遵循的主要设计标准

(1)《铁路房屋建筑设计标准》(TB 10011—2012)
(2)《铁路房屋暖通空调设计标准》(TB 10056—1998)
(3)《采暖通风与空调设计规范》(GB 50019—2003)
(4)《民用建筑供暖通风与空调设计规范》(GB 50736—2012)
(5)《建筑设计防火规范》(GB 50016—2006)
(6)《铁路工程设计防火规范(2012 年版)》(TB 10063—2007)
(7)《民用建筑热工设计规范》(GB 50176—1993)
(8)《铁路工程节能设计规范》(TB 10016—2006)
(9)《公共建筑节能设计标准》(GB 50189—2005)
(10)《室内空气质量标准》(GB 18883—2002)
(11)《声环境质量标准》(GB 3096—2008)
(12)《工业企业设计卫生标准》(GBZ 1—2010)
(13)《暖通空调制图标准》(GB/T 50114—2010)
(14)《通风与空调工程施工质量验收规范》(GB 50243—2002)

二、设计原则和主要技术标准

(一)集中采暖设置标准及供热规划原则

根据沿线气象条件,全线不设置采暖。

(二)空气调节设置标准及冷热源的选择原则

1. 工艺空调

生产工艺有特殊需要的对室内温、湿度有特殊要求的通信、信号、信息化设备用房、信号控制台室、防雷分线室、综合监控室及牵引变电所、开闭所、分区所、AT 所、电力变、10 kV 配电所的控制室等生产房屋设置工艺性空调。

通信、信号、信息化设备用房、牵引变电所、开闭所、分区所、AT 所、电力变、10 kV 配电所的控制室采用机房专用空调器;信号控制台室、综合监控室采用分体式工程用空调器。

2. 舒适性空调

全线其余有人值守的重要生产办公场所如牵引变电所、10 kV 配电所值守室等设置舒适性空调,采用分体式空调器。其余办公房屋、单身宿舍等预留分体空调用电条件。

(三)通风与防排烟设计原则

1. 通风设计

全线房屋通风合理利用自然通风,当自然通风不能满足环境要求时,采用通风机机械通风。隧道内变压器洞室、电力远动间及变配电所的 10 kV 配电室、隔离开关室、小电阻室、电抗器室设智能温控轴流风机排除余热。有防爆要求的通风设备采用防爆型。

生产过程中产生有害气体、粉尘的车间，根据有害气体性质，粉尘浓度，设置净化通风、除尘通风或全面通风系统。职工食堂油烟经油烟过滤排气罩处理后排放。工区厨房设计家用抽油烟机，生活房屋的浴室设轴流风机通风换气。

2. 防排烟设计

根据规范要求设置防排烟设施，各建筑优先采用自然排烟，由建筑专业设置可开启的外窗采用自然排烟方式。对不能满足自然排烟条件的区域设置机械排烟系统。

所有空调、通风系统风管穿越防火墙、楼板或其他防火分隔时均设置 70 ℃的防火阀。通风空调系统的所有部件、配件及材料均选用不燃型或防火型。

三、暖通空调设计

以下介绍一般站房暖通空调设计。

(一)空调系统设置情况

(1)站房内人员密集的公共场所(候车厅、售票厅等高大空间)采用全空气空调系统。候车厅、售票厅设置中央空调系统，夏季空调冷负荷为 920 kW。空调冷热源采用市政电力为动力的 2 台多机头风冷螺杆式热泵冷热水机组(制冷量 400 kW/台)，安装在西侧站厅屋顶，制冷剂为 R134a。

(2)服务用房、办公用房、贵宾候车厅采用运行灵活、低负荷时效率较高的变制冷剂流量＋全热回收新风换气机。

(3)消防控制室、微机室等设置独立空调。通信机械室、信号电源及继电器室、信号计算机房、信息机房等设机房专用空调。

(二)通　　风

变配电室、水泵房等设置机械通风；卫生间、配电间、弱电间、信息配线间及弱电机房采用机械排风，自然补风的通风方式；四电机房机械排风同时承担气体灭火后的排风；候车厅过渡季节按自然通风设计，通过自然开口或门窗，组织自然通风，以节约能源。

(三)防排烟设计

候车大厅采用侧高电动排烟窗自然排烟，超过 20 m 的内走道采用可开启外窗方式自然排烟。超过 20 m 的内走道无可开启外窗，采用机械排烟方式。

(四)管道的材料及保温材料的选择

(1)通风风管采用镀锌钢板制作，空调风管采风管采用镀锌钢板，厚度按《通风与空调工程施工质量验收规范》(GB 50243—2002)有关规定执行。事故排风系统风管采用钢板风管，厚度按上述规范中消防排烟系统相关规定选用。非保温材料制作的空调送、回风管及经冷热处理的新风管需采用厚 30 mm 夹筋铝箔离心玻璃棉板材保温，吊顶内排烟管道采用 40 mm 离心玻璃棉板包覆。所用离心玻璃棉板导热系数应不大于 0.036 W/(m·K)，热阻不小于 0.81 m^2·K/W，密度为 48 kg/m^3。

(2)空调冷热水管管径 $d \leqslant 80$，采用镀锌钢管，管径 $d \geqslant 80$，采用无缝钢管；空调冷凝水管采用 UPVC 管。冷水管根据管径采用橡塑管壳保温：橡塑保温需有国家防火建筑材料质量监督检验中心 NFTC 认证。主要技术参数符合以下要求：导热系数 10 ℃时 0.034 W/(m·K)，湿阻因子 8 000，真空吸水率 3%，烟密度 75，氧指数大于 32。

(五)空调系统的防火技术措施

(1)空调系统送、回风管采用不燃材料；设备和风管的绝热材料、消声材料及其黏结剂采用不燃材料。

(2)风管穿越防火分区、空调机房的隔墙和楼板处设置防火阀，空隙处采用膨胀型防火堵料进行封堵。

(3)建筑物内防火分隔构件上贯穿孔口、风管井、板洞等，应按国家现行标准《建筑防火封堵应用技术规程》(CECS 154)的有关规定采取防火封堵措施。

(六)卫生防疫

(1)变制冷剂流量多联机系统冷媒选用环保型冷媒 R410A。

(2)新风采气口与排风口水平距离保持足够的距离，以避免进风与排风的短路。

(3)卫生间设有排风系统。

(4)新风换气机及送风机入口处安装初效过滤器。

(七)节约能源措施

(1)办公用房及弱电机房均采用变制冷剂流量降温系统,满足 24 h 运行需求,方便各房间独立调节。

(2)系统与设备的合理设计与选择,减少冷、热媒的输送能耗,减少耗电量。

(3)风机的单位风量耗功率满足规范的限值 0.32 W/(m^3 · h)的要求。

(4)靠外窗的空调房间在过渡季节全部利用自然通风排走室内余热余湿,提高室内舒适性,并大大降低空调能耗。

(5)通风系统设备均选用高效率,低能耗的产品。

(6)新风换气机采用热回收技术,利用排风冷却新风以达到节能目的。

(7)空调风管绝热层的最小热阻满足规范规定的 0.74 m^2 · K/W 的要求。

(八)环境保护措施

(1)尽量利用既有设备、管道,节约投资,避免浪费。

(2)落地安装设备设减振垫,吊装的风机采用减振吊架。空调机、风机进出口设软接头。风管、水管穿越噪声较大的房间时,设置柔性接头及隔声措施。

第五节　给排水工程设计

一、设计遵循的主要设计标准

1.《铁路房屋建筑设计标准》(TB 10011—2012)
2.《铁路给水排水设计规范》(TB 10010—2008)
3.《建筑给水排水设计规范(2009 年版)》(GB 50015—2003)
4.《建筑设计防火规范》(GB 50016—2006)
5.《铁路工程设计防火规范(2012 年版)》(TB 10063—2007)
6.《气体灭火系统设计规范》(GB 50370—2005)
7.《建筑灭火器配置设计规范》(GB 50140—2005)
8.《铁路工程节能设计规范》(TB 10016—2006)
9.《建筑防火封堵应用技术规程》(CECS 154—2003)
10.《气体消防设施选型配置设计规程》(CECS 292—2011)
11.《埋地塑料排水管道工程技术规程》(CJJ 143—2010)
12.《公共建筑节能设计标准》(GB 50189—2005)
13.《民用建筑节水设计标准》(GB 50555—2010)
14.《生活饮用水卫生标准》(GB 5749—2006)
15.《工业企业设计卫生标准》(GBZ 1—2010)
16.《建筑给水排水制图标准》(GB/T 50106—2010)
17.《建筑给水排水及采暖工程施工质量验收规范》(GB 50242—2002)
18.《气体灭火系统施工及验收规范》(GB 50263—2007)
19.《建筑灭火器配置验收及检查规范》(GB 50444—2008)

二、室内给排水设计原则

各类房屋按建筑设计和工艺要求设置给水系统,直接由室外管网供给。在人员集中的生产、办公房屋设置电开水器供应开水。工区、单身宿舍及办公房屋淋浴间采用电热水器供热。按计量单位设水表。

室内污水排放采用雨水、污水分流制,室内污水经处理后排入室外排水系统。室内给水排水管选用执行《建筑给水排水设计规范(2009 年版)》(GB 50015—2003)推荐的管材。

三、室内消防设计原则

1. 室内水消防设计

综合维修车间及工区的轨道车库及机具库、材料棚设置室内消火栓系统。

室内水消防采用临时高压区域消防系统，消防水源由各综合维修车间（工区）设置消防水箱、消防泵供给，保证室内消防用水要求。消火栓系统高位消防水箱设置在综合维修车间工区轨道车棚及机具库屋顶满足火灾初期消防用水，火灾时自动启动消防主泵供水。

2. 气体灭火系统

信号中继站、线路所的继电器室、电源室、计算机室、通信机械室、信息机房、防灾机房，牵引变电所、开闭所、分区所、AT 所、电力 10 kV 配电所的控制室设置无管网七氟丙烷气体灭火装置。

在设置气体灭火装置的房间设置自动泄压装置。通信、信号、信息化及电力的电缆井、电缆沟穿越墙体及楼板处均设置防火封堵。

3. 灭火器配置

全线长度在 5 km 及以上的隧道内四电设备洞室设置悬挂式超细干粉自动灭火装置，灭火装置监控纳入四电远程监控。

各类房屋及全线长度在 5 km 及以上的隧道内四电洞室均配置手提式磷酸铵盐干粉灭火器。

四、给排水设计

以下介绍一般站房给排水设计。

（一）生活给水系统

（1）生活给水系统水源为城市自来水。拟从站前广场道路下的市政给水干管上接出一根 ϕ150 mm 给水管进入用地红线，站房的入户管从室外给水管网上接出。站房处市政供水压力不能满足站房内地上各用水点的压力要求。

（2）室内生活给水系统不分区，由地下水泵房内的生活水箱＋变频泵形式供给。伙食团、卫生间及空调机房补水分别设置水表计量，各层用水点均设水表计量。空调设备补水装置前设倒流防止器。

（二）生活热水系统

（1）热水供应部位：办公区域茶水间。

（2）不设置集中热水供应系统，各淋浴房采用单个的电热水器。

（3）冷水计算温度取 4 ℃，分散供水电热水器的设计出水温度 60 ℃。

（三）饮水系统

（1）饮用水供应部位：候车厅开水间。

（2）饮水的水源为城市自来水，采用全自动净化开水器，带紫外线消毒水净化设备，同时可供应开水和直饮水。

（3）直饮水质满足国家《饮用净水水质标准》（CJ 94—2005）和《生活饮用水卫生标准》（GB 5749—2006）中的各项指标。

（四）生活排水系统

（1）本工程建筑内污废水量 26.266 m^3/d，按生活用水量的 100%计（不计空调补水）。

（2）站房地面±0.00 以上污废水采用重力自流排除。室内污、废水合流经室外化粪池排至室外污水管，地下室废水均汇至潜水泵坑，用潜水泵提升排除

（3）卫生间生活污水设置伸顶通气立管，一层设环形通气管。

（4）蹲便器及小便器采用感应式冲洗阀。洗脸盆采用感应式水龙头。地漏水封深度不小于 50 mm。

（五）雨水系统

（1）雨水排水量

雨水量按成都地区暴雨强度公式计算，降雨历时 5 min，成都市暴雨强度按式（3-9-1）计算。

$$q=2\,509(1+0.845\lg P)/(t+14.095)^{0.753} \tag{3-9-1}$$

(2)雨水系统

①站房相对高程为16.00 m的屋面雨水采用虹吸式雨水系统,设计重现期为50年;相对高程为10.500 m的屋面采用重力雨水系统,设计重现期为10年,合溢流设施总排水能力的设计重现期不小于50年;均采用内排水系统。虹吸雨水系统专业公司根据以上提出的技术参数和要求深化设计、安装和调试,并对设计及施工负责。其设计须经本公司确认后方可施工。

②站台雨棚雨水采用重力雨水系统,设计重现期为10年,立管设置在钢柱内,立管出钢柱后的管道由铁二院负责衔接。

③站房外场地地势设计应保证场地雨水不倒流至站房范围。

(六)消防给水系统

(1)消防水源为市政自来水。站房室外设室外消防用水水池,室外消防水池有效容积为216 m^3。室内消防用水量由设置在地下消防储水池供给,室内消防水池储水量为306 m^3。

(2)室外消火栓系统

室外设置室外消防用水水池,取水口与建筑物(水泵房除外)的距离不小于15 m。整个站房均在消防取水口150 m保护范围内,室外消防水池储水量为216 m^3。

(3)室内消火栓系统

本工程各层均设消火栓保护,消火栓充实水柱长度不小于13 m。室内消火栓栓口中心安装高度距地1.10 m,栓口出水方向向下或垂直墙面安装。消火栓采用薄型单栓带灭火器箱组合式消防柜,每一消火栓箱内配DN65 mm消火栓1个,D65 mm、L=25 m麻质衬胶水带1条,D65 mm×19 mm直流水枪1支,消防水喉一套,下层配MFABC5/3A二具。所有消火栓处均配带指示灯和常开触点的启泵按钮一个。

(4)供水系统

消防水箱设置在二层水箱间,有效储水容积为18 m^3,保证灭火初期的消防用水。在二层水箱间内设置消火栓增压稳压设备。消防泵房设于地下室消防泵房,消火栓泵设2台,1用1备。单泵参数:Q=25 L/s,H=50 m,N=22 kW。

(5)水泵接合器

本系统共设2个地上式接合器,设在站前广场处,并距消防水池取水口距离控制在15~40 m之内。

(6)在地下一层消防泵房消火栓泵出水管预留两路消火栓接口给主体院,由主体院设置环状消防管网,供站台消火栓。

(七)湿式自动喷水灭火系统

(1)设计参数:系统按中危险级Ⅰ要求设计。净空高度8 m<H≤12 m,设计喷水强度6 L/(min·m^2)。作用面积260 m^2,喷头最大间距3 m,经计算系统设计流量35 L/s。

(2)喷头:除不宜用水保护的部位各设备机房、水箱间等部位不设喷头,其余均设喷头保护。采用玻璃球喷头,候车厅区域采用上下喷,除候车厅区域外,有吊顶部位采用吊顶型喷头,无吊顶部位采用直立型喷头。喷头流量系数K=80,喷头最小工作压力为6.5 m。公称动作温度:开水间采用93 ℃温级,其他部位均为68 ℃温级。候车厅采用快速响应喷头。

(3)供水系统:管网竖向不分区,高位水箱(与消火栓系统共用)加喷淋增压稳压设备(设置在二层水箱间),保证火灾初期灭火用水;自动喷淋水泵设2台(1用1备)保证消防时加压供水。

(4)报警阀组:共设1套报警阀组,设置在地下消防水泵房内。报警阀处的水压均不超过1.2 MPa,负担喷头数不超过800个。报警阀组控制的最不利点喷头处,设末端试水装置,其他防火分区、楼层的最不利点喷头处,均设DN25的试水阀。

(5)水流指示器:每个防火分区(或每层)的水管上设信号阀与水流指示器,信号阀与水流指示器之间的距离不宜小于300 mm。

(6)水泵接合器:本系统共设2个地上式接合器,设在站前广场处,并距室外消火栓距离控制在15~40 m之内。

(八)气体灭火系统

(1)部位:一层的电力远动机房,二层的防灾安全监控机房、信息机房、通信机械室、信号继电器室、信号微机室、信号电源室。

(2)灭火剂及系统选择:选用七氟丙烷预制气体灭火系统,采用无管网系统设计。本设计采用全淹没灭火系统的灭火方式,即在规定时间内向防护区喷射一定浓度的七氟丙烷灭火剂,并使其均匀地充满整个防护区,此时能将其区域里任何一部位发生的火灾扑灭。

(3)基本参数:设计灭火浓度8%,喷射时间不超过8 s,浸渍时间采用5 min;在气体灭火系统的防护区域附近设置2具空气呼吸器。

(九)灭火器配置

(1)本工程候车厅、出站厅、配套办公灭火器配置按A类火灾严重危险级设计,配置手提式磷酸铵盐干粉灭火器,每处设2个3A级5 kg装贮压式磷酸铵盐干粉灭火器。

(2)各设备用房、信息机房、变配电间等配置手提式磷酸铵盐干粉灭火器,每处设2个89B级5 kg装贮压式磷酸铵盐干粉灭火器。

(3)独立设置的灭火器需放置在不上锁的灭火器箱内。

(4)所有消防器材与设备需经中国消防产品质量检测中心、省市消防建审部门和设计单位认可。

(十)环境保护措施

(1)采用电开水器供应开水。

(2)设计中均采用新型高效的设备,推广应用新材料、新设备。

(3)所有管道材料均采用环保型管材。

(十一)节约能源措施

(1)坐便器冲洗采用6.0 L水箱、蹲便器及小便器感应式冲洗阀、洗脸盆采用延时自闭式水龙头。

(2)卫生洁具给水及排水五金配件应采用与卫生洁具配套的节水型配件。

(十二)注意事项

(1)水表安装必须水平,水表外壳上箭头方向应与水流方向一致。

(2)管道标高表示:给水管为中心标高,排水管为管道内底标高。

(3)给水采用衬塑钢管,卫生间内暗装时采用S2.5级PP-R管;热水管道采用PP-R热水管,重力流排水管采用阻燃型UPVC管,室内压力排水管采用热浸镀锌钢管。消防管采用内外热镀锌钢管。

(4)镀锌管刷银粉漆二道。

(5)施工安装完毕后,给水系统必须经过冲洗、试验调整。排水系统必须经过灌水试验后,再进行验收,验收按有关规范规程办理。

(6)消防柜采用铝合金,消防按钮根据电力专业设计图要求选用。

(7)消防设备参数应满足当地消防部门要求。

(8)施工中,应与土建及其他专业密切配合,详细核对沟、槽、管、洞,以免造成不必要的返工。

(十三)室外工程

(1)给水、消防管道

①管道系统

a. 供水水源为城市自来水。拟从站前广场东侧道路下的市政给水干管上接出一根DN150给水管进入用地红线,站房的入户管从室外给水管网上接出。站房处市政供水压力不能满足站房内地上各用水点的压力要求。

b. 站房室外消防用水由设置在站前广场东侧的室外消防储水池供给,室内消火栓、自动喷水灭火的水泵接合器均设于站前广场处。

②管材及接口:采用内衬水泥砂浆铸铁给水管,橡胶圈柔性接口连接,工作压力0.6 MPa。

③阀门:采用闸阀或蝶阀。工作压力同各系统管材要求。

④管道埋深:管顶覆土厚度不小于0.7 m。

⑤管道敷设:给水管道与排水管道交叉时,给水管道宜敷设在上面,且不应有接口重叠;当给水管道敷设在污水管下面时,给水管应加套管,套管长度为交叉点两侧各1 m。

⑥管道基础:天然地基进行夯实;回填土地段做300 mm厚灰土垫层;岩石和多石地段,做砂垫层,厚度

为 150 mm;软黏土,更换土或每 2.5～3.0 m 作混凝土枕基。

⑦管道防腐:金属管、金属复合管及管件埋地敷设时,采取管外壁刷冷底子油一道、石油沥青两道。当埋于腐蚀性土壤或焦渣层内时,应做加强防腐:在管外壁刷冷底子油一道,石油沥青一道,玻璃布一层,冷底子油一道,石油沥青一道,总厚度不小于 6 mm。给水铸铁管的管外壁刷冷底子油一道,石油沥青两道。

⑧管道试压:压力管道试验管段长度不宜大于 1 km。管道试压前先将管道内充满水排除管内空气,经 24 h 后方能进行试压。消火栓管道试验压力不小于 1.00 MPa,喷淋管道的试验压力不小于 1.40 MPa,固定式消防炮管道实验压力不小于 1.60 MPa。检验方法:钢管、给水铸铁管参见《建筑给水排水及采暖工程施工质量验收规范》(GB 50242—2002)第 9.2.5 条。

(2)排水管道

①管道系统

a. 本工程采用污水、雨水分流制管道系统。

b. 本工程站房经 1 座 9 号化粪池处理后排入城市污水管。

c. 站房屋面雨水经室外雨水管汇集后排入市政雨水管道。

②管材和接口

a. 生活污水管、废水管、雨水管采用 HDPE 双壁波纹管,承插接口。管径大于 600 mm 采用埋地用排水钢带增强聚乙烯螺旋波纹管。

b. 化粪池通气管采用机制排水铸铁管,承插连接。

c. 站房排出管至第一个检查井采用 PVC-U 塑料排水管,粘连。

③管道基础

a. 沟槽槽底宽度,按管径加 600 mm 确定。

b. 沟底为土质较好,且位于地下水位以上时,在沟底铺一层砂垫层,厚度为 100 mm,其上做 60°混凝土条基。

c. 沟底为软土,或沟底位于地下水位之下时,在沟底铺砾石砂或碎石,厚度为 150 mm,再用黄砂找平,其上做 120°混凝土条基。地基土若被扰动,应采取处理措施:

(a)扰动 150 mm 以内,可原状土夯实,压实系数不小于 0.95。

(b)扰动 150 mm 以上,可用 3∶7 灰土、卵石、碎石、毛石等填充夯实,压实系数不小于 0.95。

④管道连接一般采用管顶平接,流槽高度按流槽顶与管内顶平,采用 C15 混凝土浇筑前应先将检查井井基、井墙洗刷干净,以保证共同受力。

⑤管道埋深:生活污水管道底可埋设在冰冻线以上 0.15 m,雨水管道可埋设在冰冻线以上,但管顶覆土厚度不小于 0.7 m。如管顶覆土厚度小于 0.7 m 或承受超过相当于汽-10 级的荷载时,该处管道及基础应另做加固处理,可采取加宽加厚混凝土基础或在管上砌筑砖拱以及用混凝土或钢筋混凝土加固管道等措施。

⑥排水管道覆土前应做灌水试验和通水试验,排水应通畅无堵塞,管接口无渗漏。检验方法参见《建筑给水排水及采暖工程施工质量验收规范》(GB 50242—2002)第 10.2.2 条。

(3)管沟回填要求

①管顶上部 500 mm 以内不得回填直径大于 100 mm 的块石和冻土块;500 mm 以上部分,不得集中回填块石或冻土。用机械回填时,机械不得在管沟上行走。

②HDPE 埋地管道回填时,管四周不得加杂尖硬物直接与塑料管壁接触,应先用砂土或颗粒径不大于 12 mm 的土壤回填至管顶上侧 300 mm 处,经夯实后方可回填原土。

③管沟回填土应分层夯实。虚铺厚度:机械夯实时,不大于 300 mm;人工夯实时,不大于 200 mm。管子接口坑的回填必须仔细夯实。

(4)给排水构筑物

①所有给排水构筑物均按“标准图”施工。

②管道穿过井壁处应严密、不漏水。

③在路面上的井盖,井盖和井座均采用重型球墨铸铁双层井盖,上表面应同路面相平,有特殊要求的路面,采用与路面铺砌材料相同的装饰井盖。无路面井盖应高出室外设计标高 50 mm,并应在井口周围以 2%

的坡度向外做护坡。

④除特殊注明外，阀门井、检查井采用砖砌筑，化粪池采用钢筋混凝土构筑物，均按照标准图中“有地下水”类型进行施工。

(十四)其　　他

施工承包公司应与其他专业承包公司密切合作，合理安排施工进度和设备、器材、管道的设置位置，避免碰撞和返工。除本设计说明外，还应遵守《建筑给水排水及采暖工程施工质量验收规范》(GB 50242)等现行有关技术规范及规程的规定。

防火封堵：建筑物内防火分隔构件上的贯穿孔口、给排水管道缝隙等处应按国家现行标准《建筑防火封堵应用技术规程》(CECS 154)的有关规定采取防火封堵措施。

第十章 通信设计

第一节 主要设计依据

通信主要设计依据如下：

(1)《关于新建铁路成都至重庆客运专线初步设计的批复》(铁鉴函〔2010〕652号)

(2)《中国铁路总公司关于〈新建成都至重庆铁路客运专线列车控制系统等Ⅰ类变更设计〉的批复》(铁总办函〔2013〕231号)

第二节 主要技术标准及原则

通信设计主要技术标准及原则如下：

(1)《铁路通信设计规范》(TB 10006—2016)

(2)《高速铁路设计规范》(TB 10621—2014)

(3)《铁路客运专线通信技术装备标准(试行)》(运基通信〔2010〕35号)

(4)《铁路通信线路、传输及接入网设计规范》(铁总建设〔2014〕62号)

(5)《铁路数据通信网设计规范》(TB 10087—2010)

(6)《铁路数字调度通信系统及专用无线通信系统设计规范》(TB 10086—2009)

(7)《铁路图像通信设计规范》(TB 10085—2009)

(8)《中国国内电话网No.7信号方式技术规范》(GF 001—9001)

(9)《中国国内No.7信令方式技术规范消息传递部分(MTP)》

(10)《中国国内电话网No.7信令方式技术规范综合业务数字网用户部分(ISUP)》

(11)《中国国内电话网No.7信号方式连接控制部分(SCCP)的技术规范》

(12)《中国国内电话网No.7信号方式事务处理能力部分(TC)技术规范》

(13)《GSM-R数字移动通信网技术体制(暂行)》(科技运〔2006〕120号)

(14)《铁路GSM-R数字移动通信系统网络技术规划》(铁信息函〔2005〕120号)

(15)《GSM-R无线网络覆盖和服务质量(QOS)测试方法(V1.0)》(科技运〔2008〕170号)

(16)《GSM-R数字移动通信系统应用技术条件　第一分册:调度通信系统V3.0》(科技运〔2007〕116号)

(17)《GSM-R数字移动通信系统应用技术条件　第二分册:列车无线车次号校核信息传送系统V1.0》(科技运〔2007〕98号)

(18)《GSM-R数字移动通信系统应用技术条件　第三分册:调度通信信息无无线传送系统V1.0》(科技运〔2007〕99号)

(19)《GSM-R中继传输系统设备技术规范》(科技运〔2007〕63号)

(20)《GSM-R数字移动通信系统网编号计划(V3.0)》(TJ/DW—2012)

(21)《铁路GSM-R数字移动通信系统工程设计暂行规定》(铁建设〔2007〕92号)

(22)《铁路防雷、电磁兼容及接地工程技术暂行规定》(铁建设〔2007〕39号)

(23)《铁路GSM-R数字移动通信工程施工质量验收暂行标准》(铁建设〔2007〕163号)

(24)《调度通信系统主要技术条件(暂行)》

(25)《铁路调度通信系统　第1部分:技术条件》(TB/T 3160.1—2007)

(26)《铁路调度通信系统　第2部分:试验方法》(TB/T 3160.2—2007)

(27)《铁路应急通信接入技术条件》(TB/T 3204—2008)

(28)《铁路运输应急通信系统技术体制》(运基通信〔2003〕455 号)

(29)《铁路通信站用交流配电设备》(TB/T 2993.1—2000)

(30)《铁路通信站用－48 V 直流配电设备》(TB/T 2993.2—2000)

(31)《铁路通信站用－48 V 高频开关整流设备》(TB/T 2993.3—2000)

(32)《铁路中间站通信电源设备技术条件》(TB/T 2169—2002)

(33)《关于加强铁路视频监控系统建设和运用管理的通知》(铁运〔2008〕33 号)

(34)《关于发布〈铁路综合视频监控系统技术规范(试行)〉的通知》(运基通信〔2008〕630 号)

(35)《视频安防监控系统技术要求》(GA/T 367—2001)

(36)《安全防范工程程序与要求》(GA/T 75—1994)

(37)《铁路工程设计防火规范》(TB 10063—2007)

(38)《民用闭路监视电视系统工程技术规范》(GB 50198—2011)

(39)《电气装置安装工程接地装置施工及验收规范》(GB 50169—2006)

(40)《铁路无人值守机房环境远程监控系统工程设计规范》(TB/T 10034—2005)

(41)《通信局(站)电源、空调及环境集中监控管理系统　第 1 部分:系统技术要求》(YD/T　1363.1—2005)

(42)《综合布线系统工程设计规范》(GB/T 50311—2007)

(43)《关于印发〈高速铁路轨道及站后“四电”工程备品备件配件指导意见〉的通知》(铁建设〔2012〕158 号)

(44)《京沪高速铁路综合视频监控系统设计原则及设备配置会议纪要》(运基通信〔2010〕412 号)

(45)《铁道部运输局关于印发〈铁路供电调度系统通信组网技术方案指导意见〉的通知》(运电通信函〔2012〕428 号)

(46)《中国铁路总公司建设部关于印发〈铁路通信漏泄同轴电缆直流隔断器设置标准的研究〉规范科研课题技术评审会专家意见的通知》(建技函〔2014〕19 号)

(47)《中国铁路总公司关于明确〈接触网支柱附挂非供电线路设施有关问题〉的通知》(铁总运〔2015〕152 号)

第三节　主要工程内容

(一)传输及接入系统

1. 传输系统

本线传输系统按干线层、车站中继层和接入层三层结构设计,干线层新设 SDH 10 Gb/s(1＋1)MSP 传输系统,在成都东、简阳南、资阳北、内江北、大足、璧山和重庆通信站设置 ADM。

车站中继层新设 SDH 2.5 Gb/s(1＋1)MSP 传输系统,在成都东、简阳南、资阳北、资中北、内江北、隆昌北、荣昌北、大足、永川东、璧山、沙坪坝、重庆设置 ADM。

接入层新设 SDH 622 Mb/s 传输系统,在各线路所、无线基站、信号中继站、电气化所亭、电力配电所、通信工区等节点设置 ADM,在车站间组成两纤单向通道保护环。

2. 接入网

本次设计接入网采用星型组网方式,在成都东和重庆北通信站设置 OLT,在各车站、线路所、信号中继站、电气化所亭、电力配电所和通信工区设置 ONU,各 ONU 通过传输系统提供的 2 Mb/s 通道按省界分别接入成都东和重庆北通信站 OLT。

(二)数据通信

根据本线数据业务的分布特点及带宽需求,本线数据网按核心层、汇聚层和接入层三层架构设计。核心层利用西成客专在成都设置的 2 台核心路由器;汇聚层设成都东和重庆通信站 2 个节点,利用成绵乐在成都东通信站和成都局改造工程襄渝线在重庆通信站设置的汇聚路由器;接入层设成都东、简阳南、资阳北、资中北、内江北、隆昌北、荣昌北、大足、永川东、璧山、沙坪坝和重庆 12 个节点,分别设置接入路由器 1 台。

(三)电话交换

本次设计不新设程控交换机,利用成都东和重庆北通信站既有程控交换机,并对其进行扩容。沿线新增自动电话用户通过接入网分别接入成都东和重庆北既有程控交换机,纳入既有铁路电话交换网统一编号。

(四)移动通信系统

本次设计新设 GSM-R 数字移动通信系统。GSM-R 数字移动通信系统提供的业务包括话音业务、数据业务、与呼叫相关的业务和铁路特定业务,并可在上述业务的基础上扩展新的应用。本线 GSM-R 系统按单网交织覆盖设计,区间弱场强区采用基站+直放站并结合漏缆方式解决。

(五)专用通信系统

本线设置列车调度电话和牵引供电调度电话,采用铁路数字专用通信系统设备,利用成都铁路局既有 FAS 主设备,在沿线各车站、线路所设置 FAS 分设备各 1 套,并为相关用户设置相应的车站值班台和调度电话分机。

(六)会议电视、电话

新设 H. 323 会议电视系统;在各车站新设会议电视分会场设备,接入成都铁路局既有会议电视系统。

(七)应急通信系统

在通信工区新设应急通信现场接入设备,纳入成都应急通信指挥中心。

在长度 5 km 以上隧道设置事故报警电话系统。

(八)视频监控系统

本线新设综合视频监控系统,系统由视频节点设备、视频采集点前端设备、视频网络和用户终端构成。沿线车站设Ⅰ、Ⅱ类视频接入节点;沿线各线路所、信号中继站、综合维修车间、通信基站、牵引变电所、分区所、AT 所、电力变配电所设Ⅱ类视频接入节点。本线综合视频监控系统通过 IP 数据网接入到成都局现有视频区域节点。车站行车室、客运车站相关部门(综合监控室、客运值班室、公安值班室等)、电调所、综合维修车间等部门根据需要设用户监视终端和显示设备;车站咽喉区、通信信息和信号机房内、牵引供电及电力机房内外和区间公跨铁立交桥、隧道口等处设置视频采集设备,实现对重点设施的实时监控。

客运站视频监视纳入综合视频监控系统。

(九)通信电源及电源环境监控系统

沿线各车站、线路所、无线基站、信号中继站、电力配电所、牵变所、AT 所、分区所等处新设-48 V 高频开关电源和与之相配套的阀控式密封铅酸蓄电池组,成都东和重庆通信站利用既有通信电源设备。本线新设电源及环境监控系统,在成都东和重庆北通信站设中心设备,在沿线通信、信号和信息专业相关机房设置监控站设备,对通信电源和通信、信号、信息机房的环境进行监测监控。

(十)综合布线系统

本线各设有办公机构的建筑,均设置综合布线。本线综合布线系统由工作区子系统、水平子系统、主干子系统、管理区子系统、设备间子系统和建筑群子系统组成。

信息点的设置原则上按办公用房每 10 m^2 1 个信息点,公安派出所、刑警队和公安值班室等每 10 m^2 3 个信息点计列。

(十一)通信线路类型及容量选择

1. 长途通信线路

沿铁路两侧敷设 GYTZA5332B1 光缆各 1 条。

2. 地区及站场通信线路

通信机械室至电气化所亭、电力配电所、通信工区等地点敷设 12 芯光缆。

地区电缆主要采用 HYAT53 型油膏填充式全塑市话电缆,容量根据需要确定。

第十一章　信号设计

第一节　工程概况

一、工程范围

(1)正线工程

正线工程华兴村线路所(不含)至重庆,全长 307.931 km,包括简阳南、资阳北、资中北、内江北、隆昌北、荣昌北、大足南、永川东、璧山、半边山线路所、沙坪坝、重庆计 12 个车站(所)及 13 个信号中继站。

(2)引入重庆枢纽相关工程

引入重庆枢纽包括重庆西联络线、重庆北左联络线、还建梨菜线(沙坪坝站与梨树湾站间增加计轴设备)、还建黄菜线(重庆站与黄沙溪站间增加计轴设备)、引入重庆西(渝昆场)站、经芭蕉沟线路所引入歌乐山站。

(3)成绵乐代建工程

成都东(不含)至华兴村,成都南联络线以及成都枢纽相关工程。本次设计不含该部分信号工程内容。

二、主要工程内容

信号工程包含行车指挥系统、列控及闭塞系统、联锁系统、集中监测系统、综合防雷,以及枢纽内接轨站相关信号系统改造。成渝客专信号工程内容见表 3-11-1。

表 3-11-1　成渝客专信号工程内容

	名　称	系　统					股　道	道岔数(组)
		CBI	TCC(室外 LEU)	CTC/TDCS	CMS(含终端)	电源		
四川	简阳南	1	1	1	1	1	4	11
	资阳北	1	1	1	1	1	7	23
	资中北	1	1	1	1	1	4	11
	内江北	1	1	1	1	1	7	23
	隆昌北	1	1	1	1	1	4	10
	中继站		10		10	10		
重庆	荣昌北	1	1	1	1	1	4	11
	大足南	1	1	1	1	1	4	8
	永川东	1	1	1	1	1	7	22
	璧山	1	1	1	1	1	4	11
	半边山线路所	1	1	1	1	1		6
	沙坪坝	1	1	1	1	1	6	14
	重庆	1	1	1	1	1	6	29
	中继站		3		3	3		
相关工程	芭蕉沟线路所	1	1	1	1	1		6
	重庆西(渝黔场)	修 1	修 1	修 1	修 1	修 1		

续上表

	名　称	系　统					股　道	道岔数(组)
		CBI	TCC(室外 LEU)	CTC/TDCS	CMS(含终端)	电源		
相关工程	重庆西(渝昆场)	修 1		修 1	修 1	修 1		
	歌乐山站	修 1	修 1	修 1	修 1	修 1		
	梨树湾站	修 1		修 1	修 1			
	黄沙溪站	修 1		修 1	修 1			

重庆西站(渝黔场、渝昆场)、歌乐山站的行车调度指挥、列控、联锁、监测等信号系统均由渝黔工程实施,成渝工程仅计列相关引入改造费用。成渝工程引入时信号生产用房需求等由渝黔工程统筹考虑。

沙坪坝站至重庆站由于受其他项目影响,维持初步设计批复工程量。

第二节　经验体会及问题探讨

一、接口设计

铁路各系统的接口设计直接关系着各系统的安全性、可靠性、可用性。成渝客专接口设计中的经验和建议总结如下:

1. 接口设计应有确认过程

在工程设计和实施过程中,会有因不同专业工程设计人员对信号系统的接口需求理解各异,造成接口预留不能满足信号系统要求的情况发生。因此,建议设计开展前应充分沟通,设计文件应有回执确认过程,确保满足信号系统需要。接口设计不是简单的资料互提,要与工程相结合,接口方案应具有可实施性,尽量减少土建工程的工作量。

2. 信号区间房屋场坪及过轨接口设计

区间场坪用地及过轨由路基专业进行设计预留,由于站前工程和站后工程设计周期的差别,为提高站前预留场坪用地和过轨管的准确性,避免站前返工,在初设方案批复后,建议由建设单位组织各部门、各专业同时参与,及时对站后区间场坪进行定测,各专业尽量集中过轨,将四电场坪用地和过轨管及时准确地纳入路基工程的施工图。

3. 信号电缆及电力电缆的交叉隔离防护

信号电缆穿越电力电缆槽或电力电缆穿越信号电缆槽时,应满足安装相关规程、规定[现行《高速铁路信号工程施工技术指南》(铁建设〔2010〕241)]的要求,应考虑强、弱电电缆之间的防护要求,并纳入各自的施工图设计。

信号电缆穿越电力电缆槽时,采用电缆槽隔离防护;电力电缆穿越信号电缆槽时,采用钢管防护。

4. 综合站房中综合雷电防护接口设计

信号系统与综合站房设计的接口主要有综合雷电防护、沟槽管线、设备房屋等内容。其中综合雷电防护部分作为隐蔽工程显得尤为重要。

按照初设批复意见要求,铁路沿线电子设备的建筑物屋顶避雷网、避雷带、引下线,以及电子设备机房屏蔽、建筑物基础接地体、环形接地装置及其引下线的设计,由通信、信号等专业提出需求,纳入房建专业完成设计。

由于成渝客专部分站房由路外设计单位完成,相关设计人员往往没有铁路设备房屋防雷接地的设计经验,这就需要专业间加强配合,明确设计需求和设计意图,反复确认和沟通,尤其是法拉第笼和室内接地端子排、室内等电位接地汇流排的预留,避免工程上的反复造成废弃工程。

二、列控数据编制的建议

根据《中国铁路总公司运输局关于印发列控系统设备和相关设备编号规则(V3.0)》(运电高信函〔2014〕

294 号)的通知,列控设备相关编号在列控数据编制之前,建议提前请运营管理单位进行确认。

列控数据编制应执行《中国铁路总公司关于印发〈列控数据管辖暂行办法〉的通知》(铁总运〔2014〕246 号)的要求,在设计提交第一版列控数据后(满足静态验收及列控软件编制),建议施工单位复核与电务段审核同时进行,双方共同确认,这样可节省电务段再次审核施工单位提交的复核数据的时间,稍短整个列控数据编制的周期。

对于新建线路数据编制,建议线路的运营里程和线路的允许速度尽快报批中国铁路总公司,以便尽快在各站后专业施工设计前得到总公司批复。站后各专业均按照运营里程进行设计出图,既避免了列控数据设计里程与运营里程转换的设计环节,又保证了相关专业的运营里程的统一。

三、设计过程中新规范、新标准的采用

在初步批复后,施工图设计过程中,经常会遇到国家、中国铁路总公司颁布一些新规范、新标准,这些新规范、新标准的采用应遵循相关的建设流程,应纳入变更程序的及时办理相关的变更程序。

1. 根据相关的Ⅰ类变更批复等,信号工程纳入施工图范围

(1)《中国铁路总公司关于〈新建成都至重庆铁路客运专线列车控制系统等Ⅰ类变更设计〉的批复》(铁总办函〔2013〕231 号),成渝客专正线列控系统按 CTCS-3 级同步实施。

(2)根据《中国铁路总公司关于〈新建成都至重庆客运专线内自宜铁路引入内江北车站同步实施工程变更设计〉的批复》(铁总办函〔2014〕1822 号),根据站场调整后的平面图进行信号系统施工图设计。

(3)根据《中国铁路总公司关于〈列控中心区间占用逻辑检查暂行技术条件〉的通知》(铁总运〔2015〕156 号),列控中心据此进行软件更换。根据《关于委托编制成渝客专四电工程相关变更设计文件的函》(成渝客专函〔2015〕285 号),进行Ⅰ类变更设计。

(4)根据《中国铁路总公司关于印发〈高速铁路信号系统安全数据网技术规范 3.0〉的通知》(铁总运〔2014〕353 号),信号安全数据网交换机及网管服务器进行变更升级和更换。根据《关于委托编制成渝客专四电工程相关变更设计文件的函》(成渝客专函〔2015〕285 号),进行Ⅰ类变更设计。

2. 根据新技术、新标准变化及建设单位组织的相关会议纪要,信号设备(含软件)已实施安装的,采取相关的变更流程

(1)根据《中国铁路总公司关于明确〈新建铁路客运专线大于 20‰坡道区段列车限速有关问题〉的通知》(铁总办函〔2014〕584 号)的要求,铁二院以《中铁二院关于征求成渝客专行车布点列车牵引制动性能计算的函》(中铁二院通号函〔2014〕270 号)发往各 ATP 厂家,请 ATP 厂家根据对各自的 CTCS 车载设备,对成渝客专闭塞分区布点合理性进行模拟验证,铁二院行车专业根据模拟验证结果调整信号机布点,信号据此开展相关的施工图设计。

(2)根据《中国铁路总公司关于〈新建成都至重庆铁路客运专线列车控制系统等Ⅰ类变更设计〉的批复》(铁总办函〔2013〕231 号)、成渝铁路客运专线有限责任公司《关于委托编制成渝客专四电工程Ⅰ类及Ⅱa 类变更设计文件的函》(成渝客专函〔2014〕335 号)及《关于成渝客运专线分路不良整治方案及增设电务综合监督系统意见的函》(成铁电函〔2014〕185 号)要求,成渝客专正线设计电务综合监督系统。

(3)成渝铁路客运专线有限责任公司《关于委托编制成渝客专四电工程Ⅰ类及Ⅱa 类变更设计文件的函》(成渝客专函〔2014〕335 号)及《关于成渝客运专线分路不良整治方案及增设电务综合监督系统意见的函》(成铁电函〔2014〕185 号)要求,成渝客专综合维修工区岔线处分路不良采用熔覆合金措施。

第十二章 信息设计

第一节 概况

一、线路概况

正线工程:成都东(不含)DK0+000 至重庆站 307.931 km,包括简阳南、资阳北、资中北、内江北、隆昌北、荣昌北、大足南、永川东、璧山、沙坪坝、重庆,共计 11 个车站及半边山线路所。

引入重庆枢纽相关工程:新建芭蕉沟线路所,引入重庆西站、歌乐山站,歌乐山至芭蕉沟间增建二线。

二、车站分布及机构设置

新建各站性质见表 3-12-1。

表 3-12-1 新建各站性质

序号	站 名	车 站	业务办理	最高聚集人数(人)	站房面积(m^2)
1	简阳南站	中间站	客运	800	8 000
2	资阳北站	中间站	客运	2 500	12 000
3	资中北站	中间站	客运	1 000	6 000
4	内江北站	中间站	客运	4 000	12 000
5	隆昌北站	中间站	客运	1 000	6 000
6	荣昌北站	中间站	客运	1 000	6 000
7	大足南站	中间站	客运	1 200	6 000
8	永川东站	中间站	客运	2 000	15 000
9	璧山站	中间站	客运	800	6 000
10	沙坪坝站	既有改造	客运		
11	重庆站	既有改造	客运		

第二节 信息系统设计

本线信息系统包括票务系统、旅客服务信息系统、综合维修管理信息系统、办公管理信息系统和公安管理信息系统。其中旅客服务信息系统含集成管理平台、综合显示系统、客运广播系统、视频监视系统、旅客携带物品安全检查设施、入侵报警系统、电源监控系统、综合布线系统。

一、旅客服务信息系统

本线旅客服务信息系统按局管模式设计。

1. 集成管理平台

(1)成都局旅服系统集成平台

成绵乐工程在成都铁路局设旅服系统集成管理平台,由管理服务器、应用服务器、旅服软件、配套设备组成,处理能力无法满足本线 9 个车站的接入需求。本工程在路局客专调度所信息机房为路局旅服平台扩容工程新设了 2 台数据库服务器、3 台应用服务器、2 台接口服务器、2 台 SAN 交换机、1 套磁盘阵列、2 台核心交换机和 1 套无线语音路局主系统,同时考虑接入既有 TDMS 系统和票务系统工程。

同时新设 3 套操作台、6 台客户操作员站(4 屏)、2 台业务维护终端、2 台视频操作终端、1 台办公终端、1 台办公终端和 1 台打印机，移植具有中国铁路总公司知识产权的统一旅服系统平台软件。

(2)车站应急处理平台

本线各车站设置旅客服务系统应急服务器，用于网络中断或中心站设备故障情况下旅客服务信息系统的正常运行；同时设置接口服务器与本站综合视频监控系统及其他系统交互信息。

在正常情况下，旅客服务系统由路局旅客服务中心旅客服务信息系统综控平台直接控制各车站系统，实现统一指挥。当路局中心出现故障时或网络中断的情况下，各车站立刻启动车站旅客服务系统应急管理平台，转入站控模式。

各站通过 IP 数据网接入路局旅服系统集成管理平台。

2. 综合显示系统

综合显示系统按照乘客进、出站流向设置售票屏、售票窗口屏、进站屏、进站/检票屏、编组屏、站台信息屏、出站信息屏等显示终端。显示终端包括 LED 显示屏、LCD 显示屏，设置位置主要包括售票厅、售票室、进站大厅、候车厅、进站通道、站台、出站厅等区域。

站台信息屏、出站信息屏、天桥编组屏、站台编组屏采用超高亮双基色显示屏，其余显示屏采用高亮双基色显示屏。进站屏、进站/检票屏、出站信息屏、售票屏为同步屏，每台同步屏各设置 1 台同步控制器，其他异步屏在机房集中设置异步控制器。每台 LCD 屏后分别设置 1 台 LCD 控制器。

在站长室、客运值班室等处设置到发通告终端。在补票室、检票员室、公安值班室、售票室等处结合站房结构布置形式设置壁挂式到发通告终端。

显示屏根据现场情况选择合理的安装方式，动静态显示屏应相互结合进行设计。

永川东、内江北、资阳北站在一层候车厅和二层候车厅各设置 4 台 LCD 显示终端，其余 6 站在候车厅设置 4 台 LCD 显示终端。

3. 客运广播系统

车站采用模拟广播系统，系统具备自动广播、人工广播、应急广播等各种广播模式。系统预留与车站消防广播系统的切换控制接口，火灾情况下自动切换为消防广播模式。系统主要由广播音频控制设备、综控室信源设备、应急广播设备、功放、扬声器、消防接口设备、消防音源设备等构成。

站前广场设置 30 W 室外壁挂式扬声器，售票厅设置 5 W 吸顶式扬声器，卫生间设置 3 W 吸顶式扬声器，候车厅设置 5 W 或 10 W 或 20 W 吸顶/壁挂式扬声器，办公走廊区域设置 3 W 吸顶扬声器，进站天桥、出站地道设置 5 W 壁挂式扬声器，站台设置 20 W 强指向性扬声器。候车室、售票厅、站前广场、进出站通道、站台分别设置为不同广播分区，站台分区采用双回路。

4. 视频监视系统

视频监视系统包括旅服视频监视系统和安检区域视频监视系统。

(1)旅客服务视频监视系统

在站前广场、售票厅、候车厅、出站厅、进/出站地道、天桥、办公区、售票室、票据室、进款室、补票室等处设置标清摄像机，在站台、进/出站地道通往站台的楼梯口、天桥通往站台的楼梯口等处设置 720P 高清摄像机，均接入车站通信综合视频监控系统。永川东、内江北、资阳北站综合监控室分别设置 3 排×4 列 LCD 电视墙设备。

综合视频监控平台(视频系统服务器、存储、音视频编码器、网络设备、视频用户终端、视频软件等)由通信专业设置，本专业仅考虑前端设备(摄像机、拾音器、二层交换机)及配套缆线。前端视频信息存储原则：票据库、安检等重点目标及重点治安防范区域的图像存储时间采用 4CIF 分辨率按 15 d 进行存储，其他区域图像采用 1CIF 分辨率按 3 d 进行存储。

(2)安检区域视频监视系统

安检区域视频监视系统为独立系统，预留接入综合视频监控系统条件，通过网络硬盘录像机对安检区域 IP 摄像机进行管理。

车站通信机械室内设置网络硬盘录像机，视频存储时间按 15 d 考虑。在车站进站安检区域安检设备处设置 1080P 高清摄像机。每套安检仪和安检门上方共设置 4 台高清摄像机，分别对旅客放包、取包、旅客面部、手检区域进行监视。在公安值班室设置安检视频用户终端。

5. 入侵报警系统

各站报警主机采用16路输入报警主机,报警探头主要采用红外/微波双鉴探头,在综合值班室设置报警主机和主控键盘,售票室、进款室、票据室和检补票设置报警按钮,进款室、票据室设双鉴探头和撤布防键盘。

当入侵报警设备报警,报警提示信息将显示在综合监控室和公安值班室显示器上,并且联动相关地点的摄像机,将图像信息自动显示在综合监控室和公安值班室的视频终端上。

6. 时钟系统

本线时间同步信息取自成都铁路局旅客服务信息系统集成管理平台。

各站不单独设置指针式子钟,通过与旅客引导显示屏相结合的形式在候车室、站台、出站口、广厅、售票厅等处显示时间信息。

7. 旅客携带物品安全检查设施

旅客携带物品安全检查设施设置于车站入口附近,采用X射线技术对旅客行包进行安全检查,防止旅客携带容易引起爆炸、燃烧、腐蚀、毒害或有放射性的物品及枪支、管制刀具等可能危害公共安全的物品。

旅客携带物品安全检查设施包括X光安全检查仪、安全门、防爆罐、防爆毯、手持金属探测仪。

8. 电源监控系统

本线在各站信息机房、设置有UPS的信息配线及设备间内设置电源监控系统。电源监控系统采用UPS的监控管理软件进行管理。电源监控系统利用旅客服务信息系统网络设备。本工程在成都铁路局信息中心值班室配置管理终端1台,在其余各站综合监控室设置电源监控系统管理操作终端1台。

9. 综合布线系统

(1)综合布线系统采用六类非屏蔽布线标准,由工作区子系统、水平子系统、干线子系统、设备间子系统、管理子系统组成。综合布线系统包括语音、数据所需网络布线,不涉及各部门独立组网的网络设备及软件。综合布线系统与其他系统工程界面在配线架外侧。

(2)信息点数量按实际需求配置,预留部分信息点位,其中每个售票窗口和补票窗口均设置7个信息点(6个数据点1个语音点),公安办公室每组信息点含3个数据点和1个语音点。信息插座选六类信息插座(含底座盒),采用在墙面暗装的布线方式,安装高度距离地面30 cm。

(3)综合布线设计水平布线采用UTP-21-6电缆,干线子系统采用星形结构连接楼层配线架与建筑物主配线架。干线子系统数据部分采用24芯单模光缆;语音部分采用3类/5类大对数非屏蔽对绞电缆。

(4)在信息机房和信息配线及设备间安装42U/(600 mm×600 mm)综合柜,根据实际需要安装数据配线模块(六类24口/非屏蔽)、语音配线模块(110打线式/100线)和光纤分配模块(24芯)。

(5)管理子系统对设备间和工作区的配线设备、线缆、信息插座等设施,按一定的模式进行表示和记录,并符合相关规定。

有线电视系统采用IPTV方式实现,在候车厅、间休室、车务会议室等处设置有线电视信息点。

二、票务系统

本线票务系统采用局管模式,成都地区客票中心建设已由成绵乐工程实施。

成绵乐工程在成都铁路局调度所客票机房设置2台自动售检票数据库服务器、2台应用服务器、2台SAN交换机、1套存储设备、2台负载均衡器、2台接口服务器、2台核心交换机、2台接入交换机、2台安全接入交换机和2台防火墙等设备。

根据成绵乐客运专线及成都铁路局近期要开通铁路项目客运站的票务系统规模,设备配置满足《关于全路开通动车组列车互联网售票有关技术要求的通知》(铁运〔2011〕127号)附件2中“10万<TVM日均售票量≤15万或500台<GATE数量≤750台”的要求。

在成绵乐工程中的成都地区客票中心Ⅰ类变更已考虑本工程客运站票务系统的接入条件。本线接入铁路局既有客票系统处理平台可利用既有客票系统服务器、存储设备和网络设备,无需扩容。

本线在简阳南、资阳北、资中北、内江北、隆昌北、荣昌北、大足南、永川、璧山9个新建旅客站房新设票务系统,分别通过铁路传输系统提供的主备用2×2 Mb/s通道(接口为E1)接入成都铁路局票务中心。

各车站人工售票系统(即 TRS 系统)按路局客票地区中心—车站二级管理模式。

各车站自动售检票系统按路局自动售检票—车站二级管理模式,沿线各车站设置应急服务器及网络设备,自动售检票终端通过网络设备接入路局平台。

本线各站只设置应急服务器、安全平台设备、业务维护终端和现场设备。现场设备包括窗口售票机、补票机、自动售票机、进出站闸机、应急售票下载终端和实名制验证设备。

本线自动售票机均采用嵌入式安装。

三、综合维修管理信息系统

综合维修管理信息系统实现对线路、桥梁、隧道、供变电、电力、通信、信号、信息、给排水、建筑等除动车以外基础设施与设备的综合维修管理,包括以下功能:监视所辖范围内主要技术设备运行状态,提交维修计划;根据维修调度命令,下达维修派工单;组织制定固定设备与设施的综合维修计划并建立维修台账,控制现场维修过程,统计和分析。

(1)内江北综合维修车间、内江北综合维修工区、资阳北综合维修工区、永川东综合维修工区新设综合维修管理信息系统。

(2)本线各综合维修工区综合维修管理信息系统通过 IP 数据网接入设置于内江北综合维修车间信息机房的综合维修管理信息系统,同时接入成都铁路局信息中心办公管理信息系统。

(3)工务、供电、电务部门通过办公管理信息系统接入本线综合维修管理信息系统。

(4)内江北综合维修车间分别设置防火墙 2 台、三层交换机 2 台、二层交换机 2 台、光纤交换机 2 台、应用服务器数据服务器 1 台、存储备份管理服务器 1 台、网络防病毒管理服务器 1 台、磁盘阵列(3.6 TB)套、微机 8 台、网络管理终端 1 台、A3 黑白网络激光打印机 6 台。

(5)内江北综合维修工区、资阳北综合维修工区、永川东综合维修工区新设综合维修管理信息系统,综合维修工区分别设 1 台以太网交换机、8 套微机和 3 台 A3 黑白激光打印机。

(6)综合维修车间、综合维修工区局域网设置二层交换机,接入现场级设备。局域网采用快速以太网,传输介质采用综合布线系统。资阳北综合维修工区、永川东综合维修工区通过通信专业提供的 IP 数据网通道,接入内江北综合维修车间。

四、办公管理信息系统

本线新建车站、线路所、公安派出所及刑警大队、综合维修车间、综合维修工区等处设置办公管理信息系统。系统由微机、网络设备、UPS 电源和打印机等设备构成。办公管理信息系统实现对公文流转的自动处理,提供事务管理、财务管理、信息发布平台、公共资讯服务等。

(1)永川东、内江北、荣昌北、大足、璧山、简阳南、资阳北、资中北、隆昌北站新设办公管理信息系统。

(2)半边山线路所、芭蕉沟线路新设办公管理信息系统。

(3)内江北综合维修车间和工区及资阳北、永川东综合维修工区新设办公管理信息系统。

(4)资阳北车站派出所及刑警大队、内江北派出所及北刑警队、永川东派出所新设办公管理信息系统。

(5)简阳南、资阳北、资中北、内江北、隆昌北、荣昌北、大足、永川东、璧山站 9 站新设办公管理信息系统,每站分别设 2 台以太网交换机、10 套微机和 6 台 A4 黑白激光打印机、1 台 A3 黑白激光打印机。

(6)半边山、芭蕉沟 2 个线路所新设办公信息系统。每个线路所分别设 1 台以太网交换机、2 套微机和 2 台 A4 黑白激光打印机。

(7)内江北综合维修车间和工区及资阳北、永川东综合维修工区新设办公信息系统。资阳北综合维修工区、永川东综合维修工区、内江北综合维修车间及工区办公信息系统利用综合布线系统光缆接入各站办公信息系统交换机。内江北综合维修车间设 2 台以太网交换机、8 套微机和 4 台 A4 黑白激光打印机、1 台 A3 黑白激光打印机。资阳北、永川东综合维修工区分别设 1 台以太网交换机、4 套微机和 2 台 A4 黑白激光打印机。

(8)资阳北派出所及刑警大队、内江北派出所及刑警队、永川东派出所新设办公信息系统。阳北派出所及刑警大队、内江北派出所及刑警大队、永川东派出所办公信息系统利用综合布线系统光缆接入各站办公信息系统交换机。上述公安机构分别新设 1 台以太网交换机、4 套微机和 2 台 A4 黑白激光打印机。

(9)办公信息系统通过通信专业提供的 IP 数据网接入成都铁路局信息中心既有办公信息系统。

五、公安管理信息系统

公安管理信息系统检索公安数据库、查阅警务资料及档案,实现本地情报管理、刑事案件管理,提供个人办公及考勤管理等。

(1)永川东、内江北、荣昌北、大足、璧山、简阳南、资阳北、资中北、隆昌北站 9 个新建站房新设公安管理信息系统。

(2)资阳北车站派出所及刑警大队、内江北派出所及刑警大队、永川东派出所新设公安管理信息系统。

(3)本线新设警务区公安管理信息系统。

(4)中心扩容:成都公安处、重庆公安处增设汇聚路由器扩展板各 1 套及汇聚路由器通道卡各 2 套。

(5)简阳车站公安派出所、资阳车站公安派出所、资中车站公安派出所为既有公安派出所,各更换 1 台既有路由器,并各增设 1 台交换机,其余设备利旧使用。沙坪坝公安派出所属沙坪坝站改造工程项目,设备利旧使用。

(6)简阳南、资阳北、资中北、内江北、隆昌北、荣昌北、大足、永川东、璧山站 9 个新建站房公安值班室新设公安管理信息系统,每站分别设 2 台以太网交换机、2 套微机和 1 台 A4 黑白传真扫描激光打印机。

(7)资阳北派出所及刑警大队、内江北派出所及刑警队、永川东派出所新设公安管理信息系统。上述公安派出所均新设置路由器 1 台、以太网交换机 2 台、微机 10 套、A4 黑白传真扫描激光打印机 2 台、A3 黑白激光打印机 4 台、扫描仪 1 台、传真机 1 台以及配套电源设备,网络设备放置在资阳北派出所及刑警大队、内江北派出所及刑警队信息机房、各刑警队信息机房内,永川东派出所由于和站房合设,网络设备放置在永川东站信息机房。

上述公安派出所和刑警队公安管理信息系统通过传输设备提供的 1×10 Mb/s(FE 接口)专线通道接入所辖公安处。

(8)本线新设警务区新设公安管理信息系统。警务区均新以太网交换机 1 台、微机 2 套、A4 黑白传真扫描激光打印机 1 台以及配套电源设备。

(9)本线警务区及简阳南、资中北、隆昌北、荣昌北、大足、璧山站 6 站房公安值班室公安管理信息系统通过通信传输系统提供 1×2 Mb/s(FE 接口)专线通道接入所属派出所,资阳北、内江北、永川东 3 站公安值班室公安管理信息系统通过局域网通道接入所属派出所,局域网设置二层交换机,接入现场级设备。局域网采用快速以太网,传输介质采用综合布线系统。各派出所设置 1 台路由器,通过铁路传输系统提供的 1×10 Mb/s 通道接入所辖公安处。

第十三章　电力设计

第一节　概　述

一、设计范围

正线：DK0＋000～DK306＋302.2。

重庆北联络线：左线 CBLZDK0＋000～ CBLZDK1＋490.25，线路长 1.49 km；右线 CBLYDK0＋000～CBLYDK2＋221.450，线路长 2.221 km。

重庆西联络线：左线 CXLZDK0＋000～CXLZDK2＋053.4，线路长 2.053 km；右线 CXLYDK 0＋000～CXLYDK1＋632.790，线路长 1.633 km。

二、电力供电子系统组成

电力供电子系统主要由从国家电网接引的高压电源线路、铁路站、段 10 kV 及以上变配电所、沿线两路 10 kV 电力贯通线路、站场及区间高低压电力线路、10/0.4 kV 变电所、箱式变、室外照明、动力配线、电气设备防雷接地、车站机电设备监控及火灾自动报警装置等设施组成。全线电力远动系统纳入 SCADA 统一调度。

三、外部电源接取

本线电力供电子系统均从地方电网接引电源供电。

第二节　设计说明

一、用电负荷分布及其等级

1. 用电负荷分布

车站、段(所)负荷主要包括：通信、信号、信息系统、接触网远动开关操作电源、综合维修设备、空调、通风、电扶梯、给排水设施、照明等。

区间负荷主要包括：信号中继站、无线通信基站、光纤直放站、警务区、岗亭、给排水设备及电力牵引各所用电、隧道照明、隧道防灾救援等设备。

2. 用电负荷等级

一级负荷主要包括：与行车密切相关的通信、信号及信息系统的主要设备，隧道防灾救援照明、风机、通信、信息等相关设施，电气化各所用电，车站及有关大型建筑应急照明和大型站房、特大型站房公共区照明、防灾报警系统等。

其中一级负荷中特别重要的负荷有与行车密切相关的通信、信号、综合调度系统中的计算机控制设备，特大型站重要场所等影响公共安全的用电设施、应急照明、防灾报警系统等。

二级负荷主要包括：为通信、信号主要设备配置的专用空调和人员密集场所的车站候车室及贵宾候车空调，综合维修工区，给排水设施，中间站公共区照明供电负荷；站、段(所、场)接触网远动开关操作电源等。

其余负荷等级划分则参照现行国家及行业相关标准确定。

二、供电原则及供电方案

1. 供电原则

电力供电子系统必须满足本线铁路安全、可靠供电的要求，并满足免维护、少维修、10 kV 及以上变配电所无人值守的原则要求。

为保证铁路各用电设备的可靠安全用电,铁路电力系统保证各级供配电系统的相互匹配,除发生大面积自然灾害(如地震、战争、电网崩溃等)或故意损坏外,其可靠性满足每天 24 h 的运输需要(含"维修天窗"时间),并满足以下要求:

当供电网络中的一条外部电源线路停电时,不能导致一级负荷停电。

当供电网络中的一条供电线路停电时,不能导致一级负荷停电。

当供电网络中的一台供电设备停止供电时,不能导致一级负荷停电。

当电力供电子系统的一级负荷发生两路供电电源同时停电时,系统内部恢复其供电的时间不大于 3 min。

电力供电与铁路行车和运输安全密切相关,所有本线各个等级负荷的电源均自电力供电子系统接引。

与行车相关的一级负荷或重要负荷至少从供电网络接取 2 路独立电源。

电力供电在遵守国家法规和不损害铁路部门利益的前提条件下,最大限度地满足接入当地电力系统运营商电网的要求。

电力供电遵循国家强制性标准,认真贯彻执行国家能源政策,因地制宜,保护环境,节约土地,积极采取节能措施,降低电能消耗。

2. 供电方案

一级负荷供电:两路独立电源分别供电至用电设备或低压双电源切换装置切换后供电;当两个电源中一个电源发生故障时,另一个电源不应同时受到损坏。一级负荷中特别重要的负荷,除设两路电源外,还设置应急电源。

二级负荷供电:有条件时提供两路电源至末端双电源切换装置切换后供电。

三级负荷供电:一般采用单回路供电,当供电系统为非正常运行方式时,允许将其切除。

三、变配电所

1. 10 kV 配电所设置地点

新建简阳南、资阳北、资中北、内江北、荣昌北、永川东、璧山、重庆共 8 座 10 kV 配电所,其中重庆采用箱式开关站。利用成绵乐成都东 10 kV 配电所。

2. 变电所设置地点

全线新建简阳南、资阳北、资中北、内江北、隆昌北、荣昌北、大足南、永川东、璧山站房 10/0.4 kV 变电所 9 座,新建资阳北,内江北、永川东工区 10/0.4 kV 变电所 3 座。中继站 10/0.4 kV 变电所 17 座。

3. 外部电源引向情况见表 3-13-1。

表 3-13-1 外部电源引向情况

序 号	配电所名称	10 kV 电源引向		建筑方案
1	简阳南配电所	电源一	棉丰 220 kV 变电站 10 kV 专线	独立建筑
		电源二	石里坝 110 kV 变电站 10 kV 专线	
2	资阳北配电所	电源一	宝台 110 kV 变电站 10 kV 专线	独立建筑
		电源二	成中 110 kV 变电站 10 kV 专线	
3	资中北配电所	电源一	成北 110 kV 变电站 10 kV 专线	独立建筑
		电源二	倒石桥 110 kV 变电站 10 kV 专线	
4	内江北配电所	电源一	牌楼 110 kV 变电站 10 kV 专线	独立建筑
		电源二	东兴 110 kV 变电站 10 kV 专线	
5	隆昌北变电所	电源一	平安 110 kV 变电站 10 kV 专线	站房内
		电源二	界石 35 kV 变电站 10 kV 专线	
6	荣昌北配电所	电源一	梧桐 110 kV 变电站 10 kV 专线	独立建筑
		电源二	红石 110 kV 变电站 10 kV 专线	

续上表

序　号	配电所名称	10 kV 电源引向		建筑方案
7	大足南变电所	电源一	新市开闭所 912 开关 10 kV 专线	站房内
		电源二	红石 110 kV 变电站 10 kV 专线	
8	永川东配电所	电源一	玉清 110 kV 变电站 10 kV 专线	独立建筑
		电源二	茶店 220 kV 变电站 10 kV 专线	
9	璧山配电所	电源一	狮子 110 kV 变电站 10 kV 专线	独立建筑
		电源二	青杠 110 kV 变电站 10 kV 专线	
10	重庆 10 kV 开关站	电源一	既有重庆 10 kV 配电所 10 kV 馈线	独立建筑
		电源二	既有重庆 10 kV 配电所 10 kV 馈线	

4. 继电保护和自动装置

配电所采用微机保护及综合自动装置，实现全所电气设备控制、保护、测量并提供电力远动接口；微机保护装置集中布置在控制室内，通信装置布置在单独的通信机械室内。变配电所内设置视频监控探头，并布置在设备间，视频信息通过综合监控系统上传到综合调度中心(视频监控系统由通信专业设计)。

变配电所继电保护及自动装置配置见表 3-13-2。

表 3-13-2　变配电所继电保护及自动装置配置

单元名称	继电保护	自动装置
电源	电流速断、定时过电流、低电压	
母联	电流速断	备用电源自投
变压器	电流速断、定时过电流、温度、过负荷	
调压器	电流速断、定时过电流、温度、过负荷、零序过电流	
一般馈出线	电流速断、定时过电流	单相接地信号
贯通馈出线	电流速断、定时过电流、失压、零序速断、零序过电流	备用电源自投
电抗器	电流速断、定时过电流、温度、过负荷	
母线电压互感器		母线绝缘监察

5. 主要电气设备

10 kV 高压开关柜采用 SF_6 气体绝缘开关柜(GIS)。断路器为真空断路器，10 kV 磁控电抗器星型接线成套固定柜，变压器均采用新型节能变压器，10/10 kV 调压器采用干式。直流电源设备采用智能高频开关铅酸免维护电池直流电源柜。

6. 值班方式

有人值守，无人值班。

四、10/0.4 kV 变电所

综合工区负荷在综合办公楼一层设 10/0.4 kV 变电所，车站站房变电所与站房合建，工区变电所与维修综合楼合建。区间中继站通信、信号 10/0.4 kV 变电所与中继站合建。

资阳北、内江北、永川东站房合建 10/0.4 kV 变电所、设 5 台变压器；其他站设 4 台变压器，两台综合变压器及空调专用变压器 10 kV 电源接于配电所车站馈出回路，两台信号、通信变压器环网接于综合和一级贯通线；综合变电所低压侧采用单母线分段接线并设母联。

10/0.4 kV 变电所内高压环网柜、变压器、低压开关柜布置在同一房间内。

中继站信号、通信 10/0.4 kV 变电所 10 kV 侧采用环网接线。

主要电气设备：高压环网开关柜采用分体 SF_6 绝缘开关柜，变压器采用干式变压器带外罩，低压开关柜采用高可靠性、模数化、固定分隔插拔式柜型，并配置数字化仪表便于远方监控。

站房综合变电所各高压开关、变压器、双电源供电的低压回路及通信、信号变电所所有高低压回路、变压器均纳入 SCADA。

在 10 kV 电力贯通线路区间信号中继站变电所内分散设置电抗器,补偿贯通线电缆电容电流。

五、10/0.4 kV 箱式变电站

1. 箱变设置

沿线区间通信基站、光纤直放站箱变均从两回 10 kV 电力贯通线上各接取一回 10 kV 电源供电。牵引供电所(亭)所用电从 10 kV 综合负荷贯通线上接取一回 10 kV 电源供电。

2. 接线形式

10/0.4 kV 箱式变电站 10 kV 侧进出线及变压器设高压负荷开关,环网接线;箱式变电站内负荷开关均采用电动操作机构纳入 SCADA 系统,实现自动隔离故障电力线路、故障定位、非故障段自动恢复供电等功能。

3. 设备类型及布置

箱式变电站采用中压预装箱式变电站,气体绝缘高压环网开关,其操作电源采用交流并配置 UPS 电源作为备用;沿线区间供电的箱式变电站采用基本统一模式;通信、信号双电源专用箱变与通信基站相邻设置,其他箱变独立设置;箱式变电站设气体绝缘高压环网开关间隔和变压器、低压开关、RTU 间隔。所有高低压回路均纳入 SCADA。

六、沿线区间用电负荷供电方案

全线设置 10 kV 一级负荷贯通线和 10 kV 综合负荷贯通线各一回,沿线区间通信基站、光纤直放站箱变及信号中继站变电所等负荷均从两回 10 kV 电力贯通线上各接取一回 10 kV 电源供电。牵引供电所(亭)所用电从 10 kV 综合负荷贯通线上接取一回电源供电,另一路电源由牵引供电系统供给。

重庆北和重庆西左、右联络线区间通信基站、光纤直放站、岗亭等用电负荷供电箱变电源由渝黔 10 kV 贯通线 T 接。

七、隧道照明供电

隧道照明设置分为固定检修照明和应急照明。其电源由 10/0.4 kV 箱式变电站接引,其照明设置符合下列规定:

(1)正线长度 500 m 以上的隧道内设置固定照明,并分段控制。

(2)长度 5 km 及以上或有紧急出口的隧道内设置应急照明。

(3)应急照明设备设置在紧急出口及其通道。应急照明在疏散通道的地面最小水平照度不应小于 0.5 lx。疏散指示照明标志安装间距不大于 30 m,并安装在距地面 1 m 以下的墙上。

(4)照明灯具及配电线路具有防潮、防风压、防腐蚀、防震功能,灯具的防护等级不宜低于 IP65,应急照明选用能快速点燃的光源,备用电源的连续供电时间不应小于 2.0 h。

(5)隧道应急照明由贯通线路提供两路相互独立电源供电且集中设置应急电源装置(EPS)。

(6)隧道照明监控远动。

5 km 以上隧道的隧道照明在内江、永川东综合维修车间内设隧道照明监控用工作站、服务器及通信接口设备;隧道照明监控的主干通道采用通信传输系统通道 2M 环网通信传输系统通道接引至各监控单位。

八、隧道防灾救援设计

1. 防灾救援系统组成

隧道防灾救援系统包括:防灾救援通风、防护门、应急照明、应急通信、防灾救援设备监控系统、疏散指示标志、通场道路等设施。

2. 防灾救援电源及供电方式

(1)根据《铁路隧道防灾救援疏散工程设计规范》(TB 10020—2012)及相关专业要求,成渝客专增设隧道防灾救援系统负荷主要有防灾风机、消防给水、救援通道应急照明、疏散指示及相关机电设备监控等设

备。新增负荷均属于一级负荷，采用两路低压电源末端切换的方式供电。

(2)根据防灾救援疏散原则，按照全线只发生一处事故救援工况考虑用电负荷，即同时使用一处救援通道或紧急救援站的用电负荷，经经济技术比选，10 kV 电源采用综合负荷贯通 10 kV 电力贯通线和一级负荷贯通 10 kV 电力贯通线双回电源供电，接取方式为电缆分支箱 T 接方式，T 接点设置负荷开关分断。

(3)在紧急救援通道口或救援站设置 10/0.4 kV 箱式变电站，防灾通风风机、消防泵、应急照明、疏散指示、监控设备等一级负荷由箱变提供两路低压电源供电，设备处设置双电源自动切换装置。10/0.4 kV 箱式变电站一般靠近防灾风机或消防泵等较大容量负荷附近设置。

(4)防灾救援通道应急照明设置应急电源装置(EPS/K)，EPS 装置连续供电时间不小于 2.0 h，应急电源装置(EPS/K)包括双电源切换、EPS、馈出及控制回路。

3. 防灾救援通道的照明设置

(1)防灾救援疏散通道设置应急疏散照明、疏散指示照明、疏散出口标志，疏散指示标志设置方向指示及距疏散出口的距离标志。

(2)应急疏散照明及疏散指示标志间距一般为 25 m，考虑疏散时人员密度，在疏散通道口(斜井、横洞、平导及横通道)正线 450 m 范围内、疏散救援通道的避难所、紧急出口入口段、横通道入口段区域照明灯具间距均按 12.5 m 间距设置。

(3)应急疏散照明在疏散通道中心地面的水平照度不小于 0.5 lx。

(4)应急疏散光源选用能快速点燃的光源，采用 30 W LED 灯；疏散指示灯光源采用带蓄电池的 2×3 W LED 灯，蓄电池连续供电时间不小于 2.0 h。

(5)隧道内灯具采用高效率、防腐蚀、防潮、防震灯具，并具有安全可靠、维修方便等特点；灯具的防护等级不低于 IP65。

(6)疏散通道应急疏散照明控制：采用远程及就地两级控制方式，紧急情况下按应急预案首先远程启动相应的救援通道应急照明，否则人工启动现场应急按钮箱。现场应急按钮箱设有应急一键启动箱及应急照明按钮箱，应急一键启动箱可同时启动防灾风机、消防泵、应急照明设备。

4. 设备监控系统

(1)设备监控系统对隧道内通风、照明、消防等设备进行监控，设备监控系统按现场级、工区级二级设置。

(2)现场级设备监控系统设置于各隧道(群)内，直接监控通风、消防、照明等各类现场防灾设备，监控设备由主控制器、远程站、集中监控盘、手动启动箱等设备组成。现场网络采用环形或双总线结构，主控制器数据通信采用单模光纤就近接入通信传输设备。现场救援设备的控制均采用远程和现场手动控制相组合的方式。

(3)工区级设备监控系统设置于内江、永川东综合维修车间视频综合监控室内。

九、电力线路

1. 10 kV 电力贯通线路

全线设置 10 kV 一级负荷贯通线和 10 kV 综合负荷贯通线各一回，电缆导线截面分别为 70 mm^2 及 95 mm^2，全部采用交联聚乙烯绝缘非磁铠装的单芯铜芯电缆，分别沿铁路两侧预制电缆槽敷设。

2. 10 kV 配电所电源线路

根据城市规划、地形等环境因素采用电力电缆或架空线路。电力电缆采用交联聚乙烯绝缘钢带铠装的三芯铜芯电缆，架空线路采用钢筋混凝土电杆、钢芯铝绞线、铁横担。

3. 站场、段所电力线路

车站站场内高低压电力线路全部采用电力电缆，一般沿沟敷设，局部地段直埋敷设，过路、过轨时穿管保护敷设。

4. 电缆敷设方式

经过桥隧地段时沿桥隧两侧土建预留的电力电缆槽敷设。

经过路基地段时沿路基两侧土建预留的电力电缆槽敷设。

经过站场地段电力电缆沿站场土建预留的电力电缆沟敷设。

经过站台地段电力电缆沿站台土建预留的电缆排管敷设。

十、低压配电及室外照明

(1)动力配线采用放射式和树干式结合的混合式配线网络。起重设备采用安全滑触线供电。

(2)动力设备控制方式一般采用就地控制,部分重要设备控制纳入机电设备监控系统。

(3)车站站场采用升降式投光灯塔或高杆灯照明。净空较高的大型候车室采用显色性好、寿命长的高压气体放电光源。

十一、电力远动

全线各 10 kV 变配电所配置的综合自动化系统、重要的 10/0.4 kV 变电所配置的监控装置、全线两条 10 kV 贯通线分段处(一般为区间箱变)设置的 RTU 均纳入 SCADA 子系统;SCADA 子系统对电力子系统被控设备处采集的模拟量数据(电流、电压)可在调度端以图形方式显示。

十二、机电设备监控系统(BAS)

(1)全线在中型以上站房、5 km 以上的隧道等重要建筑物设置设备监控系统。监控对象包括空调通风、给排水、电梯、变配电设备、电气照明等。

(2)机电设备的监控功能包括监视、控制、测量等。

十三、火灾自动报警系统(FAS)

(1)全线在站房、通信、信号设备机房、变配电所主控室等设置火灾自动报警系统。

(2)火灾自动报警系统具有报警、显示、联动功能,为独立系统。

十四、防　　雷

(1)沿线站房综合楼及大型车间建筑物设防直击雷的避雷设施,变、配电所的每段母线上和 10 kV 的每路架空进出线上装设避雷器,10 kV 变压器在高压侧装设避雷器保护,多雷区的变压器在低压侧亦装设一组避雷器。

(2)为防止暂态过电压的干扰,对信号、通信、综合调度系统及其他智能系统设备的 380/220 V 供电电源根据设备的重要性,分别采取不同的过电压保护措施。

十五、接　　地

(1)低压电力系统接地形式采用 TN-S 或 TN-C-S 系统;电力装置的保护接地的接地电阻值根据设备类型、保护类型按有关规程规范确定;建筑物内根据需要采用等电位连接。

(2)成渝客专全线设有综合接地系统,沿铁路两侧 20 m 范围内的车站建筑、通信及信号中继站内的电气设备接入综合接地系统,并实行等电位连接,但距线路较远的建(构)筑、电气设施采取隔离措施后可独立设置接地装置。沿线 10 kV 贯通线路电力电缆采用单点接地。

十六、其他方面

(1)满足电网要求的措施

计费装置的设置:接引外部电源的 10 kV 变配电所以及单独接引外部电源的供电点均设电力计费装置,并满足地方供电部门的要求。

无功功率补偿:负荷容量较大且功率因数低的设备就地设电容器补偿,10/0.4 kV 室内变电所采用低压无功自动补偿方式,功率因数补偿到 0.85 以上。

三相负荷平衡:三相负荷尽量均衡分配。

(2)电力设备的安全性、兼容性和协调性

室内变配电设备全部无油化，消除火灾隐患；所有电气设备均设于室内或箱内，并设在客运专线铁路封闭网内，减少自然、人为破坏；采取各种防雷、接地及其他防护措施，保证建筑物、用电设施的电气安全。作为一个完整的供电系统，各种电压等级的变配电设备应能保证供电的连续及保护匹配，相同电压等级的高低压开关移开或抽出开关应能互换；考虑整个系统设备的形式和外观协调一致，做到一致的形象并易于识别，可以通过采用统一风格的标志、字母和符号，以及采用协调的颜色来实现。

第三节　系统功能

一、系统功能的设定

本线电力供电系统的设计、制造和安装具有可靠性、可用性、安全性和可维修性的系统功能。

1. 可靠性

(1)采用高的设计标准和冗余措施、留有余量的系统以及高质量的产品、严格的施工标准来共同确保了本线电力供电系统的高可靠性。

(2)本线电力供电系统能保证铁路各用电设备的可靠灵活用电，电力供电系统能保证各级供配电系统的相互匹配，除发生大面积自然灾害(如地震、战争、电网崩溃等)或故意损坏外，其可靠性满足每天 24 h 的运输需要(含“维修天窗”时间)，并满足以下要求：

①当供电网络中的一条外部电源线路停电时，不能导致一级负荷停电。

②当供电网络中的一条供电线路停电时，不能导致一级负荷停电。

③当供电网络中的一台供电设备停止供电时，不能导致一级负荷停电。

(3)当电力供电系统的一级负荷发生两路供电电源同时停电时，系统内部恢复其供电的时间不大于 3 min。

2. 可用性

本线采用了以下三种方式来提高系统的可用性：

(1)提高了电力供电系统的各个电力元件的可靠性。

(2)靠冗余来使设备故障不影响系统的可用性，系统的整体可用性将大大提高。

(3)通过缩短平均故障恢复时间来提高可用性。

3. 安全性

主要设备采用了模数化、标准化、免维护、少维修设备，并制定系统维修体制和方案，保证日常维护和校正性维修所需要的时间对可用性的影响是受限的。

(1)电力供电系统设计采取合适的措施避免出现安全性灾难。

(2)电力供电系统设计提供了合适的具有可操作性的安全管理措施。

(3)电力供电系统的设计充分考虑了其他铁路系统的接口的安全和可靠性要求。

二、与其他系统的功能关系

负责了电力供电系统的所有供配电设备，并积极配合业主人员在工程的整个阶段组织进行与外部电网运营商的接口工作，向业主和外部电网运营商提供必要的技术支持。

三、与外部电网运营商的功能关系

与外部电网运营商积极协商电力供电系统和外部电源工程的各项接口，并报业主批准核备。

(1)工程分界点划分

分界点定为地方变电所出线杆，本系统负责了从出线杆开始到铁路变配电进线柜受电终端及其回路的所有电力工程的设计、施工、试验、交验。

(2)电能计量设备

与外部电网运营商协调落实计量设备的配置方式、安装方式和抄表方式，并报业主确认。

(3)产权划分

与外部电网运营商积极协商,确定了电力供电系统与外部电源的产权划分,并提交业主确认。

第四节 新技术、新材料、新设备与节能环保

一、采用的新技术、新材料、新设备

(一)分散设置箱式电抗器

在全线两回 10 kV 电力贯通电缆线路上每隔 15 km 左右分别分散设置了 10 kV 电抗器,起到了补偿接地电容电流、补偿容性无功功率、降低线路容性电流、限制线路末端电压上升的综合作用,具有如下优点:

(1)维护较方便,可与区间箱式变电站同时运行。

(2)贯通线故障隔离室,剩余段补偿仍然均匀。

(3)能有效降低线路容性电流。

(4)投资相对较小,不需设置专用房屋,可采用箱式电抗器与箱式变电站相邻布置。

(二)中性点经低电阻接地运行方式

考虑到成渝客专采用两条 10 kV 电力贯通线供电,供电可靠性较高,而且全电缆线路发生瞬间故障的概率较低等原因,10 kV 电力贯通线系统采用中性点经低电阻接地运行方式。当发生单相接地故障时,继电保护装置动作,及时切断故障线路。由于采用了低电阻接地系统,中性点与大地之间用很小的电阻相连,一旦发生单相接地故障,就会产生高达几百安培的接地电流,故必须设置零序电流保护,迅速可靠地将这个电流切断。低电阻接地系统中继电保护的选择性和灵敏度较好。

(三)接地方式

成渝客专电力贯通线电缆金属护层的接地方式采用的是线路一端采用直接接地,另一端通过护层电压限制器接地。此种接地方式较采用线路两端直接接地方式电缆节约投资约 1.5 万元/km,成渝客专本段可节约投资约 1 150 万元。

(四)新材料和新设备

成渝客运专线电力工程设计采用一系列新材料和新设备,如电力贯通线电缆采用不锈钢铠装的单芯铜芯电缆、低压开关柜采用智能型模数化组合柜型;变压器、调压器采用干式节能型设备、区间负荷供电均采用统一模式的箱式变电站。

二、环境保护和节约能源、土地措施

1. 电磁环境卫生

(1)高压架空供电线路尽可能远离居民区,否则采用电缆方式,使人员密集场所工频、磁场满足规范要求。

(2)变电所内变压器选用 D,yn11 接线组别,低压电容补偿柜选用带滤波型,有效减少谐波电流产生的电压畸变。

(3)高压电缆采用交联聚乙烯绝缘型,减少 PVC 对环境的污染。

(4)站场投光灯灯具投射方向与角度尽可能不产生光污染。

(5)配电所内采用干式调压器,变电所、箱式变电站内采用干式变压器,避免采用油浸式调压器、变压器可能产生的污染。

2. 节约能源、节约土地措施

(1)合理用电原则

变电所设于负荷中心;在大型站房、综合楼等大型建筑物,设机电设备监控系统节约能源;根据用电负荷特点,并选择相应容量的电力变压器,以免因变压器容量选择过大而造成供电过程中电力能源的不必要的损耗;选择合理的电缆径路及截面。

(2)节能设备选型

选用节能型干式调压器、变压器;变电所集中设低压无功自动补偿装置、10 kV 贯通线合理设置并联补偿电抗器补偿电缆线路电容电流,以降低电能损耗;大面积的照明场所采用高压钠灯或金属卤化物灯等电光源。

(3)区间供电点采用箱式变电站,尽可能利用铁路征地;采用电缆进出线及全电缆敷设,减少砍伐树木及保护环境,比采用架空线节约土地。

第十四章　电气化设计

第一节　电气化工程概况

全线采用 AT 供电方式，高速正线区段接触网采用全补偿弹性链型悬挂。

全线新建李家湾、陈家湾、内江北、荣昌北、璧山 5 座牵引变电所；新建金像寺、江源镇、资中北、古墙村、永川东 5 座分区所；新建龙泉、白河村、学堂湾、回湾村、高屋基、核桃村、荣隆、双石镇、镇云水库、沙坪坝 10 座 AT 所。本线新增牵引供电设施纳入成都铁路局电力调度所进行调度管理，新增成渝高铁牵引供电调度台 1 个。

全线架设接触网 882.29 条公里。在资阳北综合工区、内江北综合维修车间、永川东综合工区内设有供电工区，内江北综合维修车间内设置内江北供电维修车间，负责牵引供电设施的日常维护和事故抢修。

第二节　主要设计方案

1. 牵引供电

(1)牵引供电设施的设置

新建牵引变电所 5 座：李家湾、陈家湾、内江北、荣昌北、璧山。

新建分区所 6 座：金像寺、江源镇、资中北、古墙村、永川东、重庆，其中重庆分区所兼作开闭所。

新建 AT 所 10 座：龙泉、白河村、学堂湾、回湾村、高屋基、核桃村、荣隆、双石镇、镇云水库、沙坪坝。

(2)牵引网供电方式

本线正线采用自耦变压器(AT)供电方式，联络线采用带回流线的直接供电方式。

(3)牵引变电所受电电压

新建牵引变电所采用 220 kV 外部电源电压等级。

(4)牵引变压器接线型式

新建牵引变电所均采用三相 V/X 牵引变压器。

(5)牵引变压器容量

各牵引变电所牵引变压器容量详见表 3-14-1。

表 3-14-1　各牵引变电所牵引变压器容量(单位：kVA)

牵引变电所名	牵引变压器安装容量
李家湾	2×(50+50)
陈家湾	2×(40+40)
内江北	2×(40+40)
荣昌北	2×(40+40)
璧山	2×(50+40)

2. 牵引变电

(1)牵引变电方式

新建牵引变电所引入两路独立的 220 kV 电源，线路变压器组接线。牵引变压器采用三相 V/X 接线，一主一备，固定备用，设置主变及电源自投装置。每组牵引变压器由两台单相变压器组成三相 V/X 接线。

220 kV 侧设置电动隔离开关、氧化锌避雷器、电压互感器及电流互感器。2×27.5 kV 侧母线采用单母线分段接线，同方向的上、下行馈线分别接于 2×27.5 kV 的两段母线上，上、下行馈线断路器为互为备用方式。

分区所采用单母线接线，同一方向的供电臂上、下行馈线各采用一台断路器和双极隔离开关接于母线上，两馈线间采用电动隔离开关实现上、下行馈线并联和分开供电。来自不同变电所的供电臂间设置电动隔离开关，可实现越区供电。分区所设置四台自耦变压器，两台运行，两台备用，自耦变压器通过断路器和双极隔离开关接于母线上。

AT 所上、下行馈线之间用断路器、电动隔离开关相联，实现供电臂上下行并联和分开供电。AT 所设置两台自耦变压器，采用固定备用方式，正常时一台运行，一台备用，设备用自投装置，当运行自耦变压器故障时，备用自耦变压器自动投入。

(2)总平面及生产房屋布置

新建牵引变电所主变压器采用户外低式布置，220 kV 配电装置采用户外单体中式布置。2×27.5 kV/27.5 kV 设备采用室内 GIS 布置。低压侧进出线均采用电缆方式与室内设备连接，馈线在变电所内转为架空方式出所。

生产房屋按平房设计，设有 27.5 kV GIS 高压室、主控室、通信机械室、防灾机房、半地下室(电缆夹层)、工具房、检修室、值守室等。

AT 分区所、AT 所自耦变压器采用户外低式布置，2×27.5 kV/27.5 kV 配电装置采用室内 GIS 布置。馈线采用电缆方式与室内设备连接，在所内转为架空方式出所。

生产房屋按平房设计，设有 27.5 kV GIS 高压室、主控室、通信机械室、防灾机房、半地下室(电缆夹层)、工具房、检修室等。

所内设有与外部公路衔接的运输道路和巡视小道，四周砌 2.5 m 高的实体围墙并设置激光对射防非法闯入的装置，围墙顶部设有 0.7 m 高防护网栅。

(3)主要设备选择

①牵引变压器采用三相 V/X 接线，油浸、自冷式变压器，预留风冷条件。

②自耦变压器采用油浸自冷式变压器。

③220 kV 断路器采用 SF_6 断路器并配弹簧操作机构，2×27.5 kV 真空断路器采用户内 GIS 开关柜。

④改变运行方式的隔离开关采用电动操作机构。

⑤避雷器采用氧化锌避雷器。

⑥27.5 kV、10 kV 自用变采用 AIS 空气柜。

⑦二次设备采用综合自动化装置。

⑧所内采用成套铅酸免维护智能化直流系统。

(4)自用电系统

各牵引变电所、分区所、AT 所内设两台交流自用电变压器，牵引变电所容量为 80 kVA/台，分区所及 AT 所为 50 kVA/台。各所内的两台所用变压器分别接至 10 kV 贯通线及所内 27.5 kV 母线上，两路所用电源互为备用。交流自用电系统纳入远动监控，设置智能化交流屏，并能与所内微机监控装置进行通信。

采用铅酸免维护智能化直流装置，输出电压为直流 110 V，各所设置两组铅酸免维护直流电源装置，蓄电池容量满足全所事故停电 2 h 的放电容量和事故放电末期最大冲击负荷容量的要求。装置带通信接口，能与所内综合自动化装置进行信息交换。牵引变电所蓄电池容量按照 2×100 A·h，分区所及 AT 所蓄电池容量按照 2×65 A·h；具有恒流制充电、浮充电运行方式，可自动切换并装有电压自动调整装置及与微机监控装置的通信接口。

交直流系统的重要进线及馈出回路均纳入远动。

(5)防雷与接地

①为防止直击雷，在牵引变电所、分区所、AT 所内设置独立避雷针。

②在牵引变压器高、低压侧，馈出线上均设置相应电压等级的氧化锌避雷器。

③各所接地装置以水平长孔接地网为主，在设备集中接地附近及接地网外沿敷设垂直接地体。

④牵引变电所接地网的接地电阻不大于 0.5 Ω。分区所、AT 所接地网的接地电阻不大于 1 Ω。

⑤接地网采用铜材质。水平接地体采用铜绞线、垂直接地体采用纯铜棒。为减少接地体交叉点的接触

电阻、提高地网结构强度,接地体连接部分采用放热焊接。

3. 接触网

(1)接触网悬挂类型

正线(DK5+000—沙坪坝(不含)区段)接触网悬挂方式采用全补偿弹性链形悬挂设计,站线、渡线、联络线、动车走行线及沙坪坝—重庆区段正线采用全补偿简单链形悬挂设计。

(2)线材及张力选择

①接触悬挂线材及张力见表3-14-2。

表3-14-2 接触悬挂线材及张力

线材类别		线材规格	额定工作张力(kN)
接触线	正线(DK0-沙坪坝(不含))	CTMH-150	28.5
	沙坪坝(含)-重庆(含)	CTMH-150	15
	站线、渡线、联络线、动车走行线	CTMH-120	15
承力索	正线(DK0-沙坪坝(不含))	JTMH-120	21
	沙坪坝(含)-重庆(含)	JTMH-120	15
	站线、渡线、联络线、动车走行线	JTMH-95	15
弹性吊索	正线(DK0-重庆)	JTMH-35	3.5

②附加导线线材及张力见表3-14-3。附加导线一般采用耐腐蚀性能好的铝包钢芯铝绞线。供电线一般采用架空方式。

表3-14-3 附加导线线材及张力

线材类别	线材规格	最大允许张力(kN)
正馈线	JL/LB1A-310/20	12
保护线	LBGLJ-120/20(28/3)	10
供电线	2×JL/LB1A-310/20	2×10
	LBGLJ-240/30(24/7)	12
回流线	LBGLJ-185/25(24/7)	10
架空地线	LBGLJ-70/10(6/1)	6.5

(3)主要技术参数

依据《高速铁路设计规范(试行)》(TB 10621—2009)、《铁路电力牵引供电设计规范(TB 10009—2005)、《客运专线铁路牵引供电及电力供电系统集成若干问题的指导意见》(铁集成〔2010〕258号)等相关标准和文件的要求,结合本线实际情况,确定本线接触网的主要技术参数如下:

①接触线高度及坡度

除沙坪坝(含)~重庆站(含)接触线悬挂高度为5.5 m外,其他正线地段的接触线悬挂高度为5.3 m。接触线悬挂点高度的设计坡度为0。

枢纽内联络线的接触线悬挂高度为5.3 m,并逐渐过渡到6.0 m。接触线悬挂点高度的设计坡度不大于2‰,坡度变化率不大于1‰。

枢纽内改建线路、还建线路的接触线定位点悬挂高度与既有线维持一致:接触线悬挂高度为6.0 m。接触线悬挂点高度的设计坡度不大于2‰,坡度变化率不大于1‰。

②结构高度

高速区段:接触网结构高度(含双线隧道)一般为1 600 mm,单线隧道接触网结构高度一般为1 200 mm,跨线建筑物或其他困难区段可适当降低结构高度,但吊弦长度不得小于600 mm。

低速区段:联络线、枢纽内改建及还建线路的隧道外接触网结构高度一般为1 400 mm,跨线建筑物、隧道内或其他困难区段可适当降低结构高度,但区间和站场正线吊弦不宜小于500 mm,隧道内吊弦长度不宜小于400 mm。

③跨距长度

跨距根据悬挂类型、曲线半径、受电弓摆动量、风偏、受流质量等因素确定。正线路基区段接触网标准跨距一般为 60 m,最大跨距为 65 m,不宜小于 40 m,相邻跨距差不大于 10 m。箱梁桥上跨距需根据桥梁孔跨的形式进行配合确定,一般为 49 m。隧道内接触网跨距根据隧道净空要求进行配合确定,一般不大于 55 m。

④锚段长度、补偿方式和中心锚结

正线接触网锚段长度一般不大于 2×700 m,单边补偿的锚段长度,应为上述值的 50%;困难时不宜大于 2×750 m。

站线接触网锚段长度不宜大于 2×800 m,困难时不宜大于 2×900 m。

附加导线锚段长度一般不超过 2 000 m。

车站、区间中心锚结采用两跨式防窜防断中心锚结。在个别车站内局部设置困难时采用防窜防断中心锚结。中心锚结辅助绳与承力索同材质。

⑤侧面限界

正线路基段采用大型机械养护的有砟轨道区段的接触网支柱侧面限界不小于 3.1 m,正线无砟轨道区段的接触网支柱侧面限界不小于 3.0 m。

车站内采用线间立柱时,直线地段支柱对正线侧面限界不小于 3.0 m,对站线侧面限界不小于 2.8 m。

⑥绝缘距离

全线按重污区设计,绝缘子爬电距离一般不小于 1 400 mm。上下行接触网带电体间的距离一般不小于 2 000 mm,困难时不小于 1 600 mm。

⑦锚段关节

正线区段绝缘及非绝缘锚段关节一般采用五跨形式,个别困难地段的非绝缘关节采用四跨形式。

枢纽内联络线、改建线路锚段关节一般采用四跨形式,困难条件下非绝缘锚段关节采用三跨形式。

⑧道岔区接触网布置方式

与客专正线连接的 18 号道岔接触网采用无交叉方式定位布置,42 号道岔区采用第三辅助式无交叉布置方式,其他道岔采用交叉线岔布置。沙坪坝、重庆站速度已降至 160 km/h 以下,正线道岔为 12 号道岔,采用交叉方式定位布置。

⑨电分相

电分相采用六跨锚段关节形式,每处电分相设置 2 台单极电动隔离开关并纳入远动。电分相位置根据供电专业提供资料设置,并由行车行业检算。电分相处设置地面磁感装置感应列车车载设备,从而实现列车自动过分相。

(4)支柱及基础类型选择

①支柱选择

根据审查意见及相关标准规范要求,接触网支柱选择见表 3-14-4。

表 3-14-4 接触网支柱选择

序　号	支柱地点	支柱类型及说明
1	正线箱梁区段	腕臂柱均采用 H 型钢柱(通化(2008)1301),转换柱、接触网下锚柱、道岔柱、隔离开关柱等采用 GHT240,其他采用 GH260
2	枢纽 T 梁区段	腕臂柱采用直腿格构式钢柱(通化(2010)1002-Ⅱ)
3	道岔桥及多股道位于桥上	接触网一般采用股间立柱方式,支柱采用 H 型钢柱,困难条件下无法股间立柱时,采用钢管硬横跨方式
4	枢纽路基地段	腕臂柱采用横腹式预应力混凝土支柱(通化(2007)1202-Ⅰ)
5	路基地段	腕臂柱均采用 H 型钢柱(通化(2008)1301),转换柱、接触网下锚柱、道岔柱、隔离开关柱等采用 GHT240,其他采用 GH260
6	车站内多股道区段	采用钢管硬横跨方式,支柱为 ϕ350 mm 钢管柱,横梁为三角形钢管硬横梁(通化(2006)1401)

续上表

序　号	支柱地点	支柱类型及说明
7	车站站台范围内	简阳南、资阳北、资中北、内江北、隆昌北、荣昌北、大足南、永川东、璧山车站的正、站线间距为 6.5 m,站、站线间距为 6.0 m,站台范围内均采用线间立柱方式,支柱采用 H 型钢柱〔通化(2008)1301〕,转换柱、接触网下锚柱、道岔柱、隔离开关柱等采用 GHT240,其他采用 GH260
8	独立架设供电线支柱	支柱一般采用镀锌格构式钢柱
9	隧道内	隧道内接触网采用矩形吊柱方式安装,上、下行分别设置矩形吊柱

②基础选择见表 3-14-5。

表 3-14-5　基础选择

序　号	基础地点	基础类型及说明
1	正线箱梁区段的 H 型钢柱基础	支柱基础及拉线基础采用桥梁预制方式
2	枢纽 T 梁区段的格构式钢柱基础	支柱基础采用桥墩顶面上预留锚栓形式,由桥梁专业预留
3	道岔桥及多股道位于桥上的 H 型钢柱基础和硬横跨支柱基础	支柱基础及拉线基础采用桥梁预制方式
4	枢纽路基地段的横腹式预应力混凝土支柱	拉线基础采用现浇基础,支柱基础采用混凝土回填(C30 级混凝土),由电化专业施工
5	正线路基地段的 H 型钢柱基础	支柱基础及拉线基础采用钻孔桩基础(C30 级混凝土),由路基专业预留
6	车站内多股道区段的硬横跨支柱基础	采用现浇扩大桩基础(C30 级混凝土)
7	车站站台范围内的 H 型钢柱基础	支柱基础及拉线基础采用过水沟形式的钻孔桩基础(C30 级混凝土),由路基专业预留
8	独立架设供电线的钢柱基础	采用现浇基础(C30 级混凝土)
9	隧道内	隧道内接触网、附加导线悬挂及下锚均采用后置化学锚栓固定方式

(5)接触网装配、下锚补偿安装设计原则

①接触网装配

成渝客专正线区段(DK5+000～重庆)接触悬挂中间柱、转换柱等均采用铝合金腕臂系统结构;重庆西联络线、重庆北联络线、梨莱线、黄莱线及襄渝二线增建二线接触悬挂中间柱、转换柱等均采用钢腕臂系统结构。中间柱的平腕臂采用水平安装,转换柱、道岔柱的平腕臂略向上抬头。

隧道内采用吊柱悬挂方式。

②下锚补偿安装设计原则

正线区段下锚补偿一般采用 1∶3 棘轮补偿装置,坠砣采用铁坠砣。

枢纽内既有线改建区段比照既有线标准隧道内、隧道外一般采用 1∶3 滑轮补偿下锚装置,T 梁桥下锚补偿一般采用 1∶3 棘轮补偿装置,坠砣采用铁坠砣。同一锚段两端的补偿下锚采用相同类型的补偿装置;同一锚段补偿装置分别位于路基上与桥上时,路基上下锚柱采用棘轮补偿装置;同一锚段补偿装置分别位于隧道内与桥上时,桥上下锚柱采用滑轮补偿装置;T 梁桥下锚增设防坠砣防坠落装置。

为保证承力索抬高下锚,接触网下锚支柱高于接触网中间柱和转换柱。

(6)供电分段设置原则

供电分段满足行车组织及检修作业需要,实现各供电分段单元能分别单独停电,以尽量缩小事故及停电范围。

在变电所、分区所附近设置锚段关节式电分相,并经行车专业检算。

站场两端、AT 所附近根据缩小事故范围、满足停电检修的需要设绝缘锚段关节。

长度大于 6 km 的隧道两端设绝缘锚段关节。

站场两端的上、下行渡线采用分段绝缘器实现电分段,使上、下行接触网从电气上分开。

(7)供电线设置方式、馈线上网方式

供电线原则上采取独立架空方式,独立架设供电线支柱一般设置于路基边坡下。

架空供电线经过桥梁或短路基地段时,与接触网支柱合架。当变电所、分区所、AT 所位于高架桥下时,供电线上网采用架空上网方式。

(8)加强线预留原则

根据《中国铁路总公司关于〈新建成都至重庆铁路客运专线工程提高供电可靠性引起Ⅰ类变更设计〉的批复》(铁总办函〔2014〕380 号)供电臂第一个 AT 区段接触网支柱预留设置加强线的条件的要求,在变电所至 AT 所间预留加强线,H 型钢柱相应增高,并设置预留加强线下锚支柱。隧道口采用硬横梁预留加强线安装位置。

(9)主要设备器材选择原则

严格执行《电气化铁路接触网零部件》(TB/T 2075—2010)、《300～350 km/h 电气化铁路接触网装备暂行技术条件》(科技装〔2009〕136 号)、《关于进一步加强高速铁路四电及客运服务系统关键设备上道管理的通知》(铁运〔2010〕133 号),接触网线索、支柱、零部件等主要设备器材选用成熟可靠的产品,在 350 km/h 及以上铁路客运专线有成功应用或供货业绩,满足本线运营速度 350 km/h 及以上的要求。

(10)隔离开关设置原则

车站两端绝缘锚段关节处设置双极电动隔离开关。

变电所架空供电线(T 线、F 线)上网点设置单极电动隔离开关。

分区所和 AT 所供电线上网点设置双极电动隔离开关。

对长度大于 6 km 的隧道两端设置绝缘锚段关节并设置双极电动隔离开关。

AT 所附近需设置绝缘锚段关节,并设置双极电动隔离开关。

接触网电分相处设置单极电动隔离开关。所有电动隔离开关均纳入远动。

(11)接地及回流

全线高速正线区段接触网接地纳入综合接地系统,有效降低钢轨电位,保证人身设备安全;接触网支柱基础预留接地端子,接入综合接地系统,具体要求参见通用参考图《铁路综合接地系统》(通号〔2009〕9301)。

①工作接地

在综合地线区段,接触网支柱和隧道内吊柱利用 PW 线作为闪络保护的集中地线。PW 线采用非绝缘安装方式。

在非综合地线区段,当成排的支柱不悬挂 PW 线或回流线时,增设架空地线实现集中接地。零散的接触网支柱单独设接地极接地。

②安全接地

距接触网带电体 5 m 以内的金属结构均单独设接地极实现安全接地或就近接入综合接地系统。

开关、避雷器等设备的底座就近接入综合接地系统实现安全接地。

架空地线下锚处及长度超过 1 000 m 的锚段中间单独设接地极或就近接入综合接地系统实现安全接地。

凡高柱信号机,必须满足其对接触网带电部分 2 m 的安全距离。

隧道内吊柱底座采用后植化学锚栓方式固定,综合接地区段,吊柱底座通过 PW 线与隧道顶预留接地端子连接(上、下行均设置);接地端子纵向间距一般不大于 300 m,与二次衬砌内的环向和纵向接地钢筋连接,并接入综合接地系统;非综合接地区段,吊柱底座与回流线连接。

接触网设备及邻近金属构筑物接地装置的接地电阻值应满足综合接地系统的相关规定。

③回流

接触网正常工作电流通过 AF 线流回牵引变电所。发生闪络的情况下,短路电流通过 PW 线进入到变电所的接地端子箱。

PW 线按最大每隔 1 500 m 通过信号扼流圈中点接钢轨,并连接至综合接地系统,同时满足信号专业相关要求。

第三节　技术方案创新

(1)供电方案安全可靠

本线为成渝地区最高速度铁路,牵引供电可靠性要求高、牵引负荷大,两端成都重庆枢纽接入方案接口繁杂，牵引供电方式、牵引变压器类型、供电相序匹配、交叉越区支援等设计难度大。

本工程与成都枢纽相关的有成绵乐客专、成昆铁路等，与重庆枢纽相关的有既有成渝铁路、襄渝铁路、渝利铁路、渝黔铁路等，规划建设的川南城际铁路等。通过统一规划、分步实施的原则，本工程与相关工程牵引供电系统接口合理，供电方案实现了安全可靠。

本工程采用先进的 AT 供电方式，供电能力强、可靠性高，有效地保证了高速列车安全运行。

(2)本线大量运用电缆，为了方便运营维护，设置了余长腔。室外设置电缆预沟，半地下室设置电缆预留架。高压电缆夹层采用半地下室方案，可以让高压电缆平进平出，减少施工难度。

(3)本线雨量充沛，而电缆众多，沟深为 1.6 m，一类变更前路基专业已设计所外排水沟深度为 0.6 m，所内电缆沟积水无法正常排出，在所内设置集水井并在井内配备两台可远程操作的水泵，彻底解决了电缆沟积水问题。

(4)为了运营维护方便，在成都、重庆供电段各设置一套综合在线监测平台，全线牵引所亭的电缆在线监测信息、安监信息、SF_6气体监测信息以及牵引变电所的变压器油色谱信息上传至在线监测平台并集中显示。

(5)根据外电提供的短路电流利用仿真软件确定跨步、接触电势和接地电阻限值，进而确定地网面积和高压侧接地导线截面等方案。为了保证行人安全，在 220 kV 侧设备、架构 1.5 m 范围内场坪上填充 15 cm 厚的砾石。

(6)为了解决 27.5 kV 所用变压器的谐波问题，在变电所设置谐波滤波装置，高次谐波滤波装置并联在 27.5 kV/220 V 所用变和交流盘之间的母排上，接入综合自动化系统并将装置信息上传电调。

(7)接触网系统首次采用了国际通用的 CATMOS 接触网仿真软件辅助设计，系统验证了接触网系统的跨距、吊弦布置、锚段关节形式等各种技术指标，其接触网仿真设计水平达到了国际先进水平。

(8)供电线采用防振鞭作为冲击型减振器，以减弱微风振动。该方式安装简单，在使用中有明显的防风效果。

(9)隧道口保护线先在侧壁下锚再转为隧道顶安装，避免保护线和正馈线、承力索穿越，使得隧道口附加导线与承力索相互之间的绝缘距离满足要求，保证接触网的正常运行。

(10)在腕臂承力索座处的承力索表面安装防疲劳型预绞式护线条；在接触网交叉易发生摩擦的地方设置承力索预绞式护线条；在正馈线、供电线悬挂处采用预绞式悬垂线夹；保护线在 H 型钢柱上使用附加导线线夹进行安装，同时在保护线上使用预绞丝保护条，避免保护线表面被压伤。

(11)接地标准化、细化，在实践中改进和完善不同形式的接地方式，组织好设计交底，解决了接地的混乱局面。

(12)隧道内供电线采用架空裸导线，未采用电缆，国内首创，减少电缆故障。

第四节 经 验 体 会

1. 牵引变电

随着西成高铁、渝贵铁路的开通，成渝客专将会有更多类型的动车组上线运行。可结合运输组织情况，进一步优化牵引变电工程的继电保护整定。

2. 接触网

(1)因供电线电流较大，部分馈线采用为大截面的双分裂导线，供电线下锚固定的螺栓由 M16 调整为 M20，相应螺栓紧固力矩相应变大，采用部颁通用图钢柱时，容易导致该种下锚柱处的主角钢受弯、变形。为此，采用 SAP2000、SolidWorks 等软件进行仿真计算，多次到钢柱厂家以及工程现场去做验证试验，找出问题所在，并要求在部颁通用图支柱上部 5 m 范围(下锚角钢安装段)主角钢之间增加横撑。据此，完善和标准了供电线下锚钢柱的技术要求，并提出了部颁通用图的修订要求。

(2)供电线合架时，H 型钢柱升高，田野侧、线路侧均需安装供电线，在穿过绝缘关节或分相关节区段时，双极隔离开关上网引线与线路侧供电线存在空间上的交叉，如考虑上网引线及供电线的弛度时，两者之间的垂直距离不能满足绝缘距离，经理论仿真、模拟计算，多次现场测量后，采取将线路侧安装的供电线调整至田野侧安装，保证了供电线与上网引线间的绝缘距离。

第十五章　综合接地系统设计

第一节　概况与特点

正线区段均设综合接地系统，综合接地系统沿线路两侧各设一根综合贯通地线（截面积 35 mm^2），供沿线信号设备及其他电气设备等接地。

第二节　系 统 构 成

系统以沿线两侧敷设的贯通地线为主干，充分利用沿线桥梁、隧道、路基地段构筑物设施内的接地装置作为接地体，形成低阻等电位综合接地平台。

综合接地系统由贯通地线、接地装置及引接线等构成。

贯通地线采用全线贯通方式。接地装置包括接地极、防接触网闪络保护接地及接地端子等。接地极和防接触网闪络保护接地充分利用桥梁、隧道、接触网支柱基础、站台墙等构筑物的非预应力结构钢筋。接地端子浇筑在混凝土中，用于与接地设备及贯通地线的等电位连接。引接线是接地装置及接地设备与贯通地线之间的连接线。

第三节　主要技术方案

一、桥梁地段综合接地

(1)桥梁地段贯通地线铺设在两侧的通信信号电缆槽内，接地极充分利用桥墩基础设置。

(2)桥梁地段综合接地均采用桥隧型接地端子。

(3)有砟轨道桥梁梁体接地装置设置如下：

①应利用梁端的横向结构钢筋作为接地钢筋并与梁底的接地端子连接，道砟厚度小于 0.3 m 的梁体上表面适当位置处应设纵向接地钢筋。

②线路两侧贯通地线通过梁体内的横向结构钢筋实现横向连接。

(4)桩基础桥墩接地设置如下：

在每根桩中应有一根通长接地钢筋，桩中的接地钢筋在承台中应环接，桥墩中应有两根接地钢筋，一端与承台中的环接钢筋相连，另一端与墩帽处的接地端子相连。由于墩顶接地端子距桥墩外缘 10 cm，而桥墩结构钢筋（护面钢筋）距桥墩外缘净保护层为 4 cm，故在桥墩结构钢筋接近墩顶接地端子处，应采用横向筋将墩顶接地端子和桥墩结构钢筋连接起来。

(5)明挖扩大基础桥墩接地设置如下：

①在基底底面设一层钢筋网作为水平接地极，水平接地极应与基底底面等面积；钢筋网格间距宜按照 1 m×1 m 设置，中部“十字”交叉的两根钢筋上的网格节点应施以“L”形焊接，外围钢筋应闭合焊接，其他节点绑扎；水平接地极钢筋网格的外缘距承台混凝土底面不大于 70 mm。

②桥墩中应有两根接地钢筋，一端与基底水平接地极（钢筋网）中的钢筋相连，另一端与墩帽处的接地端子相连。由于墩顶接地端子距桥墩外缘 10 cm，而桥墩结构钢筋（护面钢筋）距桥墩外缘净保护层为 4 cm，故在桥墩结构钢筋接近墩顶接地端子处，应采用横向筋将墩顶接地端子和桥墩结构钢筋连接起来。以上接地钢筋均可用基底、桥墩中的结构钢筋代替。

(6)桥梁地段声屏障接地设置：桥上由导电材料制成的声屏障及支架应在其结构内预留接地端子，就近与桥上预留的接地端子连接。

(7)桥台接地设置:墩体内设置接地钢筋,桥台面接地钢筋参照桥梁体的接地设置要求实施。

(8)区间、站内跨线桥接地设置:在墩内及梁体内设纵、横向接地钢筋,通过桥墩下部的接地端子与线路两侧综合接地系统预留的接地端子连接。其他跨线建筑物参照实施。

(9)框架桥、涵接地设置:框架桥梁上表面、涵顶面填土高小于 100 mm 时需采取接地措施,就近接入综合接地系统;下部侧墙结构钢筋可不接入综合接地系统。

二、路基地段综合接地

1. 路基地段贯通地线埋设

(1)一般路基地段沿线路两侧各设一根贯通地线,位于通信信号电缆槽外侧内壁正下方的基床底层中,接地极充分利用接触网支柱基础。

(2)路堤、土质及软质岩路堑地段的贯通地线埋深距基床底层顶面−40～−30 cm 处;硬质岩路堑地段,将贯通地线埋设于通信信号电缆槽下约 20 cm,沟中回填细粒土。

(3)涵洞顶板距轨顶小于 1.5 m 地段的贯通地线敷设在通信信号电缆槽靠线路侧面的下部位置。

(4)贯通地线纵向通过路基地段的电缆井(不含过渡段电缆井)时,应从电缆井下约 20 cm 通过,在电缆井施作时,应避免机械对贯通地线的损伤。

2. 分支引接线的埋设

(1)贯通地线通过分支引接线侧向水平引至路基边坡,沿护肩底以及电缆槽底引至通信信号电缆槽靠线路侧内壁位置,与电缆槽侧壁预留的接地端子引接线压接。分支引接线材质与贯通地线相同。

(2)每个接触网支柱、电力电缆槽接地端子处、跨线建筑物处及桥梁与路基、隧道与路基过渡段处均埋设一根分支引接线。

3. 路基与桥梁、路基与隧道过渡段贯通地线连接

(1)在邻近过渡段的路基通信信号电缆槽侧壁处预留接地端子,并预埋分支引接线将接地端子与贯通地线连接。

(2)桥梁、隧道地段的贯通地线沿通信信号电缆槽敷设至路基段,采用 L 形连接器将贯通地线与路基段通信信号电缆槽预留的接地端子连接。

4. 贯通地线的主要埋设工序和工艺

(1)路堤、土质及软质岩路堑地段

①路基填筑并压实至高于贯通地线埋设深度约 60 mm 高程的同时,预留出 60 mm 深、宽度略大于贯通地线直径的“小槽”,以敷设贯通地线。

②先向“小槽”内回填 40 mm 厚粒径不大于 5 mm 的土壤,敷设贯通地线,再次回填 40 mm 厚粒径不大于 5 mm 的土壤后,进行人工夯实。

③人工夯实后,必须在“小槽”上方覆盖厚度不少于 100 mm、粒径不大于 5 mm 的土壤,才能进行正常的路基填筑和机械压实作业。

④贯通地线的分支引接线采用与贯通地线相同的工序和工艺埋设,施工边坡防护前,将引接线埋设于边坡防护层下并与灌注在电缆槽中的接地端子尾端 C 形压接。

(2)硬质岩路堑地段

①在硬质岩路堑地段切割安装电缆槽时,同时切割 0.2 m×0.2 m 的小槽,铺设贯通地线,槽内回填细粒土并人工夯实。

②在需要横向连接的位置,同时横向切割出 0.2 m×0.2 m 的小槽,铺设横向连接线,槽内回填细粒土并人工夯实。

③在敷设贯通地线时,同时在接触网基础处预留分支引接线,一端与贯通地线 C 形压接,另一端与电缆槽侧壁预留的接地端子尾端 C 形压接。

(3)涵洞顶板距轨顶小于 1.5 m 地段

在电缆槽施作前,将贯通地线直接敷设在电缆槽侧面下部,在上部回填细粒土并人工夯实。

5. 两侧贯通地线间的横向连接

(1)长度超过 1 000 m 的路基地段,每间隔 500 m 左右将上下行贯通地线连接一次。

(2)长度为 500～1 000 m 的路基地段,在路基段中间将上下行贯通地线连接一次。

(3)长度小于 500 m 的路基地段,不考虑贯通地线的横向连接。

(4)横向连接线的规格、埋设深度、埋设工序及工艺与贯通地线相同。

(5)在工程实施时,若横向连接线与接触网支柱基础埋设里程冲突,可适当移动连接线,避开支柱基础。

6. 路基地段接地极、接地端子设置等

(1)路基地段利用接触网支柱基础作为接地极使用。在施作接触网支柱基础时,在基础沿线路方向小里程侧面预制接地端子,接地端子的连接钢筋要求与基础内结构钢筋和至少两根接触网支柱基础螺栓可靠焊接;接地端子供轨旁设备及无砟轨道板等设施接地;接地极通过不锈钢连接线与通信信号电缆槽内的接地端子连接。

(2)每间隔一个接触网基础处的通信信号电缆槽内侧壁预埋接地端子,供轨旁弱电设备、设施接地连接。

(3)对电力电缆槽,在沿线每座箱式变电站、变电所(含与信号专业合建的电力远动开关站)处槽内侧壁预埋两个接地端子(端子间隔 0.5 m,具体位置待相关专业资料明确后另行提供),接地端子与接触网支柱间距不小于 20 m,供电力设施接地。接地端子尾端应与分支引接线压接。

(4)接触网支柱基础上的接地端子采用桥隧型接地端子,并与接触网基础内的结构钢筋可靠焊接。路基地段电缆槽内的接地端子采用路基型接地端子。

7. 跨线桥处的路基地段

在桥墩处预留分支引接线,在电力槽内预留路基型接地端子,分支引接线与接地端子尾端压接,以便于跨线桥接地装置就近接入综合接地系统。

8. 路基地段声屏障综合接地

由导电材料制成的声屏障及支架应在结构内预制接地端子,就近与接触网支柱混凝土基础预制的接地钢管或钢柱基础钢筋板接地端子孔连接。

三、车站范围综合接地

1. 车站咽喉区路基地段贯通地线埋设

(1)贯通地线、分支引接线、横向连接线的埋设及施工工艺要求与区间路基地段相同。

(2)每个接触网支柱处的通信信号电缆槽内设置 2 个路基型接地端子,端子间隔 0.5 m,供轨旁通信、信号、信息等弱电设备、设施接地。

(3)在站场范围内的箱式变电站、变电所等处的电力电缆槽侧壁设置 1 个路基型接地端子(具体位置待相关专业资料明确后另行提供),供电力设施接地。

(4)每个接触网支柱基础上预置 1 个桥隧型接地端子,采用分支引接线与贯通地线相接。

2. 站台区综合接地方案

(1)贯通地线及分支引接线的敷设

①站台范围内的贯通地线与咽喉区贯通地线同径路敷设,自站台墙一侧纵向贯穿整个站台区。

②分支引接线约每 100 m 设置一处,一端与贯通地线 C 形压接,另一端与站台墙预留的接地端子拴接。

(2)站台墙接地钢筋及接地端子设置

①在站台墙内,站台面上层靠线路侧 60 cm 范围内的纵向结构钢筋需接入综合接地系统。通过站台墙内的部分横向、竖向结构钢筋将站台面纵向结构钢筋连接起来,并构成站台墙接地装置,并约每 100 m 接入综合接地系统一次。

②在每个站台墙靠钢轨一侧的侧墙下部,约每 100 m 设置 1 个桥隧型接地端子,并与站台墙接地装置相连接,端子孔朝向线路,采用分支引接线与贯通地线连接。

③在基本站台墙靠信号楼(或室)一侧的上部预留 4 个桥隧型接地端子,以便于信号楼(或室)的环形地网接入综合接地系统。接地端子与站台墙内的接地钢筋可靠焊接。

(3)接触网基础接地

①侧线铺轨前,在线间碎石层下方敷设热镀锌扁钢(规格 50 mm×4 mm,厚度不小于 4 mm,下同),将接触网基础上的接地端子与站台墙靠钢轨侧预留的接地端子连接起来。

②当正线为无砟轨道区段或线间有客车上水设施等金属物时,在线间敷设一根热镀锌扁钢,将线间接触网基础的接地端子等电位连接,无砟轨道板及相关金属设施的接地均可就近与扁钢连接。

(4)信号楼(或综合站房,下同)等建筑物接地与综合接地系统的等电位连接

①距铁路 20 m 范围内铁路建筑物的接地装置应与综合接地系统预留的接地端子可靠连接。

②综合接地系统在信号楼上、下行两端应分别与其环形接地体连接,每端设 2 根连接线,2 根连接线的间隔为 2～3 m。

③其他建筑物的地网应与综合接地系统预留的接地端子可靠连接。

④与建筑物地网连接的接地干线,可用铜排或热镀锌扁钢埋地敷设,铜排的截面积不小于 50 mm^2,热镀锌扁钢的截面积不小于 200 mm^2。厚度均不小于 4 mm。

(5)利用雨棚网架各金属构件及金属柱作防雷接闪器及引下线,利用各柱基础承台内主钢筋作接地装置;各基础内钢筋应用 40 mm×4 mm 镀锌扁钢焊接连通,扁钢埋深不小于 1 m;为保证接地可靠性,各柱对应桩基须用 ϕ16 mm 圆钢将各桩头保护钢板连接;雨棚接地体与站房接地网连接。

(6)其他接地

站台范围内旅客可接触的建筑物及金属构件等应采取等电位或分设接地等措施。条件具备时,可与综合接地系统预留的接地端子可靠连接,具体连接可参考信号楼环形接地体与综合接地系统的连接方式。

第十六章　防灾安全监控设计

第一节　主要设计依据

防灾安全监控主要设计依据是《关于新建铁路成都至重庆客运专线初步设计的批复》(铁鉴函〔2010〕652 号)和《中国铁路总公司关于新建成都至重庆铁路客运专线列车控制系统等Ⅰ类变更设计的批复》(铁总办函〔2013〕231 号)。

第二节　主要技术标准及原则

(1)《铁路自然灾害及异物侵限监测系统工程设计暂行规定》(铁总建设〔2013〕86 号)。

(2)《高速铁路自然灾害及异物侵限监测系统管理办法(暂行)》(铁运〔2010〕28 号)。

(3)《高速铁路设计规范(试行)》(TB 10621—2009)。

(4)《铁道部关于印发〈高速铁路自然灾害及异物侵限监测系统总体技术方案(暂行)〉的通知》(铁科技〔2013〕35 号)。

(5)《高速铁路防灾安全监控系统-公跨铁立交桥异物侵限监测方案》(运技基础〔2010〕739 号)。

第三节　主要工程内容

1. 风监测子系统

(1)系统组成

风监测子系统由现场监测设备(风速风向计、现场控制箱、传输电缆)现场监控单元和防灾数据处理设备等组成。

现场监测设备采集到的数据传送到现场监控单元,再通过传输网络上传至本线防灾数据处理设备。

(2)风监测点设置地点

根据现场踏勘及工务维护部门建议,本段共设置 37 处现场监测设备。

(3)设备设置

风速风向计按双套设置,并远离现场障碍物干扰。风速风向计在保证监测效果的基础上,利用接触网支柱安装。

(4)强风时列车运行管制建议

强风时列车运行管制应满足《铁路客运专线技术管理办法(试行)》(铁科技〔2009〕116 号)中 200～250 km/h 部分的相关规定。

2. 雨量监测子系统

(1)系统组成

雨量监测子系统由现场监测设备(雨量计、现场控制箱、传输电缆)、现场监控单元和防灾数据处理设备等组成。当风速风向计具备开通雨量监测功能时,可视为雨量计。

现场监测设备采集到的数据传送到现场监控单元,再通过传输网络上传至灾害本线防灾数据处理设备。

(2)雨监测点设置地点

根据现场踏勘及工务维护部门建议,湘桂铁路柳南段客运专线及南黎铁路在路堤、路堑、车站及隧道口等易产生塌方、水冲线路的处所设置 13 处现场监测设备。

(3)设备设置

雨量计主要设置在大雨区间位于山坡山脚地带的填土路基以及有可能发生滑坡、泥石流或路基下沉的路堑、路堤、隧道口等处，安装地点为无遮掩、宽敞的场所。雨量计与风速风向计同址设置时，与风速风向计同址安装于接触网杆上，距轨面距离为(4 000±0.1) m。

雨量计的设置位置与现场监控单元设备用房位置在线路同侧。

3. 异物侵限监控子系统

(1)系统组成

异物侵限监控子系统由现场监测设备(防护监测网、现场控制器)、现场监控单元和中心系统设备组成。监测点视频监控纳入综合视频监控系统，用于监测到报警后，调度员查看现场情况。现场监测设备采集到的信息传送到现场监控单元，再通过传输网络上传至监控铁路局中心系统设备，同时将采集到的信息通过现场控制器接入列控系统。

(2)现场设备组成

异物侵限监控子系统由现场监测设备(防护监测网、现场控制器)、现场监控单元和中心系统设备等组成。

异物侵限监测装置由竖直监测电网、支架等组成，现场控制器控制异物侵限监测装置工作，接收并分析来自防护监测网的信号。

(3)异物侵限报警监测点设置地点

根据铁道部运输局《高速铁路防灾安全监控系统——公跨铁立交桥异物侵限监测方案》(运技基础〔2010〕739 号)中的要求，本线在汉安大道公跨铁立交桥以及框架桥上，设置异物侵限监测现场设备。

现场监测设备主要设置在公跨铁立交桥两侧。站前桥梁专业预留防护监测网安装条件。

4. 地震监控子系统

(1)系统组成

地震监控子系统由现场监测设备(地震仪、仪器墩、传输电缆等)、现场监控单元和铁路局中心系统设备等组成。

现场监测设备采集到的数据传送到现场监控单元，再通过传输网络上传至铁路局中心系统设备。

(2)主要功能

系统具备对管辖范围内地震监测点 P 波预警信息、相邻铁路局的预警及报警信息、地震部门的地震信息进行分析、处理，生成预警信息的功能。

系统具备对管辖范围内单点、多点地震报警信息进行分析、处理，生成报警信息的功能。

系统应具备地震预警、报警解除功能。

(3)地震监测设置地点

本线地震动峰值加速度在 DK0＋000～ DK51＋200，DK185＋400～DK238＋100 段均大于或等于 0.1g，需设置地震监测点，共设置地震检测点 6 处。

5. 电缆线路及防护

进出防灾房屋的电缆屏蔽层应与建筑物环形接地装置连接单端接地。室外电缆钢带(铝护套)应分段单端接地，每段电缆长度不宜超过 3 000 m；每段电缆中间的电缆接续处，电缆钢带(铝护套)应屏蔽连接，并与金属材料箱盒及大地绝缘。

区间电缆敷设于通信电缆槽内，直埋电缆采用钢管防护，跨水沟、跨电力电缆槽采用钢管加混凝土包封防护。

公跨铁立交桥从桥上引至地面时沿桥墩引下，引下部分钢管防护；接触网杆上采用钢管防护引下线缆，钢管需牢固固定于接触网杆外侧。

电缆设计应满足现行《铁路工程设计防火规范》(TB 10063)的相关要求。

第十八章 工程接口设计

第一节 专业间工程接口设计概述

与普通铁路相比，高标准的350 km/h客运专线铁路接口问题多，且要求精度高，这些接口问题涉及土建工程与站后工程之间、各专业之间、铁路与其他各行业部门之间等等，接口工作覆盖了设计、施工、安装、调试、试运行等各阶段。尤其站后四电专业与线下土建专业间存在着更为复杂、精细的接口工程，其施工精度是铁路运行可靠保证的关键工程之一，标准更高、要求更严。

第二节 接口设计原则与要点

一、土建工程接口设计

1. 土建工程之间接口设计原则

(1)路基、桥涵及隧道等各类构筑物的设计应注意各构筑物间变形协调，尽量避免不同构筑物间的频繁过渡。

(2)路基与桥梁、框架桥涵及隧道之间衔接处应设置过渡段，以保证结构刚度平顺过渡。

(3)站场排水与区间排水设施有机衔接，隧道洞内排水沟与路基排水沟应顺畅衔接，轨道结构排水设计应与路基、桥涵及隧道等土建工程的排水系统统筹考虑。

2. 土建工程与站后工程接口设计

路基、桥涵和隧道附属工程设计应符合电缆沟槽、接触网、声屏障、综合接地线、站区过轨管线，以及牵引变电、电力、通信、信号电缆过轨等设备设置要求。

在土建工程施工过程中，均需预留部分结构与相应站后各专业进行衔接，接口工程主要有：

(1)路基内及路肩上其他专业设计的各种附属构筑物，包括电缆槽、接触网立柱基础、声屏障立柱基础、综合接地电缆线、过轨(手孔、人孔)管道、防灾安全智能监控和预警系统等设备。

(2)桥梁综合接地(含桩基础、承台、梁体等)，锯齿形孔及爬架，梁体接触网立柱及声屏障柱基础，桥上电缆槽。

(3)隧道综合接地，隧道内过轨，接触网预埋槽道，隧道内电缆槽，站后设备综合洞室或专用洞室。

(4)无砟轨道绝缘处理，接地连接等。

3. 路基接口工程设计

路基内及路肩上各种附属构筑物(包括电缆槽、接触网、声屏障、综合接地线、过轨管道等设备)要求与路基填筑同步施工，确保不因各种设施的施工而损坏和危及路基工程的稳固和安全。

(1)电缆槽及手孔

路基两侧路肩上设置通信、信号及电力电缆槽，电缆槽位于接触网立柱外侧，按《铁路路基电缆槽》(图号:通路(2010)8401)的相关要求执行。电缆槽采用侧向排水，分别于中隔板、外侧壁底部预留泄水孔，将电缆槽内水引出路基外。电缆过轨及上网时按照要求设置电缆井，内净尺寸为(1.2～2.05) m×1.2 m×0.9 m(长×宽×高)，壁厚0.2 m。

电缆槽及电缆井在路基基床表层级配碎石压实达到标准后，在两侧路肩上采用机械切割出台阶后进行安装。安装手孔的位置尽量避开接触网支柱基础、声屏障立柱基础。

(2)接触网立柱基础

接触网支柱基础内侧距轨道中心距离满足设备安装、调整、运营、维修的需要，无砟轨道3.0 m(有砟轨道 3.1 m)。接触网立柱基础在路基基床表层级配碎石铺设压实后,在路肩外采用旋挖钻孔(干钻)灌注施工,可与通信信号电缆槽同时施工;基础顶面预留法兰盘,与立柱采用螺栓连接;基础周围的空隙采用沥青水泥砂浆填补。

(3)声屏障立柱基础

声屏障立柱基础在路基基床表层级配碎石铺设压实后,一般采用旋挖钻孔(干钻)灌注施工,可与通信信号电缆槽同时施工;基础顶面预留法兰盘,与立柱采用螺栓连接;基础周围的空隙采用水泥砂浆填补;声屏障设置于路肩宽度范围以外。

(4)综合接地电缆

综合接地电缆于路基面左、右侧各设一根贯通电缆,考虑与通信、信号、电力的连接和铺设对路基施工的干扰,综合接地电缆铺设于两侧电缆槽底部基床底层填料中,在每个接触网立柱处的电缆槽预埋接地端子、预留孔道将综合地线引入电缆槽。

(5)过轨管道

通信、信号及电力电缆过轨管道,采用 HDPE 高强双壁波纹管,埋设于基床底层中。具体埋设里程、位置、根数按相关专业的要求确定。

(6)沉降位移观测系统和安全防护网

①沉降和位移观测系统

一般路堤地段,特别是软土及松软土等地基加固的高路堤地段,建立沉降和位移观测系统,确保高速铁路施工和运营安全。

②安全防护网

在深路堑、陡坡路堑、堑顶外为单面坡的一般路堑、危岩落石路基地段,根据地质情况,对可能有异物侵入段双侧或单侧设置柔性防护网。

4. 桥梁接口工程设计

(1)桥梁与路基的接口,主要是桥涵与路基过渡段的设计及涵洞软基处理,解决线路刚度变化对行车的影响;路基排水系统与小桥涵设计的衔接;小桥涵复合地基处理与周边路基复合地基的衔接。此外位于岩堆、滑坡等不良地质范围内的桥梁墩台防护工程也由路基专业进行设计。

(2)桥梁与站场的接口,主要是站内桥涵与站场路基过渡段的设计,桥涵布置与车站道岔位置的协调,高架车站桥梁、站台桥与车站的布置协调,以及车站排水与路基排水系统、小桥涵设计的衔接。

(3)桥梁与隧道专业的接口,主要是山区桥隧相连时桥梁与隧道的分界确定。

(4)桥梁与轨道专业的接口,主要是隧道群桥隧相连地段的桥梁采用无砟轨道,桥梁无砟轨道成段铺设区,梁部采用小跨度连续刚构或大跨度连续梁,梁端转角及横向位移应满足无砟轨道相关技术要求。

(5)桥梁与通信、信号及电力的专业接口设计主要是桥上电缆槽。桥梁人行道采用角钢栏杆。信号电缆槽和电力电缆槽置于人行道栏杆外侧的角钢支架上,电缆槽采用玻璃钢复合材料。正线区间铁路桥两侧人行道栏杆外侧各设置一道信号电缆槽及电力电缆槽。站场内铁路桥电缆槽根据信号及电力专业要求确定具体的设置位置,跨越通航河流的桥梁两侧各增设一道低压电缆槽。

(6)桥梁与接触网的接口设计主要是接触网立柱基础和拉线基础在桥上的布置,桥梁专业进行基础设计;接触网专业提供电缆上、下桥位置,桥梁专业负责电缆上、下桥条件的预留。

(7)桥梁与环评的专业接口设计主要是声屏障上桥。

(8)桥梁与建筑的专业接口设计主要是旅客地道及行包地道,房建结构立柱避免放在地道结构上,轨下洞身、异形段、行包坡道以及没有电扶梯的旅客坡道由桥梁专业设计,有电扶梯的旅客坡道由建筑专业设计,地道内的装修、排水、照明等设施均由建筑专业设计。

(9)对于上跨公路桥梁异物监测系统的设置,桥梁专业提供跨线公路桥相关资料给信息专业,经信息专业检算后将异物监测网设置范围及监测网预埋件的设置要求提供给桥梁专业,桥梁专业负责监测网预埋件的设计。

5. 隧道接口工程设计

(1)隧道照明

正线速度目标值大于或等于 250 km/h、长度 500 m 以上的隧道内设置固定检修照明，长度 5 km 以上或有紧急出口的隧道内设置应急照明。应急照明设备设置在紧急出口及其通道；应急照明在疏散通道的地面水平照度不应低于 0.5 lx；疏散指示照明标志安装间距不大于 30 m，并安装在距地面 1 m 以下的墙上。

全线速度目标值不大于 140 km/h、全长 500～1 000 m 的曲线隧道及全长 1～3 km 的隧道，仅设置洞内作业施工照明电源插座；全长 3 km 及以上的隧道和重庆联络线左、右线隧道，设置冷光源固定照明灯具和洞内作业施工照明电源插座。

(2)通信、信号、电力、接触网

①按照通信信号及电力专业综合接地体的要求，在相应的位置预埋接地钢筋、接地端子等。

②隧道专用洞室处及隧道洞口根据相关专业要求设置过轨钢管。

③本隧接触网基础采用化学锚栓，化学锚栓设置位置根据接触网专业要求布置。

(3)消防设施

对于安放通信信号、电力设备的专用洞室及变压器洞室，均应配备消防设施，具体要求详见相关专业。

6. 轨道接口工程设计

轨道专业在设计过程中涉及的接口专业主要有行车、路基、桥梁、隧道、站场、信号、接触网等专业。与主要专业间的设计原则与要点见表 3-18-1。

表 3-18-1 与主要专业间的设计原则与要点

接口专业名称	设计原则与要点
行车	根据行车专业提供速度牵引曲线，设计全线轨道超高
路基	(1)根据轨道结构不同在路基地段预留不同结构高度； (2)根据路基排水设计，设计轨道排水方式； (3)根据无砟轨道设计情况，对路基桩板设计提出要求； (4)对路基过渡段设计提出要求
桥梁	(1)根据轨道结构不同在桥梁地段预留不同结构高度； (2)给桥梁专业提供不同轨道结构恒载； (3)提供桥梁轨道结构排水要求； (4)提供道岔梁上轨道布置及对桥梁结构要求； (5)计算桥上无缝线路墩台力提供给桥梁专业设计使用； (6)向桥梁专业提供预埋件设计要求
隧道	(1)根据轨道结构不同在隧道地段预留不同结构高度； (2)根据隧道设计，进行轨道结构排水设计； (3)根据隧道结构缝位置，对轨道结构进行分段设计； (4)根据隧道内无砟道岔设计情况，对隧道提出预埋件要求
站场	(1)根据轨道结构不同在站内地段预留不同结构高度； (2)根据排水设计需要，进行轨道结构设计，并提供轨道排水设计需求给站场； (3)根据站场内道岔布置，确定岔区无砟轨道设计形式
信号	(1)根据信号要求记列钢轨胶接绝缘； (2)根据信号要求设计轨道综合接地系统； (3)根据信号要求设计道岔转辙机平台； (4)根据信号专业要求设置护轮轨绝缘安装应答器
接触网	提供曲线超高值给接触网专业

7. 站场接口工程设计

(1)站内正线与相邻到发线间、到发线与到发线线间距应根据接触网股道间立柱方式、雨棚支柱、站内各种建筑物和管线设施的设置综合考虑，系统协调。

(2)车场外侧路基半宽应满足接触网支柱、声屏障基础及电缆槽设置要求，站场路基与区间路基宽度变化处应顺接处理，站场路基防护和绿化等设计标准应与区间路基协调统一。

(3)站内通信、信号、电力电缆均采用电缆槽方式进行埋设，并与区间电缆槽贯通，设计中根据专业技术要求统筹考虑，综合布线。各类管线、电缆槽、过轨管及电缆井、手孔应与路基同步施工，避免出现二次开挖，破坏路基整体结构。

(4)站场路基排水系统应结合站内桥涵、地方自然沟渠及城市排水管网等综合设计,并与区间排水设施形成完整的排水体系,注意高程衔接,保证排水通畅。接触网及雨棚等支柱设置在站内有排水槽(沟)的线间时,有关支柱基础与排水槽(沟)应统一设计。

二、站后工程接口设计

1. 建筑

(1)旅客站房

旅客站房主要外部接口:与地方市政配套工程的各项专业接口,以及与站房工程所涉及的站场、路基、桥梁、结构、水、暖、电、通信、信号、信息、装修等专业间的设计接口。

(2)一般生产生活房屋

一般生产生活房屋建筑与各专业之间的接口:各站、所内场坪及排水沟的设计与路基、站场专业排水设计之间的接口;四电用房各设备管沟的设计与设备专业招标设备所需土建要求之间的接口;房屋卫生间设计与通风及室内给排水专业设备布置之间的接口;室内吊顶的标高与暖通、电力、室内给排水专业管线之间的接口。

在接口设计时注重专业间资料的按时互提,并及时校核各专业返回的资料;当本专业产生变更设计后,应及时通知相关专业一同变更;接口设计图纸应重视各专业之间的会签,以保证接口设计质量。

2. 结构

结构与各专业之间的接口:站房与路基挡墙之间的连廊的结构预埋件接口;站台雨棚柱插筋在地道出入口侧墙的预埋接口;接触网与雨棚柱共柱时接触网预埋件在雨棚柱上的预埋接口;各设备专业沟、槽、管、洞穿结构梁、墙时的结构洞口预留接口。在接口设计时重视向站前专业及时提资料,并尽量细化接口设计资料,以避免由于对彼此专业的不熟悉而造成差错漏碰;结构专业应仔细研读各设备专业的预留、预埋资料,并在接口设计时与设备专业会签;当设备需要招标时,若设备招标土建资料与原资料不符,应及时根据招标后的土建资料进行变更设计。

3. 通信接口工程设计

(1)通信专业外部接口

①通信专业与站前专业接口见表 3-18-2~表 3-18-6。

表 3-18-2 与路基工程的接口界面表

通信专业	路　基	接口界面
GSM-R 区间基站、光纤直放站	用地面积以及场坪要求	路基专业负责征地、提供场坪
光缆敷设	路基两侧电缆槽	路基专业设置
光缆敷设	光缆过轨管、手孔	路基专业设置
路基地段引上、引下电缆防护	分支电缆槽道至防护栅栏内侧	路基专业设置
漏缆挂设	辅助杆基础	路基专业设置

表 3-18-3 与桥梁工程的接口界面表

通信专业	桥　梁	接口界面
光缆敷设	桥上双侧设通信电缆槽	桥梁专业设置
桥上光电缆引下	桥梁电缆锯齿口	桥梁专业设置
	桥墩钢槽引下槽道	桥梁专业设置
漏缆挂设	桥上辅助杆基础及连接螺栓	桥梁专业设置

表 3-18-4 与站场工程的接口界面表

通信专业	站　场	接口界面
光电缆敷设	站台和自站台端头至出站信号机在站场两侧设置站场通信电缆槽,并与区间及站台电缆槽相连	站场专业设置
	光电缆过轨管、手孔	站场专业设置

表 3-18-5　与隧道工程的接口界面表

通信专业	隧　　道	接口界面
光电缆敷设	(1)隧道两侧电缆槽； (2)隧道综合洞室电缆余长腔； (3)光电缆接头/余留手孔； (4)光电缆过轨管	隧道专业设置
隧道内光纤直放站机房	隧道内设备洞室	隧道专业设置

表 3-18-6　与房屋建筑工程的接口界面表

通信专业	房　　建	接口界面
通信用房	满足抗百年不遇洪水水位要求，通信机房的环境、装修应满足相关的技术指标	房建专业根据通信专业要求提供通信房屋(包括：面积、装修等)
光电缆敷设	站台电缆沟、分支电缆槽	房建专业设置
	车站局前引入井	房建专业设置
	区间通信机房局前手孔	房建专业设置
室内通信缆线布放	室内沟槽道	房建专业设置
通信铁塔	铁塔基础和场坪	房建专业设置

②区间漏泄电缆架设要求

漏泄电缆在路基上架设的要求：漏泄电缆在隧道外架设时与接触网共杆架设，在路基地段相邻接触网杆杆距大于 30 m 时，在两接触网杆的中间加设一根辅助杆。漏泄电缆及承力索架设高度轨面上方(4 800±20) mm。

漏泄电缆在桥梁上架设的要求：无线通信在部分桥梁上与接触网共杆架设漏泄电缆，需采用增加漏缆承力索线径等措施以满足漏缆挂设需求，在两接触网杆的中间加设一根杆。漏泄电缆及承力索架设高度轨面上方(4 800±20) mm。

桥梁区段漏泄电缆辅助杆基础及螺栓由桥梁专业预留，辅助杆由通信专业安装。

③隧道内漏泄电缆挂设要求

沿线所有隧道内需架设漏泄同轴电缆，漏泄同轴电缆的架设高度(距轨面)为 4.5～4.8 m，吊挂于隧道内一侧；漏泄同轴电缆的最大垂度为 0.15 m；漏缆与接触网的回流线、PW 线、保护地线以及隧道电力照明线的距离不小于 0.6 m，由隧道专业统一协调。

隧道内漏泄同轴电缆采用膨胀螺栓和电缆支架固定(由通信专业实施)，膨胀螺栓的孔眼垂直于隧道壁面，孔深为 70 mm，洞内支架间距为 1 000 mm。

4. 信号

(1)线路专业接口设计

线路专业为本系统提供线路平、纵断面图以及线路的最高允许速度等基本参数资料，供本系统进行牵引计算、区间信号机布点和列控中心、应答器用户数据表的编制。

(2)路基专业接口设计

①路基专业在线路两侧路肩上设置了通信信号电缆槽(净宽 350 mm、净深 300 mm)，考虑了电缆过轨管道的预埋。

路基专业在线路两侧每隔 500 m(含始、终端过渡段路肩顺接处)、车站两端进站信号机处设计电缆手孔井，两侧手孔井位置一致，用于过轨管施工维修或电缆接头、预留长度盘存。

路基专业为所有区间信号机及禁停标志牌在路肩上预留基坑。

②路基专业已为路基地段的综合接地搭建了平台。

(3)桥梁专业接口设计

①桥梁专业在线路两侧设置了信号电缆槽(净宽 350 mm、净深 300 mm)。对其他地段，桥梁专业在线路单侧设置了信号电缆槽。

②桥梁专业已为 250 km/h 正线桥梁地段的综合接地搭建了平台。

(4)轨道专业接口设计

轨道专业需根据信号提供的具体位置在站内正线设置胶接绝缘。

(5)站场专业接口设计

①站场专业在车站范围内线路两侧设置了通信信号电缆槽(一般车站站房同侧净宽 600 mm、净深为 400 mm;站房对侧净宽 350 mm、净深为 300 mm),考虑了电缆过轨管道的预埋。

站场专业在车站范围内电缆槽位置有信号电缆过道钢管埋设处均设电缆手孔井,用于过轨管施工维修或电缆接头、预留长度盘存;站内预埋信号电缆过轨钢管时,在线路与线路间预留线间手井,以便施工、维护。

站场专业为所有车站信号机在路肩上预留基坑。

站场专业根据信号提供的具体位置在车站内侧线设置胶接绝缘、在侧线股道设置补偿电容特制混凝土枕。

②站场专业已为站场范围的综合接地搭建了平台。

(6)通信专业接口设计

①与通信系统接口

信号微机室设自动电话一部,用于计算机联锁等设备的远程诊断。

②CTC 通道

采用不同物理径路 2M 数字光通道。与通信的分界在信号机械室 CTC 机柜 ODF 单元(由设备厂商提供),至信号机械室的光纤由通信专业提供,接口方式采用 FE 光接口。

③列控信息通道

采用不同物理径路独立光纤传输列控信息。与通信的分界在信号机械室列控机柜 ODF 单元(由设备厂商提供),至信号机械室的光纤由通信专业提供。

④信号集中监测通道

采用 2M 数字光通道传输集中监测信息。与通信的分界在信号机械室集中监测机柜 ODF 单元(由设备厂商提供),至信号机械室的光纤由通信专业提供,接口方式采用 FE 光接口。

⑤提供贵阳北信号安全数据网监测终端至贵阳电务段的 2M 数字通道,桂林西信号安全数据网监测终端至柳州电务段的 2M 数字通道。

贵阳电务段设置贵广调度远程工作站,提供成都调度所至贵阳电务段冗余路由方式的 2M 数字通道;柳州电务段设置贵广调度远程工作站,提供南宁局调度所至柳州电务段冗余路由方式的 2M 数字通道。

⑥临时限速服务器通道

提供贵阳北至成都调度所不同物理径路 2M 数字通道(1 对),桂林西至南宁调度所的不同物理径路 2M 数字通道(2 对)。

⑦无线通信系统为车站 CTC 分机提供车次号校核、调度命令无线传输通道及端口。

车站 CTC 子系统与通信专业设计的车站无线系统车站转接器接口,按《调度命令无线传送系统技术条件(V4.0)》(运基通信〔2005〕187 号)的要求,通过 RS232/RS422 串行通信接口通信。

⑧环境监控:信号机械室环境监测由通信专业统一实施。

⑨与突发事故异物侵限监测的有关接口

由实回线传输报警开关量信息,通过信号联锁及列控系统或行车调度命令实现自动或人工控制行车速度,保证高速列车安全正点、高效舒适。

(7)电力专业接口设计

①信号系统向电力供电提供的信息包括:信号设备用电量及用电要求、信号中继站里程及有关要求、信号楼(行车室)防雷、屏蔽及接地要求、综合接地系统的要求、接地母排的设置位置等、信号生产房屋用电设备平面布置及要求等。

②电力供电向信号系统提供的信息包括:电力供电向信号系统提供全线的电力供应情况等。

(8)牵引供电专业接口设计

①信号系统向牵引供电提供的信息包括:轨道电路的设置范围、进站及区间内高柱信号机位置等。

②牵引供电向信号系统提供的信息包括:牵引变电所、分区所、开闭所设置位置、牵引供电方式布置图、

吸一回装置，自耦变压器分布，供电臂列车电流阶梯图、短路电流曲线、吸上线位置、牵引供电系统图（含变电所、分区所及供电臂长度）供电臂列车运行电流阶梯图。

(9)暖通、房建专业接口设计

信号专业需要向房建专业提供信号设备房屋的面积、装修等要求；房建专业根据信号要求为信号提供生产房屋，为本系统在沿线车站设置站台通信信号电缆槽，并设置信号进楼电缆分支槽道与站台通信信号电缆槽连接。

车站(所、信号中继站)信号设备房屋的信号综合防雷系统中与建筑物相关的部分纳入房屋工程，信号工程只考虑信号设备本身的防雷器材和安装。

暖通专业根据车站的等级及相关要求为信号房屋设置空调、防火装置等。

5. 电力

(1)电力与桥梁专业的接口

①电缆槽预留

全线桥梁两侧预置电力电缆槽，提出电力电缆槽道净空尺寸要求，采用盖板式电缆槽结构形式。

单线桥梁仅在线路单侧设置电缆槽，高架车站及线路所车站范围内两侧的电缆槽适当加宽。

②电力电缆上下桥爬架、锯齿孔的预留

桥梁须在梁端两侧设置锯齿形槽口(具体墩号根据区间通信基站、信号中继站、电力供电箱变等的分布确定)，相应箱梁及桥梁墩台设置电缆爬架，以便在桥梁相应位置供光、电缆及供电电缆上、下桥梁。要求设置的电力用锯齿形槽口及引下应分别设置在桥梁墩台两头梁端。

(2)电力与隧道专业的接口

①电缆槽(含电缆余长腔)预留

全线双线隧道两侧预置电力电缆槽，提出电力电缆槽道净空尺寸要求，采用盖板式电缆槽结构形式，并在隧道内综合洞室底部设置电力余长电缆腔。

②过轨管、综合洞室等预留

在各隧道进出口处及隧道综合洞室附近设置过轨管要求，长大隧道在隧道内约每隔 3 km 设置电力变配电洞室，明确洞室净空尺寸，洞室采取防火、防潮、防腐等措施，长度大于 5 km 的隧道内的电力变压器洞室设置防火门。

(3)电力与路基、站场专业的接口

路基电缆槽、过轨、管井等的预留及工艺要求参考《铁路路基电缆槽》(图号：通路(2010)8401)，具体设置原则如下：

①路基地段线路左右两侧路肩、站场范围线路外侧均需设置电力电缆槽道，并与桥梁、隧道、站台的电缆槽道贯通，并设置分支电缆槽引入区间房屋、站房等相关设备房屋。

②路基、站场区段的牵引变电所、通信、信号中继站、线路所等设施处预留过轨钢管及在线路两侧设置电力电缆井。

(4)电力与站房工程的接口

站房设计单位负责提供站房电力电缆引入口位置、沟槽管洞，并与站台或场坪电缆沟槽管衔接。

总体设计单位负责明确设计分界点，并向站房设计单位提供站房内设备用房工艺要求。

(5)电力与四电集成内部专业接口见表 3-18-7。

表 3-18-7 电力与四电集成内部专业接口

四电系统		电力供电系统	接口界面
通信系统	通信电源设备	通信机房设备供电	电力配电箱出线端
	机房通信电源设备	区间机房供电	电力配电箱出线端
	综合视频系统	综合视频布点确认、联动照明	照明控制端子
	通信设备接地	防雷接地	等电位连接端子箱

续上表

四电系统		电力供电系统	接口界面
信号系统	信号电源设备	信号楼、室机房设备供电	电力配电箱出线端
	机房信号电源设备	区间机房供电	电力配电箱出线端
	信号设备接地	防雷接地(不含站房)等电位连接端子箱(含)	等电位连接端子箱
防灾监控	防灾监控设备	防灾监控设备供电电源线	电力配电箱出线端
牵引供电系统	牵引变电所(亭)	10 kV 综合负荷贯通线	牵引变电所(亭)所用变环网柜高压侧
	SCADA 组网	RTU、综自系统	电力专业确定电力被控制站 RTU 位置并提供给变电专业,电力被控站远动通道组网由变电专业负责
接触网	非所亭附近的接触网远动开关电源	非所亭附近接触网开关供电	接触网开关配电箱进线端子
综合接地系统	预留端子的预留及分支	供电设备至预留端子	综合接地预留端子

6. 通信

(1)与信号系统的接口

①通信线路为信号专业提供安全数据网系统光纤,其接口界面位于信号机房的光纤配线架(ODF)外线侧。

②传输系统为信号调度集中(CTC)、计算机监测系统提供 FE(O),其接口界面位于信号机房的光纤配线架(ODF)外线侧。

(2)与供电系统接口

①传输系统为电力远动提供 FE 接口,接口界面位于电力远动设备的 FE 接口处。

②传输系统为电牵 SCADA 系统提供 FE(E)接口,接口界面位于通信机架内的数字配线模块的外线侧。

③通信系统利用低压供电系统为通信设备提供可靠的交流供电,通信系统设备与低压供电系统的接口位于通信机房的电力配电箱出线端。

④供电系统为通信设备提供−48 V 电源时,接口位于供电系统直流电源输出端子处。

(3)与信息系统接口

传输系统为信息系统提供的 2 Mb/s 接口,接口界面位于通信机房数字配线架(DDF)的外线侧。

传输系统为信息系统提供的 FE(E)接口,接口界面位于通信机房数据配线单元的外线侧。

(4)与防灾安全监控系统接口

传输系统为防灾安全监控系统提供 FE(E)接口,接口界面位于通信机房数据配线单元的外线侧。

(5)与土建工程的接口

①路基

路基为本系统在线路两侧提供通信电缆槽,并间隔一定距离或在特殊地段(如大中桥、隧道两头)设置光电缆接头/余留手孔,在手孔处预埋过轨、分支引下钢管,以便通信光缆过轨及分支引出。

线路专业为区间通信机房的建设提供征地。

②桥梁

桥梁为本系统在桥两侧提供通信电缆槽,并间隔一定距离预留通信光缆上、下桥条件。

③车站

车站范围内为本系统站台和自站台端头至出站信号机在站场两侧设置站场通信电缆槽,并与区间及站台电缆槽相连。在特定位置设置光电缆手孔,在手孔处预留穿越站场的防护钢管及引出分支钢管,以便通信光缆过轨及分支引出。

(6)与房建接口

①通信机械室装修要求按《铁路房屋建筑设计标准》(TB 10011—2012)执行,通信专业提出需求,由房

建专业进行设计。

②为避免光、电缆布线及通信设备安装对建筑物结构造成破坏，土建工程中应为通信系统预留沟槽管洞；在车站内提供满足通信系统建设要求的光缆进线、配线室。

③铁塔基础设计由房建专业完成。

(7)与暖通接口

通信机械室设置独立专用空调，温湿度等要求按《铁路房屋建筑设计标准》(TB 10011—2012)执行，通信专业提出需求，由暖通专业负责设计。

(8)与接触网接口

接触网专业在挂设隧道外漏缆区段的接触网支柱上预留漏缆挂设条件，并预留辅助杆基础，通信专业完成辅助杆的架设。

7. 防灾安全监控设计

(1)结构

新建站房内由房建专业设计防灾机房，要求靠近通信机械室。相关要求满足《铁路房屋建筑设计标准》(TB 10011—2012)的规定。

(2)暖通

暖通专业为独立防灾机房提供专用独立空调和灭火装置。

(3)电力

电力专业在设有防灾设备的通信基站、信号中继站和车站防灾机房为防灾专业提供两路一级负荷电源，并配置防灾专用配电箱(含自动切换和防雷功能)。

电力专业在防灾机房预留接地铜排。

防灾专业与电力专业接口位于防灾机房内防灾电力配电箱低压出线开关下端头。

(4)桥梁、隧道

桥梁、隧道专业完成公跨铁立交桥、隧道口防灾安全监控系统监测网安装基础设计，竖直监测网安装采用预埋螺栓方式。

(5)通信

通信专业为防灾安全监控系统提供传输通道，从传输设备至防灾安全监控设备之间的配线由防灾安全监控系统完成，通信专业应在接口处标明该接口的用途。双网络接口分别接入通信传输及接入系统的不同业务板卡。

(6)信号

异物侵限监控子系统与列控系统接口，通过继电器接点将报警信息直接传输至就近的列控系统接点设备，控制列车紧急停车。信号系统设置异物侵限继电器(YWJ)，异物侵限监控子系统应驱动 YWJ，常态吸起，落下时列控信号系统按发生异物侵限进行防护。YWJ 应纳入信号微机监测系统。防灾专业与信号专业接口界面在分线盘外线引入端，信号专业在分线盘预留接线端子及防雷单元。

第十九章　高性能混凝土及耐久性设计

第一节　概　　述

高性能混凝土以耐久性作为设计的主要指标，针对不同用途要求，对耐久性、工作性、适用性、强度、体积稳定性和经济性等性能重点予以保证，故高性能混凝土在配置上的特点是采用低水胶比，选用优质原材料，且必须掺加足够数量的矿物细掺料和高效外加剂。普通混凝土无论是配合比设计还是原材料的质量要求都无法保证该混凝土结构的耐久性。

第二节　各主要工程的高性能混凝土技术标准要求

一、路基工程

在地下水、地表水具有侵蚀性地段，根据混凝土结构的使用年限级别和侵蚀性环境，按照《铁路混凝土结构耐久性设计暂行规定》(铁建设〔2005〕157 号)、《关于发布〈铁路混凝土结构耐久性设计暂行规定〉等两项铁路工程建设标准局部修订条文的通知》(铁建设〔2007〕140 号)及《高速铁路设计规范(试行)》(铁建设〔2009〕172 号)规定要求，控制混凝土的最低强度等级、最大水胶比和最小胶凝材料用量来达到混凝土结构耐久性要求，见表 3-19-1。

表 3-19-1　混凝土最低强度等级、最大水胶比和最小胶凝材料用量(kg/m^3)

环境类别	环境等级	使用 100 年以上	使用 60 年以上	使用 30 年以上	混凝土种类
碳化环境	T1	C30,0.55,280	C25,0.60,260	C25,0.65,260	钢筋混凝土
	T2	C35,0.50,300	C30,0.55,280	C25,0.60,260	
	T3	C40,0.45,320	C35,0.50,300	C35,0.50,300	
化学侵蚀环境	H1	C35,0.50,300	C30,0.55,280	C30,0.60,260	
	H2	C40,0.45,320	C35,0.50,300	C35,0.50,300	
碳化环境	T1、T2、T3	C30,0.60,280	C25,0.65,260	C25,0.65,260	素混凝土
化学侵蚀环境	H1	C35,0.50,300	C30,0.55,280	C30,0.60,260	
	H2	—	C35,0.50,300	C35,0.50,300	

根据本线情况，不同路基工程对应环境类别及作用等级所采用混凝土等级一览表见表 3-19-2。

表 3-19-2　路基工程对应环境类别及作用等级所采用混凝土等级一览表

序号	路基支挡工程项目		使用年限	混凝土等级					备　注
				碳化环境		化学侵蚀环境			
				T2	T3	H1	H2	H3	
1	路肩(堤)支挡结构	挡土墙	100	C30		C35			
2		挡土板、托梁钢筋混凝土	100	C35	C40	C35	C40	C45	
3		桩身、L 型挡土墙钢筋混凝土	100	C35	C40	C35	C40	C45	含抗滑桩、桩基托梁、桩基及侧向约束桩

续上表

序号	路基支挡工程项目		使用年限	混凝土等级					备　注
				碳化环境		化学侵蚀环境			
				T2	T3	H1	H2	H3	
4	路堑支挡结构	挡土墙	100	C30		C35			
5		桩身、挡土板钢筋混凝土	100	C35	C40	C35	C40	C45	含锚固桩
6		土钉墙墙面钢筋混凝土	100	C35	C40	C35	C40	C45	含喷射及立模现浇混凝土
7		锚索垫墩钢筋混凝土	100	C35	C40	C35	C40	C45	
8		喷锚网护坡喷射混凝土	60	C25		C30	C35		
9		锚杆、土钉、锚索注浆、砂浆	60	M30		M35，掺水泥重量一定比例的粉煤灰			锚杆、锚索、土钉墙土钉及挂柔性防护网护坡钢绳锚杆表层涂环氧树脂；锚索锚固段增设波纹套管
10		锚索框架梁钢筋混凝土	60	C35	C40	C35	C40	C45	
11		锚杆框架梁钢筋混凝土	60	C30	C35	C30	C35	C40	
12	检查井、集水井钢筋混凝土、排水盲沟混凝土		60	C30	C35	C30	C35	C40	为不易修复的路基工程
13	电缆槽、电缆井钢筋混凝土		30	C25		C30	C35	C40	
14	侧沟钢筋混凝土		30	C25	C35	C30	C35	C40	
15	天沟、排水沟混凝土		30	C25		C30	C35		
16	人字型截水骨架护坡骨架现浇混凝土		30	C25		C30	C35		含拦水缘
17	边坡防护工程镶边、踏步、基础、平台封闭、边坡平台截水沟、吊沟、排水槽现浇混凝土		30	C25		C30	C35		平台包括：侧沟平台、排水沟平台、墙顶平台、边坡平台
18	水泥土搅拌桩、水泥土多向搅拌法桩、旋喷桩			普通水泥		掺水泥重量一定比例的粉煤灰			
19	CFG 桩			普通水泥掺粉煤灰					

二、桥梁工程

本线按《铁路混凝土结构耐久性设计暂行规定》(铁建设〔2007〕140 号)及该规定的局部修订条文的通知办理，见表 3-19-3。

表 3-19-3　桥梁工程对应环境类别及作用等级所采用混凝土等级

项　目	一般碳化环境		化学侵蚀		水位变动区	
	环境作用等级	混凝土强度等级	环境作用等级	混凝土强度等级	环境作用等级	混凝土强度等级
支承垫石	T2	C50	—	—	—	—
顶帽	T2	C35	—	—	—	—
实体墩托盘	T2	C30	—	—	—	—
空心墩托盘	T3	C35	—	—	—	—
实体墩台	T2	C30	H1	C35	T3	C30
钢筋混凝土墩	T2	C35	H1	C35	—	—
空心墩	T2	C35	H1	C35	T3	C40
明挖基础	T1	C30	H1	C35	—	—
桩基础承台	T1	C30	H1/H2	C35/C40	T3	C40
钻/挖孔桩	T1	C30	H1/H2	C35/C40	T3	C40
涵洞盖板(盖板涵)	T1	C35	H1	C35	—	—

续上表

项　目	一般碳化环境		化学侵蚀		水位变动区	
	环境作用等级	混凝土强度等级	环境作用等级	混凝土强度等级	环境作用等级	混凝土强度等级
涵洞基础(盖板涵)	T1	C30	H1	C35	—	—
涵洞墙身(盖板涵)	T1	C30	H1	C35	—	—
框架涵身	T2	C35	H1/H2	C35/C40	T3	C40

水质对混凝土有侵蚀的桥涵均采用抗侵蚀性的建筑材料，桥涵工程的设计按百年水位以上、1 m 以下或地面以上、1 m 以下范围均采用抗侵蚀性的建筑材料及侵蚀环境采用相应的混凝土强度等级。

三、隧道工程

1. 混凝土建筑材料

一般应参照现行通用图及《铁路混凝土结构耐久性设计暂行规定》(铁建设〔2007〕140 号)及该规定局部修订条文的通知办理。

2. 混凝土在无侵蚀性环境(T2)中的需求

(1)洞口工程

洞门端墙、翼墙、挡墙混凝土等级:C30 混凝土或 C35 钢筋混凝土。

(2)初期支护

正洞喷射混凝土:C25 或 C30 混凝土。

辅助坑道喷射混凝土:C25 混凝土。

锚杆:ϕ22 mm 组合中空锚杆，ϕ22 mm 砂浆锚杆。

格栅钢架:主筋 ϕ22mm 和 ϕ25 mm。

型钢钢架:I16、I18 和 I20b。

(3)模筑衬砌(含专用洞室)

拱墙、仰拱圬工强度等级:C30、C35 混凝土或 C35 钢筋混凝土。

底板圬工强度等级:C35 钢筋混凝土。

水沟沟身和电缆槽槽身强度等级:C30 混凝土。

水沟盖板及电缆槽盖板强度等级:C35 钢筋混凝土。

辅助坑道按临时工程设计时，模筑衬砌的拱墙仰拱采用 C25 混凝土，铺底采用 C20 混凝土。

3. 混凝土在有侵蚀性环境中的要求

(1)本线隧道主体结构与环境作用等级见表 3-19-4。

表 3-19-4　本线隧道主体结构与环境作用等级

环境类别	环境作用等级	隧道衬砌		水沟沟身
		钢筋混凝土	素混凝土	素混凝土
碳化环境	T2	C35	C30、C35	C30
氯盐环境	L1	C40	C35	C30
	L2	C45	C35	C30
	L3	C50	C35	C30
化学侵蚀环境	H1	C35	C35	C30
	H2	C40	C40	C35

一般情况下，二次衬砌结构采用防水混凝土，抗渗等级不小于 P10，在地下水发育地段，抗渗等级应不小于 P12。

(2)初期支护及水沟沟身

当地下水有侵蚀性时，正洞初期支护之喷混凝土应按所处地段环境作用等级，选用相应外加剂，混凝土原材料(水泥、矿物掺合料、粗细骨料、水、外加剂)及其配合比应满足环境作用等级相关要求，具体应在施工中现场试验确定。

四、房建工程

本线房屋结构设计使用年限为 50 年，部分地区地下水及土对混凝土结构具有腐蚀性。房屋结构正负 0 以下混凝土强度等级、混凝土最大水胶比及最外层钢筋的混凝土保护层厚度均严格按照《混凝土结构耐久性设计规范》(GB/T 50476—2008)执行。

第二十章　经验体会与问题探讨

一、应充分重视地质选线和环境选线，提前绕避大型地质隐患和环境影响敏感点

充分运用地质选线和环境选线原则，绕避有重大风险的地质灾害发育地段和环境敏感区，是成渝客专选线工作的一大特点。项目以加深地质工作为基础，开展了多项地质专题研究，线路在穿越环境敏感区时采用“近而不进”的选线原则，达到了工程与安全、工程与环境保护的完美结合；并充分做到重大技术方案无一遗漏地进行多方案比选，消除或规避确定的技术方案的安全隐患。

二、车站设置应符合当地城市规划，充分发挥高速铁路的便捷性

新建客运专线引入枢纽地区时，应结合通道条件，充分考虑城市需求与客流特点，尽量深入交通枢纽中心区域，节约旅客出行时间成本。本线在成都枢纽采用接入既有成都东站预留成渝正线，同时设置联络线路引入既有成都南站的模式；在重庆地区采用串接既有站沙坪坝站，引入既有重庆站的模式，将既有站点与高速铁路连为一体，一方面实现了资源的整合利用，另一方面兼顾旅客的出行需求，增强铁路竞争力。

三、站后四电设计时应充分了解外部条件，满足运营单位需求

由于地方电网存在电源点分布不均衡、地区差异较大的客观原因，设计时应提前考虑采取以下措施：

(1)设计时应充分掌握地方电网的分布及可靠性情况，10 kV 配电所的布点尽量避开地方电网薄弱地区。

(2)10 kV 电源优先考虑由地方 110 kV 变电站接取，尽量避免由 35 kV 变电站或地方小水电站接取，从源头开始保证供电质量。

(3)应核实 10 kV 配电所两路 10 kV 电源的独立性，保证一路 10 kV 电源停电时，另一路 10 kV 电源仍能维持供电。

(4)桥梁地段电缆槽内的综合贯通地线，运营单位提出应采取物理隔离和防盗措施，在考虑现场施工实际并听取运维单位意见的基础上，设计提出的 T 梁地段和箱梁地段两种不同的处理方案获得了各方认可，现场实施表明经济实用，值得推广。

四、应注重各专业间的接口设计

铁路工程各专业的接口界面较多，应重点关注接口设计。否则，相关工程一旦实施，再进行弥补就会非常困难，甚至造成废弃工程。

(1)本线轨道结构形式较多，在设计过程中必须考虑两个主要接口，即不同轨道结构之间的设计接口及不同轨道结构与线下基础的接口设计。在这些设计中尤其是岔区排水系统的设计，处于多个专业的接口，往往不容易得到重视，但它的设计好坏直接影响无砟轨道的耐久性，因此必须得到充分重视。

(2)针对在高速铁路现场施工中不时出现的道岔转辙设备安装空间不够问题，在本次设计中，信号专业与站场专业协商后的临时处理方式如下：信号专业提出站场专业设计拟采用道岔的安装空间需求给站场专业开展正式设计，在站场资料未正式开放前交信号专业再核查一遍，待信号专业无修改意见后才正式开放。由此完全避免了可能会出现的道岔转辙设备安装空间不够问题，此经验可大力推广。

(3)信号工程存在大量的现场轨旁设备，其安装必须满足铁路建筑限界的要求。因此对站前所开放的资料，特别注重对其是否满足信号轨旁设备的安装条件进行核查，有问题则及时反馈站前修改，以避免因专业接口问题导致的返工。